hänssler

BIBELWISSEN

D. Fritz Grünzweig (5. 11. 1914 – 24. 11. 1989)

Fritz Grünzweig

Einführung in die biblischen Bücher

DAS NEUE TESTAMENT

mit einem Geleitwort
von Rolf Scheffbuch

Herausgegeben von
Stephan Zehnle

hänssler-Bibelwissen
Bestell-Nr. 391.773

Illustrationen: Georg Ozory (nach Vorlagen von Fritz Grünzweig)
Umschlaggestaltung: Daniel Dolmetsch
Titelbild: © SCALA, Florenze
Illustrationen: Georg Ozory, Stuttgart
Abbildung S. 104 aus: Fritz Grünzweig, Was sagt uns die Offenbarung heute? Hänssler 1968
Satz: AbSatz Ewert-Mohr, Klein Nordende
Printed in Germany

Inhalt

Zum Geleit

Fritz Grünzweig war Gemeindepfarrer, Seelsorger, Lehrer, unternehmerischer Verwalter und Mehrer diakonischer Einrichtungen. In all den Aufgaben und Diensten, die er wahrgenommen hat, ging es ihm darum, daß der Glaube an Jesus geweckt und gestärkt wird.

Seit Fritz Grünzweigs jugendlichem Einsatz in der evangelischen Jugendarbeit und im Kindergottesdienst, war in ihm der Glaube durch das biblische Wort Gottes geweckt und gestärkt worden. Schon damals sog er wie ein trockener Schwamm all das in sich auf, was dazu beitrug, die großen – heilsgeschichtlichen – Zusammenhänge des Wirkens Gottes aus der Bibel zu verstehen.

Mit alledem wurde Fritz Grünzweig kein Stubenhocker. Ich lernte Fritz Grünzweig kennen, als ich noch ein Junge war, – damals, als er die Gefahr nicht scheute, einen Freund persönlich zu besuchen, der um seines Bekennens willen im Konzentrationslager Buchenwald inhaftiert worden war. Fritz Grünzweig wollte selbst unter unmöglich scheinenden Bedingungen die Bibel mit ihrer Weisung Jesu ernst nehmen: Ich bin im Gefängnis gewesen, und ihr seid zu mir gekommen (Mt 25,36b).

Fritz Grünzweig nahm – wie gesagt – all das begierig auf, was er an geistlichen Durchblicken durch die Bibel mitbekommen konnte. Er las dazu die großen Kommentare von Adolf Schlatter und nahm rege am Unterricht von Kirchenrat Karl Gutbrod teil.

Solchen Lehrern war er dankbar. Aber die Schrift selbst, ja der durch sie redende lebendige Jesus war ihm der wichtigste Lehrer.

Aber all das, was er empfangen hatte und täglich empfing, das wollte Fritz Grünzweig weitergeben. Er hat in nahezu vier Jahrzehnten das württembergische Land in seiner Länge und Breite unermüdlich durchreist, um Bibelseminare, Gemeindevorträge und Unterricht an Bibelschulen zu halten. Wurde er eindringlich um den Dienst der

Wortauslegung gebeten, so kam er. In alldem war er ein treuer »Diener Christi und Haushalter über die Geheimnisse Gottes« (1. Kor 4,1). Sein erlernter Notarsberuf kam ihm dabei zugute.

Fritz Grünzweig konnte sagen: Rechtsanwälte arbeiten mit Schrot in der Hoffnung, daß ein Kügelein dann eventuell auch trifft. Notare arbeiten mit Kugeln. Ihnen kommt es auf den Blattschuß an!

Der punctum mathematicum der Heiligen Schrift war für ihn Jesus Christus in Person. Fritz Grünzweig hielt es mit Philipp Friedrich Hiller:

> Jesus ist der Kern der Schrift,
> weil auf ihn zusammentrifft,
> was vom alt und neuen Bund
> je im Buche Gottes stund.

Bei diesem Suchen nach dem in der Bibel bezeugten Jesus Christus wurde Fritz Grünzweig wie die alten Korntaler Väter, denen er in einer unübertroffenen Schrift gedachte, immer verlangender danach, dem wiederkommenden Herrn begegnen zu können.

So war der »wiederkommende Gekommene« das Grundthema seiner Schriftauslegung. Wie oft schloß Fritz Grünzweig seine ehrfürchtigen, von Herzen kommenden und bußfertig gefaßten Gebete mit dem Satz: Und komm bald, Herr Jesus!

Das alles kann uns in diesem Band von Fritz Grünzweigs Einführung in das biblische Neue Testament wichtig werden. »Schaut nicht auf uns – schaut auf IHN!« Darum soll es uns gehen, auch wenn wir dankbar des Dienstes von Pfarrer D. Fritz Grünzweig gedenken.

Ulm, 3. Februar 1992

Rolf Scheffbuch, Prälat

Alphabetisches Verzeichnis der Abkürzungen der biblischen Bücher u. a.

Am	Amos	Jos	Josua
Apg	Apostelgeschichte	Jud	Judas
Bar	Baruch	Kap.	Kapitel
1. Chr	1. Chronik	Klgl	Klagelieder
2. Chr	2. Chronik	1. Kön	1. Könige
Dan	Daniel	2. Kön	2. Könige
Eph	Epheser	Kol	Kolosser
Esr	Esra	1. Kor	1. Korinther
Est	Ester	2. Kor	2. Korinther
f.	folgender (Vers)	Lk	Lukas
ff.	folgende (Verse)	LÜ	Bibelübersetzung Martin Luthers
Gal	Galater		
Geb. Man	Gebet Manasses	1. Makk	1. Makkabäer
Hab	Habakuk	2. Makk	2. Makkabäer
Hag	Haggai	Mal	Maleachi
Hebr	Hebräer	Mi	Micha
Hes	Hesekiel (Ezechiel)	Mk	Markus
Hiob	Hiob (Ijob)	Mt	Matthäus
Hld	Hoheslied	1. Mose	1. Mose (Genesis)
Hos	Hosea	2. Mose	2. Mose (Exodus)
Jak	Jakobus	3. Mose	3. Mose (Leviticus)
Jdt	Judit	4. Mose	4. Mose (Numeri)
Jer	Jeremia	5. Mose	5. Mose (Deuteronomium)
Jes	Jesaja	Nah	Nahum
Joel	Joel	Neh	Nehemia
Joh	Johannes	Obd	Obadja
1. Joh	1. Johannes	Offb	Offenbarung
2. Joh	2. Johannes	par	und Parallelstellen
3. Joh	3. Johannes	1. Petr	1. Petrus
Jona	Jona	2. Petr	2. Petrus

Phlm	Philemon	St zu Dan	Stücke zu Daniel
Pred	Prediger (Kohelet)	St zu Est	Stücke zu Ester
Ps	Psalmen	1.Thess	1. Thessalonicher
Ri	Richter	2.Thess	2. Thessalonicher
Röm	Römer	1. Tim	1. Timotheus
Rut	Rut	2. Tim	2. Timotheus
Sach	Sacharja	Tit	Titus
1. Sam	1. Samuel	Tob	Tobias
2. Sam	2. Samuel	V.	Vers(e)
Sir	Sirach	Weish	Weisheit
Spr	Sprüche (Sprichwörter)	Zef	Zefanja

Das Evangelium nach Matthäus

1. Einleitung

Das Matthäus-Evangelium ist das erste und zugleich das längste der Evangelien. Nach altkirchlicher Überlieferung war der Verfasser dieses Evangeliums der Jünger Matthäus, der ehemalige Zöllner, der Mann, der in seinen Bericht ganz klein und zurückhaltend seine eigene Bekehrungs- und Nachfolgegeschichte eingetragen hat: »Und als Jesus von dort wegging, sah er einen Menschen am Zoll sitzen, der hieß Matthäus; und er sprach zu ihm: Folge mir! Und er stand auf und folgte ihm« (Mt 9,9).

Das Matthäus-Evangelium wurde wohl zunächst für Christen verfaßt, die aus dem Judentum kamen. Diese Judenchristen waren sicherlich der großen Anfechtung ausgesetzt, ob sie ihr Leben und Zeugnis als Christen gegenüber ihren ehemaligen Mitjuden würden durchhalten können, die ja Jesu Messianität fortdauernd in Frage stellten: ›Kann denn derjenige der Messias sein, der so unscheinbar lebte und dann sogar am Kreuz endete? Stimmt denn das mit den Herrlichkeitsbildern überein, die wir aus einer Reihe von Schriftstellen im Alten Testament vom Messias kennen?‹

Deshalb lag Matthäus viel daran, den sog. Schriftbeweis vom Alten Testament her anzutreten. Zwölf- bzw. dreizehnmal finden wir bei ihm die Formulierung: »Das geschah aber, damit erfüllt würde, was gesagt ist durch den Propheten...« (oder ähnliche Formulierungen). Diese Worte sind konzentriert um Jesu Geburt (1,22; 2,15.17.23) und sein Sterben (26,56; 27,9.[35]), stehen aber auch an anderen Stellen dieses Evangeliums (4,14; 8,17; 12,17; 13,14.35; 21,4).

Bereits seit den ersten Jahrhunderten n. Chr. steht das Matthäus-Evangelium am Beginn der neutestamentlichen Schriftensammlung. In seinem Aufbau ähnelt es den Evangelien des Markus und des Lukas; man pflegt darum diese drei ersten Evangelien die »Synoptiker« (d.h. die Zusammenschauenden) zu nennen.

Kennzeichnend für das Matthäus-Evangelium ist die ausführliche Anführung von Reden Jesu bzw. von Zusammenstellungen von Worten, die Jesus bei verschiedenen Anlässen gesagt haben mochte: die Bergpredigt (Kap. 5 - 7), die Aussendungsrede (Kap. 10), die sieben Gleichnisse vom Himmelreich (Kap. 13), die Endzeit- und Wiederkunftsreden (Kap. 24 u. 25).

2. Zum Aufbau und Inhalt des Evangeliums

Diesen Aufbau versuche ich in einer Grafik zu veranschaulichen (Abb. 1). Der Bogen zeigt, wie der Weg Jesu äußerlich zunächst aufsteigend und dann abfallend verlaufen ist.

Die anfängliche äußerliche Fruchtbarkeit von Jesu Wirken ist durch den Aufstieg des Bogens erkenntlich gemacht; etwa ab Matthäus 16 – aber auch schon vorher – wird der Weg Jesu, den er gehen soll, immer beschwerlicher, bis zum Kreuz. Jesus kam insofern vom Vater, als er ein Neuansatz im Blick auf die Menschheit ist: der neue Adam, der nicht von Menschen abstammt, sondern durch die Jungfrauengeburt auf die Welt kam (Mt 1; Lk 1 f.). Er ist der *»Immanuel«* (»Gott [ist] mit uns«; Mt 1,23); er hat den Namen »Jesus« (»Gott hilft«). Er ist der den Menschen in der Katastrophe der Sünde zu Hilfe eilende Gott.

Nach der Geburt Jesu erfolgt also der Aufstieg bis Matthäus 16; von dort ab geht es dem Kreuz zu, dann zu Jesu Auferstehung und zum Missionsbefehl, den er erteilt.

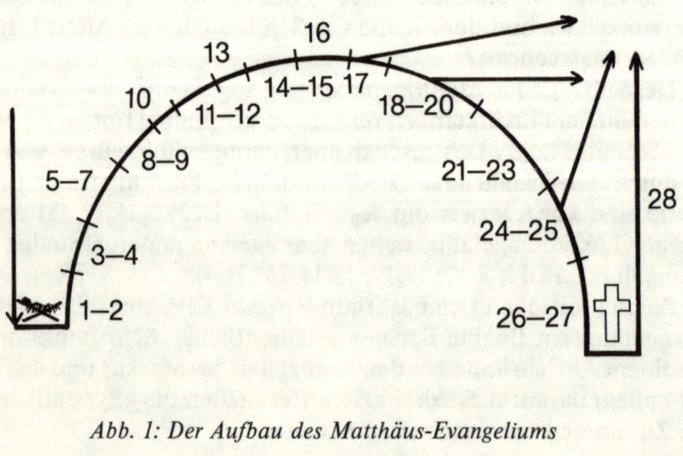

Abb. 1: Der Aufbau des Matthäus-Evangeliums

Gott kam also den Menschen zu Hilfe. Wiederholt bringt Jesus zum Ausdruck, was eigentlich der Gesamtinhalt seiner Aufgabe sei: daß er gekommen sei, zu suchen und zu retten, was verloren ist (vgl. 9,13b; 20,28).

Die **Kapitel 1 und 2** bilden die erste Einheit dieses Evangeliums. Jesu Geburt ist nur ganz knapp erzählt; eigentlich werden nur die beiden Namen Jesu genannt (*»Immanuel«* und *»Jesus«*). Beide stammen aus dem Alten Testament (Jes 7,14; *»Jesus«* ist eine sprachlich gewandelte Form des Namens »Josua«).

In Kapitel 2 wird mit den Weisen aus dem Morgenland deutlich, daß Gott die Kunde über dieses Geburtsgeschehen durch den Stern weit hinausreichen läßt. Aber dieses Kapitel zeigt auch schon deutlich, daß der Feind es nicht dulden will, daß der Ankommende, der die Welt für Gott retten, zurückerobern will, sich hier festsetzt. Er will ihn schon als Kind vernichten; und er hat dazu seine menschlichen Helfer, vor allem Herodes.

Mit den **Kapiteln 3 und 4** macht Matthäus einen großen Sprung – er erzählt nichts aus Jesu Kindheit, im Unterschied zu Lukas (Lk 2,41-52) – zum Beginn der Wirksamkeit Jesu, zum Handeln Jesu gemäß seinem Auftrag.

Jesus ist nicht als Wunderkind aufgetreten – abgesehen, wenn man so will, von der Geschichte vom zwölfjährigen Jesus im Tempel –, aber er hat lange (bis zum 30. Lebensjahr) gewartet, ehe er mit seinem Wirken begann.

Der Herold – Johannes der Täufer – tritt auf, der Jesus vorangeht, um überhaupt die Leute auf ihn aufmerksam zu machen. Jesus läßt sich dann selbst taufen; er steigt in den Jordan hinab und zeigt damit an, daß er die Last der Welt auf sich nehmen will.

Es ist interessant, wie und wo Jesus mit seiner Wirksamkeit begonnen hat (4,1-11): nicht mit einer Wundertat, mit der Berufung von Jüngern, nicht mit Predigen, sondern mit einem Kampf, mit einer Aufgabe, die den Menschen nicht recht bewußt wurde. Er als der »neue Adam« (Röm 5) fängt genau an der Stelle an zu wirken, an der Adam aufgehört hatte, den guten Weg zu gehen. Jesus hat sozusagen das Examen, bei dem Adam durchgefallen ist (1. Mose 3), erneut gemacht und die Prüfung bestanden.

Daran schließen sich die erste allgemeine Verkündigung Jesu (»das Himmelreich ist nahe, ist da«) und die ersten Jüngerberufungen an (4,12 ff.).

In den **Kapiteln 5, 6 und 7** finden wir den ersten großen Redeabschnitt des Evangeliums: *die Bergpredigt.* Sie ist die einzigartige

Regierungserklärung des Herrn, gewissermaßen die Proklamation des Königs, seiner eigenartigen Macht: Das Erste ist nicht ein Fordern, sondern ein Schenken. Es heißt: *»Seine Jünger traten zu ihm. Und er tat seinen Mund auf...«* (5,1 f.). Diejenigen, die zu ihm treten, die beschenkt er.

Jesus beginnt seine Rede: *»Selig sind...«* (5,3 ff.). Das ist keine allgemeine Wahrheit, als ob die *»geistlich Armen«*, die *»Leidtragenden«* oder die *»Sanftmütigen«* usw. an sich schon *»selig«* wären. Jesu Jünger sind nicht an sich *»selig«*. Erst indem sie zu Jesus treten, sind diese kleinen Leute, die ansonsten nicht viel gelten, jemand. *»Ihr seid das Salz der Erde... Ihr seid das Licht der Welt...«*, fährt Jesus im Anschluß an die Seligpreisungen fort.

Bemerkenswert ist auch, wie Jesus dann zeigt, wie bei ihm die Gebote Gottes ein anderes Gesicht bekommen, indem er hilft, sie von innen her zu erfüllen. Das fünfte, das sechste und das achte der Zehn Gebote sowie das Gebot der Feindesliebe (das Jesus ja neu einführt) werden in Kapitel 5 von Jesus ausgelegt.

Die Worte: *»Ich aber sage euch...«*, mit denen er jeweils einsetzt, zeigen, daß Jesus mit der Majestät dessen spricht, in dem Gott kommt und zugleich den Jüngern durch seinen Geist die Kraft gibt, ihm gehorsam zu werden. Das bedeutet, in einer ganz neuen Weise unter dem Einfluß Gottes in den Bahnen dessen zu gehen, was Gott von uns haben will, wie Gott uns als seine Kinder sehen will.

In Kapitel 6 ist besonders anschaulich, wie Jesus die Menschen, die zu ihm treten, in eine ganz neue Beziehung zu Gott, zu sich selbst und zu ihren Nächsten bringt. Das ist hier dargestellt am Almosengeben, am Gebet und im Blick auf das Fasten – an Tätigkeiten, die von Jesus gereinigt werden, so daß man sie nicht mehr im Hinblick auf sich selbst tut. Man macht das alles nicht mehr so, daß man es zur Schau trägt, sondern auf die Weise, daß man in einer inneren Zucht vor Gott steht.

Kapitel 7 bringt zum Ausdruck, daß die Menschen, die zu Jesus getreten sind, als solche eingeladen und bevollmächtigt sind zu beten (7,7 f.); in diesen Zusammenhang gehört auch das Vaterunser (6,9 ff.). So bekommt unser Leben das rechte Fundament – und damit schließt die Bergpredigt: »Darum, wer diese meine Rede hört und tut sie, der gleicht einem klugen Mann, der sein Haus auf Fels baute...« (7,24 ff.)

Daß es nicht bei den Worten bleibt, sondern zu Taten Jesu kommt, zeigen die **Kapitel 8 und 9**. Dieser Wechsel von Worten und Taten Jesu ist für Matthäus typisch, auch daß summarische Angaben (er »heilte alle Krankheit« u.ä.; 4,23-25; 9,35) neben Einzelbeispielen stehen, die knapp erzählt werden.

In den beiden Kapiteln 8 und 9 sah die frühe Christenheit zehn Wundertaten Jesu aufgezählt und faßte dies als einen Kontrast zu den zehn Plagen in Ägypten auf. Ein Mensch könne – so meinte man damals – von Gott auch mit Plagen belegt werden. Doch Jesus begegnet dem Menschen anders: nicht mit Plagen, sondern mit Wohltaten. Er ist der Beschenker.

Immer wieder wird hier deutlich (bes. am Schluß von Kap. 9), was das Motiv, der Beweggrund Jesu ist: *»Es jammerte ihn des Volkes, denn sie waren verschmachtet und zerstreut wie Schafe, die keinen Hirten haben«* (9,36). Dieser Jammer wird verursacht durch die Menschheit überhaupt, die den guten Hirten nicht hat, sondern den großen Verräter, den »Fürsten dieser Welt«, unter dessen Einfluß die Menschen stehen.

In **Kapitel 10** folgt die Aussendungsrede, also jener Vorgang, durch den sich unser Herr gewissermaßen multipliziert hat. Jesus hat hier erstmals – wohl als eine Art Hauptprobe – seine zwölf Jünger fortgeschickt, bevollmächtigt, in seinem Sinn zu wirken, nämlich zu predigen und zu heilen, genau wie er. Die Jünger werden strikt zu Israel gesandt, wie ja Jesus, ehe er am Kreuz »der Welt Sünde trägt«, in seiner Wirksamkeit im wesentlichen noch auf Israel beschränkt ist: *»Geht hin zu den verlorenen Schafen aus dem Hause Israel«* (10,6).

Das ist eine Art Auftakt für das, was in Kapitel 28 kommt: »Gehet hin und machet zu Jüngern *alle* Völker...« Nun erst ist die ganze Welt der Bereich, in den er sich gesandt weiß und in den er seine Jünger sendet.

Die Jünger werden von Jesus in derselben Wehrlosigkeit ausgesandt, in der auch er lebt: *»Ich sende euch wie Schafe mitten unter die Wölfe«* (10,16). So unaufdringlich schickt er seine Leute los, denn er will Menschen nicht mit äußerer Gewalt, nicht von außen her gewinnen, sondern er will ihnen von innen her das Herz abgewinnen. Deshalb verzichtet er auf den Gebrauch seiner Macht, die er durchaus einsetzen könnte. Es ist ja noch die Zeit, in der er um Menschen wirbt und sie für sich gewinnen will. So sollen auch die Jünger wirken.

Kapitel 11: Es trifft Johannes den Täufer, den Herold, der Jesus vorausging: Er wird zunächst verhaftet und ins Gefängnis gebracht. Dieser Mann gerät in große Anfechtung. Er hat ja einen großen Ernter und Drescher erwartet, der Gericht und Scheidung unter den Menschen vollzieht (Mt 3,12; 11,3 ff.).

Davon, daß Jesus diese Erwartung zwar noch nicht erfüllt hat, aber noch erfüllen werde, spricht Kapitel 13 (vgl. Offb 14,14 ff.).

Aber Jesus fährt unbeirrt fort, zu wirken und einzuladen. In Matthäus 11 steht auch das wunderbare Wort: *»Kommt her zu mir, alle, die ihr* *mühselig und beladen seid; ich will euch erquicken«* (V. 28). Jesus führt also beharrlich seinen Heilandsdienst fort.

In **Kapitel 12** treten die Widerstände gegen Jesus noch deutlicher hervor; es geht um das Sabbatgebot (V. 1 ff.) und unter anderem um die Behauptung, Jesus wirke gar nicht in der Macht Gottes, sondern in der Macht der Dämonen und des Obersten der Dämonen, des Teufels (V. 22 ff.).

Während in Kapitel 11 der Widerstand von seiten der Staatsmacht kam, die Johannes den Täufer gefangennehmen ließ, kommt er in Kapitel 12 von seiten der geistlich führenden Kräfte in Israel, also von den Hohenpriestern und Schriftgelehrten. Das setzt sich in den folgenden Kapiteln (insbesondere Kap. 14, 15 u. 16) fort, wo immer wieder die Auseinandersetzungen Jesu mit dieser Gruppe erwähnt werden.

Kapitel 13 beinhaltet die sieben Gleichnisse vom Himmelreich (das vierfache Ackerfeld, das Unkraut unter dem Weizen, das Senfkorn, der Sauerteig, der Schatz im Acker, die kostbare Perle, das Fischnetz.)

Was heißt das? Jesus deutet das, was er tut; er klärt auf, worum es sich dabei überhaupt handelt. Bezeichnend ist hier, daß diese Gleichnisse mit den Worten: *»Das Himmelreich gleicht ...«* beginnen. In Matthäus 25 folgen weitere drei Gleichnisse vom Himmelreich, die mit den Worten: »Das Himmelreich *wird* gleichen ...« eingeleitet werden (25,1).

Das ist also zweierlei: Die Gleichnisse in Kapitel 13 beziehen sich auf die Gegenwart, die in Kapitel 25 zeigen das Künftige auf.

Jesus bringt noch nicht das, was der Täufer erwartet hatte (siehe oben bei Kap. 11), sondern er fängt still an: *»Es ging ein Sämann aus, zu* säen ...« (V. 3 ff.). Es kommen dann die Vögel und fressen manches, anderes verdorrt in der Sonne. Schutzlos wird der Same preisgegeben, so daß man meinen könnte, die Aussaat sei völlig ohne Nutzen. Aber das Schlußergebnis ist eben doch die Ernte, die auf jeden Fall noch erfolgen wird: bei seiner Arbeit an uns und in unserer Arbeit für ihn.

Nun wird es für Jesus immer schwerer. Die **Kapitel 14 und 15** berichten vom Tod Johannes des Täufers und von der Zuspitzung der Auseinandersetzung Jesu mit den geistlichen Führern der Juden. Doch Jesus predigt, heilt und speist die Menschen weiterhin.

Israels Abweisung führt Jesus erstmals zu den Heiden (kanaanäische Frau; 15,21 ff.). Jesus weicht hier ins Ausland aus; denn die Zeit, da er sterben soll, ist noch nicht gekommen.

Kapitel 16: Gewissermaßen im Zenith des Bogens (Abb. 1) kommt es zum entscheidenden Durchbruch. In der Stille eines ungestörten Zusammenseins Jesu mit seinen Jüngern, das in den Bergen der Umgegend der Jordanquellen vonstatten ging, sprechen die Jünger selbst das große Bekenntnis aus: *»Du bist Christus, des lebendigen Gottes Sohn!«* (V. 16).

In jahrelanger Arbeit hat Jesus seine Jünger darauf vorbereitet, daß sie erkennen, wer er ist, daß Gott in ihm kommt, daß er der Messias, der Christus Gottes ist. Nicht *er* sagt es ihnen, sondern *sie* sagen es. *»Wer sagt denn ihr, daß ich sei? Da antwortete Simon Petrus und sprach: Du bist Christus, des lebendigen Gottes Sohn!«* Das war der entscheidende Schritt.

Aber von da an geht es – menschlich gesehen – bergab, ganz anders, als es die Jünger erwarteten. Jesus geht jetzt nicht nach Jerusalem und besteigt dort den Königsthron; es werden nun, nachdem Jesus als Messias erkannt ist, nicht die Römer aus dem Land gejagt, sondern unmittelbar auf das Petrusbekenntnis folgt die erste Ankündigung, daß Jesu Weg ihn ins Leiden führen werde (16,21-23). Darauf sagt Jesus seinen Jüngern: *»Will mir jemand nachfolgen, der verleugne sich selbst und nehme sein Kreuz auf sich und folge mir«* (16,24).

In **Kapitel 17** wird berichtet, daß zumindest drei der Jünger zu ihrer Stärkung einen wunderbaren Blick tun dürfen. Ehe diese drei – Petrus, Johannes und Jakobus – Jesus zitternd und zagend im Garten Gethsemane sehen (26,36-46), sind sie bei Jesu Verklärung dabei. Doch kurz darauf folgt die zweite Leidensankündigung (17,22 f.), damit den Jüngern ganz klar wird, wohin der weitere Weg geht. Jetzt ist Jesus schon unterwegs nach Jerusalem, um sich dort zu opfern.

In den **Kapiteln 18, 19 und 20** steht ein wichtiger Abschnitt der Schulung der Jünger. Jesus bereitet seine Jünger darauf vor, daß sie einmal später Gemeinden aufbauen können: wie sie mit dem Bösen in der Gemeinde fertigwerden sollen (18,15 ff.), welche Verheißung das gemeinsame Gebet hat (18,20) usw.

In Kapitel 19 geht es um die Frage, was es mit der Ehe auf sich hat (19,1 ff.), um die Stellung der Kinder in der Gemeinde (19,13-15), um die rechte Stellung der Jünger zu Reichtum und Besitz (der reiche Jüngling; 19,16-26). Die künftige Zeit des Gemeindeaufbaus nach Pfingsten wird hier von Jesus ausgesprochen vorbereitet.

In 20,17-19 folgt die dritte Leidensankündigung Jesu.

In den **Kapiteln 21 - 23** verschärft sich die Auseinandersetzung Jesu mit den verschiedenen Gruppierungen der Juden: Jesus zieht in Jerusalem ein (21,1-11); er vollzieht die Tempelreinigung (21,12-17), was einen ungeheuren Eingriff in den Bereich bedeutet, in dem die Hohenpriester usw. das Sagen haben; und Jesus erzählt das Gleichnis von den bösen Weingärtnern.

Die Pharisäer und Hohenpriester merken genau, daß sie gemeint sind (21,33 ff.). Jesus hält ihnen vor, daß sie zwar das Heiligtum verwalteten und behaupteten, sie wollten Gott dienen, doch dabei ihre eigene Ehre suchten. Das führt bis hin zu Jesu »Wehe«-Worten über die Pharisäer und Schriftgelehrten (23,1-36), ja bis zu seiner Klage über Jerusalem, also über Israel (23,37-39).

Wir erkennen daran, daß derjenige, der die Seligpreisungen (5,3 ff.) nicht annimmt, sondern zurückweist, statt des Segens den Fluch hat. So ernst wird das hier an Israel gezeigt.

In den **Kapiteln 24 und 25** ist der Blick ganz stark auf das Ziel gerichtet. In Kapitel 24 ist die Rede v.a. von dem Vorausgehenden, dem Vorletzten, Dunklen: *»Ihr werdet gehaßt werden ... von allen Völkern« (24,9). »Wer aber beharrt bis ans Ende, der wird gerettet«* (24,13).

Kapitel 25 enthält sodann die Himmelreichsgleichnisse vom zukünftigen Geschehen: das Gleichnis von den zehn Jungfrauen (V. 1 - 13), das Gleichnis von den anvertrauten Zentnern (V. 14 - 30) und das Gleichnis vom Weltgericht (V. 31 - 46). *»Er wird sie voneinander scheiden, wie ein Hirt die Schafe von den Böcken scheidet«* (25,32).

Den Weg Jesu abwärts zum Kreuz zeigen die **Kapitel 26 und 27**. Zu Beginn des Kapitels 26, vor der Salbung in Betanien, erfolgt die vierte und letzte Leidensankündigung (V. 1 f.). In Matthäus 26,26-28 wird die Einsetzung des Abendmahls geschildert. Kapitel 27 zeigt Jesus bei Pilatus und dann die Kreuzigung.

Kapitel 28: Jesu Auferstehung und der Missionsbefehl. *»Mir ist gegeben alle Gewalt im Himmel und auf Erden ... Siehe, ich bin bei euch alle Tage bis an der Welt Ende.«*

Das ist der Weg Jesu, den er gegangen ist, um nach der Katastrophe der Sünde den Menschen und die Menschheit – also jeden, der sich helfen läßt – zu retten.

3. Die Leitlinie des Matthäus-Evangeliums: die Einladung Gottes durch Jesus Christus und die Abweisung Jesu durch Menschen*

In Matthäus 23,37 faßt Jesus sein Bemühen und die Antwort Israels mit den Worten zusammen: »Jerusalem, Jerusalem, die du tötest die Propheten und steinigst, die zu dir gesandt sind! Wie oft habe ich deine Kinder versammeln wollen, wie eine Henne ihre Küken versammelt unter ihre Flügel; und ihr habt nicht gewollt!«

In diesem Wort kommt beides zum Ausdruck: die *Einladung* Jesu und die *Abweisung* durch Israel. Das Bemühen Jesu um Israel zieht sich durch das gesamte Matthäus-Evangelium, ebenso aber die schmerzliche Erfahrung, daß Israel dieses Bemühen Jesu mehrheitlich ablehnt.

Unter diesem Aspekt möchte ich das Matthäus-Evangelium noch einmal durchgehen: die Einladung Gottes durch Jesus Christus und die Abweisung Jesu durch Menschen. Wir sehen auch, was Gott daraufhin tut, daß Jesus von seiten der Menschen abgelehnt wird.

Bei einem erneuten Durchgang durch das Matthäus-Evangelium wird deutlich, daß und wie dieses Evangelium von diesem Leitmotiv geprägt ist (siehe unten).

Doch dem stelle ich zwei Vorbemerkungen voran:

a) Diese Linie des Matthäus-Evangeliums wird verständlich, wenn wir erkennen, was eigentlich die Absicht Gottes mit seiner Welt war.

   Der Mensch ist nach dem Schöpfungsbericht (1. Mose 1,27) zum »Bild« Gottes geschaffen. Der Ausdruck »Bild Gottes« bedeutet zunächst, daß der Mensch zur Gemeinschaft mit Gott geschaffen ist, als Kind Gottes und insofern als Gottes Ebenbild. Dieses Geschaffen-Sein des Menschen zum »Bild Gottes« bedeutet aber auch, daß der Mensch ein kleiner Schöpfer ist. Das hängt mit dem Verhältnis des Menschen zu der Natur, die ihm zugeordnet ist, zusammen. Der Mensch ist der Stellvertreter des Schöpfers in der Schöpfung – damit wird sein Verhältnis zu seiner Umwelt gezeigt.

* In allen vier Evangelien verfahre ich so, daß ich die Einzelauslegung unter einem oder zwei Leitgedanken durchführe, der bzw. die das betreffende Evangelium prägt bzw. prägen. Ich meine, daß es eindrucksvoller und eindrücklicher ist, wenn solch einer Linie ein ganzes biblisches Buch hindurch nachgegangen wird, als wenn ich nur Einzeltexte aus dem jeweiligen Buch der Reihe nach behandle. (Anm. d. Vf.)

Aber das Wort »Bild« bedeutet im Hebräischen auch »Schatten«: Der Mensch wurde in Gottes Schatten lebend geschaffen. Wenn jemand im Schatten eines Baumes sein will, dann muß er unter dem Baum sein. Der Mensch hätte wie unter ihn bergenden Flügeln geborgen leben dürfen. Hier wäre er geschützt und zu Hause gewesen, wäre in der Kraft Gottes gestanden – unter Gott, in Gottes Schatten.

Doch die Geschichte vom Sündenfall (1. Mose 3) sagt, daß der Mensch Gott entweicht und damit der Finsternis verfällt. Indem er Gott ausweicht und sich von ihm absetzt, indem er Gott beiseite schieben will, gelangt der Mensch unter die Herrschaft, die »Macht der Finsternis« (wie Paulus schreibt; Kol 1,13). Der Mensch wollte »sein wie Gott«, wollte Gott neben Gott sein, und so ist er der Finsternis preisgegeben worden.

b) Aber schon im Alten Testament setzt das andere ein, daß Gott seine Menschenkinder wieder hereinholen will. Das alttestamentliche Gottesvolk Israel soll und darf in Gottes Schatten und Schutz leben. Das zieht sich wie ein »roter Faden« durch das gesamte Alte Testament und zeigt sich zum Beispiel in diesen Worten: »Behüte mich wie einen Augapfel im Auge, beschirme mich unter dem Schatten deiner Flügel« (Ps 17,8). »Wie köstlich ist deine Güte, Gott, daß Menschenkinder unter dem Schatten deiner Flügel Zuflucht haben!« (Ps 36,8). »...unter dem Schatten deiner Flügel habe ich Zuflucht, bis das Unglück vorübergehe« (Ps 57,2). »... unter dem Schatten deiner Flügel frohlocke ich« (Ps 63,8). »Wer unter dem Schirm des Höchsten sitzt und unter dem Schatten des Allmächtigen *bleibt*, der spricht zu dem HERRN: Meine Zuversicht und meine Burg, mein Gott, auf den ich hoffe« (Ps 91,1 f.). »Der HERR behütet dich; der HERR ist dein Schatten über deiner rechten Hand« (Ps 121,5).

Aber Gott hat es mit seinem erwählten Volk Israel erleben müssen, daß dieses Volk von ihm gewichen ist. Es entzog sich Gott, suchte Hilfe und Schutz bei anderen Mächten und wollte Gott beiseite setzen.

Darauf weisen die Propheten an vielen Stellen hin, durch die Gott seinem Volk zum Beispiel ausrichten läßt: »Das alles hast du dir doch selbst bereitet, weil du den HERRN, deinen Gott, verläßt, sooft er dich den rechten Weg leiten will« (Jer 2,17). »Israel, du bringst dich ins Unglück; denn dein Heil steht allein bei mir« (Hos 13,9). »Suchet nicht Bethel und kommt nicht nach Gilgal und geht nicht nach Beerscheba; denn Gilgal wird gefangen weggeführt werden,

und Bethel wird zunichte werden. Suchet den HERRN, so werdet ihr leben...« (Am 5,5 f.).
Das ist Gottes Werben um Israel, Gottes Ringen um sein Volk, daß es doch wieder zu ihm heimkommen und »unter dem Schatten seiner Flügel« sein möge, wo man sich freuen kann.
Mit Jesu Kommen setzt das Werben Gottes um die Menschen neu ein. Das gesamte Matthäus-Evangelium ist in seiner Bewegung durch die oben genannte Leitlinie gekennzeichnet, die für uns nur dann recht erkennbar wird, wenn wir die heilsgeschichtliche Zusammenschau von Altem und Neuem Testament heranziehen.

Abbildung 2 zeigt noch einmal das Matthäus-Evangelium im Ganzen. Aber hier sind die Kapitel verschieden gekennzeichnet. Kapitel, in denen die *Einladung* Jesu hervortritt, sind durch ein Plus-Zeichen erkennbar gemacht; wo die *Ablehnung* Israels überwiegt, ist das durch ein Minus-Zeichen markiert. Manche Kapitel müssen mit Plus und Minus versehen werden.

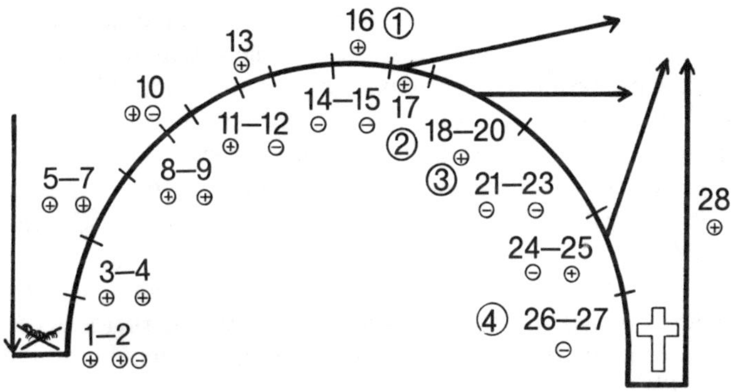

Abb. 2: Die Leitlinie des Matthäus-Evangeliums

Kapitel 1 bringt insbesondere die *Einladung* Gottes zum Ausdruck. Der Hauptinhalt dieses Kapitels zeigt sich in den beiden Namen für den Gekommenen: Er soll *»Jesus«* (d.h. ›Gott hilft‹) heißen; er ist die Hilfsaktion Gottes in Person. In ihm setzt Gott neu damit ein, daß Menschen (zunächst Israel) »unter dem Schatten seiner Flügel« leben.

Der andere Name lautet *»Immanuel«* (d.h. ›Gott ist mit uns, bei uns‹). Gott *»wird sein Volk retten von ihren Sünden«* (V. 21b). Die Sünde, das, was den Menschen davon ausgeschlossen hätte, wieder bei Gott zu Hause zu sein, wird durch Gott selbst beseitigt.

Die *Einladung* Gottes reicht schon in **Kapitel 2** über Israel hinaus: Die Weisen aus dem Morgenland kommen aus der Ferne und huldigen dem Messias.

Zugleich wird in diesem Kapitel aber auch deutlich, daß Israel seinen Messias *ablehnt.* Der Pseudoisraelit Herodes (der ja auch von den Edomitern abstammt), der Israel regiert, will den Messias abweisen. Aber auch Jerusalem möchte nicht gestört werden: Als Herodes die Weisen nach dem *»neugeborenen König«* fragen hört, *»erschrak er und mit ihm ganz Jerusalem«* (V. 3), statt daß davon die Rede ist, daß Jerusalem jauchzte.

Als Jesus 30 Jahre alt war, begann er mit seiner Wirksamkeit. Diese setzt in **Kapitel 3** ein, wobei deutlich das *einladende Moment* überwiegt. Zunächst tritt Johannes der Täufer auf, der Vorbote Jesu, der die Aufgabe hat, die Leute auf den Messias aufmerksam zu machen. Sie sollen erkennen, daß derjenige unter ihnen ist, der wunderbar einlädt. Jesus läßt sich dann auch taufen.

Kapitel 4 zeigt, wie Jesus die Voraussetzung dafür schafft, daß Menschen, die unter der Herrschaft der Finsternis gefangen sind, überhaupt freikommen können: Das Erlösungswerk Jesu beginnt eigentlich mit der Überwindung Satans in der Versuchungsgeschichte. Jesus fällt auf die Machenschaften des Feindes nicht herein, sondern besiegt diesen.

Auf diese Weise verschafft Jesus den Menschen, die er ruft, überhaupt erst richtig die Freiheit, zu ihm zu treten. Damit ist Jesu Erlösungswerk zwar noch nicht vollendet; aber damit beginnt es und geht bis zum letzten Blutstropfen, den Jesus am Kreuz von Golgatha vergießt (V. 1-11).

Auf Jesu Versuchungsgeschichte folgt seine *Einladung: »Tut Buße, denn das Himmelreich ist nahe herbeigekommen!«* So ruft Jesus die Menschen zur Heimkehr zu Gott: Sie sollen und können zu Gott heimkehren (V. 17).

Dann beruft Jesus ganz bestimmte Menschen – seine Jünger – unmittelbar in seinen Dienst (V. 18-22).

In diesem Zusammenhang ist auch die Bergpredigt **(Kap. 5 - 7)** zu sehen: Sie beinhaltet eigentlich die neue Gesetzmäßigkeit für diejenigen, die zu Ihm heimgekehrt sind, die »unter dem Schatten Seiner Flügel« leben.

Der Bergpredigt gehen unmittelbar die Worte voraus: *»...und seine Jünger traten zu ihm. Und er tat seinen Mund auf, lehrte sie und sprach...«* (5,1 f.). Es sind keine allgemeinen Wahrheiten und Weisheiten, die in der Bergpredigt ausgesprochen werden, sondern das sind Worte, die als die neue Ordnung für diejenigen gelten, die zu Ihm heimgekehrt sind.

Zunächst wird in den Seligpreisungen die Gabe ausgesprochen (5,3-12) und dann die Aufgabe, die Jesus in einer neuen Gesetzmäßigkeit, einer neuen Auslegung der Gebote gibt: *»Ich aber sage euch...«* (5,21-48).

Das gipfelt in dem Satz: *»Ihr sollt vollkommen sein, wie euer Vater im Himmel vollkommen ist«* (5,48). Im griechischen Urtext ist das Wort *»vollkommen sein«* zugleich ein Futurum, die Zukunftsform: *»Ihr werdet vollkommen sein.«* Jesu Weisung ist also gleichzeitig Verheißung: Er erreicht mit den Seinen dieses Ziel, wenn sie unter dem »Takte seiner Zügel« leben.

Auch die **Kapitel 8 und 9** sind vornehmlich *einladend.* So, wie Mose die zehn Plagen über Ägypten, das Gericht Gottes über das Herrenvolk Israels brachte, so tat Jesus zehn Heilandstaten, Wohltaten. Diese berichtet Matthäus beispielhaft aus einer Fülle dessen, was Jesus getan hat, und hat sie in den Kapiteln 8 und 9 zusammengestellt. Zu diesen Wundertaten gehören der Hauptmann von Kapernaum (8,5-13), die Heilung der Schwiegermutter von Petrus (8,14f.), die Stillung des Sturms (8,23-27), die Heilung eines Gelähmten (9,1-8) usw.

Dazu hat der Evangelist das Motiv, den Beweggrund, aus dem heraus Jesus dies alles tat, zusammengefaßt: Jesus bringt die Leutseligkeit, die Menschenfreundlichkeit Gottes jenen, die *»verschmachtet* waren und zerstreut wie die Schafe, die keinen Hirten haben« (9,36). Diese sind also draußen, und Jesus ruft sie herein, weil ihn des Volkes *»jammert«*, weil er ein tiefes Mitleiden mit diesen Menschen empfindet.

Im griechischen Text steht an dieser Stelle ein beachtenswerter Ausdruck, der etwa besagt, daß dieses *»Jammern«* einem ›die Eingeweide umdreht‹. Das bringt sehr anschaulich das Erbarmen zum Ausdruck, das einen nicht ruhen läßt und im Innersten bewegt.

Aber schon hier tritt in der Geschichte vom Hauptmann von Kapernaum das in Erscheinung: *»Viele werden kommen von Osten und von Westen und mit Abraham und Isaak und Jakob im Himmelreich zu Tisch sitzen«*, also auf den Plätzen, die für Israel vorgesehen waren; *»aber die Kinder des Reichs«*, die ursprünglich hier erscheinen sollten, *»werden hinausgestoßen in die Finsternis; da wird sein Heulen und Zähneklappern«* (8,11 f.). Wer sich also nicht hereinnehmen läßt, wer unter Gott nicht leben will, wird dann draußen sein.

Der Mensch wird nach seiner eigenen Entscheidung gerichtet, d.h. er wird fixiert, wird bei dem festgelegt, wie er sich selbst entscheidet. Wer Ihm nicht nahe genug sein kann, ist Ihm in Ewigkeit nahe; wer Ihn nicht haben will, wird dann draußen sein. So wird hier gesagt, daß die

Heiden in das Reich Gottes kommen und daß Menschen aus Israel draußen bleiben werden.

Kapitel 9 schließt mit der Aufforderung: *»Bittet den Herrn der Ernte, daß er Arbeiter in seine Ernte sende«* (V. 38). Die »Erntearbeit« soll durch noch mehr Leute geschehen, und so sendet Jesus in **Kapitel 10** seine Jünger in einer ersten Phase der Jüngeraussendung an Israel: *»Geht nicht den Weg zu den Heiden und zieht in keine Stadt der Samariter, sondern geht hin zu den verlorenen Schafen aus dem Hause Israel«* (V. 5 f.). (In Mt 28 erfolgt dann mit dem allgemeinen Missionsbefehl eine Ausweitung der Aussendung »in alle Welt«). So richtet Jesus durch seine Jünger, die den Verlorenen Israels nachgehen sollen, seine *Einladung* aus (V. 6).

Aber Jesus sagt in Kapitel 10 auch das andere, daß nämlich weitaus mehr Menschen der Einladung *nicht* folgen und nur wenige ihr folgen werden. Deshalb werde Leiden über diejenigen kommen, die in seinem Auftrag hinausgehen, weil sich die große Mehrheit gegen ihn entscheidet. Daher sagt Jesus: *»Ich sende euch wie Schafe mitten unter die Wölfe«* (V. 16a).

Auch in **Kapitel 11** überwiegt die *Einladung* Jesu (v.a. V. 28: *»Kommt her zu mir alle…«*). Doch zeigt sich andrerseits auch schon die *Ablehnung* darin, daß Jesus und sein Vorläufer – Johannes der Täufer – so leicht abgewiesen werden. Der inhaftierte Johannes gerät in große Anfechtung und droht an Jesus irre zu werden.

Jesus sagt in diesem Kapitel erstmalig im Blick auf die Städte im galiläischen Bereich um den See Genezareth, wo er mit seiner Wirksamkeit begonnen hat, daß diese das Gericht treffen werde: *»Wehe dir, Chorazin! Weh dir, Bethsaida! … Und du, Kapernaum, wirst du bis zum Himmel erhoben werden? Du wirst bis in die Hölle hinuntergestoßen werden… Es wird dem Land der Sodomer erträglicher ergehen am Tage des Gerichts als dir«* (V. 20-24). Über denen, die Jesus *abweisen*, steht also das göttliche »Wehe« (V. 20-24).

»Wem viel anvertraut ist, von dem wird man um so mehr fordern« (Lk 12,48b). Jener göttliche Ernst ist in diesen Worten Jesu zu hören, von dem auch Paulus spricht: »Irret euch nicht! Gott läßt sich nicht spotten. Denn was der Mensch sät, das wird er ernten« (Gal 6,7). Wenn Gott einlädt, muß man kommen. Wenn er seine Gemeinschaft anbietet, dann ist es wichtig, auch in dieser seiner Gemeinschaft zu leben.

Aber – und damit schließt Kapitel 11 – die *Einladung* geht in dem wunderbaren Heilandsruf weiter: *»Kommt her zu mir alle, die ihr mühselig und beladen seid; ich will euch erquicken«* (V. 28).

In **Kapitel 12** zeigt sich der Beginn der Auseinandersetzung Jesu mit den Pharisäern und anderen Führenden in Israel (dies setzt sich in den

Kapiteln 14 und 15 fort und geht bis 16,12). Die Kontroverse mit den Pharisäern bricht auf an Jesu Stellung zum Sabbatgebot (V. 1-14) und führt bis hin zu der Verdächtigung, Jesus gebe auch einem bösen Geist Raum, ja er sei vom *»Obersten«* der Dämonen besessen, vom Satan (V. 22-30; vgl. V. 24).

Jesus warnt daraufhin die Pharisäer davor, daß sie nicht in die Sünde wider den Heiligen Geist verfallen (V. 31 f.), d.h. daß sie ihn nicht wider besseres Wissen so verdächtigen, weil sie ihn beneiden und da es für sie nicht wahr sein darf, daß Jesus der Messias Gottes ist.

Man kann im Blick auf derartiges nur darum bitten, daß wir uns nicht auch selbst mit einer falschen Frömmigkeit gegen Gott behaupten. Denn in solcher Selbstbehauptung, die mit einer scheinbaren Frömmigkeit verbunden ist, fühlt sich der ›alte Mensch‹ am sichersten.

Die religiös und politisch führenden Israeliten wollen den Messias nicht als den annehmen, als den Gott ihn sendet: als den still wirkenden »Gottesknecht« (12,15-21). Jesus ruft in all seinen Worten an sie die Pharisäer auf, sich von ihm überwinden zu lassen.

Kapitel 13 weist in den sieben Gleichnissen Jesu vom Himmelreich deutlich das *einladende Moment* auf. Jesus deutet mit diesen Gleichnissen das, was in seinem ganzen Wirken geschieht. Mit Jesu Auftreten und Wirken ist noch nicht – wie Johannes der Täufer es vermutet hatte (vgl. 3.12) – der große Tag des Erntens und Dreschens gekommen, sondern: *»Es ging ein Sämann aus, zu säen...«* (V. 3b). Mehrere dieser sieben Gleichnisse gebrauchen das Bild von der Saat, insbesondere das Gleichnis vom vierfachen Ackerfeld (V. 3-8).

Und doch ist auch in diesem Kapitel von einer *Abweisung* die Rede: Jesus kommt in seine Heimatstadt Nazareth, und hier wird er ausgesprochen abgelehnt bzw. findet keinen Glauben (V. 53-58).

In den **Kapiteln 14 und 15** überwiegt diese *Ablehnung*. Jesu Auseinandersetzung mit Pharisäern und Schriftgelehrten geht weiter (vgl. Kap. 12). In Kapitel 14 wird zunächst gezeigt, daß Johannes der Täufer, der Vorläufer Jesu, nicht nur verhaftet, sondern sogar getötet wird (V. 1-12). Es fließt also Märtyrerblut.

Andrerseits nimmt sich Jesus nach wie vor des Volkes an: mit dem Wort, mit den Liebestaten der Heilung und der Speisung. Jesus fährt fort zu predigen, zu heilen und zu speisen (V. 13-36). Er kommt in der Nacht über das Meer zu den Jüngern: *»Seid getrost, ich bin's; fürchtet euch nicht«* (V. 27b). Immer noch erweist er seine Menschenfreundlichkeit im Blick auf diejenigen, die sich seinen Dienst gefallen lassen.

In Kapitel 15 spitzt sich die Konfrontation zwischen Jesus und den Vertretern der Frömmigkeit Israels noch mehr zu. Eine Abordnung

(Prüfungskommission) von Pharisäern und Schriftgelehrten aus Jerusalem kommt zu Jesus (V. 1-20). Zuvor waren es mehr örtliche Instanzen, die sich mit ihm anlegten; doch nun wird es erst recht ernst, weil diese Abordnung aus Jerusalem – sozusagen von offizieller Stelle – zu Jesus kommt.

Jesus weicht ins Ausland aus, ins Land der Kanaaniter (Syro-Phönizien), *»in die Gegend von Tyrus und Sidon«* (V. 21-28). Auffallenderweise war schon Elia dorthin gesandt worden und hatte dort einem Menschen durchgeholfen, um damit anzuzeigen, daß Gott keine Grenzen kennt (1. Kön 17,8-24: Elia bei der Witwe zu Zarpat); auch Isebel kam von dort (vgl. 1. Kön 16,31b). Ähnlich hilft auch Jesus dort einer *»kanaanäischen* Frau« und ihrer Tochter – eine bemerkenswerte Parallele zu der Geschichte Elias.

Indem Israel seinen Messias Jesus abweist, geht das Heil um so mehr zu den Völkern weiter – dies beginnt hier mit der *»kanaanäischen Frau«*. Das legt Paulus in Römer 9 - 11 ausführlich dar; und das wird auch im Missionsbefehl Jesu deutlich (Mt 28,18-20).

In **Kapitel 16** bricht bei den Jüngern die Erkenntnis durch, daß Jesus der Christus, der Messias ist. Eine erste Schar – diese Jünger nämlich – tritt in voller Erkenntnis dessen, wer Jesus ist, zu ihm und unterstellt sich ihm (V. 13-20).

Das gehört auch zu der lichten Linie des Matthäus-Evangeliums, zu dem Leitmotiv der Einladung, daß Menschen, indem sie mit und bei Jesus leben, auch die Erkenntnis gewinnen, wer er ist und was sie an ihm haben.

Am Anfang der Jüngerschaft stand allerdings nicht diese Erkenntnis, sondern die Gehorsamstat, also dies, daß die Jünger einfach mit Jesus gegangen sind. Die Erkenntnis, wer Jesus ist, erwuchs erst im Laufe der Zeit und brach dann durch: *»Du bist Christus, des lebendigen Gottes Sohn!«* (V. 16b).

Manche Menschen meinen, sie könnten aus der Distanz eine perfekte Erkenntnis über Jesus bekommen; wenn sie diese hätten, wären sie bereit, ihn anzunehmen. Jesu Pädagogik geht umgekehrt vor: Jesus zieht zunächst Menschen in seine Gemeinschaft, wozu auch kleine Gehorsamsschritte gehören, und erst mit der Zeit wächst die Erkenntnis und bricht durch.

Im selben Kapitel wird zugleich die Tatsache deutlich, daß die große Mehrheit der Menschen Jesus ablehnt und daß er deshalb zu leiden hat. Daher sagt Jesus seinen Jüngern offen, daß ihn sein Weg nicht zur Machtübernahme, sondern in Leiden und Tod führen werde (V. 21-23).

Daran schließt sich Jesu Leidensankündigung für seine Jünger an: *»Will mir jemand nachfolgen, der verleugne sich selbst und nehme sein Kreuz auf sich und folge mir nach«* (V. 24). Wie Jesu Weg ins Leiden führt, so bedeutet auch der Weg der Jünger die Übernahme dieses Kreuzes. Israel werde sich, so sagt Jesus, in seiner großen Mehrheit von ihm absetzen und sich auch gegen die Seinen erklären. (Die insgesamt vier Leidensankündigungen sind in Abb. 2 mit den umkreisten Ziffern 1 – 4 angedeutet.) Wo die volle Erkenntnis des Messias durchgebrochen ist, dort wird also auch die volle Erkenntnis dessen gegeben, wohin der Weg führen wird.

In Kapitel 16 tritt noch etwas Beachtliches in Erscheinung, was gegenüber dem, was im Alten Testament zu sehen ist, ganz neu ist: Hier taucht erstmals im Matthäus-Evangelium das griechische Wort *ekklesía* auf, das im Deutschen mit dem Wort *»Gemeinde«* übersetzt wird (V. 18; vgl. dazu 18,17).

Im Griechischen besagt dieses Wort weit mehr, als die deutsche Übersetzung ausdrückt. Das Wort *ekklesía* ist nämlich aus der Vorsilbe *ek* (bzw. *ex*, d.h. »aus, heraus«) und dem Zeitwort *kaléoo* (»rufen«) zusammengesetzt. *Ekklesía* ist »die herausgerufene Schar«, eine Auswahl, die aus dem allgemeinen Strom heraustritt und einen anderen Weg geht. Das ist die Gemeinde Jesu aus Israel *und* aus den Völkern.

Diese *ekklesía* ist das neutestamentliche Gottesvolk, die Gemeinde, die am Ziel ganz nah bei Ihm sein darf: »Wer überwindet, dem will ich geben, mit mir auf meinem Thron zu sitzen . . .« (Offb 3,21a). Jesus gibt seiner Gemeinde teil an dem, was er hat, ist und tut. Die *ekklesía* ist die Schar, die ihm entgegengehen darf, wenn er wiederkommt, die verwandelt wird (nach 1. Kor 15,51 f.), die entrückt wird (nach 1. Thess 4,17). Das ist die Schar derer, die, wenn sie gestorben sind (etwa auch durch das Martyrium), bei dem ersten Teil der Auferstehung, einer Heraus-Auferstehung, beteiligt sein wird. Es sind diejenigen, die jetzt schon mit Ihm leben, die »in Seinem Schatten bleiben« (Ps 91,1).

Das Petrus-Bekenntnis in Kapitel 16 – bzw. derjenige, zu dem sich dieses Bekenntnis bekennt – ist der *»Fels«, »auf den ich meine Gemeinde [ekklesía] bauen will«*, dieses neue Gotteshaus, der neue Tempel, den wir in Offenbarung 21 dann als die große, wunderbar erbaute Stadt sehen.

Das alles tut Gott angesichts der Tatsache, daß Israel es zum großen Teil abweist, daß er das neutestamentliche Gottesvolk aus Israel und aus den Völkern sammelt. Paulus nennt das in seinen Brief das »Geheimnis« *(mysterion)*.

Kapitel 17 ist wieder eindeutig mit einem positiven Vorzeichen versehen. Bevor Jesu Weg ans Kreuz führt, gewährt Gott drei Jüngern einen besonderen Blick (V. 1-13). Petrus, Jakobus und Johannes erkennen zum einen, daß Jesus die Fortsetzung und Erfüllung der alttestamentlichen Gottesgeschichte ist, indem sie ihren Herrn auf dem Berg der Verklärung mit Mose und Elia zusammen sehen. Deshalb wissen sie, welche Rolle Jesus spielt.

Sodann dürfen diese Jünger Jesus schon eigentlich in der künftigen Klarheit und Herrlichkeit sehen, die am Ziel in Erscheinung treten wird. (Deshalb weist in Abb. 2 ein Pfeil von Kap. 17 aus weiter, zum Ziel hin.)

Allerdings folgt dann (V. 22 f.) die zweite Leidensankündigung Jesu. Die Jünger dürfen sich also nicht täuschen: Der Weg Jesu und seiner Jünger geht nun nicht direkt der Herrlichkeit entgegen, sondern führt nur über das *Kreuz* zur Herrlichkeit.

Die **Kapitel 18 – 20** sind von der *Einladung* Jesu bestimmt. In Kapitel 18 wird weiter ausgeführt, was es mit der *ekklesía*, der Gemeinde, auf sich hat (V. 15-20). Hier wird die Zeit nach Pfingsten vorbereitet; die künftige Gemeinde Jesu tritt hier voll ins Blickfeld (V. 17).

Es wird dabei von Jesu Gegenwart inmitten seiner Gemeinde gesprochen: *»Wo zwei oder drei versammelt sind in meinem Namen, da bin ich mitten unter ihnen«* (V. 20). Jesus gibt dieser Gemeinschaft eine große Verheißung: *»Wenn zwei unter euch eins werden auf Erden, worum sie bitten wollen, so soll es ihnen widerfahren von meinem Vater im Himmel«* (V. 19).

Jesus spricht auch von dem gemeinsamen Kampf gegen das Böse in der Gemeinde, von der Gemeindezucht (V. 15-17).

In Kapitel 19 spricht Jesus unter anderem von der Stellung der Kinder in der Gemeinde (V. 13-15): Sie sind nicht im Niemandsland, sind nicht draußen, bis sie eine gewisse Altersreife haben, nein: *»Lasset die Kinder und wehret ihnen nicht, zu mir zu kommen; denn solchen gehört das Himmelreich«* (V. 14).

In Kapitel 20 geht es unter anderem darum, daß nur derjenige, der über das Kreuz geht (also Jesus), die Gemeinde als das neue Gottesvolk zu erkaufen und zu sammeln vermag (V. 17-19).

Sodann spricht Jesus von der Stellung derer, die in der Gemeinde führend tätig sind (V. 20-28). In der Welt – so sagt Jesus – ist es oft so, daß die Großen herrschen, indem sie von oben herab wirken (V. 25). Dort lassen sich also oft die Starken von den Schwachen tragen. Jesus aber stellt dies vom Kopf auf die Füße: In seiner Gemeinde sind die Starken unten und die Schwachen oben (V. 26). Die Starken, die tragen, sind Diener; und die anderen – die Schwachen – sollen oben sein und werden getragen.

In den **Kapiteln 21 - 23** dominiert die *Ablehnung*. Die Auseinandersetzungen um Jesus werden nun zunehmend schärfer. Jesus geht als der *Einladende* nach Jerusalem, doch dort schlagen ihm *Abweisung* und Feindschaft entgegen. Er weiß, daß seine Zeit jetzt gekommen ist, und er weicht dem nicht mehr aus, was ihm bevorsteht. Die Jünger sind zudem in den vergangenen drei Jahren von ihm genügend geschult worden, so daß sie später weitermachen können, wenn der Geist Gottes vollends in ihnen wirkt. Sie haben das Entscheidende mitbekommen, und der Geist wird sie dann an das erinnern, was sie von Jesus gehört haben.

Zunächst zeigt Kapitel 21 Jesu Einzug in Jerusalem (V. 1-11), sodann die Tempelreinigung (V. 12-17) und das eigenartige Bild von dem durch ihn verfluchten Feigenbaum, auf dem er Feigen sucht, aber keine findet (V. 18-22).

Was in diesem Ereignis erzählt ist, ist schon vielen Auslegern als rätselhaft erschienen. Es geht dabei aber um keinen Feigenbaum im natürlichen Sinn, sondern das ist eine Sinnbildhandlung, aus der den Jüngern etwas klar werden soll.

Der Feigenbaum wie auch der Weinstock ist schon im Alten Testament ein Bild für Israel. Im Blick auf Israel sagt Jesus, er habe dort keine »Frucht der Buße« gefunden, wie sie schon Johannes der Täufer gefordert hat (vgl. 3,8). Israel hat also Gott und seiner Zurechtweisung in Jesu Kommen nicht Raum und Recht gegeben. Deshalb verdorrt der Feigenbaum. Israel ist also verworfen worden – allerdings nur vorläufig (so Röm 11)!

Das betrifft insbesondere die Führenden Israels, wie es Jesus im Gleichnis von den bösen Weingärtnern ausspricht (V. 33-44).

Diese Weingärtner im Gleichnis tun so, als würden sie für den Hausherrn arbeiten. Aber als dieser die Früchte fordert, wird deutlich, daß sie längst den Weinberg unterschlagen und als ihr Eigentum behandelt haben. Sie töten sogar den Sohn des Hausherrn.

Die Pharisäer und Hohenpriester merken bald, was Jesus mit diesem Gleichnis meint: nämlich daß er, Jesus, getötet werden wird, er, der die Früchte einholen will.

In Kapitel 22 setzen sich die Auseinandersetzungen zwischen Jesus und den Pharisäern und den Sadduzäern fort. Diese Vertreter der jüdischen Obrigkeit wollen Jesus durch verfängliche Fragen gewissermaßen aufs Glatteis führen, wozu zum Beispiel die Frage nach dem Zinsgroschen gehört (V. 15-22).

Dem schließt Jesus seine »Wehe«-Rede gegen die Schriftgelehrten und Pharisäer an, die er abschließend so zusammenfaßt: *»Jerusalem, Jerusalem, die du tötest die Propheten und steinigst, die zu dir gesandt sind!*

Wie oft habe ich deine Kinder versammeln wollen, wie eine Henne ihre Küken versammelt unter ihre Flügel; und ihr habt nicht gewollt!« Deshalb *»soll euch euer Haus wüst gelassen werden«* (V. 37 f.). Darauf also läuft die Auseinandersetzung zwischen Jesus und den Pharisäern hinaus. Diese Auseinandersetzung spitzt sich dann am Schluß von Kapitel 26 besonders zu (siehe unten).

In **Kapitel 24** setzt sich die *Abweisung* Jesu fort. Da der Feind auf Golgatha zwar entrechtet, aber noch nicht endgültig entmachtet wird, und da viele berufen, aber wenige auserwählt sind (und sich auswählen lassen; 22,14), kommt es so, daß vor Jesu Wiederkehr das Gute wie auch das Böse ausreifen werden – bis zur schweren, weltweiten Verfolgung der Gemeinde (24,9). Doch Jesu Verheißungswort wird erfüllt (V. 35).

Jesu Gleichnisse in **Kapitel 25** stellen zwar deutlich eine *Einladung* dar, beinhalten aber zugleich die Warnung vor einer falschen Sicherheit bei solchen, die sich nur äußerlich zur Gemeinde halten. Die persönliche Gemeinschaft mit dem Herrn ist für das Heil, die Rettung unabdingbar (Gleichnis von den zehn Jungfrauen).

In **Kapitel 26** kommt es im Prozeß Jesu zu einer letzten Zuspitzung der Auseinandersetzung zwischen Jesus und den offiziellen Repräsentanten Israels, den Mitgliedern des Hohen Rats (V. 57-68). Diese Kontroverse hatte sich ja schon vorher verschärft (siehe zu Kap. 23), gipfelt aber hier in einer gewaltigen Szene, die man sich vergegenwärtigen muß. (Daher lege ich dieses Kapitel etwas detaillierter aus.)

Jesus steht vor Gericht, vor dem Hohen Rat, dem Synhedrium. Dieses Gremium bestand aus 70 Mitgliedern (gemäß der 70 Ältesten, die schon Mose um sich geschart hatte; vgl. 4. Mose 11). Wer in Israel Rang und Namen hatte, gehörte zu diesem Synhedrium.

Damals kannte man noch nicht die Gewaltentrennung, wie wir sie in unserem Staat haben und wie sie sich seit der Aufklärung und der Französischen Revolution allgemein bei uns durchgesetzt hat. Der Hohe Rat war vielmehr alles zugleich: oberster Gerichtshof, Landtag, autonome Staatsregierung (unter der römischen Oberherrschaft) und auch Kirchenleitung.

Vor dieses Gericht also wurde Jesus gestellt – wie man bei uns etwa einen Hochverräter sofort vor eine sehr hohe gerichtliche Instanz stellt. Vor dieser Instanz, die das gesamte Israel jener Zeit repräsentierte, hatte sich Jesus zu verantworten. Vorsitzender dieses Gremiums war der Hohepriester Kaiphas. Die Anklage lautete, Jesus habe Gott gelästert und habe etwas für sich in Anspruch genommen, was ihm nicht zustehen würde.

Man wollte durch Zeugenaussagen die angeblichen Straftaten Jesu in den Gerichtssaal hereinprojezieren. (Das Wesen der Zeugenaussage ist es ja, ein Geschehen von außerhalb des Gerichts, das also vorher an einem anderen Ort geschehen ist, in den Gerichtssaal hereinzuprojezieren.) Das gelang aber nicht so recht, weil die Aussagen der Zeugen nicht übereinstimmten.

Daher hat Kaiphas zu einem prozessualen Schachzug gegriffen: Er schob dem Angeklagten den Eid zu. Die Absicht des Hohepriesters war es, daß Jesus seine Straftat vor dem versammelten Kollegium gestehen sollte; dann benötigte man ja keine Zeugen mehr, denn alle hörten es aus dem Munde des Angeklagten selbst. Daher konnte Kaiphas hinterher auch feststellen: *»Was bedürfen wir weiterer Zeugen? Siehe, jetzt habt ihr die Gotteslästerung selbst gehört«* (V. 65b).

Vorher aber fragt er Jesus: *»Ich beschwöre dich bei dem lebendigen Gott, daß du uns sagst, ob du der Christus bist, der Sohn Gottes«* (V. 63).

Daraufhin antwortet der bis dahin schweigsame Angeklagte. Jesus nimmt also diesen Eid an und sagt sozusagen unter Eid aus: *»Du sagst es.«* Das ist in der hebräischen Sprache ein rundes, eindeutiges Ja. Um das noch zu erhärten, fügt Jesus seinem Wort eine alttestamentliche Messiasverheißung hinzu, aber keine solche Messiasverheißung, die ihn als den leidenden Gottesknecht zeigt (etwa aus Jes 53), sondern eine solche, die ihn als den Herrlichen zeigt (aus Dan 7): *»Von nun an werdet ihr sehen den Menschensohn sitzen zur Rechten der Kraft und kommen auf den Wolken des Himmels«* (V. 64).

Damit bekennt sich vor dem offiziellen Israel Jesus zu seinem Messiasamt, obschon er weiß, daß das sein Todesurteil bedeutet. Und er verknüpft dieses Bekenntnis mit einer der großen Messiasverheißungen des Alten Testaments, die – wie gesagt – die Hoheit, nicht die Niedrigkeit des Messias ausdrückt: Er zitiert Daniel 7,13 (vgl. die Auslegung dieser Stelle in Bd. 1, »Der Prophet Daniel«, Abschnitt 2.2.1).

Das ist ein Augenblick der atemberaubenden Spannung. Man muß sich das vergegenwärtigen: Was würde Israel in Gestalt seiner Repräsentanten nun tun? Würden die Männer des Hohen Rates zugeben: Ja, ›Blinde sehen und Lahme gehen, Aussätzige werden rein und Taube hören, Tote stehen auf‹ (zum Beispiel Lazarus)? Alle Anzeichen, alle Identitätszeichen sind gegeben, so daß man erkennen kann, daß Jesus tatsächlich der Messias Israels ist. Und wenn sie ihn nun in den Tempel hinübergeleitet und gesprochen hätten: »Gelobt sei, der da kommt in dem Namen des Herrn!«, und wenn sie dazu den uralten und längst eingeübten Psalm zum Empfang des Messias angestimmt hätten, was wäre dann gewesen!?

Die Spannung besteht aber nur einen Augenblick lang. Dann zerreißt *»der Hohepriester seine Kleider«* (V. 65a). Er greift also oben in sein Untergewand und reißt einen Schlitz hinein, als ob er keine Luft bekommen würde. Das war bei den Menschen damals, die ja einen Sinn für Symbolhandlungen hatten, der Ausdruck des höchsten Entsetzens.

Das Urteil über Jesus lautet dann: *»Er ist des Todes schuldig«* (V. 66b). Entweder war es wahr, was Jesus sagte – dann konnte man ihn nur anbeten –, oder es war Anmaßung und Betrug – dann konnte man ihn nur töten. Dazwischen lag nach dem Recht Israels nichts.–

Jesus war das Schicksal Israels damals, und er ist es auch noch heute. Er ist auch das Schicksal der anderen Völker; und er ist ganz besonders auch das Schicksal unseres Volkes, das von der Reformation bis zum frühen Pietismus wie kaum ein anderes Volk Jesus begegnet ist. Alles andere wird unserem Volk nichts nützen: weder Humanisierung noch politische Klugheit noch wirtschaftliche Tüchtigkeit. Jesus wird unser Schicksal sein, auch als Volk! –

Jesu Weg ans Kreuz kommt in **Kapitel 27** an sein Ziel. Kapitel 27 zeigt – nachdem in Kapitel 26 die große Entscheidung gefallen ist – aber nur noch ›Nachhutgefechte‹: die Urteilsbestätigung durch den geistlich und heilsgeschichtlich ahnungslosen römischen Statthalter Pontius Pilatus. Pilatus erkennt zwar die Unschuld Jesu und bemerkt den Neid von Jesu Feinden; dazu wird er von seiner Frau gewarnt (V. 19). Trotzdem verurteilt auch er Jesus (V. 26).

Auch hier tritt wiederum das in Erscheinung, daß das Gros der Menschen Jesus verläßt und nur einige wenige zu ihm halten (vgl. Joh 19,38-42: Josef von Arimathäa und Nikodemus). Jesus hatte immer und überall seine Leute, selbst in dem Synhedrium Israels (Nikodemus gehörte zum Hohen Rat), das ihn dem Tod preisgab.

Kreuz und Auferstehung Jesu haben u.a. den Weg zur Sammlung der *ekklesía*, der Gemeinde gebahnt **(Kapitel 28).** Jesus gibt den Auftrag zur Mitarbeit der Jünger an dieser Sammlung der Gemeinde in aller Welt (V. 18-20: Missionsbefehl).

Jesus hatte alles überwunden und war als der Auferstandene wiedergeschenkt worden; er hatte durch seinen Opfergang die große Ermächtigung bekommen: *»Mir ist gegeben alle Gewalt im Himmel und auf Erden«* und dem Feind das Recht genommen (Satan konnte noch in Jesu Versuchungsgeschichte sagen, alle »Reiche der Welt und ihre Herrlichkeit« seien ihm übergeben).

Im Vollzug dessen sendet Jesus nun die Jünger und lädt zu sich ein, wobei nicht im Zweifel gelassen wird: »Viele sind berufen, aber wenige auserwählt« (22,14). Wenige lassen sich also wählen und kommen herzu; und doch dürfen diese wenigen die Vorhut der gewaltigen Stunde sein, in der der Feind nicht nur entrechtet, sondern durch das Kommen dieses Herrn auch entmächtigt sein wird.

Es ist entscheidend wichtig, daß Seine Gemeinde jetzt schon unter Ihm lebt und »unter dem Schatten des Allmächtigen bleibt« (vgl. Ps 91,1) und Gott daher wirkt und Menschen einladen läßt durch Glaubenszeugnis und Liebestat: »Laßt euch versöhnen mit Gott! Laßt euch erretten aus diesem verkehrten Geschlecht!« (2. Kor 5,20b; Apg 2,40).

Das Markus-Evangelium

1. Einleitung

1.1 Die Verfasserfrage

Das Markus-Evangelium ist überschrieben: »Nach Markus« (griech. *Kata Markon*). In diesem biblischen Buch wird also das eine Evangelium von dem Verfasser Markus dargestellt.

Die biblischen Nachrichten reden von einem Johannes Markus (Apg 12,12.25; 15,37); und es gibt außerbiblische Nachrichten aus früher Zeit – noch aus dem 1. Jahrhundert –, die besagen, daß der Verfasser dieses Evangeliums dieser Johannes Markus gewesen sei, der in der Apostelgeschichte und in neutestamentlichen Briefen (Kol 4,10; 2. Tim 4,11; Phlm 24; 1. Petr 5,13) immer wieder genannt wird.

In Apostelgeschichte 12 wird die Verhaftung des Petrus berichtet. Während des Gefängnisaufenthaltes von Petrus hat die Gemeinde im Haus einer wohl verwitweten Frau namens Maria gebetet, die die Mutter des Johannes Markus war (Apg 12,12). Dorthin ist Petrus dann auch nach seiner Befreiung gegangen; dieses Haus muß also ein zentraler Ort der frühen Christenheit gewesen sein. Manche Ausleger nehmen an, was auch frühe außerbiblische Zeugnisse besagen, daß in demselben Haus einst die Jüngerschar zusammen mit Maria gewesen sei, nämlich zwischen Himmelfahrt und Pfingsten (vgl. Apg 1,13 f.). Andere Ausleger wiederum vermuten, daß möglicherweise auch die Einsetzung des Abendmahls in diesem Hause stattgefunden hat.

Johannes Markus entstammte also einem Haus, in dem führende Männer der ersten Christenheit aus- und eingegangen sind. Er selbst war ein Mann, der gewissermaßen zur zweiten Generation gehörte und der nicht – wie Matthäus – selbst ein Augenzeuge Jesu war. Damals war er zunächst ein junger Mann, ein Schüler der Apostel, der aus den Kreisen der Apostel hervorgegangen ist.

»Johannes« ist der hebräische, »Markus« der lateinische Name dieses Mannes, wie ja auch Paulus einen hebräischen Namen – »Saulus« – und wohl schon von Anfang an als Auslandsjude (und nicht erst seit seiner Bekehrung) auch den Namen »Paulus« hatte.

Wir wissen von einer Krise im Leben dieses Johannes Markus. Er wird von seinem Onkel Barnabas, der auch aus diesem Kreis stammt, auf die erste Missionsreise mitgenommen. Aber er versagt dort, als die Gefahren zunehmen (Apg 13,13); und Paulus möchte ihn deshalb zur zweiten Missionsreise nicht wieder mitnehmen (Apg 15,37-39).

In diesem Zusammenhang steht das offene Wort, daß nämlich Paulus und Barnabas wegen dieser Frage »scharf aneinander kamen« (Apg 15,39a). Offenkundig hatte Barnabas doch recht, daß er zwar verstand, daß Paulus, der vorwärts stürmende Kämpfer, wenigstens im eigenen Team einigermaßen bewährte Leute haben wollte, andrerseits er, Barnabas, nun diesen seinen Neffen Johannes Markus, der einmal versagt hatte, nicht endgültig abschreiben wollte. Und später ist Johannes Markus offenkundig dann auch ein trefflicher Mann geworden.

Paulus erwähnt Johannes Markus immer wieder in den Grußlisten seiner Briefe (Kol 4,10; Phlm 24; 2. Tim 4,11).

Insbesondere Petrus hebt die Bedeutung dieses Johannes Markus hervor, wenn er ihn am Schluß seines ersten Briefes »mein(en) Sohn Markus« nennt (1. Petr 5,13). Das weist darauf hin, daß Johannes Markus ein vertrauter Schüler und Mitarbeiter des Petrus gewesen ist. Petrus grüßt hier »aus Babylon«; man nimmt allgemein an, daß das in jener Zeit unter Christen ein Deckname und ein charakterisierendes Wort für Rom war.

1.2 Entstehungszeit und -ort sowie Adressaten

Markus war also bei Petrus, vermutlich in Rom. Nicht lange nachdem Paulus den Märtyrertod gestorben ist, ist auch Petrus diesen Tod gestorben. Dies geschah etwa Mitte der 60er Jahre des 1. Jahrhunderts; und das könnte jene Zeit sein, in der Markus diesen Bericht – sein Evangelium – niedergeschrieben hat, solange Petrus, sein Gewährsmann, wohl noch lebte. Markus dachte wohl, daß das Zeugnis zu seinen Lebzeiten für weitere Generationen festgehalten werden müßte.

Vermutlich hat Markus sein Evangelium zunächst für Christen in Rom geschrieben. Anders als Matthäus formuliert Markus nichts in der Art: »...auf daß erfüllt würde, was geschrieben steht...« Markus hat sein Evangelium also nicht für Judenchristen verfaßt. Demgegenüber erklärt er immer wieder jüdische Worte und Gebräuche sowie die jüdische Gottesdienstordnung. Er schreibt also in erster Linie für eine Leserschaft, die diese jüdischen Gepflogenheiten nicht kennt, – wohl eben an Christen aus den Heiden.

Auch benennt Markus wiederholt beispielsweise Angelegenheiten aus dem militärischen oder aus dem politischen Bereich mit lateinischen, nicht mit griechischen Worten (im Unterschied zu den anderen Evangelien). So wird der römische Hauptmann (das war damals der Befehlshaber über das Hinrichtungskommando am Kreuz) bei ihm mit dem Wort »Centurio«, einem Ausdruck aus dem Lateinischen, bezeichnet (15,39).

Deshalb ist das Markus-Evangelium vermutlich im Zentrum des römischen Reiches oder gar im Westteil des Römerreiches abgefaßt. Denn im Ostteil dieses Reiches hat man damals im allgemeinen nicht lateinisch, sondern griechisch gesprochen.

1.3 Stilistische Eigenarten

Der Gewährsmann für das, was Markus in seinem Evangelium berichtet, war wohl Petrus. Es ist charakteristisch, daß in diesem kürzesten der vier Evangelien im Blick auf Petrus Negatives verhältnismäßig ausführlich berichtet wird, wohingegen Positives entweder kurz oder überhaupt nicht erwähnt wird. Das weist auf die Demut des Gewährsmannes von Markus hin, der nicht sich, sondern seinen Herrn großmachen wollte, der mit solchen Menschen arbeitet.

Wir können uns auch vorstellen, daß Petrus etwa so berichtet hat, wie Markus schrieb, auch in der Art und Weise der Rede. Es kommen in diesem Evangelium keine langen Reden Jesu vor, sondern nur knappe Worte, Kernsätze und kurzgefaßte Gleichnisse. Dagegen sind die Geschichten der Taten Jesu eher etwas farbiger und anschaulicher als bei Matthäus erzählt. Der Handlungsverlauf geht bei Markus Schlag auf Schlag; sehr häufig steht hier das griechische Wort *euthys* (»sofort, alsbald«). Es geht alles rasch vonstatten, und mit knappen Worten wird der Eindruck auf Freund und Feind erzählt.

1.4 Der Aufbau

Der Aufbau des Markus-Evangeliums ist ähnlich dem des Matthäus-Evangeliums (das sieht bei Lukas und erst recht bei Johannes anders aus). Ich habe, um das zu verdeutlichen, in Abbildung 3 bei den Kapiteln des Markus-Evangeliums die entsprechenden Kapitel des Matthäus-Evangeliums angegeben. (Auf diese Weise kann man sich den Aufbau des Matthäus-Evangeliums einprägen und von daher auch den des Markus-Evangeliums schnell erfassen.)

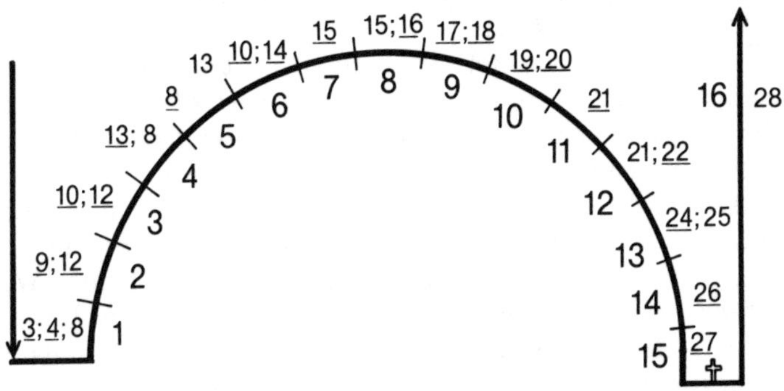

Abb. 3: Das Markus-Evangelium

Das Markus-Evangelium umfaßt nur 16 Kapitel; diese sind innerhalb des Kreisbogens von Abbildung 3 eingetragen. Die dazugehörigen Kapitel des Matthäus-Evangeliums stehen oberhalb des Bogens.

Der Kreisbogen erreicht seinen Höhepunkt bei Markus 8. In diesem Kapitel bricht bei den Jüngern die entscheidende Erkenntnis durch, die zu dem wichtigen Bekenntnis, dem Petrus-Bekenntnis, führt: »Du bist der Christus!« (8,27-30). Dies steht in Kapitel 8, also genau in der Mitte des Evangeliums.

1.5 Ein Gang durch das Markus-Evangelium im Vergleich mit dem Matthäus-Evangelium

Markus beginnt sein Evangelium nicht – wie Matthäus und Lukas – mit der Geburt Jesu, sondern erst mit der Wirksamkeit Jesu, als Jesus 30 Jahre alt war. Deshalb entspricht dem ersten Kapitel des Markus-Evangeliums die Kapitel 3 und 4 des Matthäus-Evangeliums (Taufe Jesu durch Johannes den Täufer, die Versuchungsgeschichte, erste Jüngerberufungen, Wundertat und Verkündigung).

Markus überspringt die Bergpredigt sozusagen bzw. bringt Teile von ihr an anderer Stelle; sein zweites Kapitel geht parallel zu Matthäus 9 (Wunder Jesu).

Mit Kapitel 3, ja bereits in Kapitel 2 beginnt schon die Zeit der Auseinandersetzung. Hier findet sich das, was bei Matthäus erst in Kapitel 12 steht: die Auseinandersetzung etwa über das Sabbatgebot mit dem führenden Kreis Israels (2,23-28). Die Jüngerberufung geschieht mit großer Majestät Jesu: Er »rief zu sich, welche er wollte« (3,13), im Lauschen auf seinen Vater, aber in der Freiheit gegenüber Menschen, in der göttlichen Souveränität.

Kapitel 4 ist ein Kapitel, das man sich merken sollte. Es enthält Gleichnisse Jesu vom Himmelreich bzw. Reich Gottes, die Matthäus in seinem 13. Kapitel anführt. Nur Markus hat das Gleichnis von der still wachsenden Saat, die »von selbst« (automatae) wächst (V. 26-29).

In Kapitel 5 finden wir wieder Wundergeschichten, ähnlich wie Matthäus 8 (und 9), zum Beispiel die Auferweckung der Tochter des Jaïrus und die Heilung der blutflüssigen Frau. Diese beiden Wundererzählungen sind ineinander gewoben; darin steht das wichtige Wort: »Fürchte dich nicht, glaube nur!« (V. 36b), mit dem der Glaube des Jaïrus gestützt wird. In diesem Kapitel ist auch davon die Rede, wie Jesus der Herr auch über die Dämonen ist und auch sie besiegt und ausweist.

Kapitel 6 entspricht schon Matthäus 14; vor allem spitzen sich die Auseinandersetzungen zu, und der Täufer wird enthauptet (V. 14 -29). Aber Jesus fährt fort zu verkündigen, und er speist 5000 Menschen (V. 30-44); ja, er kommt in der Nacht über das Wasser zu seinen angefochtenen und gefährdeten Jüngern: »Seid getrost, ich bin's; fürchtet euch nicht« (V. 45-52).

Kapitel 7 entspricht Matthäus 15. Jesus weicht der Auseinandersetzungen wegen sogar ins Ausland aus, ins syrophönizische Gebiet, wo die Tochter einer dort ansässigen Frau durch ihn geheilt wird.

Mit Kapitel 8 sind wir schon bei Matthäus 16 angelangt, beim Petrus-Bekenntnis.

Kapitel 9 (die Verklärungsgeschichte) entspricht Matthäus 17; die Reihenfolge von Markus 8 und 9 entspricht also der Reihenfolge von Matthäus 16 und 17. In Markus 9 findet sich auch einiges aus Matthäus (dem Gemeinde-Kapitel).

Kapitel 10 entspricht Matthäus 19 und insbesondere Matthäus 20. Hier steht bei Markus die Geschichte von der Kindersegnung; sie ist hier ein wenig ausführlicher berichtet als bei Matthäus.

Kapitel 11 entspricht Matthäus 21; es ist das Kapitel mit dem Einzug Jesu in Jerusalem und der Tempelreinigung (also der sich zuspitzenden Auseinandersetzung Jesu mit den jüdischen Instanzen). Jesus ist zu seinem letzten Gang, dem Opfergang, in Jerusalem eingetroffen.

Kapitel 12 entspricht vor allem Matthäus 22, mit den verfänglichen Fragen um den Zinsgroschen.

Kapitel 13 ist das Kapitel, in dem Jesus seine Wiederkunft ankündigt und das Matthäus 24 (und teilweise Mt 25) entspricht. Markus übermittelt uns hier manche Worte, die bei Matthäus nicht zu finden sind.

Kapitel 14 entspricht Matthäus 26, dem ersten Teil der Passionsgeschichte. Der Übergang zu Kapitel 15 ist an derselben Stelle wie der von Matthäus 26 zu 27: Der Prozeß Jesu geht hier aus der jüdischen in die römische Hand, von Kaiphas zu Pilatus, bis hin zur Kreuzigung.

Kapitel 16 entspricht Matthäus 28, dem Kapitel mit Jesu Auferstehung und dem Missionsbefehl. Bei Markus wird noch die Himmelfahrt erwähnt (die Matthäus nicht ausdrücklich nennt, wohl aber Lukas in Lk 24 und Apg 1).

2. Eine durchgehende Linie im Markus-Evangelium: Jesu verborgene Hoheit

Eine der durchgehenden Linien des Markus-Evangeliums wird durch einen Vergleich mit dem Alten Testament anschaulich.

In Josua 10 wird von einer Schlacht berichtet, die Josua bei der Landnahme gegen kanaanitische Stadtkönige führte. Hier wird gesagt, daß Josua jener Tag eigentlich nicht ausreichte, um den Sieg zu beenden. Deshalb bat er, Gott möge die Zeit anhalten: Die Sonne solle stillstehen, damit Josua die Zeit bekäme, um den entscheidenden Sieg zu erkämpfen (V. 12-14).

Das ist ein Vergleich für eine viel größere Sache: Gott hat sozusagen die Zeit angehalten – noch ganz anders als bei Josua. Er hat die Uhr der Weltgeschichte angehalten.

Das zeigt sich dort, wo Jesus in Markus 1 seine Verkündigung beginnt: »Die Zeit ist erfüllt, und das Reich Gottes *ist* herbeigekommen...« (Mk 1,15). Das Reich Gottes ist im Anbruch bzw. schon angebrochen. »Die Nacht ist vorgerückt,« sagt später Paulus, »der Tag aber nahe herbeigekommen« (Röm 13,12a).

Und doch hält Gott die Zeit fest, wie in der Morgendämmerung. Noch liegt gewissermaßen das Dunkel in und über der Welt; aber die Lichtstrahlen des kommenden Tages Gottes scheinen schon herauf, und die Berggipfel werden schon von der aufgehenden Sonne angestrahlt.

Das ist ein Bild der Lage, wie sie besonders eindrücklich Markus in seinem Evangelium durchgehend zeigt. Jesus offenbart sich noch nicht. Wie in keinem anderen Evangelium verbietet Jesus immer wieder, den Menschen zu sagen, wer er ist (z.B. 5,43, nach der Auferwekkung der Tochter des Jaïrus). Er verbietet sogar den Dämonen, die das möchten, ihn zu bekennen und weist sie aus (1,24 f.). Es darf also noch nicht bekannt gemacht werden, wer Jesus in Wahrheit ist. Er offenbart sich noch nicht.

Warum tut Jesus das? Warum ist die Sonne sozusagen noch wie hinter dem Firmament verborgen? Warum ist es noch nicht ganz Tag geworden? Warum ist es noch nicht vor aller Augen sichtbar, daß ER selber die Sonne ist?

Hinter diesem Verbergen Jesu steckt, daß ein Kampf im Gange ist, eine doppelte Schlacht, die erst ausgefochten werden muß:

a) Die Schlacht von Golgatha gegen den Feind
Das ist die Schlacht, die *damals* stattfand, als Jesus am Kreuz starb. Die menschliche Sünde ist Handhabe und Recht des Feindes gegenüber den Menschen. Jesus sollte den Feind überwinden, indem er ihm diesen Anspruch auf uns Menschen nahm. Indem sich Jesus am Kreuz von Golgatha stellvertretend für uns richten ließ, hat er das Gericht der Gerechtigkeit Gottes gegen die Sünde der Menschen selbst getragen und so dem Feind das Recht auf uns genommen.
Weil also das Kreuz noch aufgerichtet werden sollte, war noch nicht die Zeit gekommen, da Jesu Herrlichkeit offenbar werden sollte. Denn dann wäre die Aufrichtung des Kreuzes nicht mehr erfolgt und auch nicht mehr nötig gewesen.
Doch in dem »Tal«, in dem noch die Finsternis lagert, in diesem Weltlauf, wurde das *dunkle* Kreuz (dunkel, da Zeichen des Gerichtes) aufgerichtet. Jesus verhüllt seine Hoheit, bis er den Willen des Vaters im Leiden vollbracht hat.

b) Der Kampf um die Menschen bis zu Jesu Wiederkunft
Vom Missionsbefehl Jesu an bis zum heutigen Tag hat ein anderer Kampf begonnen, eine Schlacht, die noch nicht zu Ende ist. Das ist nicht mehr der Kampf gegen *den* Feind (denn dieser *ist* geschlagen!), sondern der Kampf um uns Menschen. Wir Menschen sollen innerlich überwunden werden, auf Jesu Seite zu treten und im Gebet mit ihm zu reden. Wenn nämlich jener große Tag anbricht, dann ist dafür keine Möglichkeit mehr. Dann *muß* man IHN ja erkennen! Diese Freiwilligkeit, das Werben der Liebe Gottes um uns ist nur möglich, solange ER sich noch nicht offenbart. Und nur derjenige, der Jesus und sein Heil jetzt, in der Zeit der Verhüllung, ohne Zwang

und ohne Nötigung durch die offenkundigen Tatsachen freiwillig annimmt, der wird an dem großen Tag von IHM angenommen werden. Nur für denjenigen kommt Jesus nicht zum Schrecken, sondern zur Freude und zum Segen.
Das Kreuz Jesu ist in dieser Weltzeit nicht nur Zeichen des Gerichts und des Fluches, sondern auch Zeichen des Heils. Hier empfängt der Mensch Gottes Frieden und Heil. »Wer Jesus am Kreuz im Glauben erblickt, wird heil zu derselbigen Stund.«

Um dieses doppelten Kampfes willen wird die Zeit gewissermaßen angehalten. Und dennoch ist der Morgen, der Beginn des kommenden Tages schon im Anbruch. Die Strahlen der aufgehenden Sonne berühren schon die Berggipfel. Anders gesagt: Es gibt immer wieder Augenblicke, in denen das aufleuchtet, was einmal ganz und gar in Erscheinung treten wird. Das sind Momente, in denen uns der »Morgenglanz der Ewigkeit« anstrahlt, das »Licht vom unerschaffnen Lichte« (nach EKG 349).

Dies beides – daß auf der einen Seite Jesu Hoheit noch verhüllt ist, daß aber auf der anderen Seite etwas davon aufleuchtet – zieht sich als Grundlinie durch das Markus-Evangelium. Trotz der grundsätzlichen Verhüllung Jesu läßt jedes Kapitel dieses Evangeliums immer wieder etwas von Jesu Herrlichkeit aufblitzen und ein wenig von dem großen Tag sichtbar werden, der kommen wird.

Dieser Gesichtspunkt, diese Linie des Markus-Evangeliums ist an einzelnen Stellen erkennbar:

In **Kapitel 1** tritt Jesus auf und läßt sich taufen, als ob er ein Sünder wäre. Doch gerade an dieser Stelle der Erniedrigung wird das einzigartige Zeugnis Gottes des Vaters laut: *»Du bist mein lieber Sohn, an dir habe ich Wohlgefallen«* (V. 11b).

In **Kapitel 2** verkündigt Jesus die Vergebung der Sünden: *»Mein Sohn, deine Sünden sind dir vergeben«* (V. 5b). Die anwesenden Schriftgelehrten zweifeln an, ob das überhaupt Gültigkeit hat angesichts des Mannes, den seine vier Freunde durch das Dach des Hauses herabgelassen haben und der nun vor Jesus liegt. Nun zeigt Jesus seinen »Ausweis«: *»Damit ihr aber wißt, daß der Menschensohn Vollmacht hat, Sünden zu vergeben auf Erden – sprach er zu dem Gelähmten: Ich sage dir, steh auf, nimm dein Bett und geh heim!«* (V. 10 f.). Damit weist er sich aus; er hat diese Machtvollkommenheit Gottes.

In **Kapitel 3** findet sich die interessante Stelle, an der Jesus zum Ausdruck bringt, daß er auch über die Dämonen Herr ist: *»Niemand kann aber in das Haus eines Starken eindringen und seinen Hausrat rauben, wenn* *er nicht zuvor den Starken fesselt; erst dann kann er sein Haus berauben«* (V. 27). Es ist also so, als ob jemand in seinem Haus von Räubern überfallen und geknebelt worden ist; dann aber kommen über diese Räuber noch Stärkere (etwa die Polizei), die den Räubern ihren Raub wieder abnehmen und das Geraubte demjenigen zurückgeben, dem es die Räuber genommen haben.

So versteht Jesus grundsätzlich das, was er tut; damit beschreibt er sein gesamtes Wirken. Der Feind hat uns alles genommen: den Frieden mit Gott, die Gotteskindschaft, die lebendige Hoffnung, die Gemeinschaft mit Gott. Und nun ist Jesus gekommen und hat diesen »Räuber« wieder beraubt und teilt den Raub aus, gibt also den Menschen zurück, was ihnen genommen worden ist. Er hilft uns Menschen und verschafft uns die Gotteskindschaft, den Frieden mit Gott, die lebendige Hoffnung und die Gemeinschaft mit dem in Ewigkeit liebenden Gott. Jesus verkündigt das und bestätigt es mit dem, was er tut.

Kapitel 4 beinhaltet die Himmelreichsgleichnisse. An ihnen wird deutlich, daß sich Jesu unscheinbares Wort bestätigt, das Wort des stillen Sämanns. Es trägt eine Keimkraft zum Leben aus Gott in sich – wie ein Weizenkorn etwas anderes ist als ein Sandkorn oder ein Goldkorn. Es trägt Keimkraft in sich, aus der neuer Weizen entsteht. So ist Jesus der Bringer göttlichen Lebens, der durch sein Wort das Leben von Menschen verwandelt, erneuert und gottgefällig macht.

Kapitel 5 zeigt wieder etwas von Jesu Hoheit. Jesus ist der Überwinder der Krankheit (die Heilung der blutflüssigen Frau) und sogar des Todes (Auferweckung der Tochter des Jaïrus). Ja, Jesus befreit auch dämonisierte Menschen: Er ist auch über die Dämonen der Herr. Und dieser Mann erschien den Pharisäern und Schriftgelehrten als viel zu gering! Doch wer Augen dafür hatte, erkannte seine Herrlichkeit.

Auch in **Kapitel 6** leuchtet das wieder auf. 5 000 Menschen (mit Frauen und Kindern noch mehr) gingen Jesus nach in die Steppe, um ihn zu hören. Sie bekamen Hunger. Die Jünger sorgten sich, wo sie Brot für diese Menschenmenge kaufen sollten. Jesus erweist sich als der wunderbar Speisende: In göttlichem Erbarmen und in göttlicher Machtvollkommenheit versorgt er diese Menschen (V. 30-44).

Auch seine verängstigten Jünger besucht er in Nacht und Sturm, indem er über das Wasser zu ihnen kommt (V. 45 ff.). Nichts kann ihn davon abhalten, seine Jünger in dieser Lage aufzusuchen, zu trösten und heimzubringen.

In **Kapitel 7** ist Jesus so ohnmächtig, daß er ins Ausland abgedrängt werden kann und dort Zuflucht nehmen muß wie einst Elia (V. 24). Aber wie Elia erzeigt Jesus den Heiden seine Wundermacht erstmals über Israel hinaus (V. 29). Er heilt die Tochter der Frau aus Phönizien, aus dem kanaanitischen Land.

In **Kapitel 8** kommt es zu dem Wunder Gottes, daß bei den Jüngern die Erkenntnis durchbricht und Menschen sich auch zu dieser Erkenntnis zu bekennen wagen (was ja unter Umständen den Tod bringen kann): *»Du bist der Christus!«* (V. 29). Hier wird besonders deutlich, daß die Sonnenstrahlen die Berggipfel berühren.

In der Geschichte von Jesu Verklärung in **Kapitel 9** leuchtet dies auch auf und stärkt die Jünger, die daran beteiligt waren. Jesu Herrlichkeit und seine Gemeinschaft mit alttestamentlichen Gottesmännern wird vor drei Jüngern sichtbar, und diese hören das Zeugnis des Vaters über Jesus (V. 2-7).

Allerdings wird schon hier deutlich, daß Jesu Weg noch dem Kreuz entgegengeht (V. 31).

In **Kapitel 10** setzt Jesus souverän die neue, gute Ordnung für seine Gemeinde ein. Gottes heilige Ordnung, wie sie von ihm in den Zehn Geboten gemeint war, wird hier rein eingeführt. Sein Geist befähigt Menschen, daß sie das leben können.

Mit seinem Einzug in Jerusalem **(Kap. 11)** nimmt Jesus für sich das große Zeichen von Sacharja 9,9 in Anspruch: der sanftmütige Reiter auf dem Esel. Die Leute erkennen das und jubeln ihm mit dem alten Empfangsgruß für den Messias zu: *»Gelobt sei, der da kommt in dem Namen des Herrn!«* (V. 9; vgl. Ps 118 u.a.). Das war in Israel längst vorbereitet und eingeübt worden, und dieser Gruß wird hier erstmals laut. Und Jesus kündigt an, wie es sein wird, wenn er wiederkommt. Dann wird Israel sprechen: *»Gelobt sei, der da kommt in dem Namen des Herrn!«*

Auch in **Kapitel 12** leuchtet etwas von Jesu Hoheit und Weisheit auf. Seine Gegner wollen ihm mit verfänglichen Fragen eine Falle stellen (etwa nach der Steuer für den Kaiser; V. 13 ff.). Doch sie merken, daß sie gegen seine göttliche Weisheit und Vollmacht nicht ankommen, und *»niemand wagte mehr, ihn zu fragen«* (V. 34b).

Kapitel 13 ist das Kapitel von Jesu Wiederkunft, in dem am Anfang ein Auftakt endzeitlicher Wehen angekündigt ist: die Zerstörung Jerusalems und daß kein Stein des Tempels auf dem andern bleiben wird (V. 2).

Offenkundig ist das Markus-Evangelium etwa Mitte der 60er Jahre jenes Jahrhunderts verfaßt worden – noch vor der Zerstörung des Tempels und vor der Zuspitzung der krisenhaften Endphase des jüdisch-römischen Krieges. Das wird seinen Eindruck sicher nicht verfehlt haben, als wenige Jahre später – am 10. August des Jahres 70 n.Chr. – der Tempel tatsächlich so zerstört wurde, daß kein Stein auf dem andern blieb.

Das ließ sicher viele in Israel aufhorchen und fragen, ob Jesus nicht doch derjenige ist, als der er im Markus-Evangelium bezeugt ist.

In **Kapitel 14** geht Jesu Weg dem Ziel entgegen. Aber auch in seiner Passion wird Jesus nicht der, der zu diesem Weg gedrängt würde. Niemand kann ihm sein Leben nehmen, wenn er es nicht selbst gibt. Er hätte ja in der Nacht vom Garten Gethsemane aus in die judäische Wüste fliehen können, wo ihn niemand gefunden hätte. Er bringt aber sein Leben bewußt zum Opfer.

Jesus deutet mit dem Abendmahl in göttlicher Souveränität schon vor seinem Tod sein Sterben (V. 22-24). Er ist das gültige und endgültige Passalamm *(»mein Leib«, »mein Blut«)*, und er eignet den Ertrag seines Opfergangs seinen Jüngern zu, noch ehe er sein Leiden vollendet.

Jesus hat ja im Wissen um die Nähe seines Opfers das Passamahl einen Tag vorverlegt. Und als am nächsten Tag beim Nachmittagsopfer um 15 Uhr auf dem einen Hügel, auf dem der Tempel von Jerusalem gebaut war, die zahlreichen Lämmer blökten, die an diesem Passafest geschlachtet werden sollten, hat Jesus, das gültige und endgültige Passalamm, sein Leben zum Opfer gebracht, um uns für den großen Tag zu reinigen, an dem er wiederkommen wird **(Kap. 15)**. »Das Blut Jesu ... macht uns rein von aller Sünde« (1. Joh 1,9b).

Jesu Kreuz scheint eine Niederlage zu sein. Doch der Hauptmann, der das Hinrichtungskommando befehligte, bekam vom Sterben Jesu am Kreuz einen solch gewaltigen Eindruck, daß er ehrerbietig dastand, vielleicht seinen Helm vom Kopf nahm und sagte: *»Wahrlich, dieser Mensch ist Gottes Sohn gewesen!«* (V. 39). So wurde er zum ersten Zeugen des Gekreuzigten aus der Heidenwelt.

In **Kapitel 16** fallen die Zeugen der Auferstehung in den Blick. Das sind zuerst die Engel, aber auch das leere Grab und die Frauen – und dann der Auferstandene, der selbst erscheint (V. 1-13).

Der Auferstandene gibt seinen Jüngern den Missionsbefehl (V. 15 ff.). Er sagt mit besonderer Klarheit, daß sich am Glauben an ihn alles entscheidet (das finden wir bei Markus deutlicher als bei Matthäus [Mt 28]): *»Wer da glaubt und getauft wird, der wird selig werden; wer aber nicht glaubt, der wird verdammt werden«* (V. 16).

Der auferstandene Herr gibt seinen Jüngern Vollmacht (V. 17 f.). Dann wird noch ein kurzes Wort über Jesu Himmelfahrt angeführt (V. 19 f.).

3. Das Reich Gottes

Markus, der sein Evangelium vermutlich in Rom, der Hauptstadt des damaligen Weltreiches, geschrieben hat, hat ein Wort in besonderer Weise immer wieder genannt: das Wort »Reich Gottes« (griech. *basileia tou theou*). Es ist wichtig, über diesen Begriff nachzudenken und sich klar darüber zu werden, was er bedeutet.

Das Wort *basileia* hängt mit dem deutschen Fremdwort »Basilika« (»Königshaus«) zusammen. *Basileia* war das griechische Wort für das lateinische Wort *imperium.*

Auf diesem Hintergrund ist der Begriff »Reich Gottes« im Markus-Evangelium zu sehen. Denn Markus hat sein Evangelium ja in der Reichshauptstadt Rom verfaßt, wo es um das Imperium Roms ging. Hier verkündigte er die Gesetzmäßigkeiten dieses kommenden Reiches Gottes (welches diese sind, das ist unten aufgezählt). Und das legte er auch in einer »Magna Carta« schriftlich fest.

Daran wird deutlich, daß ein Konflikt, ein Zusammenstoß mit der römischen Staatsmacht droht: Wer hat das letzte Wort – das Reich Gottes oder das Reich des römischen Imperators? Aber das große römische Imperium hat von dem Reich Gottes nicht viel Notiz genommen. In keiner der gefundenen Urkunden aus der Frühzeit der Christenheit wurde der Name »Jesus« oder die Kreuzigung Jesu auf Golgatha erwähnt. Erst gegen Ende des ersten Jahrhunderts n.Chr., als die Anhängerschaft Jesu stärker zu wachsen begann, wurden einzelne Regenten des römischen Imperiums beunruhigt und meinten höhnen zu dürfen: Diese Christen seien doch weitgehend kleine Leute!

Und doch war und ist das Reich Gottes das entscheidende Werk, das Gott durch seine Hand tut. Was ist das für ein eigenartiges Reich, das sich nicht mit Gewalt gegen die Mächtigen dieser Welt durchsetzt!? Johannes hat das Wort Jesu festgehalten: »Mein Reich ist nicht von dieser Welt« (Joh 18,36b), d.h. es ist nicht von der Art dieser Welt.

Was meint die Bibel mit dem Wort »Reich Gottes«? Was meint speziell das Markus-Evangelium damit?*

Das griechische Wort *basileia* heißt keineswegs nur »Herrschaftsbereich«, sondern es meint das Herrschen selbst, die Ausübung, den Vor-

* Matthäus, der sein Evangelium wohl für Judenchristen schrieb, benutzt statt des Wortes »Reich Gottes« entsprechend der jüdischen Gepflogenheit »Himmelreich«. Die Juden hatten eine gewisse Hemmung, so oft den Namen des heiligen Gottes auszusprechen. Unter den Heidenchristen in Rom bestand aber keine Notwendigkeit, den Gottesnamen nach jüdischer Art zu umgehen. (Anm. d. Vf.)

gang des Regierens. So könnte man »Reich Gottes« übersetzen mit »das Herrschen Gottes«.

Das Wort »Reich Gottes« und seine Bedeutung ist vor dem Hintergrund dessen zu verstehen, was uns das Neue Testament durchgehend sagt: daß seit 1. Mose 3, seitdem die Sünde in der Welt ist, diese Erde feindbesetztes Gebiet ist.

Gott hat dem Menschen die Erde anvertraut, und der Mensch ist der »Oberpräsident der Provinz Erde« (so sagte Bismarck) im Ganzen der Schöpfung Gottes, im Ganzen des Kosmos. Der Mensch soll die Erde »bebauen und bewahren« (1. Mose 2,15).

Aber das hat er schlecht getan: Er hat den Feind in die Schöpfung eingelassen und sich auf den Feind eingelassen und ihm unterworfen. Deshalb ist – wie Jesus immer wieder sagt – der Teufel der »Fürst« dieser Welt.

Nun geht es darum, daß die Herrschaft Gottes in dem feindbesetzten Gebiet wieder Fuß faßt. Das Herrschen Gottes war freilich nie in Frage gestellt, daß also Gott auch über den Teufel der Herr ist und daß selbst die Kraft des Bösen ihm dienstbar sein muß. In diesem Sinn hat Gott *immer* regiert.

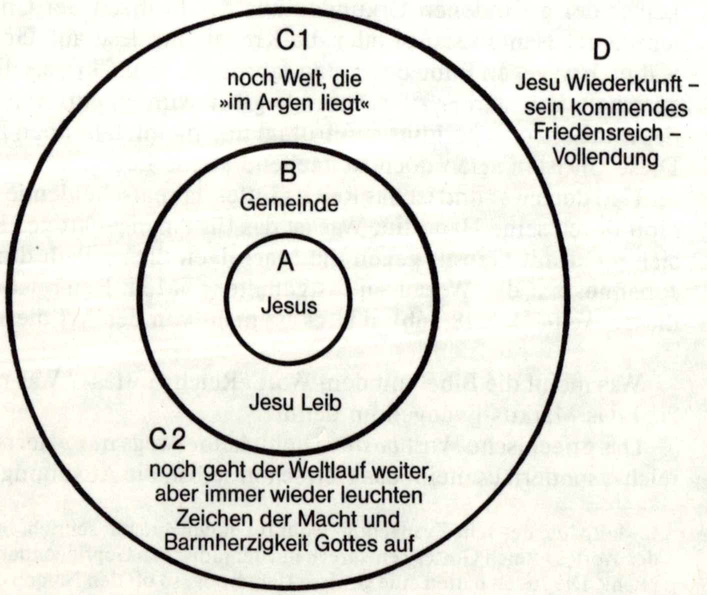

Abb. 4: Die Botschaft vom Reich Gottes

Aber das meint die Bibel nie, wenn sie das Wort »Reich Gottes« gebraucht. »Reich Gottes« heißt immer, daß Gott willentlich, freiwillig, von Herzen gedient wird. Gott will nicht von außen her, nicht durch seine göttliche Allmacht die Welt für sich zurückerobern. Denn wenn der Mensch, der sich im Aufruhr gegen Gott befindet, auf den in Erscheinung tretenden Gott trifft, dann würde er vernichtet, verdammt. Deshalb geht Gott einen anderen Weg: Er will den Menschen von innen her für sich gewinnen, will uns das Herz abgewinnen. Gott wirbt um uns, damit wir uns ihm wieder willig unterstellen.

Das Ziel dieser Arbeit Gottes ist sein Reich, das »Reich Gottes«. Es ist dabei an vier Stufen bzw. an vier Entwicklungsgänge zu denken, durch die die Herrschaft Gottes in dieser Welt nach der Katastrophe der Sünde und trotz ihrer wieder Fuß fassen soll, so daß diese Herrschaft schließlich über diese Welt triumphieren wird:

a) Das Reich Gottes im vollen Sinne, das Reich, in dem Gott unumschränkt zu seiner Herrschaft und zu seinem Recht kommt, beginnt mit *einem* Menschenleben: mit **Jesus, dem Herrn selbst**. Das Leben Jesu in seinen Erdentagen war zunächst der Herrschaftsbereich Gottes.
Im Lukas-Evangelium ist uns ein Wort Jesu bewahrt, in dem das ausdrücklich ausgesprochen ist. Jesus wird von seinen Gegnern umringt, und sie fragen ihn: »Wann kommt das Reich Gottes?« Ja, wo ist denn das Reich Gottes, das Jesus fortwährend verkündigt? Jesus sagt diesen Pharisäern, in deren Mitte er steht: »Das Reich Gottes ist mitten unter euch« (Lk 17,20 f.). In Jesus, in diesem einen und einzelnen Leben, diesem einen Pünktchen auf der ganzen großen Erde kommt Gott ganz zu seiner Herrschaft! Gott regiert ganz und vollkommen über Jesus – über seine Gedanken, seine Worte, seinen Willen, seine Hände und Füße und Lippen. Das ist in allen vier Evangelien durchgehend zu beobachten. »Meine Speise ist die, daß ich tue den Willen dessen, der mich gesandt hat...« (Joh 4,34).

Das ist auch im Markus-Evangelium zu sehen, z.B. in Kapitel 1, wo Jesus zur Taufe ins Jordanwasser steigt und über ihm das Zeugnis laut wird: *»Du bist mein lieber Sohn, an dir habe ich Wohlgefallen«* (V. 11b).
Das wird auch dort deutlich, wo sich Jesus in die Versuchung führen läßt (1,12 f.). Interessanterweise wird Jesus vom Geist in die Wüste geführt (1,12). Wo »Geist Gottes« steht, ist immer der *Wille*, die

Absicht Gottes gemeint. Es ist also dem Plane Gottes gemäß, daß Jesus in die Wüste geführt wird, *»damit er vom Satan versucht würde«* (so wörtlich; V. 13). Der Vater will, daß der Sohn dieses »Examen« noch einmal absolviert, in dem der erste Mensch, Adam, durchgefallen ist (vgl. 1. Mose 3).

Auch die Stelle 1,35-39 ist in dieser Hinsicht bemerkenswert. Jesus hat in Kapernaum viele Wunder getan; die Leute kommen am Abend und suchen Heilung; die Türen sind weit offen. Am nächsten Tag aber – so heißt es – stand Jesus früh auf und *»ging an eine einsame Stätte und betete dort«* (1,35). Petrus läuft zu ihm hinaus und sagt: *»Jedermann sucht dich«* (1,36 f.). Wie kann Jesus sich denn zurückziehen, wo ihm doch jetzt alle Möglichkeiten offenstehen? Muß man nicht das Eisen schmieden, solange es glüht? Petrus kommt von den Menschen her – aber Jesus kommt vom Vater her! Deshalb reagiert Jesus anders: *»Laßt uns anderswohin gehen, in die nächsten Städte, daß ich auch dort predige; denn dazu bin ich gekommen«* (V. 38). Jesus folgt einem Muß, einer göttlichen Anordnung.

In 8,31 folgt auf das Petrusbekenntnis (8,27-30) die erste Leidensankündigung: »Der Menschensohn muß viel leiden . . .« Auch hier findet sich dieses göttliche Muß! Gott kommt in Jesus ganz zur Herrschaft.

In Kapitel 9 folgt auf die wunderbare Verklärung Jesu wieder eine Leidensankündigung (V. 31). Jesus redet dann von seiner Gemeinde. Der Ausblick geht schon hier auf die Zeit nach Pfingsten. Jesus bleibt auf dem Weg, den der Vater ihn führt.

Jesus geht – obwohl er weiß, daß ihn das das Leben kosten wird – nach Jerusalem (11,1-11). Er *muß* hinauf nach Jerusalem gehen, denn seine Stunde ist gekommen.

Vor allem sind es die Kapitel 14 und 15, die Jesus als den gehorsamen Sohn Gottes zeigen, der sich ganz der Herrschaft des Vaters hingibt. Jesus geht willig in Leiden und Tod.

So ist in Jesus das Reich Gottes im Vollsinn, in »Reinkultur«, verkörpert.

b) Jesus will **uns Menschen** einladen und gewinnen und uns auch **zu seinem Reich machen**, zum Herrschaftsbereich seines Vaters. Dazu gliedert er Menschen sich an; er durchdringt sie mit seinem Wort und Geist. Er verleibt sie sich ein, bezieht sie in seinen Dienst für den Vater ein, in den großen Gottesdienst, der das Leben umfaßt. Dadurch sind diese Menschen in das Reich und in die Herrschaft Gottes einbezogen.

Der einzelne **Glaubende**, in dessen Herz Christus durch den Heiligen Geist wohnt und regiert, und die **Gemeinde** um den Herrn sind Reich Gottes. Die Bibel spricht an vielen Stellen davon, daß Menschen »in Christus« seien. Das heißt »glauben« und meint, ganz in Christus hineingenommen zu sein. Wo Menschen in Ihm sind, ist Er in ihnen. Sie werden als Glieder an Seinem Leib von Seiner Kraft, Seinem Wesen durchpulst – von Seinem Geist. Daß das immer völliger geschieht, das nennt die Bibel »Heiligung«.

Das ist auch durchgehend im Markus-Evangelium zu sehen, wie Jesus anfängt, Menschen zu sich zu ziehen, sie gewissermaßen seinem Leib einzuverleiben. Das beginnt in Markus 1 mit Jesu Verkündigung: *»Die Zeit ist erfüllt, und das Reich Gottes ist herbeigekommen. Tut Buße und glaubt an das Evangelium!«* (V. 15). *»Tut Buße!«* – damit meint Jesus nicht, daß sich Menschen Asche auf den Kopf streuen sollen. Wiewohl zur Buße, zu einer gesunden, echten Neugeburt aus Gott auch die Sündenerkenntnis gehört, ist das doch mehr ein Durchgang. *»Tut Buße!«* heißt: »Kehrt um, denkt um!« Anders ausgedrückt sagt Jesus also mit dieser Aufforderung: ›Laßt euch doch in die Gemeinschaft mit Gott hereinnehmen, ihr Leute, die ihr euch von Gott abgewandt habt! Und laßt euch auch zu Gottes Reich machen!‹

Das Entscheidende ist, daß wir mit unserem Leben – wie Jesus – zu Gottes Reich, also zu Gottes unumschränktem Herrschaftsbereich werden, in dem er ganz zu seiner Herrschaft und zu seinem Recht kommt, »bis er alle Feinde unter seine Füße gelegt hat« (1. Kor 15,25) – zunächst *in* uns! In seinem kommenden Friedensreich wird er das mit der ganzen Welt tun; und wir, die wir uns zur Buße, zur Neugeburt rufen lassen, dürfen die Vorhut dieser kommenden Gottesherrschaft sein.

Was im kommenden Friedensreich mit der ganzen Welt geschehen wird, das soll und darf also schon jetzt mit uns geschehen. Dann dürfen wir zu den Erstlingen der neuen Schöpfung gehören, die bereits an Gottes Herrschaft teilhaben.

Dieser Prozeß geschieht aber nicht nur an einzelnen, sondern die ganze Gemeinde Jesu darf sein Leib sein, über den er so regiert. Es kommt nicht darauf an, daß wir als Christen gut dastehen, auch nicht unsere Gemeinde und unser Gemeindeleben. Es kommt vielmehr darauf an, daß Jesus bei uns und in unserer Gemeinde zu seiner Herrschaft und zu seinem Recht kommt.

Daher soll es jedem Christen angelegen sein, ein Stück dieses einen, ganzen Reiches Gottes zu sein, das sich über die gesamte Welt erstreckt. Das Reich Gottes ist (a) einerseits immer kleiner als die lokalen und überregionalen (d.h. die verfaßten) Gemeinden und Kirchen, weil nur diejenigen dazu gehören, die wirklich unter der Herrschaft Jesu Christi stehen, und es ist (b) andererseits immer größer als alle verfaßten Gemeinden und Kirchen, weil Jesus Christus seine Leute in allen Bereichen und Lagern hat.

c) Auch nach dem Kommen Jesu **geht der Weltlauf weiter** – mit seiner bisherigen Gesetzmäßigkeit. Noch liegt die Welt im Argen; und der Feind ist zwar entrechtet, aber noch nicht entmächtigt (so hat Karl Heim das ausgedrückt). Das Urteil ist sozusagen gesprochen, aber noch nicht vollstreckt, zum Vollzug gebracht.
Das wird auch im Markus-Evangelium immer wieder deutlich, wenn zum Beispiel in Kapitel 6 berichtet wird, daß Herodes Johannes den Täufer enthaupten läßt. Auch in Kapitel 13 wird das sichtbar, wo Jesus von der antichristlichen Zeit und von den Mächten dieser Welt spricht und davon, daß die Seinen von allen gehaßt werden würden. Obwohl der Feind scheinbar noch die Trümpfe in seiner Hand hält, weiß er, daß er geschlagen ist. Er muß bluffen; und er weiß, daß er nur wenig Zeit hat (Offb 12,12). Jesus hat ihn sterbend besiegt, und über seinem Leben steht: »Mir ist gegeben alle Gewalt im Himmel und auf Erden« (Mt 28,18).

aa) Doch obwohl der Weltlauf weitergeht, überläßt Gott die Dinge nicht sich selbst. Er kommt in dem allem doch zu seinem Ziel. Gott hat das Kreuz auf dieser Erde aufrichten lassen und damit gezeigt, daß die göttliche Schwachheit stärker ist als die Menschen (1. Kor 1 f.) und die scheinbare Torheit Gottes weiser ist als die Menschen.
Gott macht die Energie des Bösen für seine Ziele nutzbar. So muß ihm auch die gesamte Aktivität von Jesu Feinden dienen, die sein Kreuz aufrichten: Judas und Pilatus, das wankelmütige Volk, der Hohe Rat, die Kriegsknechte, das Hinrichtungskommando ... Alles ist hier am Werk. Und der Feind wollte triumphieren, und die Mitglieder des Hohen Rates meinten, es sei ein Sieg errungen worden. Aber als Jesus den letzten Atemzug tat und sagte: »Es ist vollbracht!«, war klar, daß das kein Sieg des Feindes war, sondern seine entscheidende Niederlage. Der Böse hat sein Recht auf dieser Erde verspielt.
So macht sich Gott auch die Bosheit des Satans und seines dämonischen und menschlichen Anhangs zunutze. Aber äußerlich geht alles weiter wie bisher. Selbst wenn der »Fürst dieser Welt« jetzt noch

äußerlich triumphiert, muß doch sein Unterfangen letztlich Gott dienen.
Diese Art der Herrschaft Gottes auch über die Mächte, die ihm nicht dienen wollen und ihm ohne ihren Willen bzw. entgegen ihrem Willen dienen müssen, nennt die Bibel nie »Reich Gottes« (vgl. Mk 14 f.).

bb) Während Jesu Erdenleben und in einem gewissen Maß auch zwischen Pfingsten und Himmelfahrt leuchtete immer wieder etwas von der sonst verhüllten Macht und Hoheit Jesu auf. Jesus setzte Signale dafür, daß er gekommen ist und daß vor seiner Vollmacht die Macht des Teufels weichen muß. Jesus schenkt **Zeichen**, die anzeigen, was er einmal als der Wiederkommende ganz und im Großen tun wird (vgl. Offb 21,4).
Aber auch nach Jesu Himmelfahrt sind Zeichen seines Sieges, Kostproben des großen kommenden Herrn auch immer wieder in die Geschicke und die Geschichte dieser Weltzeit eingestreut.
Beispiele für Stellen, an denen solche Zeichen im Markus-Evangelium berichtet werden, sind 2,10-12, Kapitel 5, 7,29 f., 9,2-7.27 und Kapitel 16 (Ostern – das Zeichen ohnegleichen). Hier zeigt Jesus jeweils an einer Kostprobe, was er dann einmal im Großen tun wird.
Es wurde und wird immer wieder gefragt, warum solche *offenkundigen Zeichen und Wunder* heute nicht mehr in solcher Häufigkeit erfolgen. Man hat das immer wieder als ein gewisses Manko darstellen wollen. Ich meine, daß bereits in der Zeit, als Paulus den Römerbrief schrieb, offenkundig die Bedeutung der außerordentlich auffallenden Wundertaten gegenüber dem *Wort* zurücktrat.
Zeichen sollen ja Hilfen zum Glauben sein und keine bloßen Mirakel. Die Gemeinde Jesu hatte aber schon bald andere Hilfen zum Glauben: die Heilige Schrift, das Zeugnis der Apostel, die Existenz der Mitchristen ... Es ist ja schon eine bedeutende Stütze des Glaubens, daß kein Christ solo oder als »Robinson« seines Glaubens leben muß, sondern daß er in einer Gemeinde sein darf, in der Gemeinschaft der Glaubenden.
Die Bedeutung der Zeichen ist also in Jesu Erdentagen größer gewesen als in der Zeit zwischen Pfingsten und Jesu Wiederkunft. Die Gemeinde Jesu hat in dieser Phase als Stütze ihres Glaubens nicht nur das Zeugnis der neutestamentlich-apostolischen Schriften, nicht nur die Existenz der Gemeinde heute, sondern auch die »Wolke der Zeugen«, der Christen also, die *vorher* gelebt haben und die uns ihr Zeugnis in Schriften und Liedern hinterlassen haben.

Das schließt freilich nicht aus, daß Gott auch in der Zeit zwischen Pfingsten und Jesu Wiederkunft Wunderbares tut und etwa dem Gebet auffallende und offenkundige Erhörungen schenkt. Aber es treten in dieser Zeit die Zeichen und Wunder zurück, und es gewinnt das an Bedeutung, was oben unter b) genannt ist.

d) Wenn sich Jesus **offenbart**, dann offenbart er auch **seine Herrschaft** vor aller Welt. Er kommt wieder und schafft sein offenbares Friedensreich auf Erden und führt alles der Vollendung zu.
Niemand kann dann noch die Macht und Herrschaft Gottes in Frage stellen. Der Feind wird entmachtet und weggetan sein, und Jesus wird in Frieden und Gerechtigkeit regieren. Alle Folgen der menschlichen Sünde werden aufgehoben sein (vgl. z.B. Mk 13,26 f.). Auch die endzeitliche Verwirrung und Verdunkelung, wobei sich vieles zum Bösen hin steigert, ist nicht das Letzte. Aber das wird schon vom Letzten umfaßt: »*Dein* ist das Reich und die Kraft und die Herrlichkeit in Ewigkeit.«

Das Markus-Evangelium redet von diesen vier Stufen bzw. nebeneinander herlaufenden Gesetzmäßigkeiten des Reiches Gottes. Es ist nötig, diese zu *unterscheiden*. Viel Verunsicherung, Verwirrung und Schwärmerei kommt von daher, daß das Nacheinander und auch die Unterschiedlichkeit der einzelnen Entwicklungen nicht beachtet wird.

Mit diesen Ausführungen ist der Begriff »Reich Gottes« etwas erläutert worden – dieser Begriff, der für die Botschaft des Neuen Testaments, ja der Bibel überhaupt elementar wichtig ist. Man spricht heute etwas weniger vom Reich Gottes und statt dessen mehr von der Gemeinde, von der Kirche usw. Es ist aber für das Verständnis des Handelns Gottes wichtig, daß wir das Reich Gottes mit seinen verschiedenen Entwicklungsstufen erkennen. Die pietistischen Väter (z.B. J. A. Bengel) haben von der »Ökonomie« Gottes, von der »Haushaltung« Gottes gesprochen anstatt von Gottes Reich.

Auf diesem Gebiet besteht eine große Verunsicherung. So wird zum Beispiel gefragt: »Wo ist denn dieses Reich Gottes? Vor 2000 Jahren ist Jesus gekommen, und doch gibt es immer noch Kriege!« Aber bis Jesus wiederkommt, wird es Kriege, Krankheiten usw. geben. Alles zu seiner Zeit! Jetzt befinden wir uns in *der* Zeit, in der Jesus seine Gemeinde *sammelt*. Dabei gibt er freilich schon Lichtblicke, die aber eher so etwas wie Ausnahmen darstellen. Wir befinden uns grundsätzlich in der Zeit des Nicht-Sehens-und-doch-Glaubens. So hat Gott das geordnet, und wir wollen uns darein fügen.

Tabelle zum Markus-Evangelium unter dem Aspekt »Reich Gottes«

So können einzelne Texte dieses Evangeliums den oben genannten Stufen bzw. Gesetzmäßigkeiten des Reiches Gottes zugeordnet werden:

Kapitel	a)	b)	c) aa)	c) bb)	d)
1,9-20	x				
1,21-45				x	
2,1-12				x	
2,5.13 f.		x			
3,1-12				x	
3,13-19		x			
4,1-34		x			
4,35-41				x	
5,1-43				x	
6,7-13		x			
6,14-29			x		
6,30-56				x	
7,1-23		x			
7,24-27		x			
7,28-30				x	
8,27-30		x			
8,31-33	x				
8,34-9,1		x			
9,2-13				x	
9,14-19		x			
9,20-29				x	
9,30-32	x				
9,33-50		x			
10,1-31		x			
10,32-34	x				
10,46-52				x	
11,1-11		x			
11,12-14				x	
11,15-19		x			
12		x			
13,1-25			x		
13,26 f.					x
13,28-37		x			
14,3-9		x			
14,10 f.			x		
14,12-16		x			
14,17-21			x		
14,22-25			x		
14,26-65	x		x		
15,1-47	x	x	x		
16		x		x	x

Das Evangelium nach Lukas

1. Einleitung

Die Überschrift über das Lukas-Evangelium lautet wörtlich »das Evangelium nach/gemäß Lukas«. Das Lukas-Evangelium ist also das *eine* Evangelium, das aber von einem Mann geschrieben ist, der auf Besonderes achtete. Lukas wählte aus dem Vielen, das von Jesus – seinem Leben, seinem Reden, seinem Handeln – übermittelt worden ist, das aus, was ihm besonders am Herzen lag.

1.1 Der Verfasser

Lukas ist möglicherweise der einzige unter den Verfassern der biblischen Bücher, der nicht aus Israel stammte, sondern Grieche war.

In Kolosser 4,14 führt Paulus Lukas als seinen Begleiter auf. Paulus nennt in diesem Zusammenhang zwei andere Männer und sagt von ihnen, daß sie »von den Juden . . . allein meine Mitarbeiter am Reich Gottes« seien (Kol 4,11). Man sieht daran, daß Lukas kein Jude war. Außerbiblische altkirchliche Berichte besagen, daß er aus Antiochien im nördlichen Syrien stammt, von dort also, wo die große Missionsbewegung ihren Ausgang nahm: die sog. »erste Missionsreise« des Apostels Paulus (vgl. Apg 13,1-3).

In Kolosser 4,14 findet sich dazu die Angabe, daß Lukas von Beruf Arzt gewesen ist; und schließlich erfährt man dort auch, daß er Begleiter und Mitarbeiter des Paulus war.

Neben seinem Evangelium hat Lukas auch die Apostelgeschichte verfaßt. Die im »Wir«-Stil verfaßten Berichte darin beginnen während der zweiten Missionsreise (Apg 16,10) und werden bei der dritten Missionsreise wieder aufgenommen (Apg 20,6). Auch ist anzunehmen, daß Lukas sowohl während Paulus' Gefangenschaft in Cäsarea wie auch während dessen Reise als Untersuchungshäftling nach Rom dem Apostel nahe war (Apg 27,1 ff.) und somit wohl auch den Schiffbruch während der Fahrt nach Rom miterlebt hat. Alle diese Berichte sind ebenfalls im »Wir«-Stil verfaßt.

So war Lukas ein Mann, der Paulus während dessen Zeit der Gefangenschaft in Cäsarea und in Rom nahe war. Es ist nicht ausgeschlossen, daß er von Cäsarea aus Wanderungen unternommen hat, vielleicht auch um die damals betagte Maria (die vielleicht noch gelebt hat) aufzusuchen, um von ihr einiges davon zu erfahren, was man in Nazareth oder in Bethlehem wußte. Eventuell gehen Nachrichten wie die Weihnachtsgeschichte darauf zurück. Lukas sagt ja, daß er solche Quellenforschung betrieben habe (vgl. Abschnitt 1.2, b).

Möglicherweise hat Lukas seine Schriften um das Jahr 65 n.Chr. abgefaßt; einige Ausleger denken auch an die Zeit nach der Zerstörung des Jerusalemer Tempels, also um das Jahr 70 n.Chr.

1.2 Die Eigenart des Lukas-Evangeliums

a) Lukas hat – anders als Matthäus und Johannes – sein Evangelium nicht als Augenzeuge Jesu geschrieben und hat das auch ausdrücklich gesagt. Lukas weist in der Einleitung zu seinem Evangelium darauf hin, daß er eine geradezu wissenschaftliche Methode benutzt hat, nach der er sein Evangelium ausgearbeitet hat: »Viele haben es schon unternommen, Bericht zu geben von den Geschichten, die unter uns geschehen sind, wie uns das überliefert haben, die es von Anfang an selbst gesehen haben und Diener des Worts gewesen sind« (1,1 f.). Ziemlich viel von dem, was Lukas in sein Evangelium aufgenommen hat, wird ihm also schriftlich vorgelegen haben; wahrscheinlich hat er dabei an das Matthäus-Evangelium gedacht.

Er fährt in seiner Einleitung fort: »So habe auch ich's für gut gehalten, nachdem ich alles von Anfang an sorgfältig erkundet habe ...« Lukas hat also Quellenforschung getrieben. »... es für dich, hochgeehrter Theophilus, in guter Ordnung aufzuschreiben, damit du *den sicheren Grund der Lehre* erfahrest, in der du unterrichtet bist« (1,3 f.; Hervorhebung von Vf.).

Christen müssen also wissen, was es um Jesus ist und welches die »großen Taten Gottes« (Apg 2,11) sind. Christen können nicht ins Blaue hinein glauben, wie bei einer Fahrt im Nebel. Sie müssen vielmehr einen »sicheren Grund« haben. Davon geht Lukas aus.

b) Lukas ist auch der einzige unter den Evangelisten, der gewissermaßen unter dem Motto »Fortsetzung folgt« sein Evangelium auch über die Zeit von Jesu Tod und Auferstehung in einer weiteren Schrift fortführt: in der Apostelgeschichte.

c) Lukas zeigt auch, an welchem Ort der Weltgeschichte, des Weltlaufs das Evangelium steht (vgl. 1,5: »Zu der Zeit des Herodes...«; 2,1: »Es begab sich aber zu der Zeit, daß ein Gebot von dem Kaiser Augustus ausging...«; 3,1: »Im fünfzehnten Jahr der Herrschaft des Kaisers Tiberius, als Pontius Pilatus Statthalter in Judäa war und Herodes Landesfürst von Galiläa...«). Es ist eine Besonderheit von Lukas, daß er die historische Einordnung, den geschichtlichen Platz der Ereignisse deutlich macht.

d) An wen hat Lukas sein Evangelium gerichtet? Für wen hat er es geschrieben?
Zunächst ist ein einzelner Adressat sowohl zu Beginn des Evangeliums wie der Apostelgeschichte genannt: ein Mann namens Theophilus (Lk 1,3; Apg 1,1). Theophilus war entweder jemand, der bereits an Jesus glaubte, oder ein Mensch, der dabei war, Christ zu werden und der bereits hierfür Unterricht genossen hatte.
Offenkundig ist aber bei der Abfassung des Evangeliums im großen und ganzen an die Gemeinden gedacht, die durch die Missionsarbeit des Paulus gegründet worden sind. Lukas selbst ist ganz von der Theologie, von der Erkenntnis des Paulus geprägt, und die Empfänger waren wohl solche Leute, unter denen im wesentlichen Paulus gewirkt hatte.
Man hat auch schon vermutet, daß die beiden Schriften – Lukas-Evangelium und Apostelgeschichte – möglicherweise zur Verwendung im Prozeß, der in Rom gegen Paulus lief, verfaßt worden sind. Daher habe das Gesamtwerk auch dem Zweck gedient, nachzuweisen, daß das Christentum eine legitime Religionsbewegung war, die keine revolutionären Absichten hegte und deshalb für den römischen Staat nicht gefährlich war. Für diesen Zweck hätte Lukas seine Schriften nicht verändern müssen; er hätte genauso schreiben können und hat auch so geschrieben, wie es an den anderen Evangelien zu sehen ist, obschon er manches ergänzt hat. Aber für diese Vermutung ergeben sich keine sicheren Anhaltspunkte.
Das Lukas-Evangelium ist also einer der von den Evangelisten verfaßten Berichte für die glaubende Gemeinde und für diejenigen, die fragend und suchend waren: ›Was ist es eigentlich um diesen Jesus?‹

e) Die Besonderheit des Berichtes von Lukas im Blick auf den Inhalt und die geistlichen Schwerpunkte steht im Zusammenhang damit, daß dieser Evangelist – wie gesagt – »aus den Heiden« stammt (vgl. Apg 15,23), von denen, die im Alten Testament die Verlorenen sind. Auch ist er der Begleiter des Völkerapostels Paulus, durch den das Evangelium ausgesprochen den Schritt auch zu den Völkern geht. So zeigt uns Lukas die Worte und Geschichten, in denen Jesus als der Heiland der *Welt*, als Heiland für alle erscheint.
Paulus war es auch, der die freie Gnade Gottes verkündigte, die sich insbesondere und zuerst den Geringen zuwendet (1. Kor 1,18 ff.). Jesus ist der Heiland für die Verlorenen und für die Geringen. Nur aus Gnade wird der Mensch selig. Die Verlorenen zu retten ist für Gott Freude. Und die unverdiente Gnade Gottes ist für den Menschen Freude. Andrerseits darf sich der Mensch durch nichts von der Annahme der Gnade Gottes und vom Gehorsam der Nachfolge abhalten lassen, auch nicht durch den »Mammon«.

2. Übersicht über das Buch

2.1 Zum Aufbau des Buches

Lukas hat sein Evangelium so aufgebaut:
1. Jesu Kindheit und frühe Jugend (Kap. 1 f.)
2. Jesu Wirken in Galiläa (3,1 - 9,50)
3. Jesu letzte Reise nach Jerusalem (9,51 - 19,27)
4. Jesus in Jerusalem; Tod und Auferstehung (19,28 - 24,53)
(In Abb. 5 sind diese vier Punkte mit den Ziffern 1 - 4 eingezeichnet.)

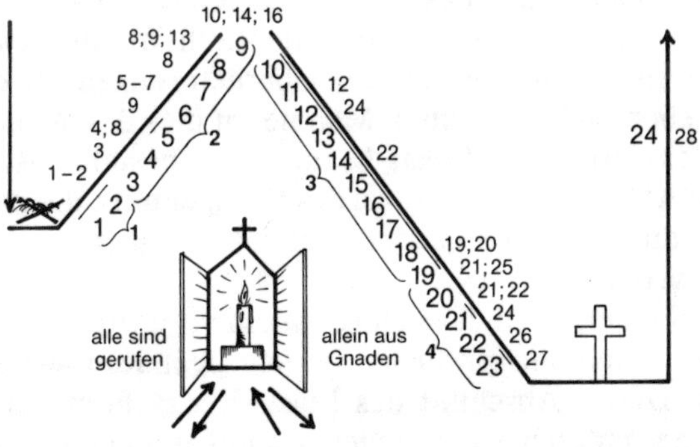

Abb. 5: Der Aufbau des Lukas-Evangeliums

2.2 Lukas im Vergleich zu Matthäus und Markus – das Sondergut des Lukas

Das Lukas-Evangelium ist – neben dem Matthäus- und dem Markus-Evangelium – eines von den drei *synoptischen* Evangelien, die eine gewisse Ähnlichkeit aufweisen. Allerdings sind sich das Matthäus- und das Markus-Evangelium untereinander ähnlicher als das Lukas- und das Matthäus- bzw. das Markus-Evangelium.

Ähnlich wie beim Matthäus- und beim Markus-Evangelium habe ich den Aufbau des Lukas-Evangeliums grafisch dargestellt (Abb. 5). Anders als bei Matthäus und Markus habe ich hier nicht die Form eines Kreisbogens, sondern die eines Giebels gewählt. Dieser »Giebel« ist freilich etwas nach links verschoben. Er erreicht seinen Höhepunkt in Kapitel 9, jenem Kapitel, in dem es – wie in Matthäus 16 – zu einem Durchbruch der Erkenntnis und des Bekenntnisses (im Petrus-Bekenntnis, Lk 9,18 f.) kommt.

Damit kommt zum einen das in den Blick, was das Lukas-Evangelium mit den anderen synoptischen Evangelien gemeinsam hat, zum anderen aber auch das, was es von diesen abhebt. Das Gemeinsame wird an den Ziffern oberhalb des »Giebels« erkenntlich: Das sind die Kapitel des Matthäus-Evangeliums, zu denen das Lukas-Evangelium Parallelen enthält (dazu gehören z.B. die Kindheitsgeschichten Jesu, seine Taufe und der Anfang seiner Wirksamkeit; die sog. »Feldrede Jesu« [Lk 6] enthält weite Stücke der Bergpredigt [Mt 5 - 7] und andere Worte usw.). Weitere deutliche Parallelen zwischen Lukas und Matthäus zeigen sich insbesondere im letzten Teil des Lukas-Evangeliums, beginnend mit dem Einzug Jesu in Jerusalem.

Daneben aber weicht das Lukas-Evangelium an vielen Stellen von den übrigen Evangelien – auch den synoptischen – ab. Es weist eine beträchtliche Anzahl von zusätzlichen Überlieferungen auf, die die anderen Evangelien nicht enthalten. Man nennt dies das *Sondergut des Lukas.* Etwa ein Drittel des Lukas-Evangeliums besteht aus diesem Sondergut. (In Abb. 5 sind die Kapitel des Evangeliums, die das Sondergut enthalten, durch Striche gekennzeichnet, die parallel zur Linie des »Giebels« verlaufen.)

Dieses Sondergut findet sich vor allem im dritten Teil des Evangeliums, also in dem ausführlichen Bericht über Jesu letzte Reise nach Jerusalem. Dieser Abschnitt des Lukas-Evangeliums ist eine Fundgrube mit besonderen Mitteilungen des Lukas, in denen er Worte Jesu und auch Ereignisse um Jesus überliefert.

In den anderen Teilen des Evangeliums taucht das Sondergut nur hie und da auf, etwa in den Kapiteln 1 f., 5, 7 f. und in der Passionsgeschichte (Kap. 23).

Wir können dem Lukas recht dankbar dafür sein, daß er eine so systematische Sammlung von Nachrichten über Jesus zusammengestellt hat. Er tat dies auch unter einem gewissen Gesichtspunkt: Aus der Fülle dessen, was vorlag, hat er von seinem Auftrag her bestimmte Dinge herausgegriffen und uns übermittelt. Viele Geschichten, die unter Christen vielfach geläufig sind, hat nur Lukas überliefert; und wir wären um einiges ärmer, wenn unter den Evangelien das des Lukas fehlen würde. Wegen seines Sondergutes ist dieses Evangelium eine ganz feine und wichtige Ergänzung zu den anderen Evangelien. Es ist sozusagen eine Kette von Geschichten, Gleichnissen und anderen Worten Jesu, die uns hier wie an einer Perlenkette aufgereiht vorgelegt sind.

Die bekanntesten Stücke aus dem Sondergut des Lukas in den einzelnen Kapiteln des Evangeliums sind im folgenden zusammengestellt.

Kapitel 1 f.: Die Weihnachtsgeschichte; die Geburten Johannes des Täufers und Jesu mit den vorausgehenden Ankündigungen und den Lobgesängen; der 12jährige Jesus im Tempel (vielleicht sind in diesen Kapiteln Nachrichten von Maria aufgenommen).

Kapitel 3: Jesu Stammbaum, der bis auf Adam zurückgeht, besagt, daß Jesus der Heiland der Welt ist.

Kapitel 5: Der Fischzug des Petrus (V. 1-11).

Kapitel 6: Ergänzungen zur Bergpredigt in der »Feldrede« (vgl. Mt 5-7).

Kapitel 7: Die Auferweckung des Jünglings zu Nain (V. 11-17); Jesu Salbung durch die Sünderin im Haus eines Pharisäers (V. 36-50).

Kapitel 8: Die Nachfolgerinnen Jesu (V. 1-3).

Kapitel 9: Jesu Aufbruch nach Jerusalem und sein Konflikt mit einem Samariterdorf (V. 51-56).

Kapitel 10: Die Aussendung der 70 Jünger und deren Rückkehr (V. 1-12); »darüber freut euch nicht... Freut euch aber...« (V. 17-20); der barmherzige Samariter (V. 25-37); Maria und Marta (V. 38-42).

Kapitel 11: Jesus lehrt beten (V. 1-4); der bittende Freund (V. 5-13).

Kapitel 12: Der reiche Kornbauer (V. 16-21); Warten auf Jesu Wiederkehr (V. 35-48; der Herr »wird sich schürzen ... und ihnen dienen«, V. 37); »Ich bin gekommen, ein Feuer anzuzünden...« (V. 49).

Kapitel 13: Jesus ist kein Zelot, kein Revolutionär; er hat nicht eingegriffen, als ihn einige Leute durch die empörende Mitteilung dazu herausfordern wollten, Pilatus habe Menschen auf dem Tempelplatz zusammenschlagen lassen, so daß ihr Blut sich mit dem Blut ihrer Opfertiere

vermischt hat (dahinter stand die Untergrundbewegung der sog. »Zeloten«). Jesus geht es ganz um das Verhältnis des Menschen zu Gott (V. 1-5). – Das Gleichnis vom Feigenbaum (V. 6-9); »Ringt darum, daß ihr durch die enge Pforte hineingeht...« (V. 22 ff.).
Kapitel 14: Das große Abendmahl (V. 15 ff.).
Kapitel 15: Die drei Gleichnisse vom Verlorenen – vom verlorenen Schaf, verlorenen Groschen, verlorenen Sohn.
Kapitel 16: Der ungerechte Haushalter (V. 1-9); die Treue im Irdischen (V. 10-13); vom reichen Mann und armen Lazarus (V. 19-31).
Kapitel 17: Die zehn Aussätzigen (V. 11-19); das Kommen des Gottesreiches – jetzt ist es »mitten unter euch«; künftig: wie zu den Zeiten Noahs und Lots (V. 20-37).
Kapitel 18: Das Gleichnis von der bittenden Witwe (V. 1-8); das Gleichnis vom Pharisäer und Zöllner (V. 9-14).
Kapitel 19: Zachäus (V. 1-10); von den anvertrauten Pfunden (V. 11-27).
Kapitel 23: Einzelne Worte Jesu am Kreuz, wie die Bitte Jesu für das Hinrichtungskommando: »Vater, vergib ihnen...« (V. 34), und das Wort an den Schächer: »Wahrlich, ich sage dir: Heute wirst du mit mir im Paradies sein« (V. 43).
Kapitel 24: Die Emmausjünger (V. 13-35); kurzer Bericht von Jesu Himmelfahrt (V. 50-53).

3. Ein erster Leitgedanke des Lukas-Evangeliums: Jesus ist der Heiland der Welt, der Heiland der Verlorenen

3.1 Jesus, der Heiland der Welt

Noch ein Nachtrag zur Abbildung 5: In dieser Grafik ist eine offene Tür gezeichnet. Über ihr steht das Kreuz als Zeichen dafür, daß es uns diese Tür eröffnet hat; dahinter befindet sich ein Licht, das für die Einladung steht: ›Hier drin ist es hell, warm; hier ist man zu Hause und fühlt sich wohl.‹ Es geht um den Eingang zu Gott, zum Frieden und zur Gemeinschaft mit ihm.

Die Pfeile unterhalb dieser Tür zeigen an, daß Boten hinausgehen, um heimzuholen, und daß Eingeladene hinzukommen. Zwar kommen nicht alle, die die Botschaft hören, hinzu; und doch wird diese Botschaft nicht umsonst verkündet.

Daneben steht (links): »Alle sind gerufen.« Es ist für das Lukas-Evangelium ganz charakteristisch, daß es durchgehend Worte Jesu hervorhebt, die zeigen, daß Jesus nicht nur Israel meint. In Jesaja 49 steht in einer Messiasankündigung der Satz: »Es ist zu wenig, daß du mein Knecht bist, die Stämme Jakobs aufzurichten und die Zerstreuten Israels wiederzubringen, sondern ich habe dich auch zum Licht der Heiden gemacht, daß du seist mein Heil bis an die Enden der Erde« (Jes 49,6; vgl. Lk 2,32).

»...mein Heil bis an die Enden der Erde«: So weit soll also Gottes Heil hinausreichen. Daran, daß Lukas auf diese Stellen so besonders geachtet hat, sieht man die Erziehung, die Schulung, die Förderung in der Erkenntnis, die der Evangelist durch den Heidenapostel Paulus erhalten hatte, dessen Mitarbeiter er ja war.

Rechts neben der offenen Tür in Abbildung 5 steht: »Allein aus Gnaden.« Lukas als Heidenchrist wußte, daß die Heiden das nicht verdient haben, daß sich ihnen Gott so zuwendet. Lukas zeigte aber zugleich, daß es nicht nur unter den Heiden, sondern auch in Israel die Verlorenen, die Verirrten, die Abgeirrten gab. Auch diese sind eingeladen. Alle sind gerufen – auch die Verirrten, auch die Sünder, auch die Geringen!

Das spielt bei Lukas eine große Rolle. Es ist beinahe eine gewisse soziale Note, die dem Lukas-Evangelium anhaftet (etwa auch in Kap. 6). Aus Gnaden, »geschenkweise« (griech. *dorean*; Röm 3,24) ist das Heil gegeben.

Das zieht sich wie eine Leitlinie durch das gesamte Lukas-Evangelium hindurch, ja auch durch die anderen Evangelien, aber nirgends ist das so beherrschend wie bei Lukas.

3.2 Jesus, das Heil der Welt

Diesen Leitgedanken möchte ich an einzelnen Stellen des Buches aufzeigen:

Schon in den **Kapiteln 1 und 2** geht es interessanterweise um das Heil für die Welt, auch in den großen Hymnen, den Lobgesängen (der Maria [1,46-56] und des Zacharias [1,67-79]). Jesus, der Heiland der Welt, fängt unten an. Er wird als Sohn kleiner Leute in einer Notunterkunft geboren. Ein Futtertrog dient als Wiege (2,1-7).

Die Hirten, die Halbnomaden am Rande der Wüste, waren sozusagen der »Bodensatz« in Israel, waren Analphabeten, die nicht einmal vor Gericht als Zeugen auftreten durften. Ausgerechnet diese hat Gott durch seine himmlischen Sonderbotschafter unterrichtet (2,8-14), ja ausgerechnet diese wurden die ersten Evangelisten (2,17 f.)! Diejenigen, deren Zeugnis im öffentlichen Leben nichts galt, wurden die ersten Zeugen. »Das Geringe vor der Welt und das Verachtete hat Gott erwählt...« (1. Kor 1,28a).

In **Kapitel 3** kann man die interessante Beobachtung machen, daß Lukas in Jesu Stammbaum bis auf Adam zurückgeht (V. 23-38) – während Matthäus die Herkunft Jesu bis auf Abraham zurückführt (Mt 1,1 ff.) –, um damit auch die universelle Bedeutung Jesu Christi, des Messias Israels, für die Welt aufzuzeigen.

In **Kapitel 7** wird die Salbung Jesu durch *»eine Sünderin«* im Haus eines Pharisäers berichtet (V. 36-50). Der Pharisäer meinte, Jesus müßte über den Charakter der Frau Bescheid wissen, wenn er ein Prophet wäre. Jesus zeigt ihm, daß gerade diejenigen, die in ihrer Niedrigkeit um ihre Sünde und ihre Verschuldung wissen, Gott um so dankbarer sind. Eine verrufene Frau beantwortet hier die Liebe Gottes in Jesus Christus besser als der anständig-fromme Schriftgelehrte.

In **Kapitel 8** berichtet Lukas eine für jene Zeit sehr bemerkenswerte Begebenheit, die uns heute nicht mehr besonders auffällt. Jesus hatte nämlich nicht nur Jünger, sondern auch Jüngerinnen, die ihn teilweise mit dem großen Volkshaufen begleiteten und die auf ihre Art und Weise mit zu Jesu Weg und Auftrag beitrugen (V. 1-3).

Auch das war für das Israel jener Zeit etwas Neues – nicht aber für das Alte Testament (man denke nur an alttestamentliche Frauengestalten wie Miriam, die Schwester Moses, eine Prophetin Hulda u.a.). Nur in Israel zur Zeit Jesu wurde es von den Pharisäern so hingestellt, als ob die Frau – wenn überhaupt – nur über den Mann als Heilsvermittler den Zugang zu Gott bekomme.

In Lukas 8,1-3 wird aber deutlich, daß Gott den Frauen *in Unmittelbarkeit* den Zugang zu sich gibt. Auch andere Stellen der Evangelien zeigen, daß die Verschiedenheit der Geschlechter nur eine Sache *dieses* Äons ist (vgl. Mt 22,23 ff. par). Im neuen Äon werden wir alle wie die Engel Gottes sein.

Ähnlich zeigt ja bereits Kapitel 1, daß Maria, das namenlose Mädchen aus Nazareth, viel rascher gemerkt, im Glauben erfaßt und erkannt hat, was vor sich ging, als ihr die Nachricht durch den Engel übermittelt wurde, als Zacharias, der namhafte Vertreter des aaronitischen Priestertums. Dieser hat das lange nicht so schnell erfaßt und ist deshalb in die Geduldsprobe des Schweigens gestellt worden (1,11-23).

In der durchgehenden Leitlinie des Lukas-Evangeliums steht auch Vers 56 in **Kapitel 9**. Jesus wäre bereit gewesen, auch in ein samaritisches Dorf zu gehen, was israelitische Festpilger nicht getan hätten. Zwar ist Jesus jetzt noch abgewiesen worden (in Apostelgeschichte 8 hingegen steht dann, daß die Samariter Jesus und das Evangelium angenommen haben), aber er hat große Geduld mit diesen durch die langjährige Abweisung von seiten der Juden bitter gewordenen Menschen und straft sie nicht.

In **Kapitel 10** ist derjenige, der sich als barmherzig erweist, ein Samariter (V. 25-37). Wenn man dieses Gleichnis im Blick auf Jesus liest, so merkt man, daß sich Jesus damit selbst zeichnet: Zuerst und vor allem ist *er* der große barmherzige Samariter. Jesus zeichnet diesen Samariter so, daß deutlich wird, daß Jesus selbst und sein Verhalten Modell für ihn ist. (Man könnte Zug um Zug dieses Gleichnisses demgemäß ausdeuten.)

Die Geschichte vom großen Abendmahl in **Kapitel 14** stellt sich so dar, daß der einladende Bote in einer ersten Runde zu den zunächst Eingeladenen geht, zu den ›intakten‹ Frommen Israels. Dann macht er einen Gang *»auf die Straßen und Gassen der Stadt«* hin zu »den verlorenen Schafen aus dem Hause Israel« (Mt 10,6b). In einer dritten Runde geht er sodann *»auf die Landstraßen und an die Zäune«*, also weit hinaus aus der Stadt – bis hin zu den Völkern. Und noch eilt der Bote! Es wäre unser Herr schon gekommen und das Fest schon angebrochen, wenn es nicht noch heißen würde: *»Es ist ... noch Raum da«* (V. 22b) und die »Vollzahl aus den Völkern« (wie Paulus in Röm 11,25b sagt [LÜ: »Fülle der Heiden«]) schon eingegangen wäre.

Kapitel 15 macht erst recht deutlich, daß und wie Gott das Verlorene liebt und nicht abschreibt. Der Hirte, der eins von 100 Schafen verloren hat, sagt nicht, er habe ja noch 99 übrig und auf das eine käme es ihm nicht an. Die Frau, die einen von zehn Groschen verloren hat, sagt nicht, sie habe ja noch neun Groschen übrig und auf den einen käme es nicht an. Nein, sie suchen nach dem *einen*, das sie verloren haben. Der Vater, dessen Sohn ihm davongelaufen ist, stellt keine Bedingungen, als dieser Sohn zurückkehren will.

In **Kapitel 17** fällt auf, daß gerade der einzig dankbare von den zehn Aussätzigen, die Jesus heilte, ein Samariter ist (V. 11-19). Das hat manche freilich geärgert; aber »es ist kein Ansehen der Person vor Gott« (Röm 2,11). Auch im Blick auf Volk oder Rasse ist vor Gott kein Unterschied.

Später, in der Apostelgeschichte, beschreibt Lukas, daß im syrischen Antiochien, jenem Quellort des Segensstroms der Missionsarbeit, fünf Männer zur Gebetsgemeinschaft beieinander sind, woraufhin die Missionsbewegung beginnt. Unter ihnen war einer namens Niger (»der Schwarze«), also ein Mann mit sicherlich schwarzer Hautfarbe (Apg 13,1). Bereits in Apostelgeschichte 8 wird deutlich, daß ein

Afrikaner (der äthiopische Kämmerer) zu den Christen stieß, ehe auch nur *ein* Europäer dabei war.

In **Kapitel 18** ist Jesu Gleichnis von der bittenden Witwe wiedergegeben (V. 1-8). Es geht hierbei nicht um irgendeine Bitte, sondern um die Bitte der angefochtenen Gemeinde in der Endzeit, um die Bitte um das Kommen des Herrn, daß er eingreift. Es wird hier gesagt: Wenn schon der ungefällige, ungerechte, skrupellose Richter schließlich nachgibt, wieviel mehr wird dies dann erst der große Gott tun! *»Sollte Gott nicht auch Recht schaffen seinen Auserwählten ...? Ich sage euch: Er wird ihnen Recht schaffen in Kürze«* (V. 7.8a). Doch das ist nicht die Frage; an Gott fehlt es nicht. Jesus verweist vielmehr darauf, daß etwas anderes die eigentliche Frage ist, nämlich ob es nicht an uns fehlt: *»Doch wenn der Menschensohn kommen wird, meinst du, er werde Glauben finden auf Erden?«* (V. 8b).

Im selben Kapitel steht die feine Geschichte von dem Pharisäer und dem Zöllner im Tempel (V. 9-14). Der Zöllner gefällt damit Gott und wird von ihm akzeptiert, daß er nicht wagt, seine Augen aufzuheben, und nichts als das eine sagt: *»Gott, sei mir Sünder gnädig!«* (V. 13).

Dieses Wort ist mir in der Seelsorge überaus hilfreich geworden, wenn etwa mancher meint, er müsse immens viel tun und könne nicht der Vergebung gewiß werden und wisse nicht, ob das wirklich ausreiche ... *»Gott, sei mir Sünder gnädig!«* Schon im Alten Testament heißt es: »Wer des HERRN Namen anrufen wird, der soll errettet werden« (Joel 3,5a).

Auch in **Kapitel 19** ist von solch einem Verworfenen, solch einem Verlorenen die Rede: von Zachäus (V. 1-10). Er ist auch einer, gegen den die Leute protestieren. Bei ihm zeichnet sich ab, daß Jesus den *einen* beachtet, der ein Verlangen nach ihm hat. Und dieses Verlangen wacht in einem Menschen auf, von dem das kein Mensch erwartet hätte. Zachäus *»begehrte, Jesus zu sehen«* (V. 3a). Alle um ihn herum meinten, Zachäus begehrte viel Geld und wollte möglichst reich werden. Jetzt aber will er Jesus sehen. Jesus beachtet das, geht darauf ein und geht zu ihm nach Hause – und verwandelt wunderbar sein Leben.

Das ist das Großartige an dieser Geschichte. Gott heißt nicht alles gut; er bestätigt nicht den Menschen in seiner Sünde. Er will vielmehr Menschen aus der Sünde herausretten, und deshalb geht er zu ihnen. »Die Gesunden bedürfen des Arztes nicht, sondern die Kranken«, sagt Jesus (Lk 5,31 par). Ein Arzt muß auch ein Quarantäne-Quartier betreten können; das tut er, um dort Menschen zu heilen, nicht aber, um sich selbst den Infekt zu holen.

In **Kapitel 23** stehen die zwei Worte Jesu am Kreuz, die von den Evangelien nur Lukas als Sondergut in sein Evangelium aufgenommen hat. Das Wort: *»Vater, vergib ihnen; denn sie wissen nicht, was sie tun«* (V. 34a) zeigt Jesu Erbarmen mit dem geistlich ahnungslosen Hinrichtungskommando aus römischen Söldnern. Er sorgt sich darum, wie es ihnen gehen werde, wenn sie sich zu verantworten haben.

Das andere ist das Wort Jesu an den Schächer, der am Kreuz neben ihm hängt: *»Wahrlich, ich sage dir: Heute wirst du mit mir im Paradies sein«* (V. 43). Der Schächer hatte Jesus darum gebeten: »Jesus, gedenke an mich, wenn du in dein Reich kommst!« (V. 42). Jesus soll in seinem Reich wenigstens *einen* Gedanken auf ihn verwenden – das wäre für diesen Mitgekreuzigten ein Trost.

Aber Jesus gibt diesem Mann viel mehr als das, was er erbeten hat. Nicht nur *einen* Gedanken an ihn will er haben, sondern den Mann selbst will er in seinem Reich bei sich haben! –

Eines der letzten Worte von Gottlieb Wilhelm Hoffmann, des Gründers der Brüdergemeine Korntal, war: »Ich bin so dankbar, daß Jesus als ersten in dem von ihm neu erschlossenen Himmel nicht die ehrwürdige Hanna und Simeon, den ehrwürdigen Greis, aufgenommen hat, sondern einen des Galgens würdigen Verbrecher. Darauf sterbe auch ich getrost.« –

Lukas zeigt aber auch: Jesus hängt am Kreuz zwischen den Balken, mit ausgestreckten Armen. Beiden Schächern ist er gleich nah; aber nur der, der sich an ihn wendet, wird gerettet. Von dem anderen hören wir nichts. »Wer des HERRN Namen anrufen wird, der soll errettet werden« (Joel 3,5a). Das geht nicht pauschal und nicht automatisch vor sich.

Kapitel 24 enthält die Geschichte der Emmausjünger (V. 13-35), die sich auch in diese Leitlinie einfügt. Diese angefochtenen, in ihrem Glauben irre gewordenen Männer ließ Jesus nicht einfach laufen, sondern er hat sich zu ihnen gesellt.

Das ist auch ein Hinweis darauf, daß Jesus auch heute Menschen, die vielleicht über rätselvollen Schicksalen im Glauben irre zu werden drohen, nicht abschreibt, nicht laufenläßt, sondern sich zu ihnen gesellt.

Die Emmausjünger bemerkten zunächst gar nicht, daß die Veränderung bereits eingetreten war. Sie fingen nur an, etwas von der Heiligen Schrift zu verstehen; und dann gingen ihnen schließlich die Augen auf.

Jetzt gewinnen wir nur die Erkenntnis, Kraft und Trost aus Seinem Wort. Das andere – daß uns die Augen aufgetan werden – wird spätestens an Seinem großen Tag geschehen.

4. Ein zweiter Leitgedanke des Lukas-Evangeliums: die Freude Gottes

Das Lukas-Evangelium kann unter dem Thema »Die Freude Gottes« ausgelegt werden. Das ist ein für dieses Evangelium sehr kennzeichnendes Thema, wie sich im folgenden zeigen wird.

4.1 Was bedeutet »Freude Gottes«?

Einleitend ist der Auslegung des Lukas-Evangeliums unter diesem Thema vorauszuschicken, was der Ausdruck »Freude Gottes« meint:

a) Die Freude Gottes ist zum einen die Freude, *die Gott hat.*
Gott hat Freude an seiner Schöpfung: »Gott sah an alles, was er gemacht hatte, und siehe, es war sehr gut« (1. Mose 1,31a). Gott betrachtet seine Schöpfung mit Wohlgefallen.
Insbesondere freut sich Gott an seinen Lieblingsgeschöpfen, den Menschen. Es ist ihm Freude, wenn Menschen bei ihm zu Hause sind; und es ist ihm Freude, wenn sie wieder zu ihm nach Hause kommen, nachdem sie abgeirrt sind. Das ist für Gott zum einen deshalb Freude, weil er die Menschen liebt, zum anderen deshalb, weil er weiß, daß sie allein auf diese Art mit ihrem Leben selig und heil sind, bei ihm zu Hause, im Licht seiner Liebe, in der Harmonie seiner Gemeinschaft.
Dementsprechend ist es für Gott ein Schmerz, wenn der Mensch ihn verschmäht, ihn verläßt, von ihm geht, wenn er meint, ohne Gott auskommen zu können, wenn er an anderem trügerische Lust hat, wenn er sich Gott entzieht. Schmerzlich ist das für Gott, nicht weil er die Menschen bräuchte bzw. nötig hätte, sondern weil er weiß, daß die Menschen ihn brauchen, daß sie ohne ihn aufs tiefste unselig sind, weil so ihr Leben zutiefst krank ist.

b) Die Freude Gottes ist andrerseits die Freude, *die Gott dem Menschen ist und gibt*, ist die Freude über das, *was Gott hat, ist und tut.*
Es ist Grund ewiger Freude, Gott zu haben. Wenn man von ihm geschieden war, so bedeutet es Freude für den Menschen, wenn Jesus kommt, wenn er Menschen auf- und heimsucht, wenn er sie beschenkt und sie ewig selig macht, wenn er ihnen seinen Frieden gibt... So dichtete Gerhard Tersteegen:

Allgenugsam Wesen,
das ich hab erlesen
mir zum höchsten Gut,
du vergnügst alleine
völlig, innig, reine
Seele, Geist und Mut.

(EKG 270,1)

Nicht das Geschaffene, nicht die Gaben Gottes machen den Menschen im Tiefsten und Letzten zufrieden, sondern ER selbst ist es, der den Menschen letzten Endes »vergnügt«. Aber auch durch seine guten Gaben, die er den Menschen schenkt – die äußeren und die geistlichen Gaben –, und durch das, was er aus Menschen macht – nämlich seine Kinder –, schenkt Gott Freude.

Andrerseits ist es Unheil für den Menschen, wenn er auf anderes sein Vertrauen setzt, wenn er meint, an anderem letzte Freude zu haben. Aus der Freiheit, die er sich selbst genommen hat, aus dem, was er aus sich selbst macht, aus dem, was er sich selbst zu eigen macht und für sich selbst besitzt, entsteht für ihn Unseligkeit. Denn dadurch kommt er in den Einzugsbereich anderer Mächte. So wird er – vom Elend geknechtet – entehrt und entmenschlicht.

4.2 Das Leitmotiv der Freude Gottes im Lukas-Evangelium

In Abbildung 6 ist zum einen der Gang des Lukas-Evangeliums dargestellt, wie er bereits oben gezeigt wurde: Jesus Christus ist derjenige, der eigentlich von Gott kommt (die Jungfrauengeburt und die Krippe weisen darauf hin); dem folgt ein Aufstieg bis hin zu dem entscheidenden Durchbruch der Erkenntnis und des Bekenntnisses des Petrus; von da ab geht Christi Weg sozusagen hinab zum Kreuz; dem folgen Auferstehung und Himmelfahrt (in den letzten Kapiteln des Evangeliums).

Abbildung 6 nimmt aber auch insbesondere auf den vorherrschenden Aspekt des Lukas-Evangeliums – die Freude Gottes – Bezug. Dabei ist der dreieinige Gott mit dem Dreieck gemeint, von dem Strahlen ausgehen, die besagen: ER ist Licht, Liebe und Freude. Darunter ist mit einem kleinen Kreis der Mensch angedeutet, der auch von Strahlen umgeben ist: Das ist der Mensch, der in der Harmonie mit Gott und im Grunde genommen schon hier, in diesem Leben, selig ist. »Wohlan, was heißet Stund und Zeit? Ich bin schon in der Ewigkeit, weil ich in Jesu lebe«, so August Hermann Francke.

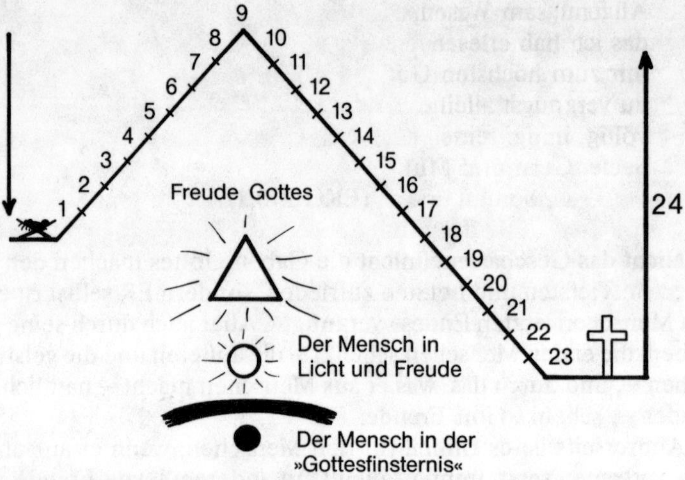

Abb. 6: »Freude Gottes« als Thema des Lukas-Evangeliums

Gottes Freude und Friede wohnt durch den Heiligen Geist jetzt schon in den Herzen von Menschen. Solch ein Mensch »strahlt«: Er ist im Licht und darf selbst Licht sein (Mt 5,14a). Der Mensch vermag dann die Liebe Gottes weiterzugeben; er hat Freude und ist von ihr erfüllt.

Daneben gibt es aber auch die Geschiedenheit von Gott, die sich in der Eigenliebe, in der Eigenmächtigkeit, im Sich-um-sich-selbst-Drehen des Menschen zeigt. Auch das wird im Lukas-Evangelium sichtbar (vgl. die Ausführungen zu Kap. 12 und 16). Zwischen Gott und Mensch steht dann die geschehene und unvergebene Schuld aus der Vergangenheit wie auch die jetzige Liebe zur Sünde, der Wille, sich selbst zu erhöhen und sich an Gott vorbei zu helfen. Dann lebt der Mensch wie unter einer dichten Dunstglocke in der Dunkelheit.

Martin Buber hat eines seiner Bücher mit dem klugen Wort »Gott-Finsternis« überschrieben. Wie es zu einer Sonnenfinsternis dadurch kommen kann, daß sich der Mond zwischen die Sonne und die Erde schiebt, so kann es auch zu einer Gottesfinsternis kommen: »Eure Verschuldungen scheiden euch von eurem Gott ...« (Jes 59,2a). Der Mensch ist dann im Dunkel, und er trägt das Dunkel in sich. Die Liebe ist erkaltet, und die Macht der Finsternis gewinnt über den Menschen Gewalt.

Man könnte eigentlich jedes Kapitel des Lukas-Evangeliums zum Thema »Freude Gottes« anführen; ich will im folgenden aber beispielhaft auf einige der Stellen zu diesem Thema eingehen.

In **Kapitel 1** wird an Zacharias ausgerichtet, daß sich viele der Geburt Johannes' des Täufers freuen werden (V. 14b: *»...viele werden sich über seine Geburt freuen«*). Warum? Der Grund für diese Freude liegt darin, daß Johannes der Herold sein darf, der die gute, wunderbare Nachricht bringt, daß ihm der Messias auf den Fersen folgt: »Das Reich Gottes ist nahe herbeigekommen« (Lk 10,11). Es ist Freude, daß Gott zu seinen Menschen heimkommt und daß sie zu ihm heimkommen dürfen. Deshalb sind »die Füße der Freudenboten, die da Frieden verkündigen, Gutes predigen, Heil verkündigen, die da sagen zu Zion: Dein Gott ist König!« (Jes 52,7), selig. So ist auch Johannes der Täufer selig.

Im selben Kapitel heißt es in Marias Lobgesang: *»Meine Seele erhebt den Herrn, und mein Geist freut sich Gottes, meines Heilandes«* (V. 46 f.). Warum? Gott kommt und nimmt sich der Menschen an. Das ist ein Wunder: *»Er hat die Niedrigkeit seiner Magd angesehen«* (V. 48a).

Die Freude des Menschen an Gott im Lukas-Evangelium wie in der Bibel überhaupt ist immer zugleich ein großes Sich-Wundern. Daß Gott gerade nach *mir* greift und *mich* zur Gotteskindschaft beruft, daß er gerade *mich* als sein Werkzeug zum Dienst auch an anderen gebraucht, das ist zum Staunen. Das bringt Maria in ihrem Lobgesang zum Ausdruck.

»Fürchtet euch nicht! Siehe, ich verkündige euch große Freude, die allem Volk widerfahren wird.« Dieser Satz aus **Kapitel 2** (V. 10), den der himmlische Bote den Hirten sagt, zeigt, daß Gott kommt und sich seines Volkes annimmt, auch der Geringsten. Er sucht sie dort auf, wo sie sind.

Schlecht sind die Ersatzfreuden beim Christfest in unserer Zeit. Aber die kleinen Freuden, die wir uns gegenseitig machen, können auch Ausdruck der großen Freude und Hinweis auf diese Freude sein.

In **Kapitel 5** ist eine Stelle, in der Freude und Staunen, ja Gottesfurcht nah beieinander sind. Petrus sagt: *»Herr, geh weg von mir! Ich bin ein sündiger Mensch«* (V. 8). Die Freude, die Gott schenkt, ist nie eine naive Freude, die von einer Selbstverständlichkeit ausgeht, als ob Gott uns dies oder jenes tun müsse.

Petrus hat das Boot voll von Fischen und erkennt, daß dadurch nicht nur für den Augenblick gesorgt ist, sondern daß er zu Jesus, diesem großen Meister, gehören darf, der für ihn sein Leben lang Sorge trägt. Dieser Herr sorgt auch dafür, daß die Arbeit des Petrus nie umsonst ist. Daran wird Petrus die ganz große Distanz deutlich, die zwischen ihm und Jesus eigentlich besteht: *»Herr, geh weg von mir! Ich bin ein sündiger Mensch.«*

Wenn ein Mensch so denkt, dann bleibt Jesus um so mehr in dessen Nähe. Denn es ist Jesus eine Freude, bei einem solchen Menschen zu bleiben, ihm wohlzutun und ihn in seinen Dienst zu stellen. Daher folgt kurz darauf der Auftrag an Petrus: *»Von nun an wirst du Menschen fangen«* (V. 10b). Petrus darf an Jesu großem, wunderbarem Werk teilhaben: zu suchen, was verloren ist.

In **Kapitel 6** taucht eine ganz andere Freude auf. Hier finden sich auch die Seligpreisungen. Sie sind bei Lukas im Vergleich zu Matthäus 5 noch etwas verschärft, indem hier nämlich sogar der Leidende gepriesen wird. Das Wort Matthäus 5,11 (»Selig seid ihr, wenn euch die Menschen um meinetwillen schmähen und verfolgen und reden allerlei Übles gegen euch, wenn sie damit lügen«) lautet bei Lukas: *»Freut euch an jenem Tage und springt vor Freude...«* (V. 23). »In dir ist Freude in allem Leide«, heißt es im Kirchenlied (EKG 288). Die Freude in Jesus ist aber nicht nur eine Freude *im* Leide, sondern auch eine solche Freude, die man *wegen* allen Leides haben kann. Denn im Leiden sind Christen *dem* ganz nahe, der selbst durch Leiden zur Herrlichkeit gegangen ist. So schreibt Jakobus: »Erachtet es für lauter Freude, wenn ihr in mancherlei Anfechtungen fallt« (Jak 1,2a).

Nur in dieser Haltung, die durch Gottes Geist geschenkt wird, konnte die frühe Christenheit über Generationen hinweg die unzähligen Leiden der Verfolgung durchstehen. Sie konnten fröhlich sein – im Leid und trotz des Leides, ja wegen des Leides! Sie freuten sich darüber, daß sie würdig erfunden worden waren, um Seines Namens willen zu leiden. Dies zeigt Lukas auch in der Apostelgeschichte.

In **Kapitel 7** findet sich wieder eine wunderbare Stelle zum Thema »Freude«. In der Geschichte über die Auferweckung des Jünglings von Nain (V. 11-17) wird erzählt, daß sich unter dem Stadttor zwei Züge von Menschen begegnen. Der eine von ihnen zieht nach Nain hinein, der andere verläßt diese Stadt. Der eine ist ein Trauerzug, der andere ein Festzug. Der Trauerzug, der aus der Stadt hinauszieht, wird gewissermaßen vom Tod angeführt: Ein Toter, ein verstorbener junger Mensch wird hinausgetragen. Dahinter geht eine tief trauernde Frau, die so schwer trauert, weil sie nach ihrem Mann auch noch ihren einzigen Sohn verloren hat. Die anderen in diesem Zug können nur stumm mitgehen und ein wenig das Leid mittragen; helfen können sie nicht. Das ist weitgehend ein Bild der todverfallenen Menschheit überhaupt.

Diesem Zug begegnet ein anderer Zug, ein Festzug, ein fröhlicher Zug. Dieser wird nicht vom Tod, sondern von Jesus angeführt. Beide Züge begegnen einander; und dann geschieht nicht das, daß die Menschen – wie früher bei uns – ehrerbietig dem Trauerzug ausweichen. Jesus tut das Unerhörte: Er hält den Trauerzug an, legt seine Hand auf den Sarg (wie einer, der jemanden verhaftet oder etwas in Beschlag nimmt); er nimmt den Sarg in Beschlag. Er weckt den toten jungen Mann und hebt so den Grund der Trauer auf. Daraus ergibt sich am Schluß, daß nur noch *ein* Zug existiert, der von Jesus angeführt wird und in die Stadt einzieht. Der andere Zug, der Trauerzug, hat sich aufgelöst.

Man möchte daher sagen: Dieser Festzug, von Jesus angeführt, ist seit Ostern im Gang, wenn auch noch verhüllt, in Jesu kommendem Friedensreich aber deutlicher, und endgültig dann, wenn es heißt: »Gott wird abwischen alle Tränen von ihren (der Menschen) Augen, und der Tod wird nicht mehr sein, noch Leid noch Geschrei noch Schmerz wird mehr sein; denn das Erste ist vergangen« (Offb 21,4).

Die kleine Begebenheit der Auferweckung des jungen Mannes aus Nain ist wie ein Modell für das, was einmal kommen wird: Der Freudenzug verschlingt den Trauerzug; aus Traurigkeit wird Freude.

In **Kapitel 10** wird gezeigt, was Grund der Freude ist und was *nicht* Grund der Freude sein soll. Jesus hat – nach der Angabe von Lukas – nicht nur zwölf, sondern 70 bzw. 72 Jünger ausgesandt (vgl. V. 1 und Mt 10,7 ff.). Er hat sie bevollmächtigt und ihnen Aufträge gegeben. Dann heißt es: Sie *»kamen zurück voll Freude und sprachen: Herr, auch die bösen Geister sind uns untertan in deinem Namen«* (V. 17). Die Jünger staunten, was sie fertiggebracht hatten. Dazu sagt Jesus das ganz auffallende Wort: *»Darüber freut euch nicht, daß euch die Geister untertan sind. Freut euch aber, daß eure Namen im Himmel geschrieben sind«* (V. 20). Es kann also gefährlich werden und einen Menschen doch wieder unter die »Dunstglocke« der Finsternis bringen – selbst als Christ –, wenn man sich zu sehr vergafft und zu sehr an dem hängenbleibt, was man kann und was man fertiggebracht hat.

Diese Jünger sollten also an ihren Vollmachtstaten nicht hängenbleiben, sondern sachlich weiterarbeiten. Ihre »Ausrüstung« – also alles, was sie empfangen haben, bis hin zur Gabe der Dämonenaustreibung – soll ganz sachlich zum Dienst gebraucht werden. Denn die Gaben sind nicht das Verdienst der Jünger, sondern ein pures Geschenk.

Die Namen, die *»im Himmel geschrieben sind«*, stehen sozusagen im »Familienstammbuch« Gottes. Dort eingetragen zu sein ist ein reines Geschenk. Darüber, was Gott einem in seiner Gnade schenkt, soll man sich freuen.

Wenn Paulus sagt: »Ich will mich rühmen« (vgl. 2. Kor 11,18.30; 12,5.9), dann will er sich der Gnade Gottes rühmen. Das Wort »rühmen«, das bei Paulus so oft vorkommt, bringt zum Ausdruck, worüber sich der Apostel freut. Er will sich nicht seiner eigenen Leistungen oder seiner Kraft rühmen (allenfalls seiner Schwachheit; 2. Kor 11,30), sondern dessen, daß Gott es schafft, mit solch einem mangelhaften »Werkzeug« etwas Gutes und Fruchtbares zu bewirken.

Es ist die Seelsorge Jesu an seinen Jüngern, daß er ihre Augen nicht in die falsche Richtung gehen lassen will. Die Jünger sollen sich nicht in ihrem eigenen Tun »sonnen«, sondern in der »Sonne« Jesus Christus.

In **Kapitel 12** wird eine andere Art von Freude gezeigt. Zwar hat hier ein Mensch auch Freude – aber das ist eine trügerische Freude, wenn der reiche Kornbauer sagt: *»Ich ... will sagen zu meiner Seele: Liebe Seele, du hast einen großen Vorrat für viele Jahre; habe nun Ruhe, iß, trink und habe guten Mut!«* (V. 19). Dieser Mann hat an etwas anderes Freude als die Jünger (in Kap. 10): Er hat keine Freude an Gott oder an Gottes Liebe, auch nicht daran, Gottes Liebe mit seinen Mitteln weiterzugeben. Die Freude des reichen Kornbauern beruht auf seinem Besitz und darauf, diesen Besitz zu horten und für sich allein zu verwenden.

Das ist eine trügerische Sache. Wenn ein Mensch darauf ausgerichtet ist, das Eigene zu suchen und darauf sein Vertrauen zu setzen, gerät er unter die »Dunstglocke« der Finsternis. Sein Besitz wird ihm so zum Götzen. Gott ist das ein Schmerz, weil der Mensch dadurch bedroht ist; und darum sagt Gott: *»Du Narr!«* Solch ein Mensch ist vor Gott übel dran, denn er steht am Ende mit leeren Händen da: *»Wem wird dann gehören, was du angehäuft hast?«* Er hält an etwas fest, was gewissermaßen mit ihm »den Bach hinabgeht« und ihm keine Hilfe und keinen Halt gibt.

Eine Geschichte, die sich tatsächlich begeben hat, veranschaulicht das. Vier junge Menschen fuhren in einem Boot einen Fluß abwärts, der auf einen hohen Wasserfall zuführte. Diese Jugendlichen wußten nicht, daß der Strom bei diesem Wasserfall turmhoch abwärts stürzen würde. Als sie sich dem Wasserfall näherten, bemerkten sie, daß die Strömung stärker wurde. Vom Ufer aus rief man ihnen warnend zu. Aber sie konnten das Boot nicht mehr herumlenken. Dann hat man ihnen Rettungsringe zugeschossen (werfen konnte man sie nicht, weil der Strom verhältnismäßig breit war). Beim Versuch zu wenden kenterte das Boot. Die Jugendlichen konnten alle gut schwimmen, und dreien gelang es, einen Rettungsring zu erwischen. Der vierte von ihnen war so aufgeregt, daß er sich dennoch an dem gekenterten Boot festklammerte, obwohl auch in seiner Nähe solch ein Ring war. Er ist dann mitsamt dem Boot abgestürzt.

In einer vergleichbaren Gefahr befand sich der reiche Kornbauer. Deshalb warnt Jesus so sehr davor. »Die Welt vergeht mit ihrer Lust ...« (1. Joh 2,17a). Wer sich an ihren Gütern festklammert, ist betrogen und geht mit all diesem »den Bach hinunter«. Deshalb sollen sich Menschen an dem freuen, was ewig ist.

Kapitel 12 zeigt aber auch, daß derjenige eine wunderbare Freude erleben wird, der seine Zeit, seine Kraft und sein Geld für Jesus und für den Dienst in seinem Auftrag zur Verfügung stellt. Das Wort: *»Selig sind die Knechte, die der Herr, wenn er kommt, wachend findet. Wahrlich, ich sage euch: Er wird sich schürzen und wird sie zu Tisch bitten und kommen und ihnen dienen«* (V. 37) nannte Johann Albrecht Bengel die größte Verheißung Gottes überhaupt in der Heiligen Schrift. Es ist die Freude Gottes, daß er, dessen Dienst (die Passion) am Anfang unseres Lebens stand, unser kleines bißchen Dienst so beantwortet, daß er uns noch einmal dienen wird.

In **Kapitel 13** ist wieder davon die Rede, wie Menschen sich über das freuen, was Gott tut und was sie an ihm haben: *»Alles Volk freute sich über alle herrlichen Taten, die durch ihn geschahen«* (V. 17b).

Kapitel 14 enthält Jesu Gleichnis vom großen Abendmahl (V. 15-24). Es ist ja für das Lukas-Evangelium kennzeichnend, daß gezeigt wird, daß das Fest des Herrn am Ziel Freude ist. Schon im Alten Testament wird von dem großen Festmahl gesprochen: »Der HERR Zebaoth wird auf diesem Berge allen Völkern ein fettes Mahl machen . . .« (Jes 25,6 ff.).

Aber bei Lukas wird deutlich, daß es diejenigen gibt, die beim Eigenen bleiben wollen. Sie haben *ihre* Ziele, machen *ihr* Programm und haben *ihre* Werte. Das sind ehrenwerte Leute: der eine mit seinem Besitz (V. 18.19), der andere mit seiner Ehe (V. 20). Jeder ist von irgend etwas »besetzt« und verschmäht deshalb den Herrn. Wer so an anderem seine Freude hat und an diese Güter sein Herz heftet, ist ein Mensch in der »Gott-Finsternis«.

Dem stehen die anderen gegenüber, die wissen, daß sie eigentlich keinen Anspruch auf die Einladung zu dem großen Abendmahl haben: *»die Armen, Verkrüppelten, Blinden und Lahmen«*. Sie werden von weit draußen hereingeholt: *»Geh hinaus auf die Landstraßen und an die Zäune und nötige sie hereinzukommen . . .«* (V. 23).

Insbesondere **Kapitel 15** zeigt die Freude Gottes. Jesus bzw. Gott freut sich über das Verlorene und Wiedergefundene – wie sich der Hirte über das eine verlorene Schaf (V. 4-7), eine Frau über den einen verlorenen Silbergroschen (V. 8-10) und ein Vater über seinen heimgekehrten Sohn freut. –

So unglaublich viel liegt Gott am einzelnen Menschen! So ungeheuer viel liegt ihm auch an jedem einzelnen, der zum Beispiel in den Menschenmassen zur Zeit des Berufsverkehrs unterwegs ist! Nehmen wir Christen das doch ganz ernst! Wollen wir nicht auch versuchen und dabei helfen, Menschen heimzuholen zu Gott, damit wir Gott Freude machen!? –

An diesen drei Gleichnissen ist aber auch ein weiteres zu erkennen: Gott will, daß andere sich mitfreuen. Zweimal steht hier, daß sich andere mit Gott freuen: So *»wird auch Freude im Himmel sein über* einen *Sünder, der Buße tut...«* bzw. *»wird Freude sein vor den Engeln Gottes über* einen *Sünder, der Buße tut«* (V. 7.10). Die heiligen Engel freuen sich mit, wenn ein Mensch nach Hause kommt. Es geht also ein Sich-Freuen durch die ewige Welt, wenn ein Mensch Buße tut! Demzufolge ist dort aber auch ein Trauern, wenn jemand sich von Gott absetzt, sich distanziert.

Gott will aber auch, daß wir Menschen uns mitfreuen. Der Vater im Gleichnis vom verlorenen Sohn wirbt um den älteren Sohn, der zu Hause geblieben war, daß er sich doch mitfreue: *»Du solltest aber fröhlich und guten Mutes sein...«* (V. 32a). Der Mensch sollte mit Gott denken, sollte sich über ihn, seine Güte und die zu Gott Heimkehrenden freuen. Der Mangel an solcher Mitfreude deutet eine große innere Distanziertheit des scheinbar zu Hause gebliebenen Sohnes an. Dieser Sohn meint wohl, daß die Treue des Vaters ihm gegenüber größer sein müsse als gegenüber seinem Bruder, der den Vater verlassen hat, gewissermaßen etwas vom Leben gehabt hat und nun noch den Himmel dazubekommt. Auf wieviel hat nicht der ältere Sohn verzichtet! Wo bleibt da die Gerechtigkeit?

Aber so zu denken heißt, nicht mit Gott, dem Vater, zu denken. Der ältere Sohn verhält sich so, als ob es ein Unglück wäre, daß er schon von Jugend auf bei seinem Vater zu Hause war, der doch sagt: *»Alles, was mein ist, das ist dein«* (V. 31b).

Diese Gleichnisse lehren uns, mit Gott zu denken. Es ist ein wesentliches Zeichen der Liebe zu Gott, daß wir mit ihm denken, daß wir also darüber trauern, worüber Gott trauert, und uns darüber freuen, worüber sich Gott freut.

Kapitel 16 beinhaltet die Geschichte vom reichen Mann und armen Lazarus. Der Reiche *»lebte alle Tage herrlich und in Freuden«* (V. 19b) – und mußte doch wissen, daß es so, wie das Wetter immer wieder gewiß umschlägt, auch in seinem Leben gehen werde. Weil dieser Mann immer bloß beim Eigenen blieb, schlägt sein Leben gewissermaßen um: Er war nach seinem Tode in der »Hölle«, in der »Qual« (V. 23). So kam es, weil er weder die Liebe Gottes sah und sich an ihr freute noch diese Freude mit den Mitteln, die ihm zur Verfügung standen, weitergab.

Jesus will mit dieser Geschichte wiederholt vor einer falschen Freude bewahren. Das tut er nicht, weil er diese Freude niemandem gönnen würde, sondern weil sie ein Unglück ist, weil sie Menschen enttäuscht, weil sie einen ganz schlechten Nachgeschmack hat.

In **Kapitel 17** ist ein weiterer interessanter Zug zu sehen, der die Freude kennzeichnet: Die Freude von Menschen über das, was Gott tut, ist zugleich Dank. Dankbarkeit und Freude gehören zusammen. Ja, die Freude von Menschen ist überhaupt erst dann die Freude des guten Gewissens vor Gott, wenn sie sich in Dank umsetzt.

Das ist an der Geschichte der Heilung von zehn Aussätzigen (V. 11-19) zu erkennen. Der eine von diesen zehn vormals Aussätzigen *»kehrte um und pries Gott mit lauter Stimme«* (V. 15b). Wo Freude und Dank beieinander wohnen, ist das eine gute Sache. Dort ist die Freude echt und entschwindet einem Menschen nicht; und auch der Dank ist echt, wenn er Freude an dem ist, was Gott schenkt und schafft.

In **Kapitel 19** ist es Zachäus, der Jesus in sein Haus einkehren ließ: *»...und nahm ihn auf mit Freuden«* (V. 6b). Das ist zum einen ganz deutlich die Freude über das Kommen Gottes in Jesus Christus. Und die richtige Reaktion, die rechte Antwort auf sein Kommen ist ganz schlicht die Freude.

Hier wird aber auch erkennbar, daß Freude eine verwandelnde Kraft hat. Die Freude an Gott, am Kommen Jesu, hat eine wunderbar verwandelnde Kraft. Zachäus, der Oberzöllner, »Obereinnehmer«, der Mann mit einem »einnehmenden« Wesen, wird erheblich verändert, ohne daß viel gesagt wird. Aus dem »Obereinnehmer« wird ein »Oberausgeber« (*»die Hälfte von meinem Besitz gebe ich den Armen«*, V. 8). Er kann also zugeben, daß er andere übervorteilt hat, und er macht seinen Betrug gleich vierfach wieder gut (V. 8b). Die Freude über den Kommenden verwandelt ihn.

Kapitel 23 zeigt, daß Jesu Wort Grund ewiger Freude ist. Denn was anderes hat Jesu Zusage: *»Wahrlich, ich sage dir: Heute wirst du mit mir im Paradies sein«* (V. 43) bei dem Schächer bewirkt, der sich schon im Todeskampf befand? Dieses Wort machte den Schächer im Sterben froh und gewiß.

Die Todesleiden am Kreuz waren nicht Auftakt für die ewige Verdammnis, sondern ein kurzer Durchgang, der zur Freude Gottes führt. So kann man sich selbst im Sterben und angesichts des nahenden Todes noch freuen.

Ein Musterbeispiel für diese Freude ist der gesamte Philipperbrief, dieser Brief der Freude. Wie das Lukas-Evangelium das Evangelium der Freude ist, so ist der Philipperbrief der Brief der Freude. Dieser Brief wurde am Vorabend eines Prozesses gegen Paulus verfaßt, von dem der Apostel möglicherweise ein Todesurteil erwartete. Angesichts dessen wollte Paulus sich auf jeden Fall freuen – ob er nun als »Trankopfer ausgegossen« wird (vgl. Phil 2,17; er denkt dabei als römischer Bürger an das Verströmen seines Blutes bei seiner Enthauptung) oder ob er weiterleben und den Philippern weiterhin dienen soll.

In **Kapitel 24** kommt zweimal das Wort vom Freuen vor (V. 41.52). Bei der Heimkehr der Jünger von Jesu Himmelfahrt, von einem Abschied also, heißt es: *»Sie ... kehrten zurück nach Jerusalem mit großer Freude«* (V. 52b). Warum freuen sich hier die Jünger? Ist Jesu Himmelfahrt für sie kein schmerzlicher Abschied? Zunächst ist die Auferstehung Jesu für die Jünger eine schlechterdings unfaßliche, bestürzende, überaus beseligende Nachricht. Über Jesu Himmelfahrt freuen sie sich sodann

a) zum einen im Blick auf Jesus, weil er Gethsemane, Golgatha und alles Leiden hinter sich hat und nun zum Vater heimkehren darf,
b) zum anderen im Blick auf sich selbst, weil Jesus nun an der entscheidenden Stelle für sie eintritt, so daß sie diese wunderbare, hilfreiche »Beziehung« haben (»wir haben einen Fürsprecher bei dem Vater, Jesus Christus«, 1. Joh 2,1) – dann kann es ja an nichts fehlen.
c) Sie freuen sich bei der Himmelfahrt auch deshalb, weil Jesus im Grunde genommen nicht fort, sondern nun erst recht gegenwärtig ist: »Siehe, ich bin bei euch alle Tage ...« (Mt 28,20b). Jesus hat gerade jetzt an Gottes Allgegenwart teil als derjenige, der zum Vater zurückgekehrt ist.
   Darum freuen sie sich auch über den großen Auftrag, der Welt das Evangelium weitersagen zu können, und über die große Ausrüstung, die wunderbare Kraft, die ihnen der erhöhte Herr dafür hinterlassen hat bzw. sendet, nämlich den Heiligen Geist: »...bis ihr ausgerüstet werdet mit Kraft aus der Höhe« (V. 49b).
   Nach Apostelgeschichte 1 freuen sich die Jünger darüber, daß noch einmal seine Wiederkunft in Herrlichkeit angekündigt ist (Apg 1,11). Die Jünger wissen gewiß, daß Jesus wiederkommen, sein Werk herrlich vollenden und ihr schwaches Werk für ihn von ihm eine wunderbare Antwort empfangen wird. Die Himmelfahrt Jesu ist also auf keinen Fall ein Abschied für immer, sondern ein Grund der Freude.

Lukas zeigt also in seinem ganzen Evangelium: Gott *hat* Freude und *ist* Freude; er ist Licht, Liebe, Freude. Und Gott *gibt* Licht, Liebe, Freude dem, der in ungestörter Gemeinschaft mit ihm lebt. Jesus hat uns diese Gemeinschaft mit Gott eröffnet; wir *können* so leben. »Ich bin das Licht der Welt« – »ihr seid das Licht der Welt« (Joh 8,12; Mt 5,14). Dann können wir im Frieden sein.

»Sein Antlitz ruht strahlend auf mir«, singt Dora Rappard in einem Lied. So heißt es auch im aaronitischen Segen: »Der Herr lasse sein Angesicht leuchten über dir und sei dir gnädig« (4. Mose 6,25). Dieses Leuchten Gottes über seinem Volk ist bei Aaron immer das Ergebnis des Opfers, daß nämlich die Wand der Schuld weggenommen ist und der Mensch sich im Frieden mit Gott befindet. Wenn Gott sein Angesicht über uns leuchten läßt, so genesen wir.

Andrerseits besteht aber auch die furchtbare Möglichkeit der Gottesfinsternis für den, der sozusagen anderes vor sich aufbaut – Schuld, Liebe zur Sünde und zu Götzen sowie die Liebe zum Eigenen – und schließlich von der Macht der Finsternis gefangen wird. Deshalb ist es wichtig, heimzugehen, umzukehren (Lk 15), sich täglich immer wieder zu Ihm zu wenden. Luther hat gesagt, das Christenleben sei eine tägliche Buße, eine tägliche Heimkehr, ein täglich neues Sich-Zuwenden zu dem Herrn. Wir haben Freude, indem wir in dieser Harmonie leben dürfen – in Ihm.

Das Evangelium nach Johannes

1. Einleitung

1.1 Der Verfasser

Die Alte Kirche ist in ihrem Zeugnis über den Verfasser des Johannes-Evangeliums einmütig und sagt einhellig, es handle sich um den Jesus so nahestehenden Jünger Johannes, einen aus dem Dreier-Kreis (vgl. Mt 10,2; 17,1 u.a.), den Bruder des Jakobus. Er sei derselbe, der die drei Johannesbriefe und auch die Offenbarung geschrieben habe. Diese insgesamt fünf neutestamentlichen Schriften des Johannes weisen eine starke stilistische Verwandtschaft auf (was im griechischen Urtext deutlicher wird als im Deutschen).

Das Evangelium weist – das wurde von vielen Auslegern nachgewiesen – deutlich Züge auf, die erkennen lassen, daß hier ein Augenzeuge, jemand, der Land und Leute und die gesamten Umstände des Lebens Jesu sehr gut gekannt haben mußte, geschrieben hat.

Aber wie so vieles wurde auch das von der theologischen Forschung in Frage gestellt, insbesondere im 19. Jahrhundert. Man hat die Abfassung des Evangeliums sehr spät angesetzt, ca. um 180 bis 200 n.Chr., und hat gemeint, es sei in der Auseinandersetzung mit der sog. Gnosis (einer Irrlehre jener Zeit) entstanden.

Aber schon früh in unserem Jahrhundert (bereits in der Zeit vor und nach dem 1. Weltkrieg) hat man deutlicher erkannt, daß das Johannes-Evangelium noch im 1. Jahrhundert verfaßt worden sein mußte. Verschiedenes ließ darauf schließen.

Im Jahre 1936 ist nämlich ein theologischer Aufsatz in englischer Sprache veröffentlicht worden, in dem ein Forscher von einem Fund berichtete, den man etwas früher gemacht hatte. Es war wohl so, daß Anfang der 30er Jahre ein englisches Touristenehepaar in Mittelägypten ein Papyrusbündel von einheimischen Fellachen gekauft hat. Das

Ehepaar erkannte, daß dieses Bündel Schriften enthielt, die sehr alt sein mußten, weil darauf in griechischen Buchstaben (sog. Majuskeln – Großbuchstaben) geschrieben war. Das hat man nur in den ersten Jahrhunderten n.Chr. so gehalten. Das Ehepaar hat dieses Bündel im Britischen Museum in London abgegeben. Einige Jahre später befaßte sich ein Historiker mit dem Papyrusbündel. Das Bündel enthielt unter allerlei Belanglosem (etwa Schriftstücke aus dem Jahre 94 n.Chr.) zwei Papyrus-Stücke mit einigen Sätzen aus Johannes 18. Man hat daher erkannt, daß das Johannes-Evangelium in den 80er Jahren des ersten Jahrhunderts n.Chr. entstanden sein mußte, wenn es im Jahre 94 n.Chr. bereits in Mittelägypten war. Das Johannes-Evangelium ist ja mit einiger Sicherheit in Kleinasien entstanden, und so waren Abschriften in so weiter Entfernung von seinem Entstehungsort vorhanden.

Seitdem ist man sich einig darin, daß das Johannes-Evangelium um 80 n.Chr. entstanden sein muß. Dieses Evangelium setzt wohl die anderen drei Evangelien voraus und ergänzt sie, ist aber eine eigene und eigenständige Darstellung des Lebens Jesu von einem Mann, der ganz besonders eng mit Jesus gelebt hat: von dem Jünger Johannes.

1.2 Die Absicht

Was Johannes mit seinen Darlegungen bezweckt, steht eindrucksvoll in 20,30 f., was wohl ursprünglich der Schluß des Buches war (Johannes hat dann noch einen Nachtrag angefügt):

> »Noch viele andere Zeichen tat Jesus vor seinen Jüngern, die nicht geschrieben sind in diesem Buch. Diese aber sind geschrieben, *damit ihr glaubt, daß Jesus der Christus ist, der Sohn Gottes*, und *damit ihr durch den Glauben das Leben habt in seinem Namen.*«

Die Absicht des Johannes mit seinem Evangelium ist es also,
– Jesus in seiner Herrlichkeit als den Sohn Gottes zu zeigen und
– es darauf anzulegen, daß Menschen dadurch zum Glauben kommen und in diesem Glauben das Leben haben für Zeit und Ewigkeit.
Dieses Ziel des Evangeliums wird in den beiden letzten Versen des 20. Kapitels in Klarheit herausgestellt.

1.3 Der Aufbau des Buches

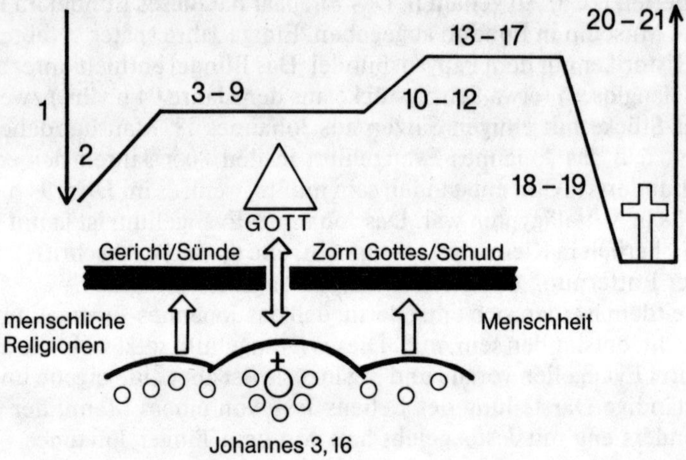

Abb. 7: Der Aufbau des Johannes-Evangeliums (1) – Gott sucht in Jesus Christus die Menschen auf

Der Gang und die Gliederung des Johannes-Evangeliums ist aus Abbildung 7 zu ersehen:

Kapitel 1: Das Johannes-Evangelium setzt mit *Jesu Präexistenz* (daß Jesus beim Vater war, ehe er in die Welt gekommen ist) und *Menschwerdung* ein: »Am Anfang war das Wort (griech. *logos*), und das Wort war bei Gott, und Gott war das Wort . . . Und das Wort ward Fleisch« (1,1.14).

Kapitel 2: Ein *Anfang der Geschichte Jesu in Galiläa* und (nach Johannes) schon *in Jerusalem.*

Kapitel 3 – 9: Diese Kapitel enthalten eine Reihe von Geschichten, in denen deutlich wird, *wie sich Jesus gerade auch mit einzelnen Menschen befaßt*, wie er *von seinen Taten zur Weite der Erkenntnis seiner selbst weiterführt* und wie das auch mehr und mehr in der Auseinandersetzung mit seinen Gegnern geschieht.

Kapitel 10 – 12: Hier *bereitet sich das letzte Wegstück Jesu vor*; das ist bei Johannes eher ein Auf- als ein Abstieg (mit dem »Hirtenkapitel« [Kap. 10], der Auferweckung des Lazarus [Kap. 11], Jesu Vergleich seines Sterbens mit dem Wunder einer einzigartigen Aussaat [Kap. 12, v.a. V. 20 ff.]).

Kapitel 13 – 17: Hierin finden sich *Jesu Worte des Abschieds von seinen Jüngern*, beginnend mit der Fußwaschung (Kap. 13), abschließend mit dem einzigartigen Rechenschaftsbericht Jesu vor seinem Vater, dem hohepriesterlichen Gebet (Kap. 17).

Kapitel 18 und 19: Diese Kapitel beinhalten die *Passionsgeschichte.*

Kapitel 20 und 21: Das Johannes-Evangelium hat zwei Kapitel über *Ostern* (im Unterschied zu den anderen Evangelien, die jeweils nur *ein* Osterkapitel haben). Kapitel 21 ist ein Nachtrag (mit dem Fischzug [V. 1-14], der Frage Jesu an Petrus: »Hast du mich lieber...?« und der wunderbaren Bestätigung des Auftrags: »Weide meine Schafe!« [V. 15 ff.]).

Eine *mögliche andere Gliederung* ist:

a) Der Anfang Jesu und seines Wirkens (Kap. 1 - 4)
b) Jesu Auseinandersetzung mit den Juden (Kap. 5 - 12)
c) Jesu Abschied von seinen Jüngern (Kap. 13 - 17)
d) Der Ausgang: Jesu Passion und Auferstehung (Kap. 18 - 21)

2. Ein erster Leitgedanke des Johannes-Evangeliums: In dem Mensch-Gewordenen kommt uns Gott selbst zur Hilfe

Es geht im Johannes-Evangelium in erster Linie um die *Person Jesu*, also darum, daß dieser schlichte Mann aus Nazareth derjenige ist, in dem Gott uns Menschen aufgesucht hat und uns aus unserer Verstrickung in Sünde, Tod und Welt herausholt und rettet (siehe Abschnitt 1.2).

In der außerbiblischen griechisch-römischen Antike, in der ja auch das Johannes-Evangelium entstanden ist, gab es im Lateinischen *das Wort religio (»Religion«).* Dieses Wort hatte damals eine tiefe Bedeutung und ist seitdem allgemein bekannt geworden. Übersetzt heißt dieses Wort wahrscheinlich »Wiederanknüpfung«.

In dem Wort »Religion« steckt das Wissen um eine Verbindung, die bestanden hatte und dann abgerissen ist. Daß die Verbindung zur Gottheit abgerissen ist, hat schwere Folgen, denn von der Gottheit wird der Mensch getragen, gehalten, zum Werk befähigt und zum Hoffenden gemacht. Eine »Wiederanknüpfung« ist nötig; ja es ist eine Schicksalsfrage des Menschen und der Menschheit, ob diese Verbindung wieder hergestellt wird.

Was im Wort »Religion« zum Ausdruck kommt, ist eine tiefe Erkenntnis der damaligen griechisch-römischen Welt gewesen, der vor-

und außerchristlichen Welt, eben der Welt der Religionen. Dies führte zur Entstehung eines besonderen Berufsstandes: der Priester, der »Brückenbauer«. Man benötigte also eine Brücke, die einen Abgrund, einen tiefen Graben überbrückt.

Das habe ich in Abbildung 7 (untere Bildhälfte) so veranschaulicht: Die Verbindung zwischen Gott und der Menschheit ist zerrissen. Die Menschen versuchen, wieder mit Gott anzuknüpfen, mit ihren Religionen zu Gott aufzusteigen (das machen die nach oben weisenden Pfeile deutlich). In den Religionen versuchen Menschen alles nur Erdenkliche, um wieder mit Gott anzuknüpfen. Es gibt Religionen, die mehr denkerisch ausgerichtet sind (so zum Teil bei den Griechen), auch solche, die mehr meditativ orientiert sind (etwa bei den Indern), sowie solche, die eher ethisch ausgerichtet sind (man muß etwas leisten, um mit Gott wieder anzuknüpfen) u.a.

Obwohl also viel versucht wurde, mit Gott wieder in Verbindung zu treten, ist es niemandem gelungen, Gottes, seines Friedens und des ewigen Heiles gewiß zu werden. Das ist die Not der Religionen, daß die große Ungewißheit bleibt.

Die große Botschaft der Bibel ist es, daß Gott seinerseits die Initiative ergriffen, daß er von sich her die Brücke zu uns Menschen geschlagen hat. Das ist sozusagen der gnädige »Gegenverkehr« Gottes. Das Evangelium ist daher nicht eine Religion neben anderen Religionen, sondern ist die gnädige Antwort Gottes auf die menschlichen Religionen. Gott hat seine Brücke zu uns Menschen nicht nur bis hin zu den »Spitzenreitern« der Menschheit gebaut, sondern bis hin zum Letzten (vgl. in Abb. 7 unten: das Kreuz als Zeichen für Jesus, umgeben von denen, die sich an ihn halten und sich von ihm halten lassen). Jesus ist von Gott zu uns gekommen und bringt uns zu Gott. Die anderen Menschen, die das nicht wollen (in der Abb. durch schwarze Punkte angedeutet), sind verloren.

Was den Menschen von Gott trennt, wird in Abbildung 7 »Sünde« und »Schuld« genannt. »... eure Verschuldungen scheiden euch von eurem Gott, und eure Sünden verbergen sein Angesicht vor euch« (Jes 59,2). Das Wort »Sünde« bedeutet auch im Deutschen das »Sondernde«. Gott beantwortet die Sünde des Menschen mit Gericht und Zorn (siehe Abb. 7).

Aber das alles hat Jesus durchstoßen, und wer sich von ihm ergreifen läßt, wird gerettet. Johannes 3,16 faßt das Evangelium, die Botschaft von Jesu Rettung, so zusammen: »Also [d.h. so sehr und auf diese Weise] hat Gott die Welt geliebt, daß er seinen eingeborenen Sohn gab, damit alle, die an ihn glauben, nicht verloren werden, sondern das ewige Leben haben.« Das ist eine Linie, die sich durch das gesamte Neue Testament, ja durch die Bibel überhaupt zieht, sich aber speziell im Johannes-Evangelium zeigt: *Jesus ist derjenige, in dem Gott dem Menschen in der entscheidenden Weise zur Hilfe gekommen ist, und alles liegt an dieser seiner Person.*

In **Kapitel 1** sagt Johannes: *»...das Wort war bei Gott...«* Mit dem »Wort« (griech. *logos*) ist der ewige Sohn gemeint, der, durch den Gott die Welt geschaffen hat (V. 3a). Er *»ward Fleisch«*, ist Mensch geworden. Wir können mit und von ihm leben, bei ihm ist man an der Quelle: *»Von seiner Fülle haben wir alle genommen Gnade um Gnade«* (V. 16). Und er hat das Hindernis abgetragen. Johannes der Täufer weist auf Jesus und sagt: *»Siehe, das ist Gottes Lamm, das der Welt Sünde trägt!«* (V. 29b).

In **Kapitel 2** wird deutlich, daß Jesus der Erfüller aller Verheißungen Gottes ist. »Auf alle Gottesverheißungen ist in ihm das Ja; darum sprechen wir auch durch ihn das Amen, Gott zum Lobe« (2. Kor 1,20). Das wird kennzeichnenderweise an einer Hochzeit von geringen Leuten deutlich gemacht (V. 1-12), bei der Verwandte Jesu – Maria – eingeladen waren (sonst wäre Jesus nicht dabei gewesen). Dabei ging sogar der Wein aus. Aber es handelt sich in dieser Geschichte nicht nur um die Behebung dieser Verlegenheit, sondern das ist ein gewaltiger Hinweis auf die wichtige Stelle Jesaja 25,6, an der es heißt: »Der HERR Zebaoth wird auf diesem Berg allen Völkern ein fettes Mahl machen, ein Mahl von reinem Wein, von Fett, von Mark, von Wein...« Das Ziel Gottes ist das Fest – das hat schon der Beginn von Jesu Wirksamkeit deutlich gemacht.

Weiter zeigt Kapitel 2, daß Jesus auch Gottes Herrschaftsanspruch geltend macht und ausübt: im Jerusalemer Tempel bei der Tempelreinigung (V. 13-22). Es ist bei Johannes auffallend, daß er über eine Tempelreinigung schon am Anfang der Wirksamkeit Jesu berichtet.

Kapitel 3 beinhaltet die Nikodemus-Geschichte, ein Gespräch Jesu mit einem führenden Mann, einem Mann, der sozusagen Mitglied der Kirchenleitung, der Landesregierung und des obersten Gerichtshofes ist. Jesus mußte Nikodemus, der ja im alttestamentlichen Wort lebte, aufschließen, daß es noch nicht genügte, daß er Gott nahe ist. Vielmehr muß das neue Leben in ihn kommen. Menschen, die mit Jesus, der »Quelle des Lebens«, in Berührung kommen, in denen wird Jesus wirksam und macht sie neu. In Kapitel 3 lautet das so: *»Es sei denn, daß jemand geboren werde aus Wasser und Geist, so kann er nicht in das Reich Gottes kommen«* (V. 5; vgl. V. 3). Nur derjenige, der sich auch im Inneren neumachen läßt, ist sozusagen hoffähig, dessen zu würdigen, daß er zu

Gott heimkehren darf. Und wer mit Jesus in Berührung kommt, wird auf diese Weise neu. Das neue Leben darf uns nicht nur in Jesus Christus gegenübertreten, sondern es muß in uns eingehen, wenn wir an Gottes Reich teilhaben wollen.

Kapitel 3 gipfelt in Vers 16, dem großen, bedeutsamen Wort, das bereits zitiert wurde. Das *»ewige Leben«* ist Leben auch im Menschen durch Gottes Geist.

An den Berichten über Begegnungen Jesu mit verschiedenartigen Menschen, die Johannes in sein Evangelium aufgenommen hat, sieht man, daß der Evangelist aus einer Überfülle aus Erfahrungen schöpfen konnte, anhand derer er die Linie aufzeigt, die er in seinem Evangelium verfolgt. Dementsprechend setzt er die Beispiele ein.

Kapitel 4 zeigt, auf welche Weise Jesus einem völlig anderen Menschen als in Kapitel 3 begegnet. War Jesus zuvor mit Nikodemus zusammengetroffen, einem »von den Oberen der Juden« (3,1b), so befaßt er sich nicht weniger sorgfältig mit einem Menschen, der total am Rande der Gesellschaft seiner Zeit lebt.

Die Person, die Jesus am Brunnen bei Sychar trifft, ist zum einen eine Samariterin, zum anderen eine Frau. Unter den Pharisäern meinte man damals, mit Frauen gar nicht über geistliche Angelegenheiten sprechen zu können. Dazu war dies eine Frau von zweifelhafter Art, die durch die Verachtung, die sie erfahren hatte, so menschenscheu geworden war, daß sie dann Wasser holte, wenn sie mit Sicherheit niemanden am Brunnen antraf: zur Zeit der mittäglichen Sonnenglut.

Es ist bemerkenswert, wie Jesus das Gespräch mit dieser Samariterin beginnt. Er will ihr das Größte geben, fängt aber damit an, daß er sie bittet, *ihm* etwas zu geben. Mit den Worten: »Gib mir zu trinken!« fängt er das Gespräch an. Die Frau ist daraufhin hocherfreut, daß ein Jude, die sonst von den Samaritern Abstand halten, von ihr einen Schluck Wasser erbittet und annimmt.

So findet Jesus einen Zugang zu der Frau am Brunnen; er führt sie dann weiter, auch durch die Erkenntnis ihrer eigenen Schuld (V. 16-19), bis sie ihn erkennt, zu seiner Zeugin wird und andere Menschen zu ihm führt (V. 25 f. 28 f.).

Auf diese Weise macht Jesus Menschen neu: Er gibt dem nach Leben dürstenden Menschen das rechte Lebenswasser und führt ihn im Glauben Stufe um Stufe weiter.

Kapitel 5 zeigt noch einmal einen Menschen im Elend (V. 1-18). Jesus geht hier noch einmal zu den »Letzten«. Ein Mensch, der 38 Jahre lang krank ist und der offenkundig keine Angehörigen hat, liegt am Teich Betesda, der Wasser enthält, das heilkräftig sein soll. Aber er schafft es nicht, zur rechten Zeit in das Wasser zu gelangen. Jesus wendet ihm seine Liebe zu. So hat der verlassene und hilflose Mensch (V. 7: *»Ich habe keinen Menschen«*) nun einen Menschen: den wahren Menschen- und Gottessohn. Dieser will mehr als äußerliche Hilfe geben: Er will den Kranken nicht nur heilen, sondern zum Glauben und damit zur Gemeinschaft mit Gott weiterführen (V. 14).

Es wird am Johannes-Evangelium großartig deutlich, daß Jesus, dessen Wirksamkeit in ihrer überragenden Größe am Anfang gezeigt wird (in dem »Programm«-Wort 1,14 ff.), zwar groß ist im Großen, aber auch groß im Kleinen. Er befaßt sich mit dem einzelnen Menschen so ungemein ausführlich – bis hin zu solch namenlosen Menschen wie der samaritischen Frau, dem Kranken am Teich Betesda und einem blindgeborenen Bettler (Kap. 9).

Das ist in einer Zeit wie der unseren ungemein tröstlich, in der die Erdbevölkerung immens angewachsen ist und der einzelne in der Masse untergeht. Johannes bringt mit seinem Evangelium die Botschaft zum Ausdruck, daß für Gott der einzelne Mensch ungemein wichtig ist, so daß er sich mit ihm befaßt.

Auch **Kapitel 6** zeigt in der Speisung der Fünftausend durch Jesus, wie die Wundertat zwar eine *äußere Hilfe* bedeutet, auf die hin Jesus aber mit seinem Wort die Menschen zur *inneren Hilfe* weiterführt. Das Ziel ist die Hinführung von der Speise für den Leib zu Ihm, der in einem seiner bekannten »Ich-bin«-Worte sagt: *»Ich bin das Brot des Lebens«* (V. 35). Menschen können im Dunkel, können verloren bleiben, wenn sie nur Brot und Fisch zum Essen (oder einen enorm hohen Lebensstandard) haben, wenn sie nicht an Ihm das Leben haben, der Er vom Vater als das eigentliche Manna vom Himmel zu ihnen gesandt wurde.

Doch es zeigt sich bereits hier, was sich im folgenden Verlauf des Evangeliums fortsetzt: Mit Speise versorgen ließen sich viele – aber das *»Brot des Lebens«* wollten nur wenige. Daher mußte Jesus sogar die Zwölf fragen: *»Wollt ihr auch weggehen?«* (V. 67). Doch Petrus bekennt: *»Herr, wohin sollen wir gehen? Du hast Worte des ewigen Lebens; und wir haben geglaubt und erkannt: Du bist der Heilige Gottes«* (V. 68 f.).

Zwar steht in **Kapitel 7** keines von Jesu »Ich-bin«-Worten, und doch bringt Jesus in diesem Kapitel zum Ausdruck, daß er derjenige ist, der von Gott kommt und die Erfüllung aller Verheißungen ist (V. 14-39).

Hesekiel 47 beinhaltet die gewaltige Vision Hesekiels, in der der Prophet sieht, daß am Brandopferaltar des Heiligtums in Jerusalem ein mächtiger Quellstrom entspringt und sich nach allen Seiten als ein

Segensstrom über Israel hinaus in die Welt ergießt*. Seitdem hat man Jahr um Jahr in Israel auf den Aufbruch der großen Segens- und Heilsquelle Gottes gewartet. Man hat das auch beim Laubhüttenfest, dem großen Ernte- und Herbstdankfest Israels, in einer sinnbildlichen Handlung dargestellt. Der letzte Tag dieses Festes, das mehrere Tage dauerte, war der schönste, herrlichste Tag, ein Sabbat. An diesem Tag ist folgendes getan worden: Der Hohepriester ging mit einem vergoldeten Krug hinunter an die Tempelquelle, füllte den Krug und brachte ihn unter dem Jubel der Menge auf den Tempelplatz hinauf. Dort goß er ihn zu Füßen des Brandopferaltars aus. Möglicherweise hofften die Menschen dabei alljährlich: ›Vielleicht bricht *heute, jetzt* die große Quelle auf!‹ Doch dann hat sich das armselige Rinnsal jedesmal im trockenen Sandboden verloren, und der Jubel ist verstummt.

Nun erzählt Johannes am Schluß von Kapitel 7: *»Am letzten Tag des Festes, der der höchste war, trat Jesus auf«*, vielleicht in diesem Augenblick, da der Jubel verstummt ist und das betretene Schweigen um sich griff, *»und rief«*, d.h. schrie mit aller Macht über diesen Platz, auf dem Tausende standen und es hörten: *»Wen da dürstet, der komme zu mir und trinke!«* (V. 37). An seinem – Jesu – Opferaltar, an seinem Kreuz, ist die Quelle entsprungen. Jesu Kreuz ist der Ertrag seines Opfers, seines Hingangs zum Vater. Johannes fügt ergänzend hinzu: *»Das sagte er aber von dem Geist«*, der noch nicht gegeben war, den aber später *»die empfangen sollten, die an ihn glaubten«* (V. 39). Jesus, der schlichte Mann aus Nazareth, ist in seiner Person derjenige, der in jeder Hinsicht das Heil in die Welt bringt.

In **Kapitel 8** steht die Geschichte von der Begegnung Jesu mit einer Ehebrecherin, die die Schriftgelehrten und Pharisäer töten wollten und die Jesus nicht nur nicht verdammt, sondern die er ins rechte, heilende Licht bringt (V. 1-11). Jesus bringt Licht in das Dunkel der Sünde der Ehebrecherin. Diese Frau konnte sodann, was sie sollte: *»Geh hin und sündige hinfort nicht mehr«* (V. 11b). Jesu Weisung ist Verheißung.

Diese Geschichte gehört in den Zusammenhang des folgenden »Ich-bin«-Wortes Jesu: *»Ich bin das Licht der Welt…«* (V. 12a).

Außerbiblische Nachrichten besagen, daß etwa zur Zeit des Laubhüttenfestes viele Juden auf dem Tempelplatz Fackeln aufgestellt haben – als Erinnerung an die alte Nachricht, daß Gott auf dem Wüstenzug Israel in einer Feuersäule des Nachts den Weg gezeigt hat. Gewis-

* Vgl. dazu die Auslegung von Hesekiel 47 in: F. Grünzweig, Einführung in die biblischen Bücher, Band 1: Das Alte Testament, Neuhausen-Stuttgart 1992, S. 415-417. (Anm. d. Hg.)

sermaßen wie Scheinwerfer (durch Glas oder geschliffenes Silber) hätten die Fackeln bis zum Ölberg hinüber geleuchtet.

In Anlehnung daran sagt Jesus über sich: *»Ich bin das Licht der Welt.«* In ihm ist das Licht da, durch das Menschen den Weg zu Gott finden können: *»Wer mir nachfolgt, der wird nicht wandeln in der Finsternis, sondern wird das Licht des Lebens haben«* (V. 12b), der findet auch durch diese dunkle Welt den Weg, ehe der große Tag Gottes anbricht.

In **Kapitel 9** ist beschrieben, wie Jesus einem Menschen die Augen öffnet, bei dem das niemand erwartet, nämlich einem blindgeborenen Mann. Ihm tut Jesus zunächst das Wunder, daß er ihm äußerlich das Augenlicht schenkt. Danach sucht er ihn nochmals und führt mit ihm ein weiteres Gespräch; dabei führt er den Mann bis dahin weiter, daß der Mann ihn als den Messias anbetet und bezeugt. *»Ich bin zum Gericht in diese Welt gekommen, damit, die nicht sehen, sehend werden, und die sehen, blind werden«* (V. 39). An Jesus entscheidet sich's: Jesu Gegner, die ihn nicht sehen *wollten*, *konnten* ihn auch nicht sehen.

Auch in **Kapitel 10** findet sich wieder eines der großen »Ich-bin«-Worte Jesu: *»Ich bin der gute Hirte«* (V. 11.14).

Man muß, um die Aussagen Jesu in diesem Kapitel recht zu erfassen, den alttestamentlichen Hintergrund sehen, der in Hesekiel 34 vorliegt. Hesekiel hat in einer Zeit gelebt, als Israel sehr litt. Das Volk litt zum einen unter seinen eigenen Führern. Als Jerusalem von seinen Feinden belagert war, haben Propheten wie Jeremia die Könige Israels aufgefordert, sich zu ergeben anstatt bis zum letzten Blutstropfen zu kämpfen. Man hat solche Männer als Defätisten angesehen und schlecht behandelt (Jeremia wurde z.B. in eine Zisterne geworfen, Jer 37 f.*). Dann wurden Durchhalteparolen ausgegeben – und wehe, wenn das Volk diese nicht nachsprach. Als die Babylonier die Stadt dann stürmten, ist der König mit seinen Ministern und Generälen durch eine Geheimtür geflohen und hat das Volk im Stich gelassen. Das sind »schöne« Führer des Volkes, die sich auch noch als »Hirten« bezeichnet haben!

Auch Herrscher wie der Assyrer Sanherib oder der Babylonier Nebukadnezar ließen sich mit dem Ehrentitel »Hirte der Völker« bezeichnen (was in Keilschrift auf Tontafeln graviert worden und so überliefert ist). Diese Titulierung haben Führer jener Zeit für sich in Anspruch

---

* Siehe dazu die Auslegung dieser Kapitel in: F. Grünzweig, Einführung in die biblischen Bücher, Band 1: Das Alte Testament, Neuhausen-Stuttgart 1992, S. 384 f. (Anm. d. Hg.)

genommen – und sich doch nicht als »Hirten« verhalten, sondern ihre Untertanen stark übervorteilt und betrogen. Gott aber verhieß in Hesekiel 34 Israel den wahren, den »einen einzigen Hirten« (Hes 34,23)*. Seitdem hat man in Israel auf diesen Hirten gewartet, auf Israels Wunderheld, den Messias. Dieser würde dann wirklich der »Hirte der Völker« sein.

Vor diesem alttestamentlichen Hintergrund wird erst richtig die Tragweite dessen klar, was Jesus mit den Worten: *»Ich bin der gute Hirte«* sagt. Jesus bringt damit zum Ausdruck, daß er wirklich derjenige ist, auf den Israel wartet. Er ist kein Hirte wie diejenigen, die wir von den idyllischen Schäferdarstellungen des 19. Jahrhunderts her kennen. Jesus zeigt vielmehr einen weltpolitischen Anspruch – und zugleich geht sein Hirtenamt nicht in der Weltpolitik auf und unter, sondern Jesus kümmert sich auch um den einzelnen. Dem einzelnen Menschen gilt Jesu Wort: *»Meine Schafe hören meine Stimme, und ich kenne sie, und sie folgen mir; und ich gebe ihnen das ewige Leben, und sie werden nimmermehr umkommen, und niemand wird sie aus meiner Hand reißen. Mein Vater, der mir sie gegeben hat, ist größer als alles, und niemand kann sie aus des Vaters Hand reißen«* (V. 27 f.). So ist Jesus immer derjenige, der der Erfüller der göttlichen Verheißung ist. Er ist der »gute Hirte«, der die Seinen deckt und vor der Macht des Feindes schützt (er *»läßt sein Leben für die Schafe«*, V. 11b).

Auch **Kapitel 11** enthält ein »Ich-bin«-Wort Jesu (V. 25). Es geht in diesem Kapitel um die »Wand« des Todes, um den dunklen Horizont jedes Menschenlebens. Auch im Blick darauf bringt Jesus die Hilfe.

Im Jesajabuch heißt es noch: »Aber deine Toten werden leben...« (Jes 26,19). Das ist ein ganz neuer Ton im Alten Testament, der dort vorher nicht zu hören war. Doch diese Verheißung ist vor Israels Augen noch verborgen, ist für dieses Volk gewissermaßen »Zukunftsmusik«.

Lazarus, ein Freund Jesu, hat bereits einige Tage tot im Grab gelegen, und die Verwesung hatte bereits eingesetzt. An ihm, diesem Einen, führt Jesus beispielhaft aus, wie er im Blick auf den Tod die entscheidende Hilfe bringt. Danach sagt er ganz allgemein, was die Umstehenden an diesem Exempel, dieser Kostprobe, gesehen haben: »Ich lebe, und ihr sollt auch leben« (14,19b). Schon vor der Auferweckung des Lazarus sagt er: *»Ich bin die Auferstehung und das Leben. Wer an mich glaubt, der wird leben, auch wenn er stirbt«* (V.25). Der Tod ist also vor

* Vgl. dazu die Auslegung von Hesekiel 34 in: F. Grünzweig, Einführung in die biblischen Bücher, Band 1: Das Alte Testament, Neuhausen-Stuttgart 1992, S. 407-409 (Anm. d. Hg.)

Jesu Wiederkunft *nicht* aufgehoben, aber dennoch schenkt Jesus neues, bleibendes Leben. Der Horizont des Todes ist durchbrochen; Jesus hat den Tod und das Gericht durchstoßen.

Die Auferweckung des Lazarus durch Jesus brachte es mit sich, daß Jesus von seiten der führenden Juden abgelehnt wurde – nicht nur aufgrund eines Nichtwissens, sondern auch eines Nichtwollens (V. 46-57).

Diese Erde ist ja für Gott wie ein riesiger Acker, der Disteln und Dornen trägt. Darum trug und trägt auch der Acker des Menschen »Dornen und Disteln« (1. Mose 3,18). Gott hat aber ein Neues gepflügt und eine wunderbare Saat in diesen Boden gelegt. Denn Jesus sagt in **Kapitel 12** von sich, er sei das *»Weizenkorn«*, das *»in die Erde fällt und erstirbt«* (V. 20 ff.; insbes. V. 24). Er wurde gewissermaßen zu dem göttlichen Saatgut, das von Gott in den Acker der Menschheit gesät worden ist. So ist gewährleistet, daß es zu einer wunderbaren Ernte für Gott kommen wird.

Keine satanische und menschliche Bosheit kann das wieder ungeschehen machen. Keine Macht der Welt kann rückgängig machen, daß dieses einzigartige, von Gott her importierte »Saatgut« sozusagen im »Acker« der Welt ist. Selbst wenn es in der Welt noch so turbulent aussieht, wird doch am Ende die Ernte stattfinden.

Allerdings führt dieser Weg Gottes Jesus durchs Leiden; auch Jesu Nachfolger müssen durchs Leiden (V. 25-28). An dieser Stelle steht bei Johannes die Leidensankündigung, die bei Matthäus in Kapitel 16 zu finden ist (Mt 16,21; auch Mt 17,22 f.; 20,17-19 sowie die Parallelstellen bei Mk und Lk).

Kapitel 13 zeigt, daß Menschen im Grunde genommen nicht salonfähig, nicht hoffähig sind, vor Gott zu treten. Was würde den Menschen alle Festvorbereitungen Gottes nützen, wenn sie keinen Zugang zum Fest hätten? Mit schmutzigen Füßen, Händen und Lippen könnten sie nicht heimkommen. Darum wäscht sie Jesus. Die Geschichte der Fußwaschung Jesu an seinen Jüngern (V. 1-20) weist über sich selbst hinaus auf den großen Dienst, den Jesus mit seiner gesamten Passion tut: Er reinigt diejenigen, die zu ihm gehören, und macht sie »hoffähig« für die himmlische Herrlichkeit.

In Kapitel 13 beginnen Jesu *Abschiedsworte* an seine Jünger (13,31-16,33).

Kapitel 14 bringt in Vers 6 dasselbe zum Ausdruck wie 3,16. Jesus sagt: *»Ich bin der Weg, die Wahrheit und das Leben; niemand kommt zum Vater denn durch mich.«* Indem Jesus – »wahrer Mensch und wahrer

Gott« – in die Welt gekommen ist, wurde er zu der wunderbaren Brückengestalt, dem Mittler, der Brücke, die beide Ufer – Gott und Mensch – miteinander verbindet. Der Weg zu Gott ist jetzt gebahnt, und daher können Menschen im Gebet zu Gott und ewig nach Hause kommen.

Kapitel 15 bringt ein weiteres »Ich-bin«-Wort Jesu: *»Ich bin der Weinstock…«* (V. 5a). Es geht dabei um die Frage, daß Menschen, die an Jesus glauben, schon jetzt für Gott etwas an »Frucht« erbringen sollen, das aber nicht von sich aus können. Ein wilder Apfelbaum trägt eben keine Früchte, und ein vom Baum abgebrochener Zweig bringt erst recht keinen Ertrag.

Doch nun gibt es die neue Möglichkeit zu leben. Wer in der Verbindung mit Ihm steht, befindet sich in einer organischen Lebensgemeinschaft: *»Ich bin der Weinstock, ihr seid die Reben. Wer in mir bleibt und ich in ihm, der bringt viel Frucht«* (V. 5). Das ist eine neue Weise zu leben. In dieser Gemeinschaft mit ihm ist Jesus die Kraft, das Wesen und wirkt in Menschen das Früchtebringen; er ist durch sie wirksam.

Aber da die Welt vom Feind, dem Widersacher Jesu, besetzt ist, begegnen diejenigen, die mit Jesus und in ihm leben, auch dem Widerwillen der Welt (V. 18 ff.).

Jesus geht also sogar in seine Jünger ein. Derjenige, in dem er ist, der darf auch in ihm sein (V. 5). Durch den Heiligen Geist machen der Vater und der Sohn Wohnung in den Jüngern (vgl. 14,23). Wer an Jesus glaubt, wer ihn liebt, den adelt er so einzigartig.

In **Kapitel 16** steht ein bemerkenswertes Wort Jesu an seine Jünger: *»Das [d.h. die Abschiedsworte] habe ich mit euch geredet, damit ihr in mir Frieden habt. In der Welt habt ihr Angst; aber seid getrost, ich habe die Welt überwunden«* (V. 33). Jesu Jünger sind noch in der Welt. Aber zugleich und viel mehr sind sie auf überaus tröstliche und bewahrende Weise *in Ihm. In der Welt* haben die Seinen Angst, aber *in Jesus* haben sie Frieden. Wenn sie ihr Leben in seine Hand legen, sind sie in ihm und deshalb durch ihn umfriedet.

Kapitel 17 – Jesu hohepriesterliches Gebet – stellt ein außerordentliches Kapitel dar, weil es wie kein anderer Text im Neuen Testament einen Einblick in den Umgang Jesu als des Sohnes mit dem Vater gibt. Dieses Kapitel beinhaltet das ausführlichste Gebet, das von Jesus überliefert, aufgeschrieben, festgehalten worden ist durch Johannes, der Jesus offenkundig ganz besonders nahestand. Vielleicht hat Jesus dieses Gebet in Gethsemane gesprochen, nachdem er sich durchgerungen hatte: »Vater, nicht mein, sondern dein Wille geschehe!« (vgl. Lk 22,42 par).

In seinem hohepriesterlichen Gebet legt Jesus seinem Vater gegenüber Rechenschaft ab im Blick auf sein Erdenleben. Das innige Verhältnis des Sohnes mit dem Vater kommt in diesem Gebet stark zum Ausdruck. Dazu tritt er in der Fürbitte für seine Jünger und für diejenigen ein, die durch das Wort der Jünger an ihn glauben. Dieses Gebet Jesu zeigt also auch sein liebendes Gedenken der Fürbitte für alle Generationen seiner Jünger.

Um so eindrücklicher erscheint dann das, was Jesus an anderer Stelle sagt: »Wie mich mein Vater liebt, so liebe ich euch auch. Bleibt in meiner Liebe« – im Empfang und in der Erwiderung der Liebe (15,9). So herzlich und innig wie das Verhältnis des Sohnes zum Vater ist auch das Verhältnis der Jünger und aller, die an Jesus glauben, zu Ihm und durch Ihn zum Vater (vgl. 16,27: »Er selbst, der Vater, hat euch lieb«).

Mit **Kapitel 18** setzt die Passionsgeschichte Jesu ein, indem Jesu Gefangennahme (V. 1-11), sein Prozeß vor der betreffenden jüdischen Instanz (V. 12 ff.) sowie sein Verhör vor Pilatus (V. 28-40) berichtet werden. Dieses Kapitel gipfelt in dem, was Pilatus Jesus abspürt und wonach er sich erkundigt: *»So bist du dennoch ein König?«* (V. 37a). Diese Frage fällt in einem persönlichen Gespräch zwischen Jesus und Pilatus, das unter Ausschluß von Zeugen (auch der Juden) im Richthaus stattfindet. Jesus antwortet auf die Frage des Pilatus: *»Ich bin ein König. Ich bin dazu geboren und in die Welt gekommen, daß ich die Wahrheit bezeugen soll. Wer aus der Wahrheit ist, der hört meine Stimme«* (V. 37b). Jesus ist der wahre, weil der von Gott gekommene König und Herr der Welt. Seine Herrschaft ist freilich nicht von der Art dieser Welt. Er übt sie nämlich in seinem *Wort* aus, und derjenige, dem Gott Herz und Ohr geöffnet hat, hat ein Organ dafür. Mit seinem Wort baut Jesus sein Reich – jetzt noch wie hinter einem Palisadenzaun, der einmal fällt, wenn Christus offenbar wird. Dann werden diejenigen, die sein Wort, seine Stimme jetzt schon hören, mit ihm offenbart in Herrlichkeit (Kol 3,4).

Kapitel 19 setzt die Schilderung des Prozesses vor Pilatus fort (V. 1-16) und stellt Jesu Kreuzigung, Tod und Grablegung dar. Wurde in Kapitel 18 gezeigt, daß Jesus so niedrig und dennoch König ist, so bringt das zentrale Wort von Kapitel 19: *»Es ist vollbracht!«* (V. 30) zum Ausdruck, daß jetzt alle Voraussetzungen für Gottes Heilshandeln geschaffen sind.

An Jesu Kreuz geschieht nämlich nicht ein Scheitern, sondern der entscheidende Durchbruch dieses göttlichen Heilshandelns. Der Feind ist besiegt und entrechtet, und er wird noch entmachtet werden

(Offb 5.19). Der Weg der Menschen zu Gott ist nun frei, denn unsere Sünde ist getilgt. Damit ist »die Liebe Gottes ausgegossen in unsre Herzen durch den heiligen Geist, der uns gegeben ist« (Röm 5,5b). Alles weitere, das bis zu Jesu Wiederkunft geschieht, ist sozusagen nur eine Kettenreaktion, die aus dem hervorgeht, was am Kreuz erbracht worden ist – bis hin zur Vollendung (»damit Gott sei alles in allem«, 1. Kor 15,28b).

Von der Hoheit Gottes wird erst recht dort geredet, wo die Jünger Jesus als den Auferstandenen erleben. Dies zeigt **Kapitel 20**. Was die Jünger an Jesus erkennen, gipfelt in dem Wort des zuvor ungläubigen Thomas: *»Mein Herr und mein Gott!«* (V. 28b). Dies ist das größte Wort über Jesus. Thomas erkennt, daß in dem auferstandenen Jesus Gott selbst auf den Plan tritt. (Man sollte wegen dieses Wortes nicht vom »ungläubigen«, sondern vom »gläubigen Thomas« reden. Denn sein Unglaube war für Thomas nur eine kleine Durchgangsstation.)

Jesus sagt sodann, man könne zu der Erkenntnis: *»Mein Herr und mein Gott!«* auch kommen, ohne daß man ihn sieht (V. 29). *»Selig sind, die nicht sehen und doch glauben«* – nämlich diejenigen, die an Ihn aufgrund des Wortes und des Geistes Gottes glauben, durch Sein Zeugnis, das Zeugnis der Heiligen Schrift, und aufgrund der Erfahrung, die sie mit Ihm machen.

In **Kapitel 21** kommt noch einmal etwas vom Wunder und Wesen des Wirkens Jesu zum Vorschein, in diesem herrlichen Nachtrag, den Johannes in diesem letzten Kapitel seines Evangeliums geschrieben hat, nachdem er diese Schrift (wie oben gesagt) an sich schon abgeschlossen hatte.

In diesem letzten Kapitel lüftet Johannes das Geheimnis, daß Petrus, dem elenden Versager, der am Vorabend der Kreuzigung Jesu heilige Eide schwor, er habe Jesus überhaupt nicht gekannt und mit ihm nie etwas zu schaffen gehabt, nicht nur vergeben worden ist, sondern daß er in seinem Amt bestätigt worden ist.

Jesus macht Petrus mit der Frage: *»Hast du mich lieber, als mich diese haben?«* (V. 15) dessen Sünde zunächst noch bewußter, um sie dann zu reinigen, zu vergeben. Daher sagt Jesus danach zu ihm: *»Weide meine Lämmer! ... Weide meine Schafe!«* (V. 15b. 16b. 17b). Was er schon immer mit Petrus vorhatte, will er trotz dessen Sünde tun.

3. Ein zweiter Leitgedanke des Johannes-Evangeliums: An Jesus Christus fallen die Entscheidungen über einen Menschen

Am Schluß von Kapitel 7 steht ein auffallendes Wort: »Und jeder ging heim« (7,53). Diesem Wort geht eine Auseinandersetzung um Jesus wohl unter führenden Juden voraus. Unter dem jüdischen Volk zur Zeit Jesu gab es einerseits solche, die aufgrund von Jesu Zeichen und Worten meinten, Jesus müsse der Messias sein, und die an ihn glaubten (7,41a). Ihnen standen andrerseits diejenigen gegenüber, die Jesus ablehnten, ja die ihm gegenüber feindselig wurden und beschlossen, ihn zu töten (7,41b).

Die Menschen, die Jesus begegneten, waren zuvor noch sozusagen in einer neutralen Zone, ehe sie Jesus trafen. Nun begegneten sie Jesus; und hinter solch einer Begegnung können Menschen nicht ohne weiteres wieder zurück. Sie sind davon gezeichnet.

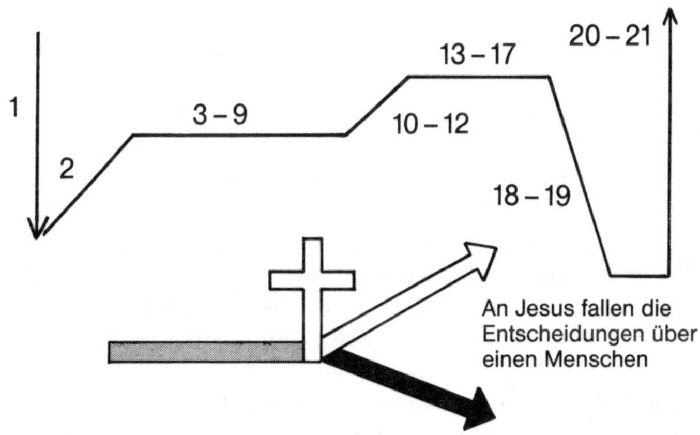

Abb. 8: Der Aufbau des Johannes-Evangeliums (2) – an Jesus fallen die Entscheidungen

An Jesus scheiden sich die Geister und die Wege! Wo Gott in Jesus Christus zu einem Menschen kommt, fallen für diesen Menschen große Entscheidungen. Er ist davon gezeichnet, wie er sich entschieden hat. Und es wird einmal über ihn je nachdem entschieden, wie er sich jetzt entscheidet. Das ewige Gericht wird nichts anderes sein als dieses Festgelegt-Werden bei der einmal getroffenen Entscheidung für die Ewigkeit. »Wer Böses tut, der tue weiterhin Böses ..., und wer heilig ist, der sei weiterhin heilig« (Offb 22,11).

Das hängt auch damit zusammen, daß Gott uns Menschen mit unserem Willen ungemein ernst nimmt. Er adelt uns so und würdigt uns dessen, daß er uns zur Gemeinschaft der Liebe berufen hat. Liebe ist aber nur dann ganz und vollständig und man wird ihrer nur dann ganz teilhaftig, wenn man sie erwidert. Gott möchte uns Menschen das Herz abgewinnen! Jede Einladung, jeder Ruf zum Glauben ist im Grunde genommen ein Liebeswerben für den Herrn.

Das veranschaulicht Abbildung 8: Um alle Menschen, die zu Jesus kommen, steht es vorher gleich. Begegnen sie Jesus, so scheiden sich ihre Wege: Die einen glauben an Jesus und folgen ihm; die anderen verhärten sich gegenüber ihm, sagen nein zu Jesus und wenden sich von ihm ab.

Daß an Jesus Christus die Entscheidungen für Menschen fallen, ist eine zweite, ausgeprägte Leitlinie des Johannes-Evangeliums.

Schon in **Kapitel 1** wird davon gesprochen, daß mit Jesu Kommen in diese Welt Menschen in die Entscheidung gestellt werden: *»Er kam in sein Eigentum; und die Seinen nahmen ihn nicht auf«* (V. 11). Es ist verhängnisvoll, wenn Menschen Gottes gute »Sendung«, die er an sie schickt, seinen ewigen Sohn, das Heil der Welt, zurückgehen lassen mit dem Vermerk: »Annahme verweigert!« Es gab allerdings damals in Israel die anderen, die die Ausnahme waren, von denen es heißt: *»Wie viele ihn aber aufnahmen, denen gab er Macht, Gottes Kinder zu werden ...«* (V. 12).

Kapitel 2 spricht davon, was das in sich schließt, wenn Menschen Jesus den Eingang gewähren, der zu ihnen sagt: »Siehe, ich stehe vor der Tür und klopfe an ...« (Offb 3,20a).

In Kapitel 2 ist beispielhaft und vorbildlich berichtet, was Jesu Kommen für den Tempel in Israel bedeutete. Jesus kam und wollte im Jerusalemer Heiligtum die gottgefällige Ordnung schaffen (V. 13 ff.). Was wäre gewesen, wenn Kaiphas als oberster Priester Israels gesagt hätte: »Erforsche mich, Gott, und erkenne mein Herz; prüfe mich und erkenne, wie ich's meine. Und sieh, ob ich auf bösem Wege bin, und leite mich auf ewigem Wege« (Ps 139,23 f.)! Was wäre gewesen, wenn Israel sich vor Gott gebeugt und Jesus gefragt hätte: ›Herr, sage uns doch, was dem Willen deines Vaters, des großen Gottes, zuwider ist! Hilf uns, die gottgefällige Ordnung zu schaffen‹!

Aber Israel hat sich dagegen verwahrt und das abgewiesen, daß Jesus damals das Herrschaftsrecht Gottes im Tempel geltend machte. Wie verhängnisvoll ist das für dieses Volk gewesen! Jesus stellt Menschen und auch sein Volk Israel in die Entscheidung. Er zwingt seinen Dienst der Reinigung nicht auf. Wer sich diesen Dienst Jesu gefallen läßt, der kommt nicht mehr ins Gericht. In diesem Sinne sagte Michael Hahn das feine Wort: Hier will ich durchrichtet sein, frei ins Leben gehen ein.

In **Kapitel 3** steht das bereits erwähnte Wort Jesu, das seine Aussage über die Wiedergeburt im Gespräch mit Nikodemus zusammenfaßt: *»Also [so sehr und auf diese Weise] hat Gott die Welt geliebt, daß er seinen eingeborenen Sohn gab, damit alle, die an ihn* glauben, *nicht verloren werden, sondern das ewige Leben haben«* (V. 16). Damit stellt Jesus wieder die Frage, diesmal an Nikodemus: 'Willst du die Gemeinschaft mit mir eingehen?' Die gesamte Verkündigung Jesu ist ein einziges großes Liebeswerben Gottes um sein Volk, ja um jeden Menschen. Und nur derjenige, der *»an den Sohn glaubt, der hat das ewige Leben. Wer aber dem Sohn nicht gehorsam ist, der wird das Leben nicht sehen, sondern der Zorn Gottes bleibt über ihm«* (V. 36)

Daß man bei Jesus in die Entscheidung gestellt und nach dem Wollen gefragt wird, das erfährt auch in **Kapitel 4** die samaritanische Frau, mit der Jesus am Jakobsbrunnen bei Sichar spricht. Dieses Wollen, um das Jesus wirbt, drückt sich am stärksten im Bitten aus: *»Wenn du erkenntest die Gabe Gottes und wer der ist, der zu dir sagt: Gib mir zu trinken!, du bätest ihn, und der gäbe dir lebendiges Wasser«* (V. 10). Diese Frau hat das verstanden und ihn gebeten (V. 15). –

Darum geht es für Christen selbst in der Seelsorge an Sterbenden, daß sie diesen Menschen im Angesichte des Todes helfen, im Sinne des Schächers zu bitten: »Jesus, gedenke an mich, wenn du in dein Reich kommst!« (Lk 23,42). Denn »wer den Namen des Herrn anrufen wird, der soll gerettet werden« (Apg 2,21). –

In **Kapitel 5** wird erneut ausgesprochen, was Glauben bedeutet. ›Glauben‹ hängt im Deutschen mit ›Liebe‹ zusammen; im Griechischen bedeutet ›glauben‹ in erster Linie ›vertrauen‹. Wer Jesu Liebe annimmt und ihm vertraut, sein Leben ihm anvertraut, für den hat das eine weitreichende Auswirkung. Daher sagt Jesus im Zusammenhang mit der Heilung eines Mannes, der 38 Jahre lang krank gewesen war:

»Wahrlich, wahrlich, ich sage euch: Wer mein Wort hört und glaubt dem, der mich gesandt hat, der hat das ewige Leben und kommt nicht in das Gericht, sondern er ist vom Tode zum Leben hindurchgedrungen« (V. 24). Derjenige, der Jesus hört und an ihn glaubt, empfängt mehr als nur eine Krankenheilung: Über ihm steht nicht mehr der Zorn Gottes, der göttliche Gerichtsernst! Was Jesus hiermit ausspricht, das versteht man, wenn man in Krankheits- und Todesnöten sein Leben im hellen Licht Gottes sieht und in großer Bangigkeit seine letzte, endgültige Verantwortung Gott gegenüber erkennt.

Kein Mensch muß meinen, seine Sünde sei zu groß, als daß ihm vergeben werden könnte. Das zeigt **Kapitel 6**, wo Jesus im Zusammenhang mit der Geschichte von der Speisung der Fünftausend sagt: *»Wer (d.h. jeder, der) zu mir kommt, den werde ich nicht hinausstoßen«* (V. 37b). Wer Vergebung empfangen will, der muß freilich zu ihm kommen. Aber kein Mensch ist ein zu schwerer Fall, als daß ihm Jesus nicht vergeben könnte.

Jesus stellt sogar seine Jünger, *»die Zwölf«*, in die Entscheidung: *»Wollt ihr auch weggehen? Da antwortete ihm Simon Petrus: Herr, wohin sollen wir gehen? Du hast Worte des ewigen Lebens; und wir haben geglaubt und erkannt: Du bist der Heilige Gottes«* (V. 67-69).

In **Kapitel 7** spricht Jesus davon, auf welche Weise man ihn erkennen kann: *»Wenn jemand dessen (d.h. Gottes) Willen tun will, wird er innewerden, ob diese (d.h. Jesu) Lehre von Gott ist oder ob ich von mir selbst aus rede«* (V. 17).

Jesus weist darauf hin, welche wunderbare Wirkung der Glaube eines Menschen auch im Blick auf andere Menschen hat: *»Wer an mich glaubt, wie die Schrift sagt, von dessen Leib werden Ströme lebendigen Wassers fließen«* (V. 38). Diese Wirkung schaffen Christen nicht selbst – wie auch die Wasserleitung nicht selbst das Wasser produziert, das aus ihr hervorsprudelt. Das Wasser kommt von der Quelle. Durch denjenigen, der an Jesus ›angeschlossen‹ ist – das ist die Voraussetzung! –, der in der Gemeinschaft des Glaubens mit ihm steht, gibt Jesus seine Lebenskräfte, seinen Geist weiter. Von demjenigen, der in dem ungestörten Zusammenhang mit Jesus steht, geht ein hilfreicher, segensvoller Einfluß aus.

In **Kapitel 8** spricht Jesus wieder von einer Auswirkung des Glaubens an ihn: *»Ich bin das Licht der Welt. Wer mir nachfolgt, der wird nicht wandeln in der Finsternis, sondern wird das Licht des Lebens haben«* (V. 12). Wer Jesus folgt – und nur derjenige! –, geht nicht im Dunkeln, sondern hat das Licht, das Leben. Derjenige, der Jesu Wort hält, festhält, es befolgt, in der Zwiesprache und Gemeinschaft mit Jesus bleibt, hat Leben über den Tod hinaus. Einer, der Jesus nachfolgt und diesen Weg beschreitet, findet auch in einer Welt, in der die Menschen aneinandergeraten und in der es viel Verwirrung gibt, den Weg und kann auch anderen den Weg zeigen. Das gilt insbesondere auch für eine düstere, eine endgeschichtliche Zeit.

Kapitel 9 zeigt, wie ein armseliger Mensch dorthin geführt wird, daß er im Licht geht. Dem blindgeborenen Bettler öffnet Jesus zunächst allgemein die Augen, so daß dieser Mann wieder sehen kann. Sodann aber öffnet er dem Geheilten die Augen für sich, den Sohn Gottes, selbst. Jesus fragt ihn: *»Glaubst du an den Menschensohn?«*, und jener Mann antwortet: *»Herr, wer ist's? daß ich an ihn glaube.« »Du hast ihn gesehen, und der mit dir redet, der ist's«*, sagt Jesus, und der Mann glaubt und betet ihn an (V. 35 ff.).

Jesus weist in diesem Zusammenhang darauf hin, daß er *»zum Gericht«* gekommen ist. Das griechische Wort für »Gericht« *(krisis)* heißt als Zeitwort *krinein* und hat ursprünglich den Sinn »scheiden«. Derjenige, der richtet, der scheidet, unterscheidet und entscheidet! Wenn Jesus sagt: *»Ich bin zum Gericht in diese Welt gekommen«* (V. 39a), so bedeutet das: ›An mir scheiden sich die Geister.‹

Der schwache, blindgeborene Mann, von dem die Pharisäer meinten, er sei noch mit der Sünde seiner Vorfahren belastet (vgl. V. 34), hat die Augen für das eigentliche Richten geöffnet bekommen und hat sogar anderen den Weg zu Jesus zeigen können. Jesus bewirkt eine Scheidung, *»damit, die nicht sehen, sehend werden, und die sehen, blind werden«* (V. 39b). Es kommt also darauf an, ob ein Mensch Jesus sehen *will.*

Auch **Kapitel 10** zeigt, daß es auf den Glauben ankommt, darauf, ob man Jesus das Leben anvertraut, ob man diesen Weg geht, auf dem er einem Menschen begegnet. Jesus sagt: *»Ich bin der gute Hirte«* (V. 12.14), doch zur Herde dieses Hirten gehören nur diejenigen, die auf ihn hören, nicht aber diejenigen, die ihm widerstreben (V. 27.31.39). Man muß Jesus folgen, wenn einem das zuteil werden soll, was man an ihm hat.

Was der Glaube an Jesus bedeutet, das zeigt auch **Kapitel 11**. *»Wer an mich glaubt, der wird leben, auch wenn er stirbt«*, sagt Jesus (V. 25). Dem fügt er später hinzu: »Ich lebe, und ihr sollt auch leben« (14,19). Jesus hat den Todeshorizont durchstoßen; und wer sich an ihn hängt, geht zu ihm. Paul Gerhardt sagt das so:

Ich hang und bleib auch hangen
an Christus als ein Glied;
wo mein Haupt durch ist gangen,
da nimmt er mich auch mit.

Er reißet durch den Tod,
durch Welt, durch Sünd, durch Not;
er reißet durch die Höll,
ich bin stets sein Gesell.

(EKG 86,6)

Wer Jesus begegnet, kann nicht neutral bleiben. Das ist sofort nach der Totenauferweckung zu sehen: *»Da (nachdem das messianische Zeichen und Merkmal sichtbar wurde: ›Tote stehen auf‹) versammelten die Hohenpriester und die Pharisäer den Hohen Rat und sprachen: Was tun wir? Dieser Mensch tut viele Zeichen«* (V. 47). Wieder fällt an Jesus die Entscheidung: *»Von dem Tage an war es für sie beschlossen, daß sie ihn töteten«* (V. 53).

Jesus stirbt und wird dadurch zum Weizenkorn. Das zeigt **Kapitel 12** in Jesu Leidensankündigung, mit der Jesus zugleich auch Leiden für die Seinen ankündigt (V. 23 ff.; ähnlich Mt 16; Mk 8; Lk 9). An der Leidensbereitschaft der Seinen fällt die Entscheidung: *»Wer sein Leben liebhat, der wird's verlieren; und wer sein Leben auf dieser Welt haßt, der wird's erhalten zum ewigen Leben. Wer mir dienen will, der folge mir nach; und wo ich bin, da soll mein Diener auch sein. Und wer mir dienen wird, den wird mein Vater ehren«* (V. 25 f.).

Wie schon in Kapitel 9, so ist auch hier davon die Rede, daß die Entscheidung für oder gegen Jesus im Blick auf das letzte Gericht Gottes den Ausschlag gibt: *»Wer meine Worte hört und bewahrt sie nicht, den werde ich nicht richten; denn ich bin nicht gekommen, daß ich die Welt richte, sondern daß ich die Welt rette. Wer mich verachtet und nimmt meine Worte nicht an, der hat schon seinen Richter: Das Wort, das ich geredet habe, das wird ihn richten am Jüngsten Tage«* (V. 47 f.).

Auch **Kapitel 13** bringt zum Ausdruck: Man muß sich von Jesus reinigen lassen, sonst hat man keinen Anteil an ihm (V. 8).

Nur derjenige, der an Jesus glaubt und ihm folgt, kommt zum Vater, – andere nicht **(14,8)**. Im Empfang von Jesu Kraft und Liebe bleibt nur derjenige, der in der Lebensgemeinschaft mit ihm ist; er kann von Jesus her etwas ausrichten **(15,5.9)**.

Menschen, die an Jesus glauben, ziehen den Haß der Welt auf sich. Das gilt es in Kauf zu nehmen **(15,18 ff.)**. Die Frage ist, ob Christen lieber Menschen oder Jesus verlieren!

Die Freude der Welt schlägt in Traurigkeit um – die Traurigkeit derer, die an Jesus glauben, schlägt in Freude um **(16,20)**. Das tröstliche *»Ihr«*, das Jesus zu seinen Jüngern spricht **(16,20.22.23.39)**, gilt ausschließlich seinen Nachfolgern, nicht jedem Menschen.

In **Kapitel 17** zeigt das hohepriesterliche Gebet Jesu, daß Jesu Fürbitte und Fürsorge nicht sowohl der Welt als auch denen gilt, von denen Jesus sagt, daß sie der Vater ihm gegeben habe (V. 11). Jesus bittet vielmehr für die Letzteren, die *»durch ihr [der Apostel] Wort an mich glauben werden«* (V. 20). Er bittet um die Gemeinschaft der Glaubenden, um die Einheit von Menschen im Vater und im Sohn, nicht um die Einheit der Welt schlechthin.

In **Kapitel 18** sagt Jesus zu Pilatus: *»Wer aus der Wahrheit ist, der hört meine Stimme«* (V. 37b). Wer sich Gott zukehren, sich bekehren und so zum wahren Menschsein vor Gott führen läßt, bekommt ein Ohr für Ihn und ist damit in Jesu Herrschaftsbereich. Durch ihn wirkt Jesus für sein Reich.

Auch in **Kapitel 19** wird sichtbar, wie sich diejenigen, die sich für Jesus entschieden haben, von denen unterscheiden, die gegen ihn waren. Der Unterschied zwischen denen, die Jesus höhnten (V. 2 f.), und denen, die an seinem Kreuz trauerten (V. 25-27) und ihm einen letzten Liebesdienst taten, ist wie Tag und Nacht. Um die Entscheidung und Verantwortung kann sich keiner drücken (V. 6.12).

In **Kapitel 20** ringt Jesus um Thomas, daß dieser ein Glaubender würde, denn davon hängt Tod oder Leben ab (V. 27.31).

Mit seinem wunderbaren Wirken beim Fischzug der Jünger **(Kap. 21)** gibt Jesus nicht nur einen Hinweis darauf, daß er in äußerlicher Hinsicht für die Seinen sorgt, sondern auch darauf, daß er ihnen Wohlgelingen schenkt, wenn sie ihren eigentlichen Beruf ausüben, nämlich »Menschenfischer« zu sein (vgl. Mt 4,19; Mk 1,17).

Bei Jesus sind Menschen gerettet, sonst sind sie im Todeselement der Sünde. Die Gemeinde Jesu ist um ihren Herrn eine einzige, große »Lebensrettungsgesellschaft«. Damit Petrus in diesem Dienst stehen darf, wird er von Jesus zunächst nach seinem Gehorsam gefragt (Kap. 1), dann nach seinem Glauben (Kap. 6) und schließlich nach seiner Liebe (21,15 ff.).

So macht das gesamte Johannesevangelium deutlich: Alles entscheidet sich an Jesus! Wenn man leben will, muß man Jesus *annehmen* (1,12) und – wenn man ihn aufgenommen hat – ihn *regieren und bestimmen lassen* (2,13 ff.). Und man muß an Jesus *glauben*, wenn man in der Gemeinschaft mit ihm leben will (3,16). Dazu gehört die Bitte an Jesus. Er fragt, ob wir mit und durch ihn leben wollen; und daß wir das wollen, sagen wir ihm am besten, indem wir ihn bitten (Kap. 4). Wenn man an Jesus glaubt, so hat das wunderbare Wirkungen: Wer an ihn glaubt, kommt nicht ins Gericht (Kap. 5); er wird auf jeden Fall von Gott angenommen, keiner wird hinausgestoßen (Kap. 6); und er kann auch auf andere Menschen einen hilfreichen Einfluß nehmen (7,38). Solch ein Mensch findet den Weg, geht im Licht und kann anderen Menschen den Weg zeigen (8,12). Jesus kann auch einen Menschen mit bescheidener Erkenntnis zu seinem Zeugen machen (Kap. 8). Man muß Jesus, dem »guten Hirten«, folgen, wenn man dessen teilhaftig werden soll, was er gibt (Kap. 10). Wenn man ihm glaubt und ihm sein Leben anvertraut, so nimmt er einen mit zum ewigen Leben (11,25 f.) usw.

So läßt das Johannesevangelium erkennen, was Menschen an Jesus haben, die ihm vertrauen und in seiner Gemeinschaft stehen. Dieses Evangelium zeigt uns den ganzen Reichtum dessen, was wir an Jesus haben. So werden wir auch in Stunden der Anfechtung unseres Weges gewiß. Daher wollen wir uns von Jesus durch das Wort des Johannesevangeliums, durch das er uns auch begegnet, das Herz abgewinnen und auf dem Weg der Nachfolge befestigt werden.

Die Apostelgeschichte

1. Einleitung

Lukas, der Verfasser der Apostelgeschichte, wird im Einleitungsteil des Kapitels über das Lukas-Evangelium ausführlich vorgestellt (siehe dort, 1.1). Lukas war von Beruf Arzt und auf weiten Reiseabschnitten des Paulus dessen Begleiter. Lukas war als Augenzeuge mit Paulus unterwegs; deshalb finden sich Abschnitte in der Apostelgeschichte (ab Kap. 16), die im »Wir«-Stil verfaßt sind.

Lukas widmet sein zweites Buch nach dem Evangelium demselben Mann, den er auch zu Beginn seines Evangeliums erwähnt: Theophilus (1,1; vgl. Lk 1,3).

Es ist von Auslegern immer wieder die Meinung geäußert worden, daß die Apostelgeschichte nicht nur eine Bedeutung für die Gemeinde zu ihrer Unterrichtung gehabt habe (indem sie zeigt, welchen Weg das Evangelium nahm), sondern daß diese Schrift auch für den Prozeß gegen Paulus von Bedeutung gewesen sei, der dann in Rom begann, nachdem der Apostel dort eingetroffen war (die Apostelgeschichte schließt ja mit der Ankunft des Paulus als Untersuchungshäftling in Rom ab; 28,16 ff.).

Das könnte durchaus der Fall gewesen sein; dann hätte Lukas die Apostelgeschichte verfaßt, um darin aufzuzeigen, daß es bei der Mission des Paulus nicht um eine revolutionäre Angelegenheit gegangen ist, sondern daß das eine religiöse und also eine loyale Sache war.

2. Das große Gnadenangebot Gottes

An der Apostelgeschichte läßt sich eine durchgehende Beobachtung machen, die etwas Grundsätzliches über den Gang des Evangeliums erkennen läßt.

Als der auferstandene Herr hat Jesus nicht sofort in offenbarer Macht und Hoheit Gottes die Weltherrschaft angetreten. Wenn der heilige Herr und Gott unverhüllt auf den Menschen in dessen Sünde gestoßen wäre, so hätte das für den Menschen Gericht und Untergang bedeutet.

Darum hat Gott die Zeit der Völkermission und der Sammlung und Zubereitung der Gemeinde aus Israel und den Völkern »dazwischengeschaltet«. Die Gemeinde ist – vom »Fürsten dieser Welt« mit seinem Anhang umkämpft – Licht in der Welt und unausrottbare Vorhut der kommenden Herrschaft Jesu (Näheres dazu siehe unten).

Gott gebraucht zur Völkermission seine Boten, die sein Friedensangebot verkündigen und denen er als »Durchbruchswaffe« sein Wort und seinen Geist gibt (1,8). Gottes Geist ist zugleich die Voraussetzung und die Gewähr der Errettung sowie Spender des neuen Lebens aus Gott.

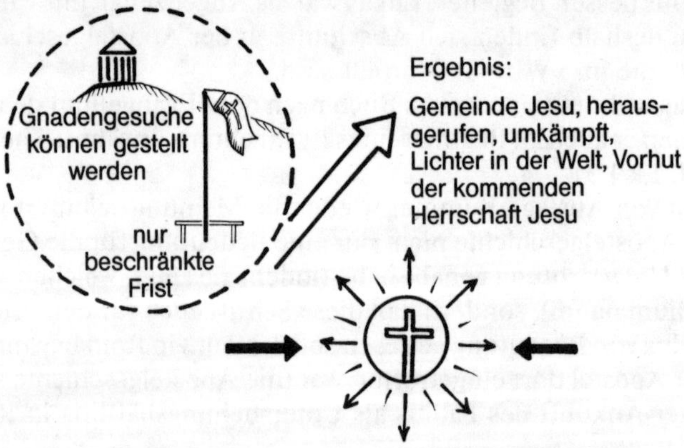

Abb. 9: Das große Angebot – wie stellen wir uns dazu?

Der Gang der Pioniermissionsarbeit von Paulus und anderen Missionaren war immer wieder derselbe:

a) *In möglichst großer Öffentlichkeit wird das »Panier« Jesu und seines Evangeliums aufgeworfen und die Botschaft ausgerufen: Der Mensch ist von Natur aus dem Gericht Gottes verfallen. Gott macht in Jesus das große Gnadenangebot, sich retten zu lassen.*
Paulus suchte, wenn er in Städte des Römischen Reiches reiste, zunächst mit seiner Verkündigung eine größtmögliche Öffentlichkeit

zu erreichen. Deshalb ging er in manchen Städten auf den Marktplatz; meist war aber die Synagoge der Ort, an dem sich viele religiös Interessierte – Juden und Heiden – trafen.
Es wurde an diesen Stätten gewissermaßen das »Panier« Jesu Christi aufgeworfen (das deutet in Abb. 9 die Fahne mit dem Kreuz an). Vor allem verkündigte Paulus das Eine: Gott hat beschlossen, Gericht zu halten durch *einen* Mann; und es wird der Tag kommen, an dem das geschieht (vgl. 17,31). An Jesus entscheiden sich die Menschen, und Jesus trifft die Scheidung zwischen den Menschen. Zu denen zu seiner Rechten sagt er: »Kommt her, ihr Gesegneten meines Vaters ...«, zu denen zu seiner Linken sagt er: »Geht weg von mir, ihr Verfluchten ...« (Mt 25,31 ff.).
Wie ein Mensch im Gericht Gottes stehen wird, das ist jedoch – so sagt Paulus als Zweites – kein unentrinnbares Schicksal, sondern durch ihn »gebietet er (Gott) den Menschen, daß alle an allen Enden Buße tun« (17,30b). Buße ist nicht einfach Zerknirschung, sondern in jedem Fall die Bitte um Begnadigung, die vor Gott ausgesprochen wird.
Dies bewirkt, daß Gott dann Gnade gewährt und diejenigen, die so bitten, als seine Bundesgenossen, seine Kinder auf seine Seite stellt (das deutet in Abb. 9 [innerhalb des gestrichelten Kreises] der Tisch bei der Fahne an: Dort können Gnadengesuche gestellt werden). Niemand *muß* dem Gericht Gottes verfallen, denn »nun aber gebietet er den Menschen, daß alle an allen Enden Buße tun«.

b) *Das große öffentliche Angebot durch die Apostel – die Sonderbotschafter Jesu – erfolgte meist nur während einer beschränkten Frist.*
Die Möglichkeit zur Buße wird also nicht immerzu gegeben. Nach dem Bericht über Paulus' Rede auf dem Areopag in Athen wird gesagt: »So ging Paulus von ihnen« (Apg 17,33), auch, um damit anzudeuten: Gott wartet noch – wer weiß, wie lange?

c) *Die Menschen reagieren auf die Verkündigung des Evangeliums immer wieder so, daß sie ihrerseits über die Boten Gottes und deren Botschaft zu Gericht sitzen und darüber urteilen wollen.*
Das Auftreten der Boten Jesu, die das Evangelium verkündigen, endet nach dem Bericht des Lukas in der Apostelgeschichte auffallend häufig damit, daß solch ein Zeuge Jesu vor Gericht gestellt wird. Menschen wollen über die Boten Jesu zu Gericht sitzen – und merken gar nicht, daß es darum geht, daß eigentlich über sie, die Richter, zu Gericht gesessen wird.

Beispiele dafür, daß Boten Jesu vor Gericht gestellt werden:

- Johannes und Petrus werden miteinander zweimal vor den Hohen Rat, das höchste Gericht Israels (zuständig für religiöse Angelegenheiten), geführt (Kap. 4,1 ff.; 5,26 ff.).
- Auch Stephanus wird vor den Hohen Rat gestellt (6,12-7,58).
- Auch Paulus wird nach seiner Verhaftung nach der dritten Missionsreise vor den Hohen Rat zitiert (22,30; 23,1 ff.).
- Vor dem Gericht als einer politischen Instanz muß Jakobus erscheinen (12,1 ff.). Jakobus stirbt dann als erster aus dem Apostelkreis den Märtyrertod.
- Weiter stand Paulus z.B. in Philippi vor Gericht (16,23 ff.); in Korinth (18,12 ff.) und in Ephesus (19,29 ff.) ging es um die Frage, ob er vor Gericht gestellt werden sollte. Des weiteren verantwortete sich Paulus vor dem Volk (was auch so etwas wie diesen Charakter hat; 22,1 ff.), vor dem Stadtkommandanten von Jerusalem (22,23 ff.), vor dem römischen Statthalter Felix (Kap. 24), vor Festus, dem neuen römischen Statthalter in Cäsarea (am Meer) und vor Herodes Agrippa II. (Kap. 25).
- Auch in Athen stand Paulus auf dem berühmten Gerichtshof der Griechen, dem Areopag (Kap. 17).

d) Ergebnis des öffentlich ergehenden Angebotes der Rettung durch Jesus Christus ist meist eine kleine, ab und zu auch eine größere Schar derer, die sich von Jesus herausrufen lassen und sich um ihn sammeln: die Gemeinde. Jesus wirkt in ihr und durch sie.

Trotz der Inhaftierung der Boten Gottes und des Richtens über sie entstand und wuchs die Gemeinde Jesu. Das war und ist ja die andere Möglichkeit, die sich aus dem Zeugnis der Boten Jesu ergibt: daß ein Kreis von solchen Menschen entsteht, die sich retten lassen, die heraustreten (die Gemeinde – *ekklesía* – besteht aus den »Herausgerufenen«) und die Jesus in ihrer Mitte haben (siehe Abb. 9, rechte Bildhälfte).

Diese »Herausgerufenen« wirken mit Wort und Tat in *einem* Glauben und wie *ein* Mann für ihren Herrn. Sie gehen mit dem Evangelium ihrerseits zum Angriff über – aber nicht, indem sie sich *gegen* andere Menschen wenden, sondern indem sie *um diese Menschen werben*. Die sich retten lassen strahlen etwas aus, sind Lichter in der Welt und Vorhut der kommenden guten Herrschaft Jesu.

Zugleich aber sind sie umkämpft und angefochten, denn sie sind für Satan, den Feind und »Fürsten dieser Welt«, eine große Störung seiner Macht. Und dieser Feind hat menschliche Helfer genug, die gegen die

Gemeinde Sturm laufen. »Wir haben nicht mit Fleisch und Blut zu kämpfen...« (Eph 6,12). Aber »die Pforten der Hölle sollen sie [die Gemeinde] nicht überwältigen« (Mt 16,18b).

3. Der Aufbau der Apostelgeschichte – der Lauf des Evangeliums von Jerusalem nach Rom, von Stadt zu Stadt, von Land zu Land

a) Der oben (Abschnitt 2.) geschilderte Dienst des Gnadenangebotes Gottes durch seine Boten wird ausgerichtet, indem die Boten von Stadt zu Stadt und von Land zu Land ziehen.

Abb. 10: Der Lauf des Evangeliums von Jerusalem nach Rom

Auf der Kartenskizze des östlichen Mittelmeerraumes (Abb. 10) sind bei jedem Ort die Kapitel der Apostelgeschichte angegeben, in denen vom Gang des Evangeliums an diesem Ort und seiner Umgebung berichtet wird. Es sind auf der Karte nicht alle Städte eingezeichnet, durch die Boten Jesu gezogen sind, aber alle Städte, die wegen der dort stattfindenden Ereignisse bzw. wegen des Wirkens von Paulus besonders interessant und wichtig sind.

(Ich verzichte darauf, die Missionsreisen von Paulus in diese Landkarte einzuzeichnen, da sonst die Übersichtlichkeit nicht mehr gegeben wäre. Viele Bibelausgaben haben in einem Kartenteil Landkarten, in denen diese Missionsreisen eingetragen sind.)

Zu den Städten im einzelnen: Nordöstlich von *Jerusalem* liegt die wichtige Stadt *Cäsarea* (am Meer). Dort befand sich der Amtssitz des römischen Statthalters, die große Garnison. In Syrien, nördlich von Palästina, liegt die Stadt *Damaskus*, und weiter nördlich das für die Mission des Paulus bedeutsame *Antiochia*. Diese Stadt war noch aus der Zeit der Nachfolgeregenten Alexanders d. Gr. und der Makkabäer bekannt.

In Kleinasien (der heutigen Türkei) sind vier Städte von größerer Bedeutung: *Antiochia* (in Pisidien), *Lystra*, *Ikonion* und – im Westen Kleinasiens – *Ephesus*, die wichtige, große Hauptstadt der römischen Provinz Asia. Im Westen davon liegt – auf der anderen Seite des Ägäischen Meeres – Griechenland mit den Städten *Philippi* und *Thessalonich* im Norden, *Athen* und *Korinth* im Süden. Noch weiter westlich befinden sich die *Insel Malta* und die damalige Weltreichshauptstadt *Rom*.

b) Die Gliederung der Apostelgeschichte soll den Gang des Evangeliums von Jerusalem nach Rom, von der geistlichen Hauptstadt zur politischen Hauptstadt, zeigen.

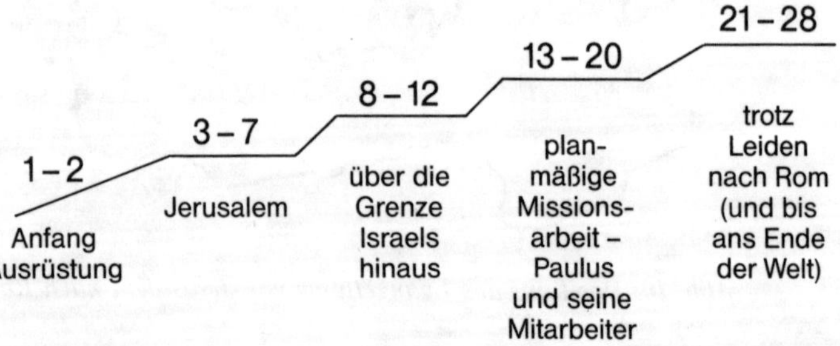

Abb. 11: Der Aufbau der Apostelgeschichte

Die Gliederung der Apostelgeschichte im einzelnen:

(1) **Auftrag und Ausrüstung** (Kap. 1 f.)
Kapitel 1: Nicht jetzt schon das offenbare Reich, sondern Ausrüstung mit dem Geist und Beauftragung als Zeugen (V. 8). Vorbereitung von Pfingsten.
Kapitel 2: Pfingsten. Der Heilige Geist als Heilsgabe und als Dienstausrüstung. Erste Gemeinde.

(2) **Jerusalem** (Kap. 3 - 7)
Kapitel 3: Wie schon in Kapitel 2 wird Israel noch einmal das Gnadenangebot unterbreitet. Heilung eines Gelähmten.
Kapitel 4: Petrus und Johannes vor dem Gericht des Hohen Rates. Unterstützendes Gebet. Bau der Gemeinde.
Kapitel 5: Bewahrung der Gemeinde vor innerer Entartung (Hananias und Saphira). Äußere Bewahrung der Zeugen, damit das Zeugnis nicht erlischt. Neue Verhandlungen vor dem Hohen Rat.
Kapitel 6: Weitere Ämter in der Gemeinde: Diakone, »Almosenpfleger«. Einer von ihnen kommt vor den Hohen Rat und wird zum ersten Märtyrer: Stephanus.
Kapitel 7: Bußpredigt des Stephanus wird mit seiner Steinigung beantwortet. Die Zeit des erneuten Angebots an Israel ist abgeschlossen (Kap. 2-7).

(3) **Das Evangelium geht über die Grenze Israels hinaus** (Kap. 8 - 12)
Kapitel 8: Das Evangelium in Samarien und – durch den Kämmerer – in Afrika.
Kapitel 9: Das Evangelium in Damaskus. Saulus kapituliert vor dem sich offenbarenden Herrn und wird von ihm in Dienst gestellt.
Kapitel 10: Petrus wird angeleitet, zum Glauben gekommene Heiden unmittelbar in die Gemeinde aufzunehmen. Cäsarea. Kornelius.
Kapitel 11: Das Evangelium in Antiochien (Syrien). Erste Gemeinde aus Juden und Heiden. Barnabas. »Christen«.
Kapitel 12: Die Boten Gottes werden nicht nur vor das Gericht des Hohen Rates (Kap. 3.5.7), sondern auch vor die politische Gewalt zitiert: vor Herodes Agrippa II. Erster Märtyrer aus dem Apostelkreis: Jakobus.

(4) **Planmäßige Missionsarbeit durch Paulus und seine Mitarbeiter** (Kap. 13 - 20)
Kapitel 13: Antiochien – Quellort des Segensstroms (eine Gebetsgemeinschaft von fünf Männern aus zwei Kontinenten). Erste Missionsreise von Paulus und Barnabas nach Zypern und in das südliche Kleinasien.
Kapitel 14: Fortsetzung der ersten Missionsreise: Ikonion, Lystra, Derbe.
Kapitel 15: Zwischen den Missionsreisen beraten sich die Apostel in Jerusalem über das Verhältnis von Christen aus Juden und Heiden.
Kapitel 16: Zweite Missionsreise – Paulus und Silas. Gott lenkt sie nach Europa, d.h. nach Griechenland (Mazedonien im Norden [Philippi], Achaja im Süden).

Kapitel 17: Fortsetzung der zweiten Missionsreise: Thessalonich, Beröa, Athen.
Kapitel 18: Fortsetzung der zweiten Missionsreise: Korinth.
Kapitel 19: Dritte Missionsreise: westliches Kleinasien, Ephesus.
Kapitel 20: Fortsetzung der dritten Missionsreise: Besuch verschiedener Gemeinden. Abschied von den Ältesten in Ephesus mit grundlegenden Worten.

(5) **Trotz Leiden nach Rom** (und »bis an das Ende der Erde«, 1,8) (Kap. 21 - 28)
Kapitel 21: Reise nach Cäsarea und Jerusalem. Gefangennahme des Paulus.
Kapitel 22: Zeugnis des Paulus vor dem Volk und dem römischen Stadtkommandanten.
Kapitel 23: Zeugnis des Paulus vor dem Hohen Rat (erstmals und das einzige Mal!). Mordanschlag. Überbringung des Untersuchungshäftlings Paulus in die Garnisonsstadt Cäsarea.
Kapitel 24: Verhandlung und Zeugnis des Paulus vor dem Statthalter Felix.
Kapitel 25: Verhandlung und Zeugnis des Paulus vor dem Statthalter Festus und König Herodes Agrippa II.
Kapitel 26: Fortsetzung. Auch die Gerichtsverhandlungen, bei denen Paulus erscheinen muß (Kap. 22-25), dienen der Bezeugung des Evangeliums.
Kapitel 27: Aufbruch nach Rom. Schiffahrt und Schiffbruch. Auch das muß der Verherrlichung des Evangeliums dienen.
Kapitel 28: Paulus auf Malta, dann in Rom. Doch in Rom kommt es anders, als er dachte. Paulus' Zeugnis in Rom ist durch den früher verfaßten Römerbrief (an die dortige Christengemeinde) vorbereitet.

4. Zum Einzelnen

4.1 Auftrag und Ausrüstung (Kap. 1 f.)

In **Kapitel 1** fragen die Jünger: *»Herr, wirst du in dieser Zeit wieder aufrichten das Reich für Israel?«* (V. 6). Jesus antwortet ihnen: *»Es gebührt euch nicht, Zeit oder Stunde zu wissen, die der Vater in seiner Macht bestimmt hat; aber ihr werdet die Kraft des heiligen Geistes empfangen, der auf euch kommen wird, und werdet meine Zeugen sein in Jerusalem und in ganz Judäa und Samarien und bis an das Ende der Erde«* (V. 7 f.). Die Jünger empfangen also *Auftrag* und *Ausrüstung*. Es kommt also nicht jetzt schon das offenbare Reich, sondern es erfolgt für die Jünger die Ausrüstung mit dem Heiligen Geist und die Beauftragung als Zeugen. Das ist die Vorbereitung von Pfingsten.

Doch der Herr wählt auch aus. Denn die Jünger erbitten und empfangen vom Herrn die Bestimmung, wer den Zwölferkreis ergänzen sollte: *»Herr, der du aller Herzen kennst, zeige an, welchen du erwählt hast...«* (V. 24).

Kapitel 2 zeigt, wie die Gabe gegeben wird: sein Geist, der *Heilsgabe* (so allein wird man selig, wenn der Geist Gottes in einem wohnt) und *Dienstausrüstung* (für den Dienst an anderen Menschen) zugleich ist.

4.2 Jerusalem (Kap. 3 - 7)

Auch in diesen Kapiteln ergeht das Gnadenangebot an Israel. Das ist eigentlich verwunderlich, nachdem die Juden bei Jesu Verhör geschrien haben: »Kreuzige ihn!« und: »Hinweg mit diesem!« (vgl. Mt 27,22 f. par; Lk 23,18).

So folgt in **Kapitel 3** auf die Heilung des gelähmten Mannes (V. 1-11) eine Verkündigung des Gnadenangebotes an Israel (V. 12-26).

In **Kapitel 4** ist es kennzeichnend, daß die Führenden Israels nicht Gott loben und danken, sondern die Boten Gottes vor Gericht stellen.

In **Kapitel 5** ist eine eigenartige Geschichte über die innere Reinigung der Gemeinde berichtet (V. 1-11). Hananias und Saphira sollen vor einer inneren Überfremdung mit fremdem Geist bewahrt werden.

Kapitel 6 zeigt, wie der Aufbau der Gemeinde zu Jerusalem so vorangeht, daß in ihr nicht nur die Apostel Dienst tun, sondern auch Diakone eingesetzt werden. Diese Diakone sind »Dienstleute«, »Almosenpfleger«, die äußerlich für die Leute sorgen und doch auch zugleich Verkündiger sind.

In **Kapitel 7** wird erzählt, wie Stephanus, einer aus dem Kreis der Auslandsjuden, hervorragend Zeugnis gibt. Er, einer dieser »Dienstleute« in den äußeren Angelegenheiten, der nicht zu dem Apostelkreis gehört, wird zum ersten Märtyrer.

Diese Geschichte des Stephanus wird m.E. auch deshalb so auffallend ausführlich erzählt (insbesondere die Rede, die eine einzige Werbung um Israel ist), weil die Phase des nochmaligen Gnadenangebots Gottes an Israel nach Pfingsten in gewissem Sinn damit ihren Abschluß gefunden hat. Die Juden haben nicht geahnt, was sie mit der Hinrichtung des Stephanus getan haben.

4.3 Das Evangelium geht über die Grenze Israels hinaus (Kap. 8 - 12)

Nachdem Israel das Gnadenangebot Gottes erneut abgelehnt und Stephanus, einen so hervorragenden Zeugen, getötet hat, setzt der Lauf des Evangeliums von Jerusalem nach Rom – von Stadt zu Stadt, von Land zu Land – ein. In einer ersten Phase geht das Evangelium über Israel hinaus, aber noch nicht in einer planmäßigen Missionsarbeit (wie dann – ab Kap. 13 – mit den Missionsreisen von Paulus und seinen Begleitern).

Dieses Hinausgehen des Evangeliums über die Grenze Israels ist auch eine Folge der Verfolgung (8,4; 11,19). Die Bedrängnis der Gemeinde wirkt sich also sogar positiv aus!

Zu Beginn von **Kapitel 8** steht (wie in 11,19) etwas Bemerkenswertes: Gerade weil man durch die Verfolgung der Gemeinde in Jerusalem gewissermaßen das »Feuer« des Evangeliums auslöschen wollte, begann der »Funkenflug« hinaus in die weitere Umgebung Jerusalems (wie schon Jesus sagte: »Ich bin gekommen, ein Feuer anzuzünden auf Erden; was wollte ich lieber, als daß es schon brennte!«; Lk 12,49).

Die erste Station beim Lauf des Evangeliums ist Samarien (V. 5 ff.). Das Samarien, das vormals Jesus abwies (vgl. Lk 9,53), nimmt jetzt Jesus und seine Botschaft mit Freuden auf (V. 6.8). Jesus hat damals Geduld gehabt und einen langen Atem bewiesen (vgl. Lk 9,55-56), und das hat sich bewährt.

Das andere, was in Kapitel 8 berichtet wird, ist die Geschichte mit dem äthiopischen Kämmerer (V. 27 ff.). Ehe ein Europäer mit dem Evangelium erreicht wurde, kam ein Afrikaner zum Glauben.

Kapitel 9 schildert mit einer wichtigen Geschichte das Weitergehen des Evangeliums nach Damaskus. Saulus, ein Verfolger der Gemeinde, reitet mit einem Trupp Soldaten in Richtung Damaskus und will dort die neu entstandene Gemeinde ausbrennen und ausrotten. Und der auferstandene Herr hat sich Saulus geoffenbart. Saulus kapituliert vor dem Herrn, und der Herr nimmt ihn gnädigerweise sofort in seinen Dienst.

Es ist wahrscheinlich falsch zu sagen, aus dem »Saulus« sei ein »Paulus« geworden, weil er wohl schon von Anfang an beide Namen hatte und also »Saulus Paulus« hieß. »Saulus« war der Name aus dem Hebräischen und »Paulus« der Name aus dem Lateinischen. Viele Auslandsjuden (Paulus stammte ja aus der Stadt Tarsus) hatten zwei Namen nebeneinander: den einen für Israel, den anderen für die griechisch-römische Welt.

In **Kapitel 10**, das eine Begebenheit in Cäsarea erzählt, geht es wieder um eine ganz wichtige Sache. Israel war eingeprägt worden, es dürfe nicht zu den Heiden gehen. Die Grenze, die Trennlinie zwischen Israel und den Völkern war so dicht, daß Gott die frühe Christenheit schon sehr unmittelbar leiten mußte, über diesen Zaun hinwegzugehen. Und so ist Petrus hier ausgesprochen geleitet worden – auf eine Art und Weise, die an kaum einer anderen Stelle der Bibel so auftaucht.

So kommt Petrus in das Haus des römischen Offiziers Kornelius. Ihm wird dabei gezeigt, daß die Heiden nicht zuerst Juden werden müssen, um Christen zu werden. Sie können vielmehr unmittelbar Glaubende werden, ohne daß eine Beschneidung usw. nötig wäre. Das zehnte Kapitel der Apostelgeschichte ist daher für den weiteren Gang des Evangeliums besonders wichtig.

Mit **Kapitel 11** kommt das Evangelium bereits nach Antiochia in Syrien, einer wichtigen Stadt, die nicht unmittelbar am Meer, sondern etwas landeinwärts lag. Auch dort waren Flüchtlinge aus Palästina hingekommen; und in Kapitel 11 ist erstmals ausführlich von einer Gemeinde die Rede, die aus Judenchristen und Heidenchristen bestand.

Das war eine sehr rege, lebendige und vorbildliche Gemeinde – auch deshalb, weil der feine Christ Barnabas von Jerusalem aus dorthin gesandt worden war (V. 22). Die Glieder der antiochenischen Gemeinde waren auch diakonisch tätig; sie wollten auch für die Jerusalemer Gemeinde in deren Notsituation sorgen (V. 27-30).

In Antiochia taucht zum erstenmal die Bezeichnung *christianos* (Mehrzahl *christianoi* – »die Christusleute«) für die an Jesus Glaubenden auf: *»In Antiochia wurden die Jünger zuerst Christen genannt«* (V. 26b). *»Christen«* sind diejenigen, für die Jesus Christus ein und alles war.

Kapitel 12 führt wieder nach Jerusalem und zeigt wiederum Gerichtsszenen – erstmals vor politischen Machthabern, die sich gegen die Christen wenden. Herodes Agrippa I. stellt zunächst Jakobus vor Gericht; dieser wird der erste Märtyrer aus dem Apostelkreis (V. 1 f.).

Es ist die Freiheit des Herrn, die einen früh zu sich zu nehmen und andere lange Zeit ihren Auftrag ausführen zu lassen. Daher wird Petrus aus dem Gefängnis befreit, denn er soll bei der Gemeinde bleiben (V. 3-19).

4.4 Planmäßige Missionsarbeit durch Paulus und seine Mitarbeiter (Kap. 13 - 20)

Mit Kapitel 13 beginnt die eigentliche, systematische Missionsarbeit. Es sind sozusagen drei große Missionsfeldzüge, Missionsaktionen größeren Stiles und Umfangs, die Paulus unternimmt.

Die Aktionsbasis, von der das Ganze ausgeht, ist auffallenderweise nicht Jerusalem. Dort ist der Boden schon zu heiß; dort hätte die Gemeinde nicht ungestört eine Art »Heimathafen« bilden können. So ist es die bereits erwähnte antiochenische Gemeinde in Syrien, bei der sozusagen der Segensquell entsprungen ist.

Interessanterweise geschah das in einer kleinen Gebetsgemeinschaft von nur fünf Männern (*»Barnabas und Simeon, genannt Niger, und Luzius von Kyrene und Manaën ... und Saulus«*, V. 1) aus verschiedenen Völkern und aus zwei Kontinenten (Asien und Afrika): *»Als sie ... dem Herrn dienten und fasteten, sprach der heilige Geist...«* (V. 2a).

Das ist der Beginn der drei Missionsreisen, die freilich keine Reisen im heutigen Sinne waren. Denn Paulus blieb mit seinen Begleitern mitunter mehr als ein Jahr an Orten, die er unterwegs aufsuchte! Wenn er nicht wegen Verfolgungen weichen mußte oder abgewiesen wurde, ist Paulus u.U. lange Zeit in ein und derselben Stadt geblieben (z.B. in Korinth und Ephesus).

Die **Kapitel 13 und 14** berichten über die **erste Missionsreise**. Paulus reist gemeinsam mit Barnabas, und diese Tour führt sie zunächst auf die Insel Zypern und später ins südliche Kleinasien: nach Antiochia in Pisidien, Ikonion, Lystra und Derbe. Paulus beginnt mit seinem Wirken an den einzelnen Orten immer bei den Juden und geht dann zu den Heiden weiter. Obwohl er in Lystra durch einen Akt von Lynchjustiz so gesteinigt wird, daß seine Peiniger meinten, er sei tot (14,19), macht er unbeirrt weiter, indem er die Leute tröstet und aufmuntert, so daß diese im Glauben bleiben (V. 20-23).

Mit **Kapitel 15** wird zwischen die Berichte über die Missionsreisen etwas anderes eingeschoben. Eine Beratung der Apostel in Jerusalem soll die Frage des Verhältnisses von Judenchristen und Heidenchristen klären.

Beim **zweiten Missionsfeldzug**, über den die **Kapitel 16 – 18** berichten, wird Paulus nicht von Barnabas, sondern von Silas begleitet. (Barnabas hat mit Markus ein anderes Missionsteam gebildet.) Paulus meint, er müsse auf dieser Missionsreise im damals stark bevölkerten Westen Kleinasiens fortfahren zu missionieren.

Aber Paulus kommt während dieser Reise mit dem Evangelium in die großen Stadtzentren, auch in Europa (in Griechenland). Doch dabei folgt er nicht seiner eigenen Strategie: Der Herr selbst führt ihn Schritt um Schritt (16,6.7.10: »...gewiß, daß uns Gott dahin berufen hatte, ihnen das Evangelium zu predigen«).

So wird Paulus zu seiner Verwunderung durch Westkleinasien hindurchgeleitet. Er darf dort noch nicht missionieren; es wird ihm *»vom heiligen Geist verwehrt..., das Wort zu predigen«* (16,6) und die Reise dort fortzusetzen (16,7). *»Da zogen sie durch Mysien und kamen hinab nach Troas«* (16,8), wo der Fußmarsch endet.

Von dort geht es per Schiff nach Nordgriechenland hinüber: in die Stadt Philippi in der Provinz Mazedonien (16,9-12). Dort werden eine Purpurhändlerin namens Lydia (16,12 f.) und ein Gefängnisaufseher (alte LÜ: »Kerkermeister«, 16,23 ff.) gläubig. In Philippi entsteht eine feine Gemeinde, die ein besonders herzliches Verhältnis zu Paulus hat (wie der Philipperbrief zeigt).

Paulus besucht des weiteren die Städte Thessalonich und Athen **(Kap. 17)**.

In **Kapitel 18** berichtet Lukas über Paulus' Aufenthalt in Korinth. Paulus hat dort zunächst Schwierigkeiten und erlebt auch Gegenschläge; aber es entsteht dort die vielleicht größte Gemeinde bis dahin (vielleicht war die Gemeinde in Antiochia ähnlich groß). Von Korinth aus kehrt Paulus über Ephesus nach Jerusalem zurück (V. 19 ff.).

Das **dritte Missionsunternehmen (Kap. 19 - 20)** führt Paulus in das vordere Kleinasien – vor allem nach Ephesus, wo es zu einer Erweckung kommt, aus der eine große Gemeinde entsteht. Nach der Geschichte mit Demetrius (19,23 ff.), dem Gegenschlag, erweist sich erst recht die Wundermacht Jesu. Mit interessanten Worten verabschiedet sich Paulus von den Ältesten von Ephesus: *»So habt nun acht auf euch selbst und auf die ganze Herde...«* (20,28 usw.).

4.5 Trotz Leiden nach Rom (Kap. 21 - 28)

Gott führte Paulus anders nach Rom, als der Apostel sich das gedacht hatte, aber dennoch in vielerlei Hinsicht fruchtbar und segensvoll.

Paulus wollte zwar ohnehin nach Rom reisen; doch in Rom beabsichtigte er nicht, sich lange dort aufzuhalten. Diese Stadt sollte vielmehr eine neue Aktionsbasis für ihn werden. Dort existierte ja schon eine Gemeinde, und Paulus als Pioniermissionar blieb nirgends lange, wo schon Christen waren. So wollte er von Rom aus weiter nach Westen ziehen, bis nach Spanien usw. (Röm 15,24).

Paulus will wieder mit der Urgemeinde in Jerusalem Verbindung aufnehmen und zieht daher mit Brüdern, die auch Geld überbringen, nach Jerusalem **(Kap. 21)**. Dort kommt es zu einem Tumult, als Paulus auf dem Tempelplatz erkannt wird (21,27 ff.). Paulus wird schließlich verhaftet, und die Römer nehmen ihn in eine Art Schutzhaft.

Paulus ist durch seinen Herrn und für ihn auch in Banden ein auserlesenes Werkzeug: Der Apostel darf sich noch einmal vor dem Volk verantworten **(Kap. 22)**. Paulus redet dann auch mit dem römischen Stadtkommandanten (V. 23 ff.).

In **Kapitel 23** folgt die wichtige Verantwortung des Paulus vor dem Hohen Rat. Bis dahin hat der Apostel nie als Angeklagter vor dem Hohen Rat gestanden; das ist also das erste und einzige Mal, daß er sich vor der höchsten religiösen Instanz der Juden zu verantworten hat.

Als ein Anschlag auf Paulus geplant wird, wird dem Stadtkommandanten die Sache zu gefährlich (V. 16 ff.). Er befürchtet, daß es zu einem Aufruhr kommen werde. Deshalb schafft er Paulus bei Nacht und Nebel nach Cäsarea (am Meer) und übergibt ihn dem dortigen Statthalter Felix mit einem interessanten Begleitschreiben (V. 23 ff.).

In Cäsarea wird Paulus zunächst von Felix vernommen **(Kap. 24)**. Nachdem Felix abgelöst wird, verhört sein Amtsnachfolger Festus den Paulus **(Kap. 25)**. Festus ist sehr sachlich und korrekt, ein guter Offizier und Beamter. (Wegen solcher Leute ist das Römische Reich so lange von Bestand gewesen.) Paulus wird dann auch vor Herodes Agrippa II. gerufen und von diesem verhört **(Kap. 26)**. Um nicht von dem ahnungslosen Festus wieder an die Juden ausgeliefert zu werden (was ja seinen Tod bedeutet hätte), hat es sich Paulus auserbeten, als römischer Bürger an das kaiserliche Reichsgericht in Rom überstellt zu werden.

Daher wurde Paulus per Schiff nach Rom gebracht. Doch diese Fahrt ging viel schwieriger vor sich und dauerte weit länger, als man es denken könnte **(Kap. 27 f.)**. Man könnte ja meinen, daß Gott dann, wenn Paulus unterwegs ist, eine Gut-Wetter-Periode schenken würde. Aber das Schiff geriet in einen Sturm und ging unter – und dennoch wurde Paulus bewahrt. Er trat vor die Leute, die bei ihm waren, und beruhigte sie mit einem Satz, in dem er sein Leben auf einen Generalnenner bringt: Paulus redet als einer, der seinem Herrn und Gott *gehört und dient* (27,23b). Das ist die Hauptsumme jedes Christenlebens, wenn es in Ordnung ist. So werden er und alle, die auf dem Schiff waren, gerettet.

Unterwegs nach Rom erleben sie noch eine eigenartige Bewahrung vor einer Schlange (28,1-6) und kommen dann in Rom an (28,16). Die Brüder der römischen Gemeinde, die ja bereits den Römerbrief des Paulus erhalten hatten, hören von seiner Ankunft und kommen ihm entgegen (28,15). Das war für Paulus ein großer Trost: *»Als Paulus sie sah, dankte er Gott und gewann Zuversicht.«*

Der Verlauf der Missionsaktionen des Paulus – von Stadt zu Stadt, von Land zu Land – zeigt, daß das Evangelium nicht in die Schlupfwinkel gehört. Es ist vielmehr das große Angebot Gottes an die Welt. Diese »Regierungserklärung« Gottes, des Herrn Jesus Christus muß bekanntgemacht werden. Sie bietet allen, die sie hören, die große Chance, Gnadengesuche zu stellen. Das muß also unter die Leute. Und was ist der Erfolg? Es entsteht die Gemeinde.

Lassen wir Christen uns doch mitnehmen, auch diesen Frieden anderen Menschen anzubieten und das Evangelium nicht bei uns liegenzulassen! »So sind wir nun Botschafter an Christi Statt, denn Gott ermahnt durch uns; so bitten wir nun an Christi Statt: Laßt euch versöhnen mit Gott!« (2. Kor 5,20).

5. Ein weiterer Grundgedanke der Apostelgeschichte: Der Herr führt Regie

Bereits in 1,1 sagt Lukas: »Den ersten Bericht [d.h. das Lukas-Evangelium] habe ich gegeben, lieber Theophilus, von all dem, was Jesus *von Anfang an* tat und lehrte.« Der Evangelienbericht von Lukas ist also der *Anfang* dessen, was *Jesus* »tat und lehrte«; was Jesus in seinen Erdentagen tat ist nur der Anfang dessen, was er tat.

Jesu Jünger machten nicht so weiter, wie Jesus begonnen hatte. Nachdem Jesus nicht mehr bei ihnen war, verhielten sie sich so wie Söhne, die das Geschäft ihres Vaters zwar übernehmen, es aber in eigener Regie weiterführen; ihr Vater ist eine vergangene Größe.

Jesus aber ist keine vergangene Größe: *Er* führt auch nach seiner Himmelfahrt die Regie – nicht die Apostel.

So fährt Jesus fort, in der Zeit der Apostel »zu tun und zu lehren«. Diesen *Fortgang* zeigt die Apostelgeschichte. Aber dieser Fortgang setzt sich durch die ganze Geschichte der Kirche Jesu Christi hindurch fort: Jesu Lehren und Wirken dauert also heute noch immer an. Und das wird weitergehen, bis Jesus dann in Herrlichkeit erscheinen wird.

Dieses Leitmotiv zieht sich durch die gesamte Apostelgeschichte hindurch: Die Apostel sind ganz und gar unselbständige Leute, und ihr Herr ist bestimmend. ER ist durchgehend die Hauptperson. ER entscheidet, was zu tun ist, und auf IHN sind die Apostel auch bleibend angewiesen (»ohne mich könnt ihr nichts tun«, Joh 15,5b).

Jesu Wirken ist allerdings unterschiedlich:

a) In seinen Erdentagen hat Jesus *in Sichtbarkeit* geredet und gehandelt.

b) In den Tagen der Apostel wirkte der durch den Geist gegenwärtige Herr. In der Zeit der ersten Christenheit hat er – vor allem durch die Apostel *grundlegend* – das Wort, die »großen Taten Gottes«, zur Schrift werden lassen. Das Neue Testament wurde geschrieben und abgegrenzt (von urchristlichen Schriften, die für die Gemeinde nicht verbindlich waren).
Eine große Aufgabe der Apostel war es also, die »großen Taten Gottes« vom Herrn her verbindlich zu deuten und die Berichte über Jesu Tun und Reden aufzuzeichnen, zu sammeln und abzugrenzen. »Der heilige Geist, den mein Vater senden wird in meinem Namen, der wird euch alles lehren und euch an alles erinnern, was ich euch gesagt habe« (Joh 14,26). »Er wird mich verherrlichen; denn von dem Meinen wird er's nehmen und euch verkündigen« (Joh 16,14).

c) *Wir heute* sind ganz an diese Grundlegung gewiesen und gebunden, wir fußen und bauen auf diesem Grund. Daher produzieren wir keine neue Offenbarung, sondern halten uns an das, was Gott ein für allemal gegeben hat.
Obwohl die drei Phasen zu unterscheiden sind, ist es doch in jeder dieser Phasen *der Herr*, der redet und handelt. Es wird dabei nicht das Werk eines längst Verstorbenen durch nachfolgende Generationen einer Anhängerschaft weitergeführt, sondern immer wirkt dabei der lebendige Herr selbst (siehe Abb. 12).

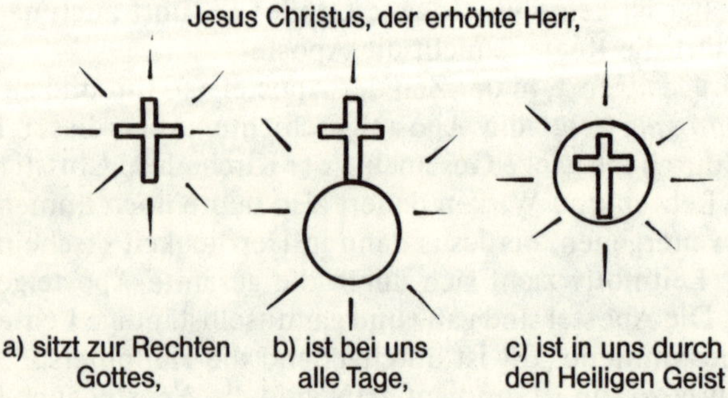

Abb. 12: Wer ist und was tut der erhöhte Herr?

Jesus ist in einer dreifachen Weise der Herr (siehe Abb. 12):

a) Jesus ist als der erhöhte Herr *über* seinen Boten, sitzend zur Rechten Gottes, des allmächtigen Vaters (Offb 3,21 u.a.). Er, der den Namen hat, der über alle Namen ist (Phil 2,9-11), ist zur Rechten Gottes und vertritt die Seinen als der große Hohepriester (Hebr 7,26; 8,1; Röm 8,34).

b) Jesus hat an Gottes Allgegenwart teil und ist somit alle Tage *bei* seinen Boten (Mt 28,20); er ist vor und mit ihnen. *Sie* können *mit ihm* in vollkommener, organischer Gemeinschaft wie die Rebe am Weinstock leben (Joh 15,1-8). Als Glaubende ist unsere neue Existenz ein Leben »mit«, »samt«, »in Christus« (griech.: *syn christos*; vgl. Röm 6,4 ff.). Dieses Mit-Sein Jesu bedeutet für die Seinen, daß sie in seiner Gemeinschaft leben und ihn zum großen Bundesgenossen haben.

c) Jesus ist *in* den Seinen durch den Heiligen Geist (Röm 8,10 f.; Joh 15,5). »Christus in uns« und »der Heilige Geist« ist derselbe. »Ich lebe, doch nun nicht ich, sondern Christus lebt in mir« (Gal 2,20a). »Christus in euch, die Hoffnung der Herrlichkeit« (Kol 1,27 b). Jesus geht in die Glaubenden ein: Sie haben den Geist empfangen, als sie gläubig wurden (vgl. Apg 19,2).
Das ist kein mysteriöses oder rätselvolles Geschehen, das man vielleicht irgendwann einmal haben wird; das ist auch kein ekstatisches Erlebnis. Vielmehr wäre kein Mensch gläubig, wenn nicht Jesus unter den Menschen Wohnung gemacht hätte: »Die Worte, die ich zu euch geredet habe, die sind Geist und sind Leben« (Joh 6,63b). Er ist gegenwärtig, und er redet und wirkt in und durch diejenigen, die an ihn glauben.
Dieses dreifache Wirken Jesu (a - c) veranschaulicht in Abbildung 12 das Kreuz, dieses dreimalige Zeichen für Christus. Jesus ist über uns; er ist neben, vor und mit uns als der große Bundesgenosse; und er ist in uns durch den Heiligen Geist. So zieht er mit seinen Boten, und so zieht er mit seiner Gemeinde auch durch die gesamte Weltgeschichte, bis er sich offenbart in Herrlichkeit. –
Jesus Christus also, der Herr, ist der Akteur, das Subjekt, der eigentlich Handelnde in der Apostelgeschichte. Er wirkt in den Seinen und durch sie, die einzelnen und die Gemeinschaft in seiner Gemeinde, in allen, die von ihm ganz abhängig sind. Die Seinen stehen in einer Geistesleitung, in einer Führung durch Gottes Geist. So arbeiten seine Boten. Das zieht sich wie ein »roter Faden« durch die Apostelgeschichte.

Dieses Leitmotiv, daß Jesus das Subjekt, der Akteur ist und die Apostel nur sein Instrument sind, wird in der Apostelgeschichte durchgehend erkennbar:
Bereits in **Kapitel 1** wird bei der Himmelfahrt Jesu deutlich, daß er selbst, Jesus, seinen Jüngern den Auftrag und die Ausrüstung gibt: *»Ihr werdet die Kraft des heiligen Geistes empfangen ...«* (V. 8). So ausgerüstet werden die Jünger seine Zeugen sein können – *»bis an das Ende der Erde«.*Ohne Ihn könnten sie nichts tun; ohne Ihn wären sie ein zielloser Haufe, der keinen Auftrag hat. Durch Ihn aber sind sie in Marsch gesetzt und haben die Ausrüstung für ihre große Aufgabe.

Im Kreis der vormals zwölf Jünger klafft eine Lücke, nachdem Judas ausgeschieden war. Es fehlte also einer in der Vollzahl der Zwölf, den sie wieder ersetzen wollen. Die Jünger haben aber dazu nicht den Besten, den Klügsten oder den Frömmsten ausgesucht, sondern haben gelost und zuvor gebeten: *»Herr, der du aller Herzen kennst, zeige an, welchen du erwählt hast ...«* (V. 24). Indem die Jünger so bitten, empfangen sie vom Herrn die Bestimmung, wer den Zwölferkreis ergänzen sollte. So haben sie Matthias gewählt (V. 26).

Auch ziehen die Jünger nach Jesu Himmelfahrt nicht gleich los oder sitzen zusammen, um zu beraten, sondern sie wissen sich so sehr auf das angewiesen, was ER tut, daß sie zur Vorbereitung der Ausführung des Missionsbefehls nichts anderes tun können, als zu beten. Sie bereiten ihre Wirksamkeit also so vor, daß sie *»stets beieinander einmütig im Gebet«* sind (V. 14). 120 Personen halten zehn Tage lang – von Himmelfahrt bis Pfingsten – *»einmütig«* Gebetsgemeinschaft, weil sie sich ganz auf IHN angewiesen wissen.

Mit Pfingsten **(Kap. 2)** ist die Ausrüstung durch IHN da; und sofort beginnt die Missionsarbeit. Der Herr wirkt seit der Geistausgießung an Pfingsten in den Seinen und durch sie. Er macht, nachdem in Jesu Erdentagen Israel das große Angebot gemacht worden war, noch einmal das Gnadenangebot an Israel durch Petrus (V. 38).

Der Geist Gottes, der unter den Jüngern wirkt, formiert auch gleich eine Gemeinde. Dazu bedarf es keiner großen Anweisungen oder Konzeptionen, sondern die Gemeinde entsteht durch die Wirkung des Heiligen Geistes (V. 41-47).

In **Kapitel 3** wird berichtet, wie ein gelähmter Mann geheilt wird. Diese Heilung geschieht aber nicht etwa aufgrund der ungemein starken Ausstrahlung des Petrus und des Johannes, auch nicht durch irgendwelche suggestiven oder magnetischen Kräfte. Die Leute bestaunen zwar den Petrus, aber dieser tritt beiseite und sagt: *»Ihr Männer von Israel, was wundert ihr euch darüber, oder was seht ihr auf uns, als hätten* *wir durch eigene Kraft oder Frömmigkeit bewirkt, daß dieser gehen kann? Der Gott Abrahams und Isaaks und Jakobs, der Gott unsrer Väter, hat seinen Knecht Jesus verherrlicht...«* (V. 12 f.). So wirkt Gottes Geist, wenn man ihm Raum gibt: Dann wird nicht der Mensch groß, sondern der Herr!

Dann führt der Geist Gottes die Jünger dahin, daß sie erneut Israel das Gnadenangebot Gottes unterbreiten. So beinhaltet Kapitel 3 eine große Evangelisations- oder Missionspredigt des Petrus (V. 12 ff.). In **Kapitel 4** kommen zwei Gerichtshandlungen vor dem Hohen Rat vor. Es ist bemerkenswert, wie sich die Jünger (insbesondere Petrus) hier verhalten.

Vielleicht haben die Mitglieder des Hohen Rates und andere Leute vom Versagen des Petrus gewußt (vgl. Mt 26,69-75 par). Jetzt aber tritt derselbe Mann ganz anders auf: bescheiden, aber gewiß. Er gibt ihnen die Ehre, die ihnen gebührt (4,8). Aber dann sagt er doch zu den Mitgliedern des Hohen Rates, die es ihm und den anderen Jüngern untersagen, *»zu reden oder zu lehren in dem Namen Jesu«* (V. 15): *»Urteilt selbst, ob es vor Gott recht ist, daß wir euch mehr gehorchen als Gott. Wir können's ja nicht lassen, von dem zu reden, was wir gesehen und gehört haben«* (V. 19 f.).

Die Leute des Hohen Rates haben sich sicher verwundert und gefragt, was wohl in den Petrus gefahren ist, der so redet wie sein Herr und Meister. Sie kommen vor ihm, dem jungen Fischer, ebenso in Verlegenheit wie vor Jesus von Nazareth.

Warum? Das Zeugnis des Petrus vor dem Hohen Rat ist, da es durch den Heiligen Geist geschah, im Grunde genommen Selbstzeugnis Jesu (so wie er sich etwa im Johannesevangelium selbst bezeugt hat). Dabei strahlt ein Mensch auch in aller Schlichtheit etwas aus. Das, was die Gemeinde erbeten hat, war letztlich ein Zeugnis des Vaters für den Sohn (V. 27). Gottes Geist, Christus in seiner Gemeinde, bewirkt die Erfüllung des Liebesgebots von Johannes 13 (V. 32-37).

Am Anfang von **Kapitel 5** steht eine recht ungewöhnliche Geschichte, die uns vielleicht im Blick auf das Neue Testament beinahe schon gestört hat: die Geschichte von Hananias und Saphira (V. 1-11). Aber diese Geschichte ist auch im Horizont dessen zu sehen, daß der Herr gegenwärtig war. Es steht schon im Alten Testament: »›Wer ist unter uns, der bei verzehrendem Feuer wohnen kann? Wer ist unter uns, der bei ewiger Glut wohnen kann?« (Jes 33,14b).

Diese erste Christenheit ist nicht so etwas wie ein gemütlicher Verein. Wenn Gott gegenwärtig ist, so kann man nicht schauspielern, kann nicht mit Gott umspringen, wie man will, sondern da ist Er der Heilige.

So ist auch im Neuen Testament beides beieinander: Furcht und große Freude (vgl. bei der Geburt Jesu [Lk 2,9b], an Ostern [Mt 28,4 f. 9 f.; Mk 16,8; Lk 24,5 u.a.]). Furcht und Freude, was eigentlich nicht zueinander paßt, ist dort, wo der Herr nahe ist. Man ist in dieser Gemeinde nicht unter sich, sondern unter ihm. Darüber darf man sich freuen, aber spielen darf man nicht damit.

In **Kapitel 6** fährt Jesus zu wirken fort. Seine Gemeinde ist Jesu Leib, und er gibt ihr gewissermaßen neue Glieder, Organe, durch die er wirken kann. Daher kommen zu den Aposteln die Diakone (V. 1-7), zu den Wortverkündigern also die Almosenpfleger. Das wirkt Gottes Geist, und die Apostel gehen sozusagen hintendrein, sind ganz unselbständige Leute.

In **Kapitel 7** wird aber deutlich: Der Herr kehrt sich an keine Zuständigkeiten; er durchbricht alle menschlich-geordnete Zuständigkeit. Ausgerechnet Stephanus, einer von denen, die mit dem Verteilen von Brotlaiben beauftragt worden sind, hat das »Brot des Lebens« ausgeteilt wie kaum einer sonst, in einer gewaltigen Weise. Stephanus war überhaupt einer, in dem Gottes Geist ganz besonders zum Zug gekommen ist. Von ihm heißt es: Sie »sahen sein Angesicht wie eines Engels Angesicht« (6,15). Er hatte also etwas Strahlendes an sich, obschon er großer Feindschaft begegnete. Hier wird etwas aus seinem Leben transparent. Ähnlich sagt ein Lied von Valerius Herberger (EKG 318,3):

> In meines Herzens Grunde
> dein Nam und Kreuz allein
> funkelt all Zeit und Stunde,
> drauf kann ich fröhlich sein.

Vor Gericht und bei der Hinrichtung (V. 58 f.) redet Stephanus, obwohl er so bedrängt ist und das gar nicht lange überlegen konnte, durch Gottes Geist auffallend ähnlich wie Jesus:

Er als der erste Märtyrer bittet wie Jesus für diejenigen, die ihn hinrichten, also für seine Feinde (V. 60). Jesus sagte am Kreuz: »Vater, vergib ihnen; denn sie wissen nicht, was sie tun!« (Lk 23,34). Stephanus spricht: *»Herr, rechne ihnen diese Sünde nicht an!«* (V. 60). Und wie Jesus sogar am Kreuz einschlafen kann wie ein Kind im Mutterschoß (»Vater, ich befehle meinen Geist in deine Hände«, Lk 23,46), kann Stephanus sagen: *»Herr Jesus, nimm meinen Geist auf!«* (V. 59b).

Ja, Stephanus darf sogar über die erbosten, wütenden Gesichter hinweg einen Blick ans Ziel tun: *»Siehe, ich sehe den Himmel offen und den Menschensohn zur Rechten Gottes stehen«* (V. 56). Jesus, der ja sonst zur Rechten Gottes sitzt, hat sich schon erhoben, um seinen treuen Diener zu empfangen. –

Ich habe an Sterbebetten manchmal schon etwas Derartiges erlebt. Unter Umständen leidet ein Sterbender große Qual – und doch spürt man ihm etwas ab von dem Frieden, von der Ruhe, die dieser Sterbende hat, weil er trotz allem hindurchgetragen wird. –

Der Herr führt die Regie – das macht **Kapitel 8** in besonderem Ausmaß deutlich. Der Herr gebraucht auch die Verfolgung der Gemeinde zur Ausbreitung des Evangeliums: *»Die nun zerstreut worden waren, zogen umher und predigten das Wort«* (V. 4).

In Samarien gibt Jesus noch Philippus, Petrus und Johannes Freude am Evangelium, begleitende Zeichen und den Heiligen Geist (V. 6-8.17).

Daß der äthiopische Kämmerer, ein Mann vom »schwarzen Kontinent«, mit dem Evangelium erreicht und für Jesus gewonnen wurde, war nicht der Einfall des Philippus, der ihn auf seinem Rückweg tauft. Es führte auch hierbei ein anderer die Regie, der Philippus von Samarien weg nach Süden wies und beauftragte, sich an den Wagen zu halten, der auf der Straße südwärts fuhr (V. 26.29). Philippus findet für den vornehmen Äthiopier die richtigen Worte und tauft ihn – und kann danach wieder »abtreten«. Er hat diesen Afrikaner nicht lange an sich binden wollen, sondern war schnell wieder weg. Und der Kämmerer aus Äthiopien ging mit der Verbindung zu Jesus weiter.

Auch in **Kapitel 9** wird ganz deutlich, wie Jesus Regie führt: Paulus, der später sein einzigartiger Bote wurde, hat Jesus höchstpersönlich selbst bekehrt (V. 5 f.).

Doch Jesus geht nur den allerersten Schritt mit Paulus und schickt ihn dann weiter: *»Steh auf und geh in die Stadt; da wird man dir sagen, was du tun sollst«* (V. 6). Alles weitere tat ein Bote auf Geheiß des Herrn: ein Mann namens Hananias (nicht zu verwechseln mit Hananias aus Kap. 5!), der sonst in der Bibel nicht mehr vorkommt. Diesem wird von Jesus das Lebensprogramm des Paulus genannt: *»Dieser ist mein auserwähltes Werkzeug, daß er meinen Namen trage vor Heiden und vor Könige und vor das Volk Israel«* (V. 15). Dieser Hananias weiß also über Paulus Bescheid; er geht zu Paulus in das Haus, in dem sich dieser aufhält, und legt ihm die Hände auf; er tauft Paulus und darf ihm den Heiligen Geist bringen (V. 17 f.).

Doch das tut eigentlich der Herr selbst durch seinen Boten. Das wird an einer anderen Stelle dieses Kapitels noch deutlicher: Petrus tritt zu einem kranken Mann mit Namen Äneas und sagt zu ihm nicht, er mache ihn gesund, da er ein großer Arzt sei (V. 32 ff.). Vielmehr ist es der Herr Jesus, der diesen Mann heilt: *»Äneas, Jesus Christus macht dich* *gesund; steh auf und mach dir selber das Bett«* (V. 34a). Jesus ist als der Lebendige auch der Handelnde.

In **Kapitel 10** führt der Herr Schritt um Schritt die Regie dort, wo Petrus über Israel hinausgeführt wird. In diesem Kapitel wird die Geschichte der Bekehrung des Hauptmanns Kornelius ausführlich berichtet.

Es ist eine unerhörte Sache für einen Mann wie Petrus, der nach dem jüdischen Gesetz erzogen worden war, daß er in das vornehme Haus eines römischen Offiziers hineingehen soll, was nie ein Jude tun durfte. Aber der Herr führt hier Regie – mit einem Engel, den er zu Kornelius schickt (V. 1-8), mit einer Vision an Petrus (V. 9-16) usw. Petrus wird von seinem Herrn gewissermaßen gegängelt, damit er gewiß ist: Der Herr geht voraus, und ich brauche nur hinter ihm herzugehen.

Es findet im Hause des Kornelius eine richtiggehende gottesdienstliche Versammlung statt, bei der Kornelius Petrus bittet: *»Nun sind wir alle hier vor Gott zugegen, um alles zu hören, was dir vom Herrn befohlen ist«* (V. 33b).

In **Kapitel 11** ist ebenfalls der Herr am Werk. Das Evangelium geht in Richtung Norden weiter bis Antiochia in Syrien. Und nun bildet sich der Herr durch sein Wort und seinen Geist und durch seine Zeugen (insbesondere durch Paulus und Barnabas) eine feine Gemeinde. Jesus baut sich diese Gemeinde so, damit sie Aktionsbasis, »Heimathafen« für die große, planvolle Missionsarbeit sein kann (V. 19 ff.).

Das ist eine Gemeinde, in der Christus Gestalt gewann (vgl. Gal 4,19); und die Menschen um sie herum nannten sie »Christusleute« (siehe oben). Weil Jesus in den Herzen dieser Christen wohnte, strahlten sie etwas aus. –

Das wünsche ich mir auch für uns Christen heute, daß unser Herr auch so bei uns Gestalt gewinne!

Kapitel 12 ist ein eigenartiges Kapitel, das zeigt: Der Herr führt Regie und teilt die Lose in königlicher Freiheit zu. Der eine Zeuge wird enthauptet (Jakobus; V. 1 f.) – der andere wird aus dem Gefängnis in die Freiheit geführt und setzt seinen Dienst fort (Petrus; V. 3-19).

Wer will darüber urteilen? Es hat Gott gefallen, Jakobus zu sich zu nehmen – als Ansporn auch zur Leidens- und Sterbensbereitschaft. Petrus hat die Aufgabe, noch weitere Jahrzehnte zu wirken, bis auch er – wie ziemlich zuverlässige außerbiblische Nachrichten besagen – den Märtyrertod starb.

Aber der Herr handelt nicht nur an seinen Kindern, sondern auch an der Welt, ja an seinen Feinden. Am Tod des Herodes Agrippa I. (V. 20-23) wird sichtbar: Der Herr kann auch richten. Ein politischer Machthaber, der sich an einem Zeugen Jesu vergreift, ist sozusagen ein ›Antichrist‹, nämlich ein Mensch, der Gott die Ehre raubt; er hat – bildhaft ausgedrückt – die Hand an die Starkstromleitung gelegt.

Auch an seinen Feinden erweist sich also Gott als der Übermächtige, nämlich dann, wenn sie sich nicht das Herz abgewinnen lassen wollen. Das zeigt sich von Pharao (2. Mose 6 ff.) bis Nebukadnezar und Belsazar (Daniel 4 f.) sowie von Herodes Agrippa I. bis zum Antichristen (2. Thess 2,3 ff.; Offb 19,11 ff.).

In **Kapitel 13** gibt Jesus selbst den klaren, konkreten Auftrag zur ersten Missionsreise. Auf das Gebet von fünf Männern antwortet der Geist: *»Sondert mir aus Barnabas und Saulus zu dem Werk, zu dem ich sie berufen habe«* (V. 2).

Unter dem Gebet empfängt man also Weisungen, wenn man dafür offen ist. Man wird dann z.B. an Menschen erinnert, mit denen man reden oder an die man schreiben sollte. In der Fürbitte, in der Zwiesprache mit dem Herrn wird einem das gezeigt. –

Paulus erweist sich im weiteren Verlauf der Mission als das »auserwählte Werkzeug« für die Mission, das Jesu Namen »vor Heiden und vor Könige und vor das Volk Israel« trägt (9,15).

Bei dem Rechenschaftsbericht, den die heimgekehrten Boten der Heimatgemeinde geben **(Kap. 14)**, wird deutlich, daß Jesus Christus – Gott selbst – durch seine Boten handelte: *»Als sie aber dort ankamen, versammelten sie die Gemeinde und verkündeten, wieviel Gott durch sie getan und wie er den Heiden die Tür des Glaubens aufgetan hätte«* (V. 27). Das ist eine feine Zusammenfassung dessen, was Mission ist: ER ist am Werk, auch unter den Heiden.

Kapitel 15 zeigt, daß der Herr selbst seine Gemeinde als seinen Leib in Wahrheit und Liebe zusammenhält, auch seine Gemeinde, die aus Christen aus Israel und aus den Völkern besteht. Er selbst ist es, der »lehrt« (1,1) und der »den Weg zeigt, den du gehen sollst« (Ps 32,8a).

Die **Kapitel 16 - 18** handeln von der zweiten großen Missionsaktivität, wobei wiederum sichtbar wird, daß der Herr dabei Regie führte.

Im Rückblick gesehen erscheint die gesamte zweite Missionsreise des Paulus als eine große Missionsstrategie. Paulus gelang es, in großen »Sprüngen« in Richtung Nordwesten voranzukommen und das Evangelium in die großen Zentren der betreffenden Länder zu tragen. Die weitere Arbeit im weiteren Umkreis jener Städte und auf dem flachen Land überläßt er den durch seine Verkündigung Gerufenen. Das punktuell entzündete Feuer wird dadurch zum Flächenbrand.

Und doch wird gerade an diesen Kapiteln deutlich, daß Paulus sich von seinem Herrn führen läßt. Er war wohl gar nicht solch ein Stratege, wie wir mitunter meinen, sondern war bereit, seinen Herrn mit dessen Strategie selbst bestimmen und sich den Weg weisen zu lassen.

Durch das Traumgesicht mit dem mazedonischen Mann (»Komm herüber nach Mazedonien und hilf uns!«, 16,9) werden Paulus und seine Begleiter *»gewiß, daß uns Gott dahin berufen hatte, ihnen das Evangelium zu predigen«* und *»suchten ... sogleich nach Mazedonien zu reisen«* (16,10). –

Martin Luther hat einmal im Blick auf seinen Werdegang als Reformator gesagt, wahrscheinlich hätte er nie im Jahre 1517 seine Thesen an der Wittenberger Schloßkirche angeschlagen, wenn er geahnt hätte, in welche Kämpfe ihn das werfen würde. Er fügte noch den Satz hinzu: »Gott hat mich geführt wie einen geblendeten Gaul.« Wie ein Pferd, dem man ein Tuch vor die Augen bindet, damit es nicht weiß, wo es hingeht, und blind der Hand seines Herrn folgt, so lenkt der Herr oft seine Leute. Auf diese Weise ist auch Paulus geführt worden. –

Auch bei der dritten Missionsreise **(Kap. 19 f.)**, die Paulus nach Ephesus und Umgebung führt, liegt alles am Geist und an der Vollmacht des Herrn: *»So breitete sich das Wort aus durch die Kraft des Herrn und wurde mächtig«* (19,20). Wenn der Herr nicht durch Menschen wirkt, ist alles Ohnmacht (vgl. die sieben Söhne des Hohepriesters Skevas, 19,13 ff.).

Die **Kapitel 21 - 28** zeigen, daß Paulus wie ein »geblendeter Gaul« auch ins Leiden geht. Er macht sich – »durch den Geist gebunden« (20,22) – auf den Weg nach Jerusalem, obwohl er weiß, daß ihn sein Gang dorthin ins Leiden führen wird (vgl. 21,11). Wie Jesus gegenüber seinem Vater ganz und gar unselbständig war (vgl. Joh 2,4b; 11,41), so ist Paulus gegenüber seinem Herrn Jesus Christus ganz und gar unselbständig. Er fragt deshalb auch nicht, wie er selbst gut durchkommen werde, sondern danach, was dem Ziel und der Bezeugung seines Herrn dienen würde.

Das wird in seinem ganzen Auftreten deutlich: bei seiner bezeugenden Rede vor dem Volk in Jerusalem (Kap. 22), vor dem Hohen Rat (Kap. 23), vor dem Statthalter Felix (Kap. 24) und vor dem Statthalter Festus und dem König Herodes Agrippa II. (Kap. 25 f.).

Dazu gehört auch sein Zeugnis auf dem Schiff (27,23) und auf Malta (28,1-10).

So kommen auch Boten Gottes wie Paulus in den Sturm und in den Kampf, und doch denkt Paulus in allem mit seinem Herrn und trachtet danach, Ihm zu gefallen. Alles legt er darauf an, daß es »zur Förderung des Evangeliums gerate«, wie er im Philipperbrief sagt (1,12). Den Philipperbrief hat Paulus wahrscheinlich in Rom geschrieben, möglicherweise am Vorabend seines Prozesses. Er rechnete mit einem Todesurteil, denn unter Nero, dem damaligen römischen Kaiser, war sein Auftreten in Rom eine riskante, unsichere Angelegenheit.

An Paulus sehen wir, daß unser Herr auch in unserem Leben solcherweise der Akteur sein will. Er will auch an und durch uns handeln – in Freude und Leid, mit unserer Wirksamkeit und selbst dann, wenn wir »stillgelegt« sind.

So soll auch unser Leben innerlich und äußerlich auf den Herrn und seine Ziele ausgerichtet werden. Jesus Christus »ist darum für alle gestorben, damit, die da leben, hinfort nicht sich selbst leben, sondern dem, der für sie gestorben und auferstanden ist« (2. Kor 5,15).

Der Brief des Paulus an die Römer

1. Einleitung

1.1 Die Bedeutung des Römerbriefs im Lauf der Kirchengeschichte

Der Römerbrief ist immer wieder der Ausgangspunkt für Neubelebungen der Kirche Jesu Christi im Lauf ihrer Geschichte gewesen. Zur Zeit der Alten Kirche war dies bei Augustinus. Im 16. Jahrhundert war es Martin Luther, der ausgesprochen aus dem Römerbrief geschöpft hat. Seine Römerbrief-Vorlesung war ein Höhepunkt zur Frühzeit seiner Reformation. Auch die große methodistische Erweckung von John Wesley in England (18. Jahrhundert) hat den Römerbrief zur Wurzel; und auch die schwäbischen Väter (z.B. Fricker u.a. Schüler Johann Albrecht Bengels) haben ganz stark mit dem Römerbrief gearbeitet. Daher bekam die schwäbische Erweckungsbewegung eine biblische Ausrichtung und war nicht nur auf das Gefühl gegründet.

1.2 Anlaß und Eigenart des Römerbriefs

Warum wurde der Römerbrief geschrieben?

Der Römerbrief ist ein vorausgesandtes »Reisepräsent« gewesen. Paulus hat nach der Beendigung der dritten Missionsreise den Eindruck gehabt, daß er nun sämtliche großen Zentren des östlichen Mittelmeerraumes mit dem Evangelium erreicht hatte. Er meinte, daß er nun keinen Platz mehr haben würde, um seine Völkermission auszudehnen.

Daher strebte Paulus von da an in den Westteil des Mittelmeerraumes; er schreibt zweimal, daß er nach Spanien wolle (Röm 15,24.28). Er ging ja davon aus, daß Jesus bald wiederkommen würde; das trieb ihn wie einen eilenden Staffelläufer an, das Evangelium von Volk zu Volk zu tragen (getreu Jesu Missionsbefehl: »Gehet hin in alle Welt und predigt das Evangelium aller Kreatur«, Mk 16,15).

So wollte Paulus auch Rom passieren, ohne sich dort länger aufzuhalten, weil er – wie er ausdrücklich sagt – nur dort einen Auftrag für seine Missionsarbeit sah, wo zuvor das Evangelium nicht schon Fuß gefaßt hatte. Er wollte deshalb in Rom nur kurz Station machen und hat seinen Kurzaufenthalt dort vorbereitet, indem er den Römerbrief schrieb.

Der Römerbrief wurde wohl gegen Ende der dritten Missionsreise geschrieben, als Paulus noch einmal in Korinth war. Man nimmt an, Paulus habe den Römerbrief dort in Korinth geschrieben.

Paulus ist im Lauf seines Lebens noch nach Rom gekommen, allerdings unter ganz anderen Umständen, als er es geplant hatte.

Der Römerbrief unterscheidet sich insofern von den meisten anderen Paulus-Briefen, als Paulus den Adressaten des Briefes – die römische Gemeinde – nicht selbst gekannt hat. (Gewöhnlich hat Paulus an solche Gemeinden geschrieben, die er selbst gegründet oder die er bei anderer Gelegenheit besucht hatte. Er wollte häufig in seinen Briefen zu Fragen Stellung nehmen, die ihn von solchen Gemeinden erreichten, oder sich zu Mißständen in diesen Gemeinden äußern.)

Im Römerbrief gibt Paulus eine Kostprobe davon, wie er systematisch, in einem durchgehenden Gedankengang, das große Evangelium Gottes, das Heilshandeln Gottes sieht, die »Diagnose« und »Therapie« Gottes im Blick auf den Menschen und die Menschheit. Paulus legt damit im Römerbrief eine Zusammenfassung der neutestamentlichen Botschaft vor, wobei er nicht durch Fragen der Gemeinde abgelenkt oder unterbrochen wird.

1.3 Die Gliederung des Römerbriefs

Der Römerbrief untergliedert sich in drei große Teile, die von der Einleitung und dem Briefschluß umrahmt werden:

Einleitung (1,1-17)
1. Der belehrende Teil: die Glaubensgerechtigkeit (1,18 - 8,39)
2. Der heilsgeschichtliche Teil: Israel ist sich noch bei dem Versuch, selbst seine Gerechtigkeit vor Gott zu schaffen, im Weg (Kap. 9 - 11)
3. Der ermahnende Teil: die Lebensgerechtigkeit (12,1 - 15,13)

Schluß (15,14-16,27)

2. Zum Einzelnen

2.1 Der belehrende Teil: die Glaubensgerechtigkeit (1,18 - 8,39)

Dieser erste Hauptteil des Römerbriefes ist eine lehrhafte Darstellung dessen, was die großen Taten Gottes in Jesus Christus bedeuten. Dies ist der größte und wohl auch berühmteste Teil des Römerbriefes, eine Art Dogmatik des Paulus.

2.1.1 Einzelnes aus Römer 1,18 - 8,38

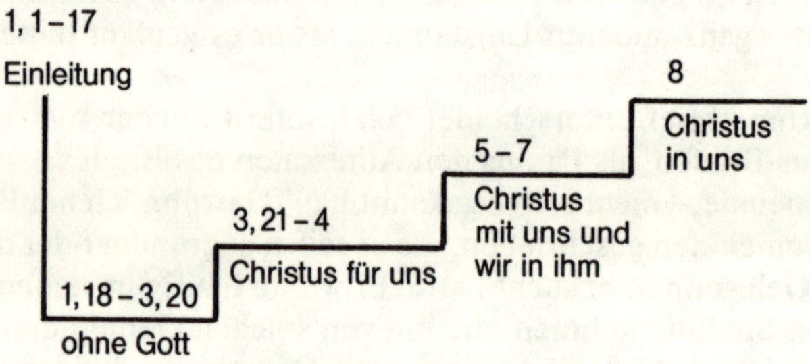

Abb. 13: Die Gliederung der Kapitel 1 - 8

a) Einleitung (1,1-17)

Zunächst stellt sich Paulus selbst vor als *»Knecht [Leibeigener] Christi Jesu, berufen zum Apostel [zum Sonderbotschafter]«*. Das Ziel seiner Arbeit ist es, *»den Gehorsam des Glaubens aufzurichten«* (V. 5). Er schuldet Gott seinen Dienst, das Evangelium aber allen Menschen: *»Ich bin ein Schuldner der Griechen und der Nichtgriechen, der Weisen und der Nichtweisen«* (V. 14). Paulus hat den Auftrag zum Dienst für alle empfangen: für die Juden und für die Völker.

Paulus sagt, was das Evangelium, das er zu bringen hat, für eine große Sache sei: Es sei nämlich *»eine Kraft [dynamis] Gottes«* (V. 16), die in der Lage ist, Menschen zu retten, *»alle, die daran glauben«*, alle, die es annehmen (V. 16). Deshalb *»schämt«* sich Paulus nicht, geniert er sich nicht, damit in aller Öffentlichkeit aufzutreten – in Synagogen, auf Markt- und Gerichtsplätzen –, denn er hat etwas zu sagen, nicht von sich aus, sondern weil Gott ihm einen großen Auftrag erteilt hat.

Etwas von dieser Gewißheit des Paulus darf jeder Christ haben. »Ich hielt es für richtig, unter euch nichts zu wissen als allein Jesus Christus, den Gekreuzigten«, sagt Paulus an anderer Stelle (1. Kor 2,2). Nichts anderes zu wissen als Jesus Christus, den Gekreuzigten – das ist etwas Großes, denn dadurch werden Menschen gerettet. Diese Rettung ist pures Geschenk Gottes (vgl. V. 17).

b) Die Diagnose: Der Mensch ist ohne Gott verloren (1,18-3,20)

Mit 1,16 ist das angesprochen, was Paulus im weiteren Verlauf des Römerbriefs entfaltet: Was heißt »retten«? Inwiefern soll und kann man gerettet werden?

Paulus zeigt dann zweierlei: zunächst die Diagnose (1,18-3,20) und dann die Therapie in drei Stufen (1. Stufe: 3,21-4,31; 2. Stufe: Kap. 5 und 7; 3. Stufe: Kap. 8).

Welche *Diagnose* stellt Paulus? Was der Urschaden, das Grundübel des Menschen ist, das zeigt Paulus in **1,18 ff.** Hier wird der ganze Ernst der Lage des Menschen vor Augen geführt. Mit seinem von Gott gelösten Wesen ist der Mensch in größter Gefahr; seine Sünde, sein Widerstreben gegenüber Gott scheidet ihn von Gott.

Gott hätte aus seinen Werken erkannt werden können (V. 20). Aber wegen seines Gott-losen Wesens (V. 18) steht der Mensch unter dem Zorn, dem Gerichtsernst des heiligen Gottes.

Der Mensch kreist um sich selbst; er macht sich selbst zum Herrscher. Deshalb fabriziert er fortwährend Götzenbilder, also Dinge, die er an Gottes Stelle anbetet. Das griechische Wort für »(Götzen-)Bild« hängt mit dem Fremdwort »Idol« und auch dem Wort »Ideologie« zusammen. Ein »Idol« ist etwas, das der Mensch aus sich heraussetzt und anbetet. Damit betet er im Grunde genommen sich selbst an und entzieht Gott die Ehre.

Aus diesem einen grundlegenden Übel ergibt sich alles andere, das nur Folge davon ist: daß es etwa zu einer außerordentlich entarteten, den Menschen zerstörenden Sexualität kommt (V. 26; das war im Altertum so und ist auch in unserer Zeit wieder so). Dazu kommen weitere Folgen: Mord, Haß, Grausamkeit, Gewalttat, Raub usw. (V. 29).

Daraus folgt auch, was in 1,18 ff. dreimal steht: *»Darum hat Gott sie (...) dahingegeben ...«* (V. 24.26.28). Der Ausdruck *»dahingegeben«* besagt, daß Gott den Menschen sich selbst und seinem bösen Wesen (*»dahingegeben in verkehrten Sinn«*, V. 28) überläßt. Der Mensch richtet sich selbst. Das geht bis dahin, daß der Mensch Freude hat an dem, was andere an Bösem tun, daß ihm das Lust bereitet (vgl. V. 32b).

In **2,1 - 3,20** wendet sich Paulus an diejenigen, die für sich in Anspruch nehmen, sie seien von seinen Ausführungen in 1,18-32 nicht betroffen. Sie halten sich für Ausnahmen und meinen, sie seien anders als die übrigen Menschen. »Was Paulus sagte, gilt für diejenigen, die nicht auf Gottes Wort hören!«

So haben die frommen Juden gedacht und geredet. Das ist eine ganz natürliche Reaktion des Menschen, die für jeden naheliegt: Davon bin *ich* aber nicht betroffen, damit bin doch nicht *ich* gemeint!

Genau damit setzt sich Paulus im zweiten Kapitel und zu Beginn des dritten Kapitels auseinander. Er wirft den frommen Juden vor, sie würden sich aufspielen, als ob sie Gottes Bundesgenossen wären, als ob sie als Beisitzer Gottes hinter dem Richtertisch säßen. Paulus sagt im Blick auf diese Leute, auch sie stünden vor dem Richtertisch und täten im Grunde genommen dasselbe wie alle anderen Menschen: Sie suchen sich letztlich selbst – mit ihrer Ehrsucht und ihrem Bedürfnis, über andere Menschen zu richten (2,1 ff., insbesondere V. 5).

Deshalb verschärft Paulus das, was in Kapitel 1 über die Menschen allgemein steht: Er spricht wiederum von Gottes *»Zorn«* (V. 5.8).

Man versteht den Römerbrief (ja, auch alle übrigen Briefe des Paulus und selbst das gesamte Neue Testament, die Bibel) nicht, wenn man sich nicht klarmacht, was dieses eigenartige Reden vom Zorn Gottes meint. Dabei darf man nicht an einen Menschen denken, der zornig wird und mit hochrotem Kopf zürnt. Gemeint ist mit dem Zorn Gottes vielmehr die Unversöhnlichkeit des heiligen Gottes im Blick auf alle Unreinheit, auf alles Böse. Gott will sich mit dem Sünd*er* versöhnen; er versöhnt sich aber nie mit der Sünd*e*! In Gott lebt die Feindschaft gegen die Sünde, sein Widerwille gegen sie, sein Gerichtsernst – und das nennt die Bibel seinen »Zorn«.

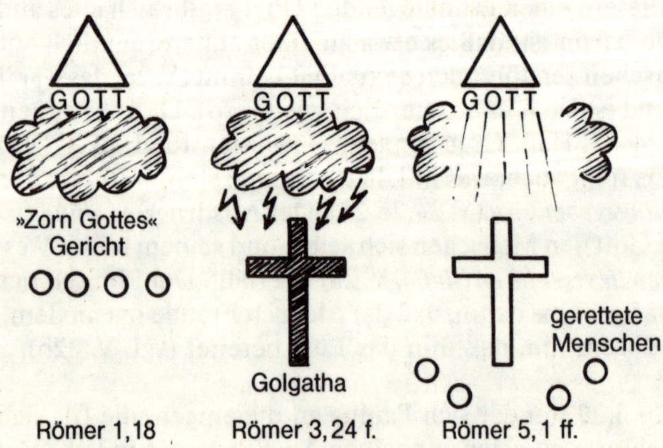

Abb. 14: Glaubensgerechtigkeit – die grundlegende Botschaft des Römerbriefs

Das ist in Abbildung 14 so dargestellt: Die dunkle Wolke zwischen Gott und Menschen steht für die Sünde (schon im Alten Testament wird gesagt: »Eure Verschuldungen scheiden euch von eurem Gott, und eure Sünden verbergen sein Angesicht vor euch« Jes 59,2), für das Gott-lose, das von Gott gelöste, sich selber suchende Wesen (1,18). Deshalb wird einmal das Zorngericht, das »Ungewitter« Gottes aufblitzen: am *»Tag des Zorns und der Offenbarung des gerechten Gerichtes Gottes«* (2,5).

In Abbildung 14 (links) ist die Diagnose veranschaulicht: Gott »wohnt in einem Licht, zu dem niemand kommen kann« (1. Tim 6,16), aber die Gottlosigkeit des Menschen trennt diesen von Gott. Deshalb ist der Mensch im Dunkel, in der Finsternis, in der Ungerechtigkeit »dahingegeben«, von Natur aus verloren, und der große kommende Tag des göttlichen Gerichtes naht.

Schon das Alte Testament sagt: »Des HERRN Tag ist Finsternis und nicht Licht... Ja, des HERRN Tag wird finster und nicht licht sein, dunkel und nicht hell« (Am 5,18.20). So redet aber nicht nur das Alte, sondern auch und erst recht das Neue Testament.

Die Sünde des Menschen ist auch nicht dadurch gerechtfertigt, daß man meint, durch die Sünde würde nur Gottes Gnade noch größer erscheinen (3,5-8).

Nach dieser sehr ernsten Diagnose zieht Paulus in 3,9-20 gewissermaßen einen Schlußstrich und sagt: *»Da ist keiner, der gerecht ist, auch nicht einer. Da ist keiner, der verständig ist; da ist keiner, der nach Gott fragt. Sie sind alle abgewichen und allesamt verdorben... «* (V. 10-12a). Die Diagnose ist für *alle* Menschen gestellt; keiner darf denken, er bilde eine Ausnahme.

Daraufhin entfaltet Paulus die *Therapie*, die Heilbehandlung Gottes im Blick auf den Zorn, der alle Menschen trifft. Immer wieder spricht Paulus davon, daß Jesus uns »von dem zukünftigen Zorn errettet« (1. Thess 1,10; vgl. Röm 5,9-11; Eph 2,3 ff.; 5,6 ff.; Kol 3,6 f.; 1. Thess 5,9).

Was hat Jesus also getan? Er hat sich selbst unter die »Gewitterfront« gestellt – der Vater hat ihn dorthin gestellt (siehe Abb. 14, Mitte). Daher steht in 4,25 das interessante Wort, Gott habe Jesus, unseren Herrn, »um unsrer Sünden willen *dahingegeben* und um unsrer Rechtfertigung willen auferweckt«.

Hier taucht dasselbe Wort »dahingegeben« auf, mit dem Paulus das Handeln Gottes im Blick auf die verlorene, sündige Menschheit in 1,24.26.28 beschrieben hat (siehe oben)! Nun hat Gott seinen Sohn »dahingegeben« (in 2. Kor 5,21 sagt Paulus das so: Gott hat »den, der von keiner Sünde wußte, *für uns zur Sünde gemacht*«).

Es ist also so, als ob Jesus alle Sünde getan hätte, all die schrecklichsten und abscheulichsten Dinge, die je geschehen sind. So wird Jesus von seinem Vater angesehen. Das ist die unbeschreibliche Last gewesen, die in Gethsemane und auf Golgatha auf ihm lag!

Wir verstehen daher Jesu Zittern und Zagen in Gethsemane (Mt 26,36 ff. par).

Das Kreuz war zunächst ein Fluchholz (»verflucht ist jeder, der am Holz hängt«, Gal 3,13; vgl. 5. Mose 21,23). (Darum habe ich das Kreuz in Abb. 14, Mitte, dunkel gezeichnet.). Er, der Sohn, wurde an unserer Stelle dahingegeben, als ob er der allerärgste Sünder wäre.

Über *ihm* also ist im voraus der »große und schreckliche Tag des Herrn« hereingebrochen. »Die Sonne verlor ihren Schein« (Lk 23,45a), und der Gekreuzigte schrie: »Mein Gott, mein Gott, warum hast du mich verlassen?« (Mt 27,46 par). Die »Blitze« des Gerichtes trafen alle ihn (vgl. Abb. 14, Mitte); was uns gegolten hat, hat ihn getroffen.

An diesem Kreuz sehen wir, wie ernst Gott die Sünde von uns Menschen nimmt – und wie lieb Gott uns Sünder hat!

c) Die Therapie: Der Heilsweg durch den Heiland Jesus Christus (3,21-8,39)

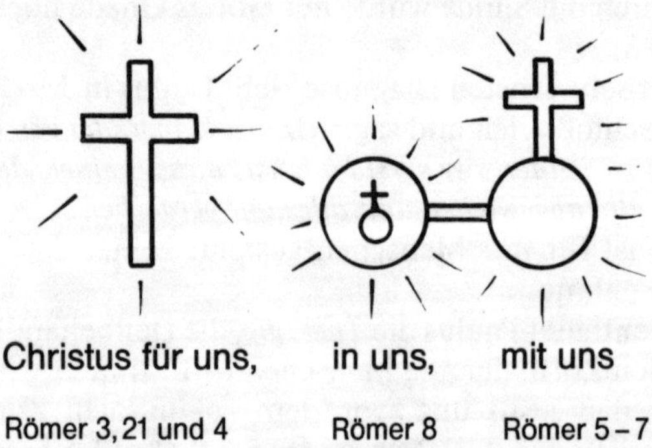

Abb. 15: Was Jesus für die Menschen bedeutet, die an ihn glauben

Was Abbildung 15 darstellt, ist die Botschaft von Römer 3,21-8,39, die im folgenden entfaltet wird.

Christus für uns (3,21-4,25)

Was auf Golgatha geschah, hat eine Folge, die Paulus **ab 3,21** zeigt: Christus ist das Sühnopfer für uns Menschen. Ihn *»hat Gott für den Glauben hingestellt als Sühne in seinem Blut zum Erweis seiner Gerechtigkeit, indem er die Sünden vergibt, die früher begangen wurden in der Zeit* *seiner Geduld, um nun in dieser Zeit seine Gerechtigkeit zu erweisen, daß er selbst gerecht ist und gerecht macht den, der da ist aus dem Glauben an Jesus«* (3,25 f.).

Weil Christus alles getragen hat, sind die an ihn Glaubenden frei. Durch sein Opfer ist es nun möglich, daß der Mensch vor Gott gerecht, daß er Gott recht ist – nicht, weil der Mensch selbst das Entsprechende erbracht hätte, sondern weil das ein anderer an seiner Stelle erbracht hat. Das ist Gottes pures Geschenk.

So begegnet durch Christus und in ihm Gott uns Menschen gnädig. Gottes Gerechtigkeit ist – wie Paulus zeigt – nicht nur der Maßstab, an dem unsere menschliche Gerechtigkeit bzw. Ungerechtigkeit gemessen und festgestellt wird. Gottes Gerechtigkeit ist darüber hinaus und vor allem eine schaffende, uns Menschen vor ihm recht machende Gerechtigkeit (vgl. 3,25 f.).

Bildlich gesprochen (vgl. Abb. 14, rechts): Nachdem das »Gewitter« am Kreuz von Golgatha niedergegangen ist, ist das »Gewölk« durchbrochen, und dort scheint nun die Sonne. Dort läßt Gott über uns »sein Angesicht leuchten«.

Es ist kennzeichnend, daß schon das 3. Buch Mose zeigt, daß selbst in der Vorläufigkeit der alttestamentlichen Tieropfer der Priester aufgrund des geschehenen Opfers vor das Volk, das im Tempelvorhof wartete, heraustreten, die Hände erheben und den Segen auf das Volk legen durfte*. Der Wortlaut des Segens steht in 4. Mose 6,23 ff.: »So sollt ihr sagen zu den Israeliten, wenn ihr sie segnet: Der HERR segne dich und behüte dich; der HERR lasse sein Angesicht leuchten über dir und sei dir gnädig; der HERR hebe sein Angesicht über dich und gebe dir Frieden. Denn ihr sollt meinen Namen auf die Israeliten legen, daß ich sie segne.«

Weil die Möglichkeit geschaffen ist, daß Menschen vor Gott gerecht werden, ist es nötig, dieses Geschenk vertrauensvoll und dankbar anzunehmen (3,28). Daher betont Paulus (3,21 ff.): Wer an Jesus Christus glaubt, wer sich rufen läßt, wer sein Vertrauen auf ihn setzt, wer der Einladung folgt, wer sich Jesus anvertraut, der zählt zu den geretteten Menschen und befindet sich unter dem offenen Himmel.

Das Gericht Gottes liegt bereits hinter demjenigen, der an Jesus Christus glaubt. Es wurde an einem anderen vollstreckt.

---

* Das ist näher erläutert in: Fritz Grünzweig, Einführung in die biblischen Bücher, Band 1: Das Alte Testament, S. 40 ff. (mit Abbildung 14: »Opfer und Segen«, S. 41). (Anm. d. Hg.)

Golgatha ist also der Gerichtstag derer, die an Jesus glauben. Deshalb sagt Jesus: »Wer mein Wort hört und glaubt dem, der mich gesandt hat, der hat das ewige Leben und kommt nicht in das Gericht, sondern er ist vom Tode zum Leben hindurchgedrungen« (Joh 5,24). Der Strafanspruch ist absorbiert, und die Strafe – das Urteil – ist vollstreckt – an Ihm.

Wer sich aber weigert, dieser Einladung zu folgen, bleibt unter dem Gericht, unter dem zukünftigen Zorn. Er hat den »großen und schrecklichen Tag des HERRN« noch vor sich und wird ihn selbst erleiden müssen. Das ist die Auskunft, die Paulus – sowie das Neue Testament, ja die Bibel durchgehend – gibt.

Für denjenigen, der der Einladung Gottes gefolgt und dem es geschenkt ist, unter dem offenen Himmel, unter dem Ja Gottes zu leben, ist es nötig, sich nun von Gottes gnädigem Willen in Anspruch nehmen zu lassen (3,31). Dann ist es wichtig, auch andere zu »nötigen, hereinzukommen« (vgl. Lk 14,23). Es geht für jeden Menschen um das ewige Leben!

Hier stellt sich eine Zwischenfrage: Durch Jesus Christus wird der Mensch vor Gott gerecht, ohne daß er sich das selbst verdienen müßte, also »ohne des Gesetzes Werke, allein durch den Glauben« (3,28b). War das im Alten Testament nicht anders? Mußte man sich da die Gnade nicht verdienen?

Darauf geht Paulus in **Kapitel 4** ein und sagt dort: Nein, das war im Alten Testament nicht anders. Er führt als Bürgen dafür Abraham an: »›Abraham hat Gott geglaubt, und das ist ihm zur Gerechtigkeit gerechnet worden‹« (V. 3; vgl. 1. Mose 15,6).

Paulus beruft sich in dieser Frage auch auf David (V. 6-8). Was hatte David Gott vorzuweisen, als er in Sünde fiel (vgl. 2. Sam 11 f.)? David konnte nur um die Vergebung bitten und danach danken: »›Selig sind die, denen die Ungerechtigkeiten vergeben und denen die Sünden bedeckt sind! Selig ist der Mann, dem der Herr die Sünde nicht zurechnet!‹« (V. 7 f.).

Was Gott damals, bei diesen Gestalten des Alten Testaments, getan hat, war sozusagen eine Vorausleistung, ein Angeld auf Golgatha: Gott hat seinen Sohn »für den Glauben hingestellt als Sühne in seinem Blut zum Erweis seiner Gerechtigkeit, indem er die Sünden vergibt, die früher [also zur Zeit des Alten Testaments] begangen wurden in der Zeit seiner Geduld ...« (3,25 f.). Abraham, David und andere Männer und Frauen des Alten Testaments haben im Grunde genommen damals auch schon von dem Opfer des Sohnes Gottes gelebt.

Mit und in Christus und in seiner Spur (5,1-7,25)

Die drei Kapitel 5, 6 und 7 widmet Paulus dem »Christus mit uns und bei uns«, mit dem die an ihn Glaubenden zusammengeschlossen sein können und in dessen Gemeinschaft sie sein können. Luther sagte das so: »Mit Christus dürfen wir ein Kuchen sein.« Er meinte damit das, was wir heute im Rechtsleben eine »Fusion« nennen. Wie bei einer Fusion von Firmen, deren Soll und Haben zusammenströmt, so schließt sich Christus, der unendlich Reiche, mit Menschen zusammen, die vor ihm wie Bettler sind.

In **Kapitel 5** wird zunächst davon gesprochen, welche wunderbare Auswirkung die von Gott geschenkte Gerechtigkeit hat (V. 1-11). Nun ist der Himmel offen: *»Da wir nun gerecht geworden sind durch den Glauben, haben wir Frieden mit Gott durch unsern Herrn Jesus Christus ... und rühmen uns der Hoffnung der zukünftigen Herrlichkeit, die Gott geben wird«* (V. 1 f.). Aller Zukunft und Hoffnung sind diejenigen teilhaftig, die an Christus glauben. Ja, sie *»rühmen sich auch der Bedrängnisse«* (V. 3). Auch das Leiden muß ihnen also dienen; Gott dient es zu seiner Arbeit an ihnen und durch sie.

In 5,12-21 wird von zwei »Reihen« gesprochen: von der Adamsreihe und von der Christusreihe. Mit Adam beginnt die Todesreihe: Adam ist der »Vordermann« aller Menschen, der zuerst gesündigt hat und zuerst gestorben ist. Alle anderen Menschen haben gesündigt, und sie alle gehen in Tod und Verderbnis hinab. Jesus Christus ist der neue Adam, der eine neue Reihe eröffnet. Hinter ihn dürfen diejenigen treten, die an ihn glauben. Das ist die Reihe, der große Zug derer, die zum Leben gehen. »Der Sünde Sold ist der Tod; die Gabe Gottes aber ist das ewige Leben in Christus Jesus, unserm Herrn« (6,23). Jesus Christus ist Gottes großes Geschenk.

Kapitel 6 ist das Kapitel, das das »mit/in Christus« besonders betont: *»Wißt ihr nicht, daß alle, die wir auf Christus Jesus getauft sind, die sind* in *seinen Tod getauft? So sind wir ja* mit *ihm begraben durch die Taufe in den Tod, damit, wie Christus auferweckt ist von den Toten durch die Herrlichkeit des Vaters, auch wir in einem neuen Leben wandeln. Denn wenn wir* mit *ihm verbunden und ihm gleichgeworden sind in seinem Tod, so werden wir ihm auch in der Auferstehung gleich sein. Wir wissen ja, daß unser alter Mensch* mit *ihm gekreuzigt ist, damit der Leib der Sünde vernichtet werde, so daß wir hinfort der Sünde nicht dienen«* (V. 3-6). Ein Christ soll sozusagen ein »Anhänger« an Jesus Christus sein, denn Er, Jesus Christus, »reißet durch den Tod, durch Welt, durch Sünd, durch Not, er reißet durch die Höll, ich bin stets sein Gesell« (EKG 86,6).

Das bedeutet aber auch, daß diejenigen, denen Er das alles schenkt, was sie in Anspruch nehmen dürfen, sich auch von Ihm in Anspruch nehmen lassen müssen und dürfen. Wenn Menschen, wenn wir so mit Ihm leben und nicht mehr hinter Adam (und letztlich dem Feind, der Adam versucht hat) her marschieren, dann haben wir mit dem nichts mehr zu tun, was durch Adam in die Welt gekommen ist.

Wie Christus der Sünde starb, *»so auch ihr, haltet dafür, daß ihr der Sünde gestorben seid und lebt Gott in Christus Jesus. So laßt nun die Sünde nicht herrschen in eurem sterblichen Leibe, und leistet seinen Begierden keinen Gehorsam ...«* (V. 11 ff.). Das griechische Wort für »dafürhalten« *(logizesthai)* ist weit ausdrucksstärker als das deutsche; in diesem Wort steckt unser Begriff »logisch«. Aus allem, worüber Paulus davor schreibt, ist also der logische Schluß zu ziehen, daß die an Jesus Glaubenden mit der Sünde von Rechts wegen nichts mehr zu schaffen haben: »So auch ihr, zieht den logischen Schluß, daß ihr der Sünde gestorben seid ...«

In **Kapitel 7** vergleicht Paulus diesen Sachverhalt mit einer Frau, die zunächst mit einem anderen Mann verheiratet war, der gestorben ist. Paulus wendet sodann das Bild: *Wir* sind eigentlich der Sünde gestorben und dürfen nun durch und mit Christus leben. Der Glaube ist ein Verhältnis der Liebe zu Christus. Wenn wir glauben, gehören wir ganz Ihm und sind ganz in Seine Gemeinschaft hineingenommen. Dann sind wir unter der Gesetzmäßigkeit der Sünde »weggestorben« und wic mit Christus »verehelicht« (V. 1-6).

Paulus zeigt in Kapitel 7 die Wirkung des *»Gesetzes«*, des Gebotes Gottes (V. 7-13). Durch Gottes Gebot kommt nämlich erst recht heraus, was im Menschen Böses ist.

In Kapitel 7 ist aber auch davon die Rede, daß Christen ohne, und abgesehen von Jesus nach wie vor *»elende Menschen«* wären. Wenn ich sozusagen »Urlaub« von Jesus Christus nehme und mich selbst betrachte, anstatt zu Ihm aufzusehen, so werde ich selbstgefällig oder verzagt. Sehe ich mein Leben abgesehen von Jesus an, so stelle ich fest, daß es nach wie vor arm ist. Wenn ich Seine Gemeinschaft auch nur in Gedanken verlasse, dann kann ich nur wie Paulus sprechen: *»Ich elender Mensch! Wer wird mich erlösen von diesem todverfallenen Leibe?«* (V. 24).

So arm wären diejenigen, die an Jesus glauben, an sich selbst. Sie sind eben keine »Selbstversorger«; es ist nicht, als ob sie vor einigen Jahren einen Kredit bekommen hätten, mit dessen Finanzkraft sie ihren Weg allein gehen würden. Sobald sich Christen von ihrem Herrn lösen und sich verselbständigen, ist in ihrem Leben »der Wurm drin«.

Aber – so sagt Paulus – es »gibt keine Verdammnis für die, die *in Christus Jesus* sind« (8,1).

In **Kapitel 8** entfaltet Paulus, was es heißt, »in Christus« zu sein (vgl. Abb. 15, Mitte). Jesus Christus geht so auf die ein, die im Glauben mit ihm verbunden sind, daß er in sie eingeht. Das meint Paulus sowohl mit den Worten »Christus in uns« wie auch mit dem Begriff »Heiliger Geist«; beides ist in Kapitel 8 austauschbar. Mit »Christus in uns« und mit »Heiliger Geist« ist dasselbe gemeint.

a) Die Wirkung des Heiligen Geistes in den durch Gottes Gnade gerecht Gemachten (V. 1-17)

Im ersten Teil des Kapitels spricht Paulus ganz wunderbar davon, was der Geist Gottes, der »Christus-in-uns«, wirkt:

Aus dem Geltungsmäßigen wird Wesensmäßiges. *»Die geistlich sind, die sind geistlich gesinnt«* (V. 5b). Die an Jesus Glaubenden sind *nicht nur geltungsmäßig*, sondern *wesensmäßig* geistlich (das ist also nicht nur eine Fiktion). »Geist« heißt immer »Kraft« und »Wesen«. Wir – so wir an Jesus glauben – werden verwandelt, verändert. Zwar »ist noch nicht offenbar geworden, was wir sein werden« (1. Joh 3,2a), aber es ist etwas im Gang. Wir werden von Jesus »umgearbeitet«, wenn wir ihn walten lassen.

Durch den Heiligen Geist werden Menschen, werden wir zu Christi Eigentum. *»Wer Christi Geist nicht hat, der ist nicht sein«* (V. 9) – wer also Christi Geist hat, der ist sein Eigentum und ist auch aller Hoffnung teilhaftig (V. 10 f.). Paulus sagt auch, in welcher Art und Weise wir Christi Eigentum sind: Wir gehören ihm als Kinder. *»Welche der Geist Gottes treibt, die sind Gottes Kinder«* (V. 14).

Dem Vers 15 sieht man zunächst gar nicht an, welch ungeheure Aussage darin gemacht wird: *»Ihr habt einen kindlichen Geist empfangen, durch den wir rufen: Abba, lieber Vater!«* (V. 15). Das Wort *»kindlich«* ist im Griechischen ein Wort aus dem Rechtswesen gewesen, das eigentlich wörtlich »Sohnesannahme« – also »Adoption« – heißt. Der *»kindliche Geist«*, von dem Paulus spricht, ist also der »Geist der Adoption«. Der Geist Gottes ist die Adoptionsurkunde, und zwar nicht nur ein Stück Papier, sondern auch Wesen und Kraft.

Gottes Geist wirkt es, daß wir Gottes Kinder sind. Und diejenigen, die Gottes Kinder sind, sind auch im Familienstammbuch Gottes eingetragen. Sie werden auf den Antichristen in der letzten Zeit nicht hereinfallen, weil sie mit dem Heiligen Geist »versiegelt« sind (2. Kor 1,22; Eph 1,13; 4,30), also verschlossen und verriegelt. Dabei ist an ein Verschlußsiegel gedacht, durch das man auch in anfechtungsreichen Zeiten bewahrt werden kann.

Paulus nennt noch eine wunderbare Wirkung der Gotteskindschaft: *»Sind wir aber Kinder, so sind wir auch Erben, nämlich Gottes Erben und Miterben Christi«* (V. 17a). *»Erben«* zu sein heißt hier nicht, daß Gott sterben würde, sondern das drückt aus, daß Christen Mitteilhaber an dem sind, was Gott ist, hat und tut.

Bei Erbstreitigkeiten kann man es hin und wieder erleben, daß ein Alleinerbe an seiner Erbschaft gegenüber Verwandten mit aller Gewalt festhält und nichts davon abgeben will. So verhält es sich mit menschlichen Alleinerben.

Sind wir aber *»Miterben Christi«*, so ist das anders. Unser Herr Jesus Christus hat alles nur Erdenkliche in Bewegung gesetzt, hat sich sogar unter die Gewitterfront des Gerichtes Gottes gestellt und sich zum Fluch machen lassen. Er hatte dabei nur *ein* Ziel: Er wollte uns dabei haben, wollte uns teilhaben lassen! So lieb hat er uns. Er will uns teilgeben an dem, was er ist, hat und tut.

b) Das Gewaltigste kommt noch (V. 18-30)

Im zweiten Teil von Römer 8 spricht Paulus von dem großen Kommenden. Wir sind alle in einem sehr schmerzvollen und zugleich auch sehr hoffnungsvollen Wartezustand. Es ist das Warten auf die Herrlichkeit der Kinder Gottes. Wenn diese Herrlichkeit erscheint, dann wird auch das Sehnen und Seufzen der Kreatur gestillt werden.

Angesichts dieser gewaltigen Hoffnung ist das heutige Leiden gering: *»Ich bin überzeugt«*, sagt Paulus, *»daß dieser Zeit Leiden nicht ins Gewicht fallen gegenüber der Herrlichkeit, die an uns offenbart werden soll«* (V. 18).

Ja, Paulus sagt sogar, daß auch alles nichtmenschliche Geschöpf mitwartet – wohl unbewußt: *»Das ängstliche Harren der Kreatur wartet darauf, daß die Kinder Gottes offenbar werden«* (V. 19). Im Griechischen heißt dieses *»Harren«* »Warten mit vorgerecktem Kopf«.

So lebt alles im drangvollen Warten und im frohen Hoffnungszustand (V. 19-22), auch wir Christen, obschon wir den Geist als Teilerfüllung der Verheißung schon empfangen haben: *»Nicht allein aber sie [die übrige Schöpfung], sondern auch wir selbst, die wir den Geist als Erstlingsgabe haben, seufzen in uns selbst und sehnen uns nach der Kindschaft, der Erlösung unseres Leibes. Denn wir sind zwar gerettet, doch auf Hoffnung...«* (V. 23-27).

Alles muß uns dazu dienen, uns unserem Herrn und seinem Ziel näher zu bringen. Wir sind dorthin unterwegs wie auf einem Fließband, von Station zu Station. So kann Paulus sagen: *»Wir wissen aber, daß denen, die Gott lieben, alle Dinge zum Besten dienen, denen, die nach seinem*

Ratschluß berufen sind. Denn die er ausersehen hat, die hat er auch vorherbestimmt, daß sie gleich sein sollten dem Bild seines Sohnes, damit dieser der Erstgeborene sei unter vielen Brüdern. Die er aber vorherbestimmt hat, die hat er auch berufen; die er aber berufen hat, die hat er auch gerecht gemacht; die er aber gerecht gemacht hat, die hat er auch verherrlicht« (V. 28-30).

c) Wir haben Gott zum Bundesgenossen (V. 31-39)

In einem dritten und letzten Teil von Kapitel 8 sagt Paulus: Weil das Ja Gottes über denen steht, die an Jesus Christus glauben, weil Jesus mit ihnen lebt und Gott sie in seine große Gemeinschaft hineingenommen hat, weil die »Wolkendecke« entfernt ist und die Sonne Seiner Gnade scheint, ist Gott der große, wunderbare Bundesgenosse für die Seinen. *»Ist Gott für uns, wer kann wider uns sein?«* (V. 31b).

Woher wissen wir, daß Gott uns so liebhat? Antwort: *»Der auch seinen eigenen Sohn nicht verschont hat, sondern hat ihn für uns alle dahingegeben«* (V. 32a). Am Kreuz, wo Gott seinen Sohn unter die »Wolkendecke« gestellt hat, wird die Liebe Gottes ein für allemal deutlich – und wenn unsere Schicksale noch so rätselvoll sind!

Ist Gott unser Bundesgenosse, so kann uns nichts mehr etwas anhaben. Denn nichts kann Gottes Treue in Frage stellen, weder unsere Schuld noch unsere Not: *»Wer will die Auserwählten Gottes beschuldigen? Gott ist hier, der gerecht macht. Wer will verdammen? Christus Jesus ist hier, der gestorben ist, ja vielmehr, der auch auferweckt ist, der zur Rechten Gottes ist und uns vertritt«* (V. 33 f.).

Auch Verfolgungen können Christen nichts mehr anhaben: *»Wer will uns scheiden von der Liebe Christi? Trübsal oder Angst oder Verfolgung oder Hunger oder Blöße oder Gefahr oder Schwert? wie geschrieben steht (Psalm 44,23): ›Um deinetwillen werden wir getötet den ganzen Tag; wir sind geachtet wie Schlachtschafe‹«* (V. 35 f.). Denn *»in dem allen überwinden wir weit durch den, der uns geliebt hat«* (V. 37).

Selbst der Tod hat seine Macht verloren: *»Weder Tod noch Leben ... kann uns scheiden von der Liebe Gottes«* (V. 38a. 39b).

Und die ganze dunkle dämonische Verführungsmacht kann uns nichts mehr anhaben. Das ist mit den Worten *»weder Engel noch Mächte noch Gewalten«* (V. 38) gemeint. Das sind Fachausdrücke für die hintergründigen, überirdischen Mächte, nicht für politische Mächte.

Nichts, nichts kann uns etwas anhaben, *»kann uns scheiden von der Liebe Gottes«*, weil Gott sich in Jesus Christus zu unserem Bundesgenossen erklärt hat. Das darf der Gemeinde Jesu in aller Welt auch in der ganzen Verwirrtheit unserer Situation heute Mut und Kraft geben –

selbst überall dort, wo Christen um ihres Glaubens willen leiden müssen. Wir Christen dürfen auch für die Welt hoffen. Zur »seufzenden Kreatur« gehören nicht nur die Tiere, sondern auch die Menschen, die ahnungslos leiden.

> Es kann nicht Ruhe werden,
> bis deine Liebe siegt
> und bis der Kreis der Erden
> zu deinen Füßen liegt.

2.1.2 Die Grundgedanken von Römer 1,18 - 8,39 (Zusammenfassung)

Was Paulus in Römer 1,18 - 8,39 entfaltet, läßt sich so zusammenfassen: Das »gottlose Wesen und alle Ungerechtigkeit der Menschen« steht zwischen den Menschen und Gott. Darum kommt »Gottes Zorn«, Gottes heiliges Gericht (1,18) über sie.

Jesus Christus erlöst uns von diesem zukünftigen Zorngericht (3,24), indem er das Gericht an sich selbst vollstrecken läßt (3,25; 8,32.34). Nun können wir als Glaubende, als solche, die zu Jesus kommen, in der Sonne der Gnade Gottes leben (3,23 ff.). Gott läßt sein Angesicht über uns leuchten (vgl. 4. Mose 6,25); das verwandelt unser Leben. Das macht uns auch aller Hoffnung teilhaftig (5,1 ff.; 6,4 ff.).

Christus ist für uns (3,21 ff.; Kap. 4); er ist mit uns, und wir sind in ihm (Kap. 5 - 7). Christus ist in uns – der Heilige Geist (Kap. 8). (Vgl. dazu Abb. 15.) Wer sich an Jesus hält, der hat den »großen und schrecklichen Tag des HERRN« (Joel 3,4) bereits hinter sich. Ein anderer hat ihn erlitten (Karfreitag), und dort, wo das Gewitter bereits niedergegangen ist, scheint die Sonne.

Wer dagegen der Einladung Jesu nicht folgt, der bleibt unter dem Gericht, und der »große und schreckliche Tag des HERRN« steht ihm noch bevor. Das Gericht wird an ihm selbst vollstreckt.

2.2 Der heilsgeschichtliche Teil: Israel versucht (noch), selbst seine Gerechtigkeit vor Gott zu schaffen (Kap. 9 - 11)

Wenn Paulus von der von Gott geschenkten Gerechtigkeit redet, nämlich von der großen Frage, wie ein Mensch Gott recht ist (so im ersten Teil des Römerbriefs, 1,18 - 8,38), so hat der Apostel eine Zwischenfrage im Ohr: Wie steht es denn dann um Israel? Die Rechtfertigung des Sünders allein aus Glauben ist die Schlüsselfrage für die Geschichte Gottes mit Israel.

Israel weiß doch schon längst, daß ein Mensch Gott recht sein muß, um ihm zu gefallen. So sagt Paulus in einem zweiten Teil (Kap. 9 - 11) seines Briefes: Das Elend ist, daß Israel *noch* (nicht für immer) sich selbst im Weg ist, indem es an seiner eigenen Gerechtigkeit arbeitet. Gott wäre doch bereit, Israel alles zu schenken – und doch läßt Israel nicht davon ab, an seiner selbstgeschaffenen Gerechtigkeit zu bauen.

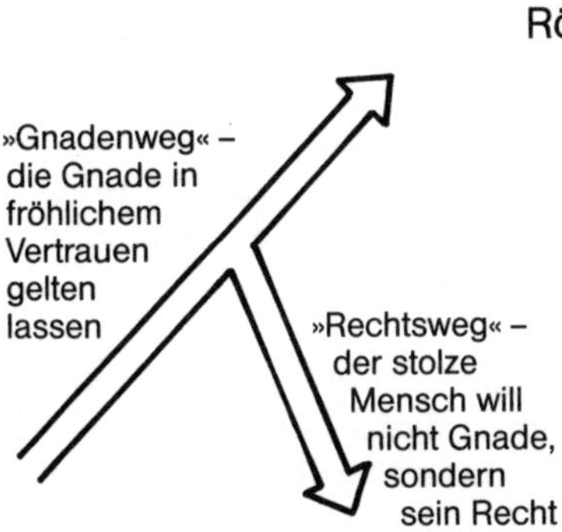

Abb. 16: Gottes Geschichte mit Israel (1) – der »Gnaden-« und der »Rechtsweg«

a) Einleitung (9,1-3)

Paulus drückt in den ersten Versen dieses Abschnitts aus, wie ungeheuer stark er von den Fragen um Israel umgetrieben wird. Als ehemaliger Pharisäer weiß er noch, wieviel es sich die Juden kosten lassen und wie ernst es ihnen damit ist, die Gebote Gottes zu befolgen. Diese Juden sollen einen falschen Weg eingeschlagen haben?

Das bringt Paulus zu einer eigenartigen, einzigartigen Fürbitte. Wenn schon Mose auf dem Sinai zu Gott sagte: »Tilge mich aus deinem Buch, das du geschrieben hast« (2. Mose 32,32), so folgt Paulus mit seiner Fürbitte Mose nach. An Paulus ist abzulesen, was eine ganz ernsthafte Fürbitte ist. Er sagt nämlich: *»Ich selber wünschte, verflucht und von Christus getrennt zu sein für meine Brüder, die meine Stammverwandten sind nach dem Fleisch«* (V. 3).

Paulus zieht es vor, für seine »Brüder . . . nach dem Fleisch« (die, die durch natürliche Abstammung mit ihm verwandt sind) von Christus verdammt und »getrennt« zu sein, als auf die ewige Seligkeit zu verzichten.

Gott hat dieses Gebet des Paulus nicht sofort erhört, aber er hat zweierlei getan: Gott hat dem Paulus einen Einblick in die Geschichte Israels gegeben, die wir so nirgends sonst in der Heiligen Schrift wahrnehmen außer in Römer 9 - 11. Andrerseits und vor allem wurde Paulus von Gott nicht nur gezeigt, woran es Israel fehlt, sondern wie schließlich Gott auch diesem Volk endgültig hilft, so daß »ganz Israel gerettet werden« wird (11,26a).

b) Was Israel sein und haben darf (9,4-13)

Paulus führt alles auf, was dem Volk Israel *geschenkt* worden ist: Es ist alles Gnade, was Israel geschenkt worden ist. (Das ist mit dem gerade aufsteigenden Pfeil in Abb. 16 gemeint). Paulus zählt auf, was alles dazugehört: der *»Bund«* am Sinai (V. 4), die *»Väter«* (beginnend mit Abraham; V. 5), das heilige Gebot Gottes, die hilfreiche »Leitplanke« für das Leben, die »Verheißung«, die Schrift und – schließlich – Christus.

Es ist eine Überfülle, die Gott diesem Volk geschenkt hat.

c) Wie ist Israel zu seiner Stellung vor Gott gekommen? (9,14-29)

Wie ist es dazu gekommen, daß dieses Volk eine solche Stellung vor Gott hat? Paulus gibt die Antwort: *»›Wem ich gnädig bin, dem bin ich gnädig; und wessen ich mich erbarme, dessen erbarme ich mich‹«* (V. 15; vgl. 2. Mose 33,19). Alles, was Israel von Gott bekam und was Gott mit diesem Volk gemacht hat, ist pures Gnadengeschenk.

Schon im Alten Testament – angefangen bei Mose – wird betont: ›Bedenkt, daß das alles ein Geschenk ist!‹ »Nicht hat euch der Herr angenommen und euch erwählt, weil ihr größer wäret als alle Völker – denn du bist das kleinste unter allen Völkern –, sondern weil er euch geliebt hat und damit er seinen Eid hielte, den er euren Vätern geschworen hat...« (5. Mose 7,7 f.).

Gott hat weder die hochbegabten Ägypter noch die Römer, diese glänzenden Organisatoren, noch die Assyrer, Babylonier oder Perser, die ihrer Zeit weit voraus waren, zu seinem auserwählten Volk gemacht, sondern ein Sklavenvolk, das seinem Zwingherrn entlaufen war. Gott machte ein Volk durch die Erwählung zum Werkzeug seiner Heilsgeschichte, das – menschlich gesehen – nur in der Steppe und Wüste umherirrte, den »armen Haufen Israel« (Jes 41,14).

Gott hat es deshalb gefallen, solch ein geringes Volk für seine Ziele einzusetzen, »damit sich kein Mensch vor Gott rühme« (1. Kor 1,29).

Aber schon im Alten Testament ist zu sehen, daß Israel meinte, seine eigene Qualität habe Gott veranlaßt, dieses Volk zu erwählen. Schon Mose mußte sich gegen diese Auffassung wenden. Aber Gott hat

Israel nicht deshalb erwählt, weil es etwa ein religiös geniales Volk gewesen sei. (Obwohl Gott Israel freilich auch gute, natürliche Gaben gegeben hat.)

So betont auch Paulus, daß Gott Gott und der Mensch Mensch ist: *»Spricht auch ein Werk zu seinem Meister: Warum machst du mich so?«* (V. 20b). Daß Gott Israel erwählte, war sein pures Geschenk.

d) Welchen Weg schlug Israel ein? (9,30-10,21)

Nun will aber Israel nicht in der Bahn des vertrauensvollen, demütigen Empfangs der Gabe und Gnade Gottes bleiben, sondern es will das, was es geschenkweise erhält, selbst schaffen. Von der Gnade zu leben ist ihm zu wenig. (So denkt aber nicht nur Israel, sondern so denken alle Menschen von Natur aus.)

Paulus zeigt daher im letzten Teil von Kapitel 9 und in Kapitel 10, daß Israel eine andere Richtung als den »Gnadenweg« eingeschlagen hat. Den »Gnadenweg« zu gehen heißt ja, Gottes Gnade in fröhlichem Vertrauen gelten zu lassen – und das nennt die Bibel »Glaube« (vgl. Abb. 16). Wer diesen Weg geht, der traut auf Gottes Gnadengeschenk, stellt es nicht in Frage, setzt kein Fragezeichen dahinter, sondern ist dankbar und läßt sich in die uns unverdienterweise geschenkte Gemeinschaft mit Gott und in den Dienst für Ihn hineinnehmen, dessen er uns unverdienterweise würdigt.

Nun aber hat gerade das, daß Jesus kam und die Gnade brachte, Israel und der Welt nicht gepaßt. Soll denn etwa alles über ein und denselben Kamm geschoren werden? Man verweist dann auf die eigenen Vorzüge und meint, nur die offenkundigen Sünder seien auf die Gnade angewiesen. Man habe es selbst doch im Einhalten der Gebote schon so weit gebracht. Sollen denn alle Menschen nur begnadigt werden? Bedarf etwa jemand, der einiges geleistet hat und nicht nur (im Sinne der anderen) schuldig geworden ist, der Begnadigung?

Gerade der Blick auf die eigenen Verdienste Israels im Vergleich zu der heidnischen Umwelt hat dieses Volk so unheimlich blockiert. Israel wollte das, was es ist, was es geleistet hat und was ihm geschenkt worden war zum Postament seines Ich machen, vor Gott hintreten und sagen: »Ich danke dir, Gott, daß ich nicht bin wie die andern Leute ...« (Lk 18,11). Das hat die Juden so ungeheuer verhängnisvoll auf die falsche Fährte gebracht.

Ja, *»Israel hat nach dem Gesetz der Gerechtigkeit [vor Gott] nachgetrachtet«* (9,31a). Daran ist kein Zweifel, und dieses Zeugnis muß man Israel geben. Aber Israel wollte seine eigene Gerechtigkeit aufbauen, wollte nicht der Gnade – der von Gott geschenkten Gerechtigkeit –

gehorsam sein, kurz: Es wollte sich durchgehend auf die eigenen Vorzüge gründen.

Demgegenüber sagt Paulus, daß nur der Glaube gerecht macht: *»Wenn man von Herzen glaubt, so wird man gerecht; und wenn man mit dem Munde bekennt, so wird man gerettet«* (10,10). Und Paulus führt aus, daß gerade darum, weil Gottes Gerechtigkeit unter dem verkündigten Wort geschenkt wird, sei nichts so wichtig wie das Bekennen und Bezeugen dieser Gerechtigkeit *»mit dem Munde«. »So kommt der Glaube aus der Predigt, das Predigen aber durch das Wort Gottes«* (10,17).

Paulus betont am Schluß von Kapitel 10 eindrucksvoll: Nicht das, was Menschen vorzuweisen haben, ist das Zeugnis, sondern das, was Menschen sagen. Nicht das, was wir vor den Leuten »ins Schaufenster« stellen, nicht unsere Taten bewirken Glauben, sondern das, was wir an Botschaft vom Tun eines anderen ausrichten, führt Menschen zu Christus. (Es verhält sich also gerade nicht so, daß das Leben eines Menschen das Zeugnis wäre. Gewiß, das Leben von Christen darf dem Wortzeugnis nicht widersprechen; aber es ist vor allem am Zeugnis des Wortes gelegen, weil dies darauf hinweist, was ein anderer tut und getan hat und was den Menschen allein rettet.)

Wer den »Gnadenweg« verläßt, schlägt den »Rechtsweg« ein (vgl. Abb. 16). Das eigene Recht wird also eingefordert; der stolze Mensch will keine Gnade, sondern »sein« Recht.

Das ist nicht nur eine Gefahr für Israel, sondern gerade auch für Gläubige aus der Christenheit, für fromme Menschen, daß man doch in einem Winkel seines Herzens den Unterschied gegenüber anderen – nicht glaubenden – Menschen überschätzt. Dann verläßt man sich um der Vorzüge willen, die man zu haben meint, doch nicht ganz auf die Gnade. Man meint dann, am eigenen Tun, das Gott noch ein wenig weiterführt, sei alles gelegen. Dann stellt man insgeheim Rechnungen auf: »90 Prozent wir, zehn Prozent ER« oder »50 Prozent wir, 50 Prozent ER«. Man geht davon aus, daß ER ein bißchen nachhelfen, eine kleine Hilfestellung geben, hin und wieder einen Tip geben müsse, dann könne man es schon schaffen.

Genau das ist verkehrt. Es hilft immer nur das Eine: die Gnade des Vaters, die den verlorenen Sohn aufnimmt (vgl. Lk 15,11-32). Auf sie sind *alle* angewiesen! Was Glaubende tun ist nie Voraussetzung dafür, daß sie von Gott angenommen werden, sondern ist Folge und Dank dafür, daß sie von Gott angenommen worden sind. Unsere Gerechtigkeit vor Gott schaffen *wir* nicht!

Christen sollen Menschen werden, die nicht aufhören zu staunen, daß Gott gerade ihnen das Evangelium aufgeschlossen hat und daß er sich unseren Dienst gefallen läßt. Vielfach wird nicht erkannt, wieviel von einer solchen Haltung vor Gott abhängt – in unserem Christsein, unserem Dienen, unseren persönlichen Gesprächen, im Zeugnis!

Das ist die Lehre, die Paulus anhand Israels auch uns Christen gibt. Die Gerechtigkeit Gottes, die nur als Geschenk empfangen werden kann, will niemandem so recht gefallen. Aber nur derjenige, der bereit ist, in der Gerechtigkeit eines *anderen* vor Gott zu erscheinen, ist Gott recht. Wenn wir meinen, mit irgendetwas von dem, was wir geleistet haben, könnten wir uns schon schmücken, bringt uns das in Gefahr. Christen tun das, was sie tun, nicht, um von Gott angenommen zu werden oder die Gerechtigkeit zu erlangen, sondern sie tun das aus Dank und Gegenliebe, nachdem sie angenommen worden sind, nachdem Gott ihnen die Gerechtigkeit seines lieben Sohnes geschenkt hat.

Der Mensch muß sich letztlich entscheiden, ob er den »Gnadenweg« oder den »Rechtsweg« beschreiten will (vgl. Abb. 16). Wenn er sein Recht verlangt und die Gnade ausschlägt, dann wird er von der ewigen göttlichen Gerechtigkeit gnadenlos gerichtet. *»Israel hat nach dem Gesetz der Gerechtigkeit getrachtet und hat es doch nicht erreicht«*, denn *»sie … suchen ihre eigene Gerechtigkeit aufzurichten…«* (9,31; 10,3).

Aber *»Christus ist des Gesetzes Ende«* (10,4a). Die menschliche Leistung zur Schaffung einer eigenen Gerechtigkeit vor Gott ist daher weder möglich noch nötig; sie ist kein Weg zu Gott.

Zugleich bedeutet der Satz: *»Christus ist des Gesetzes Ende«*, daß das Gesetz, das Soll Gottes, durch Jesus uns zugute erfüllt worden ist und damit seinen Zweck erreicht hat. Vom Menschen her ist nur eines gefragt: das gelten zu lassen, zu glauben, dem Herrn zu vertrauen und sich zu ihm zu bekennen (10,10; siehe oben). Darum ist es dringend erforderlich, die Botschaft von Jesus Christus auszurichten (10,15). Aber Israel hört zur Zeit nicht (10,21).

e) Das gilt nicht für ganz *Israel (11,1-10)*

Was Paulus in den Kapiteln 9 und 10 gezeigt wurde, ist nicht alles. Es wird ihm nämlich zudem gezeigt, daß Gott in dem allem positive Ziele hat. Das kommt in Kapitel 11 zum Ausdruck.

Zunächst nimmt Paulus in Kapitel 11 auf das Bezug, was er bereits in Kapitel 9 ausführte: Israel ist – im Alten Bund – der Träger des Heilshandelns Gottes gewesen. »Gottes Gaben und Berufung können ihn nicht gereuen« (11,29).

Es war nie das ganze Israel, das ungehorsam war. Paulus bezieht sich bei dieser Aussage in Kapitel 11 auf Elia am Karmel: *»›Ich habe mir* *übriggelassen siebentausend Mann...*« (V. 2-5). So sei es – sagt Paulus – auch jetzt wieder; der Apostel selbst nennt sich als ein wandelndes Beispiel dafür (V. 1b). Gott hat mit Israel weitergemacht. Eine Anzahl Menschen aus Israel blieb auf dem »Gnadenweg«, dem Christusweg.

f) Die Verstockung Israels kommt den Menschen aus den Völkern zugute (11,11-16)

Paulus führt in Kapitel 11 weiter aus, welch große Auswirkung es gehabt habe, daß Gott Israel sozusagen eine Zeitlang auf dem »Abstellgleis« ließ und auf ein anderes »Gleis«, in einen anderen »Zug« überwechselte: Zwischen Ostern und Jesu Wiederkunft sind es Menschen aus den Völkern, die durch das Evangelium zu Jesus Christus und durch ihn zu Gott dem Vater gerufen werden.

So sagt Paulus: »Durch ihren [Israels] Fall ist den Heiden das Heil widerfahren...« (V. 11). Israels Verwerfung brachte also den Völkern die Rettung, indem Gott sich den Völkern zuwandte und die Gemeinde Jesu entstehen ließ, die sich aus Nichtjuden (und auch aus – wenigen – Juden) zusammensetzt.

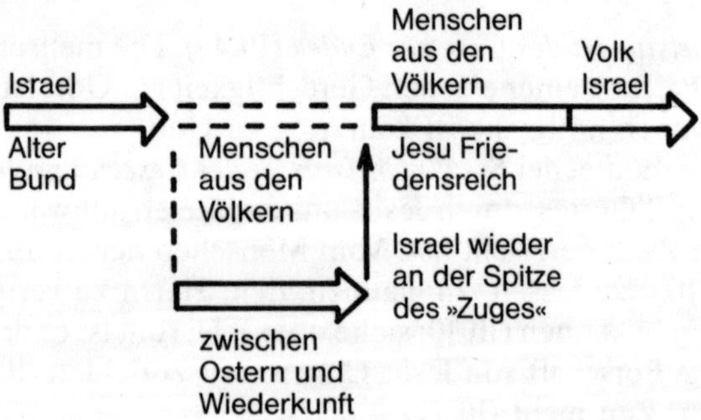

Abb. 17: Gottes Geschichte mit Israel (2) – die Gemeinde aus den Völkern

Einen kurzen Abriß von Gottes Heilsgeschichte zeigt Abbildung 17: Gott beginnt seine Heilsgeschichte mit dem Alten Bund mit Israel. Er wechselt dann zu den Völkern hinüber. Israel ist in dieser Phase aber nicht ganz »abgeschrieben«, sondern befindet sich gewissermaßen im Wartestand, auf dem »Abstellgleis«. (Das haben Vertreter der Christenheit im Laufe der Kirchengeschichte oft zu wenig beachtet, unter ihnen Martin Luther.) Zwischen Ostern und Jesu Wiederkunft geht Gottes Heilsgeschichte zu den Menschen aus den Völkern, ehe dann im kommenden Friedensreich Jesu beides aneinander gekoppelt wird: Das Volk Israel (nach Röm 11 als Ganzes) kommt wieder an die Spitze des »Zuges«, ist der ältere, der erstgeborene Bruder der Gemeinde Jesu; und daran schließen sich die Menschen aus den Völkern an. Es ist aber nicht so, daß das zweierlei Körperschaften wären, denn Paulus sagt ja im Epheserbrief, Jesus habe »aus beiden *eines* gemacht« (Eph 2,14a).

Diesen Ausblick hat Paulus. Daher spricht der Apostel davon, daß es nicht dabei bleiben werde, daß Israel beiseite gestellt ist. *»Wenn schon ihr [Israels] Fall Reichtum für die Welt ist und ihr Schade Reichtum für die Heiden, wieviel mehr wird es Reichtum sein, wenn ihre [der Völker] Zahl voll wird«* (V. 12). Es wird zur Wiederannahme Israels durch Gott kommen. Und wenn schon die Verwerfung Israels solch gewaltige Folgen hatte, daß dadurch den Völkern das Heil, das große Heilsangebot Gottes zuteil und die Gemeinde aufgebaut wurde, dann wird die Wiederannahme Israels erst recht Großes bringen: nämlich *»Leben aus den Toten«* (V. 15b).

Ich bin sicher, daß Paulus, der auch an anderer Stelle davon redet (1. Kor 15), hier an die erste Auferstehung, die Wiederkunft Jesu und an die Königsherrschaft unseres Herrn Jesus Christus über diese Erde denkt. Die Wiederannahme Israels hängt mit dem Abschluß der Weltgeschichte und mit dem Anbruch des großen kommenden Friedensreiches Jesu Christi zusammen.

Denn die Beiseitestellung Israels wird solange währen, bis die *»Zahl [derer aus den Völkern] voll wird«*, bis also die von Gott vorgesehene Vollzahl aus den Völkern (nicht die gesamten Völker!) eingegangen sein wird.

Auch Johannes sagt in seiner Offenbarung: »Aus allen Nationen und Stämmen und Völkern und Sprachen« wird die unzählbar große Schar rekrutiert sein, die Gott preist, die Gott sozusagen als Erstlinge aus der Menschheit – aus Israel und aus den Völkern – sammelt (Offb 7,9 ff.).

Wir wissen nicht, wann diese »(Voll-)Zahl« angesammelt und das »Haus« voll sein wird. Solange das »Haus« noch nicht voll ist, geht der »Knecht« noch aus und lädt ein (vgl. Lk 14,15 ff.: Das große Abendmahl).

Auf jeden Fall regt sich in Israel etwas, denn Gott scheint seine Sache mit diesem Volk wieder aufzunehmen. In Hesekiel 36 wird von den zwei Stufen der Wiederherstellung Israels gesprochen: Zuerst grünen die Berge (Hes 36,1-15), dann die Herzen (Hes 36,16 ff.).* Wir befinden

* Vgl. Band 1 dieser »Einführung in die biblischen Bücher«, S. 410. (Anm. d. Hg.)

uns heute wohl zwischen diesen beiden Vorgängen: zwischen der äußeren Sammlung und der inneren Wiederherstellung Israels. Die Wiederannahme Israels bedeutet Leben aus den Toten.

g) Kein Stolz der Christen aus den Völkern (11,17-24)

Paulus warnt die Christen aus den Völkern, nicht stolz zu werden und sich über Israel zu erheben. Denn die Christen aus den Völkern sind ja unnatürlicherweise in die wunderbare Pflanzung des Volkes Gottes in Israel, dieses Ölbaums Israel, eingepflanzt worden.

Die Heilige Schrift sieht das so: Seitdem die Sünde in der Welt ist, gleicht dieser Acker Gottes, der die Menschheit ist, einem Dornen-und Distelfeld. Der Acker Adams trug Dornen und Disteln, weil Adam als Acker Gottes für Gott Dornen und Disteln trug (1. Mose 3,18).

Dann aber hat Gott ein Stück des Dorngestrüpps Menschheit sozusagen gerodet und einen Ölbaum hineingepflanzt: einen Mann – Abraham – und das von ihm abstammende Volk (1. Mose 12,1 ff.).

Paulus gebraucht sodann in Römer 11 das eigenartige Bild, daß er zu den Christen aus den Völkern sagt, sie seien bloß in diesen Ölbaum Israel *»eingepfropft«*, hineinverzweigt. Die Zweige, die natürlicherweise angewachsen waren, wurden abgehauen, und an ihrer Stelle wurden die Heidenchristen eingepflanzt. Damit sind die Christen aus den Völkern auch edle Zweige und ein Teil dieses Ölbaums geworden.

Da stellt sich die Frage: Wußte Paulus nicht, daß es eigentlich umgekehrt ist und man normalerweise einen wilden Baum durch edle Zweige veredelt und nicht ein edler Baum wilde Zweige eingepflanzt bekommt, die dadurch edel werden? Aber es ging Paulus in Römer 11 nicht so sehr darum, ein Kapitel über die Baumpflege zu schreiben. Darum hat er das Bild so abgewandelt, daß es die Sache ausdrückte, die er damit zeigen will.

Paulus warnt mit diesem Bild: Wenn die Christen aus den Völkern darüber stolz werden, daß sie als *»wilde Ölzweige«* derart veredelt werden, dann kann Gott auch sie wieder abhauen. *»Sei nicht stolz, sondern fürchte dich! Hat Gott die natürlichen Zweige nicht verschont, wird er dich doch wohl auch nicht verschonen. Darum sieh die Güte und den Ernst Gottes: den Ernst gegenüber denen, die gefallen sind, die Güte Gottes aber dir gegenüber, sofern du bei seiner Güte bleibst; sonst wirst du auch abgehauen werden. Jene aber, sofern sie nicht im Unglauben bleiben, werden eingepfropft werden; denn Gott kann sie wieder einpfropfen«* (V. 20b-23).

Einbildung von Christen im Blick auf Israel ist also eine unberechtigte Sache.

h) Die Wiederannahme Israels (11,25-32)

Was Paulus im Blick auf die Christen aus den Völkern ausführt, steht auch im Horizont dessen, daß Gott Israel ganz in den Ölbaum einpflanzen wird – *»so wird ganz Israel gerettet werden«* (V. 26a). *»Denn Gottes Gaben und Berufung können ihn nicht gereuen«* (V. 29).

Die Glaubenden aus den Völkern sollen ihren jetzigen Vorzug nicht als bleibend, selbstverständlich und selbstverdient betrachten, denn *»Verstockung ist einem Teil Israels widerfahren, so lange bis die Fülle der Heiden zum Heil gelangt ist«* (V. 25b).

Hier spricht Paulus von der Wiederannahme Israels (vgl. Punkt f), daß nämlich Gott mit Israel wieder anfängt und die Sache dieses Volkes neu aufnimmt. Dann schließt ER die Tür der Gnade für die Völker zu und die Weltgeschichte ab. Gott hat Israel eine Zeitlang auf das »Abstellgleis« gestellt – um der Welt, um der Völker willen (vgl. Abb. 17). Danach aber macht ER mit Israel weiter.

i) Der große, staunende Lobpreis über den Plan der Weisheit und der Wunderwege Gottes (11,33-36)

Gottes Verheißungen sind nicht von der Art, daß sie wie verwelkte Blüten von der Pflanze fallen und nicht Frucht tragen. Gott kommt mit seinen Verheißungen an sein Ziel!

Das zeigt dieses große Kapitel 11 des Römerbriefs, das mit einem gewaltigen Lobpreis endet. Paulus kann nur staunen:

> *»O welch eine Tiefe des Reichtums, beides, der Weisheit und der Erkenntnis Gottes! Wie unbegreiflich sind seine Gerichte und unerforschlich seine Wege! Denn ›wer hat des Herrn Sinn erkannt, oder wer ist sein Ratgeber gewesen?‹ (Jesaja 40,13). Oder ›wer hat ihm etwas zuvor gegeben, daß Gott es ihm vergelten müßte?‹ (Hiob 41,3). Denn von ihm und durch ihn und zu ihm sind alle Dinge. Ihm sei Ehre in Ewigkeit! Amen.«*

Gott ist der Ursprung, der Sinn und das Ziel aller Dinge und die Kraft, alles diesem Ziel entgegenzuführen, bis »Gott sei alles in allem« (wie Paulus in 1. Kor 15 sagt).

2.3 Der ermahnende Teil: die Lebensgerechtigkeit (Kap. 12,1 - 15,13)

Mit diesem dritten Teil des Römerbriefes folgen auf die Ausführungen des Paulus über die *Glaubens*gerechtigkeit diejenigen über die *Lebens*gerechtigkeit (so formulierte Michael Hahn). Hier zeigt Paulus, wie der Glaube im Leben Gestalt gewinnt, wie ein Leben in einem solchen Gottesdienst stehen kann, der das ganze Leben umfaßt (vgl. 12,1). Wie sieht das im gelebten Leben aus, was Paulus in Römer 3,21 - 8,39 entfaltet hat?

Die letzten Kapitel des Römerbriefs sind keineswegs nur ein »ethischer Anhang« des Briefes (wie manche Ausleger meinten), sondern diese Kapitel sprechen das aus, worauf die vorangehenden Ausführungen des Paulus zielen. Gott will ja nicht ungehorsame, sondern gehorsame Kinder.

a) Das ganze Leben im Gottesdienst (12,1 f.)

Schon zu Beginn des dritten Teiles des Römerbriefs steht der Satz, der für diesen Teil entscheidend ist: *»Ich ermahne euch nun, liebe Brüder, durch die Barmherzigkeit Gottes, daß ihr eure Leiber hingebt als ein Opfer, das lebendig, heilig und Gott wohlgefällig ist. Das sei euer vernünftiger Gottesdienst«* (V. 1).

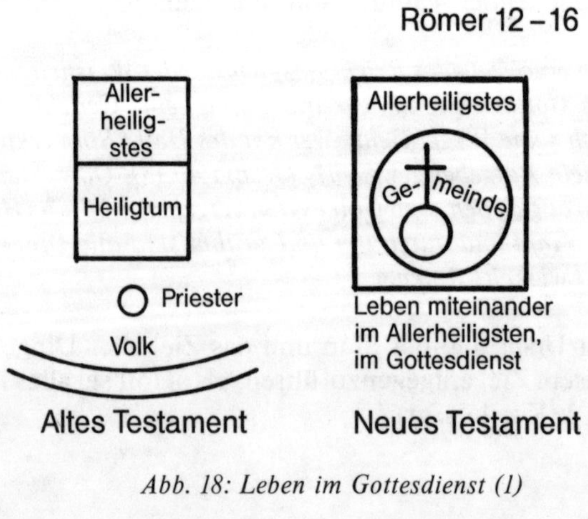

Abb. 18: Leben im Gottesdienst (1)

Das entscheidende Stichwort ist hier *»Gottesdienst«*. Die verlorenen Söhne und Töchter, die durch die Gnade Gottes heimkehren durften und heimgekehrt sind, haben jetzt beim Vater im Heiligtum, ja im

Allerheiligsten miteinander Gottesdienst. ER ist mitten unter ihnen – nicht nur zeitweise, sondern während des gesamten Lebens. Was das heißt, entfaltet Paulus im folgenden.

Abbildung 18 veranschaulicht den Unterschied zwischen dem Gottesdienst im Alten und im Neuen Bund.

Im Tempel des Alten Testaments stand im Allerheiligsten die Bundeslade; das war der Ort, an dem Gott gegenwärtig zu sein verhieß. Die Bundeslade war so etwas wie ein Thronsitz, der für die natürlichen Augen unbesetzt, leer war.* Vor dem Allerheiligsten befand sich das Heiligtum, in das der Priester täglich eintreten durfte (ins Allerheiligste nur am großen Versöhnungstag, vgl. 3. Mose 16**).

Das Volk stand im Vorhof. Der alttestamentliche Tempel war ziemlich klein (etwa so groß wie eine kleine Dorfkirche oder eine große Kapelle). Es war ja auch nicht erforderlich, daß er groß war, denn die Menschen kamen ja nicht innerhalb des Tempels zusammen, sondern befanden sich im Vorhof. Der Tempelvorhof war aufgeteilt: Es gab den »Vorhof der Männer«, den »Vorhof der Frauen« und sogar den »Vorhof der Heiden«.

Der Priester ging vom Vorhof aus in den Tempel hinein, brachte das Opfer dar, kam wieder heraus und segnete das Volk.

Wie ist es aber im Neuen Testament? Paulus sagt, die Gemeinde Jesu dürfe miteinander *im* Allerheiligsten leben. »Allerheiligstes« heißt hier: Der Herr ist in der Mitte und um ihn herum seine Gemeinde. Es ist das Leben miteinander im Allerheiligsten, im Gottesdienst. »Gott ist gegenwärtig. Lasset uns anbeten...« (G. Tersteegen, EKG 128).

Das Wissen um die große Gegenwart des Herrn ist etwas Gewaltiges, um das Christen jederzeit wissen sollten. Im Blick auf diese Gegenwart Gottes hat Gerhard Tersteegen gesagt, das mache im Grunde genommen das ganze Christsein aus: ein stetes Bewußtsein der großen, guten, wundervollen Gegenwart unseres Herrn zu haben. Das andere im Christsein sei alles eine Folge davon.

Mit einer Skizze (Abb. 19) möchte ich veranschaulichen, was der Inhalt des Gottesdienstes ist: Der Jammer des Menschen ist der gestörte »Kreislauf«. Statt daß der Mensch in dem großen »Kreislauf« um Gott steht, so daß Gott *schenkt* und der Mensch *dankt*, Gott *gibt* und der Mensch *gibt sich hin*, dreht sich der natürliche, der »alte Mensch« (der Mensch ohne Gott) um sich selbst. »Ich, mein, mir, mich« – das ist die elende »Karussellmusik«! So ist der Mensch wie eine Krebszelle im Ganzen der Schöpfung (Abb. 19, links: Das alte Wesen).

---

* Vgl. Band 1 dieser »Einführung in die biblischen Bücher«, S. 37 f. (Anm. d. Hg.)

** Vgl. Band 1, S. 42-44. (Anm. d. Hg.)

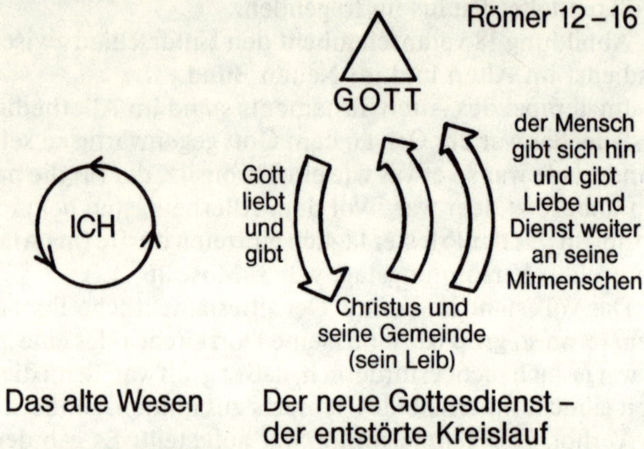

Abb. 19: Leben im Gottesdienst (2)

Demgegenüber hat Jesus Christus angefangen, seine Gemeinde – seinen »Leib« – in sein Liebesverhältnis zum Vater mit hineinzunehmen. Gott liebt und gibt, und der Mensch – Jesus Christus und die, die er sich »einverleibt« hat – liebt, lobt und dient Gott in Anbetung, Dank, Liebe, Hingabe und Leidensbereitschaft. Ein Mensch, der dies durch Jesus Christus erfährt und gewinnt, lebt so, daß die anderen Menschen um ihn herum miteinbezogen werden (Abb. 19, rechts: Der neue Gottesdienst – der entstörte Kreislauf).

Womit der Mensch sich unmittelbar an Gott wendet, heißt im Griechischen *leiturgia* (»Liturgie«, wozu ja auch die Predigt gehört; das ist der »Dienst, der die Versöhnung predigt«, 2. Kor 5,18b). *Diakonia* hingegen ist der Dienst, den ein Mensch seinen Mitmenschen tut; auch dieser Dienst wird – nach dem Neuen Testament – so getan, daß er letztlich Gott gilt.

So kommt es zu dem neuen Gottesdienst, zum entstörten »Kreislauf«*. –

Paulus bringt schon in 12,1 das Ganze auf den Nenner; alles andere, was er danach sagt, ist nur die Entfaltung dessen.

---

* Vgl. die Ausführungen über den Gottesdienst in Band 1 dieser »Einführung in die biblischen Bücher«, S. 161-164. (Anm. d. Hg.)

b) Für die Aufgaben werden die Geistesgaben (charismata) geschenkt (12,3-8)

An seine grundsätzlichen Aussagen (V. 1 f.) schließt Paulus unmittelbar an, daß die Gemeinde zu diesem Gottesdienst auch eine Ausrüstung empfängt. Gott gibt diese Ausrüstung so, wie er will, *»daß niemand mehr von sich halte, als sich's gebührt zu halten«*, einem jeden nach dem *»Maß des Glaubens«* (V. 3). Es ist falsch, wenn ein einzelner Christ meint, er könne alles tun; es ist auch falsch, wenn jemand als Christ die Erwartung hat, er müsse alles können. Gott verteilt vielmehr die Gaben, und die Christen sind aufeinander angewiesen.

c) Das alles in der Gemeinschaft des einen Leibes, in der Liebe Christi (12,9-16)

Paulus spricht als Drittes in diesem Zusammenhang davon, daß Christen im Heiligtum nicht solo leben (also nicht nur »Gott und die Seele«), sondern in der Gemeinschaft der Gemeinde. Paulus spricht hier Dinge an, die gerade diese Gemeinschaft betreffen. Er sagt, was es heißt, der Heimat gemäß zu leben, in feinen Worten: *»Einer komme dem andern mit Ehrerbietung zuvor... Haltet euch nicht selbst für klug«* (V. 10b.16b).

d) Das Leben im Gottesdienst zeigt sich auch in der Umwelt von Christen (12,17-21)

Nachdem er das Leben innerhalb der Gemeinde angesprochen hat, spricht Paulus auch davon, wie die Gemeinde nach außen wirkt: *»Ist's möglich, soviel an euch liegt, so habt mit allen Menschen Frieden«* (V. 18). Paulus führt auch aus, daß es recht sei, die Feinde zu lieben, *»›feurige Kohlen aufs Haupt zu sammeln‹«* (V. 20). Das sind keine Kohlen, die weh tun, sondern solche, die andere Menschen auch »brennend« machen. Man wendet dem anderen die Liebe so zu, daß er bald auch durch den Geist brennend ist.

Das ist den Christen in Rom damals schon bald durch die Christenverfolgung geschenkt worden, die ja in Rom früher einsetzte als andernorts. Christen haben Häscher, die sie fangen sollten, erst einmal in ihr Haus eingeladen und gestärkt, ehe sie mit ihnen gegangen und oft hingerichtet worden sind.

e) Auch über die römische Staatsordnung unter Nero ist Gott *der Herr (13,1-7)*

Hier zeigt Paulus, mit welcher Überlegenheit, Gelassenheit und Freundlichkeit die Christen damals auch den römischen Staat gesehen haben. Mochte sich die Staatsmacht noch so gottwidrig benehmen – sie war doch von Gott eingesetzt. Sie war keine Gottheit, die mit Gott konkurrieren konnte, sondern Gott hat auch sie in der Hand: *»Es ist keine Obrigkeit außer Gott; wo aber Obrigkeit ist, die ist von Gott eingesetzt«* (V. 1b).

Des weiteren hat Paulus den Christen in Rom gesagt, die Obrigkeit sei *»dir [der Gemeinde in Rom] zugut«* gegeben (V. 4). Die Obrigkeit muß auch den Christen dienen. Sie weiß gar nicht, wie sehr sie auch Gott dienen muß.

Paulus sagt dann noch, daß das eine Notordnung Gottes sei, die erhalten werden muß, solange diese Welt noch besteht. Die Obrigkeit ist von Gott verordnet – wie etwa ein Arzt eine schmerzstillende oder beruhigende Spritze verordnet, ehe die eigentliche Heilung zur Auswirkung kommt. Solch eine Spritze heilt einen kranken Menschen noch nicht, aber sie bewirkt, daß er die schwere Zeit der Krankheit übersteht.

Entsprechend verhält es sich mit der Notordnung Gottes. Die eigentliche »Heilung« geschieht durch das Evangelium, durch das Wort, durch den Geist. Aber damit sich die Welt nicht vorher selbst zerstört, ehe Gottes Heilungsprozeß ganz zur Auswirkung kommt, gibt Gott die Notordnung des Staates.

So redet Paulus auch davon, daß Christen dem Staat in königlicher Freiheit den Beitrag geben, den dieser Staat verlangt, die *»Steuer«*, und die *»Ehre«*, wenn sich die Vertreter dieses Staates auch noch so ungut benehmen (V. 7). Mit dieser großen geistigen Überlegenheit begegnen die Christen in Rom, in der »Höhle des Löwen«, dem Staat.

f) Die Liebe gegenüber allen Menschen ist Summe und Hauptnenner des guten Gotteswillens für Christen (13,8-10)

Sodann fordert Paulus zur Liebe zu allen Menschen auf. Die Christengemeinde ist kein Konventikel, in dem man sich auf sich selbst beschränkt. *»Die Liebe ist des Gesetzes Erfüllung«* (V. 10b), d.h. wer *»den andern liebt«*, der läuft mit seinem ganzen Leben in den Bahnen Gottes.

g) All das geschehe in der Erwartung und Vorfreude auf den großen Tag (13,11-14)

Alles, was Paulus vom Leben der Christen aufgezählt hat, geschehe angesichts des nahenden Tages: *»Die Nacht ist vorgerückt, der Tag aber nahe herbeigekommen. So laßt uns ablegen die Werke der Finsternis und anlegen die Waffen des Lichts«* (V. 12).

h) Glaubende werden in »Mitteldingen« unterschiedlich geführt (14,1-15,13)

Hier kommt Paulus auf ein Letztes zu sprechen, das offenkundig die Gemeinschaft der Christen in Rom zu sprengen drohte. Es war dies, daß die Christen dort unterschiedliche Auffassungen etwa im Blick auf den Fleischgenuß hatten.

Vielleicht war daran gedacht, daß das meiste Fleisch durch die Schlachtung zum Opfer in den heidnischen Tempeln gewonnen wurde. Dort hat man wohl nur das Blut, die Innereien oder andere einzelne Teile der Tierkörper dargebracht und das Übrige durch Metzger verkauft.

Vielleicht ist aber auch gemeint, daß es Judenchristen ein Greuel war, Schweinefleisch zu essen, während Christen, die keine Juden waren, sich das haben schmecken lassen.

Solches drohte die römische Gemeinde auseinanderbrechen zu lassen. Die einen tranken Wein, die anderen keinen; die einen aßen Fleisch, die anderen nicht...

Dazu sagt Paulus, das seien »Mitteldinge«, also Angelegenheiten, für die keine direkten und eindeutigen Gebote Gottes gegeben waren. Paulus meint, daß diese Fragen nicht so wichtig genommen werden sollten.

Für Paulus entscheidet es sich nicht an Essen und Trinken, ob Menschen Gott gefällig leben oder nicht. *»Das Reich Gottes ist nicht Essen und Trinken [und nicht Nichtessen und Nichttrinken], sondern Gerechtigkeit und Friede und Freude in dem heiligen Geist«* (14,17).

Es geht vielmehr darum, daß die Glieder der Gemeinde einander auferbauen und daß keiner dem anderen einen Anstoß gebe. Wer einen anderen durch Weingenuß gefährdet, für den solcher Genuß bedenklich oder sonstwie anstößig ist, der soll lieber auf den Wein verzichten.

Viel wichtiger als Essen und Trinken und als die eigene Freiheit in diesen Dingen ist die Rücksicht der Liebe auf den Bruder oder die Schwester, so daß man ihn oder sie nicht in Gefahr bringt. Christen sollten lieber auf eine gewisse Freiheit verzichten als anderen zum Ärgernis werden (vgl. 14,13.19.21).

2.4 Der Briefschluß (15,14-16,27)

Den Brief abschließend spricht Paulus über (a) seinen Auftrag als Apostel (15,14-21), (b) seine Reisepläne (15,22-32); er läßt (c) eine Empfehlung und Grüße an Christen in Rom weitergeben (16,1-16) und warnt (d) vor Irrlehrern (16,17-20) – mit der wunderbaren Aussicht: *»Der Gott des Friedens wird den Satan unter eure Füße treten in Kürze«* (V. 20a).

Darauf folgt (e) ein abschließender Gruß von Mitarbeitern des Paulus (16,21-24), ehe Paulus (f) mit dem Lobpreis Gottes (16,25-27) seinen Brief an die Gemeinde in Rom beendet.

Der erste Brief des Paulus an die Korinther

1. Einleitung

1.1 Adressat, Anlaß, Ort und Zeit der Abfassung des Briefes

Man kann den 1. Korintherbrief verhältnismäßig sicher datieren: Im Jahre 50 n. Chr. kam Paulus im Verlauf seiner zweiten Missionsreise herüber von Troas nach Mazedonien und reiste über Philippi, Thessalonich und Athen nach Korinth. Er missionierte in allen diesen Orten mit seinem Begleiter Silas, wiewohl er sich überall nur kurz aufhalten konnte, auch in Athen. Daher traf Paulus wohl noch im selben Jahre in der Stadt Korinth ein.*

Paulus kam in großer Bangigkeit nach Korinth. In 1. Thess 3 schreibt der Apostel vor allem von seiner großen Sorge um die Christen in Thessalonich, aber auch von seiner Einsamkeit in Korinth. Er hatte Silas und Timotheus nach Thessalonich zurückgeschickt aus Sorge um die frischgegründete Gemeinde dort und war ausnahmsweise alleine nach Korinth gekommen.

So kam er in die ohnehin berüchtigte Hafenstadt Korinth. Im Altertum hieß »leichtsinnig leben« »korinthisch leben«. Korinth war eben eine typische Hafenstadt.

Obwohl die Missionsarbeit des Paulus dort teilweise erheblich erschwert wurde (durch die Juden; vgl. Apg 18), konnte der Apostel in dieser Stadt doch recht lange Zeit ungestört arbeiten – länger als ein Jahr – und so die Gemeinde in Korinth gut aufbauen.

---

* Man kann den Aufenthalt des Paulus in Korinth relativ gut datieren, weil der römische Statthalter Gallio der Provinz Achaja erwähnt wird, der nur eine kurze Zeitspanne in Korinth war: 51-52 n.Chr. (vgl. Apg 18,12.14.17). (Anm. d. Vf.)

Paulus bekam für seine Arbeit in Korinth eine persönliche Zusage des Herrn: »Fürchte dich nicht, sondern rede und schweige nicht! Denn ich bin mit dir, und niemand soll sich unterstehen, dir zu schaden; denn ich habe ein großes Volk in dieser Stadt« (Apg 18,9 f.). Dieses Wort war für Paulus sehr tröstlich.

Paulus ist also erst nach einer geraumen Zeit von Korinth aus weitergereist. Das war der Abschluß der zweiten Missionsreise. Zwischendurch ging er nach Jerusalem und Antiochia, ehe er dann auf der dritten Missionsreise nach Ephesus kam, wo er den »ersten« uns erhaltenen Korintherbrief schrieb.

Paulus sorgte sich auch nach seinen Besuchen stark um die Gemeinden – insbesondere um die, die er gegründet hatte –; er wußte sich für sie verantwortlich und hat auch, wie er mehrfach sagt, Tag und Nacht für sie gebetet. So hat er an dem, was in diesen Gemeinden vor sich ging und wie sie sich entwickelten, Anteil genommen und ihnen mit seinem Rat beigestanden usw.

Zwischen Paulus und der Gemeinde in Korinth müssen etliche Briefe gewechselt worden sein. Ein allererster Brief des Apostels, der in 5,9 erwähnt wird, ist nicht erhalten und überliefert worden. Schon in diesem Brief hatte Paulus auf bestimmte Fragen der Korinther Antwort gegeben; das wiederholte sich wieder, denn die Korinther stellten neue Fragen, auf die Paulus erneut in einem Brief eingeht (7,1; 8,1). Aber auch andere Nachrichten der Gemeinde wurden dem Apostel überbracht, in denen über Mißstände in der Gemeinde berichtet wurde und die ihm Sorgen machten, unter anderem »durch die Leute der Chloë« (1,11). Es könnte sein, daß die hier erwähnte Gruppe aus Menschen bestand, die im Haus einer wohlhabenden Frau namens Chloë tätig waren. Es könnte damit aber auch ein Hauskreis der Gemeinde in Korinth gemeint sein (die Gemeinden, die Paulus gründete, waren ja generell stark aus Hauskreisen aufgebaut).

Aufgrund dessen, was er aus Korinth hörte, hat Paulus seinen Begleiter Timotheus zu der stark bedrohten Gemeinde gesandt; der Apostel legt zweimal für den jungen Timotheus Fürsprache ein, daß ihn die Korinther doch ernstnehmen sollten (4,17; 16,10; vgl. Apg 19,22).

Am Schluß dieses Briefes erwähnt Paulus, daß er bis Pfingsten in Ephesus bleiben und danach etwas anderes tun wolle (16,8). Man nimmt deshalb an, daß der Apostel den ersten Korintherbrief im Jahre 55 n.Chr. kurz vor Pfingsten geschrieben hat.

1.2 Art und Aufbau des Briefes

Aus der oben geschilderten Art und Weise der Entstehung des ersten Korintherbriefs ergibt sich, daß dieser Brief anders aufgebaut ist als z.B. der Brief des Paulus an die Christen in Rom. In seinem ersten Brief an die Korinther legt Paulus keinen durchgehenden Gedankengang vor, sondern (um es bildhaft auszudrücken) einen »Strauß« von Antworten (auf dringliche Fragen der Korinther) und Weisungen.

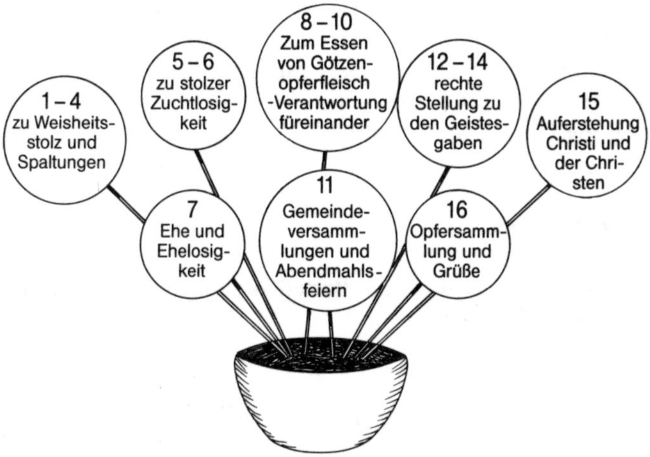

Abb. 20: Der erste Brief des Paulus an die Korinther – ein »Strauß« von Antworten und Weisungen

Für den gesamten ersten Korintherbrief gilt freilich, daß wir die Fragen nicht kennen, die die Korinther an Paulus gestellt haben. Wir können lediglich aus der Antwort des Paulus auf die jeweilige Frage zurückschließen.

Daß Paulus in diesem Brief auf viele und vielfältige Fragen der Korinther eingeht, schließt allerdings nicht aus, daß er dabei auch einen durchgehenden Gedanken verfolgt und sich mit einer grundlegenden Schwierigkeit auseinandersetzt. Der Gesamtzusammenhang des Briefes ist, daß der Apostel sich grundlegend mit der Eigenmacht und dem Überschwang des sich klug und frei vorkommenden Menschen auseinanderzusetzen hat und demgegenüber den Glaubensgehorsam der Jesusnachfolge – auch im Denken – vertritt. Diese Stellungnahme des

Paulus tritt im ersten Korintherbrief an mehreren Stellen in Erscheinung.

Der erste Korintherbrief ist so gegliedert:
1. Weisheitsstolz, Schwören auf Parteihäupter, Spaltungen in der Gemeinde (Kap. 1 - 4)
2. Christliche Freiheit wird mit stolzer Zuchtlosigkeit verwechselt (Kap. 5 f.)
3. Ehe und Ehelosigkeit (Kap. 7)
4. Das Essen von Götzenopferfleisch – die Verantwortung der Christen füreinander (Kap. 8 - 10)
5. Gemeindeversammlung und Abendmahlsfeier (Kap. 11)
6. Die rechte Stellung zu den Geistesgaben (Kap. 12 - 14)
7. Auferstehung Jesu Christi und der Christen (Kap. 15)
8. Sammlung für die notleidende Gemeinde in Jerusalem (Kap. 16)

2. Zum Einzelnen

2.1 Weisheitsstolz, Schwören auf Parteihäupter, Spaltungen in der Gemeinde (Kap. 1 - 4)

In den Kapiteln 1 - 4 setzt sich Paulus mit dem echt griechischen Weisheitsstolz auseinander. Wegen dieses Weisheitsstolzes war es zu Spaltungen in der Gemeinde gekommen: Die einen schworen auf dieses, die anderen auf jenes Parteihaupt. Die Parteihäupter selbst wollten zwar keine Anführer sein, aber man hat ihnen diese Rolle zugewiesen.

a) Warum es in der Gemeinde von Korinth zu Spaltungen kam

Die Auseinandersetzungen in Korinth, auf die Paulus zu sprechen kommt, haben einen bestimmten zeitgeschichtlichen Hintergrund:

Es ist auffallend, daß das kleine Volk der Griechen schon vor mehr als 2000 Jahren die Grundlage für die abendländische Kultur, ja für die Weltkultur von heute schaffen konnte. In den sechs Jahrhunderten vor Christi Geburt haben die Griechen auf den verschiedensten Gebieten herausragende Leistungen vollbracht (mit einem gewissen zeitlichen Schwerpunkt um 300 - 100 v. Chr.). Die Griechen waren damals auf dem Südzipfel der Balkanhalbinsel, auf einigen vorgelagerten Inseln und am Westrand Kleinasiens angesiedelt.

Man hat immer wieder die Frage gestellt, wie die Griechen das fertigbringen konnten. Gewiß war dieses Volk sehr begabt; aber es war auch eine bestimmte Arbeitsmethode, die die Griechen zu solch einer Größe werden ließ.

Diese Methode ist der *»Agon«*, der Wettstreit, der Wettbewerb, gewesen. Der Wettstreit auf dem Gebiet des Sports fand in der Stadt Olympia statt (auf der Halbinsel Peloppones). Alle vier Jahre ermittelte man den Meister in allen Sportarten, ehrte ihn und stellte ihn groß heraus. Jeder mußte Vielkämpfer sein, weil er in allen Sportarten zu kämpfen hatte.

Schiller brachte in seinem Gedicht »Die Kraniche des Ibikus« zum Ausdruck, daß auch in Korinth Wettkämpfe stattfanden – Wettkämpfe in Dichtung und Gesang.

Ein steter Wettstreit im Denken, in der Philosophie fand vor allem in Athen statt (die Philosophie war damals keine Einzelwissenschaft im heutigen Sinne, sondern eine Weltdeutung, die alle Gebiete bis hin zur Mathematik umfaßt hat). In Athen kamen die Philosophen zusammen. Einer trug seine Gedanken vor, und die Zuhörer klatschten Beifall oder lachten ihn aus, je nachdem. Daraufhin kam der Nächste und trug sein Konzept vor. Auch sein Vortrag wurde beurteilt. Jeder wollte den anderen übertreffen, und so spornten sich die Philosophen gegenseitig zu immer besseren Denkentwürfen an.

Man tat in einem gewissen Sinne alles für diese Ehre, »immer der Erste zu sein und vorzustreben den anderen« (wie es einer von ihnen gesagt hat). Man freute sich, daß man es »so herrlich weit gebracht« hatte und schaute auf die anderen Menschen nieder, die man als »Barbaren« ansah.

Der Gedanke des Wettbewerbs ist auch bei uns in Wirtschaft und Wissenschaft (angefangen schon in der Schule) wie selbstverständlich bestimmend. Das hat natürlich sein Gutes und hat unser abendländisches Lebensniveau, die Qualität der Waren usw. mitbewirkt.

Aber dieser Gedanke des Wettbewerbs führte auch zu Härte und Grausamkeit: Jeder will den anderen übertreffen und besiegen, konträr zum Evangelium, ihm entgegengesetzt. Und eine Gemeinde, eine Kirche, eine Christenheit geht zugrunde, wenn dieser Geist des Wettstreits in ihr Einzug hält.

Das hat sich in Korinth gezeigt. Die Haltung, die in der Welt ihr Gutes haben mochte, drohte auch in der christlichen Gemeinde in Korinth bestimmend zu werden. Die Christen von Korinth sind nicht von allem frei gewesen, als sie das Evangelium hörten und zum Glauben kamen. Die bisherigen Gedanken waren noch da und lebten weiter.

Da aber nicht jeder der Gemeinde fähig war, eine wichtige Rolle zu übernehmen, entstanden Gruppierungen. Wenn man schon als einzelner nicht allein die beherrschende Rolle spielen konnte, dann sollte das doch die eigene Gruppierung tun, das »Parteihaupt«, das man auf den Schild heben wollte. Auf diese Weise kam es zu Spaltungen (1,10 ff.).

Man schwor also auf bestimmte Leute, die die ihnen zugedachte Rolle gar nicht übernehmen wollten, und tat mit seiner »Partei« groß: *»Ich gehöre zu Paulus... Ich zu Apollos... Ich zu Kephas... Ich zu Christus«* (1,12b; vgl. 3,5 ff.).

Dies wurde Paulus von den *»Leuten der Chloë«* berichtet (1,11). Die verschiedenen Gruppierungen der Gemeinde in Korinth lagen miteinander im Streit und sind nicht mehr miteinander zusammengekommen.

Paulus redet in den Kapiteln 3 und 4 ganz anders von den sog. »Parteihäuptern«: »Diener sind sie, durch die ihr gläubig geworden seid...« (3,5). Die »Parteihäupter« sind eigentlich der Gemeinde zu Diensten – zum Dienst unter dem einen Herrn. Sie sind »Gottes Mitarbeiter« (3,9) und dazu da, »Gehilfen eurer Freude« zu sein (2. Kor 1,24). Die Korinther sollen diesen Sachverhalt nicht verdrehen und verfälschen. Der Herr hat seine liebe Gemeinde und setzt in ihr Leute zum Dienst ein; es ist ganz unsinnig, daraus Parteiungen zu machen. (Das sagt Paulus besonders in Kap. 3 sehr deutlich.)

b) Die Folgen des Weisheitsdünkels in Korinth

Die Weisen in Athen und Korinth waren in jener Zeit Epigonen, also Nachfahren und »Nachschwätzer« von früheren Größen. Stolz waren sie freilich, wenn es auch an der Qualität ihrer Weisheit erheblich gemangelt hat.

Dieser Weisheitsdünkel der Korinther hat noch etwas mit sich gebracht. Wie die Griechen in Athen lehnten auch die Korinther – selbst diejenigen, die schon zur Gemeinde gehörten – das Kreuz Jesu ab (1,18 ff.). Der Weisheitsdünkel mußte sich auf jeden Fall mit dem »Wort vom Kreuz« reiben, ja die Kreuzesbotschaft ablehnen. Denn wenn der Mensch meint, er habe es ja »so weit gebracht«, dann erscheint ihm das *»Wort vom Kreuz«* als widersinnig.

Was ist denn das Kreuz Jesu? Das Kreuz ist ein katastrophales Urteil über uns Menschen. Wie ein Lehrer eine Schülerarbeit mit dem Rotstift durchstreicht, weil er sonst überall nur Fehler anzeigen müßte, so ist Gott mit uns Menschen verfahren. Aber er hat das an unserer Stelle an einem anderen vollzogen: Er hat das, was unser ist, als völlig unbrauchbar, als verloren durchkreuzt.

So spricht das *»Wort vom Kreuz«* einzig und allein davon, daß der barmherzige Gott um des Opfers Jesu willen uns Menschen als vollständige Bankrotteure vollkommen begnadigt.

Die Rolle des Bankrotteurs nimmt aber weder der – vermeintlich – Fromme gern ein noch derjenige, der meint, er habe es in seiner Bildung doch so weit gebracht.

Daher ist es zu verstehen, wenn Johann Wolfgang von Goethe in einer gewissen Phase seiner Entwicklung sagte: »Alle Dinge kann ich ertragen, nur drei nicht: Wanzen, Knoblauch und das Kreuz.«

So ist dieses *»Wort vom Kreuz eine Torheit denen, die verloren werden; uns aber, die wir selig werden, ist's eine Gotteskraft«* (1,18).

c) Worauf Gott angewiesen ist

Paulus weist am Ende von Kapitel 1 darauf hin, daß Gott gar nicht auf die vermeintlich Weisen angewiesen ist. Gott bedarf keiner menschlichen Qualität, sondern kann nach anderem greifen. Er wählt deshalb seine Werkzeuge in königlicher Freiheit: *»Nicht viele Weise nach dem Fleisch, nicht viele Mächtige, nicht viele Angesehene sind berufen. Sondern was töricht ist vor der Welt, das hat Gott erwählt, damit er die Weisen zuschanden mache; und was schwach ist vor der Welt, das hat Gott erwählt, damit er zuschanden mache, was stark ist...«* (1,26 f.).

Gott kann auch mit Schwachen Großes ausrichten, denn *»die Torheit Gottes ist weiser, als die Menschen sind, und die Schwachheit Gottes ist stärker, als die Menschen sind«* (1,25b).

Gott tut mit den geringen Leuten, nach denen er greift, etwas Segensvolles. Warum? *»...damit sich kein Mensch vor Gott rühme«* (1,29).

d) Menschenweisheit und göttliche Weisheit

Paulus durchdenkt und entfaltet in Kapitel 2 in großartiger Weise das, was er in 1,30 sagt: *»Durch Gott seid ihr in Christus Jesus, der uns von Gott gemacht ist zur Weisheit und zur Gerechtigkeit und zur Heiligung und zur Erlösung.«*

Christen sollen keineswegs auf die Weisheit verzichten. Ihnen ist nicht der Verzicht auf das Denken geboten, sondern eine neue Weise des Denkens, eine neue Weisheit. In 2. Korinther 10 sagt Paulus, daß nicht die Vernunft vernichtet werden soll, sondern daß »alles Denken in den Gehorsam gegen Christus« gefangengenommen werden soll (2. Kor 10,5).

So stellt Paulus in Kapitel 2 profiliert heraus, was Menschenweisheit und was göttliche Weisheit ist.

Wenn hier von Weisheit die Rede ist, dann ist damit immer die Weisheit gemeint, die das Letzte ergründen will, die also nach dem Woher, dem Wozu und dem Wohin des menschlichen Lebens fragt.

Der Unterschied von menschlicher und göttlicher Weisheit ist in Abbildung 21 grafisch dargestellt.

Bei der menschlichen Weisheit steht der Mensch im Mittelpunkt; alles soll um ihn kreisen, selbst dann, wenn er von Gott redet. Wenn Gott nur der Lieferant des menschlichen Glückes ist und die eigenen Gedanken des Menschen nur bestätigen soll, dann ist das nicht Gott, sondern nur eine Idee namens »Gott«.

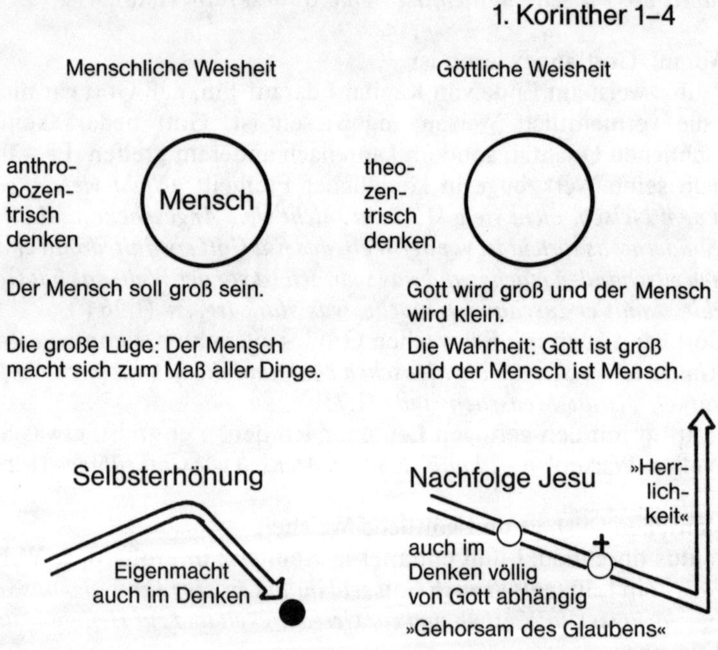

Abb. 21: Menschliche und göttliche Weisheit

Der Mensch will groß sein. Das bezeichnet man als das anthropozentrische Denken. *Anthropos* (griech.) heißt »Mensch«; beim anthropozentrischen Denken steht also der Mensch in der Mitte.

Dieses Denken ist seit der Aufklärung insbesondere auch dem Abendland eigen.

Martin Haug, der frühere Landesbischof von Württemberg, hat den Satz geprägt, daß die Aufklärung eine »Kopernikanische Umwälzung mit umgekehrtem Vorzeichen« gewesen sei.

Kopernikus hat entdeckt, daß sich nicht die Sonne um die Erde, sondern die Erde um die Sonne kreist.

Fast um dieselbe Zeit wie diese Entdeckung des Kopernikus setzte die Entwicklung ein, daß im Geistigen das Umgekehrte erfolgt ist: Aufeinmal meinte der Mensch, im Mittelpunkt zu stehen und alles müsse sich um ihn bewegen und um ihn herum geordnet sein.

Der Mensch meinte auch, daß sich selbst Gott vor ihm, dem Menschen, rechtfertigen müsse. Fragen wie: »Wie kann Gott dies oder jenes zulassen?« rühren von daher, daß der Mensch Gott richten will. Von dem Philosophen Leibniz her stammt das Bemühen um eine Theodizee, eine »Rechtfertigung Gottes« durch den Menschen. Das alles hängt mit dem anthropozentrischen Denken der Aufklärung zusammen.

Der natürliche Mensch vernimmt nichts von Gottes Geist. Er geht seinen Weg mehr oder weniger stolz, macht seine Entwürfe, sein Konzept, seine Weltdeutung. Doch das alles ist ein Holzweg. Von sich aus kann der Mensch die Fragen nach dem Woher, Wozu und Wohin nicht beantworten.

Ein Theologe hat den guten Satz gesagt: »Auch zwischen unserem Denken und Gott steht das Kreuz.« Auch unser Denken ist also im Letzten von Ihm durchkreuzt, verurteilt, in den Tod gegeben.

Demgegenüber zeigt Paulus das theozentrische Denken, bei dem der Mensch um Gott kreist. Gott wird groß, und der Mensch ist klein. Die Väter des Pietismus haben von der »Weisheit im Staube« gesprochen. Das besagte nichts anderes als: Allein in der Beugung unter Gott ist Gott zu erkennen. Diese Gotteserkenntnis geschieht gewissermaßen auf den Knien.

Das ist die göttliche Weisheit, ist eigentlich »Theologie«. Jeder Mensch, der das übt, ist im Grunde genommen ein Theologe, ob er nun Pfarrer ist oder nicht. Theologie ist das Nach-Denken der uns geoffenbarten großen Gedanken Gottes.

Auf das Nachdenken folgt aber auch das Nachvollziehen dieser Gedanken Gottes im Glaubensgehorsam. »Deine Gedanken sind sehr tief«, sagt der Beter in Psalm 92,6. »Wie unbegreiflich sind seine [Gottes] Gerichte und unerforschlich seine Wege!« sagt Paulus am Schluß von Römer 11, nachdem er von Israel sprach.

Und doch hat Gott uns Menschen ins Vertrauen gezogen. »Ich sage hinfort nicht, daß ihr Knechte seid; denn ein Knecht weiß nicht, was sein Herr tut. Euch aber habe ich gesagt, daß ihr Freunde seid; denn alles, was ich von meinem Vater gehört habe, habe ich euch kundgetan«, sagt Jesus (Joh 15,15).

Auch im Denken, Wissen und Erkennen sollen Christen ganz von Gott abhängig werden. Ihre Nachfolge Jesu soll nicht nur im Handeln und im Wollen geschehen. Auch in ihrem Denken sollen sie eng bei Jesus bleiben und in den eigenen Konzeptionen nicht eigenmächtig sein.

Die Nachfolge im Denken war Johann Albrecht Bengel besonders wichtig, aber auch Adolf Schlatter und Karl Heim. –

Mit dem Wort »Herrlichkeit« in Abbildung 21 wird die Endstation angegeben. »Herrlichkeit« ist die enthüllte Göttlichkeit auch des Menschen. Dreht sich der Mensch mit seinem ganzen Leben, auch mit seinem Denken, um Gott, so ist er ganz in Ordnung gebracht.

Auf diese Herrlichkeit auch für uns arbeitet Gott zu. Wir werden in sein Wesen umgewandelt und gestaltet.

2.2 Christliche Freiheit wird mit stolzer Zuchtlosigkeit verwechselt (Kap. 5 f.)

Ging es in den Kapiteln 1 - 4 um eine Frage des *Denkens*, so betreffen die Kapitel 5 und 6 eine Frage des *Lebens*. Wie im Denken sind die korinthischen Christen auch im Leben in ihrem Überschwang zügellos und eigenmächtig. Sie verwechseln die christliche Freiheit mit Zuchtlosigkeit und Zügellosigkeit.

Paulus setzt sich in diesen Kapiteln mit schmerzlichen Dingen auseinander: daß die Korinther nämlich die Freiheit vom Gesetz (d.h. von einem Soll, das erfüllt werden müßte, ehe man gerettet wird) mit Gesetzlosigkeit (d.h. der [gläubige] Mensch tut, was ihm in den Sinn kommt) verwechseln.

Es zeigt sich hier auch, daß solche entarteten Christen sogar das tun, was es *»nicht einmal unter den Heiden gibt«* (5,1), daß also sogar der Sittenkodex der Nichtchristen und deren Anstandsregeln durchbrochen werden.

Es geht im konkreten Fall darum, daß sich ein Mann mit der Frau seines Vaters (vermutlich mit seiner Stiefmutter) verbunden hat (Kap. 5). Paulus wirft den Korinthern vor: *»Und ihr seid aufgeblasen und seid nicht vielmehr traurig geworden«* (5,2a). Die Korinther meinten also, sie könnten das gut verkraften.

Paulus bestimmt, daß dieser Mann aus der Gemeinde ausgeschlossen wird, damit er nicht ansteckend auf die anderen wirkt (5,3-8). Er sagt: *»Wenn ihr in dem Namen unseres Herrn Jesus versammelt seid und mein Geist samt der Kraft unseres Herrn Jesus bei euch ist, soll dieser Mensch dem Satan übergeben werden zum Verderben des Fleisches, damit der Geist gerettet werde am Tage des Herrn«* (5,4 f.).

Paulus betont dabei, daß solch eine Trennung nur innerhalb der Gemeinde in Betracht komme, nicht im Blick auf die Umwelt – *»sonst müßtet ihr ja die Welt räumen«* (5,10b). Diese Reinigung der Gemeinde betrifft nur den, *»der sich Bruder nennen läßt und ist ein Unzüchtiger oder ein Geiziger oder ein Götzendiener...«* (5,11).

Paulus vollzieht diesen Akt der Gemeindezucht nicht, weil er daran Gefallen hätte, sondern er handelt wie eine Mutter, die bei der Auslese des Obstes für ihre Kinder das schlechte Obst um der Kinder willen aussortiert.

In Kapitel 6 geht es mehr um die wirtschaftlichen Belange. Auch im Bereich des Wirtschaftlichen wuchert unter den Korinthern die alte, ungezügelte Art. Christen prozessieren gegeneinander vor einem ungläubigen, heidnischen Richter und schämen sich dessen nicht (6,1-8). *»Wißt ihr nicht«*, sagt Paulus zu ihnen (V. 3), *»daß wir über Engel richten werden?« »Wenn nun die Welt von euch gerichtet werden soll, seid ihr dann nicht gut genug, geringe Sachen zu richten?«* (V. 2b).

In Kapitel 6 geht es aber auch noch um ein Fehlverhalten von Christen in Korinth, die offenkundig früher ins Bordell gegangen waren und die meinten, als Christen hätten sie die Freiheit, das weiterhin zu tun (V. 12-20). Aber nicht alles ist für Christen gut (V. 12). Ja, Paulus weist darauf hin, daß Christen vor der Entscheidung stehen, entweder mit dem Herrn oder mit dem Menschen verbunden zu sein, der auf der Seite des Feindes ist. Hier fallen ganz schwerwiegende Entscheidungen.

In diesem Zusammenhang sagt Paulus: *»Wißt ihr nicht, daß euer Leib ein Tempel des heiligen Geistes ist?«* (V. 19a). Der Heilige Geist ist ja »Christus in uns«, »Gott in uns«. Paulus meint, man dürfe auf keinen Fall diesen »Tempel« verderben. Ein Zusammenschluß mit unreinen Menschen kommt darum für Christen nicht in Betracht, denn sie sind mit ihrem Herrn zusammengeschlossen.

Es ist wohl in der gesamten Weltliteratur nirgends so groß vom Leib des Menschen gesprochen worden wie hier. Dennoch hat man Paulus Leibfeindlichkeit vorgeworfen.

Paulus redet in den ersten Kapiteln des ersten Korintherbriefes sehr ernst von der Zügellosigkeit, die in der Gemeinde von Korinth eingerissen ist. Bei den Korinthern zeigt sich durchgehend die Neigung, in einem Überschwang, in einem Weisheitsdünkel überheblich zu sein und mit beiden Beinen nicht auf dem Boden zu stehen. Demgegenüber will Paulus die Korinther wieder ganz auf den Boden des Glaubensgehorsams und der klaren Christusnachfolge stellen.

Auch wir in unserer Zeit kennen eine weit um sich greifende Verwirrung in der Ethik, im Sittlichen, die bis in christliche Kreise hineinwirkt. Daher ist es angebracht, daß wir den ersten Korintherbrief des Paulus sorgfältig lesen, der meiner Meinung nach auch in heute akute Fragen und Probleme ein sehr klärendes Wort sagt.

2.3 Ehe und Ehelosigkeit (Kap. 7)

In Kapitel 7 geht Paulus ausgesprochen auf eine Einzelanfrage ein, nämlich darauf, wie man es denn mit der Ehe zu halten habe, wenn doch der Herr bald wiederkäme. Eventuell spielte auch das eine Rolle, daß man den Konflikt mit dem römischen Staat nahen und deshalb die Verfolgungszeit auf sich zukommen sah. War es dann recht zu heiraten? Wie soll man sich zu einer Ehe stellen, in der der eine Gatte Christ, der andere Nichtchrist ist?

Paulus unterscheidet in Kapitel 7 auffallend klar einerseits zwischen Weisungen des Herrn, die verbindlich sind und von denen kein Deut abgewichen werden kann (V. 10 f.), und andrerseits Ratschlägen, von ihm, dem Apostel (V. 1-6. 12 f. 25 ff.). Für seine eigenen Ratschläge beansprucht Paulus nicht jenes Maß von Verbindlichkeit, das mit den Weisungen Gottes verbunden ist.

Paulus redet von Verbindlichkeit dort, wo es sich um die Gültigkeit und Unauflöslichkeit der Ehe handelt (V. 10 f.). Er schließt es auch aus, daß sich ein Ehegatte scheiden läßt, weil der andere ihm nicht zum Glauben gefolgt ist (V. 12-14).

Diese Frage wird auch heute gelegentlich aufgeworfen: Kann eine Ehe noch bestehen, wenn sich der eine Ehepartner bekehrt hat, der andere nicht?

Paulus lehnt die Auflösung einer solchen Ehe ab. Wenn es sich der nichtgläubige Ehegatte gefallen läßt, daß man mit ihm zusammenlebt, dann soll der gläubige Gatte weiterhin mit ihm zusammenleben. Will der nichtgläubige Ehegatte den anderen verlassen, so soll er vom gläubigen Ehegatten nicht gezwungen werden, bei ihm zu bleiben (V. 15).

Der gläubige Ehepartner soll in einem solchen Fall also auch nicht den Scheidungswillen des anderen blockieren. *»Zum Frieden hat euch Gott berufen«*, sagt der Apostel dazu (V. 15b).

Paulus rät darüberhinaus auch, daß Christen, die geschieden werden, nicht wieder heiraten sollten (V. 11a).

Von sich selbst sagt Paulus, er sei von Gott so geführt, nicht zu heiraten. Er gibt den Rat, daß jemand, der die *»Gabe«* dazu hat, in der damals bestehenden Situation von einer Ehe abzusehen (V. 7 f.; V. 25 ff.). In diesem Zusammenhang sagt Paulus das Wort: *»Wer seine Jungfrau [d.i. seine Tochter] (ver-)heiratet, der handelt gut; wer sie aber nicht (ver-)heiratet, der handelt besser«* (V. 38) – angesichts der Situation, in der Paulus damals die Christenheit sah.

Doch Paulus betont, daß jeder die Freiheit haben solle, sich zu entscheiden. Was er sagt, ist keine Verpflichtung; er will nur nicht, daß den Christen einmal schwere Lasten aufgelegt werden würden.

Grundsätzlich gibt Paulus den Rat: *»Ein jeder bleibe vor Gott, worin er berufen ist«* (V. 24); und in der damaligen Lage solle man *»haben als hätte man nicht«* (V. 29-31). Auch den Besitz sollen die Korinther haben, solange sie können; wird er ihnen genommen, so sollen sie ihn loslassen, *»denn das Wesen dieser Welt vergeht«* (V. 31b).

2.4 Das Essen von Götzenopferfleisch – die Verantwortung der Christen füreinander (Kap. 8 - 10)

In den Kapiteln 8 - 10 antwortet Paulus wieder auf eine Frage, die ihm gestellt wurde: die Frage nach dem Essen von Götzenopferfleisch. Das Fleisch, das damals verkauft wurde, wurde weitgehend bei den Schlachtungen zu Opfern in den Götzentempeln gewonnen. Daher war es die Frage, ob dieses Fleisch okkult behaftet war und ob Christen durch den Verzehr dieses Fleisches selbst unter eine okkulte Belastung geraten.

Die Sache mit dem Götzenopferfleisch mutet uns heute als eine ferne und fremde Sache an. Nimmt man sie aber näher in den Blick, so wird sie unversehens auch für uns aktuell.

Worum ging es dabei? Damals gab es viele Götzentempel, in denen man die Verbindung mit Göttern gepflegt hat – je nach Bedarf. So begab sich zum Beispiel ein Mann, der sich um eine Ehe für sich oder seine Kinder bemühte, in den Tempel der Aphrodite bzw. der Venus. Wer Geschäfte betreiben wollte, wandte sich an Hermes bzw. Merkur und ging in den entsprechenden Tempel usw. Man hat das, was man aus diesen Tempeln mitgebracht hat, als Glücksbringer mit sich geführt.

Wurden nun Menschen zu Christen, so war immer noch die Versuchung da. Sie dachten: ›Für den Himmel ist der Herr Jesus zuständig, aber für meine Geschäfte und andere Angelegenheiten dieses irdischen Lebens ist nach wie vor diese oder jene Gottheit zuständig.‹ So war man in Gefahr, Zuständigkeiten zu verteilen und etwa für das Geschäftsleben eine Eigenständigkeit zu erklären.

Weiter ist zu sehen, daß damals Fleisch verkauft wurde, das nicht im Schlachthaus, sondern im Götzentempel geschlachtet worden war. Man hat nur immer einen Teil eines Opfertieres als Opfer dargebracht (das Blut oder bestimmte Innereien); der Rest kam in Metzgereiläden und wurde öffentlich verkauft. Es war sogar den Götzentempeln eine Art Restaurant angegliedert, in dem man gut essen konnte.

Für Christen stellte sich in einer solchen heidnisch geprägten Umwelt die Frage, wie sie sich verhalten sollten, wenn alles Fleisch auf die gezeigte Weise gewonnen worden ist. Kann man solches Fleisch als Christ überhaupt verzehren? Kann man gar in solch einem Restaurant sitzen und sich ein Mittagessen bestellen? Verfällt man auf diese Weise nicht einer okkulten Verhaftung?

Es ist auffallend, wie großzügig Paulus sich zu dieser Frage zunächst äußert. Er spricht in diesem Sinne, daß er sagt, die Götter seien doch Nichtse. Vielmehr ist *einer* Gott, nämlich der Vater Jesu Christi. Christen gehören deshalb einem anderen; und die Mächte, die vom Heidentum ausgehen, können Christen nichts anhaben (V. 4 f.).

So beantwortet Paulus die oben genannte Frage einerseits in einer eigenartigen Freiheit. Ein Christ gehört Jesus; ihm vertraut er, und seiner Herrschaft hat er sich unterstellt. Andrerseits entsteht aber unter Christen die Gefahr, daß die Freiheit, Götzenopferfleisch zu essen, für andere mißverständlich sein könnte. Paulus sagt: Wer als Christ seine Freiheit so gebraucht, daß sie seinem Glaubensbruder zur Gefahr wird, sich zu versündigen, der sollte lieber verzichten und kein Fleisch essen. *»Wenn Speise meinen Bruder zu Fall bringt, will ich nie mehr Fleisch essen, damit ich meinen Bruder nicht zu Fall bringe«* (V. 13; vgl. V. 7.10.11).

Gemeint ist das von Paulus so: Während der eine Christ aus der Freiheit heraus Götzenopferfleisch ißt, daß er ganz Jesus und Gott gehört und mit Jesus allein und seinem Sieg über die Götter rechnet und die Götter für Nichtse, für geschlagene Feinde ansieht, kann es doch der andere Christ so verstehen, als ob der Freie sich und sein Leben in Zuständigkeiten für Jesus und für die anderen Mächte aufteilen würde.

Eine solche Aufteilung der Zuständigkeiten ist für Paulus schlimm. Denn dann würden anderen Göttern und Götzen wieder Rechte auf das Leben eingeräumt, die allein Jesus zustehen. –

Wir wissen in einer Zeit, in der eine okkulte Welle über unser Land hinweggeht, wie sehr auch wir in dieser Hinsicht achthaben müssen. Auf der einen Seite dürfen wir nicht kleinlich sein. Selbst wenn manche ihr Medikament auf eine besondere Weise zubereitet oder ihre Heilpflanzen beim Mondschein zu gewissen Zeiten gepflückt haben – was braucht uns Christen das zu kümmern? Wir haben uns Jesus unterstellt und sind nicht irgendwelchen Naturmächten unterworfen.

Wenn aber der andere das so versteht, als ob wir meinten, ein bißchen helfe der Herr Jesus und ein bißchen hülfen eben doch diese Machenschaften und diese Kräfte, dann soll dieser andere Christ nicht zu einer Fehlhaltung verführt werden. In einem solchen Fall sollte man auf diese ganzen Dinge verzichten. –

Es ist für die korinthischen Christen typisch, daß sie den prahlerischen Verzehr von Götzenopferfleisch »ohne Rücksicht auf Verluste« bei ihren Mitchristen pflegten. Paulus hält dem vor: *»Die Erkenntnis bläht auf; aber die Liebe baut auf«* (V. 1). Wer auf seine Freiheit verzichtet, um seinen Bruder nicht zu gefährden, der tue das in der Liebe. –

Ähnlich verhält es sich beim Genuß von Alkohol heute. Es kann sein, daß dieser Genuß für mich selbst keine Gefahr ist, aber vielleicht andere in Gefahr bringt. –

Paulus hält also den Korinthern vor, daß sie in eine Fehlhaltung hineingeraten, wenn sie ihre eigene Freiheit ohne Rücksichtnahme entfalten wollen und dabei der Bruder verlorenzugehen droht.

Dann stellt Paulus fast ein gesamtes Kapitel lang sich selbst als Vorbild dar (Kap. 9). Man hat Paulus hier schon so mißverstanden, als habe er hier ein Lied des Selbstruhmes gesungen.

Doch bewog etwas ganz anderes den Apostel dazu, auf sein Beispiel zu verweisen. Die Griechen waren seit Jahrhunderten stark auf die Selbstentfaltung getrimmt und darauf, die eigenen Gaben, Mittel, Möglichkeiten und Rechte ohne Rücksicht auf andere zur Entfaltung und zur Darstellung zu bringen.

Die Korinther sollten deshalb an Paulus eine ganz praktische und leibhaftige Anleitung bekommen und sehen, wie er durchgehend auf ihm zustehende Möglichkeiten verzichtete, um Menschen zu dienen und sie für Jesus zu gewinnen. *»Wir ertragen alles, damit wir nicht dem Evangelium von Christus ein Hindernis bereiten«*, sagt der Apostel (V. 12).

So sagt Paulus, er könne sich auch vieles an Rechten herausnehmen und sich zum Beispiel für seine Tätigkeit als Verkündiger des Evangeliums bezahlen lassen (V. 14 f.). Er könnte sich seine Arbeit viel bequemer machen, indem er heiratete und ein bißchen seßhafter würde wie andere auch (V. 5).

Doch Paulus verzichtet auf alles, was ihm zusteht. Er sagt, er ist *»den Schwachen ein Schwacher geworden, damit ich die Schwachen gewinne. Ich bin allen alles geworden, damit ich auf alle Weise einige rette«* (V. 22).

So zeigt Paulus, daß Christen nicht dazu leben, damit sie sich selbst entfalten, sondern dazu, anderen mit ihrem Dienst in der Nachfolge

Jesu zu dienen: *»Alles tue ich um des Evangeliums willen, um an ihm teilzuhaben«* (V. 23).

Paulus beendet dies damit, daß er sich selbst mit einem Sportwettkämpfer vergleicht (V. 24-27). Solche Sportler enthalten sich vor einem Wettkampf aller möglichen Dinge, *»damit sie einen vergänglichen Kranz empfangen«*. Paulus aber und Christen überhaupt haben ein anderes Ziel: *»einen unvergänglichen«* Kranz (V. 25).

Paulus sieht auch die Gefahr, daß man nur anderen Menschen, nicht aber sich selbst predigt: *»Ich bezwinge meinen Leib und zähme ihn, damit ich nicht andern predige und selbst verwerflich werde«* (V. 27). Das Wortzeugnis und das Lebenszeugnis müssen übereinstimmen – auch dort, wo Menschen das nicht nachprüfen können –, wenn man als Prediger des Evangeliums innere Vollmacht haben soll.

Im ersten Teil von Kapitel 10 (V. 1-13) führt Paulus genauer aus, was er sonst auch anderswo andeutet: daß nämlich der Weg der Gemeinde Jesu durch die Weltgeschichte von der Berufung bis zum Ziel hin dem Weg Israels von Ägypten ins verheißene Land vergleichbar ist. Paulus verweist hier darauf, daß viele Israeliten damals aus Ägypten auszogen und alle die Passanacht erlebten; daß sie auch alle beim Durchgang durch das Rote Meer dabei waren; daß sie alle auch am Sinai dabei waren und den Bundesschluß zwischen Gott und Mose (stellvertretend für das ganze Volk) erlebten; daß alle aus dem Fels getränkt und durch das Manna gespeist wurden (V. 1-4). Und doch sind sie später nicht alle ins verheißene Land gekommen.

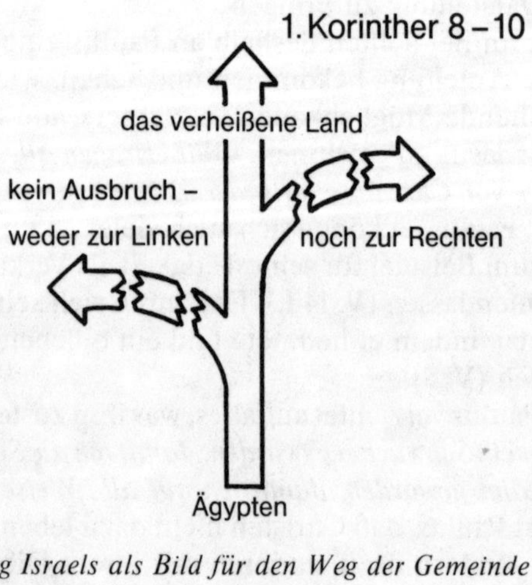

Abb. 22: Der Weg Israels als Bild für den Weg der Gemeinde Jesu

Was war der Grund dafür? »An den meisten von ihnen hatte Gott kein Wohlgefallen, denn sie wurden in der Wüste erschlagen« (V. 5). Sie sind ausgebrochen und gingen nicht, wie es bei Jesaja heißt: »›Dies ist der Weg; den geht! Sonst weder zur Rechten noch zur Linken!‹« (Jes 30,21). Israel sollte weder nach rechts – in die Verzagtheit – ausbrechen noch nach links – in den Überschwang, der fromm zu sein scheint. Man mußte in Israel in aller Einfalt dort bleiben, wo tagsüber die Wolkensäule und nachts die Feuersäule entlangführte, dort, wo der Weg der Bundeslade war und Mose in der Mitte des Volkes ging. Das war der Weg, auf dem Gott gegenwärtig zu sein verhieß.

Auch die Israeliten sind dann ausgebrochen – hin zu den Götzenfesten, zu den Vergnügungen, zum Götzendienst, zum Hader gegen Gott, in Verzagtheit und im Überschwang.

Das soll den Christen in Korinth zur Warnung dienen. Allerdings fügte Paulus seiner Warnung ein tröstliches Wort hinzu: *»Gott ist treu, der euch nicht versuchen läßt über eure Kraft, sondern macht, daß die Versuchung so ein Ende nimmt, daß ihr's ertragen könnt«* (V. 13).

Wenn Christen einfältig an ihrem Herrn bleiben, erreichen sie das Ziel, wenn sie sich nur an *ihn* halten. »Hand, die nicht läßt, halte mich fest!«

In Kapitel 10 warnt Paulus dann aber auch die Korinther davor, selbst in den Götzendienst hineinzugeraten. Denn wer seine christliche Freiheit falsch gebraucht, kann tatsächlich ein Götzendiener und damit okkult verhafteter Mensch werden (V. 7-9.16.20.21).

Paulus spricht in diesem Zusammenhang ein schwerwiegendes Wort, das jeglichen Relativismus zwischen den Religionen ausschließt. Nein, die Religionen meinen eben gerade nicht letztlich alle dasselbe. Denn was Heiden ihren Göttern opfern, *»das opfert man den bösen Geistern [wörtlich: den Dämonen] und nicht Gott«* (V. 20a). Wer als Christ Götzenopferfleisch ißt, kann sich mit Dämonen verbinden, wenn er die heidnische Auffassung übernimmt, daß der Verzehr von solchem Fleisch eine Mahlgemeinschaft mit den Göttern darstellt.

Paulus kommt in diesem Zusammenhang in die Nähe des Abendmahls: *»Ihr könnt nicht zugleich den Kelch des Herrn und den Kelch der Dämonen trinken; ihr könnt nicht zugleich am Tisch des Herrn teilhaben und am Tisch der Dämonen«* (V. 21). Mit beidem zugleich verbunden zu sein – das geht nicht. Man muß sich entscheiden: Gott oder Götze?

Die Großzügigkeit des Paulus, die er einräumt, wenn er sagt, Christen müßten nicht genau nachprüfen, woher das Götzenopferfleisch käme, bedeutet nicht, daß der Apostel meint, es komme nicht so genau darauf an. Nein, mit okkulten Dingen und mit allem, was damit zusammenhängt, wollen und dürfen Christen nichts zu tun haben. Sie kommen sonst in eine ganz gefährliche Verbindung, in einen gefährlichen Kontakt, der ihre Gemeinschaft mit dem Herrn Jesus in Frage stellt.

2.5 Gemeindeversammlung und Abendmahlsfeier (Kap. 11)

In Kapitel 11 bezieht sich Paulus wieder auf etwas, das ihm berichtet worden ist. Wozu Paulus hier Stellung nimmt, das ist eine Sache von damals, nämlich ein Mißbrauch des Abendmahls: Die korinthischen Christen haben das Abendmahl mit einem Gemeinschaftsessen verbunden und haben das abwechselnd in ihren Häusern praktiziert.

Zu der Mahlzeit, die dem Abendmahl voranging, hat jeder sein Essen selbst mitgebracht. Diese mitgebrachten Nahrungsmittel wurden allerdings nicht zusammengetan, sondern in der typischen Eigensucht aß jeder das, was er selbst mitgebracht hatte.

Nun war es aber nicht nur so, daß die einen gut speisten, während die anderen weniger zu essen hatten. Das Prassen führte sogar dazu, daß sich einige berauschten, während andere nüchtern dabeisaßen. Und das ging der Feier des Abendmahls voraus!

Daher kommt Paulus in diesem Zusammenhang auch auf das Abendmahl zu sprechen und sagt das ernste Wort: *»Wer unwürdig von diesem Brot ißt oder aus dem Kelch des Herrn trinkt, der wird schuldig an dem Leib und Blut des Herrn... Denn wer so ißt und trinkt, daß er den Leib des Herrn nicht achtet, der ißt und trinkt sich selbst zum Gericht«* (V. 27.29).

Damit ist nicht die Sorge gemeint, die ein Mensch hat, wenn er fragt, ob er würdig sei, zum Abendmahl zu kommen. Derjenige, der mit aller Selbstverständlichkeit meint, er sei dessen würdig, – der ist gewiß unwürdig.

Mit diesem Wort des Paulus ist also etwas ganz Spezielles gemeint (eine Ausschweifung oder eine Verirrung): Wer sich so verhält (wie oben geschildert), der verachtet den Bruder und damit auch den Herrn und sein Opfer.

In diesem Zusammenhang gibt Paulus aber auch eine Anweisung und erteilt eine Lehre zum Abendmahl. Er betont, daß er das nicht von sich selbst, sondern *»von dem Herrn empfangen«* habe: *»Der Herr Jesus, in der Nacht, da er verraten ward...«* (V. 23-25). Hier sind zum viertenmal im Neuen Testament Jesu Einsetzungsworte des Abendmahls wiedergegeben (wie schon in den Evanglien von Matthäus, Markus und Lukas).

2.6 Die rechte Stellung zu den Geistesgaben (Kap. 12 - 14)

Die Kapitel 12 - 14 sind ein großer, wichtiger Abschnitt der Heiligen Schrift, der eine wichtige Gruppe von Aussagen enthält, die sich auch auf Berichte bezieht, die Paulus aus Korinth bekommen hat.

Diese Gruppe von Aussagen betrifft die Geistesgaben (griech. *charismata*), also die Gaben und Aufgaben der Christen. Paulus rechnet sehr vieles zu den Geistesgaben, auch solches, was uns ganz natürlich erscheint. Er sagt den Korinthern, die Geistesgaben seien nicht als eine Art Postament gegeben, auf das man sich selbstbewußt stellen könne. Diese Gaben natürlicher und geistlicher Art seien von Gott *zum Dienst* gegeben. Geistesgaben sind also für einen Christen keine Auszeichnung, sondern dienen der Arbeit, die ihm aufgetragen ist.

Worum handelt es sich bei den Geistesgaben? Der Herr Jesus Christus hat in dieser Welt wieder den Gottesdienst neu begonnen, den Gott-gefälligen Dienst. Dieser Gottesdienst war zum Erliegen gekommen, seitdem es die Sünde in dieser Welt gibt*. Jesus hatte als Werkzeug für diesen Gottesdienst, der sein gesamtes Leben umfaßte, einen Menschenleib. Nach seinem Tod und seiner Auferstehung ist Jesus wieder zum Vater zurückgekehrt. Doch der Dienst in dieser Welt, den er begonnen hat, geht weiter: Seit Pfingsten hat Jesus wieder durch die Wirkung des Heiligen Geistes einen Menschenleib, nämlich einen Leib aus Menschen für diesen Dienst.

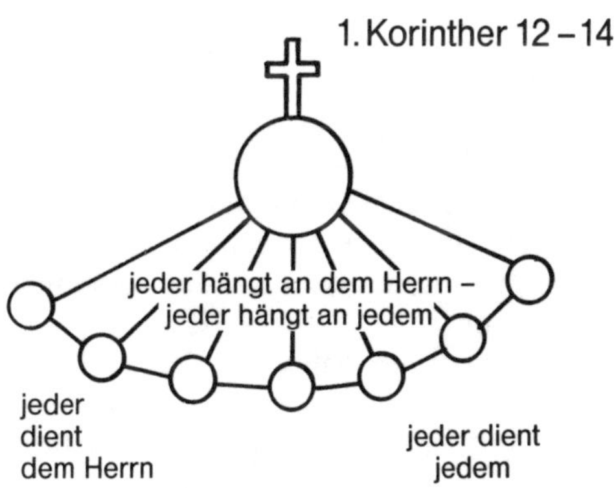

Abb. 23: Ein Leib – viele Glieder

* Das ist ausführlich dargelegt in Band 1 dieser »Einführung in die biblischen Bücher«, S. 161 ff. (Anm. d. Hg.)

Das Wort »Leib« für die Gemeinde ist das entscheidende Wort in Kapitel 12 (und kommt auch sonst, etwa im Epheserbrief usw., vor). Die Gemeinde ist der Leib Jesu und daher das Werkzeug, mit dem Jesus Gott und von Gott her auch den anderen dient, auch den ungläubigen Menschen.

Das ist in Abbildung 23 schematisch dargestellt. Jeder, der zum Leib gehört, hängt an dem, der das Haupt ist. Jeder Christ hängt persönlich am Herrn, ist in persönlicher Lebensgemeinschaft mit ihm. Jedem dient der Herr, und jeder dient dem Herrn wieder. Aber nicht nur das: Jeder hängt auch an jedem anderen, und jeder dient auch jedem. Und alle miteinander dienen dem Herrn und dienen von ihm her ihrer Umwelt, den Menschen nah und fern.

Wenn man das so sieht, dann ist jede Art von »Agon«, von Wettbewerb, von Konkurrenzkampf der Glieder des Leibes untereinander (also innerhalb der Gemeinde) ausgeschlossen, denn sie sollen ja miteinander dienen. So wird durch das Evangelium das gesamte menschliche Denken umgewandelt, so daß eine ganz neue Gemeinschaft entsteht.

In Kapitel 12 sagt Paulus viererlei:

a) Er sagt zunächst, daß unter den Vielen der Gemeinde nur einer der Herr ist: *»Es sind verschiedene Gaben; aber es ist* ein *Geist. Und es sind verschiedene Ämter; aber es ist* ein *Herr. Und es sind verschiedene Kräfte; aber es ist* ein *Gott, der da wirkt alles in allen«* (V. 4-6). Wenn ER, der eine Gott, unter allen Gemeindegliedern im Dienst und am Werk ist, dann können doch die einzelnen in der Gemeinde nicht miteinander im Streit liegen! Es ist der eine Herr über dem einen Leib, der über allen ist.
   Dieser Leib ist auch diese Einzelgemeinde in Korinth gewesen, und dieser Leib ist auch unsere Gemeinde. Jede Gemeinde ist in diesem Sinne Leib, auch das Ganze der echten Christenheit, die am Herrn persönlich hängt – die Gesamtheit der persönlich am Herrn hängenden Menschen.
b) Paulus spricht auch davon, daß alle in diesem Leib verschiedene Gaben haben: *»In einem jeden offenbart sich der Geist zum Nutzen aller«* (V. 7). Paulus zählt einen ganzen Katalog von Begabungen auf und nennt hier auffälligere Gaben (etwa die Krankenheilung) bis hin zu den Gaben des Dienens, des Redens, der Seelsorge, der Liebestat usw. (V. 8-10). All das sind Gaben, die die Christen bekamen, daß sie für diese bestimmten Dinge begabt sind.

c) Entsprechend dieser Begabungen gibt es Aufgaben, auch in einer ganzen Vielzahl und Buntheit (V. 28 f.): Es gibt solche Menschen, die in der Gemeinde lehren, solche, die leiten, und solche, die die Aufgabe haben, zu heilen. Andere haben zu evangelisieren, d.h. Fernstehende zu gewinnen; wieder andere sind Lehrer, die die Christen weiterführen, zur Erkenntnis führen sollen. Es sind ganz verschiedene Gaben, die als Voraussetzung von ganz verschiedenen Aufgaben vorhanden sind.
Es ist etwas ganz Wichtiges, in einer Gemeinde zu sehen: Wer hat welche Gabe? Wer könnte mit welcher Aufgabe betraut werden?
d) Paulus spricht in Kapitel 12 auch davon, welch ein Unsinn es wäre, wenn sich ein Glied des Leibes über ein anderes erheben oder ein anderes sich geringschätzen würde, weil es nicht gleich wie ein anderes sei. *»Wenn der Fuß spräche: Ich bin keine Hand, darum bin ich nicht Glied des Leibes, sollte er deshalb nicht Glied des Leibes sein? Und wenn das Ohr spräche: Ich bin kein Auge, darum bin ich nicht Glied des Leibes, sollte es deshalb nicht Glied des Leibes sein? Wenn der ganze Leib Auge wäre, wo bliebe das Gehör? Wenn er ganz Gehör wäre, wo bliebe der Geruch?«* (V. 15-17).

Wo bliebe der gesamte lebendige Organismus, wenn nicht verschiedene Glieder zu ihm gehörten? Jedes Glied für sich allein wäre hilflos und tot. Daher sind auch alle Minderwertigkeitsgefühle fehl am Platz.

Kurz gesagt: Es geht dem Paulus um die heilige Sachlichkeit. In der Gemeinde Jesu soll kein Wettstreit, kein Konkurrenzkampf entstehen, sondern jeder Christ tue seinen Dienst, um seine Gabe und seine Aufgabe wissend. Darin muß er treu erfunden werden. »Dient einander, ein jeder mit der Gabe, die er empfangen hat, als die guten Haushalter der mancherlei Gnade Gottes«, sagt Petrus (1. Petr 4,10). Im Grunde genommen ist jeder Dienst in der Gemeinde in gleichem Maße nötig und deshalb genauso wertvoll wie alle anderen Dienste.

In Kapitel 13 führt Paulus aus, daß vieles in der Gemeinde verkehrt laufe, weil die Korinther die Grundrichtung des Christseins – sozusagen die »Seele« im »Leib« der gesamten Wirksamkeit von Christen – nicht richtig erkannt haben.

Paulus kommt daher ein ganzes Kapitel lang auf das Wort »Liebe« zu sprechen. Man könnte im ersten Teil dieses Kapitels das Wort »Liebe« durch den Namen »Jesus« ersetzen: »Jesus ist langmütig und freundlich . . .« usw. Es geht um das Jesuswesen, das Christen aufgetragen ist.

Damit ist eine Liebe besonderer Art gemeint: eine Liebe, die nicht »ich«, sondern »Du« sagt. Diese Liebe meint nicht sich selbst, sondern die anderen. Sie stellt sich ganz und gern in den Dienst für andere.

Im Griechischen gibt es drei Ausdrücke für »Liebe« (diese findet man auch im griech. Neuen Testament). Mit dem Wort *eros* (das dem lat. Wort *sexus* entspricht) ist die eheliche Liebe gemeint. Der griechische Begriff »Liebe«, der unserem Verständnis von »Sympathie« ähnlich ist, lautet *philadelphia*. Das ist die Liebe unter Freunden und Verwandten. Im griechischen Neuen Testament steht darüberhinaus ein Wort, das immer nur für die Liebe Gottes in Jesus Christus zu uns und für die Liebe, die Christen weitergeben und die sie Gott gegenüber erwidern, gebraucht wird: *agape*. Das ist die Liebe, die den anderen meint, die dienen will.

Freilich kennt auch die *agape* einen gewissen Wettbewerb: Einer möchte dem anderen mit Ehrerbietung zuvorkommen. »Die brüderliche Liebe untereinander sei herzlich. Einer komme dem andern mit Ehrerbietung zuvor« (Röm 12,10). »... in Demut achte einer den andern höher als sich selbst« (Phil 2,3b).

Diese Liebe ist es, die jeden fragen läßt, wie er dem anderen am besten dienen könnte, wie er andere trösten und fördern und ihnen die Liebe Gottes bringen könnte.

In Kapitel 14 geht Paulus auf eine Spezialfrage ein, die damals in Korinth eine Rolle spielte und die auch in unserem Jahrhundert wieder wichtig wurde: die Frage nach der sog. Zungenrede.

Die Zungenrede – richtig verstanden – ist eine Sprache der Anbetung, der Hingabe an Gott, ein Beten, Danken und Vertrauen und vielleicht ein Seufzen zum Herrn, ohne daß der Beter Worte formulieren könnte.

Diese Zungenrede war damals in Korinth sehr gefragt, weil sie offensichtlich etwas Übernatürliches darstellte. Die *diakonia* – der Dienst (auch äußerer Art) für die anderen –, von der Paulus sagt, das sei die größte der Gaben, war offenkundig nicht so geschätzt. Man liebte stattdessen aus dem griechischen Geist heraus, weil man sich mit etwas schmücken wollte, die offenkundig als übernatürlich erscheinenden Dinge. Das rückt Paulus in Kapitel 14 etwas zurecht.

a) Paulus sagt, daß die Zungenrede nicht verachtet werden sollte. Man soll ihr nicht wehren (V. 5.18) und diese Gabe nicht mißachten. Nach dem Zeugnis der Heiligen Schrift ist mit der Zungenrede als mit einer echten Geistesgabe zu rechnen.

b) Paulus übt diese Gabe sogar selbst (V. 18). Und doch bezeichnet er die Zungenrede als die geringste der Geistesgaben, weil sie anderen Menschen gegenüber nicht verständlich ist und man mit der Zungenrede also nicht unmittelbar der Gemeinde dienen kann (V. V. 6 ff.). Paulus sagt: *»Ich will in der Gemeinde lieber fünf Worte reden mit dem Verstand, damit ich auch andere unterweise, als zehntausend Worte in Zungen«* (V. 19).

Der Apostel gebraucht also vor Menschen die unauffälligere, allgemein verständliche Sprache, weil er so besser dienen kann. Der Eindruck, den er mit der Zungenrede vor den Gemeinden machen würde, und die Bewunderung, die er damit gewinnen würde, interessieren ihn nicht (V. 6-12.14.17.19.23-25).

Das gibt zu Überlegungen im Blick auf die Frage nach der Rolle und Bedeutung der Zungenrede heute Anlaß:

a) Wichtig ist zu fragen, ob das, was als Zungenrede erscheint, wirklich vom Geist Gottes gewirkte Zungenrede ist. In Indonesien zum Beispiel haben auch Zauberpriester so etwas wie eine Zungenrede. Zungenrede kann also auch dämonischer oder psychisch-natürlicher Herkunft sein und muß also nicht unbedingt aus dem Geist Gottes kommen. Entscheidend ist, ob durch sie der Mensch erhöht oder ob dadurch wirklich der Herr erhöht wird und der Mensch zurücktritt.
b) Die Zungenrede darf nicht überschätzt werden, selbst wenn sie echt ist. Das ist der Grundton, den Paulus in 1. Korinther 14 anschlägt. Auf keinen Fall darf die Zungenrede zum Inbegriff der Geistesgaben gemacht werden. In 1. Korinther 12 - 14 ist sie eine unter vielen Gaben.
Auch ist sie im Neuen Testament nicht immer Zeichen des Geistempfangs. Sie spielt im Gesamtzeugnis der Heiligen Schrift nicht *die* Rolle, wie man sie ihr heute gelegentlich zuerkennen möchte.
Es darf nicht übersehen werden, daß wir nur an wenigen Stellen der Bibel von der Zungenrede lesen. Das ist zum Beispiel dort der Fall, wo berichtet wird, daß Boten Jesu eine Wegleitung brauchten. Diese Boten erfuhren in solch einem Fall, ob Menschen den Geist Gottes hatten und ob sie als Boten Jesu deshalb einen ungewöhnlichen Schritt tun durften.
Ein Beispiel dafür ist die Geschichte vom Hauptmann Kornelius (Apg 10, v.a. V. 44-48). Durften Petrus und die mit ihm gekommenen »gläubig gewordenen Juden« das Haus des Kornelius in die

Christengemeinde aufnehmen und diese Menschen taufen, ohne daß diese zuvor Juden wurden (Apg 10,45)? Nun heißt es: »Sie [die Boten Jesu] hörten, daß sie [die Leute um Kornelius] in Zungen redeten und Gott hoch priesen« (Apg 10,46a). Petrus merkte hierdurch den Wink seines Herrn, durch den dieser sagte, daß Petrus taufen dürfe. Es steht dem kein Hindernis im Wege, nachdem die Menschen im Haus des Kornelius offenkundig den Geist empfangen hatten.

Auch darf nicht übersehen werden, daß bei Jesus nirgends etwas von der Zungenrede zu hören ist, etwa daß er selbst sie geübt hätte. Jesus hat immer so gebetet, daß es für die Jünger verständlich war. Aus der Heiligen Schrift erkennen wir auch, daß Zungenrede nicht die Sprache der Engel, des Himmels, der Ewigkeit ist. Denn in 1. Korinther 13 steht, daß auch »das Zungenreden aufhören wird« (13,8), wenn »das Vollkommene« (13,10) erscheint.

Es ist nicht so, daß nur dort der Heilige Geist im Vollmaß gegeben worden wäre, wo sich die Gabe der Zungenrede zeigt. An vielen Stellen des Neuen Testaments lesen wir von einer Geistesausrüstung und hören nichts davon, daß die Zungenrede dazugehören würde.

Auch an Pfingsten war es nicht die Zungenrede, die die in Jerusalem versammelten Apostel empfingen. Die Zungenrede ist ja nicht verständlich, wogegen an Pfingsten umgekehrt das Wunder geschah, daß alle Zuhörer die Apostel verstanden, weil sie sie in ihren jeweiligen Sprachen reden hörten (Apg 2).

c) Es fällt auch auf, daß die Väter des Pietismus – die vollmächtigen Zeugen Jesu des frühen Pietismus im 17. und 18. Jahrhundert und der Erweckungsbewegung am Anfang des 19. Jahrhunderts – nichts von Zungenrede wußten und diese Gabe nicht geübt haben. Sie haben das auch nicht erstrebt.

d) Die kirchengeschichtlichen Erfahrungen unseres Jahrhunderts machen uns vorsichtig gegenüber der Zungenrede. Die Zungenrede bewirkte nicht selten Spaltungstendenzen und geistlich ungesunde Entwicklungen.

Das schließt nicht aus, daß wir für die Möglichkeit offen sind, daß die Zungenrede als *eine* unter *vielen* Gaben in echter neutestamentlicher Weise gegeben wird.

Aber sehr viel wichtiger als die Zungenrede ist – so sagt Paulus in 1. Korinther 14 – die Gabe der Weissagung *(prophaeteuein)*, des prophetischen Redens, des Redens von Gott her.

Wie geschieht solche Weissagung im Sinne des Neuen Testaments?

Jesus sagt vom Geist Gottes: »Der Tröster, der heilige Geist, den mein Vater senden wird in meinem Namen, der wird euch alles lehren und euch an alles erinnern, was ich euch gesagt habe ... Von dem Meinen wird er's nehmen und euch verkündigen ...« (Joh 14,26; 16,14 f.).
Es wird also aus dem ein für allemal gegebenen Wort geschöpft. Solche Weissagung ist meiner Meinung nach Schriftauslegung – wobei die Heilige Schrift in eine konkrete Situation, in die Fragen der Menschen hinein ausgelegt wird. Das geschieht mit innerer Vollmacht und gibt den Menschen Wegweisung und Tröstung.
Ob das in einem Einzelgespräch oder durch ein Wort vor vielen Menschen geschieht – wir dürfen diese Gabe erbitten, empfangen und üben.
Paulus sagt ausdrücklich: *»Bemüht euch um die Gaben des Geistes, am meisten aber strebt nach der Gabe der prophetischen Rede, d.h. daß ihr weissagen möget«* (V. 1b), also den Menschen vom Wort Gottes her ein helfendes, wegweisendes, tröstendes, ihnen zum Durchbruch verhelfendes Wort sagen könnt! Das steht allen Christen offen.

2.7 Auferstehung Jesu Christi und der Christen (Kap. 15)

Kapitel 15 ist ein Kapitel von außerordentlichem Umfang und Inhalt, auf das Paulus mit seinem ganzen ersten Korintherbrief hinzielt. Es handelt von der Auferstehung Jesu Christi und der Christen, aber auch von dem zukünftigen Geschehen bis hin zur End-Vollendung. Keine andere biblische Schrift drückt dies so aus: *»... damit Gott sei alles in allem«* (V. 28b).

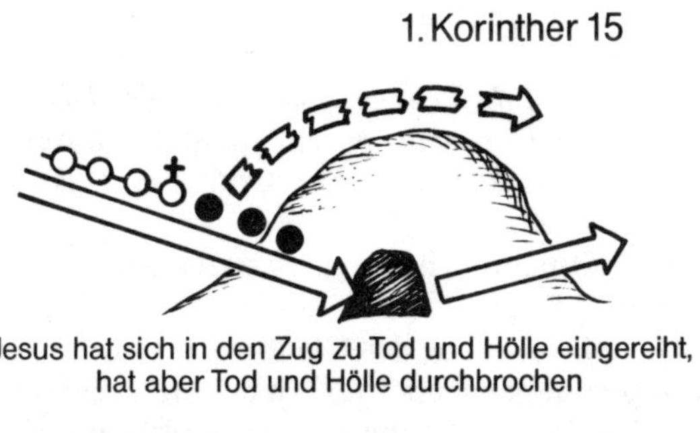

Abb. 24: Jesus, der Sieger über Tod und Hölle

Kapitel 15 zeigt, was es um unser Sterben ist. Das veranschauliche ich in Abbildung 24.

Die Geschichte des Rattenfängers von Hameln erzählt bekanntlich, daß dieser Mann mit einer bezaubernden Flötenmusik Kinder aus der Stadt Hameln hinausgeführt haben soll – hinein in ein Loch am Berg.

Das ist ein Bild dessen, daß der Feind, der große Menschenfänger, uns Menschen mit seinem bezaubernden Liedlein der Verführung zur Sünde ins Verderben hinausführt – in Tod, Grab und Hölle. »So ist der Tod zu allen Menschen durchgedrungen, weil sie alle gesündigt haben« (Röm 5,12b). Alle Menschen marschieren hinter ihm her. (Das führt Paulus in Römer 5 deutlich aus.)

Jesus aber hat sich in diesen Zug des Sterbens und des Todes gemischt. Luther sagt in einem Lied: »Der Sohn dem Vater ghorsam ward, er kam zu mir auf Erden ... Er ging in meiner armen Gstalt; den Teufel wollt er fangen« (EKG 239,6).

Jesus sah aus wie jeder Mensch, aber er folgte nicht dem Feind. Und deshalb hatte der Feind kein Recht an ihm und keine Macht über ihn. So ist Jesus zum Leben durchgebrochen.

Das ist Jesu Auferstehung. Und er ist nicht für sich, privat, auferstanden, sondern für uns Menschen. Er ist als der Christus auferstanden. (»Christus« ist ja kein Name, sondern eine Amtsbezeichnung.) Er ist der Vordermann, der uns vorangeht, auf daß wir ihm folgen können.

Diejenigen, die mit Jesus auf dem Weg sind, die mit ihm verbunden sind, gehen denselben Weg wie er (siehe Abb. 24). Wer nicht mit ihm gehen will, bleibt abgehängt.

Das führt Paulus in 1. Korinther 15 so ausführlich aus, wie es sonst nirgends in der Bibel geschieht.

a) Die Tatsache der Auferstehung Jesu Christi (V. 1-11)

Zunächst spricht Paulus in diesem Kapitel von der Faktizität, der Tatsächlichkeit der Auferstehung Jesu Christi (V. 1-11). Es liegt ihm alles an diesem Fakt! –

Bei Rudolf Bultmanns Theologie ist es das große Problem, daß dieser Theologe die großen Taten Gottes verlor und sagte, die Auferstehung Jesu sei die Entstehung des Glaubens in den Jüngern. Karl Barth hat Bultmann gegenüber nachdrücklich betont, daß das leere Grab eine Tatsache und Jesu Auferstehung eine Tat Gottes ist, die für uns Menschen einen völlig neuen Tatbestand ergeben hat. –

Die Verse 1-11 sind wie eine Gerichtsvernehmung verfaßt, wie eine Beweisaufnahme, bei der Paulus die Zeugen nennt – bis hin zu den *»mehr als fünfhundert Brüdern«*, die den Auferstandenen *»auf einmal«* gesehen haben (V. 6). Paulus betont viermal, daß der auferstandene Herr *»gesehen«* worden ist (V. 5-8). Es geht also um *Fakten*!

Wenn Jesu Auferstehung nämlich nicht wirklich ein Durchbruch gewesen wäre, dann würde uns das nichts nützen. Wenn man innerhalb von Betonmauern im Gefängnis sitzt und zeichnet mit Kreide eine Türe an die Wand, so verhilft einem das nicht zur Freiheit aus diesem Gefängnis. Es genügt nicht der Gedanke, die Idee von der Auferstehung, sondern der echte Durchbruch muß erfolgt sein. Das allein hilft.

Nun gilt es dem Auferstandenen zu folgen. »Ich lebe, und ihr sollt auch leben«, sagt Jesus denen, die ihm nachfolgen (Joh 14,19b).

b) Was wäre, wenn Jesus nicht auferstanden wäre? (V. 12-19)

Im zweiten Teil dieses Kapitels spricht Paulus davon, wie es wäre, wenn Jesus nicht auferstanden wäre. Er spricht hier im Irrealis, im Fall der Unwirklichkeit, denn das ist Gott sei Dank nicht so. Sonst wären wir noch in unseren Sünden (V. 17) und wären *»die elendesten unter allen Menschen«* (V. 19).

c) Was ist die Folge von Jesu Auferstehung? (V. 20-34)

Sodann stellt Paulus fest: *»Nun aber ist Christus auferstanden von den Toten«* (V. 20a) und zeigt die ganze Fülle dessen, was es bedeutet, daß Jesus auferstanden ist, bis hin zu der Aussage: *»... damit Gott sei alles in allem«* (V. 28b).

d) Der Auferstehungsleib (V. 35-49)

In einem vierten Teil des Kapitels spricht Paulus über die Frage, *wie* die an Jesus Glaubenden auferstehen werden (V. 35).

Das wird ganz anders sein als vorher. Paulus vergleicht das mit dem Bild vom Samen und der Pflanze, die aus ihm hervorgeht. Eine Tulpenzwiebel sieht ganz anders aus als die Tulpe, die daraus hervorwächst, ein Maiskolben ganz anders als der Halm, der daraus erwächst (V. 37).

Paulus spricht vom natürlichen, erdhaften Leib und vom Geistleib (V. 44 ff.), von dem Leib also, der einmal ganz dem Inhalt entsprechend sein wird. Jetzt »haben wir diesen Schatz in irdenen Gefäßen« (2. Kor 4,7), dann aber wird das Gefäß ganz dem Inhalt, dem neuen Leben entsprechend sein.

e) Die Verwandlung (Entrückung) der Glaubenden (V. 50-57)

Schließlich spricht Paulus noch davon, daß die, die an Jesus glauben, nicht mehr durch das Dunkel des Todes, nicht mehr sterben müssen, sondern daß sie *»verwandelt werden«* (in 1. Thess 4 sagt er dazu »entrückt werden«), also gewissermaßen über den Horizont des Todes hinweggehoben und in Sein Wesen verwandelt werden.

Paulus ging hier noch davon aus, daß Jesu Wiederkunft nahe bevorstand und er selbst sie erleben werde. Das änderte sich zwischen dem ersten und dem zweiten Korintherbrief (vgl. die Auslegung von 2. Kor 5,1-10 in diesem Buch).

f) Weil Jesus auferstanden ist, ist nichts umsonst (V. 58)

In einem allerletzten Wort sagt Paulus in diesem Kapitel, daß der Horizont des Todes nicht nur durchbrochen ist, sondern auch noch abgebrochen wird. Der letzte Feind, der aufgehoben wird, ist der Tod.

Von daher ist auch das gesamte Wirken derer, die an Jesus glauben, froh und gewiß: *»Darum, meine lieben Brüder, seid fest, unerschütterlich und nehmt immer zu in dem Werk des Herrn, weil ihr wißt, daß eure Arbeit nicht vergeblich ist in dem Herrn«* (V. 58).

Auffallenderweise beendet Paulus dieses Kapitel nicht mit Vers 57: »Gott sei Dank, der uns den Sieg gibt durch unsern Herrn Jesus Christus!«, nicht mit dem ganz großen Ausblick. Er kehrt vielmehr von diesem Ausblick zu unserem Alltag zurück, bei dem man sich plagen muß und sich oft fragt: Ist das nicht alles umsonst?

Weil unser Herr auferstanden ist und wenn man das, was man tut, ihm in die Hände legt, dann ist nichts mehr vergeblich, auch kein Schluck kalten Wassers, den man jemandem gibt. ER macht etwas daraus, worüber wir nur so staunen werden.

Wir müssen also nicht sein wie diejenigen, die keine Hoffnung haben. Deshalb kann man auch getrost auf dem Weg bleiben und fröhlich miteinander dienen in der ganzen Einfalt, ohne sich selbst suchen zu müssen, – »ein jeder mit der Gabe, die er empfangen hat« (1. Petr 4,10).

Das ist der Höhepunkt und Ausklang des ersten Korintherbriefes. Dem schließt Paulus noch etwas an:

2.8 Sammlung für die notleidende Gemeinde in Jerusalem (Kap. 16)

In Kapitel 16 spricht Paulus von der Opfersammlung für die Gemeinde in Jerusalem und gibt dafür eine ganz praktische Anleitung (darauf kommt Paulus in 2. Kor 8 noch einmal zu sprechen). Danach folgen Grüße und Segenswünsche (V. 13 ff.).

Der zweite Brief des Paulus an die Korinther

1. Einleitung

1.1 Adressat, Anlaß, Ort und Zeit der Abfassung

Der zweite Korintherbrief wurde etwa ein Jahr nach dem ersten Korintherbrief geschrieben.

Paulus hatte kurz vor Pfingsten 55 n.Chr. von Ephesus aus während der dritten Missionsreise den »ersten« Brief an die Gemeinde in Korinth geschrieben. Er hatte zuvor einiges von dieser und über diese Gemeinde gehört; es waren an ihn von Korinth aus Anfragen gerichtet und von dortigen Übelständen berichtet worden (vgl. die Einleitung im Kapitel über den ersten Korintherbrief). Wie war es in Korinth weitergegangen?

a) Es hat sich gezeigt, daß die Übelstände, auf die sich Paulus im ersten Korintherbrief bezogen hatte (wir wissen nicht genau, welche), nicht behoben worden sind, im Gegenteil: Es wurde noch schlimmer.
Das betraf die Zertrennungen innerhalb der Gemeinde, die »Aufgeblasenheit«, die Rivalität zwischen einzelnen Gruppen sowie sexuelle Ausschweifungen und ein Sich-Gleichstellen den Nichtchristen in wirtschaftlichen Fragen und Rechtsangelegenheiten. Man konnte nicht mehr erkennen, ob das Christen waren oder nicht. Dazu kamen Übelstände beim Abendmahl u.a.m. Es ist in diesen Belangen keine Besserung eingetreten, sondern all das hat sich eher verschlimmert.
Paulus war daher von Ephesus aus kurz nach Korinth gereist, um an Ort und Stelle eine Besserung herbeizuführen (2,1).

b) Aber auch das ist nicht gelungen. Im Gegenteil: Es muß einen großen Zwist, einen schmerzlichen Zwischenfall gegeben haben, ausgelöst insbesondere durch *ein* Gemeindeglied, von dem Paulus spricht. Das Verhältnis des Paulus zur korinthischen Gemeinde wurde dadurch aufs neue tief erschüttert (2,5-11).

c) Paulus schrieb daher einen weiteren Brief, in dem er noch einen – also seinen dritten – Besuch ankündigte. Dieser Brief hat ihn sehr stark bedrückt: Er schrieb mit Tränen (2,4). Man nennt daher diesen Brief auch den »Tränenbrief«. Auf jeden Fall dankt Paulus aber für die Gemeinde, in der er doch so lange und so fruchtbar wirken konnte.
Paulus führte aber dann wegen des oben genannten Zwischenfalls und der dadurch entstandenen Vertrauenskrise den ursprünglich geplanten und von ihm auch angekündigten Besuch nicht aus. Er befürchtete nämlich, er blase dadurch noch ins Feuer, und meinte, es werde alles noch schwieriger und sowohl für die korinthischen Christen als auch für ihn selbst noch belastender.
Paulus wählte deshalb einen anderen Schritt: Er sandte Titus, einen seiner besten Mitarbeiter (den wir vom Titus-Brief kennen), nach Korinth, einen Mann, der wahrscheinlich eine ausgleichende Art hatte.
Paulus bat Titus, möglichst schnell wieder zu ihm zurückzukommen, wenn er die Angelegenheit in Korinth bereinigt hatte. Dieser Rückweg sollte Titus nach Norden führen, über Mazedonien nach Troas, wo Paulus zu jener Zeit arbeitete (also nicht mehr in Ephesus).

d) Es bekümmerte Paulus in Troas, daß Titus lange Zeit nicht dorthin zu ihm zurückkam. Deshalb brach er dort die Arbeit ab, die recht fruchtbar war (2,12). Diese Arbeit habe er – so schreibt Paulus – in großer Unruhe abgebrochen, um Titus mit der großen Frage und Sorge entgegenzureisen, wie sich die Lage der Gemeinde in Korinth weiterentwickelt habe (2,13).
Endlich traf Titus bei Paulus ein und brachte gute Nachricht (2,12 f.; 7,6 f.). Insbesondere in Kapitel 7 des Briefes spricht Paulus von der guten Nachricht, die er erhalten hat. Paulus hat durch Titus auch erfahren, daß die korinthischen Christen den Betreffenden, der sich besonders übel benommen hatte, gestraft haben. Ja, er legte sogar für diesen einen im zweiten Kapitel des Briefes Fürsprache ein (2,5-11).

e) Damit war für Paulus der Weg zur korinthischen Gemeinde wieder frei. Der Apostel schrieb also in Vorbereitung seines dritten und vermutlich letzten Besuches in Korinth, den er wenig später ausführte, den Brief, den wir den »zweiten« Korintherbrief nennen (und der aber sicher der dritte, wenn nicht sogar der vierte Brief des Apostels an die Gemeinde in Korinth ist).
Was an der Entwicklung des Verhältnisses von Paulus zu den korinthischen Christen auffällt ist, wie der Apostel mit heißem Herzen an dem Weg teilgenommen hat, den die Gemeinden eingeschlagen haben, nachdem er sie gegründet hatte. Er hat um diese Gemeinden gebangt, und es war ihm durchaus nicht gleichgültig, wie sich diese Gemeinden weiterentwickelten. Paulus hat mit seinem Herrn daran gedacht und sich darum gesorgt, daß doch die Menschen, die Jesus teuer erkauft hat, nicht doch noch verlorengehen und die gesamte Arbeit, die der Apostel mit Kampf und Leiden in die Wege geleitet hat, nicht wieder verschüttgeht.

Der zweite Korintherbrief ist ein merkwürdiger Brief. Er ist der persönlichste Brief, den Paulus geschrieben hat; der gesamte Brief handelt eigentlich von dem Apostel selbst und von seinem Apostelamt.

Paulus will durch den gesamten Brief den Nachweis dafür erbringen, daß er ein Apostel Jesu Christi ist. Er entfaltet zwar im zweiten Korintherbrief sehr viel an Lehre, woran nicht direkt in Erscheinung tritt, daß es eigentlich durchweg um sein Apostelamt geht, das er verteidigt.

Wenn man aber den Zusammenhang der einzelnen Kapitel und des gesamten Briefes sieht und erkennt, wie alles miteinander verbunden ist, so merkt man, daß die Verteidigung seines Apostelamtes der durchgehende Gedanke ist, den Paulus in diesem Brief verfolgt.

Warum spricht Paulus so ausführlich von sich und von seinem Apostelamt? Warum verteidigt er sein Apostelamt so sehr?

Das hängt mit folgendem zusammen: Paulus ist Apostel. *Apostolos* ist im Griechischen etwa das, was wir heute in der Sprache der Diplomatie, des Staatsrechts einen »Botschafter« nennen. »Apostel« ist also zunächst kein religiöser Begriff, sondern das war damals ein politischer Begriff. Ein Apostel war jemand, der mit dem Auftrag gesandt wurde, an Stelle des von ihm vertretenen Staatschefs aufzutreten, Botschaften zu überbringen, Verträge zu schließen und auch Forderungen zu stellen.

Wenn ein Staatsmann einen Botschafter, einen Diplomaten zu einem anderen Staatschef schickt und es darum geht, daß wichtige

Verhandlungen geführt und zu einem Abschluß gebracht und ein Vertrag unterzeichnet werden soll, dann hängt ja alles davon ab, daß der Diplomat sein Beglaubigungsschreiben vorweisen kann, seinen Vollmachtsnachweis. Solch ein Amtsausweis soll belegen, daß ein Diplomat nicht als Privatmann auftritt, der vielleicht eine gute Meinung vertritt, sondern daß er als jemand auftritt, der für seinen Souverän redet – genau mit der Wirkung, die es haben würde, wenn der Staatschef selbst vorstellig werden würde.

In diesem Sinn hat Paulus sein Apostelamt durchgehend so verstanden. Das sagt er einleitend in fast allen seinen Briefen.

Im zweiten Korintherbrief hat das aber ein besonderes Gewicht, wenn Paulus schreibt: »Paulus, ein Apostel Jesu Christi durch den Willen Gottes...« (1,1a). Es liegt dem Apostel also sehr viel daran, daß das klar ist, daß er nicht als Privatmann, nicht mit einem angemaßten Recht und Anspruch auftritt, sondern mit einer wirklichen und gültigen Vollmacht, einem Auftrag und einer Bevollmächtigung redet.

Dies weist er nicht deshalb nach, um sich groß zu machen oder aufgrund einer Empfindlichkeit, sondern wegen der Christen in Korinth, ja wegen all der Christen, die je auf sein Wort gehört hatten, hören und hören werden. Denn das müssen sie ja wissen, ob das Wort des Paulus Gültigkeit hat, wenn er damit etwa zum Ausdruck bringt: »Gott war in Christus und versöhnte die Welt mit sich selber...« (5,19a). Das muß man wissen, ob das gilt: »Er hat den, der von keiner Sünde wußte, für uns zur Sünde gemacht, damit wir in ihm die Gerechtigkeit würden, die vor Gott gilt« (5,21).

Das mußten die Christen damals und das müssen Christen heute wissen, weil davon ihre Heilsgewißheit abhängt, die Gewißheit ihrer ewigen Errettung.

Deshalb ringt also Paulus durchgehend darum, daß die korinthischen Christen gewiß werden: Ja, Paulus ist ein Apostel Jesu Christi, obwohl er nicht zu denen gehörte, die Zeugen von Jesu Erdenleben und seiner Kreuzigung wurden (vgl. 1. Kor 15,8). Paulus war zunächst auch kein Zeuge von Jesu Auferstehung. Jesus hat sich diesem Apostel vielmehr erst später bei Damaskus geoffenbart (Apg 9).

Es ist ganz erstaunlich, daß Paulus in diesem Brief, mit dem er auf Angriffe auf seine Person antwortet, mitunter Worte niederschrieb, die von gewaltiger Bedeutung sind. Der Kampf, in dem sich Paulus bei der Abfassung des zweiten Korintherbriefes befand und der bei keiner anderen neutestamentlichen Schrift so im Hintergrund steht, brachte bei dem Apostel Worte von einer ganz besonderen Tiefe hervor (z.B. 1,20; 5,19; 8,9).

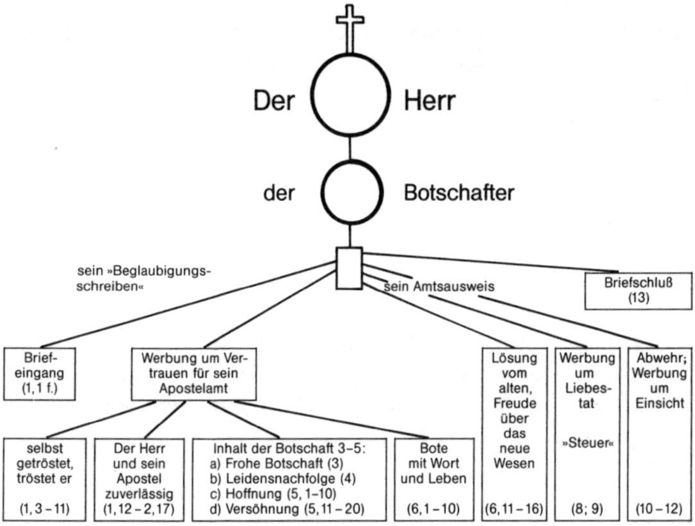

Abb. 25: Der zweite Brief an die Korinther (Aufbau)

Das, was grundsätzlich hinter dem zweiten Korintherbrief steht, zeichne ich in Abbildung 25 so, daß oberhalb des Aufbaus des Briefes die Worte »der Herr« und »der Botschafter« (mit dem Beglaubigungsschreiben, dem Amtsausweis) stehen. Damit verdeutliche ich die oben gezeigte Parallele zur Diplomatie.

Als Beglaubigungsschreiben hatte Paulus freilich kein Stück Papier, auf dem das schwarz auf weiß nachzulesen gewesen wäre. Aber er spricht in diesem Brief fortwährend davon, was alles Nachweis dessen sei, daß sein Wort als Wort eines Apostels Gültigkeit habe, daß er ein echter und kein angemaßter Apostel sei. Man kann sich deshalb – so sagt Paulus – auf das verlassen, was er als Apostel ausrichtet.

1.2 Der Aufbau des Briefes

Der zweite Korintherbrief ist so aufgebaut (vgl. dazu Abb. 25):

Der Briefeingang (1,1 f.)
1. Werbung um das Vertrauen; Gründe dafür, dem Apostelamt des Paulus zu vertrauen (1,3-6,10)

2. Der Ruf zur Lösung vom alten Wesen; die Freude über das neue Wesen (6,11-7,16)
3. Werbung um die Liebestat, Erhebung der Steuer (Kap. 8 f.)
4. Abwehr unbegründeter Angriffe; Werbung um Einsicht (Kap. 10-12,18)

Der Briefschluß (Kap. 12,19-13,13)

2. Zum Einzelnen

2.1 Der Briefeingang (1,1 f.)

1,1 f. enthalten den üblichen Briefkopf: Angaben über Absender und Empfänger sowie den Eingangsgruß. Die Aussage *»Apostel Jesu Christi nach dem Willen Gottes«* hatte am Beginn gerade dieses Briefes eine besondere Bedeutung (siehe 1.1).

2.2 Werbung um das Vertrauen; Gründe dafür, dem Apostelamt des Paulus zu vertrauen (1,3-6,10)

a) Selbst getröstet, tröstet Paulus andere (1,3-11)

Paulus lebt selbst von dem, was er verkündigt und weitergibt: vom Trost Christi. So sagt er: *»Gelobt sei Gott, der ... Gott allen Trostes, der uns tröstet in aller unserer Trübsal, damit auch wir trösten können, die in allerlei Trübsal sind, mit dem Trost, mit dem wir selber getröstet werden von Gott«* (V. 3 f.).

Auch damit will Paulus zum Ausdruck bringen, daß er ein echter Apostel ist, – nicht um sich zu verteidigen, sondern um die Christen in Korinth gewiß zu machen.

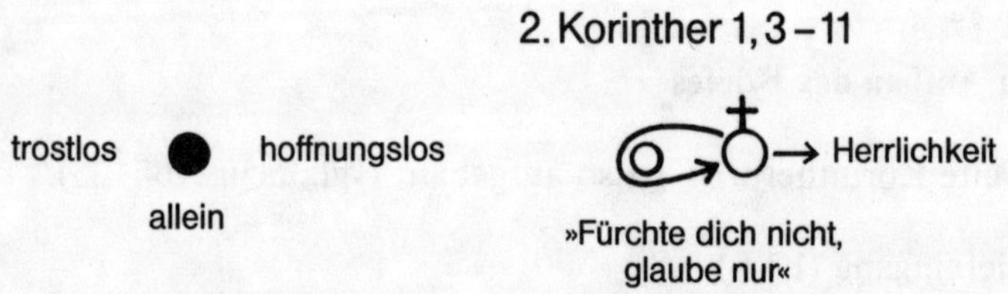

Abb. 26: Der Trost Christi

Paulus schreibt in diesem Abschnitt von einer großen Schwierigkeit, die er in Ephesus hat. Er hat dabei schon gemeint, er müsse sterben.

Wir wissen nicht genau, worum es dabei gegangen ist. Ist es vielleicht der Aufstand, der gewaltige Ansturm, den Demetrius in Ephesus anführte (Apg 19,23 ff.), wovon Paulus in 1,8-11 spricht? Man kann sich kaum vorstellen, was es bedeutete, daß die Menschenmenge »wie aus einem Munde fast zwei Stunden lang schrie: Groß ist die Diana der Epheser!« (Apg 19,34). Paulus war dadurch mit Sicherheit ganz hart angefochten.

In diesem Zusammenhang spricht Paulus von dem Trost, den er empfing und den er weitergegeben hat.

Abbildung 26 zeigt links den trostlosen Menschen, der wie auf schwankendem Boden steht und allein ist. So wäre auch Paulus gewesen, wenn er allein gewesen wäre. Aber er hat es erfahren, welch ein Trost und welche Stärkung die Gegenwart des Herrn und die Hoffnung auf ihn über den Tod hinaus bedeutet (V. 9).

Darum zeigt Abbildung 26 rechts den getrösteten Menschen. Christus ist bei ihm, und es ist, als ob er den Arm um ihn legte (wie es bei Jaïrus heißt, zu dem Jesus sagt: »Fürchte dich nicht; glaube nur!« [Mk 5,36b]). Es geht vorwärts, der Herrlichkeit entgegen. Paulus schreibt auch: »Denn ich bin überzeugt, daß dieser Zeit Leiden nicht ins Gewicht fallen gegenüber der Herrlichkeit, die an uns offenbart werden soll« (Röm 8,18), und: »Unsre Trübsal, die zeitlich und leicht ist, schafft eine ewige und über alle Maßen gewichtige Herrlichkeit uns, die wir nicht sehen auf das Sichtbare, sondern auf das Unsichtbare« (2. Kor 4,17.18a).

Der Trost, den Paulus empfängt, ist ja nicht nur ein erquicklicher Gedanke, sondern die Alten haben unter »Trost« etwas sehr Habhaftes verstanden. Wenn jemand einen gefährlichen Weg gehen mußte, auf dem es nicht ganz geheuer war und Räuber lauerten, und ein anderer Mann, der stark und wohlbewaffnet war, sagte zu ihm: »Ich gebe dir das Geleit!«, dann hat man das als »Trost« bezeichnet. Das war also ein starker, kein schwacher Trost.

»Christ will unser Trost sein« (EKG 75.90) heißt: Der Auferstandene geht mit, und dann kann's nicht fehlen. Das ist also dieser Trost: Wir haben einen Herrn, der bei uns ist und der uns einem Ziel entgegenführt. Er will etwas durch uns tun: andere trösten durch Wort und Tat!

b) Wie der Herr, so ist auch sein Botschafter zuverlässig (1,12-2,17)

Es wurde Paulus vorgeworfen, daß er ein unzuverlässiger Mann sei: Habe er doch einen Besuch in Korinth versprochen und komme doch nicht. Er sei wohl feige und ziehe sich zurück.

Paulus begründet, warum er nicht sofort nach Korinth reisen würde: Zum einen will er die Korinther schonen, zum anderen, weil ihn das selbst in große *»Traurigkeit«* versetzen würde (2,1). Er habe sich entschlossen, anders zu verfahren: nämlich zu schreiben und Titus zu schicken.

Warum erklärt Paulus das so ausführlich? Paulus liegt soviel daran, nicht als doppelzüngig und unzuverlässig zu erscheinen, damit man nicht von ihm auf seinen Herrn schließt, als sei auch Gott in seinen Verheißungen nicht zuverlässig. In diesem Zusammenhang steht das Wort: *»Jesus Christus ... war nicht Ja und Nein, sondern es war Ja in ihm. Auf alle Gottesverheißungen ist in ihm das Ja; darum sprechen wir auch durch ihn das Amen, Gott zum Lobe«* (1,19 f.).

Man erkennt hier, daß aller Eifer des Paulus, nachzuweisen, daß er zuverlässig sei, nicht mit einer persönlichen Empfindlichkeit zusammenhängt. Es geht dem Apostel vielmehr hierbei immer um seinen Herrn, der nicht in ein falsches Licht gerückt werden soll. Die korinthischen Christen sollen keinen falschen Eindruck von der Art bekommen, als ob der Herr Jesus Christus seine Verheißungen, seine Zusagen und Versprechungen nicht so ernst nehmen würde.

Aus diesem Grund begründet Paulus so ausführlich, warum er nicht schon jetzt nach Korinth gekommen sei. Aber er werde demnächst sein Versprechen wahrmachen und die korinthischen Christen besuchen.

Also sind sowohl der Herr wie auch sein Botschafter, sein Apostel zuverlässig.

c) Inhalt und Qualität der Botschaft (Kap. 3 - 5)

Dann gibt Paulus eine Kostprobe seines Zeugnisses, seines Dienstes, den er tut, der Botschaft, die er ausrichtet.

aa) Das Evangelium von der Gnade Gottes (Kap. 3)

In Kapitel 3 zeigt Paulus wiederholt, wie wunderbar sein Apostelamt ist, der Dienst, den er hat, die Botschaft, die er ausrichten darf.

Wie ein guter Wein sich daran zeigt, daß man seine Güte erkennt, indem man ihn probiert, so ist es mit der Botschaft des Apostels. Indem die Korinther diese Botschaft erfahren und indem sie sich in deren Leben bewährt, merken sie, daß das *die* Botschaft ist und daß Paulus demzufolge ein echter und kein angemaßter Bote ist.

So sagt Paulus, daß die korinthischen Christen selbst sein Beglaubigungsschreiben sind, der *»Brief Christi«* (V. 2 f.). Die durch die Verkündigung des Apostels entstandene Gemeinde ist der Ausweis des

Paulus; sie erweist durch ihre Existenz, daß das geistliche Leben aus Jesus Christus in Korinth entstanden ist. Dieses Leben war vorhanden – trotz allem Mangel. Und das führt Paulus als ein Zeugnis dafür an, daß er als Apostel in Korinth vollmächtig gewirkt hat.

Im Bild gesprochen: Wenn jemand auf einen Acker Sandkörner streut, so wächst dort kein Weizen. Wo aber ein Weizenfeld steht, hat derjenige, der dort gesät hat, keine Sandkörner, sondern Weizenkörner ausgestreut.

An dem, was aus der Wirksamkeit des Apostels in Korinth entstanden war, wird deutlich, daß Paulus in göttlicher Vollmacht und Legitimation gewirkt hat.

Was ist der Inhalt des Evangeliums, das auch in Korinth seine Früchte getragen hat? Paulus kommt auf den Unterschied von *»Gesetz«* und *»Evangelium«* zu sprechen. Er zeigt, was *»Gnade«* und was *»Gesetz«* bedeutet.

Das bringt Paulus in den Kernsätzen dieses Kapitels zum Ausdruck, den Versen 7 - 9, in denen er vom Guten zum noch Besseren schließt: *»Wenn schon das Amt, das den Tod bringt und das mit Buchstaben in Stein gehauen war, Herrlichkeit hatte, so daß die Israeliten das Angesicht des Mose nicht ansehen konnten wegen der Herrlichkeit auf seinem Angesicht, die doch aufhörte, wie sollte nicht viel mehr das Amt, das den Geist gibt, Herrlichkeit haben? Denn wenn das Amt, das zur Verdammnis führt, Herrlichkeit hatte, wieviel mehr das Amt, das zur Gerechtigkeit führt, überschwengliche Herrlichkeit.«*

Paulus führt hier die Auffassung der Pharisäer von der Tora, dem Gesetz, vor Augen: Das Gesetz ist eine Forderung Gottes, die der Mensch zu erfüllen hat.

Im Alten Testament ist es freilich nicht so, daß Gottes Gebote nur fordernd sind. Denn es heißt zu Beginn der Zehn Gebote: »Ich bin der HERR, dein Gott...« (2. Mose 20,1). Gott schenkt, bevor er etwas verlangt.

So war im Alten Testament beim Gesetz immer die Tröstung dabei: Gott wirkt, daß der Mensch die göttliche Forderung erfüllen kann. »Ich will mein Gesetz in ihr Herz geben und in ihren Sinn schreiben, und sie sollen mein Volk sein, und ich will ihr Gott sein... Ich will meinen Geist in euch geben und will solche Leute aus euch machen, die in meinen Geboten wandeln und meine Rechte halten und danach tun« (Jer 31,33; Hes 36,27).

Doch die Pharisäer haben das »Gesetz« so gedeutet, als ob es nur Soll, nur Forderung, nur eine Vorausleistung des Menschen ist, die er Gott zu erbringen hat.

Das wäre schrecklich – zugleich aber auch etwas, das den Menschen würdigt und die Hoheit des Menschen zeigt: Gott gibt das »Gesetz«, den Maßstab, an dem der Mensch gemessen wird, einen *gültigen* Maßstab!

Das nimmt Paulus auf und sagt: Das »Gesetz« ist an sich ein Soll und hat die Folge, daß der Mensch verurteilt wird. Wenn Menschen diesem Soll begegnen und an dem Anspruch des heiligen Gottes gemessen werden, dann genügt dem niemand.

Paulus vergleicht damit das Evangelium. Wenn sogar die Botschaft des Gesetzes und der Forderung Würde hat, deretwegen der Sinaiberg glühte und dröhnte, weil die Nähe Gottes so gewaltig war, und die doch Verdammnis und Tod bringt, wieviel mehr Würde und Herrlichkeit hat und schenkt dann *der* Dienst, der den Geist und damit das Leben bringt, der den Menschen von innen her neu schafft, der »zur Gerechtigkeit führt«!?

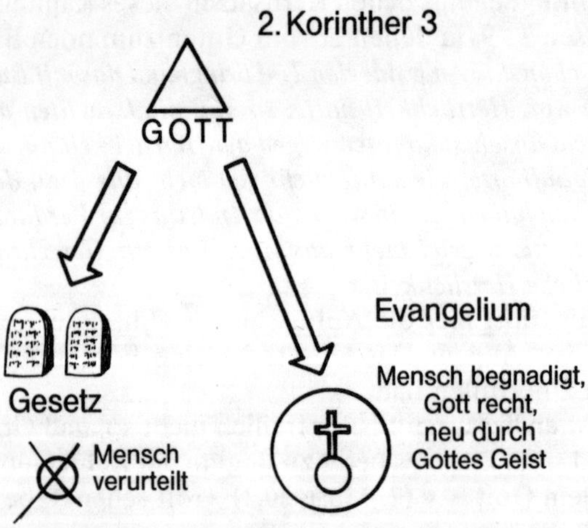

Abb. 27: Das Evangelium von der Gnade Gottes

Kurz gesagt: Während das Gesetz Gottes, das durch Mose gegeben wurde, Forderung an den Menschen sowie dessen Überführung von Schuld und Verurteilung wegen Nichterfüllung dieses Gesetzes bedeutet, ist das Evangelium Begnadigung.

Nun muß kein Soll mehr erfüllt werden. Aber die Kraft zum neuen Gehorsam in Liebe und Dank zu Gott wird durch den Heiligen Geist geschenkt (V. 17 f.). Durch das Evangelium *kann* der Mensch, was er *soll*; dadurch wird der Mensch Gott recht.

Das ist nicht nur eine Gnade, die allem Recht entgegen geschenkt wird, sondern eine Gnade, die den Menschen recht *macht*. Gott läßt nicht »Gnade vor Recht ergehen«, sondern macht den Menschen mit seiner *schaffenden* Gerechtigkeit recht.

Wenn Christen sich selbst ansehen, mögen sie nichts davon feststellen. Gott kommt trotzdem an sein Ziel. »...der in euch angefangen hat das gute Werk, der wird's auch vollenden bis an den Tag Christi Jesu« (Phil 1,6). Gott läßt seine Arbeit, die er an Menschen wendet, nicht halbfertig liegen.

Paulus betont, daß er diesen Dienst ausrichten darf und dazu bestimmt ist. Das bewährte sich offensichtlich auch bei den Korinthern, denn es gab dort ja auch echte Christen, die unter den Mißständen gelitten und sich auch darunter gebeugt haben, daß sie einen falschen Weg eingeschlagen hatten (vgl. 2. Kor 7).

bb) Der »Schatz« neuen Lebens (Kap. 4)

Paulus spricht in Kapitel 4 (wie auch in Kap. 11) von den Leiden, die er tragen mußte, und er redet vom Leben mit und in Christus als von einem *»Schatz in irdenen Gefäßen«* (V. 7a). Paulus betont, daß Christen, je näher sie mit und zu ihrem Herrn gehen, desto mehr aber auch unter dem *Kreuz* gehen. Doch sie werden auch desto mehr gehalten und um so gewisser der Herrlichkeit, der sie teilhaftig werden.

Im Leben und Wesen des Apostels steht der *»Schatz«* vornean, von dem er hier spricht, denn *»Gott, der sprach: Licht soll aus der Finsternis hervorleuchten, der hat einen hellen Schein in unsre Herzen gegeben...«* (V 6a).

Das macht übrigens das Wesen jedes Christen aus: Der *»Schatz«* ist das neue Leben, der Heilige Geist, der »Christus-in-uns«, der in uns Wohnung gemacht hat. Diesen *»Schatz«* haben wir aber *»in irdenen Gefäßen«*, nämlich in einem verweslichen Erdenleib. Dieser Leib ist ein ganz unangemessenes Gefäß, das für den *»Schatz«* nicht geeignet ist!

In 1. Korinther 15 sagt Paulus, es werde die Stunde kommen, in der dieser Erdenleib, der »natürliche (seelische) Leib« (griech. *sóma psychikós*, 1. Kor 15,44) das Gefäß bekommen werde, das diesem Inhalt ganz angemessen ist: die Geistleiblichkeit (»ein geistlicher Leib« *[sóma pneumatikós]*, 1. Kor 15,44). Das Wort »Geistleiblichkeit« heißt nichts anderes, als daß dann ein Gefäß vorhanden sein wird, das ganz dem Inhalt entsprechend ist. Dann heißt es nicht mehr: »Schatz der Gehalt, Scherben die Gestalt«, und dann ist nicht mehr vom »Schatz in irdenen Gefäßen« die Rede.

cc) Hoffnung über den Tod hinaus (5,1-10)

Im ersten Teil von Kapitel 5 kommt Paulus auf eine Frage zu sprechen, an die er ganz hart herangeführt wurde, als er in Ephesus die Todesnähe verspüren mußte.

Paulus hatte wohl zuvor ganz stark die Hoffnung gehabt, er werde die Wiederkunft Jesu erleben. (Bei den etwas früher von ihm geschriebenen beiden Thessalonicherbriefen hat man diesen Eindruck.) Doch jetzt rechnet der Apostel durchaus mit seinem Märtyrertod.

In diesem Zusammenhang redet Paulus in zwei Bildern von dem, was nach dem Tod geschieht:

a) *»Wir wissen: wenn unser irdisches Haus, diese Hütte, abgebrochen wird, so haben wir einen Bau, von Gott erbaut, ein Haus, nicht mit Händen gemacht, das ewig ist im Himmel«* (V. 1).
Hier spricht Paulus von der *»Hütte«* und gebraucht das griechische Wort *skaenos*, das eigentlich *»Zelt«* heißt und in dem auch das Wort »Szene« (d.h. »Theatervorhang«) steckt. Dieses *»Zelt«* ist kein festes Gemäuer, sondern aus Stoff gemacht, ist also nichts Bleibendes, sondern etwas Vorübergehendes.

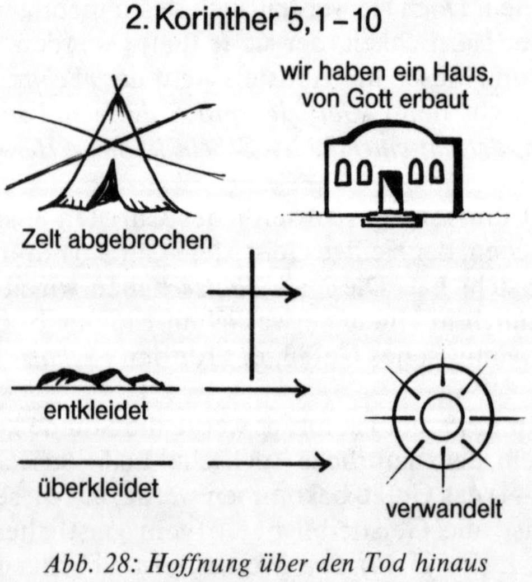

Abb. 28: Hoffnung über den Tod hinaus

Abbildung 28 veranschaulicht das erste Bild von 2. Korinther 5,1-10: Wenn das »Zelt« abgebrochen wird und die »Reise« weitergeht, werden wir durch den Tod hindurchgeführt.

Der Tod ist also nur ein »Umzug« vom Schlechteren ins Bessere, in einen »Bau«, ein massives Bauwerk aus Steinen, das Gott erbaut, im Himmel.
Mit wenigen Ausdrücken unterstreicht Paulus mit dem Bild vom *»Bau«* die Endgültigkeit, das Bleibende, das Herrliche. Die »Eigentumswohnung« ist erstellt, eingerichtet und bereitgestellt.
Das ist das, wovon Paulus in 1. Korinther 2,9 spricht, wenn er das Buch des Propheten Jesaja zitiert: »Was kein Auge gesehen hat und kein Ohr gehört hat und in keines Menschen Herz gekommen ist, was Gott bereitet hat denen, die ihn lieben.« Und Jesus selbst sagt: »Wenn ich hingehe, euch die Stätte zu bereiten, will ich wieder kommen und euch zu mir nehmen, damit ihr seid, wo ich bin« (Joh 14,3).
Es ist also alles bereit, und Christen haben deshalb die Stunde, in der »das Zelt abgebrochen wird«, nicht zu fürchten. Der Schritt des Todes ist dann nur noch der durch einen zwar dunklen, aber dünnen Vorhang.

b) Paulus wechselt dann aber das Bild: Aus dem »Haus«, dem »Zelt« wird das *»Kleid«*: *»Darum seufzen wir auch und sehnen uns danach, daß wir mit unserer Behausung, die vom Himmel ist, überkleidet werden, weil wir dann bekleidet und nicht nackt befunden werden. Denn solange wir in dieser Hütte sind, seufzen wir und sind beschwert, weil wir lieber nicht entkleidet, sondern überkleidet werden wollen, damit das Sterbliche verschlungen werde von dem Leben«* (V. 2-4).
Mit dem *»Kleid«* meint Paulus speziell unsere Leiblichkeit. Im Blick darauf spricht er vom *»Entkleidet-Werden«* und meint damit das Sterben. Er sehnt sich zum einen nach seiner *»Behausung«* im Himmel, zum anderen aber auch danach, daß er *»nicht entkleidet, sondern überkleidet«* oder »verwandelt« wird, wenn nämlich der Herr wiederkommt (vgl. 1. Kor 15,51; das ist also noch das Verlangen des Paulus, die Wiederkunft Jesu noch zu erleben).
Das habe ich in Abbildung 28 (untere Bildhälfte) so dargestellt: Zuerst erfolgt das Entkleiden (das Kleid bleibt liegen), jenseits des Todes das Neu-Bekleiden mit der Geistleiblichkeit, in der das Kleid – die Leiblichkeit – ganz dem Inhalt, dem neuen Leben durch Gottes Geist, entspricht (darum die beiden ineinandergefügten Ringe, die umstrahlt sind).
Darunter ist die Möglichkeit des Überkleidet-Werdens gezeigt: Hierbei bleibt kein Kleid zurück; hier ist kein Leib zu beerdigen.

Der Tod ist dann auch nicht mehr (»...und der Tod wird nicht mehr sein«, Offb 21,4). Der Tod wird dann zum Spott: »Tod, wo ist dein Sieg? Tod, wo ist dein Stachel?« (1. Kor 15,55).
Damit meint Paulus speziell dies, daß der Tod einmal das Nachsehen haben wird, wenn er einmal das Erdenkleid von uns Menschen nicht mehr zurückhalten kann; denn dann wird »überkleidet« und »verwandelt«.
Geht das »Entkleiden« noch durch das Sterben hindurch, so geschieht das »Überkleiden« unmittelbar, ohne daß es durch das Sterben geht. –
In diesem Zusammenhang ist es interessant zu sehen, daß Christen nicht fragen sollten, ob ein Verstorbener noch im Haus oder bereits auf dem Friedhof sei. Er ist weder im Haus noch auf dem Friedhof, und er wird auch nicht in das Grab gelegt. Was beerdigt wird, ist nur das »Kleid« – mehr nicht.
Das geht ganz deutlich aus 2. Korinther 5 hervor, wo Paulus vom »Entkleiden« und vom »Überkleiden« spricht: Dies geschieht am Menschen, am Selbst, am Ich, an dem neuen Leben, das in Christen geschenkt war und das ausgereift ist. Es kommt darauf an, daß »Christus in uns eine Gestalt gewinne« (vgl. Gal 4,19b). Dann kann man das »Kleid« ablegen.

Nach diesen beiden Bildern kommt Paulus auf das zu sprechen, was sozusagen die »Garantie-Erklärung« dafür ist: *»Der uns aber dazu bereitet hat, das ist Gott, der uns als Unterpfand den Geist gegeben hat«* (V. 5). Gott gibt Menschen seinen Heiligen Geist, und dieser macht sie ihres Weges mit ihrem Herrn froh und gewiß, auch wenn es durch Tod und Sterben geht: *»So sind wir denn allezeit getrost und wissen: solange wir im Leibe wohnen, weilen wir fern von dem Herrn; denn wir wandeln im Glauben und nicht im Schauen. Wir sind aber getrost und haben vielmehr Lust, den Leib zu verlassen und daheim zu sein bei dem Herrn...«* (V. 6 ff.)

dd) Die Botschaft von der Versöhnung durch Jesu Kreuz (5,11-21)

In diesem Abschnitt des Kapitels 5 spricht Paulus von der Sühnetat Gottes in Jesus Christus. Hier steht das große Wort:

> *»Gott war in Christus und versöhnte die Welt mit sich selber und rechnete ihnen ihre Sünden nicht zu und hat unter uns aufgerichtet das Wort von der Versöhnung. So sind wir nun Botschafter an Christi Statt, denn Gott ermahnt durch uns; so bitten wir nun an Christi Statt: Laßt euch versöhnen mit Gott! Denn er hat den, der von keiner*

Sünde wußte, für uns zur Sünde gemacht, damit wir in ihm die Gerechtigkeit würden, die vor Gott gilt« (V. 19 f.).

Es geht hier um zweierlei:

a) Zum einen geht es um das, was in der Vergangenheit liegt: um *die Sühnetat* vor 2000 Jahren. *»Gott war in Christus und versöhnte«* und hat dazu gesühnt; *»er hat den, der von keiner Sünde wußte, für uns zur Sünde gemacht«.*
Was geschah bei der Sühnetat? Der, der von Ewigkeit her beim Vater ist, der von Ewigkeit her in Gottes Herrlichkeit war, »hielt es nicht für einen Raub, Gott gleich zu sein, sondern entäußerte sich selbst und nahm Knechtsgestalt an...« (Phil 2,6 f.)
Was der Philipperbrief mit diesen Worten sagt, wird im zweiten Korintherbrief noch überboten: Christus *»wurde zur Sünde gemacht«* – so, als ob er alle Sünde und allen Greuel der ganzen Weltgeschichte selbst verübt hätte, auch das, was im Dritten Reich geschah usw. So hat Gott den Herrn Jesus behandelt.
An dieser Stelle ahnen wir etwas von dem, was in Gethsemane und auf Golgatha geschah, wo Jesu Schweiß wie Blutstropfen wurde und wo er sprach: »Mein Gott, mein Gott, warum hast du mich verlassen?« (Mt 27,46; Mk 15,34; vgl. Ps 22,2). Das ist ein abgrundtiefes Geschehen!

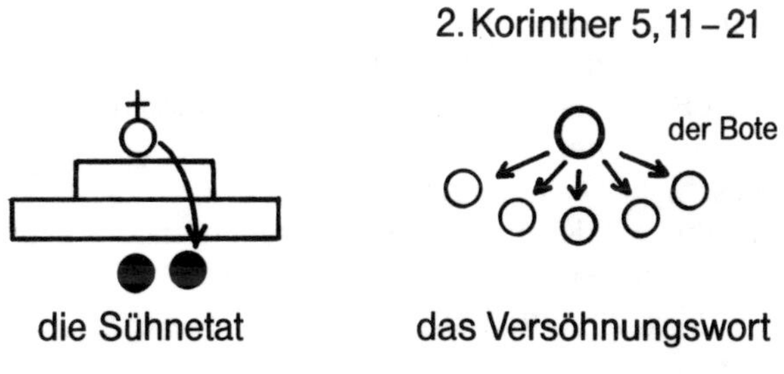

Abb. 29: Die Botschaft von der Versöhnung durch Jesu Kreuz

Das veranschaulicht Abbildung 29 (linke Bildhälfte): Jesus hat sich herabbegeben, sich neben uns Menschen gestellt und an unserer Stelle all unsere Sünde getragen.
Es gibt m.E. kein Bibelwort, in dem das in einer solchen Tiefe ausgesprochen wird wie in 2. Korinther 5,21. Christus *»wurde für uns zur Sünde gemacht«*, also nicht nur mit unserer Sünde

beladen, sondern so behandelt, als ob er selbst durch und durch Sünde sei.

b) Zum anderen geht es um das heute Gegenwärtige: um *das Versöhnungswort. »Er hat unter uns aufgerichtet das Wort von der Versöhnung...«*

Aufgrund der Sühnetat Gottes am Kreuz ist heute das Versöhnungswort, die Versöhnungsbotschaft möglich, daß wir nämlich heute Frieden mit Gott erlangen können. Denn was dieses Wort sagt, das bringt es auch.

Dieses Wort kündigt also nicht etwas an, das Gott irgendwann einmal tun werde, sondern indem dieses Wort ergeht, schafft es, was es sagt. Denn »wenn er spricht, so geschieht's; wenn er gebietet, so steht's da« (Ps 33,9). Denn dieses Wort ist göttliches Wort und deshalb ein Wort, das zugleich Tat ist.

Dieses Wort ist es, das heute Frieden bringt. In der Heiligen Schrift steht ja: »Ich will euch beständigen Frieden geben an diesem Ort« (Jer 14,13b).

Das zeigt Abbildung 29 (rechte Bildhälfte): Es ist der Bote, der *»Botschafter an Christi Statt«*, der das Versöhnungswort ausrichtet, *»denn Gott ermahnt durch uns; so bitten wir nun an Christi Statt: Laßt euch versöhnen mit Gott!«* Der Bote darf aufgrund des Sühnegeschehens Botschafter sein und den Frieden austeilen, der durch die Sühne geschenkt wird.

Solch ein Bote ist einem politischen Sonderbotschafter vergleichbar, der zum Staatschef eines anderen Landes reist und einen Friedensvertrag unterschreibt. Auch das, was ein Bote Gottes ausrichtet, hat Wirkung: Indem er die Botschaft ausrichtet, geschieht, was er sagt.

Paulus will Kostproben davon geben und darauf verweisen, was das für eine Botschaft ist: Sie bewährt sich doch im Leben der korinthischen Christen!

d) Bote Gottes mit Wort und Leben (6,1-10)

Der Bote ist mit seiner ganzen Existenz Zeuge: mit Wort *und* Leben, mit Wirken *und* Leiden. Das zieht sich durch den gesamten Brief hindurch; im ersten Teil von Kapitel 6 nimmt Paulus dies auf und faßt es zusammen: *»In allem erweisen wir uns als Diener Gottes: in großer Geduld, in Trübsalen, in Nöten, in Ängsten..., als die Traurigen, aber allezeit fröhlich; als die Armen, aber die doch viele reich machen; als die nichts haben, und doch alles haben«* (V. 4.10).

2.3 Der Ruf zur Lösung vom alten Wesen; die Freude über das neue Wesen (6,11-7,16)

In diesem Abschnitt des Briefes geht es etwas mehr um die Gemeinde in Korinth; aber es geht dabei immer auch um den Dienst des Paulus.

a) Christen sollen ganz ihrem Herrn und niemand anderem gehören. Paulus sagt zunächst, es sei zwar schön, wenn die korinthischen Christen neu anfangen, aber sie müßten auch Konsequenzen ziehen. Es darf an dem nicht fehlen, was aus dem neuen Leben mit Jesus folgt.
Offenkundig war in der korinthischen Gemeinde eine eigenartige Mischung von Heiligem Geist und anderem Geist entstanden, von Nachfolge Jesu und von Eigenmächtigkeit des Menschen (dazu mehr bei der Auslegung der Kap. 10-12).
Im Blick darauf leitet Paulus die Gemeinde an: Was die korinthischen Christen ineinander mischen, das gehört nicht zusammen. Zwar lehnt Paulus unnötige Trennungen ab (das wird im ersten Korintherbrief gesagt: die Spaltungen in der Gemeinde), aber er spricht auch von notwendigen Scheidungen. Man müsse sich von solchen trennen, die dem Geist Gottes widerstreben. Diese können nicht in der Gemeinde bleiben, wenn nicht die gesamte Gemeinde verdorben werden soll.
Daher spricht Paulus auffallend scharfe Worte im Blick auf Leute, die in dieser Gemeinde sind: *»Was hat die Gerechtigkeit zu schaffen mit der Ungerechtigkeit? Was hat das Licht für Gemeinschaft mit der Finsternis? Wie stimmt Christus überein mit Beliar?«* (*»Beliar«* ist hebräisch und heißt »der Heillose«. Damit ist der Satan gemeint.) *»Was für ein Teil hat der Gläubige mit dem Ungläubigen? Was hat der Tempel Gottes gemein mit den Götzen?«* (6,14-16)
Das alles darf nicht einfach vermengt werden, wie es damals im Synkretismus geschehen ist. Rom hatte ja den Synkretismus als das große Programm ausgegeben, da nur auf diesem Wege das Weltreich zusammengehalten werden könnte. Die Verfolgung der Christen ist eigentlich dadurch erst entstanden, daß die Christen diese Religionsvermischung nicht mitgemacht haben, sondern mit dem Evangelium spröde waren und sich nicht in den großen »Mischkrug« hineinnehmen ließen.
Hier steht auch das anschauliche Wort: *»Zieht nicht am fremden Joch mit den Ungläubigen«* (6,14a).

Abb. 30: Ganz dem Herrn gehörig

Das veranschaulicht Abbildung 30: Zwei Karren fahren in verschiedene Richtungen. Der dunkle Karren trägt den Namen »Sünde und Satan«. Dieser Karren wird von zweien mitgezogen, die eigentlich zu dem anderen Karren – zu Christus – gehören. Diese sind es, die Paulus fragt, warum sie am »fremden Joch« ziehen.

Dieses Bild von dem Gefährt und den Reit- oder Zugtieren im Blick auf den Menschen kommt bereits im Alten Testament vor: »Seid nicht wie Rosse und Maultiere, die ohne Verstand sind, denen man Zaum und Gebiß anlegen muß« (Ps 32,9).

Auch in dem großen Wort Römer 8,14 ist an dieses Bild gedacht: »Welche der Geist Gottes treibt, die sind Gottes Kinder.« Das Wort »treiben« bzw. »führen« (griech. *agein*) war ein Fachausdruck der Sprache des Kutschers und bezeichnete dessen Tätigkeit. Der Geist Gottes sitzt also gewissermaßen auf dem Kutscherbock und hält die Zügel, aber auch die Peitsche. Aber er ist mehr: Er gibt auch die Kraft.

b) Paulus spricht hier davon, wie sehr er getröstet worden sei. Er verweist darauf, wie bedrängt er war (*»von außen mit Streit, von innen mit Furcht«*, 7,5b); *»aber Gott, der die Geringen tröstet«*, hat ihn *»durch die Ankunft des Titus«* getröstet (7,6).

Insbesondere wurde Paulus aber dadurch getröstet, daß die Gemeinde in Korinth doch auf ihn in seinem Brief gehört hat und sich durch seinen wahrscheinlich recht behutsamen, geschickten, weisen und liebevollen Boten Titus zurechtbringen ließ. Paulus erwähnt sogar ihr »Weinen« (7,7b); die Christen in Korinth haben also über ihre Irrwege Leid getragen.

Im selben Zusammenhang steht das feine Wort von der göttlichen »Traurigkeit«. Im Blick auf die Freude über das neue Wesen sagt Paulus, daß diese Traurigkeit etwas bewirkt, nämlich *»eine Reue, die niemanden reut«* (7,10a).
Dieses Wort meint, daß man durch diese »Traurigkeit« etwas einsieht und sich vor Gott beugt; das ist eine »Traurigkeit«, die zur Freude führt.
Etwas anderes ist demgegenüber die *»Traurigkeit der Welt«*, die in Unbußfertigkeit verharrt. Diese *»Traurigkeit ... wirkt den Tod«* (7,10b).
Es freut den Apostel ungemein, daß die Christen in Korinth Buße getan haben. Daher fährt er nun mit Freuden nach Korinth. Aber dann, nachdem die Korinther neu begonnen haben, sollen sie auch in der Heiligung völliger werden, sich klar entscheiden (vgl. 7,1: *»die Heiligung vollenden in der Furcht Gottes«*).

2.4 Werbung um die Liebestat, Erhebung der Steuer (Kap. 8 f.)

Der Botschafter Gottes ist gewissermaßen auch ein Steuererheber, wie damals die Gesandten Roms auch Geld eingezogen haben.

Die Notlage der Gemeinde in Jerusalem ist für Paulus ein Anlaß geworden, die Frage des Gebens bei Christen (dazu gehört aber nicht nur das Geld, sondern auch Verstehen, Liebe und Anteilnahme, ein gutes Wort zu sagen...) bis ins Grundsätzliche hinein zu untersuchen.

Die Schätzung, zu der Josef und Maria nach Bethlehem gereist waren, war gewiß nicht nur eine Volkszählung gewesen, sondern man wollte auch wissen, wieviel Geld man von den Leuten einfordern konnte. Dies sollte also auch der Steuererhebung dienen. Die Kriege Roms und die prächtige Hofhaltung der römischen Kaiser und Statthalter mußten ja finanziert werden, und deshalb war der römische Staat sehr interessiert daran, die ihm zustehenden Steuern einzutreiben.

Paulus kann als Sonderbotschafter Gottes, des »Königs aller Könige«, Steuer erheben – wie etwa Cyrenius, der römische Statthalter in Syrien. Bei Paulus geht es freilich anders zu als bei den Geldeintreibern des römischen Staates: Er *wirbt* um das Geld und *bittet* darum. Denn diese Steuer ist ein Liebeswerk (8,4: *diakonia* – »[Liebes-]Dienst«), also auch ein Werk der Freiwilligkeit, ein Werk, bei dem man mehr als nur Geld geben will: nämlich seine Liebe.

Der Apostel sagt auch, worauf alles christliche Liebeswerk basiert, was seine Grundlage ist: die große Liebes- und Opfertat des Herrn Jesus

Christus. Jesus hat alles für uns gegeben – sollten wir nicht auch ein wenig für andere weggeben können? *»Obwohl er [Jesus Christus] reich ist, wurde er doch arm um euretwillen, damit ihr durch seine Armut reich würdet«* (8,9).

Das ist die Grundlage, der Ausgangspunkt, der Anstoß, die Motivierung für alle christliche Liebestat.

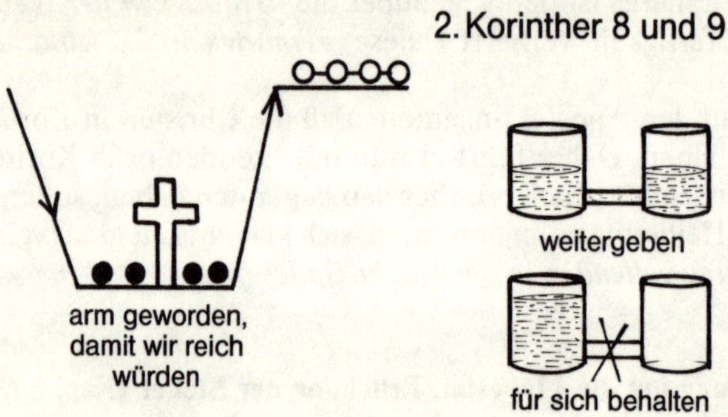

Abb. 31: Christi Liebestat und die Liebestat der Christen

Dies veranschaulicht Abbildung 31 (linke Bildhälfte): Wir Menschen sind in der Tiefe der Verlorenheit, im Verderben, und Jesus Christus, der in der Herrlichkeit war, wird um unseretwillen arm. Er legt seine göttliche Herrlichkeit ab und ist »gehorsam bis zum Tode, ja zum Tode am Kreuz« (Phil 2,8b). Er läßt sich noch die Kleider vom Leib reißen und hält gar nichts zurück, nicht *einen* Blutstropfen. Wozu? Damit wir *»durch seine Armut reich würden«*, auf daß wir »Gottes Erben und Miterben Christi« (Röm 8,17) würden.

Paulus spricht auch davon, daß derjenige, der vom Herrn recht empfängt, auch weitergibt; und derjenige, der weitergibt, empfängt recht vom Herrn. Die Christen in Korinth sollen Anteil nehmen am Ergehen anderer Christen und einen *»Ausgleich«* schaffen.

Das zeigt die Skizze vom »Gesetz der verbundenen Gefäße bzw. der kommunizierenden Röhren« (Abb. 31, rechte Bildhälfte). Gott gibt jedem etwas (Gnade, Segnung, Erkenntnis, auch äußere Wohltat).

Wenn man die Gaben Gottes weitergibt, so strömt es nach: Der Wasserhahn ist offen; es wird nichts zurückgehalten. Dann gleicht sich der Wasserspiegel in beiden Gefäßen aus und ist gleich hoch. Dennoch hat der Geber mehr als der, der von ihm nimmt; denn der Geber empfängt wiederum Neues.

Wenn man die Gaben Gottes aber für sich behalten will, so schließt sich sozusagen der Wasserhahn. Der Mensch, mit dem man eigentlich verbunden ist und den Gott auch meint, geht dann leer aus. Daher empfängt man selbst dann nichts mehr, auch nicht die Liebe Gottes. Nicht einen traurigen Geizhals, sondern »einen fröhlichen Geber hat Gott lieb« (9,7b)!

Wer weitergibt, der empfängt: Das gilt erst recht im Blick auf die Zukunft, die Ewigkeit. Paulus sagt das mit dem Bild von Saat und Ernte.

Alles, was wir jetzt tun, ist Saat, und dann, in der Ewigkeit, wird die Ernte sein. *»Wer da kärglich sät, der wird auch kärglich ernten; und wer da sät im Segen, der wird auch ernten im Segen«* (9,6).

Wenn es einem Bauern bei der Aussaat um den schönen Weizen zu schade wäre, so daß er das Saatgut um ein Drittel vermindert, würde bei dem auch die Ernte entsprechend vermindert ausfallen.

Jetzt also ist Saatzeit, und selbst das Unscheinbare – wofür niemand dankt, was niemand beachtet – ist wichtig. Gerade das, was in der Stille geschieht, ist Aussaat für Gott, und er wird dann die Ernte geben. Selbst ein Krug kalten Wassers wird dann nicht unvergolten bleiben (vgl. Mt 25,31 ff.).

Die »Wohltat« für andere zeigt auch ein Ergebnis. Wenn man etwas weitergibt, so hat das zwei Wirkungen:

a) Es kommt dabei etwas für Gott heraus. Gott empfängt etwas durch uns und andere, denn *»der Dienst dieser Sammlung hilft nicht allein dem Mangel der Heiligen ab, sondern wirkt auch überschwenglich darin, daß viele Gott danken«* (9,12). Die eine Folge des Gebens ist die Danksagung, die daraus für Gott entsteht.

b) Die Geber empfangen das Höchste von Gott, nämlich ihn, den Geber aller guten Gaben, selbst, seine Gemeinschaft und seine Liebe; denn *»einen fröhlichen Geber hat Gott lieb«* (9,7b). Gott beschenkt uns, wenn wir etwas weitergeben, also nicht nur mit äußeren und inneren Gaben, sondern mit sich selbst, mit seiner Liebe.

2.5 Abwehr unbegründeter Angriffe; Werbung um Einsicht (Kap. 10 - 12)

Die Kapitel 10 - 12 stellen einen solchen Abschnitt des Briefes dar, der nicht ganz einfach zu verstehen und zu erklären ist.

Paulus argumentiert hier noch einmal im Blick auf Gegner in Korinth, die ihn offenkundig immer noch nicht als Apostel anerkannten, die aber nach wie vor in der Gemeinde waren.

Die Gegner, auf die sich Paulus hier bezieht, sind uns nicht gut genug bekannt, was das Verstehen dieses Abschnitts des Briefes erschwert. Diese Gegner des Apostels waren innerhalb der korinthischen Gemeinde durch den eigentlich zweiten oder dritten Brief, den Paulus nach Korinth geschrieben hatte, etwas zurückgedrängt worden. Auch der Besuch von Titus in Korinth hatte den Einfluß dieser Leute eingeschränkt.

Man hat in der theologischen Forschung seit etwa 100 Jahren versucht, geistesgeschichtlich zu klären, was für Leute diese Gegner des Paulus waren. Man konnte immerhin eine Reihe an Schriften dazu heranziehen, denn in einer ganzen Anzahl von neutestamentlichen Schriften ist etwas von dieser Auseinandersetzung zu spüren – wie auch bei den frühen Kirchenvätern und in anderem Schrifttum. Man ist aber doch nicht über dieses Material hinaus auf die unmittelbare Stimme dieser gegnerischen Kreise gestoßen.

Was für eine Richtung war es, mit der Paulus sich auseinanderzusetzen hatte? Darin war eine Mischung von griechischem, jüdischem und christlichem Geist anzutreffen. (Dazu gehörte ein Strang von Weisheitslehre, wie er vor allem unter dem Judentum in Ägypten lebte. Dazu gehörte eine Gestalt wie Philo von Alexandrien.)

Diese Mischung von verschiedenem Gedankengut nannte sich »Gnosis«. Das Wort »Gnosis« bedeutet im Griechischen »Erkenntnis«, »Weisheit«. Die Vertreter der Gnosis hatten sich das große Programm gesetzt: »Wir haben Weisheit!«

Was war die wesentliche Vorstellung dieser Richtung? Es ging dabei um den Übermenschen, um den Menschen, der es so »herrlich weit gebracht hat«, der zu einer vollen Selbstentfaltung kommt, auch in religiöser Hinsicht. Die Gnosis ist de facto eine Spielart der spätgriechischen Philosophie, in der es auch um solch eine Selbstentfaltung gegangen war.

Eine Wiederaufnahme gnostischer Gedanken ist schon seit der Renaissance im Abendland erfolgt, als viel griechisches Schrifttum nach der Zerstörung von Konstantinopel (ca. seit 1453) dorthin gelangte.

Durch die Reformation wurde dieser Geist im 16. Jahrhundert stark zurückgedrängt, denn da wurde gerade nicht der Mensch, sondern Gott groß. Der Mensch sah sich auf die Gnade Gottes angewiesen und wußte sich als von Gott Begnadigter und Beschenkter glücklich und selig. Dabei blieb für irgendwelche menschliche Größe nichts übrig.

150 Jahre danach ist der gnostische Geist wieder aufgebrochen, nämlich als die Aufklärung einsetzte (aber auch schon im Zeitalter des Barock, bis hin zu dem Kunststil, der damals entwickelt worden ist).

Bestimmend war hierin wie auch in der frühchristlichen Gnosis letztlich die Meinung: ›Welch Großartiges ist doch der Mensch! Man kann nicht genug zu einer Entfaltung des Menschen kommen.‹ Das führt einerseits dazu, daß man an auffallenden menschlichen Fähigkeiten und Gaben interessiert war – bis hin zu den Geistesgaben, *charismata* –, daß man eine glanzvolle beherrschende Stellung auch in der Gemeinde Jesu Christi suchte und sogar bis hin zum ausschweifenden Ausleben des Sexuellen (wie etwa in der Zeit des Barock).

Das war offenkundig in der Gemeinde von Korinth der Fall gewesen, daß die genannten Phänomene aufgetreten sind.

Paulus wurde nicht müde, demgegenüber zu betonen: »Leute, damit habt ihr es nicht ›herrlich weit gebracht‹, sondern damit seid ihr völlig von dem abgekommen, was das Evangelium schenkt und will. Das verhält sich zu dem, was eigentlich geistliches Leben, ja was Jesus Christus selbst ist, wie die Nacht zum Tag. Wer hoch hinaus und sich glanzvoll entfalten will – ohne Rücksicht auf die anderen –, befindet sich ganz und gar nicht bei Jesus.«

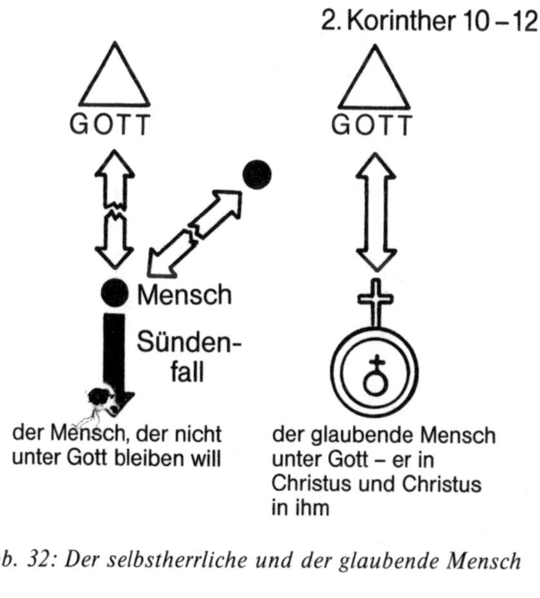

Abb. 32: Der selbstherrliche und der glaubende Mensch

Den Gedankengang, den Paulus in den Kapiteln 10 - 12 entfaltet, habe ich in Abbildung 32 grafisch dargestellt.

Linke Bildhälfte: Gott und der Mensch stehen einander gegenüber. Der Mensch ist nicht nur ein Geschöpf, das tief unter Gott steht, sondern »wenig niedriger gemacht als Gott« (Ps 8,6a): Er ist also Gottes *Kind.*

Doch der Mensch will »hoch hinaus«, denn der oben gezeigte Geist, der im Grunde genommen ein Infekt von dem großen, stolzen Geist – dem Feind – ist, genügt sich nicht in der Stellung »wenig niedriger ... als Gott«. Das macht den Sündenfall aus, daß der Mensch auf den Feind hört: »Ihr werdet sein wie Gott« (1. Mose 3,5). Der Mensch will also Gott neben Gott sein!

Wegen dieses Zieles trifft den Menschen das Gericht, das Nein Gottes. Seine Beziehung zu Gott wird zerstört, unterbrochen. Der Mensch, der davon träumt, Gott neben Gott zu sein, wird durchgestrichen; er hat sich dadurch von Gott gelöst. Er stürzt ins Bodenlose – auch wenn er meint, er habe es »so herrlich weit gebracht«. Das ist es, was in 1. Mose 3 mit dem Sündenfall beschrieben wird.

Rechte Bildhälfte: Demgegenüber hat der Herr Jesus Christus das Kind-Sein unter Gott so wunderbar durchgehalten, angefangen mit der Versuchungsgeschichte (Mt 4,1-11 par) bis hin zu seinem Leiden und Sterben. In der Versuchung rät der Teufel Jesus, sich an Gott vorbeizuhelfen, also Gott neben Gott zu sein. Aber Jesus bleibt hartnäckig dort, wo er hingehört. Er will nichts an Gott vorbei erreichen.

Der Mensch, der an Jesus glaubt, ist derjenige, der an dem Platz Jesu bleibt, der unbeirrbar unter Gott bleibt, ja sich in Gott birgt (»wer in mir bleibt ...«, Joh 15,5 u.a.).

So ist der Mensch an seinem richtigen Platz, und so hat er auch innere Vollmacht, ist er fröhlich und selig – im Grunde genommen schon mitten in dieser Welt und in allerlei Anfechtung. –

August Hermann Francke hat in größter Anfechtung, als er in Leipzig als Professor vertrieben wurde, in diesem Sinne ein Lied gedichtet, in dem ein Vers lautet:

O Jesu, meine Seele ist
zu dir schon aufgeflogen;
du hast, weil du voll Liebe bist,
mich ganz zu dir gezogen.
Fahr hin, was heißet Stund und Zeit:
ich bin schon in der Ewigkeit,
weil ich in Jesus lebe.

(EKG Württ. 408,11)

So konnte Francke mitten in seinen Anfechtungen gelassen sein und dann später in Halle so ungemein fruchtbar wirken. –

Jesus ist also unter dem Vater, und der Glaubende ist in Christus und Christus durch den Heiligen Geist in ihm. Das Kennzeichen des Glaubenden ist, daß er nicht »hoch hinaus« will, sondern in Einfalt und Eindeutigkeit an dem Platz unter Gott bleibt.

Daran denkt Paulus in den Kapiteln 10 - 12: An diesen Platz möchte er die korinthischen Christen stellen. Daher muß er hier schlicht am eigenen Beispiel dem Lebensstil der Korinther den ganz anderen Lebensstil entgegenstellen, bei dem ein Mensch nicht mehr an seiner eigenen Größe interessiert ist, sondern sich ganz dem Herrn und seinem Dienst an den Menschen zur Verfügung stellt.

a) Gegen das eigenmächtige Denken (10,1-11)

Im ersten Teil von Kapitel 10 setzt sich Paulus insbesondere mit der Eigenmacht und dem Ungehorsam *des* Menschen auseinander, der »hoch hinaus« will (siehe oben). Der Apostel hält dem entgegen: *»Wir zerstören ... alles Hohe«*, denken nicht eigenmächtig, sondern *»nehmen gefangen alles Denken in den Gehorsam gegen Christus«* (V. 5).

Die Vernunft – das *»Denken«* – wird von Paulus nicht abgelehnt, nicht niedergeschlagen, nicht verneint. Der Apostel verzichtet als Christ nicht auf das Denken, aber es ist ein Nachdenken der großen Gedanken Gottes (so sagt er schon in 1. Kor 2, dem großen Kapitel über die Weisheit).

Auf diese Weise will Paulus die Leute in Korinth wieder dort hinführen, wohin sie gehören: unter Christus und damit unter Gott. Er tut das als Abwesender und als Anwesender (V. 10 f.).

b) Paulus bleibt in der Angewiesenheit auf Gott und in den Bahnen seines Auftrags (10,12-18)

Im zweiten des zehnten Kapitels führt Paulus sich als Beispiel an. Seine Gegner in der Gemeinde von Korinth wollen sich zum Maß aller Dinge machen, wollen selbst Maß geben: *»Weil sie sich nur an sich selbst messen und mit sich selbst vergleichen ...«* (V. 12b).

Paulus selbst dagegen macht das anders: Er folgt der Maßgabe seines Herrn (V. 13 ff.). *Gott* ist es, der Kraft und Arbeitsfeld zuteilt und der die Gaben und Aufgaben nach dem Maß seiner Gnade vergibt.

Paulus verweist auf sich und seinen Auftrag als Pioniermissionar. Er sagt, er habe nicht so sehr die Aufgabe, die durch das Evangelium Gerufenen in Glaube und Erkenntnis weiterzuführen, sondern seine

Aufgabe als Pioniermissionar in Treue wahrzunehmen (V. 16). Paulus nimmt bereitwillig den Auftrag an, den Gott ihm gibt.

Paulus freut und rühmt sich nicht seiner eigenen Leistung, sondern dessen, daß er ein Diener des großen, wundervollen Herrn sein darf (V. 17 f.).

Mit alldem fordert Paulus die korinthischen Christen auf, sich nicht mit sich selbst zu messen, nicht selbst maßgebend sein zu wollen, sondern nach dem Maß ihres Herrn, wie er es zuteilt, Gabe und Aufgabe anzunehmen.

c) Das Ziel des Paulus und die Bestürzung darüber, daß so viele am Ziel vorbeilaufen (11,1-6)

In Kapitel 11 spricht Paulus auf einzigartige Weise von der Aufgabe, die er habe. Er drückt sich merkwürdigerweise so aus: *»Ich habe euch verlobt mit einem einzigen Mann, damit ich Christus eine reine Jungfrau zuführte«* (V. 2b). Paulus ist also mit seiner ganzen missionarischen Aufgabe eigentlich Brautwerber für den König!

Das Bild von der »Jungfrau« (oder »jungen Frau«) meint das Volk Gottes. Es wird auch an anderen Stellen der Bibel ähnlich bezeichnet, etwa als »Braut« oder »Gattin« (vgl. Hosea; Hes 16 und 23; Eph 5,32; Offb 19,7; 22,17).

Es liegt in der Natur der Sache, daß der Brautwerber zurücktreten muß. Paulus wirbt, ohne an sich zu denken, Menschen für den, der sein Leben für ihn gegeben hat. Diese Menschen sollen ihrem Herrn klar, einfältig und eindeutig folgen.

Dabei geht es also nicht darum, daß der Apostel selbst eine wichtige Rolle spiele. Auch die korinthischen Christen sollen ihr Christsein so verstehen, daß sie die ihnen von Gott zugewiesenen Aufgaben in diesem Sinne übernehmen.

Es fällt auf, was Paulus hier besonders betont: *»Wenn einer zu euch kommt und einen andern Jesus predigt, den wir nicht gepredigt haben, oder ihr einen andern Geist empfangt, den ihr nicht empfangen habt, oder ein anderes Evangelium, das ihr nicht angenommen habt, so ertragt ihr das recht gern!«* (V. 4).

Es war so, daß die korinthischen Christen Jesus als eine Art kosmische Idee verstanden, als jemanden, der ihnen eine Hilfestellung geben soll, damit sie selbst erhöht werden. Sie faßten das Evangelium als die Nachricht auf, die ihnen den Weg zeigte, zur Selbstentfaltung und -darstellung zu kommen. Und sie verstanden den Heiligen Geist so, als würde er ihnen helfen, zu Vorzügen zu kommen, so daß sie alle anderen weit überragten.

Darum weist Paulus eindringlich darauf hin, daß Christus derjenige ist, den er verkündigt hat, und daß das Evangelium dasjenige ist, das er in Korinth bezeugt hat. Und der Heilige Geist muß derjenige sein, den der Vater nach Jesu Opfer und Himmelfahrt gesandt hat.

Paulus führt hier also aus, daß man auch von Jesus, von Christus reden kann – und damit vielleicht eine kosmische Idee oder etwas ähnliches meint. –

Etwas von dieser Art kennen wir auch heute weltweit, etwa beim Hinduismus und bei der Anthroposophie. Es besteht eine gewisse Verwandtschaft zwischen dem Hinduismus und der Gnosis von damals. Es genügt heute nicht, den Namen »Jesus« oder die Bezeichnung »Christus« auszusprechen. Man kann damit auch einen mißdeuteten Jesus bzw. Christus meinen.

Wir müssen darum nach der Identität Jesu fragen, ob er der biblische Christus ist: Ist der uns verkündigte Jesus derjenige, der an den Platz unter Gott getreten und dort geblieben ist? Ist er derjenige, der nichts anderes im Blick hat, als die Menschen dorthin zu führen, wo sie allein gerettet werden, wo sie auch innerlich weiterkommen und zum Dienst und Zeugnis bevollmächtigt werden, weil diese Verbindung zu Gott allein in ihm besteht?

Heute wird Jesus Christus vielfach gar nicht einfach abgelehnt, sondern man deutet ihn um.

Auch im Blick auf den »Geist« und das »Evangelium« müssen wir fragen, ob das wirklich der Heilige Geist bzw. das Evangelium im Sinne der Heiligen Schrift ist.

Christen müssen also heute besonders auf das achthaben, was in der Reformation als »die rechte Lehre« bezeichnet worden ist. Wenn man als Christ mit seinem Leben auf dem rechten Weg bleiben will, muß man die Lehre beachten, die einem den Weg aufzeigt und den Ort, an dem man zu stehen hat.

d) An der Jesus-Ähnlichkeit – gerade auch in Armut und Niedrigkeit – zeigt sich die Echtheit der wirklichen Boten und Apostel (11,7-15)

Die angeblichen neuen »hohen« Boten forderten den Korinthern viel ab, während Paulus das Evangelium umsonst verkündigte und niemandem in Korinth wegen seines Lebensunterhalts zur Last gefallen war (V. 7). Daß sich diese neuen Boten mit dem Glanz der Weisheit und Frömmigkeit umgeben, ändert nichts an ihrem Wesen. Ja, *»er selbst, der Satan, verstellt sich als Engel des Lichts«* (V. 14b).

e) Paulus ist im Leiden seinem Herrn ähnlich: Er leidet für die Menschen. Die falschen Apostel dagegen lassen lieber andere für sich leiden (11,16-33)

Paulus sagt: *»Ihr ertragt es, wenn euch jemand knechtet, wenn euch jemand ausnützt, wenn euch jemand gefangennimmt, wenn euch jemand erniedrigt, wenn euch jemand ins Gesicht schlägt«* (11,20).

Diejenigen, die in Korinth als Apostel aufgetreten sind, haben sich offensichtlich recht herrisch verhalten und den Korinthern viel abverlangt.

Das war ja auch die Erwartung in der griechischen Welt, und das wurde akzeptiert: Wer führend sein wollte, konnte ruhig etwas für sich in Anspruch nehmen und herrisch auftreten.

Menschen, die sich so verhielten, imponierten den Korinthern, da sie dem griechischen Ideal entsprachen.

Paulus aber verweist die Korinther darauf, wie Jesus war: Jesus ist, »obwohl er reich ist, doch arm um euretwillen« geworden (2. Kor 8,9); er hatte »nichts, wo er sein Haupt hinlegen« konnte (Mt 8,20) und war »sanftmütig und von Herzen demütig« (Mt 11,29). Jesus hat den unteren Platz eingenommen!

So war Jesus, und auf diesem Weg will auch Paulus bleiben. Darum erleidet er in seinem Botenamt viel. Darüber redet der Apostel ungern; er will nicht auch daraus vor den Leuten eine »Größe« machen. Er hat ausgesprochen eine Hemmung, das zu sagen. Denn es ist gar nicht das Triumphieren, das manche Ausleger fälschlich bei Paulus festzustellen meinen.

Darum setzt Paulus mit den Worten ein: *»Was ich jetzt rede, das rede ich nicht dem Herrn gemäß, sondern wie in Torheit...«* (V. 17). Er verhält sich wie ein Narr. Warum sollte er sich denn mit etwas großmachen, was von Natur aus etwas Negatives ist!? Ja, mehr noch: Vielleicht befürchtete er, daß das so erscheinen könnte, als ob er mit seinem Leiden prunken wollte.

Darum sagt Paulus mit Worten des Propheten Jeremia: *»Wer sich aber rühmt, der rühme sich des Herrn«* (10,17; vgl. Jer 9,22.23). Wer etwas gerne erzählt, soll also nicht seine Verdienste auflisten, sondern davon sprechen, was er an Jesus hat und daß sich dieser Herr von ihm einen Dienst gefallen läßt!

In diesem Zusammenhang folgt sodann der lange »Leidenskatalog« des Apostels (V. 23 ff.). Wie der Weg Jesu, so ist auch der des Paulus. Und dieser Weg ist der Ausweis der Echtheit; daran wird deutlich, daß man in der richtigen Spur geht.

Ähnlich spricht auch Petrus: »Dazu seid ihr berufen, da auch Christus gelitten hat für euch und euch ein Vorbild hinterlassen, daß ihr sollt nachfolgen seinen Fußtapfen« (1. Petr 2,21).

In diese Spur ist Paulus getreten. Er führt an, wie oft er schiffbrüchig war, wie häufig er gesteinigt worden ist, wie oft er die unter Juden üblichen Schläge bekommen hat, wie häufig er von den Römern ausgepeitscht worden ist... Immer und überall ist es die Jesus-Ähnlichkeit im Leiden, auf die Paulus hinweist.

Man merkt dem allem an, daß Paulus hier nicht etwas Subjektivistisches erzählt, mit dem er sich selbst großmachen will, sondern er tat sich schwer damit. Er hatte in dieser Lage »den Wind im Gesicht« angesichts dieser griechischen Welt, die seit Jahrhunderten völlig anders orientiert war.

f) Es ist die Weisheit und Liebe seines Herrn, die den Apostel in seiner Schwachheit und Angewiesenheit auf Gott festhält (12,1-10)

Paulus redet hier davon, daß er *»hohe Offenbarungen«* (V. 1b. 7a) gehabt habe. Paulus erzählt das so, als ob er über einen anderen Menschen berichten würde (*»Ich kenne einen Menschen...«*; V. 2a).

Man merkt daran etwas von der Behutsamkeit, mit der Paulus hier spricht. 14 Jahre hat er zudem gewartet, ehe er das überhaupt aussprach (V. 2a). Er wisse nicht, ob er *»in dem Leib«* oder *»außer dem Leib«* gewesen war (V. 2b).

Doch in dem allem ist Paulus immer noch ein armseliger Mensch. Er spricht von einer geheimnisvollen Sache: davon, daß ihm *»ein Pfahl ins Fleisch«* gegeben sei und ihn *»Satans Engel ... mit Fäusten schlagen«* würde (V. 7).

Manche Ausleger denken hierbei an eine körperliche Krankheit (z.B. an Epilepsie); doch wir wissen letztlich nicht, was dies konkret war.

Auf jeden Fall kann man hier fragen: Was hat des *»Satans Engel«* bei einem Apostel zu schaffen? Was hat eine Krankheit bei einem zu tun, der doch Kranke geheilt hat?

Paulus spürt die Unnatur dieser Sache: *»Seinetwegen habe ich dreimal zum Herrn gefleht, daß er von mir weiche«* (V. 8). Dreimal hat der Apostel um Abhilfe gebeten, nicht öfters.

Diese Sache ist ihm nicht abgenommen worden, aber es sind ihm Antworten auf die Fragen gegeben worden, *warum* und *wozu* das so ist.

a) Warum ist das so? *»...damit ich mich wegen der hohen Offenbarungen nicht überhebe«* (V. 7a). Paulus ist hoch hinaufgehoben worden: als Kind Gottes, Apostel Jesu Christi, Sonderbotschafter... Aber der Versucher und vielleicht sein eigenes Herz sagen ihm, das sei noch gar nichts. Zwar ist er »wenig niedriger als Gott« und möchte doch »wie Gott sein« (siehe oben, 2.4).

Vielleicht war er in Gefahr, eine Gestalt wie Mohammed, der Begründer des Islam, zu werden und Jesus Christus nur noch als seinen Vorläufer zu betrachten. Er konnte ja auf manches in seinem Leben stolz sein (vgl. Phil 3,5 f.).

Der Feind will Menschen nicht aus Liebe in die Höhe heben, sondern um sie aufs Kreuz zu legen. Der Mensch will dann »wie Gott sein«, und so kommt es zum Sündenfall.

Paulus war auch in dieser Gefahr und hat darum gewissermaßen ein Gewicht an die Füße bekommen, das er auf Dauer hat behalten müssen – vielleicht lebenslang.

b) Wozu ist das so? Wohin führt das? *»Meine Kraft ist in den Schwachen mächtig«*, ist die Antwort Gottes auf diese Frage (V. 9). Wörtlich heißt das: »Meine Kraft kommt gerade in deiner Schwachheit zur Vollendung, zu ihrer vollen Geltung.« Solange sich Paulus für groß hält, solange steht er seinem Herrn im Weg. Aber auf diese Weise – in der *»Schwachheit«* – kommt Gottes Kraft zur Vollendung.

Wäre Paulus vor Gesundheit strotzend durch die Welt gegangen, so hätte er auf keinen Fall mehr wirken können als dann, als er ein solch angeschlagener Mann war.

So wurden seine Schriften »Bestseller«, sind bis heute in ca. 1600 Sprachen übersetzt und in Milliarden Exemplaren gedruckt! Und immer dann, wenn es zu einer Erneuerung der Kirche Jesu Christi kam, waren es vor allem Paulus-Schriften (in erster Linie der Römerbrief), an denen sich das neue Leben entzündet hat. – Wie Paulus, so dürfen auch wir das Vertrauen zu Gott haben – insbesondere dann, wenn wir keine strahlenden Menschen sind, wenn wir unsere Grenzen nur allzusehr erkennen –, daß Gott durch uns etwas Echtes wahrhaft wirken kann. »Meine Kraft kommt in deiner Schwachheit zur Vollendung.« –

2. Korinther 12,9

$$0 + \infty = \infty$$

»Meine Kraft ist in den Schwachen mächtig«

Abb. 33: Gottes Gnade, der verläßliche Grund

Das habe ich grafisch so umgesetzt: Paulus kam sich immer wieder wie eine Null vor; aber Null plus Unendlich gibt Unendlich!

Wenn der Herr sich mit Menschen »addiert«, mit ihnen zusammenstellt, mit ihnen verbindet, dann kann das nicht schiefgehen.

g) Zusammenfassung: Die Liebe des Paulus zu seiner Gemeinde (12,11-18)

Paulus schreibt (und faßt damit Kapitel 12 zusammen): »Ich will gern hingeben und hingegeben werden für eure Seelen« (V. 15a). Er will sich also seinem Herrn und dem Dienst für die Korinther *»hingeben«* – wie Jesus, der auch nicht sich selbst gesucht hat (vgl. Mt 20,28 par; Mk 10,45). Das Leben unter Gott und in der Hingabe an ihn und seinen Dienst ist – wenn man so sagen will – der neue Lebensstil.

2.6 Der Briefschluß (Kap. 12,19-13,13)

Paulus beendet den zweiten Korintherbrief, nachdem er von seinen Reiseplänen spricht, nochmals seiner Sorge um die korinthischen Christen Ausdruck gibt (12,20 f.) und Grüße übermittelt usw., mit einem Segenswort: *»Die Gnade unseres Herrn Jesus Christus und die Liebe Gottes und die Gemeinschaft des heiligen Geistes sei mit euch allen!«*

Dieses Wort wende ich auf uns an: Durch *»die Gnade unseres Herrn Jesus Christus«* ist Gottes Ja über uns. *»Die Liebe Gottes«* ist unerschöpflich und beschenkt uns unablässig. Durch die *»Gemeinschaft des heiligen Geistes«* (das griech. Wort *koinonia – »Gemeinschaft«* – heißt eigentlich »Anteilhabe«) dürfen wir am Zustrom der göttlichen Kraft anteilhaben und so bevollmächtigt sein.

Der Brief des Paulus an die Galater

1. Einleitung

1.1 Der Adressatenkreis

Der Galaterbrief ist nicht an eine Einzelgemeinde gerichtet (wie z.B. der Römerbrief oder die beiden Korintherbriefe), sondern an eine Gruppe von Gemeinden »in Galatien«.

Man weiß freilich nicht ganz sicher, was mit dem Bereich »Galatien« gemeint ist. Warum?

Der Name »Galatien« für eine Landschaft im Inneren Kleinasiens hängt damit zusammen, daß etwa 300 Jahre vor der Abfassung des Galaterbriefes durch Paulus eine zahlenmäßig starke Volksgruppe gallischer (keltischer) Einwanderer aus Frankreich oder aus Südwestdeutschland in den Osten vordrang.

Diese Einwanderer gründeten das Reich Galatien, dessen Hauptstadt Ankyra hieß. Dieses Reich wurde – wie viele andere Staaten – im Jahre 30 v.Chr. von den Römern unterworfen und dem römischen Staat einverleibt.

Die römische Provinz Galatien reichte weit nach Süden und war erheblich größer als das frühere Reich der gallischen Einwanderer. Unter den Römern umfaßte Galatien auch die Städte der Landschaften Pisidien und Lykaonien wie Antiochia, Lystra, Derbe usw.

Wegen dieser Größe der römischen Provinz Galatien weiß man nicht ganz sicher, an welche Gemeinden der Galaterbrief gerichtet ist.

Weil Paulus die Gemeinden, an die er schreibt, immer mit dem Namen der römischen Provinzen bezeichnet, ist anzunehmen, daß er mit »Galatien« den gesamten Bereich dieser römischen Provinz meint, zu dem auch die Gemeinden im Süden dieser Provinz gehörten, die Paulus während seiner ersten Missionsreise gegründet hatte.

Paulus kam während der zweiten Missionsreise noch einmal durch diese Provinz, allerdings weiter nördlich. In der Apostelgeschichte wird nicht berichtet, welche Stationen der Apostel dabei durchlaufen hat und ob er dort Gemeinden gegründet hat. Auch solche Gemeinden, von deren Existenz wir allerdings nichts wissen, könnten die Empfänger des Galaterbriefes gewesen sein.

Auf jeden Fall richtete Paulus den Galaterbrief an Gemeinden, die von ihm selbst gegründet worden waren.

1.2 Der Anlaß des Briefes

Paulus hatte während seiner dritten Missionsreise besorgniserregende Nachrichten erhalten – entweder bei seinem Aufenthalt in Ephesus oder in Korinth. Es steht nicht sicher fest, wo Paulus Stellung beziehen und den galatischen Gemeinden einen Brief schreiben mußte.

Der Galaterbrief ist die Reaktion und Antwort des Paulus auf den Einbruch von Irrlehren in diesen Gemeinden, die durch falsche Lehrer dorthin geraten waren.

Die Irrlehrer waren sogenannte »Judaisten«, angebliche Christen, die aber die an Jesus Glaubenden wieder zum Judentum zurückführen wollten. Ihre Irrlehre war dadurch gekennzeichnet, daß gesagt wurde, die Verkündigung von Paulus sei etwas für Anfänger im Glauben. Die Verkündigung des Evangeliums und der Gnade Gottes, das »Gerecht allein aus Gnaden«, wurde zu etwas Geringem herabgestuft. Nun gehe es darum, weiter als das zu kommen und fortgeschritten zu werden. Um weiterzukommen, müsse man das jüdische Gesetz wieder einhalten.

Die Galater hatten den jüdischen Festkalender bereits angenommen gehabt. Nun ging es um die Beschneidung und auch darum, daß die Opfergesetze wieder aufgenommen werden.

Die Galater hatten das teilweise schon akzeptiert, aber noch nicht ganz. Doch diese Irrlehrer waren nicht nur »Judaisten«, sondern zugleich Gnostiker. Sie vertraten also auch die Lehre der Gnosis, eine Anschauung, die die frühe Christenheit in den ersten 150 Jahren fast zu zerstören drohte*.

Die Gnostiker vermischten Elemente des Christentums und des Judentums mit denen von vorderasiatischen Religionen, Spekulationen und Geheimlehren, zu denen auch Elemente der Astrologie gehörten.

---

* Vgl. zur Gnosis die Auslegung von 2. Korinther 10 - 12 (im Kapitel »Der zweite Brief des Paulus an die Korinther«, Abschnitt 2.5). (Anm. d. Hg.)

Sie strebten ein Weiterkommen im Glauben an, etwa dadurch, daß sie erklärten, das Heil bestünde in seiner eigentlichen, ganzen Weite darin, daß man mit Engelmächten in Verbindung tritt. Ja, sie gingen davon aus, daß Menschen wie körperlose Engel werden könnten, wenn sie mit ihrem Leben in die »großartige« Ordnung des Weltlaufes, des Sternenlaufs einschwenken und damit in Einklang stehen.

Die Gnostiker werteten das, was Paulus war und tat, ab, indem sie sagten, er sei nur ein Apostelschüler und habe nicht selbst das Eigentliche und Unmittelbare. –

Die 200jährige Verfolgung der frühen Christen durch die römische Staatsmacht war schlimm, und sie ist auch geschichtlich einigermaßen bekannt. Aber die innere Verfälschung des Evangeliums, die von seiten der gnostischen Irrlehrer drohte, war im Grunde genommen noch gefährlicher als die politische Bedrängnis der Christen von außen. –

Mit der Irrlehre der Gnosis hat sich Paulus auseinandergesetzt, auch im Galaterbrief. Warum er auch die Übernahme des jüdischen »Gesetzes« für so bedenklich hielt, hatte darin seinen Grund, daß durch die starke Betonung des »Gesetzes« das Werk Jesu am Kreuz kleingemacht wurde. Der Schwerpunkt der Erlösung wurde von Jesu Werk weg in das eigene Tun und Wirken der Christen verlegt: Man erklärte das, was Menschen tun, als das eigentlich Wichtige.

Mit solchem wollte man »weiterkommen«, wollte in eine höhere »Etage« gelangen und sein Heil auf das bauen, was man selbst machte.

Damit wurde die Gnade Gottes in Jesus Christus, wurde der Opfertod Jesu abgewertet, degradiert, und auf diese Weise hat man das Evangelium verlassen.

1.3 Eigenart und Absicht des Briefes

Im Galaterbrief treibt Paulus nicht Mission. Er will hier auch nicht – wie im Römerbrief – Menschen im Glauben, Denken und Leben zum Durchbruch verhelfen, sondern er redet mit Leuten, die bereits die Gnade empfangen haben und nun im Begriff sind, von dem für sie gekreuzigten Herrn wegzugehen und die Gnade Gottes zu verwerfen.

Doch diese Leute haben nicht einmal gemerkt, worauf sie sich bei den Irrlehren eingelassen haben. Denn was wie ein geistlicher Fortschritt aussah, war in Wahrheit Abfall.

Paulus redet im Galaterbrief auf eine eigenartige Weise. Darin ähnelt dieser Brief dem zweiten Korintherbrief: Paulus war bei der Abfassung dieser Briefe innerlich aufgewühlt. Er kommt ohne eine lange

Einführung sofort zu seinem Thema. In den meisten seiner anderen Briefe fügt er dem Eingangsgruß viele Worte der Anerkennung an – was er im Galaterbrief unterläßt.

Denn Paulus schrieb diesen Brief mit brennendem Eifer, aus brennender Liebe: Er war um Gottes und um dieser Menschen in Galatien willen außer sich. Es geht im Galaterbrief zentral um die Frage: Wie ist der Mensch Gott recht?

Paulus warnt die Galater davor, durch ihr Fortschrittsstreben doch nicht das Evangelium zu verlassen und zu verlieren. Denn durch das gnostische Weiterkommen-Wollen waren die Galater dabei, das eigentliche Evangelium gegen etwas ganz anderes einzutauschen.

Der Apostel redet zum einen deshalb so hart zu den Galatern, weil Jesus entehrt wird, wenn sein Werk nicht allgenugsam sein soll, sondern wenn es der Ergänzung durch Menschen bedürftig wäre, ja wenn es durch das, was der Mensch tut, sogar noch überhöht werden könnte.

Zum andern redet Paulus hier deshalb so ernst und so alarmierend, weil es mit dem Evangelium auch um die Seligkeit, die Rettung der Galater geht. Denn die Galater sind im Begriff, die Gnade Gottes wegzuwerfen und auf das umzusteigen, was der Mensch tut.

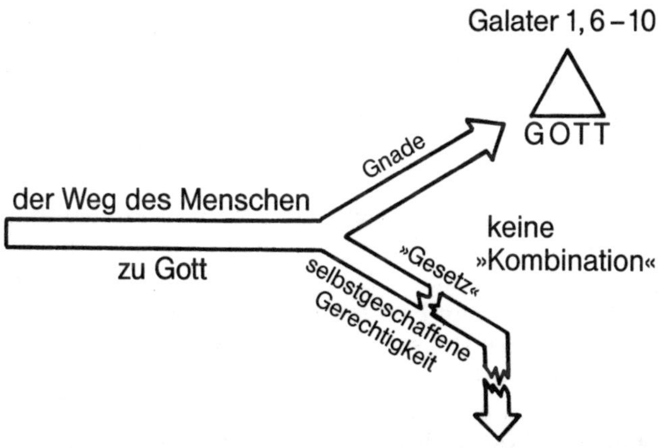

Abb. 34: Wer den Weg der selbstgeschaffenen Gerechtigkeit wählt, hat den Weg der Gnade verlassen

Die Thematik des Galaterbriefes veranschaulicht Abbildung 34: Der Weg des Menschen zu Gott führt ihn an eine Weggabelung, an einen Scheideweg. Dort muß er sich entscheiden, ob er das annehmen will, was Gott für ihn getan hat.

Paulus spricht in 1,4 von Jesus Christus als von dem, »der sich selbst für unsere Sünden dahingegeben hat«. Das ist die echte Bereinigung der Vergangenheit des Menschen und die Grundvoraussetzung dafür, daß er Gottes Kind ist, in seinem Frieden lebt und ewig selig ist. Das kann durch nichts überhöht werden!

Nur die Gnade – das pure Geschenk – führt also zu Gott, nicht das, was wir Menschen getan haben, sondern das, was ein anderer für uns getan hat.

Das Wort »Gesetz« hat bei Paulus eine andere Bedeutung als im Alten Testament, etwa in den Psalmen (z.B. Ps 119). »Gesetz« im Alten Testament ist schlicht das, was die Zehn Gebote besagen, mit denen Gott aus seiner väterlichen Liebe seinen heimgebrachten Kindern sozusagen eine hilfreiche »Hausordnung« gibt. »Gesetz« und »Gebot« bedeutet hier eigentlich, daß Menschen (das Volk Israel und später die Gemeinde) bei Gott zu Hause und seine Kinder sein dürfen.

Von den Pharisäern seiner Zeit kam der Sprachgebrauch her, den auch Paulus übernommen hat. Hier wurde »Gesetz« als ein Soll an den Menschen verstanden, als eine Vorbedingung, die der Mensch erfüllt, damit er von Gott angenommen wird.

Der Weg des »Gesetzes« ist demnach der der selbstgeschaffenen Gerechtigkeit. Auf diesem Weg stürzt der Mensch ab.

Daher sagt Paulus den Galatern, daß sie auf dem Weg, den sie betreten haben, von der Straße, die zum Himmel führt, abweichen und zum selbstgemachten Weg überwechseln. Denn sie sind zu stolz, sich von Gott beschenken zu lassen, und meinen, es sei mehr, wenn sie sich das Heil selbst verdienten.

Aus diesem Grund missioniert oder evangelisiert Paulus im Galaterbrief nicht; er will mit diesem Brief nicht Menschen, die noch nicht glauben, zum Glauben führen. Der Galaterbrief ist auch kein Brief wie der an die Römer, in dem Paulus Leute, die bereits Christen sind, zur vollen Erkenntnis des Heilshandelns Gottes weiterführen will.

Im Galaterbrief will der Apostel Leuten, die einmal auf dem rechten Weg gewesen waren und von dort ausgebrochen sind, diesen Fehlweg verstellen und sie zur Rückkehr auf den Weg der Gnade einladen.

Die Galater haben gemeint (was immer wieder bei Christen die Gefahr ist), sie müßten Gottes Gnade mit dem eigenen Tun kombinieren. Man meint, man habe selbst etwas zu tun – vielleicht sogar das Meiste –, und dann müsse der ›liebe Gott‹ das noch ein bißchen ergänzen. Auf diese Weise würde man selig.

Diese Sichtweise, die sich bei Christen sehr gerne einstellt und in ihrem Herzen einnistet, lehnt Paulus glasklar und in ganzer Schärfe ab.

Wenn man Gottes Gnade und die Leistung des Menschen kombiniert, um so das Heil zu überhöhen, dann stellt man das durch die Gnade geschenkte Heil in Frage, ja lehnt es ab. Die göttliche Gnade und die menschliche Leistung gehen im Blick auf das Heil nicht zusammen.

Paulus betont vielmehr, daß »durch des Gesetzes Werke kein Mensch gerecht wird« (2,16b). Das Soll, das der heilige Gott stellen müßte, kann kein Mensch erfüllen! Deshalb sollen die Galater dabei bleiben, daß ihnen die Gnade geschenkt und nicht zur eigenen Leistung dazugegeben wird.

Die Galater gleichen dem verlorenen Sohn aus Jesu Gleichnis (Lk 15,11-32), wenn dieser Sohn so vorgegangen wäre: Zunächst wird er vom Vater angenommen; dann aber denkt er bei sich, daß er doch auch jemand sei. Er konstruiert sich etwas von eigener Verpflichtung, von einem Soll, von etwas, das er sich selbst auferlegt. Nachdem er das erfüllt hat, will er wieder vor den Vater treten und vorweisen, was er selbst zu leisten imstande war.

Zu solchem Vorgehen sagt Paulus, das gehe nicht. Wenn der zum Vater heimgekehrte Sohn aus Leichtsinn wieder vom Vater weggeht, so ist das falsch (davon spricht Paulus teilweise im Römerbrief, vgl. Röm 6). Aber auch das ist falsch, wenn der heimgekehrte Sohn nicht wegen seines Leichtsinns, sondern aufgrund seiner Ernsthaftigkeit wieder vom Vater weggeht, weil er selbst das schaffen will, was ihm der Vater gratis gibt.

Der verlorene Sohn darf also nicht das Vaterhaus verlassen, um sich den Eingang dazu doch noch selbst zu verdienen.

Im Galaterbrief betont Paulus also: Christen leben von einem *puren* Geschenk! Ihr natürliches Leben ist reines Geschenk ihres Schöpfers, zu dem sie nichts haben beitragen können. Ihr neues, geistliches Leben ist auch und erst recht ein reines Geschenk Gottes und nichts, was sie selbst verdient haben.

Deshalb ist aber nicht gleichgültig, was Christen tun. (Davon redet Paulus auch im Galaterbrief, v.a. in den Kapiteln 5 f.)

1.4 Der Aufbau des Briefes

Die Gliederung des Galaterbriefes ist einfach und übersichtlich:

1. Die Autorität des Apostels Paulus (Kap. 1 f.)
2. Inhaltliche Darstellung des Evangeliums von der Gerechtigkeit durch die im Glauben ergriffene Gnade Gottes in Jesus Christus (Kap. 3 f.)
3. Die christliche Freiheit darf nicht mißbraucht werden (Kap. 5 f.)

2. Zum Einzelnen

2.1 Die Autorität des Apostels Paulus (Kap. 1 f.)

In den ersten beiden Kapiteln zeigt Paulus auf, daß er ein echter Apostel mit der unmittelbaren Autorität des Herrn ist.

a) Eingangsgruß (1,1-5)

Schon mit der Absenderangabe (*»Apostel nicht von Menschen«*, V. 1a) und mit dem Zusatz *»der sich selbst für unsre Sünden dahingegeben hat, daß er uns errette«* (V. 4a) deutet Paulus das Besondere des ganzen Briefes an. Von diesem Eingangsgruß an bis zum Schluß des Briefes zeigt Paulus, was auf dem Spiel steht: die Frucht des Kreuzes Jesu, die Gemeinschaft mit Christus und durch ihn mit Gott, die Rettung und damit das Evangelium.

Zu den *»Gemeinden in Galatien«* (V. 2b) gehören wohl auch die in Lystra, Derbe, Ikonion und Antiochia in Pisidien (vgl. Apg 13 f.; siehe oben, 1.1).

b) Eine erste Warnung (1,6-10)

Paulus alarmiert die Empfänger des Briefes mit der Feststellung: ›Was ihr jetzt habt, ist ein anderes Evangelium, ein gefälschtes, ein Pseudoevangelium‹ – *»obwohl es doch kein andres gibt«* (V. 7). Selbst wenn die Galater ihre neue Lehre hundertmal als »Evangelium« ausgeben, so verwerfen sie damit doch die Gnade Gottes. Ja, *»auch wenn wir oder ein Engel vom Himmel euch ein Evangelium predigen würden, das anders ist, als wir es euch gepredigt haben, der sei verflucht«* (V. 8).

Paulus ist ein Leibeigener Jesu Christi und will ohne Menschenrücksicht seinem Herrn, der ihn begnadigt hat, gehorsam sein (vgl. V. 10).

Solch harte Worte spricht Paulus, weil es in dem allen um die Ehre Gottes und die Rettung der Menschen geht.

c) Die göttliche Beauftragung des Apostels (1,11-24)

Offenkundig haben die Galater gegen die Irrlehre eingewendet, daß Paulus das Evangelium anders verkündigt habe. Paulus hat doch von der allgenugsamen Gnade Gottes gesprochen!

In diesem Abschnitt wird ein wenig deutlich, was die »Judaisten«, diese Irrlehrer, auf diese Einwände erwiderten und selbst Paulus entgegenhalten. Sie sagten, Paulus wisse das nicht so genau, ja er sei kein ganz echter, richtiger Apostel. Paulus war doch bei Jesu irdischem

Lebensweg gar nicht dabeigewesen, sondern erst später zur Gemeinde gestoßen.

Hier wird deutlich: Wenn damals und heute Gemeinde Jesu zerstört werden soll, wenn also Kräfte da sind, die das anstreben, so müssen sie zuerst das Zeugnis (damals das des Paulus, heute das der Apostel in den neutestamentlichen Schriften) relativieren, in Frage stellen. Es wird dann etwa gesagt, daß man das doch auch anders auslegen könne, ja daß das überhaupt jemand anders verfaßt habe als der angegebene Verfasser. Überhaupt seien viele Zusätze darin zu finden, und die Aussagen sowieso nur zeitbedingt.

Daher ist es auch für uns heute verständlich, daß Paulus ab 1,11 und im gesamten zweiten Kapitel durchgehend davon spricht, daß er ein echter Apostel ist, der das Evangelium vom Herrn empfangen hat. Paulus spricht mit göttlicher Autorität!

Das ist kein Akt der Selbstverteidigung des Paulus, sondern er will damit die galatischen Christen in dem Evangelium gewiß machen, das er ihnen gebracht hat. Sie sollen ja nicht an Paulus glauben, sondern an Jesus, den Allgenugsamen.

Christen heute glauben ja auch nicht an wichtige Gestalten der Kirchengeschichte wie Augustinus oder Luther, auch nicht an diejenigen, die die neutestamentlichen Evangelien geschrieben haben. Christen glauben an Jesus – aber an ihn *so*, wie er ihnen durch die Evangelien, von Paulus und den anderen Verfassern von apostolischen Briefen gezeichnet worden ist. Deshalb liegt bis heute viel daran, daß das Zeugnis von Paulus und der anderen Apostel zuverlässig ist.

Was aber erwidert Paulus auf den Einwand, er sei kein echter Apostel?

Paulus hat den entscheidenden Durchblick durch den Herrn selbst empfangen: *»Ich habe es nicht von einem Menschen empfangen oder gelernt, sondern durch eine Offenbarung Jesu Christi«* (V. 12). Hierbei ist an das Geschehen vor der Stadt Damaskus zu denken und an das, was sich daran anschloß, wo Gott *»seinen Sohn offenbarte in mir«* (V. 16).

Paulus hat sozusagen das Stafettenholz des Evangeliums von keinem anderen Apostel übernommen, sondern unmittelbar vom Herrn empfangen.

d) Die anderen Apostel anerkennen Paulus' Apostelamt (2,1-10)

Paulus will das Evangelium nicht solo, nicht wie ein Einzelgänger haben. Darum hat er zu den anderen Aposteln Verbindung aufgenommen, indem er auf Weisung seines Herrn zwischen der ersten und der zweiten Missionsreise zu einer Beratung mit den anderen Aposteln nach Jerusalem reiste (vgl. Apg 15).

Damit machte Paulus seine Zugehörigkeit und Gemeinschaft mit der ganzen Gemeinde Jesu, der Kirche Jesu Christi, deutlich. Alle sind miteinander Zeugen Jesu, aber in der ganzen Eigenständigkeit jedes einzelnen.

Schon bei jener ersten Zusammenkunft der Apostel in Jerusalem gab es Schwierigkeiten. Sie gingen von angeblichen Christen aus den Juden aus, von *»falschen Brüdern«*, die so taten, als ob das Einhalten des »Gesetzes« den Menschen retten würde. Sie wollten herausfinden, ob Paulus noch als Jude lebte oder ob er seine jüdischen Gebräuche schon alle über Bord geworfen hatte (V. 4).

Zudem hatte Paulus bei seiner Missionsarbeit einen Mann namens Titus mit sich genommen, der nicht daran dachte, sich beschneiden zu lassen oder jüdische Reinigungsvorschriften zu beachten (V. 1.3). Ihn hat Paulus geradezu als wandelndes Beispiel seiner Missionsarbeit mitgebracht.

Die leitenden Brüder in Jerusalem – Jakobus, Petrus (»Kephas«) und Johannes – legten Paulus aber nichts weiter auf, obwohl sie selbst noch einigermaßen in den Bahnen der jüdischen Ordnung gingen (V. 6). *»Im Gegenteil, da sie sahen, daß mir anvertraut war das Evangelium an die Heiden so wie Petrus das Evangelium an die Juden ... gaben (sie) mir und Barnabas die rechte Hand und wurden mit uns eins, daß wir unter den Heiden, sie aber unter den Juden predigen sollten«* (V. 7 ff.). Christen aus »Heiden« und aus »Juden« sind die eine Gemeinde Jesu.

So war das in Jerusalem klar und ausdrücklich festgelegt und festgehalten worden. Das ist in Apostelgeschichte 15 ausführlich erzählt, hier aber von Paulus im Zusammenhang der Frage seines Zeuge-Jesu-Seins angeführt.

e) Eine Auseinandersetzung zwischen Paulus und Petrus (2,11-21)

Paulus berichtet hier von einer gewissen Auseinandersetzung zwischen ihm und Petrus, die sich bei einem späteren Besuch von Paulus in Antiochia in Syrien – der Ausgangsbasis seiner Missionsarbeit – zutrug. (Das muß wohl der Aufenthalt von Paulus in Antiochia zwischen der zweiten und dritten Missionsreise gewesen sein, vgl. Apg 18.)

Als Paulus in Antiochia war, kam auch Petrus dorthin. Er hat sich über die dortigen Heidenchristen gefreut und – obwohl er Jude war – mit ihnen gegessen und auf jede Art Gemeinschaft gehabt. Denn er hat gewußt, daß das Gemeinsame – das Evangelium, der Herr Jesus – mit diesen Christen stärker war als alles, was sie hätte trennen können (das »Gesetz«, die alttestamentliche Reinigungsvorschriften und die pharisäischen Reinigungsanordnungen).

Petrus teilte also ganz die Auffassung von Paulus, wobei er eine Nuancierung hatte, die Paulus aber nicht beanstandet hat: Petrus unterschied zweierlei Arten von Judenchristen. Es gab die einen, die vor allem zu dem Auslandsjudentum gehörten und die das jüdische Gesetz überhaupt nicht mehr gehalten haben (zu ihnen gehörten Paulus, Barnabas und Stephanus). Sie richteten sich nicht nach den Reinigungsvorschriften, haben an keinem Opfer mehr teilgenommen usw. Hatte Jesus doch das Opfer vollbracht! Sie fühlten sich dem jüdischen Gesetz gegenüber frei.

Andere Judenchristen sahen sich so geführt (zu ihnen gehörten Jakobus und Petrus), daß sie die jüdischen Vorschriften und Gebräuche weitgehend noch mitmachten, insbesondere wenn sie in Jerusalem waren. Das taten sie einfach aus Treue zu ihrem Volk und aus Dankbarkeit über das, was Gott in der Vergangenheit aus Liebe zu Israel gegeben hatte.

Dabei wußten sie, daß das nicht der Grund ihres Heiles ist, daß sie das also nur aus Liebe und Volksverbundenheit taten, nicht aber als Grundlegung, als Begründung ihres Heils.

So hat Petrus das auch zunächst in Antiochia gelebt und verstanden. Doch kam dort noch ein Zweites hinzu. Es traten die schon genannten »Judaisten« auf, eine Gruppe aus Jerusalem, die von Mose und vom »Gesetz« sehr viel hielt. Diese Judenchristen gingen davon aus, daß die durch das »Gesetz« verursachte Trennung zwischen ihnen und den Heidenchristen in Antiochia größer war als das, was sie mit ihnen verband: das Evangelium durch Jesus.

Auf einmal hat sich Petrus aus Menschenscheu doch etwas von den antiochenischen Heidenchristen distanziert, hat sich gegenüber diesen Christen zurückgehalten und wohl nicht mehr so ohne weiteres mit ihnen gegessen. Er wollte keine Schwierigkeiten bekommen (vielleicht sah er sonst die Gemeinde in Jerusalem gefährdet, wenn er in Antiochia nach deren Maßstab zu weitgeht). Auch der Antiochener Barnabas schloß sich Petrus hierin an.

Paulus hat das in einer öffentlichen Gemeindeversammlung dem Petrus vorgeworfen: *»Wenn du, der du ein Jude bist, heidnisch lebst [d.h. das ›Gesetz‹ nicht mehr durchgehend einhältst] und nicht jüdisch, warum zwingst du dann die Heiden, jüdisch zu leben«* (V. 14)? Warum will Petrus ihnen dann das »Gesetz« auferlegen bzw. bei ihnen den Eindruck erwecken, eigentlich sei die Einhaltung des »Gesetzes« doch noch nötig?

Denn – so sagt Paulus – *»wir wissen, daß der Mensch durch Werke des Gesetzes nicht gerecht wird, sondern durch den Glauben an Jesus Christus«* (V. 16a).

Hinter dieser Auseinandersetzung stand sicher nicht die Streitbarkeit des Paulus (obwohl er sicher ein streitbarer Mensch war); er wollte nicht dem Petrus eins auswischen. Es ging Paulus vielmehr um die Ehre seines Amtes, um die Allgenugsamkeit von Jesu Werk: Seine Rettungstat, seine Reinigung und sein Evangelium sollten nicht abgewertet werden.

Zugleich ging es Paulus aber auch (deshalb tat er das öffentlich) um die Vermeidung einer Verwirrung der Heidenchristen. Sie sollten sich nicht fragen müssen, ob sie nun Gottes Kinder sind oder nicht, ob sie des Heiles im vollen Sinne teilhaftig sind oder ob sie sich nicht doch noch im »Vorhof« der Gnade Gottes befinden usw.

Paulus achtete das Jude-Sein nicht gering (V. 15), aber es mußte klar bleiben, was den Menschen rettet: Die Gnade Gottes genügt. Der Opfertod Jesu genügt.

Das fügt Paulus in den großen Zusammenhang des Galaterbriefes ein und sagt damit, daß er ein eigenständiger Apostel Jesu Christi ist.

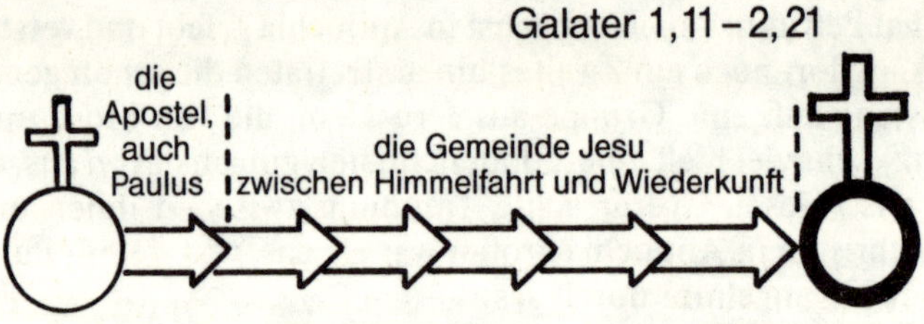

Abb. 35: Die Apostel und Paulus sind die Ersten in der Stafette des Evangeliums

Abbildung 35 zeigt den Herrn Jesus am Anfang und am Ziel der Geschichte seiner Kirche, seiner Gemeinde. Der Anfang ist auf dem Ölberg, wo Jesus den Missionsbefehl an seine Jünger gab; am Ziel steht Jesus als der wiederkommende Herr.

Dazwischen steht die lange »Stafette« derer, die das Evangelium von Generation zu Generation weiterträgt. Das ist die Gemeinde Jesu zwischen der Himmelfahrt und der Wiederkunft ihres Herrn.

Diese »Stafette« beginnt nach dem Neuen Testament mit den Aposteln. »Apostel« heißen im Neuen Testament nur diejenigen, die das Evangelium unmittelbar vom Herrn empfangen haben.

Zu den Aposteln gehört auch Paulus – das betont er. Zwar bezeichnet er sich als eine »unzeitige Geburt« (1. Kor 15,8), weil er später als die anderen Apostel zu ihrem Kreis gestoßen war. Er sieht es als eine besondere Gnade Gottes, daß er als ehemaliger Verfolger der Gemeinde (vgl. 1,13) dessen gewürdigt wurde, zum Kreis der Apostel zu zählen. Weil er aber diese Würde erfahren hat, ist auf sein Wort Verlaß.

2.2 Inhaltliche Darstellung des Evangeliums von der Gerechtigkeit durch die im Glauben ergriffene Gnade Gottes in Jesus Christus (Kap. 3 f.)

In den Kapiteln 3 und 4 sagt Paulus, warum das Evangelium und das (auch nur stückweise) Einhalten des »Gesetzes« in der Absicht, damit in noch vertiefterem und umfassenderem Sinn das Heil zu erlangen, nicht zusammengehen. Paulus zieht dazu auch alttestamentliche Bilder heran.

In Kapitel 3 fragt Paulus die Galater zunächst, wie es zu einer solchen Veränderung durch Irrlehrer bei ihnen gekommen ist: *»Wer hat euch bezaubert?«* (V. 1). Ja, er führt sie zum Beginn, zum Ursprung ihres Glaubens zurück. *»Habt ihr den Geist empfangen durch des Gesetzes Werke oder durch die Predigt vom Glauben?«* fragt der Apostel. Der angebliche Fortschritt, den die »Judaisten« lehren, ist in Wahrheit ein Rückschritt, ein Rückfall in das »Fleisch«, das alte Leben: *»Im Geist habt ihr angefangen, wollt ihr's denn nun im Fleisch vollenden?«*

Paulus kommt dann auf Abraham als alttestamentliches Beispiel zu sprechen (vgl. Röm 4!). Wie war es denn im Alten Testament? Wodurch wurde Abraham solch ein Träger der Verheißung, ein Anfänger der gesamten Heilsgeschichte?

Dazu wurde Abraham nicht, weil er »Extraklasse« gewesen wäre, sondern weil Gott zu ihm gesagt hat, daß er der Träger seiner Verheißung sein dürfe (1. Mose 12,1 ff.).

Abraham hat dazu nur ja gesagt. *»›Er hat Gott geglaubt, und es ist ihm zur Gerechtigkeit gerechnet worden‹ (1. Mose 15,6)«* (V. 6). Abraham hat also nur das wahr sein lassen, das gelten lassen, was Gott mit ihm vorhatte. So war der glaubende Abraham Gott recht.

Das *»Gesetz«*, auf das die Galater ihr Heil bauen wollen, kann kein Mensch in vollem Umfang einhalten. Deshalb bedeutet es Fluch, und *»die aus des Gesetzes Werken leben, die sind unter dem Fluch«* (V. 10a).

Jesus hat den Fluch getragen und *»uns erlöst von dem Fluch des Gesetzes, da er zum Fluch wurde für uns«* (V. 13). Jetzt können die Glaubenden aus den Heiden *»Abrahams Kinder«* und seines Glaubens sein und so teilhaben an dem, was Gott Abraham geschenkt hat (V. 7.9.14). Durch Jesus Christus wird Gottes Verheißung an Abraham erfüllt.

In den Versen 15 - 18 bringt Paulus zum Ausdruck, daß das *»Gesetz«* die (zuvor gegebene) Verheißung Gottes an Abraham nicht aufhob. Diese Verheißung an Abraham war Gottes reines Geschenk (V. 18).

Das läßt fragen: Welche Bedeutung hat aber dann das *»Gesetz«*? Wozu dient der Sinaibund? Gott hat ja am Sinai dem Volk Israel seine Gebote sozusagen als hilfreiche »Hausordnung« für die Kinder Gottes gegeben.

Vom pharisäischen Denken her wird von Paulus aber noch ein anderer Aspekt der Gebote Gottes aufgezeigt. Paulus sagt, das *»Gesetz«* sei etwas, das zwischen die Verheißung und ihre Erfüllung getreten war, und zwar als ein *»Zuchtmeister ... auf Christus hin«* (V. 24).

Paulus widerspricht damit der Auffassung, das Alte Testament sei »Gesetz«, das Neue Testament dagegen »Evangelium«. Denn die Verheißung, die Gott vor dem *»Gesetz«* an Abraham gab, war in gewissem Sinn Evangelium, und deshalb ist das *»Gesetz«* lediglich dazwischen eingeschoben worden.

Das vergleicht Paulus durch das Wort *»Zuchtmeister«* interessanterweise mit dem, daß heranwachsende Söhne eines Königs eine Zeitlang außer Haus in ein Internat und also in die Hand von Erziehern gegeben werden. Dort leben diese Königssöhne wie andere junge Leute. Sie kommen erst wieder nach Hause, wenn sie herangewachsen sind, und dann werden sie Mitregenten ihres Vaters. Sie sind inzwischen so weit gereift, daß ihr Vater sie an der königlichen Machtausübung teilhaben lassen kann.

Paulus sieht also bei dem *»hinzugekommenen« »Gesetz«* eine pädagogische Funktion. Das *»Gesetz«* hat demnach eine Aufgabe wie die eines aufgerichteten Pfahles, an den ein junges Bäumchen angebunden wird. Wenn aus dem Bäumchen ein Baum geworden ist, wird der Pfahl entfernt; er hat seine Aufgabe erfüllt.

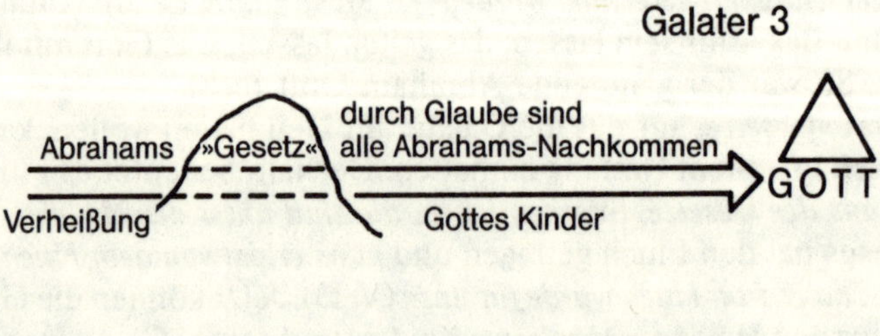

Abb. 36: Die Verheißung bestand immer — das »Gesetz« hatte eine vorübergehende Erziehungsfunktion

Das veranschaulicht Abbildung 36: Die Linie der Verheißung von Abraham an wird durch das »Gesetz« unterbrochen, das seit Mose dazwischengeschoben wurde. Aber die Linie der Verheißung, des Evangeliums wird dennoch fortgeführt, wenn auch wie durch einen Tunnel. Dann kommt das Neue Testament: Durch den Glauben werden Menschen zu Gottes Kindern und somit zu Abrahams Nachkommen.

Wie in Römer 4, so betont Paulus auch in Galater 3, daß Menschen »aus den Heiden« zu Abrahams Nachkommenschaft gehören. Denn nicht die, die »nach dem Fleisch« – also durch natürliche Weise – von Abraham abstammen, sind seine Nachkommen, sondern diejenigen, die des Glaubens Abrahams sind, die wie Abraham glauben.

Damit will Paulus die Galater dessen vergewissern, daß sie nichts Neues, nichts Andersartiges, nicht mehr brauchen als das Evangelium, das er ihnen früher verkündigt hat. In Jesus haben die Galater alles – ob sie jüdischer oder nichtjüdischer Herkunft sind.

In Kapitel 4 führt Paulus das in einer feinen Weise weiter.

Zunächst entfaltet er gewissermaßen sein Weihnachtsevangelium (V. 1-7). Zunächst sind Kinder und Erben wie Knechte, nämlich solange sie unter Erziehern sind (V. 1 f.). Die Galater waren einst nicht nur unter dem »Gesetz«, sondern *»in der Knechtschaft der Mächte der Welt«* (V. 3b), preisgegeben an die »Elemente« dieser Welt.

Paulus denkt hierbei mehr an die Heidenchristen und gebraucht Worte, die eigentlich Fachausdrücke der Astrologie und aller möglichen okkulten Machenschaften waren. Man hat herausgefunden, daß der Ausdruck *stoicheia* (LÜ: *»Mächte«*) ein Fachausdruck für etwas war, das die Römer neu eingeführt haben: die Marschkolonne und den Gleichschritt. Dann heißt der Ausdruck *stoicheia tou kosmou* »Marschkolonnen der Welt«.

Die Galater gehen nun nicht mehr in den »Marschkolonnen dieser Welt«. Sie wurden aus dieser »Marschkolonne« herausgerettet, die in den Abgrund führt.

Das geschah durch etwas Großartiges, das Gott unternommen hat: Er hat den ewigen Sohn in die »Marschkolonnen der Welt« hineingegeben, *»geboren von einer Frau und unter das Gesetz getan«* (V. 4). Jesus ist ganz in diese Welt eingetreten, *»damit er die, die unter dem Gesetz waren, erlöste«*, von der Vergänglichkeit dieser Welt und vom Verderben befreite. Durch seinen Sohn greift Gott wie ein Schaufelbagger unter die Menschen und führt sie heraus.

Daher ist verständlich, warum Jesus in einem Notquartier geboren wurde, warum er als ein kleiner Mann gelebt hat und warum er am

Galgen des Kreuzes gestorben ist – der schrecklichsten Hinrichtungsart, die im Laufe der Weltgeschichte erfunden worden ist. Schon bei seiner Taufe ging er an den tiefsten bewohnbaren Ort der Erdoberfläche. Immer ging er unter die anderen hinunter! Wer tragen und herausheben will, muß unter das hinunter (vgl. Phil 2,6 ff.).

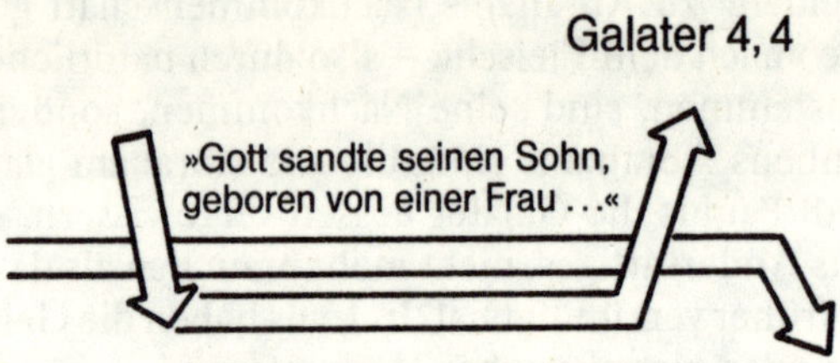

Abb. 37: Jesus kam in die Welt, um uns zu erlösen

Dies alles tat Jesus, *»damit wir die Kindschaft empfingen«* (V. 5b). Und weil die Galater Kinder Gottes sind, befreit und erfüllt sie Gott durch seinen Geist vom Innersten her (V. 6 f.).

Darum muß Paulus ausführlich über den schlimmen Rückfall der Galater zu sprechen kommen (V. 8-20). Einst waren die Galater nicht unter der Macht des »Gesetzes«, sondern waren den Götzen untertan, *»die in Wahrheit nicht Götter sind«* (V. 8). Dann hat Gott ihnen seine Gemeinschaft gewährt (V. 9a), aus der sie nun wieder austreten, indem sie in die alten Gesetzmäßigkeiten und »Marschkolonnen« zurückkehren, jenen *»schwachen und dürftigen Mächten«* (V. 9b).

Mit dem Einhalten von *»bestimmten Tage(n) ... und Monate(n) und Zeiten und Jahre(n)«* (V. 10) spricht Paulus nicht nur vom jüdischen Festkalender, den die Galater für sich verbindlich machen wollen, sondern hier handelt es sich wohl um astrologische Dinge. Die Religionsvermischung, wie sie uns von der Gnosis her bekannt ist, griff unter den Galatern um sich.

Paulus wirbt deshalb besonders eindringlich um diese Leute, an denen er *»gearbeitet«* hatte (V. 11-20). Er lobt sie und dankt ihnen noch einmal dafür, daß sie ihn so freundlich aufgenommen haben, trotz seiner Schwachheit (V. 14; vgl. 2. Kor 12,9).

Im letzten Teil von Kapitel 4 (V. 21-31) greift Paulus noch einmal das Thema *»Gesetz«* auf. Diesmal sind es die beiden Söhne Abrahams, Ismael und Isaak, die dem Apostel als alttestamentliches Beispiel dienen. Ismael, der Sohn der *»Magd«* Hagar, *»ist nach dem Fleisch gezeugt* *worden«*, Isaak aber, der Sohn Saras, der *»Freien«*, *»kraft der Verheißung«* (V. 22 f.).

Das nimmt Paulus als Bild für diejenigen, die unter dem »Gesetz«, und diejenigen, die in der Freiheit des Evangeliums stehen. Was die Galater durch die Irrlehrer erfahren, die bei ihnen eingedrungen sind, zeigt schon die alttestamentliche Geschichte: *»Wie zu jener Zeit der, der nach dem Fleisch gezeugt war, den verfolgte, der nach dem Geist gezeugt war, so geht es auch jetzt«* (V. 29). Die durch Jesus *»Freien«* sind *»wie Isaak Kinder der Verheißung«* und sollen sich nicht mehr dem unterstellen, was sie unfrei macht (V. 28.31).

2.3 Die christliche Freiheit darf nicht mißbraucht werden (Kap. 5 f.)

Mit den beiden letzten Kapiteln des Galaterbriefes bewahrt Paulus vor einem Mißverständnis der »Freiheit vom Gesetz«: Der Mensch soll nicht *an sich* frei sein, sondern frei *für Gott*. Die Gnade Gottes zielt nicht auf Gott ungehorsame, sondern auf ihm gehorsame Kinder ab.

Zunächst geht es Paulus wiederum um die Bewahrung der durch Jesus geschenkten Freiheit gegenüber der Gesetzlichkeit, die die »Judaisten« unter die Galater bringen wollten (V. 1-12). Der Apostel ruft die Galater auf, das, was sie »im Geist« begonnen haben, nicht »im Fleisch« zu beenden. Sie sollen nicht wieder ihrem natürlichen Wesen die Zügel schießen lassen.

Das beginnt mit dem jüdischen Brauch der Beschneidung. Würde dieser bei den Galatern eingeführt, so wäre damit der Weg des »Gesetzes« gewählt (V. 2 f.). Jeder, der sich beschneiden läßt, ist *»das ganze Gesetz zu tun schuldig«*. Eine Vermischung von »Gesetz« und Evangelium ist also nicht möglich; der Weg des »Gesetzes« muß mit allen Konsequenzen weitergegangen werden.

Wer diesen Weg wählt, hat den Glauben, hat *»Christus verloren«* und ist *»aus der Gnade gefallen«* (V. 4).

Paulus wehrt hier einem Mißverständnis. Der Glaube, der sich an Jesus hält, ist keineswegs Untätigkeit und Faulheit, weil der Weg des »Gesetzes« als Heilsweg abgelehnt wird. Dieser Glaube ist vielmehr *»der Glaube, der durch die Liebe tätig ist«* (V. 6b).

Aber ist es denn wirklich so schlimm, ein bißchen dem »Gesetz« zu folgen? Ja, denn *»ein wenig Sauerteig durchsäuert den ganzen Teig«* (V. 9). Hier gilt nur ein Entweder-Oder; einen Kompromiß schließt Paulus ganz klar aus.

Der Apostel unterscheidet zweierlei Arten von Christen (V. 10). Die einen sind die Irregeführten, die anderen die, die in die Irre führen.

Daß alles im Glauben Geschenk ist, ist das *»Ärgernis des Kreuzes«* (V. 12b).

Weil der Glaube weder Faulheit noch Weg des »Gesetzes« ist, wehrt Paulus noch einem weiteren Mißverständnis. Die Freiheit vom »Gesetz« darf nicht mit der Freiheit an sich verwechselt werden (V. 13-15). Daher *»seht zu, daß ihr durch die Freiheit nicht dem Fleisch Raum gebt«* (V. 13b).

Die Freiheit des Glaubens ist keine Freiheit für sich oder an sich, sondern für Gott und den Nächsten: *»Durch die Liebe diene einer dem andern«* (V. 13c).

Die wahre Freiheit wird durch ein Leben im Heiligen Geist bestätigt und betätigt, auch im Alltag (V. 16-26). Paulus gebraucht hier das Bild vom Baum und seinen Früchten (V. 22 f.).

So wenig ein Pfahl, an den ein Bäumchen gebunden wird, dieses Bäumchen veredelt, so wenig veredelt das »Gesetz« den Menschen. Vielmehr ist es Jesus, der Menschen aus der Herrschaft der Finsternis in sein Reich versetzt. Zur »Veredelung« pflanzt er seinen Geist in sie ein.

»Die Werke des Fleisches« (V. 19-21) gleichen den Früchten eines wilden oder verwilderten Apfelbaumes. Paulus rechnet all die schrecklichen Dinge wie Mord, Ehebruch u.a. dazu. Der Mensch, der solche »Früchte« bringt, wird einmal im Reich und in der Freude Gottes nicht dabeisein.

Paulus sagt aber, daß damit, daß die veredelten Zweige eingepflanzt worden sind, der Kampf von »Fleisch« und »Geist« noch nicht vorbei ist: *»Das Fleisch begehrt auf gegen den Geist und der Geist gegen das Fleisch«* (V. 17a).

Das ist – in unserem Bild gesprochen – der Kampf zwischen den veredelten Zweigen und den wilden Schößlingen. Da gilt es, für das Neue und gegen das Alte Partei zu ergreifen: *»Die Christus Jesus angehören, die haben ihr Fleisch gekreuzigt ...«* (V. 24).

Ist der Geist Gottes wie das Edelreis in den wilden Baum eingepflanzt, so kommt es dadurch zur Frucht: *»Die Frucht des Geistes ist Liebe, Freude, Friede, Geduld, Freundlichkeit, Güte, Treue, Sanftmut, Keuschheit«* (V. 22).

Das ist im Grunde genommen das eine Jesus-Wesen. Paulus spricht nicht in Form der Mehrzahl (»Früchte«), sondern der Einzahl, nämlich von der einen »Frucht« als dem einen Jesus-Wesen. Er entfächert diese »Frucht« freilich und zeigt so, was zu diesem Jesus-Wesen gehört – so wie das eine helle Sonnenlicht in der Spektralanalyse oder im Regenbogen in seinen Farben entfaltet wird.

Wie kommt es zu der Veredelung und damit zur »Frucht«? Durch Buße und Neugeburt kommt es zum Zerbrechen und Veredeln des Baumes, der wir Christen selber sind.

Das neue Leben gilt es zu praktizieren: *»Wenn wir im Geist leben, so laßt uns auch im Geist wandeln ...«* (V. 25 f.; vgl. Mt 7,17-19: »So bringt jeder gute Baum gute Früchte«).

In Kapitel 6 entfaltet Paulus einen Aspekt der »Frucht« genauer: die Liebe im Zusammenleben der Gemeinde und ihrer Dienstleute und auch nach außen, zu ihrer Umgebung hin.

Diese »Frucht« der Liebe ist auf den Mitchristen ausgerichtet, der in Fehler geraten ist (V. 1).

Sie gilt aber auch dem Mitchristen, der Lasten zu tragen hat. *»Einer trage des andern Last, so werdet ihr das Gesetz Christi erfüllen«* (V. 2). Keiner soll jemand anderem etwas aufbürden, aber auch nicht nur für sich selbst sorgen.

Zur Liebe gehört auch, daß man den Mitchristen nicht richtet; jeder hat im Blick auf seine Taten mit sich selbst zu tun (V. 4). Die Glaubensgeschwister, denen mehr an Dienst aufgetragen ist, sollen von den anderen versorgt werden (V. 6).

Alles, was der Mensch tut, ist Saat (V. 7). Die Frage heißt: Auf welchem »Konto« legen wir unser Saatgut an? *»Wer auf sein Fleisch sät, der wird von dem Fleisch das Verderben ernten; wer aber auf den Geist sät, der wird von dem Geist das ewige Leben ernten«* (V. 8).

Paulus sagt auch, wo und wem gegenüber sich die Liebe der Christen zeigt. *»Laßt uns Gutes tun an jedermann, allermeist aber an des Glaubens Genossen«* (V. 10). Den Mitchristen gilt die Liebe und Fürsorge *(diakonia)* zuerst, aber dann wird keine Grenze gezogen: Diese Liebe wendet sich nicht nur *»an des Glaubens Genossen«*, sondern auch an *»jedermann«*. So weit greift die Liebe Jesu hinaus! Sie wird allerdings keine »Fernsten«-Liebe, sondern sie hat zunächst und insbesondere die Gemeinschaft der Christen rund um den Erdball im Auge, vor allem diejenigen, die leiden.

Paulus schließt diesen Brief mit einem eigenhändigen Gruß: *»Seht, mit wie großen Buchstaben ich schreibe mit eigener Hand!«* (V. 11). Den übrigen Text hat er sicherlich diktiert und dann unterschrieben. Mit den *»großen Buchstaben«* möchte er ausdrücken, wie engagiert und bewegt er durch das Ergehen der Galater ist. Noch einmal ruft er sie auf, doch dem Evangelium zu folgen und nicht denen, die sie nur in die Irre leiten (V. 12 f.).

Mit den Worten: *»Es sei aber ferne von mir, mich zu rühmen als allein des Kreuzes unseres Herrn Jesus Christus, durch den mir die Welt gekreuzigt ist und ich der Welt«* (V. 14) weist der Apostel noch einmal auf den hin, der allein das Leben grundlegend verändern und retten kann: Jesus Christus, der allein die Wiedergeburt, die *»neue Kreatur«* (V. 15), das neue Wesen schafft, das er selbst ist.

Der Brief des Paulus an die Epheser

1. Einleitung

1.1 Der zeitgeschichtliche Hintergrund und das Wirken des Paulus in Ephesus

Die große Handels- und Hafenstadt Ephesus lag im Westen Kleinasiens. Sie war eine der größten Städte des Altertums und die Hauptstadt der Provinz Asia.

Der Name »Asia« war zunächst die Bezeichnung für eine Spielwiese mit Stadion in der Nähe von Ephesus. Von daher wurde dieser Name auf eine ganze Landschaft übertragen, auf die römische Provinz, und dann auf die gesamte Halbinsel. Daraus entstand der Name »Kleinasien«, denn »Großasien« war ja der Name des größten Erdteils.

Ephesus mit seinem pulsierenden, lauten Leben war nicht nur seiner blühenden Wirtschaft wegen bekannt, sondern auch wegen der dort geübten heidnischen Kulte. Insbesondere war es ein Tempel der Diana oder Artemis, einer Fruchtbarkeitsgöttin. Die Pilger haben von dort kleine Abbildungen dieses Tempels mit nach Hause genommen – nicht als Andenken, sondern als Talismane, als Glücksbringer.

Durch den Apostel Paulus kam das Evangelium nach Ephesus. Während seiner dritten Missionsreise konnte Paulus mehr als zwei Jahre lang dort arbeiten (vgl. Apg 19).

Im großen und ganzen blieb Paulus' Tätigkeit in Ephesus unbehindert. Aber zeitweise wurde sein Auftreten dort erheblich gestört – bemerkenswerterweise nicht von seiten der Juden (wie es ihm ansonsten öfters widerfahren ist), sondern von seiten der Goldschmiedezunft. Durch die Verkündigung des Paulus war in Ephesus eine so große Erweckung und eine blühende Gemeinde entstanden wie es an keinem anderen seiner Wirkungsorte geschehen war. Dadurch erlitten die Goldschmiede, die die Tempelnachbildungen herstellten und verkauften, erhebliche finanzielle Einbußen. Aus diesem Grund rebellierten sie gegen das Wirken des Apostels (Apg 19,23 ff.).

1.2 Anlaß, Adressat und Eigenart des Briefes

Mittlerweile war Paulus verhaftet und inhaftiert worden. Wahrscheinlich handelte es sich um seine Gefangenschaft in Rom. Der Apostel erwähnt im Epheserbrief immer wieder, daß er ein »Gefangener Jesu Christi« und Jesu »Bote in Ketten« sei (3,1.13; 4,1; 6,20). Das ist eine unsinnige Ausdrucksweise; denn ein Bote ist nur dann Bote, wenn er unterwegs ist, nicht aber, wenn er »in Ketten« liegt.

Aber Paulus nahm auch das Leben in Gefangenschaft aus der Hand seines Herrn, und er hat ja selbst »in Ketten« ziemlich viel gewirkt. Das zeigt sich an seinen Gefangenschaftsbriefen an die Epheser, die Kolosser, die Philipper und an Philemon (möglicherweise zählt auch einer seiner Briefe an Timotheus dazu). Man spürt diesen Briefen ab, daß sie ein im Leiden gereifter und bewährter Mann schrieb. Von dem gefangenen Paulus ist viel Segen ausgegangen.

Was hat Paulus veranlaßt, seinen Brief an die Epheser zu verfassen? Nach seiner Abreise aus Ephesus erfolgte offenkundig ein Gegenschlag. Es war nicht eine nun einsetzende Verfolgung, die die Christen in Ephesus getroffen hat (wie zu der Zeit des Kaisers Domitian, als Johannes seine Offenbarung schrieb, also etwa 20 bis 30 Jahre später). Vielmehr kam der Widerstand gegen das Evangelium viel gefährlicher und auf »leisen Sohlen«.

Auch in Ephesus wirkte die Gnosis (»Erkenntnis«) auf die Gemeinde ein (ähnlich wie in Korinth; vgl. die Einführung in den zweiten Korintherbrief), diese eigenartige Mischreligion, die auf die frühe Christenheit jahrhundertelang tiefgreifend Einfluß zu nehmen suchte. Denn nicht die Auseinandersetzung mit dem mächtigen römischen Reich hat die Christen 200 Jahre lang im tiefsten gefährdet, sondern die Irrlehre, die Verfälschung des Evangeliums.

Wahrscheinlich hat Paulus die Briefe an die Epheser und die Kolosser in ähnlicher Zeit geschrieben. Diese beiden Briefe sind sich deshalb ähnlich, da die Gemeinden von ähnlichen Gefahren der Irreleitung bedroht waren, da ein und dieselbe Anschauung in die Gemeinden eindrang.

Zu dieser Anschauung gehörte jüdisches Gedankengut. Dieses war aber mit Elementen vorderorientalischer Religiosität und mit spiritualistischem und astrologischem Gedankengut durchsetzt. Die grundlegende Meinung war, man müsse mit dem großen Kosmos eins werden und könne in seine Gesetzmäßigkeit einschwingen, in den großen Ozean »Geist« einmünden und mit Engelmächten Verbindung aufnehmen, um mit ihnen zusammen der Vollendung entgegenzugehen.

Verglichen mit dieser spekulativen Kosmos-Frömmigkeit betrachtete man das Evangelium von Jesus, dem am Kreuz Gestorbenen, der begnadigt, als etwas, das nur für Anfänger der Erkenntnis tauge. Erst durch diese großartige Erkenntnis könne man an den gewaltigen Kräften des Universums teilhaben und so selbst etwas Besonderes werden.

Die Entstehung der Briefe an die Kolosser und die Epheser können wir uns so vorstellen: Zuerst antwortete Paulus auf die genannte Irrlehre im Kolosserbrief. Dieser Brief wird in eine einzelne Stadt jener Gegend überbracht von einem Mann namens Tychikus, der freiwillig die Gefangenschaft des Paulus geteilt hat.

Der Epheserbrief ist insofern ein auffallender Brief, als die ältesten Handschriften dieses Briefes, die uns vorliegen, die Ortsbezeichnung »in Ephesus« (1,1) nicht enthalten. Es besteht daher Grund zu der Annahme, daß es sich bei diesem Brief um ein Rundschreiben an mehrere Gemeinden im westlichen Kleinasien handelt, ähnlich wie bei der Offenbarung des Johannes (vgl. Offb 1 f.). Weil die erste, älteste und größte dieser Gemeinden die in Ephesus war, ist sie der erste Adressat gewesen. Auf der Liste der Empfänger hat dann wohl als erstes der Name »Ephesus« gestanden.

War der Epheserbrief ein Rundbrief, so wird von daher auch verständlich, daß Paulus in diesem Brief auffallend wenig Persönliches sagt (im Unterschied zu seinen Briefen an die Korinther und die Philipper). Denn Paulus war sicherlich auch über seinen zweijährigen Aufenthalt in Ephesus mit vielen Menschen dort herzlich verbunden.

Wenn man das alles berücksichtigt, kann man annehmen: Paulus hat in der Gefangenschaft in Rom Berichte darüber bekommen (vielleicht durch Tychikus), welche Entwicklungen in einigen Gemeinden des westlichen Kleinasiens vor sich gingen und wodurch diese Gemeinden zumindest gefährdet waren. Paulus mag dann zuerst den Brief an die Christen von Kolossä geschrieben haben. Nach diesem hat er einen zweiten Brief geschrieben, der eher verallgemeinernd abgefaßt ist und als Rundbrief gedacht war.

Die inhaltliche Ausrichtung beider Briefe ist ähnlich. Paulus bezeugt hier Jesus als den ganz Großen, der uns Menschen in einen Horizont stellt, der die gesamte Welt umfaßt. Paulus sagt, daß dieser kosmische Horizont all die Anschauungen, die in Ephesus und Kolossä so sehr im Schwange waren, weit in den Schatten stellt. Angesichts des Anspruchs der Kreise, die die Gemeinden dort beeinflußten, zeigt Paulus die weltumfassende Bedeutung Jesu, die Bedeutung Jesu für die gesamte Schöpfung.

Das ist im Kolosserbrief noch mehr der Fall als im Epheserbrief. Im Epheserbrief redet Paulus stattdessen ausführlicher vom Geheimnis der Gemeinde Jesu.

1.3 Die Verfasserfrage

Es wurde von Schriftauslegern mehrfach behauptet, die Briefe nach Ephesus und Kolossä seien nicht von Paulus selbst verfaßt worden, denn sie seien in Inhalt und Sprache anders als der Römer- und der Galaterbrief.

Doch ist zu berücksichtigen, daß sich Paulus bei seinen Briefen nach Ephesus und Kolossä in einem andersartigen, neuen Horizont der Fragestellung, der Auseinandersetzung und des Zeugnisses befand als beim Römer- und beim Galaterbrief. Ein so geistbegabter Mann wie Paulus, der sein Apostelamt im Epheserbrief so ausdrücklich betont (3,1 ff.; 6,20), war gewiß geistig beweglich genug, auf derartige neue Fragen und Gefahren einzugehen, wie sie in einer späteren Zeit seines Lebens in Ephesus und Kolossä in Erscheinung traten, und auf diese Fragen mit einer Argumentation einzugehen, die sehr deutlich auf diese aktuellen Anschauungen Bezug nimmt.

1.4 Der Aufbau des Briefes

Der Epheserbrief besteht aus zwei Teilen:

1. Der gewaltige Horizont des Heilshandelns Gottes (Kap. 1 - 3)
2. Ermahnung zu Konsequenzen im praktischen Alltag des Christen und der Gemeinde (Kap. 4 - 6)

2. Zum Einzelnen

2.1 Der gewaltige Horizont des Heilshandelns Gottes (Kap. 1 - 3)

In diesem ersten Teil des Epheserbriefes zeigt Paulus angesichts der angeblichen kosmischen Weite der gnostischen Weltanschauung die

Größe und Weite des Heilshandelns Gottes in Jesus Christus und des Herrn selbst.

a) Lobpreis Gottes wegen seines Heilshandelns (1,3-14)

Wie mit einem gewaltigen Griff hebt Paulus die Christen in Ephesus schon in den ersten Versen des Briefes (die auf einen kurzen einleitenden Gruß [V. 1 f.] folgen) wie auf eine hohe Warte hinauf.

Die Christen in Ephesus lebten ja im wirren »Gestrüpp« des Alltags, in dem sie sich nicht mehr zurechtfanden. Sie wußten nicht mehr so recht, ob sie allein an dem Jesus festhalten sollten, den ihnen Paulus verkündigt hatte, oder ob sie nicht doch noch einige andere Lehren zu dem Evangelium von Jesus Christus dazunehmen sollten. Sie waren in der Gefahr des Synkretismus, der Vermischung des Glaubens an Jesus mit Elementen anderer Religionen und Weltanschauungen.

Daher hebt Paulus die Epheser wie auf eine hohe Warte, auf einen Felsen und Aussichtspunkt, von dem aus er den ganzen gewaltigen Horizont des Heilshandelns Gottes in Jesus Christus zeigt, von den Uranfängen bis zu seiner Vollendung. Diese »Riesenlandschaft« des Handelns Gottes im Blick auf den einzelnen Menschen und die Welt weckt in Paulus einen überströmenden Lobpreis.

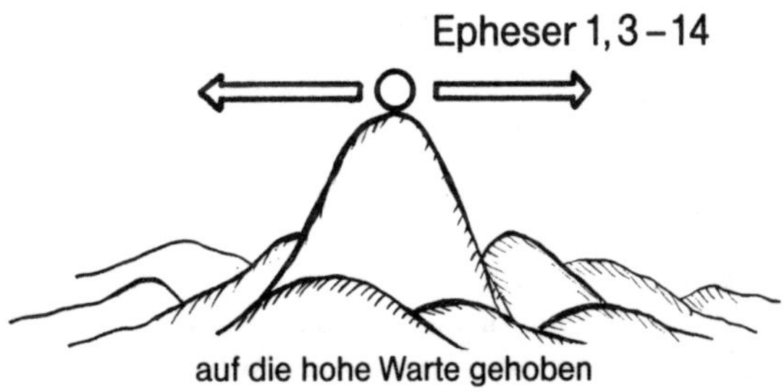

Abb. 38: Übersicht über Gottes Heilshandeln

Paulus gerät angesichts der ganzen Größe und Weite des Handelns Gottes fast außer sich. Das zeigt sich schon daran, daß diese elf Verse einen einzigen Satz darstellen. Es ist, als ob die Dämme brächen – so redet Paulus hier.

Man muß in diesem Abschnitt des Briefes auf einige Zeitwörter achten, um schnell zu überblicken, wovon Paulus spricht. Wenn man das Gesamte liest, kommt man im Verständnis dieses Textes nicht voran, weil er solch eine Flut von großartigen Aussagen enthält.

Paulus spricht hier von Gott dem Vater, dem Sohn und dem Heiligen Geist.

– Der *»Vater«* ist es, der *»uns erwählt hat, ehe der Welt Grund gelegt war«* und *»der uns dazu vorherbestimmt hat, seine Kinder zu sein«* (V. 4 f.). Paulus sagt damit der Gemeinde in Ephesus, daß sie als kleine Leute nicht im »Gestrüpp« der Weltgeschichte untergehen werden. Denn Gott hat von langer Hand ihre Rettung vorbereitet. So wichtig ist sie für Gott! Das ist sein ganz großer Plan: Vor Grundlegung der Welt hat er die Christen in Ephesus erwählt.
– Der *»Sohn«* hat uns *»erlöst«* (V. 7). Gott hat die Voraussetzung dafür geschaffen, daß die Seinen nicht einfach von den Geistern und Ungeistern dieser Welt, von Sünde, Not und Tod verschlungen werden, indem er Jesus Christus geschickt hat. *»In ihm haben wir die Erlösung durch sein Blut«*, die Voraussetzung unserer persönlichen Errettung. Er ist es, der zugleich auch die Vollendung schafft.
– Als Drittes spricht Paulus vom *»heiligen Geist«*: Durch *»das Wort der Wahrheit« »seid auch ihr, als ihr gläubig wurdet, versiegelt worden mit dem heiligen Geist«* (V. 13).

Im Zusammenhang damit ist von der *»Versiegelung«* die Rede. *»Versiegeln«* tut der Herr durch sein *»Wort«* mit dem *»heiligen Geist«*. –

Manche Gruppen von Christen legen das heute so aus, als ob diese *»Versiegelung«* nicht am Anfang des Glaubensweges, sondern später in einer ›neuen Segnung‹ geschehen würde. An dieser Stelle des Epheserbriefes wird jedoch gesagt, daß ein Christ nicht auf etwas ›Späteres‹, auf eine neue Stufe des Christseins, warten müßte, sondern daß die *»Versiegelung«* geschah, *»als ihr gläubig wurdet«*, also zu Beginn des Glaubensweges.

Als Glaubende müssen wir eigentlich gar nicht mehr um Gottes Geist bitten, sondern es geht darum, daß wir ihm in unserem Leben Raum geben, daß wir uns von ihm ganz ausfüllen lassen. Es liegt also eigentlich nicht so daran, daß wir mehr an Heiligem Geist bekommen, sondern daran, daß der Heilige Geist mehr *von* uns bekommt! –

Damit wird die Grundaussage von Paulus in diesem Abschnitt klar: Paulus zeigt zunächst den Ephesern, die von denen beeindruckt sind, die die kosmische Bedeutung ihrer Lehre so stark propagieren, den gewaltigen kosmischen Horizont des Heilshandelns Gottes.

Zugleich aber sagt der Apostel, daß die Epheser angesichts dieses Horizonts nicht wie winzig kleine Staubkörnlein sind, daß das Handeln Gottes nicht weit über ihre Köpfe hinweggehen würde. Das Heilshandeln Gottes ergreift sie vielmehr persönlich, nämlich dadurch, daß das Wort verkündigt und unter diesem Wort der Geist Gottes gegeben wird.

Die Christen in Ephesus sind von Gott Geliebte, mit seinem Geist »Versiegelte«; es ist ihnen Gottes Heil zugesichert, und das *»Unterpfand unsres Erbes, zu unsrer Erlösung«* (V. 14a), ist gegeben. Sie werden in der Herrlichkeit dabeisein.

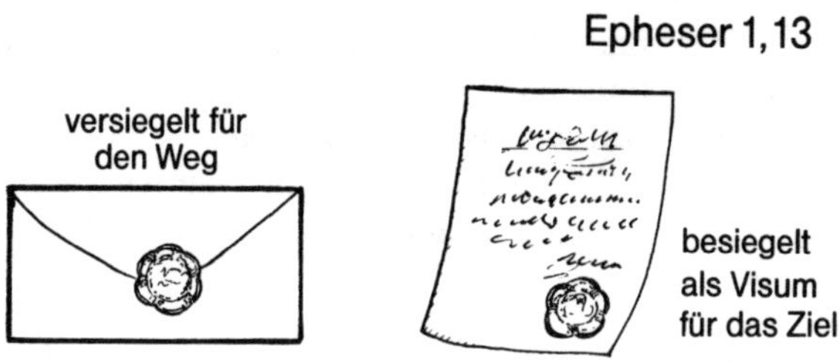

Abb. 39: Wir werden persönlich des Heils gewißgemacht

Christen werden also durch den Heiligen Geist persönlich des Heils gewißgemacht (vgl. Abb. 39). Das betont Paulus hier angesichts der kosmischen Anschauungen, die in die Gemeinde von Ephesus eingedrungen waren und bei denen der einzelne Mensch gegenüber der kosmischen Weite klein, gering und namenlos wurde. Zwar redet die Bibel von der Größe Gottes und seinen weltweiten Zielen. Dennoch wird der einzelne ganz ernstgenommen. Das zeigt das Wort vom »heiligen Geist« und von der »Versiegelung«.

Auf das Wort *»versiegeln«* ist noch näher einzugehen. Denn das griechische Wort, das Luther mit *»versiegeln«* übersetzt, hat eine doppelte Bedeutung: Es heißt »versiegeln« und »besiegeln«.

Wenn ein Notar ein Testament beurkundet, es in einen Umschlag legt und sein Amtssiegel daraufsetzt, dann ist dieses Testament versiegelt, d.h. verschlossen. Dieses Siegel ist ein Verschlußsiegel.

In diesem Sinn ist das Wort von der *»Versiegelung«* bei Paulus im Blick auf den Weg gemeint, den die Gemeinde Jesu durch diese Welt geht. Christen sind bewahrt, für den falschen Geist verschlossen. Diejenigen, die durch Gottes Geist zu Kindern Gottes werden und die deshalb im »Lebensbuch des Lammes«, dem großen Familienregister Gottes, eingeschrieben sind, beten den Antichristen nicht an. Sie haben gewissermaßen eine »Schutzimpfung«. Darum steht in Offenbarung 13, dem großen Kapitel über den Antichristen, davon, daß Christen auf diese endzeitliche Gestalt nicht hereinfallen müssen.

Die zweite Bedeutung *»Besiegelung«* drückt aus, daß unter eine Urkunde, die unterschrieben worden ist, ein Stempel oder ein Siegel neben die Unterschrift gesetzt wird. Das ist das Zeichen dafür, daß der Inhalt der Urkunde Rechtsgültigkeit besitzt. Wenn man in manche Länder reisen will, benötigt man dazu ein Visum mit einem solchen Stempel.

»Christus in uns« bzw. der Heilige Geist ist »die Hoffnung der Herrlichkeit« (Kol 1,27). Das ist die Besiegelung dafür, daß Christen einmal in die Herrlichkeit Gottes »einreisen« dürfen.

Während der Wortsinn »Versiegelung« sich auf den Weg der Christen bezieht (als Verschlußsiegel auf einem Umschlag; siehe Abb. 39, links), hat der zweite Sinn des Wortes »Besiegelung« die Bedeutung, daß Christen sozusagen der Stempel auf dem Visum gegeben ist, mittels dessen sie in die himmlische Herrlichkeit eingehen können (siehe Abb. 39, rechts).

b) Fürbitte für die Epheser, damit sie die Größe und Herrlichkeit Christi erkennen (1,15-23)

Im zweiten Teil von Kapitel 1 führt Paulus noch weiter aus, wer Jesus Christus ist.

Paulus will damit seine Leser ermuntern, nicht auf das betrügerische Tauschgeschäft hereinzufallen, das ihnen das Evangelium und Jesus nimmt und stattdessen das wertlose Gedankengeglitzer der Gnosis gibt. Die Epheser sollen erkennen, wer Jesus ist und was sie an ihm, dem auferstandenen und erhöhten Herrn, haben (V. 20-23).

Deshalb betont der Apostel hier die kosmische Bedeutung Jesu, daß Jesus nämlich über alle *»Throne oder Herrschaften oder Mächte oder Gewalten«* emporgehoben ist (V. 21; ähnlich Hebr 1; Joh 1; Kol 1).

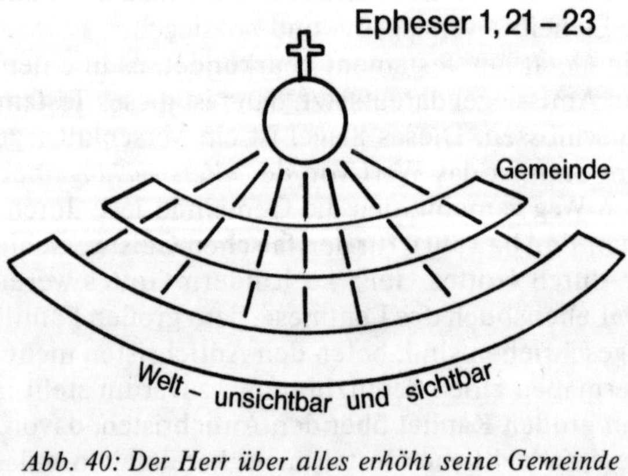

Abb. 40: Der Herr über alles erhöht seine Gemeinde und zieht sie als seinen »Leib« ganz nahe zu sich

Und doch ist dieser über alles erhöhte Jesus nicht von den Seinen abgehoben, sondern hat als nächsten Kreis seine Gemeinde um sich, die er an sich gezogen hat und die als sein »Leib« bezeichnet wird. Sie ist das Instrument, durch das er wirkt. Christen sind seine Mitregenten: »Wer überwindet, dem will ich geben, mit mir auf meinem Thron zu sitzen ...« (Offb 3,21). Jesus kann seine Leute nicht nahe genug bei sich haben!

Das veranschaulicht Abbildung 40: Der Herr ist über alles erhöht, und seine Gemeinde ist ihm ganz nahe, näher als die sichtbare und die unsichtbare Welt.

c) Vorher tot – jetzt lebendig (2,1-10)

In Kapitel 2 zeigt Paulus, wie es dazu kommt, daß Menschen in diese oben dargestellte Gemeinschaft mit Gott hineingenommen werden, und den gesamten Weg, den dazu der Herr mit seinen Leuten gehen muß. Hier zeigt Paulus das Heilswerk Gottes in Jesus Christus noch konkreter.

Früher waren die Epheser *»tot durch ... Übertretungen und Sünden«* (V. 1), waren den Mächten der Finsternis und dem Verderben preisgegeben, *»Kinder des Ungehorsams«* und *»Kinder des Zorns«* (V. 2 f.). Sie waren Menschen, die davon bestimmt waren, daß sie dem Feind ausgeliefert waren und daß sie unter dem Zorngericht Gottes standen.

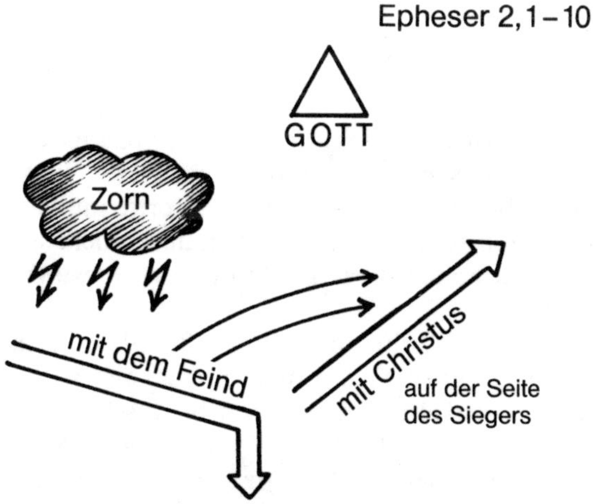

Abb. 41: Versetzt in den Himmel

Dann folgt das entscheidende Wort: Gott in seiner Barmherzigkeit will sie nicht in dieser Sklaverei und unter dem Gericht lassen, sondern hat die Glaubenden *»mit Christus lebendig gemacht ... und mit auferweckt und mit eingesetzt im Himmel mit Christus Jesus«* (V. 5 f.).

Dieses Versetzt-Werden ist etwas anderes als das Versetzt-Werden eines Beamten an eine andere Stelle. Gott greift sozusagen in den gewaltigen Strom der Verlorenheit hinein, der dem Absturz entgegengeht, nimmt Menschen heraus und versetzt sie in das himmlische, in sein Wesen. Sie sind gerettet.

Jesus, der selbst im Kampf gegen den Feind angetreten ist, der aber dem Feind kein Recht an sich gab, so daß der Feind keine Macht über ihn gehabt hat, konnte den Weg zum Leben und in die Herrlichkeit gehen. Dann hat Gott die, die »mit ihm gekreuzigt«, »mit Christus gestorben« und »mit ihm begraben« worden sind, mit Christus lebendig gemacht und mit ihm ins himmlische Wesen versetzt (vgl. Röm 6). Dorthin sind sie nun mit ihm hineingerissen, hineingenommen.

Wo unser Herr nach einem Menschen greift, geschieht Gewaltiges. Er tut das durch sein Wort immer wieder neu – auch heute noch. Wir dürfen uns seinem Wort und Zugriff überlassen und daran festhalten, daß er uns herausholt und an seine Seite stellt.

Ging es vorher mit dem Feind ins Verderben und waren wir unter der Sünde vom Zorngericht Gottes bedroht, so gehen wir jetzt, wenn wir von Jesus Christus ergriffen sind, auf der Seite des Siegers mit ihm in die Herrlichkeit (vgl. Abb. 41; die Pfeile deuten das Versetzt-Werden an).

d) Der »Zaun« zwischen Juden und Heiden ist in Jesus Christus weggetan (2,11-22)

Im zweiten Abschnitt des Kapitels 2 fährt Paulus fort, die Größe und Weite des Wirkens Jesu zu beschreiben. Dieses Werk ist so gewaltig, daß all die vorherigen Unterschiede und Zertrennungen nun, nachdem Menschen durch Jesus gerettet wurden, überbrückt sind. Anderes mag die Menschen scheiden, aber das Rettungswerk Jesu verknüpft und hält sie zusammen.

Ähnliches sagt Paulus in Galater 3,28: »Hier ist nicht Jude noch Grieche, hier ist nicht Sklave noch Freier, hier ist nicht Mann noch Frau; denn ihr seid allesamt einer in Christus Jesus.« Die Vereinigung des Menschen mit Gott führt zur Vereinigung *der* Menschen untereinander, die an Jesus glauben. Es entfallen auch die Unterschiede der Geschlechter; alles bildet eine große Gemeinschaft. Das geschieht so zwar noch nicht in dieser Weltzeit, ist aber für die große Zukunft aufgehoben.

In Epheser 4 wird vor allem herausgehoben, daß Jesus Christus aus seiner Gemeinde, aus Israel und aus den Völkern *eine* Gemeinschaft macht.

Im Judentum – im Alten Testament – war es so, daß Juden und Heiden strikt unterschieden wurden (siehe Abb. 42, linke Bildhälfte). Israel war unter seinem Gott und hatte den Tempel mit dem Allerheiligsten als Ort, an dem Gott unter diesem Volk wohnte. Die Juden waren von den Völkern scharf getrennt. Auch wenn Nichtjuden nach Jerusalem kamen, durften sie nicht ins Innere des Tempels, sondern mußten draußen im »Vorhof der Heiden« bleiben. Selbst wenn sie die Proselytentaufe empfangen hatten, waren sie noch von den eigentlichen Juden geschieden. Das nennt Paulus *»den Zaun ..., der dazwischen war«* (V. 14).

Das hing ganz einfach damit zusammen, daß das Volk der Juden im Alten Testament noch nicht den Geist bekommen hatte. Daher wäre die Vermischung mit dem Heidentum seiner Umgebung ihm todgefährlich geworden und hätte das gesamte Heilswerk Gottes in Frage gestellt. Das Volk der Juden sollte in der Übergangszeit – der Zeit bis zum Kommen Jesu Christi – das Heilswerk Gottes, die Heilsgeschichte, weitertragen. Dabei hätte es ein Zusammengehen mit Heiden noch nicht verkraftet.

Aber jetzt, im Neuen Testament, ist der Geist gegeben, ist Jesus Christus selbst da (siehe Abb. 42, rechte Bildhälfte). Die Gemeinde aus Israel und den Völkern hat sozusagen gemeinsamen Dienst im Allerheiligsten (»wo zwei oder drei versammelt sind in meinem Namen, da bin ich mitten unter ihnen«, Mt 18,20). Alle durch Jesu Opfer Geretteten und an ihn Glaubenden haben miteinander das Geschenk der Gnadengegenwart und übernehmen darum auch gemeinsam den Dienst im Heiligtum in und mit seiner Gemeinde.

Jetzt ist auch der *»Zaun abgebrochen«*, denn Jesus Christus *»ist unser Friede«* und hat *»aus beiden (Judenchristen und Heidenchristen)* eines *gemacht«* (V. 14). Hier steht im Griechischen das Zahlwort »eins«. Juden und Heiden sind in Jesus Christus also nicht nur einig, sondern *»eines«*.

Daher meine ich, daß im Neuen Testament eine Unterscheidung von Worten an Israel und solchen an die Glaubenden aus den Völkern nicht gerechtfertigt ist. Aus beiden ist ja eins geworden. Das zeigt auch Römer 11: Es ist der eine Ölbaum Israel, in den die Glaubenden aus den Völkern eingepflanzt werden.

Auch eine Unterscheidung der Gemeinde aus den Völkern als des »Leibes« und Israels als der »Braut« ist – gerade nach Epheser 5 (siehe unten) nicht zu rechtfertigen, weil in Epheser 5 diese beiden Bilder ineinander übergehen. Das Wort »Braut« umschreibt die enge Gemeinschaft mit dem Herrn, während das Wort »Leib« ausdrückt, daß Jesu Gemeinde sein Werkzeug ist, durch das er wirkt. Die eine Gemeinde aus Israel und den Völkern ist beides, »Braut« und »Leib«.

So hat Jesus *»den Zaun abgebrochen«*, indem er *»durch das Opfer seines Leibes das Gesetz mit seinen Geboten und Satzungen abgetan hat, damit er in sich selber aus den zweien* einen neuen *Menschen schaffe und Frieden mache und die beiden versöhne mit Gott in* einem *Leib durch das Kreuz, indem er die Feindschaft tötete durch sich selbst«* (V. 14b-16).

Paulus redet also auch hier von der Größe des Heilswerkes Gottes in Jesus Christus: Was Gott durch Jesus getan hat und was Jesus durch sein Wort und seinen Geist tut, das übersteigt in seiner Bedeutung und Wirkung einfach alles andere, auch alle noch so berechtigten »Zertrennungen« (wie die zwischen Juden und Heiden), die aus einer früheren Phase der Heilsgeschichte vorhanden gewesen sind.

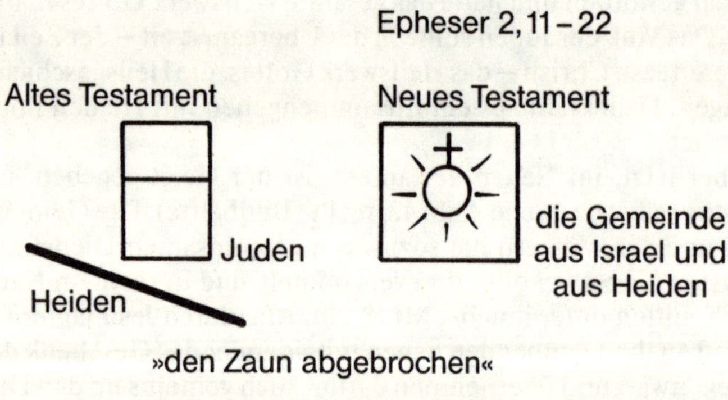

Abb. 42: Aus Juden und Heiden, die an Jesus glauben, ist die eine Gemeinde Jesu geworden

e) Paulus dient als Sonderbotschafter der guten Nachricht von dem Geheimnis der Gleichbegnadigung der Heiden (3,1-13)

In Kapitel 3 schreibt Paulus von der Gemeinde aus den Völkern, diesem *»Geheimnis« (mysterion)*, das ihm geoffenbart worden sei.

Von diesem *»Geheimnis«* war so im Alten Testament noch nichts angekündigt: davon nämlich, daß eine breite Spanne liegt zwischen dem, daß der ewige Gottessohn das Opferlamm geworden ist (von dem Jes 53 spricht), und dem, daß er als der »Menschensohn« wiederkommt (nach Dan 7). Das ist das *»Geheimnis«*, daß Gott in dieser Spanne auch den Völkern eine so wunderbare Chance gibt, daß er ihnen die Türe auftut und Menschen aus allen Völkern zu seinem Heil Zugang haben, also

»daß Heiden Miterben sind und mit zu seinem [Jesu] Leib gehören und Mitgenossen der Verheißung in Christus Jesus sind durch das Evangelium« (V. 6).

Das also ist das *»Geheimnis«*, das ihm, Paulus, geoffenbart worden sei; und es sei sein besonderer Auftrag, dafür die »Gleise« zu legen, daß diese Gemeinde unter den Völkern entsteht und gesammelt wird (V. 8). Daher kann er als der *»allergeringste unter allen Heiden«* nur niederfallen, anbeten und Fürbitte tun (3,14 ff.)

Von unserer heutigen Sicht aus können wir nur bestätigen, daß das durch die Paulusbriefe, die wir im Neuen Testament vor uns haben, auch tatsächlich bis heute geschehen ist und immer noch geschieht.

f) Der gefangene Paulus bittet für die Gemeinde, daß sie im Christsein Schritt um Schritt weiterkomme (3,14-21)

Angesichts von Gottes wunderbarem Werk, seine große Familie zu sammeln, *»beugt«* Paulus seine *»Knie vor dem Vater, der der rechte Vater ist über alles, was da Kinder heißt im Himmel und auf Erden«* (V. 14 f.).

In einem feinen Segenswort bittet Paulus um fünf Wachstumsschritte für die Gemeinde in Ephesus:

a) Gott gebe den Christen in Ephesus *»Kraft nach dem Reichtum seiner Herrlichkeit, stark zu werden durch seinen Geist an dem inwendigen Menschen«* (V. 16).
b) Das geschieht dadurch, *»daß Christus durch den Glauben in euren Herzen wohne«* (V. 17a).
c) So werden sie *»in der Liebe eingewurzelt und gegründet«* (V. 17b).
d) Das macht es aus, daß sie *»mit allen Heiligen begreifen, welches die Breite und die Länge und die Höhe und die Tiefe«* des Wunderwerkes Gottes ist (V. 18).
e) So sollen sie *»auch die Liebe Christi erkennen, die alle Erkenntnis übertrifft«* (V. 19).

Das dritte Kapitel des Epheserbriefes ist ein einziger staunender Lobpreis im Blick darauf, daß ausgerechnet er, Paulus, dies offenbart bekommen hat und so ein Segensinstrument Gottes gerade in diesem Werk der Sammlung Seiner Gemeinde aus Israel und auch aus den Völkern wurde.

2.2 Ermahnung zu Konsequenzen im praktischen Alltag des Christen und der Gemeinde (Kap. 4 - 6)

In den Kapiteln 4 ff. zieht Paulus aus dem, was er in den Kapiteln 1 - 3 gesagt hat, die Konsequenz für das praktische Leben der Gemeinde. Dies ist der ermahnende Teil des Briefes.

a) Rechte Gemeinschaft untereinander (4,1-16)

Paulus stellte der Gemeinde zunächst Gottes Werk vor Augen, das, was Gott den Ephesern gab: Gott hat die Christen in Ephesus und Umgebung zusammengeschmiedet, miteinander verbunden und sein Werk bei ihnen auf lange Sicht vorbereitet; Jesus Christus hat dafür sein Blut geopfert (Kap. 1). Das übersteigt alles, was vorher Israel und die Heidenchristen trennen wollte (Kap. 2).

Aus dem folgt für die Epheser das Eine: ›Lebt eure Gemeinschaft!‹ *»Seid darauf bedacht, zu wahren die Einigkeit im Geist durch das Band des Friedens«* (4,3). Um die Gemeinschaft zu behalten, muß man fleißig und wachsam sein, so daß der Feind nicht irgendwo einen Keil hineintreibt, indem er irgendeine Stimmung oder einen – vielleicht noch so berechtigten – Anlaß dazu ausnutzt.

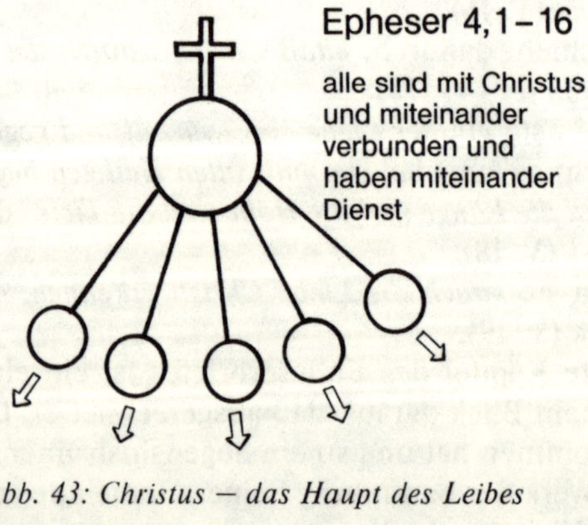

Abb. 43: Christus – das Haupt des Leibes

Die Gemeinde ist Christi Leib – ER ist ihr Haupt (vgl. Abb. 43). Die Gemeinde, der »Leib«, ist aus sehr verschiedenartigen Leuten zusammengesetzt. In ihr wird die Arbeit, der Dienst, aufgeteilt. Daher sagt Paulus: Gott *»hat einige als Apostel eingesetzt, einige als Propheten, einige als Evangelisten, einige als Hirten und Lehrer«* (V. 11).

In der Gemeinde sind Menschen mit verschiedenen Gaben und Aufgaben, die alle das Ziel haben, daß *»die Heiligen zugerüstet werden zum Werk des Dienstes«* (V. 12). Ein Leib ist nicht nur zum Selbstzweck da, sondern soll nach außen etwas ausrichten.

So sollen Christen *»zugerüstet werden zum Werk des Dienstes«* – des Dienstes nämlich in der Welt, in der sie leben. Mitten in einer kalten Welt geben sie das Zeugnis und helfen mit der Liebestat.

Alle Glieder des »Leibes« sind mit Christus und untereinander verbunden. Jeder, der zur Gemeinde gehört, steht in der »Herrnunmittelbarkeit«; ein jeglicher »steht und fällt seinem Herrn« (Röm 14,4). Sie sind auch untereinander verbunden und haben aneinander Dienst zu tun; sie versorgen auch einander (auch mit dem Austeilen des Wortes). Und von IHM her dienen sie auch in ihrer Umgebung.

b) Der alte und der neue Mensch (4,17-24)

Paulus zeigt in diesen Versen klar, wie sich das alte Wesen – vor der Hinwendung zum Herrn – und das neue, gottgeschenkte Wesen zueinander verhalten. Das alte Wesen war dadurch gekennzeichnet, daß der *»Verstand verfinstert«* war und die Christen vormals *»dem Leben entfremdet«* waren (V. 18). Nicht nur das Wollen, sondern auch das Wissen und Wissenkönnen waren Gott abgewandt.

Das gilt es aber jetzt, nachdem Christus das Leben zu erneuern begonnen hat, abzulegen: *»Legt von euch ab den alten Menschen mit seinem früheren Wandel, der sich durch trügerische Begierden zugrunde richtet«* (V. 22). Es geht darum, nun in das neue Leben »hineinzuschlüpfen«, *»den neuen Menschen anzuziehen, der nach Gott geschaffen ist in wahrer Gerechtigkeit und Heiligkeit«* (V. 24). In diesem neuen Leben sollen die Christen bleiben.

c) Das neue Wesen – konkret (4,25-32)

Paulus sagt, wie das im einzelnen aussieht: *»Legt die Lüge ab und redet die Wahrheit, ein jeder mit seinem Nächsten, weil wir untereinander Glieder sind. Zürnt ihr, so sündigt nicht; laßt die Sonne nicht über eurem Zorn untergehen, und gebt nicht Raum dem Teufel. Wer gestohlen hat, der stehle nicht mehr, sondern arbeite und schaffe mit eigenen Händen das nötige Gut, damit er dem Bedürftigen abgeben kann. Laßt kein faules Geschwätz aus eurem Mund gehen, sondern redet, was gut ist, was erbaut und was notwendig ist, damit es Segen bringe denen, die es hören. Und betrübt nicht den heiligen Geist Gottes, mit dem ihr versiegelt seid für den Tag der Erlösung…«* (V. 25-30).

d) Als vom Licht Bestimmte sollen Christen umfassend als Nachfolger Gottes leben (5,1-21)

In diesem ersten Teil von Kapitel 5 stellt Paulus fest, daß die Christen in und um Ephesus aus der Herrschaft der Finsternis in das Reich des Sohnes, in das himmlische Wesen versetzt sind.

›Sei, was du bist!‹ ruft Paulus ihnen gewissermaßen zu. Es geht darum, daß die Christen diese Gemeinschaft halten, zu der sie berufen sind. Daher *»lebt als Kinder des Lichts«*!

Wieder wird Paulus ganz praktisch: *»Sauft euch nicht voll Wein, woraus ein unordentliches Wesen folgt, sondern laßt euch vom Geist erfüllen«* (V. 18). Auch sollen sie nicht einander schmähen und lästern, sondern: *»Kauft die Zeit aus; denn es ist böse Zeit«* (V. 16).

So gibt Paulus hier die ganz konkrete und praktische Anweisung, von jetzt ab nicht mehr im Dunkel zu gehen, sondern im Licht, in der Sonne, die der Herr ist, in seiner Gegenwart und Gemeinschaft (vgl. Abb. 44).

Abb. 44: Früher im Dunkel, jetzt im Licht

Der Mensch in der Nachfolge ist noch derselbe wie vorher – er trägt noch seinen irdischen Leib. Vorher war er gewissermaßen vom Dunkel umgeben, jetzt aber ist er vom Licht umgeben. Gott ist direkt über ihm, und der Herr Jesus ist ihm nah. So kann ein Christ den Weg gehen, denn Jesus geht voran.

e) Das Leben in der Familie (5,22-6,9)

In den Zusammenhang der praktischen Darlegungen des Epheserbriefes gehört eine der sog. »Haustafeln« für das Leben in der Familie: *»Ihr Frauen … Ihr Männer … Ihr Kinder … Und ihr Väter … Ihr Sklaven … Und ihr Herren …«* (V. 5,22.25; 6,1.4.5.9).

Bei dieser »Haustafel« im Epheserbrief fällt auf, daß Paulus besonders ausführlich von den Männern redet. Sie sollen ihre Frauen so lieben, wie Christus seine Gemeinde geliebt hat; sie sollen keinen Gefallen an sich selbst haben.

In diesem Zusammenhang vollzieht Paulus plötzlich einen Wechsel und sagt: *»Dies Geheimnis ist groß; ich deute es aber auf Christus und die Gemeinde«* (5,32). Daraus ist zu ersehen: Das Verhalten eines Ehemannes gegenüber seiner Frau kann, darf und soll eine Abschattung, ein Abbild des Lebens unseres Herrn für seine Gemeinde sein. Jesus hat ja *»sich selbst für sie dahingegeben«* (5,25b). (Leider gleichen Ehemänner aber oft eher einem Zerrbild dessen statt einem Abbild.) Nirgends wird von der Ehe so hoch geredet wie hier!

f) Die geistliche Waffenrüstung (6,10-20)

Ehe Paulus diesen Brief abschließt, zeigt er den ganzen Ernst des geistlichen Kampfes, in den die Gemeinde von Ephesus gestellt ist. Der Apostel sagt damit: Ja, der Teufel ist los! *»Wir haben nicht mit Fleisch und Blut zu kämpfen ...«* (V. 12a). Es ist nicht Friede, sondern Krieg, und der Feind hat mobil gemacht (V. 11; vgl. Offb 12,9-12).

Die Epheser sollen keiner Täuschung unterliegen: Sie haben es nicht nur mit Menschen, sondern mit übermenschlichen Mächten zu tun.

Weil der Kampf nicht *»mit Fleisch und Blut«* geführt wird, sagt Paulus: *»Zieht an die Waffenrüstung Gottes ...«* (V. 11a). Bereits in Römer 13,14 sagt er: »Zieht an den Herrn Jesus Christus!«, und in Epheser 4,24: »Zieht den neuen Menschen an!« Im Grunde genommen sagt Paulus in 6,11 nichts anderes, auch wenn er *»Panzer«, »Schild«, »Helm«* und *»Schwert«* aufzählt. Dies alles ist letztlich immer nur ER, in dem die Christen damals und heute geborgen sind, auch wenn der Feind sie angreift.

Das ist wiederum das, was in 1,13 mit der »Versiegelung« gemeint ist. Jesus selbst ist die Rüstung, in der Christen geborgen sind; er ist der *»Panzer der Gerechtigkeit«*, der *»Helm des Heils«* und der *»Schild des Glaubens«*. »Satan flieht, wenn er mich bei Jesus sieht«, wenn er mich bei dem Gekreuzigten sieht!

Paulus spricht hier auch davon, daß Christen mit IHM *»alle feurigen Pfeile des Bösen«* auslöschen können (V. 16). Hier steht dem Apostel das Bild der Belagerung einer Stadt vor Augen. In der Antike oder im Mittelalter ging das folgendermaßen vor sich. Das Belagerungsheer dringt nicht in die Stadt ein, denn die Verteidiger sind tapfer, und sie haben sich auch gut versorgt. Daher greifen die Belagerer dazu, daß sie Pfeile nehmen, den Schaft mit Werg umwickeln, ihn in Pech tauchen und anzünden. Während seines Fluges flammt der Pfeil auf und fällt auf die Schindel- oder Strohdächer. Auf den hohen Hausgiebeln ist dem

Feuer schwer beizukommen, und so haben es die Belagerten mit einer Feuersbrunst zu tun. Die Stadt wird dann vom Gegner eingenommen.

So etwas droht laut Paulus auch der Gemeinde Jesu: Der Feind »schießt« etwa auch in der Gestalt von bösen Gedanken in das Leben von Christen hinein. Gewiß sagt Jesus: »Aus dem Herzen kommen arge Gedanken« (Mt 15,19 par). Aber es gibt auch »arge Gedanken«, die gewissermaßen über die Mauer fliegen, die von außen an uns herantreten: die *»feurigen Pfeile«*, die »Brandpfeile« des Bösen. Aber mit IHM kann man sie auslöschen, indem man IHN sofort um Hilfe bittet und sagt: »Herr, nimm mir diesen bösen, diesen neidischen, gehässigen, verzagten, unreinen Gedanken!«

Es ist besonders hilfreich, sich Jesus als den vorzustellen, der im Garten Gethsemane ringt und am Kreuz leidet, ja als den, der als der Auferstandene vor uns tritt wie vor seine Jünger: »Friede sei mit euch!« (Lk 24,36). Dann vergehen die bösen Gedanken, denn die *»feurigen Pfeile des Bösen«* sind ausgelöscht.

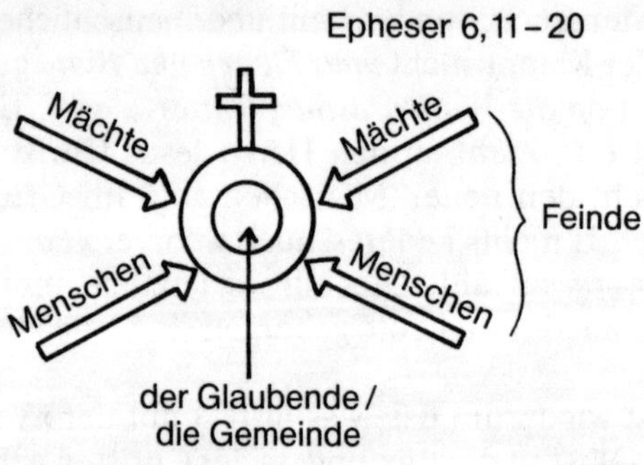

Abb. 45: Geborgen in Jesus

Das zeigt Abbildung 45: Der innere Kreis ist der Glaubende bzw. die Gemeinde. Er bzw. sie ist in Christus; er bzw. sie ist daher »versiegelt mit dem heiligen Geist« (1,13). Gegen den Glaubenden bzw. die Gemeinde gehen Menschen und Mächte an; aber diese prallen an Ihm ab. Wohl werden Brandpfeile hereingeschossen (siehe oben), aber diese werden von Ihm ausgelöscht, wenn man sich an Ihn wendet.

So kommt der Glaubende bzw. die Gemeinde auch durch eine anfechtungsreiche Zeit hindurch. So kamen auch die Christen damals in Ephesus durch – in den Verführungen zur Zeit der frühen Christenheit, mit denen sie zu leben hatten.

So können auch Christen heute durchkommen – in den Verfolgungen unserer Zeit, wo immer sie auftreten. So kommen wir durch, wo immer sich politische und ideologische Abgründe auftun, die das geistliche Leben verschlingen wollen. Die Völker gehen die Gemeinde Jesu an wie »die Wasserwogen im Meer«, die »groß sind und brausen mächtig«, wie Psalm 93 sagt; »der HERR aber ist noch größer in der Höhe« (Ps 93,3 f.). Gott ist in der Höhe und in der Tiefe – er ist weltumfassend. Und er ist bei seiner Gemeinde.

g) Der Briefschluß (6,21-24)

Von sich persönlich hat der Apostel in seinem Brief an die Epheser nicht geschrieben. Wie es um ihn steht, das läßt er der Gemeinde durch Tychikus mündlich mitteilen.

Darin zeigt sich etwas von der apostolischen Zurückhaltung und Sachlichkeit, die an Paulus zu erkennen ist. Auch wenn er sich in den Briefen an die Korinther in seiner Aufgabe und Vollmacht als Apostel hervorhebt, so ist Paulus doch nur das Eine wichtig: daß die Gemeinde Jesu in den Anfechtungen ihrer Zeit so den Weg gewiesen bekommt, daß sie in ihrem Glauben und in der Treue zu ihrem Herrn nicht nachläßt.

Der Brief des Paulus an die Philipper

1. Einleitung

Der Philipper-Brief ist einer der Gefangenschaftsbriefe des Paulus, vermutlich auch in Rom verfaßt und abgesandt (vgl. 4,22), Anfang der 60er Jahre des 1. Jahrhunderts n. Chr. Dies ist der persönlichste, herzlichste und auch der fröhlichste von allen Paulusbriefen.

Dabei wurde der Philipper-Brief in einer Situation abgefaßt, die für Paulus mehr als schwierig war. Es fällt auf, daß dieser »Brief der Freude« gerade in solch einer Lage geschrieben werden konnte.

Paulus war Untersuchungshäftling in Rom, und das Verfahren gegen ihn war jahrelang hinausgezögert worden. Doch endlich war es soweit: Der Prozeß des Paulus sollte beginnen. Seine Hauptverhandlung stand bevor. Paulus mußte damit rechnen, daß dieser Prozeß mit seiner Verurteilung enden würde, was für ihn, den römischen Staatsbürger, im Rom Kaiser Neros die Enthauptung bedeutet hätte.

Gewissermaßen am Vorabend dieses Prozesses schreibt dieser Apostel einen solchen Brief. Der Ausgang der Gerichtsverhandlung ist ungewiß. Paulus ist bereit zu sterben (2,17), aber auch dazu, wieder in seinen Dienst zurückzukehren (1,23 f.). In dem allem ist er auffallend heiter und gelöst; er erfreut die Philipper und ruft sie auf, auch fröhlich zu sein: »Der Herr ist nahe« – als der jetzt Gegenwärtige und als der Wiederkommende (4,5b). So ist der Philipper-Brief der »Freudenbrief« des Apostels (vgl. 1,4.18.25; 2,2.17 f.; 3,1; 4,1.4).

1.1 Der Adressatenkreis

An wen schreibt Paulus? Während seiner zweiten Missionsreise war Paulus von Südosten durch Kleinasien gewandert, und Silas begleitete ihn. Sie sollten hier nur kurz dienen und dann sofort weiterreisen, bis sie dann an die Küste des Ägäischen Meeres kamen. Dort war der Fußweg zu Ende. Was jetzt? Dort hören sie die Stimme: »Komm herüber nach Mazedonien und hilf uns!« (Apg 16,9). Der Schritt nach Europa wurde getan.

So kam das Evangelium ziemlich sicher im Jahre 50 n. Chr. nach Europa (also etwa 10 Jahre, bevor der Philipper-Brief geschrieben wurde). Der erste Aufenthalt von Paulus und Silas in Europa, der zu einer Gemeindegründung führte, war der in Philippi.

Dieser Stadt, die ca. 350 v. Chr. von Philippus, dem Vater Alexander d.Gr., gegründet worden war und auch seinen Namen trug, war in jener Zeit der Vorherrschaft Roms vor allem eine Militärsiedlung, eine römische Militärkolonie für die Legionäre, die ausgedienten Soldaten.

Philippi war eine verhältnismäßig junge Stadt, und da sie weitgehend aus Soldatenherbergen bestand, waren dort nicht viele Juden ansässig. Die Juden hatten keine eigene Synagoge in Philippi; die wenigen von ihnen, die sich zur israelitischen Religionsgemeinschaft hielten, kamen vor der Stadt an einem Gewässer zusammen. So verhielten sich die Juden, wenn keine Synagoge da war, um die kultischen Waschungen ausführen zu können.

Daher berichtet Lukas über den Aufenthalt von Paulus in Philippi: »Am Sabbattag gingen wir hinaus vor die Stadt an den Fluß, wo wir dachten, daß man zu beten pflegte, und wir setzten uns und redeten mit den Frauen, die dort zusammenkamen« (Apg 16,13).

Es waren also vorwiegend Frauen, die sich am Fluß vor Philippi trafen. Zu ihnen haben sich Paulus und Silas gehalten und ihnen das Evangelium verkündigt. Die erste Frau, die namentlich genannt wird – der erste Christ aus Europa, den die Bibel erwähnt –, war Lydia. Von ihr heißt es: » . . . der tat der Herr das Herz auf . . .« (vgl. Apg 16,14 f.). Mit ihrem Haus war zugleich das Standquartier für die junge Gemeinde in Philippi gegeben.

Paulus war nur kurz dort in Philippi (es kam ja zu einer Mißhandlung und zu jenem Wunder der Befreiung aus dem Gefängnis, Apg 16,25 ff.). Offensichtlich wäre es für die junge Gemeinde von Philippi eher eine Belastung gewesen, wenn Paulus länger in der Stadt geblieben wäre, da der Apostel für die anderen Leute dort so etwas wie ein rotes Tuch war.

Daher zog Paulus weiter, und die so junge Gemeinde, die aus recht unterschiedlichen Gliedern (wie z.B. der Lydia und einem Gefängnisaufseher, Apg 16,30 ff.) zusammengesetzt war, wurde rasch eine zwar nicht große, aber besonders feine und fürsorgliche Gemeinde. Sie hat Paulus schon versorgt, als er Richtung Süden weiterzog. Und auch später haben ihm die Philipper immer wieder einiges zukommen lassen (vgl. 4,10.15). Mehrmals müssen Briefe zwischen Paulus und der Gemeinde hin- und hergewechselt worden sein (3,1.18).

Die Gemeinde von Philippi war sicher eine Gemeinde, die auch schon ziemlich in Bedrängnis war, wenn vielleicht auch noch nicht in der Verfolgung im vollen Sinn. Zur Zeit des römischen Kaisers Nero kam es noch nicht zu solch einer systematischen Verfolgung der Christen wie ca. 20 Jahre später unter dem Kaiser Domitian.

1.2 Der Anlaß des Briefes

Paulus war nun in Rom, und die Gemeinde von Philippi hatte ihm durch ein Gemeindeglied namens Epaphroditus wieder einiges zugesandt. Epaphroditus war zu Paulus nach Rom gekommen und hatte ihm einiges überbracht; auch sollte er ihm zu Diensten sein. Das war offenkundig – wie wir auch im Philemonbrief lesen – auch im Gefängnis möglich.

Paulus hat von dieser Gemeinde in Philippi ungeniert etwas annehmen können, ohne verdächtig zu werden. Von den Korinthern zum Beispiel hat er absolut nichts genommen, auch von anderen nicht, weil er fürchten mußte, in ein falsches Licht zu kommen.

Denn damals gab es nämlich geradezu eine Landplage von reisenden Weisheitslehrern (griechischen Philosophen), aber auch von reisenden Gesetzeslehrern (jüdischen Schriftgelehrten), die sich auf die leichte Art durchschlagen wollten.

Paulus wollte als Bote Jesu Christi auf keinen Fall als ein solcher erscheinen und hat sich lieber die große Mühe aufgeladen, anderweitig seinen Lebensunterhalt zu verdienen.

In der Gefangenschaft konnte er sich aber nicht selbst durch seiner Hände Arbeit ernähren. Die Versorgung eines Gefangenen war nicht aufwendig, und daher hat Paulus es dankbar angenommen, daß die Philipper für ihn Sorge trugen.

Epaphroditus, der Bote der Philipper, erkrankte dann leider schwer. Er sollte länger bei Paulus bleiben und wohl auch den Ausgang des Prozesses abwarten. Aber er hat sich dann doch nach Hause gesehnt; und Paulus hat ihn sofort zurückgeschickt – und ihm einen Brief an die Gemeinde in Philippi mitgegeben.

1.3 Eigenart und Absicht des Briefes

Zum einen hat der Brief des Paulus an die Philipper die Bedeutung eines *Dankbriefes*. Zum anderen soll dieser Brief den Philippern *über das Ergehen des Paulus* berichten – zusätzlich zu dem, was Epaphroditus ihnen mündlich mitteilte. Und zum dritten mußte Paulus *zu einigen Fragen Stellung nehmen*, die in Philippi aufgekommen waren. Endlich hat dieser Brief deutlich auch den *Charakter eines Zeugnisses für Epaphroditus*. Denn dieser Mann wäre möglicherweise doch verdächtigt worden, er sei in gewissem Sinne ein Versager und habe Paulus nicht das sein wollen, was er eigentlich hätte sein sollen. Daher hat Paulus diesen Mann in seinem Schreiben anerkennend erwähnt und die Philipper aufgefordert: »Haltet solche Menschen in Ehren« (2,29b).

2. Zum Einzelnen

2.1 Dank und Fürbitte (1,3-11)

Gleich zu Beginn des Briefes drückt Paulus seine Freude über die Gemeinde von Philippi besonders herzlich aus. In den meisten seiner Briefe spricht der Apostel einleitend darüber, wie er sich freue, daß es diese Gemeinde gäbe, und kommt auch auf den Glaubensstand zu sprechen und darauf, daß er Gott für diese Gemeinde danke. Zu Beginn des Philipper-Briefes sind seine diesbezüglichen Worte besonders ausführlich (V. 3 ff.).

Paulus flicht in diese Sätze ein, daß er gewiß sei, daß Gott mit dieser Gemeinde an sein Ziel kommen werde: *»Ich bin darin guter Zuversicht, daß der in euch angefangen hat das gute Werk, der wird's auch vollenden bis an den Tag Christi Jesu«* (V. 6).

Wenn jemand befürchten muß, daß sein Leben und damit sein Lebenswerk plötzlich abgebrochen wird, dann hat er das Gefühl, als ob dies unvollendet wäre. Überhaupt hat man ja, wenn man älter wird, in mancher Hinsicht das Empfinden, daß manches irgendwo unvollendet geblieben sei und auch bleiben wird. Es gibt ja von großen Dichtern und Komponisten unvollendete Werke, bei denen man bedauert, daß sie nicht mehr vollendet worden sind, daß ihre Schöpfer sie nicht im beabsichtigten Sinne abschlossen.

Paulus sagt im Blick auf die Gemeinde, daß Gott sein Werk mit ihr zu Ende bringen werde. *»Der in euch (und durch euch!) angefangen hat das gute Werk, der wird's auch vollenden«* – termingerecht *»bis an den*

Tag Christi Jesu«. Gott übernimmt die Gewähr für das Leben des Paulus, selbst wenn es morgen durch die Hinrichtung jäh beendet wird. Er übernimmt auch die Gewähr für das Lebenswerk des Apostels und für die Gemeinde mit ihren einzelnen Gliedern. Mag das, was Menschen geschaffen haben, als noch so bruchstückhaft erscheinen – ER vollendet es!

Auch das Leiden ist Zeugnis, wie ja das Wort »Martyrium« zum Ausdruck bringt. Daher sagt Paulus: *»... die ihr alle mit mir an der Gnade teilhabt in meiner Gefangenschaft und wenn ich das Evangelium verteidige und bekräftige«* (V. 7b).

Der Zielpunkt für den Apostel und die Gemeinde ist es, *»lauter und unanstößig«* zu sein *»für den Tag Christi«* (V. 10b).

2.2 Die Gefangenschaft des Paulus und seine Bereitschaft, zu sterben (1,12-26)

In diesem Teil des Briefes erzählt Paulus ausführlicher von seinem Ergehen. Mit den Worten: *»Wie es um mich steht...«* (V. 12b) leitet Paulus das Folgende ein.

Obwohl er seine persönliche Lage andeutet, spricht er kaum über den bevorstehenden Prozeß, sondern seine Hauptausführungen drehen sich darum, daß er sagt: *»Daß ich meine Fesseln für Christus trage, das ist im ganzen Prätorium [d.h. im Richthaus, dem kaiserlichen Garnisonsgebäude] und bei allen andern offenbar geworden«* (V. 13).

Das bedeutet aber nicht, daß Paulus von den römischen Soldaten in seiner Umgebung als unschuldig betrachtet worden wäre. Aber es ist allen bekannt, warum dieser Mann, bei dem so viele ein- und ausgegangen sind, gefangen ist und vor Gericht gestellt wird. Jesus ist deshalb in aller Munde; die Leute sind neugierig geworden: ›Was ist denn eigentlich dran an diesem Christus?‹

Man hat eine alte Inschrift gefunden, die besagt, daß *christos* der *chrestos* sei, also der »Tüchtige«, der, der gewürdigt werden kann. Er ist der, der für uns Menschen *die* Hilfe ist.

Das war offenkundig der Eindruck in der Umwelt der frühen Christenheit, daß Jesus Christus eine interessante Gestalt sei, von der man Genaueres wissen wollte. Was ist mit diesem Gekreuzigten, diesem Hingerichteten, auf den so viele Menschen im Leben und im Sterben ihre Hoffnung setzen!?

Das war die Absicht des Paulus, daß alles, auch seine Haft, zur *»Förderung des Evangeliums gerate«* (V. 12b).

Wie der Herr seinen Boten durchträgt, das gibt den anderen Zuversicht: *»Die meisten Brüder in dem Herrn haben durch meine Gefangenschaft Zuversicht gewonnen und sind um so kühner geworden, das Wort zu reden ohne Scheu«* (V. 14).

Dann denkt Paulus an die Gemeinde von Philippi und freut sich, daß die Arbeit dort weitergeht – durch solche, die den Dienst ihm zuliebe tun. Weil der Apostel inhaftiert ist, wollen sie an seiner Stelle um so treuer und in seinem Sinn für das Evangelium eintreten.

Dann – so sagt Paulus – gibt es aber auch noch andere, die *»Christus aus Neid und Streitsucht«* verkündigen (V. 15), die sich freuen, daß der Apostel jetzt ausgeschaltet ist und sie jetzt zum Zuge kommen.

Aber Paulus sagt, er wolle sich in jedem Fall freuen, was auch immer das Motiv sei: *»Wenn nur Christus verkündigt wird auf jede Weise, es geschehe zum Vorwand oder in Wahrheit, so freue ich mich darüber«* (V. 18).

Paulus *»weiß«* auch um die Wirkung der Fürbitte, mit der die Gemeinde in Philippi für ihn vor Gott tritt (V. 19). Das Leben oder das Sterben des Apostels dient nur dazu, Christus großzumachen, indem ER *»verherrlicht werde an meinem Leibe, es sei durch Leben oder durch Tod«* (V. 20).

Der Apostel redet dann davon, wie er einfach ganz dem Herrn zur Verfügung steht, ob er lebe oder sterbe: *»Christus ist mein Leben, und Sterben ist mein Gewinn«* (V. 21). Wenn er an sich selbst denkt, so würde Paulus gerne sterben (er ist inzwischen ca. 60 Jahre alt geworden). Er sah wohl damals sein Werk und seinen Auftrag einigermaßen erfüllt. Vielleicht war er auch müde und etwas erschöpft.

Auf jeden Fall sagt er: *»Ich habe Lust, aus der Welt zu scheiden und bei Christus zu sein«* (V. 23). Paulus will sich in jeder Lage freuen; wenn es aber der Herr so fügt, daß er am Leben bleiben soll, um noch weiter Frucht zu schaffen und den Gemeinden – auch der Gemeinde in Philippi – zu Diensten zu sein, dann ist er auch dazu bereit. Im Gebet hat er ja die Weisung bekommen, sich auf eine weitere Zeit des Dienstes für seinen Herrn einzustellen.

Wahrscheinlich ist Paulus danach noch einmal freigekommen, kam jedoch nach kurzer Zeit wieder in Haft. Von dort aus hat er den 2. Timotheus-Brief geschrieben, seinen wohl letzten Brief. Nach einer Überlieferung ist er dann unter Nero enthauptet worden.

Wer in Christus ist, für den ist der Schritt in die Ewigkeit nicht schwer und nicht groß. Christen können und dürfen zu beidem bereit sein: zum Heimgang zu Gott in die Ewigkeit und zum Leben und Wirken für ihren Herrn (V. 21-26).

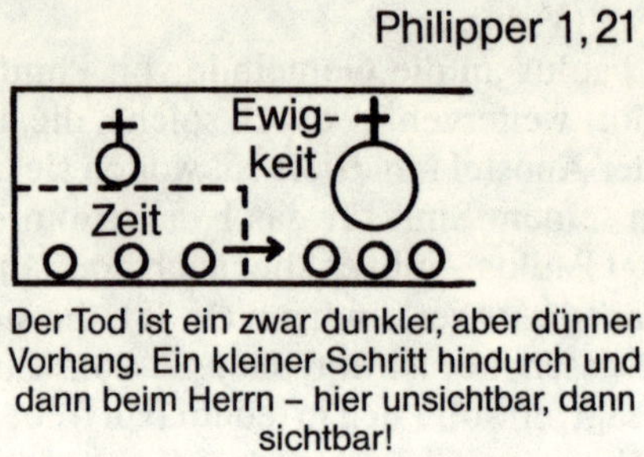

Abb. 46: Der Schritt in die Ewigkeit ist nicht groß und schwer

Das veranschaulicht Abbildung 46: Über und vor dem Christen ist Christus, den er nicht sieht. Die Grenze zwischen Zeit und Ewigkeit ist nur wie ein dunkler, aber dünner Vorhang. Wer als Christ stirbt, geht von der Zeit in die Ewigkeit hinüber, schaut den Herrn und ist um so mehr bei ihm. Der Schritt aus der Zeit in die Ewigkeit ist nicht groß und nicht schwer.

Das sagt nicht ein Mann, der mit gutem Befinden und in Freiheit am Schreibtisch sitzt und sich so seine Gedanken macht, sondern einer, der unmittelbar den Tod vor Augen hat. Weil es aus dieser Situation kommt, hat dieses Wort Gewicht.

2.3 Einmütiger Kampf für das Evangelium (1,27-30)

Paulus schließt das erste Kapitel damit, daß er einen eindrucksvollen Aufruf, ein mahnendes Wort an die Christen in Philippi spricht: *»Wandelt nur würdig des Evangeliums Christi, damit – ob ich komme und euch sehe oder abwesend von euch höre – ihr in* einem *Geist steht und einmütig mit uns kämpft für den Glauben des Evangeliums«* (V. 27).

Die Einheit der Gemeinde ist wichtig, wenn die Gemeinde in ihre Umwelt wirken will.

Was das bedeutet, macht Paulus mit einem ganz besonderen Wort deutlich. Das Wort »wandeln« ist hier nicht das sonst übliche Zeitwort, das man mit »wandeln« (d.h. »das alltägliche Leben führen«) übersetzt. Paulus verwendet hier vielmehr das griechische Wort *politeuein* (»sich mit den Angelegenheiten der Stadt befassen, Politik betreiben«; dieses

Zeitwort ist gebildet aus griech. *polis* – »Stadt« – und *politeia* – »Bürgerschaft, Bürgerrecht«).

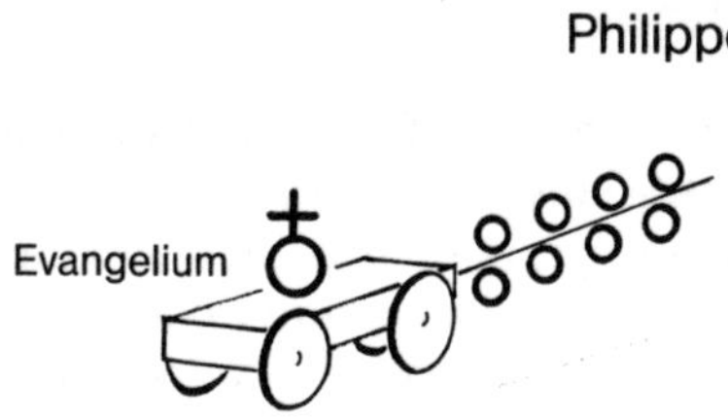

Abb. 47: An einem Strang ziehen!

Mit diesem Wort ist nicht gemeint, daß die Christen in Philippi politisieren, sich in die politischen Angelegenheiten der Stadt Philippi einschalten sollen. Mit diesem Wort drückt Paulus vielmehr aus, daß sie ihr Christsein in der Öffentlichkeit bezeugen sollen. Sie sollen ihren Kampf für das Evangelium in der Öffentlichkeit führen; und dort soll auch deutlich werden, warum und für wen sie zu leiden haben und mit welchem Ziel sie das tun.

Wir spüren hier sozusagen förmlich den Atem jener ersten Christenheit, jener Christen, die die Sache des Evangeliums nicht im Winkel ließen, sondern es in die große Öffentlichkeit der damaligen Welt hineintrugen. So wollen auch wir immer wieder die Grenzen von den Glaubenden zu den Nichtglaubenden überschreiten und mit dem Evangelium um Menschen werben – zu ihrem Heil und zur Ehre unseres Herrn. –

Paulus ermuntert die Gemeinde, zuversichtlich und mutig zu sein in ihrem Herrn (V. 28), und was sie auch zu leiden habe – sie solle es willig erleiden für ihren Herrn (V. 29).

2.4 Der Zusammenhang von Einmütigkeit und Demut nach dem Vorbild Jesu (2,1-11)

In Kapitel 2 nimmt Paulus wieder auf, was er in 1,27 f. gesagt hatte: Die Philipper sollen eines Sinnes sein.

Paulus fährt fort: *»Ein jeder sehe nicht auf das Seine, sondern auch auf das, was dem andern dient«* (V. 4). Man soll also nicht nur auf das Seine sehen – aber auch auf das Seine sehen! –, sondern auch auf das, was des anderen ist. Es heißt ja auch: »Du sollst deinen Nächsten lieben wie dich selbst« (3. Mose 19,18; Mt 19,19 par), was ja nicht ausschließt, daß man sich selbst liebt, d.h. sich selbst bejaht. Es ist nicht christlich, wenn jemand sagt, er könne sich selbst nicht leiden. »Durch Gottes Gnade bin ich, was ich bin« (1. Kor 15,10). Damit sollen und dürfen Christen rechnen.

So redet Paulus von der nötigen Gemeinschaft, in der Christen leben sollen, wenn sie etwas ausrichten wollen.

In diesem Zusammenhang, in dem er sagt, daß die Gemeinschaft von Christen nötig sei, um das Evangelium in der Öffentlichkeit auch vertreten zu können, betont Paulus die Notwendigkeit der Demut als Ermöglichung zur Gemeinschaft (V. 3).

An dieser Stelle steht bei Paulus der wunderbare *Christus-Hymnus* (2,5-11). Darin geht es darum, daß Jesus den Weg in die Tiefe gegangen ist. *»Seid so unter euch gesinnt, wie es auch der Gemeinschaft in Christus Jesus entspricht«* (V. 5; Luther übersetzte: »Ein jeder sei gesinnt, wie Jesus Christus auch war«).

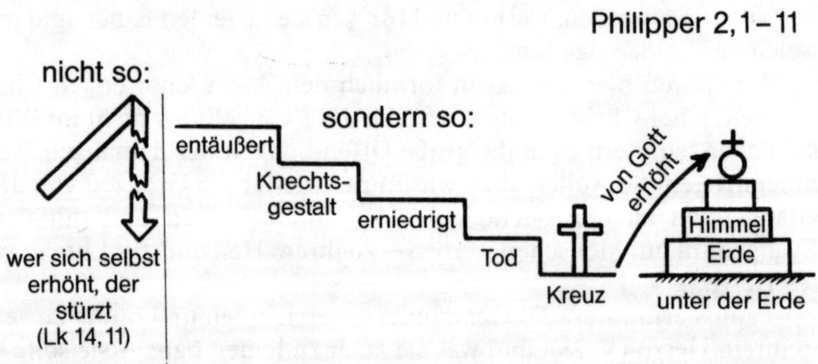

Abb. 48: Der Zusammenhang von Einmütigkeit und Demut am Beispiel Jesu

Wie hat Jesus das gemacht? *»Er, der in göttlicher Gestalt war, hielt es nicht für einen Raub, Gott gleich zu sein«* (V. 6). Jesus hielt also das Sein beim Vater nicht krampfhaft fest, sondern läßt sich hinabführen – nein, er geht selbst hinab. Jesus ist der Akteur, ist Subjekt.

Dieses Hinabgehen umfaßt fünf Stufen: *Er (a) »entäußerte sich selbst und (b) nahm Knechtsgestalt an, (c) ward den Menschen gleich und der Erscheinung nach als Mensch erkannt. (d) Er erniedrigte sich selbst und (e) ward gehorsam bis zum Tode, ja zum Tode am Kreuz«* (V. 7 f.).

Dann erfolgt auffallenderweise ein Subjektwechsel: Gott ist nun der Akteur. *»Darum hat ihn auch Gott erhöht und hat ihm den Namen gegeben, der über alle Namen ist, daß in dem Namen Jesu sich beugen sollen aller derer Knie, die im Himmel und auf Erden und unter der Erde sind, und alle Zungen bekennen sollen, daß Jesus Christus der Herr ist, zur Ehre Gottes, des Vaters«* (V. 9-11).

Dies ist die älteste Fassung eines christlichen Glaubensbekenntnisses: »Herr ist Jesus« *(kyrios Yaesous).* Damit war alles gesagt. Denn *kyrios* (»Herr«) ist in der Septuaginta, der griechischen Übersetzung des Alten Testaments, der Name für Jahwe. In Jesus ist Gott gekommen.

Paulus setzt den wunderbaren Lobpreis (2,5-11; möglicherweise hat er ihn dafür gedichtet oder auch schon früher; dieser Hymnus ist mit Sicherheit von ihm verfaßt) an *der* Stelle ein, als er sagt, die Philipper sollten nicht ihre persönlichen Vorzüge hervorheben, sondern jeder solle als begnadigter Sünder auf derselben Ebene stehen wie seine Mitchristen. Auf diesem Boden können die Christen in Philippi zusammenhalten, zusammenstehen und zusammenwirken. –

Die Herrnhuter Brüdergemeine, nach deren Vorbild Korntal gegründet wurde, war zunächst – um das Jahr 1722 – ein etwas desolater Verein. Zu verschieden waren die Menschen, die hier beieinander waren. Unter ihnen war Nikolaus Ludwig von Zinzendorf, der geniale Graf, der natürlich um seine Vorzüge gewußt hat.

Die Herrnhuter Brüder und Schwestern haben dann miteinander eine Erweckung erlebt – am 13. August 1727, fünf Jahre nach der Gründung der Gemeine in Berthelsdorf. In der alten Urkunde steht darüber: »... und keiner nahm mehr einen Vorzug für sich in Anspruch.« Das war die Grundvoraussetzung für die Wirksamkeit der Herrnhuter Brüdergemeine: Alle standen auf demselben Boden – auf dem Boden der Gnade Gottes, allen voran der Graf selbst. Zinzendorf wurde ein Glied dieser Gemeinschaft, ohne irgendeinen Vorzug für sich in Anspruch zu nehmen.

Diese kleine Schar ist dann so etwas wie eine Handvoll Dynamit geworden. Wir sehen sie nach 20 Jahren schon in vier Erdteilen wirken: Überall gaben sie große Anstöße zur Missionstätigkeit, wozu auch ihr Beitrag gehörte, der zeigt, daß im Reich Gottes verschiedenartigste christliche Glaubensgemeinschaften zusammengehalten werden können. –

Demgegenüber bewegt sich der natürliche Mensch von Gott weg. Er wird nicht von Gott und zu ihm erhöht, sondern im Gegenteil: »Wer sich selbst erhöht, der wird erniedrigt; und wer sich selbst erniedrigt, der wird erhöht« (Mt 23,12a). An diesem Wort Jesu wird deutlich, daß ein Mensch sich zwar großmachen kann, aber ein anderer ihn klein werden läßt. Die Aktivform schlägt ins Passive um.

Hochmut – und damit verbunden die Selbsterhöhung – ist satanisch und zeigt sich im Menschen als ein satanischer Infekt (eine Folge des Sündenfalls, 1. Mose 3). Was ein Pharao bei Mose, was ein Nebukadnezar tat und was auch in der Weltgeschichte immer wieder erlebt worden ist (bis hin zu den 30er und 40er Jahren dieses Jahrhunderts bei uns Deutschen), wird auch beim Antichrist auftreten: Das ist immer dieselbe Bewegung des Menschen, der »sich selbst erhöht«.

Eine andere Bewegung ist die in der Jesus-Nachfolge. Sie führt dazu, daß Menschen von Gott zu ihm erhöht werden (vgl. Abb. 48, rechts). Dies ist eine ganz wichtige Sache im Ganzen des Evangeliums!

Einmütigkeit von Christen in Kampf und Leiden ist nur möglich, wenn keiner die eigenen Vorzüge als Postament seiner Selbsterhöhung gebrauchen will.

2.5 Die christliche Existenz (2,12-18)

Hier beschreibt Paulus die christliche Existenz in zweierlei Hinsicht – auf eine sehr bemerkenswerte Weise: zum einen im Blick auf das Verhältnis von uns Menschen zu Gott, zum anderen im Blick auf unser Verhältnis zum Mitmenschen (in einer ungläubigen Umwelt).

Im Blick auf unser Verhältnis zu Gott sagt Paulus, daß eigentlich alles an Gottes Wirken läge. Gott muß alles tun, damit Menschen gerettet werden: *»Gott ist's, der in euch wirkt beides, das Wollen und das Vollbringen, nach seinem Wohlgefallen«* (V. 13).

Daraus könnte man folgern, daß wir Menschen also nichts zu tun hätten. Aber was sagt Paulus im Satz vorher? *»Schaffet, daß ihr selig werdet, mit Furcht und Zittern«* (V. 12). Dann erst folgt der zitierte Satz: *»Denn Gott ist's, der in euch wirkt beides...«*

Was heißt das? Einerseits dient es zu unserer Demütigung, daß Gott alles tun muß und auch alles tut. Andrerseits dient das zugleich unserer Vergewisserung, ja einer gewissen geistlichen Sorglosigkeit.

Aber wenn Gott so wirkt, so gilt es für uns, doch ja auch dabeizusein, sich mit ganzer Freude und ganzem Ernst hineinzustellen. Im Bild gesprochen: Wenn Gottes Zug abfährt, geht es für uns darum, in diesem Zug zu sitzen.

Gerade weil Gott alles für uns, für unsere Rettung tut, geht es darum, daß wir nur nichts davon versäumen. »Wenn Gott zieht, ist gut laufen, wenn Gott feilhält, ist gut kaufen«, haben die Väter des Glaubens gesagt. Wenn Gott also jetzt mit uns spricht, uns ruft und in unserem Leben wirkt, dann folgen wir ihm doch *jetzt*! Ob er das morgen noch tut, wissen wir nicht. Vielleicht ist der Weg zu Gott morgen nicht mehr so zugänglich wie heute.

Im Blick auf unser Verhältnis zu den Mitmenschen, zu unserer Umwelt ruft Paulus auf: *»Tut alles ohne Murren und ohne Zweifel, damit ihr ohne Tadel und lauter seid, Gottes Kinder, ohne Makel mitten unter einem verdorbenen und verkehrten Geschlecht, unter dem ihr scheint als Lichter in der Welt«* (V. 14 f.).

Christen sollen an ihre Umwelt, ihre Umgebung denken, und so sollen sie *»Lichter in der Welt«* sein, während die Ungläubigen von Paulus als *»verdorbenes und verkehrtes Geschlecht«* bezeichnet werden. Sie laufen verkehrt, wenn sie nämlich nicht Gott um Vergebung bitten. Wenn sie der Einladung zu Jesus, zum Kreuz nicht folgen, ist ja die Sünde und der Zorn Gottes noch über ihnen.

Christen hingegen sind *»Lichter«* – nicht wie Kirchen- oder sonstige Lichter von sich aus, sondern sie stehen gewissermaßen im Widerschein, von IHM angestrahlt! Das kleinste Tautröpfchen wird zur kleinen Sonne, wenn es von der großen, hellen Sonne beschienen wird. Der geringste Eiskristall erglänzt, wenn die Sonne am wolkenlosen Himmel aufgeht.

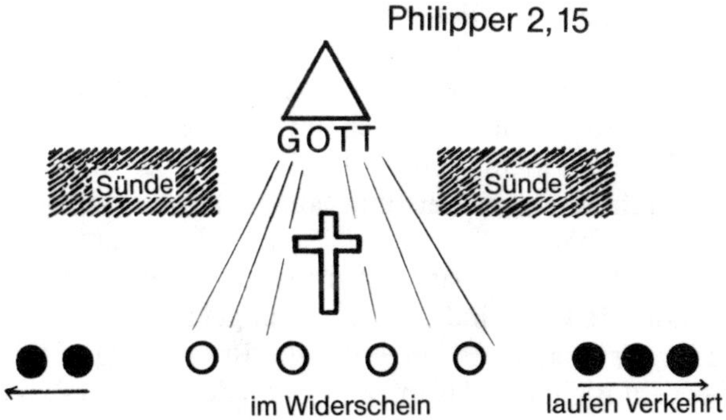

Abb. 49: Christen sind »Lichter in der Welt« – »mitten unter einem verdorbenen und verkehrten Geschlecht«

So sind Christen *»Lichter«* an einem dunklen Ort, die den anderen Menschen sozusagen »heimleuchten« sollen – aber nicht im negativen Sinn, sondern im wahren Sinn des Wortes: »heimleuchten« zum Herrn.

Das geschieht, indem sie *»festhalten am Wort des Lebens«* (V. 16a). Das ist die Voraussetzung ihrer Wirkkraft in der Welt, und das ist auch aller Opfer wert (V. 17).

2.6 Reisen (2,19-30)

Im folgenden schreibt Paulus davon, daß Timotheus bald nach Philippi kommen werde (V. 19-23); und auch er selbst hofft, bald zu kommen (V. 24).

Epaphroditus kommt schon jetzt; er überbringt ja diesen Brief. Er ist kein Versager, sondern ein Bewährter (V. 25-30; vgl. oben, Abschnitte 1.2 und 1.3).

2.7 Beim Evangelium bleiben und nicht wieder an der Gerechtigkeit im »Eigenbau« arbeiten (3,1-11)

Kapitel 3 ist das einzige Kapitel des Philipper-Briefes, in dem Paulus etwas ernsthaft beanstandet oder zumindest die Philipper vor etwas warnt.

Paulus wendet sich in diesem Kapitel gegen einen Irrweg, gegen den er auch in seinen Briefen nach Rom, Ephesus und Kolossä sowie an die Galater angegangen ist. Dieser Fehlweg war offensichtlich in keiner Gemeinde ganz auszurotten.

Es geht dabei immer um die Frage, ob nicht doch eine Kombination aus der Gnade Gottes und der eigenen Leistung des Menschen herzustellen sei. Wäre das nicht mehr als bloß die Gnade? Man könnte doch die Gnade durch die eigene Leistung »aufstocken«, sozusagen eine weitere Etage daraufbauen.

Es waren Judaisten, die sich auf die eigene fromme Leistung berufen wollten, in die Gemeinde von Philippi gekommen und haben der Gemeinde weisgemacht, es ginge um die Beschneidung (V. 3 f.).

Aber es geht nicht nur darum, einen Teil des Gesetzes zu beachten. Denn wer sich erst auf die Bahn des Gesetzes begibt, der muß auch alles – das ganze Gesetz – einhalten. Sonst ist er inkonsequent (vgl. Gal 5,3 f.).

Die Philipper hatten einst ihren »Eigenbau« aufgegeben und die geschenkte Gerechtigkeit angenommen. Durch den Einfluß der Judaisten machten sie diesen »seligen Tausch« wieder rückgängig und wollten selbst »bauen«. Das nennt Paulus mit einem starken Wort *»Zerschnei-*

dung«, also »falsche Beschneidung« (V. 2). Denn die rechte Beschneidung ist es, das alte Wesen in Christi Tod zu geben und durch Gottes Geist Gott zu dienen (V. 3).

Weil die Judaisten vor allem auf die Beschneidung gepocht haben, hält Paulus ihnen vor, er selbst könnte sich ja auch einiges zugute halten. Er ist sozusagen »Vollblut«-Jude: *»... der ich am achten Tag beschnitten bin, aus dem Volk Israel, vom Stamm Benjamin, ein Hebräer von Hebräern, nach dem Gesetz ein Pharisäer, nach dem Eifer ein Verfolger der Gemeinde, nach der Gerechtigkeit, die das Gesetz fordert, untadelig gewesen«* (V. 5).

Aber das alles hat Paulus zum Müll, zum Abfall gegeben, um der von Gott geschenkten Gerechtigkeit und Herrlichkeit teilhaftig zu werden: *»Aber was mir Gewinn war, das habe ich um Christi willen für Schaden erachtet. Ja, ich erachte es noch alles für Schaden gegenüber der überschwenglichen Erkenntnis Christi Jesu, meines Herrn. Um seinetwillen ist mir das alles ein Schaden geworden, und ich erachte es für Dreck, damit ich Christus gewinne und in ihm gefunden werde, daß ich nicht habe meine Gerechtigkeit, die aus dem Gesetz kommt, sondern die durch den Glauben an Christus kommt, nämlich die Gerechtigkeit, die von Gott dem Glauben zugerechnet wird«* (V. 7-9). Wozu? *»... damit ich gelange zur Auferstehung von den Toten (wörtlich: aus den Toten)«* (V. 11).

Das ist ein Hinweis auf die Hoffnung auf die Auferstehung aus den Toten heraus, also auf die erste Auferstehung derer, die dem Herrn sozusagen vorneweg entgegengehen dürfen (vgl. 1. Thess 4,13 ff.).

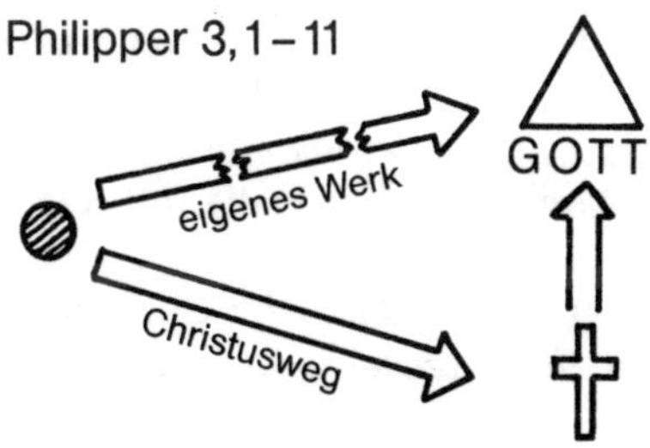

Abb. 50: Gerechtigkeit vor Gott – nur auf dem Christusweg, nicht durch eigene Leistung

Paulus lehnt also den Weg der Judaisten rigoros ab und sagt, die Philipper könnten auf diesem Weg nicht die Gerechtigkeit vor Gott erreichen. Nicht eigenes Werk, sondern der Christusweg, die Christus-

Nachfolge macht Menschen Gott recht. Nur über das Kreuz Jesu Christi führt der Weg zu Gott.

Das ist die rechte Beschneidung, daß man willig wird, sich so führen zu lassen und den eigenen Willen aufzugeben, d.h. sich beschenken zu lassen. Dabei bleibt allerdings für die eigene Ehre, für die »Eigenbau-Gerechtigkeit« nichts übrig. Das eigene Werk mit dem Bestreben, Gott zu gefallen, ist durchkreuzt. Man kann diesen Weg nicht gehen, wenn man nicht das Kreuz Jesu Christi gering machen will.

2.8 Ein Christ ist mit aller Kraft und Konzentration auf dem Weg zum Ziel (3,12-16)

Für Paulus ist das Christenleben ein Lauf: *»Nicht, daß ich's schon ergriffen habe oder schon vollkommen sei; ich jage ihm aber nach, ob ich's wohl ergreifen könnte, weil ich von Christus Jesus ergriffen bin«* (V. 12). Dieser Lauf war für Paulus seine Wirksamkeit und sein Leiden für seinen Herrn. Gemütlichkeit ist dabei ausgeschlossen.

Paulus drückt damit auch aus, daß Christen keine perfekten Menschen sind; sie sind auch noch nicht am Ziel angekommen: *»Ich schätze mich selbst noch nicht so ein, daß ich's ergriffen habe. Eins aber sage ich: Ich vergesse, was dahinten ist, und strecke mich aus nach dem, was da vorne ist, und jage nach dem vorgesteckten Ziel, dem Siegespreis der himmlischen Berufung Gottes in Christus Jesus«* (V. 13 f.).

Ganz gesammelt will Paulus also auf das Eine sehen, daß ihm sein Herr das ganze Heil schenkt. Das will er ergreifen und will ihm zuliebe und zu seinem Lob und seiner Ehre leben. Der Akzent seines Lebens ist bei Jesus!

Christen sind aber schon jetzt *»vollkommen«* (V. 15) – in dem Sinne, daß sie »zum Vollen gekommen« sind, in die volle Gemeinschaft mit ihrem Herrn.

Das soll auch das tagtägliche Leben der Christen prägen und gestalten: *»Was wir schon erreicht haben, darin laßt uns auch leben«* (V. 16).

2.9 Wir müssen uns entscheiden, welchen Weg wir gehen (3,17-21)

Paulus sagt im letzten Teil des dritten Kapitels das eigenartige Wort von den *»Feinden des Kreuzes Christi«* (V. 18). Das sind in diesem Zusammenhang keine Heiden oder Atheisten, keine Verfolger der Gemeinde wie Nero in Rom oder Pilatus. Das sind vielmehr diejenigen, die das Kreuz Jesu herabstufen, geringachten und abwerten, weil sie so tun, als ob doch nicht das Kreuz Jesu die Menschen rettete, sondern ihr eigenes Werk.

Paulus spricht davon, daß sie *»irdisch gesinnt«* sind und *»der Bauch ihr Gott ist«* (V. 19). Man meint vielleicht, damit seien »Fresser und Weinsäufer« gemeint; aber nach dem Zusammenhang ist auch damit die Frage der Beschneidung gemeint. Paulus sagt, der Körper sei gar nicht so wichtig, wie ihn die Judaisten nehmen. Vielmehr werde Christus *»unsern nichtigen Leib verwandeln«* (V. 21).

Man spürt hier etwas von der großen Gesammeltheit des Paulus in seinem Dienst, aber auch in der Heiligung seines Wesens: *»Unser Bürgerrecht aber ist im Himmel; woher wir auch erwarten den Heiland, den Herrn Jesus Christus ...«* (V. 20). Paulus ist also ganz auf Jesus konzentriert.

2.10 Die Freude in der Gemeinschaft mit Jesus Christus (4,1-9)

Der Grund, warum Paulus so fruchtbar seinem Herrn dienen kann, ist, daß er sich nicht eine eigene Heiligkeit aufbaut, sondern in dem Denken mit seinem Herrn ganz aufgeht und auf das von Ihm geschenkte Heil vertraut.

Daher ist er durch seine mißliche Lage auch nicht niedergeschlagen. In Vers 4 steht das feine Wort: *»Freuet euch in dem Herrn allewege, und abermals sage ich: Freuet euch!«* In dem Herrn, in seiner Gemeinschaft und geborgen in ihm kann sich Paulus und können wir uns freuen.

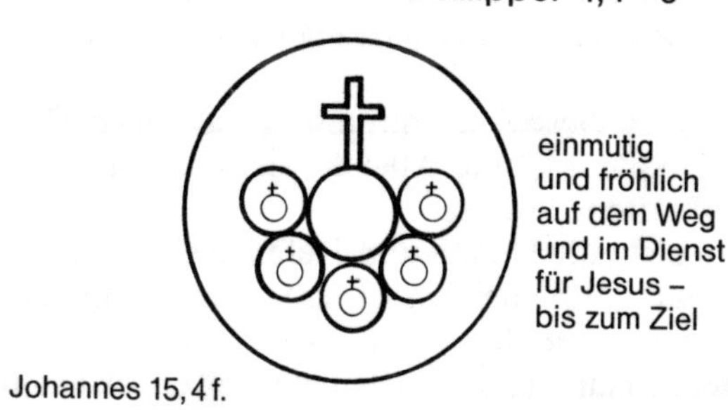

Abb. 51: Mit und in Christus und Christus in ihnen

Sind wir mit Jesus, um ihn herum, dann ist er durch seinen Geist auch in uns, und wir sind in ihm geborgen. So sagt ja Jesus: »Bleibt in mir und ich in euch ... Ich bin der Weinstock, ihr seid die Reben. Wer in mir bleibt und ich in ihm, der bringt viel Frucht; denn ohne mich könnt ihr nichts tun« (Joh 15,4 f.).

Wegen dieser Gemeinschaft – mit dem Herrn, in dem Herrn und der Herr in ihnen – können die Philipper sich *freuen. »Freuet euch in dem Herrn allewege«* – auf *allen* Wegen, in *jeder* Lage! Ob am nächsten Tag ein Fest stattfindet oder ein Gerichtsprozeß und übermorgen die Hinrichtung – Paulus freut sich in seinem Herrn in jeder Lage.

Wegen dieser Freude müssen Christen nicht gegen alles mögliche Unleidliche schlagen, sondern können *»ihre Güte kundsein lassen«*, und zwar *»allen Menschen«* gegenüber (V. 5). Es gibt Menschen, denen gegenüber ein gütiges Verhalten leichtfällt. Aber es gibt auch andere, bei denen das nicht leichtfällt.

Christen können auch beten (V. 6), und ihr Leben kann vom Danken durchsetzt sein. In Jesus bewahrt zu werden heißt, in Friede und Geborgenheit zu leben: *»Der Friede Gottes, der höher ist als alle Vernunft, bewahre eure Herzen und Sinne in Christus Jesus«* (V. 7).

2.11 Freude des Paulus über ein Geschenk. Schlußgrüße (4,10-21)

Paulus ist für die Gaben dankbar, die ihm die Gemeinde von Philippi durch Epaphroditus überbringen ließ (V. 10). Der Apostel sucht freilich nicht das Geschenk für sich, sondern die Frucht für Gott (V. 17).

Denn Paulus ist wiederum doch nicht auf die Gabe angewiesen, und er ist bereit und durch Gottes Kraft befähigt, jede Lage anzunehmen und durchzustehen: *»Ich kann niedrig sein und kann hoch sein; mir ist alles und jedes vertraut: beides, satt sein und hungern, beides, Überfluß haben und Mangel leiden; ich vermag alles durch den, der mich mächtig macht«* (V. 12 f.).

Man mißversteht diese Stelle mitunter so, als ob ein Christ in jedem Fall »Bäume ausreißen« könne. Aber davon ist hier nicht die Rede. Paulus sagt, er verkrafte jede Lage.

Paulus muß nicht die Höhen und Tiefen des äußeren Wechsels seiner Lebenslagen und Ergehens in seiner Stimmung mitmachen (»himmelhoch jauchzend – zu Tode betrübt«).

Der Apostel behauptet zwar auch nicht, daß er von allem unberührt bliebe (vgl. 2. Kor 1) und nicht durchaus menschlich empfinden würde. Aber wer mit Jesus lebt, ist gewissermaßen festgezurrt, festgebunden an seinen Herrn. Die Stimmungsausschläge sind dann nicht mehr gar so groß.

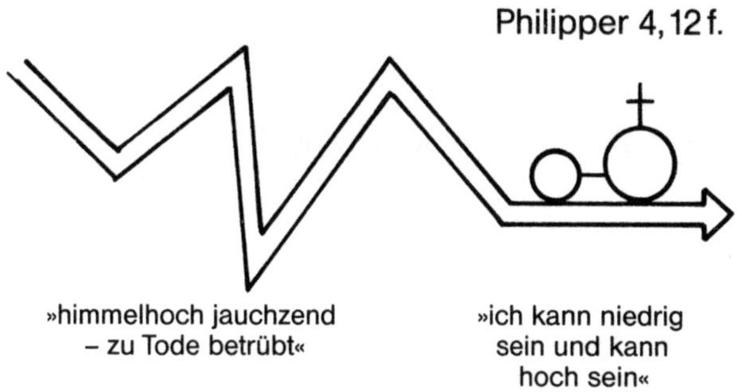

Abb. 52: Christen können durch Christus ohne zu große Gemütsschwankungen leben

Martin Luther drückte das so aus: »Das Evangelium macht feine, getroste Leute, die in Ängsten nicht verzagen und im Glück nicht übermütig werden.«

Der Brief des Paulus an die Kolosser

1. Einleitung

1.1 Verfasser und die Adressaten

Paulus schrieb den Kolosserbrief an eine Gemeinde, die er nicht kannte. Aus Kolossä waren ihm allerdings zwei Gemeindeglieder bekannt, die möglicherweise durch Paulus während dessen Wirken in Ephesus gläubig geworden waren.

Das waren Philemon, an den der Apostel einen kurzen Brief schrieb (zur gleichen Zeit wie den Kolosserbrief), und Epaphras, der wohl die Gemeinde von Kolossä gegründet oder mitgegründet hatte und der ein führendes Glied dieser Gemeinde war; er befand sich aber nun bei Paulus (vgl. 4,12).

Vor allem durch Epaphras hatte Paulus wohl von bestimmten Entwicklungen und Fragen erfahren, die die Gemeinde von Kolossä bewegten.

Die Stadt Kolossä liegt ziemlich genau in der Mitte zwischen den Städten Ephesus und Antiochia in Pisidien (vgl. Apg 13,13 ff.; siehe dazu im Kapitel über die Apostelgeschichte, zu Apg 13 f.).

Den Brief des Paulus an die Christen in Kolossä überbrachten Tychikus (4,7; er war es, der auch den Epheserbrief überbrachte; vgl. Eph 6,21) und Onesimus (4,9; vgl. zu ihm den Philemonbrief).

Tychikus hatte Paulus zuvor freiwillig begleitet, offensichtlich auch in die Gefangenschaft in der »Höhle des Löwen«: in das Rom Neros. Dort war Tychikus ein Mitarbeiter von Paulus, der sich dort trotz der Untersuchungshaft recht frei bewegen konnte und ein ganzes Team von Mitarbeitern um sich scharte.

Während Epaphras in Rom blieb, wurde Tychikus von Paulus um 60 n. Chr. von Rom nach Kleinasien gesandt. Tychikus führte drei Briefe mit sich: den Epheserbrief (vgl. Eph 6,12), den Kolosserbrief und einen dritten Brief an ein Gemeindeglied in Kolossä, an Philemon.

In diesem Brief – einen der wenigen Briefe, die Paulus an einzelne adressiert hat – ging es um Onesimus, der bei einem Gemeindeglied von Kolossä Sklave war: bei Philemon.*

1.2 Der Anlaß

Paulus weicht – wie gesagt – beim Kolosserbrief (wie beim Römerbrief) von seiner Gewohnheit ab, an Gemeinden zu schreiben, die er gekannt und teilweise sogar gegründet hatte. Der Apostel wollte sich zu einer bestimmten Fragestellung äußern, die in Kolossä aufgekommen war.

Auch in Kolossä verhielt es sich wie in Ephesus und anderswo, wo Christen unter der Herrschaft Roms ihren Glauben lebten: Die Verfolgung der Christen durch das mächtige römische Reich, die etwa 200 Jahre andauerte (ca. 70 - 300 n. Chr.), war für die Christenheit zwar eine schwere Last. Aber das weitaus Gefährlichere war das, was der frühen Christenheit von innen her drohte: die Verzeichnung, die Verzerrung, die Überlagerung, die Verfremdung des Evangeliums durch andere Ansichten, Meinungen und Lehren. –

Das war die Hauptgefahr – und ist es bis heute geblieben. So machte zum Beispiel nicht die Bedrängnis der Christen in der ehemaligen Sowjetunion die Menschen gottlos, sondern die Verführung durch die Verfremdung des Evangeliums (die in Westeuropa übrigens mindestens genau so groß ist wie im Osten Europas). *Dies* raubt die Substanz des Glaubens!

Von Jesus und von den Aposteln wird für die Endzeit nicht nur die Verfolgung der Gemeinde, sondern vor allem ihre Verführung angekündigt. Die Verführung durch die Verfremdung des Evangeliums ist die eigentlich gefährliche Sache.

Wessen soll man sich getrösten? Wenn man verfolgt ist, kann man sich dessen getrösten, daß man Gottes Kind ist und daß der Herr kommen und alles gutmachen wird und sich zu uns bekennt.

Wenn einem aber das Evangelium selbst unter den Händen zerrinnt, wenn es überlagert und verfremdet wird, wenn es einem genommen wird, dann bleibt nichts mehr. –

Das brachte Paulus im ersten Jahrhundert n.Chr. dazu, der Gemeinde in Kolossä zusätzlich zu dem Rundbrief, der an Ephesus und Umgebung ging, gewissermaßen per Express einen Brief zu schreiben.

---

* Vgl. dazu das Kapitel über den Philemon-Brief.

In Kolossä war wohl eine Mischung jener Irrlehren eingedrungen, gegen die sich Paulus im Galaterbrief und im Epheserbrief gewandt hat.

Im Galaterbrief ist es der sog. »Judaismus«, der die Meinung vertritt, Christen aus der Völkerwelt würden nur dann im Vollsinn Gottes Kinder, wenn sie auch noch das jüdische Gesetz halten, wenn also der Mensch das Werk Christi mit seinem eigenen Werk »aufstocke«. Paulus sagt dazu, dadurch werde Jesu Heilswerk herabgesetzt und das Evangelium verlassen.

Im Epheserbrief ist es die »Gnosis« (»Erkenntnis«), die eine eigenartige Mischung aus vorderasiatischer Religiosität, griechischer Philosophie, jüdischer Gesetzlichkeit, allerlei Geheimlehren und Mythologien, Astrologie und anderen okkulten Dingen darstellte.

Durch diese Lehren ist das Evangelium also in einer doppelten Hinsicht bedroht:

a) Der »Judaismus« brachte die Gesetzlichkeit in die Gemeinde. Dies ist deshalb gefährlich, weil sich der Mensch dadurch die gute Nachricht nehmen läßt, daß Jesus Christus alles zu seinem Heil getan hat. Auf diese Weise wird Jesus die Ehre geraubt; die Bedeutung des Heiles in Jesus und seinem Blut wird herabgestuft und stattdessen der Mensch aufgerufen, das aus eigener Kraft zu schaffen, was Jesus ihm schenken will.

b) Zum anderen hat diese neu aufgekommene Lehre massive okkulte Bindungen hervorgebracht. So wurden die Christen von Kolossä gewissermaßen wieder gefangengenommen und weggezogen von dem, was ihnen doch die Freiheit bringen sollte: der Sieg Jesu am Kreuz von Golgatha.
So wurde erklärt, das Evangelium, das Paulus nach Ephesus gebracht hatte und das von dort nach Kolossä gekommen war, sei etwas für Anfänger, für religiöses ›Fußvolk‹, für christliche ›ABC-Schützen‹. Die Irrlehrer beanspruchten, daß sie allein und nur sie das ganz Große hätten: das Kosmische, das Weltumspannende, den Einblick in höhere Welten und geheimnisvolle Kräfte, die nur ihnen zur Verfügung stünden.

Vor allem in Kapitel 2 seines Briefes an die Kolosser kommt Paulus auf das zu sprechen.

Worum handelt es sich? Zum ersten geht es in Kolossä um das sorgsame Einhalten von Feiertagen, Neumonden und Sabbaten (2,16), zum anderen um den Umgang mit Engeln (2,18) und um die Ausrichtung auf die »Mächte der Welt« (2,8.20).

Paulus sagt, das alles seien nur menschliche »Lehren« und »Satzungen« (2,8.20.22), von Menschen ersonnen und gesetzt; das sei eine »Philosophie«, von der sich die Christen in Kolossä nicht »einfangen« und berauben lassen dürfen (2,8). Wer sich seiner Gesichte rühmt, ist »ohne Grund aufgeblasen in seinem fleischlichen Sinn« (2,18).

Angesichts dieser Überfremdung des Evangeliums hat Paulus in seinem Brief vor allem ein Anliegen: Er will Jesus großmachen! Jesus ist größer als alles. Sein Werk ist allgenugsam. Er ist der Erlöser seiner Gemeinde und der Herr über das ganze Weltall (1,15-18). Er ist der Herr der Schöpfung, der sichtbaren und der unsichtbaren Welt (1,16). Durch ihn ist alles geschaffen, und durch ihn ist auch alles erlöst (1,14.20).

Jesus hat das Tor der Hoffnung aufgestoßen: Er ist der Erstgeborene von den Toten, der Bewirker unserer Heiligung (1,22; 3,1-4). Als der »Christus in uns«, der Heilige Geist, ist er die Hoffnung unserer Herrlichkeit (1,27). Er ist das Ziel aller Dinge (1,16). Weil Jesus den Weisheitsplan Gottes ausführt, ist er auch die Antwort auf alle Fragen (2,3).

Paulus faßt im Kolosserbrief alles zusammen: Natur und Gnade, Schöpfung und Erlösung, Erde und Himmel, die einzelnen Menschen, die Gemeinde und den Kosmos. Mehr noch als im Epheserbrief wird hier Jesus ganz zentral im Gesamten des Kosmos und der göttlichen, zielgerichteten Schöpfungs- und Heilsgeschichte gezeichnet.

Paulus ging in seinen Briefen jeweils auf die Fragen der Menschen ein, an die er sich wandte. Er hat im Blick auf diese Anfechtungen das Ganze des Evangeliums unter Umständen auch neu entfaltet. Das zeigt etwa ein Vergleich des Kolosser- und des Epheserbriefes mit dem Römer- und dem Galaterbrief.

2. Zum Einzelnen

2.1 Briefeingang, Danksagung und Fürbitte (1,1-23)

Zu Beginn des Kolosserbriefes spielt der Dank eine große Rolle – die Freude darüber, daß es auch in Kolossä Gemeinde Jesu gibt (1,1-8). Darin steckt der Dank des Paulus für das Werk Jesu. Der Apostel dankt auch *Gott* für die Gemeinde – dafür, daß es mitten in einer gottfernen, feindbesetzten Welt diese Stützpunkte der großen, guten kommenden Herrschaft Jesu gibt und daß von diesen Stützpunkten aus das Evangelium den Angriff wagen kann. Das ist auch die Vorhut Seines Kommens.

Ab Vers 9 spricht Paulus von der Fürbitte, dem Ringen um und für diese Gemeinde (1,9-14). Paulus betet dafür, daß diese Gemeinde weiterkomme zu einem Gott wohlgefälligen Wesen und mit Erkenntnis Gottes erfüllt werde. Denn die Gemeinde ist ja *»errettet von der Macht [der Herrschaft] der Finsternis und ... versetzt in das Reich seines lieben Sohnes«* (V. 13). Wegen dieser Gemeinde liegt Paulus gewissermaßen seinem Herrn in den Ohren, daß sie doch weitergeführt und bewahrt werde.

Es geht zum einen darum, daß (im Bild des Gleichnisses vom verlorenen Sohn gesprochen) der verlorene Sohn sozusagen vom Sklavenhalter, von dem Schweinebesitzer befreit wird. Der verlorene Sohn wird von seinem Sklavenhalter nicht freiwillig losgelassen, nachdem er sich böswillig und törichterweise auf ihn eingelassen hat. Er muß erst freigekämpft werden (vgl. V. 13).

So sollen auch die Christen in Kolossä als solche, die durch Jesus »heimgekommen« sind, nun auch »der Heimat gemäß« leben, gemäß *»dem Erbteil der Heiligen im Licht«* (V. 12b). Sie sollen daher nicht im alten Wesen bleiben, nachdem Jesus ihnen sein neues Leben geschenkt hat. Wurden sie von der Fremde in die Heimat versetzt, so sollen sie der Heimat gemäß *»im Licht«* leben.

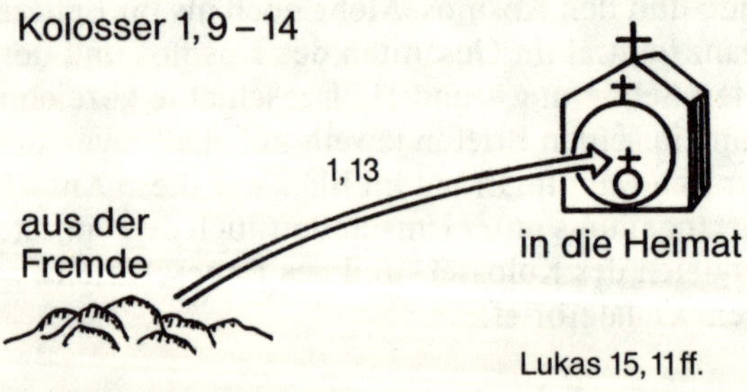

Abb. 53: Der Heimat gemäß leben!

Die Kolosser sollen der Hoffnung teilhaftig werden. Darum entfaltet es Paulus in acht Stufen, was das heißt, der Heimat gemäß zu leben (V. 9b-12): (1) *»Erfüllt ... mit der Erkenntnis seines Willens«*, (2) *»des Herrn würdig leben«*, (3) *»ihm in allen Stücken gefallen«*, (4) *»Frucht bringen in jedem guten Werk«*, (5) *»wachsen in der Erkenntnis Gottes«*, (6) *»gestärkt ... mit aller Kraft ... zu aller Geduld«* und (7) *»Langmut«* und (8) *»mit Freuden dem Vater Dank sagen«* (V. 9b-12).

Es geht hierbei um die Heiligung. Denn wenn der verlorene Sohn nach seiner Rückkehr zum Vater nicht der Heimat gemäß gelebt hätte, so wäre er im Vaterhaus ein Fremdkörper gewesen und nicht eigentlich zu Hause.

Schon zu Beginn des Kolosserbriefes tritt also das in Erscheinung, was Jesus getan hat.

Mit 1,15 geht Paulus über zu dem Hauptteil dieses Briefes. Der Apostel beginnt hier, sein Thema zu entfalten: **Groß denken von Jesus!**

In 1,15-23 zeigt Paulus die gesamte Größe Jesu wie nirgends sonst. Indem er den Kolossern Jesus in seiner ganzen Größe vor Augen stellt, werden sie davor bewahrt, von den gigantischen Mächten fremden Geistes überwältigt zu werden. (Ähnlich verfährt Paulus gegenüber den Ephesern und den Philippern; vgl. den Epheserbrief und Phil 2; auch Offb 5 u.a.)

Die Gemeinde Jesu darf über der Nähe ihres Herrn seine Größe nicht vergessen. Das ist auch dann wichtig, wenn die Gemeinde durch übermächtige geistige Zeitströmungen angefochten ist, die auch auf sie ungeheuer faszinierend wirken können (wie es z.B. früher der Marxismus war, der die Jugend weltweit beeindruckt hat).

Es sind in 1,15-23 vor allem drei Aussagen, die Paulus hier der Gemeinde von Kolossä vorträgt:

a) Alles ist von, durch Christus geschaffen. Christus steht also am Anfang der Welt; er ist das schaffende Wort Gottes (V. 16-17a; vgl. Joh 1; Hebr 1)

Was Christus geschaffen hat, gehört ihm auch. Ein Künstler, der ein Kunstwerk schafft, ist der Besitzer dieses Kunstwerks. *»In ihm ist alles geschaffen, was im Himmel und auf Erden ist, das Sichtbare [die sichtbare Welt] und das Unsichtbare [die unsichtbare Welt]«* (V. 16a).

Das bedeutet, daß auch die Riesenvölker dieser Welt Christus gehören. Ihm gehört auch derjenige, der gegen ihn lästert; ja, ihm gehört eigentlich auch der Feind, denn er konnte sich von der Herrschaft, vom Eigentumsrecht Gottes nicht losreißen. Das wird sich noch auswirken: Jesus kann ihn mit einem Hauch seines Mundes besiegen (2. Thess 2,8); der Feind wird einmal, wenn Jesus wiederkommt, verhaftet und kann sich nicht dagegen wehren (Offb 20).

b) Alles hat jetzt – in der Gegenwart – in Christus seinen Bestand (V. 17)

Es ist also nicht so, daß Menschen früher einmal Eigentum Gottes waren und sich inzwischen davon durch eine Revolution befreit hätten. Das meinen die Menschen zwar und gehen davon aus, daß sie ihre eigenen Herren seien. Das macht auch der Feind unablässig geltend: Er sei Gott gegen Gott.

Nein, jeden Augenblick ihrer Existenz haben die Menschen von Jesus Christus, der gewissermaßen die uns in der Schöpfung zugewandte

Seite Gottes ist. Jesus ist das Wort, das Gott an das Nichts gerichtet hat, durch das er aus dem Nichts schuf, was er schuf.

Auch der Gotteslästerer hat in dem Augenblick, da er Gott lästert, jeden Pulsschlag und jeden Atemzug durch Christus, den ewigen Sohn. Wenn Christus ihm das entzöge und keine Langmut mehr hätte, dann würde er in sich zusammensinken wie das Fernsehbild, wenn man das Gerät abschaltet.

c) Alles ist zu Christus geschaffen; er ist das Ziel, dem alles entgegengeht (V. 16b)

Christus gehört die Zukunft, ja er ist die Zukunft und das Ziel aller Dinge in Person. *»Es ist alles ... zu ihm geschaffen ... Und er ist das Haupt des Leibes, nämlich der Gemeinde«* (V. 16b. 18a). Er, der alles unter seinen Füßen hat (vgl. Phil 2,10 f.), ist der, der seine Gemeinde an sein Herz gezogen hat, die Gemeinde, die als sein Leib mit ihm zusammengewachsen ist, die er als Werkzeug gebraucht und der er seine Gemeinschaft und seine Liebe schenkt. Mit ihr wird er sich einmal wunderbar vereinen (vgl. Offb 19: die Hochzeit des Lammes).

Demgegenüber bedeuten die Mächte, die sich so enorm aufspielen (und von denen in Kapitel 2 die Rede ist), nichts.

Zweimal kommt in Kapitel 2 der Begriff »Mächte der Welt« (griech. *stoicheia tou kosmou*) vor (V. 8.20). *Stoicheia* ist ein Fachausdruck der römischen Militärsprache gewesen. Im östlichen Teil des Mittelmeerraumes (zeitweise sogar auch in Rom) hat man damals Griechisch gesprochen, und dabei war auch die Fachsprache für das Militär Griechisch geworden. Mit *stoicheia* wurde etwas bezeichnet, worauf die Römer erstmals gekommen waren: Marschkolonnen, die im Gleichschritt gingen.

Wenn Paulus den Begriff *stoicheia tou kosmou* benutzt, so drückt er damit folgendes aus: Der Feind führt Menschen, Menschenmassen wie eine Marschkolonne unter seinem Kommando.

Es gibt kein klareres Bild für das, was wir in den letzten Jahrzehnten dort sahen, wo Menschen unter der Herrschaft von Ideologien standen: Sie wurden wie Marschkolonnen geführt. Menschen, die sich vielleicht sogar ungeheuer frei dabei vorgekommen sind, bekamen gewissermaßen jedes Aufsetzen ihrer Füße auf dem Boden kommandiert.

Nun hat aber Gott in Christus »die Mächte und Gewalten ihrer Macht entkleidet und sie öffentlich zur Schau gestellt« (2,15). Sie können nun keinen Menschen mehr dazu zwingen, in dieser Marschkolonne der Welt mitzuziehen. Der wunderbar Erhöhte ruft seine Gemeinde heraus und zieht sie an sein Herz.

Das veranschaulicht Abbildung 54: Links sind die Marschkolonnen dieser Welt angedeutet, deren Weg nach oben durchkreuzt ist. Sie sind entmächtigt, seitdem Jesus durch sein Kreuz die entscheidende Wende herbeigeführt hat (»Es ist vollbracht!«), seit er auferstanden und zur Rechten Gottes des Vaters erhöht ist. Die Gemeinde, von Christus gerufen und zu ihm gezogen, ist ihm näher, und die »Mächte der Welt« haben keinen Anspruch mehr auf sie.

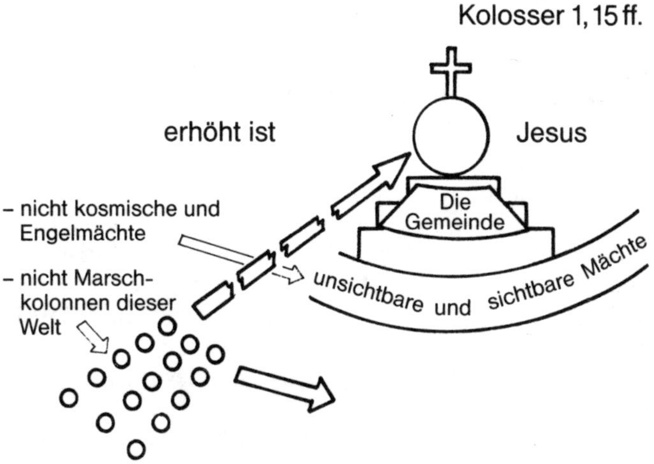

Abb. 54: Jesus über alles

Es ist der erhöhte Christus, über den Paulus in 1,15-23 spricht. Er ist das schon von Anfang an gewesen. Dann ist er hinabgestiegen, um Menschen zu befreien (vgl. Phil 2 und die Auslegung dazu im Kapitel über den Philipperbrief), und daraufhin erst recht erhöht worden, und alles ist endgültig unter seine Füße getan.

Die unsichtbaren und die sichtbaren Mächte stehen Ihm zur Verfügung und in Seiner Verfügungsmacht. Das wird einmal offenbar werden, aber wahr ist es schon jetzt.

Denn Christus hat auch den großen Durchbruch in die Zukunft hinein vollzogen: *»Er ist der Anfang, der Erstgeborene von den Toten, damit er in allem der Erste sei«* (V. 18b). Er hat uns, die wir an ihn glauben, den Weg dorthin gebahnt, wo er ist.

In gewissem Sinne bringt der kommende große Tag Jesu Christi nichts Neues: Es kommt nur an den Tag, was mindestens seit der Erhöhung, seit der Himmelfahrt Jesu schon wahr gewesen ist. Das wird offenbar werden. »Euer Leben ist verborgen mit Christus in Gott«, sagt Paulus zu den Kolossern. »Wenn aber Christus, euer Leben, sich offenbaren wird, dann werdet ihr auch offenbar werden mit ihm in Herrlichkeit« (3,3b-4).

Das alles ist und tut ER. Der Abschnitt Kolosser 1,15-23 ist eine großartige Stelle, die die Größe des Herrn Jesus Christus umfassend aufzeigt. Wir müssen als Christen unsere Augen auf dieser Größe unseres Herrn geradezu ruhen lassen, um in unserer Zeit auch bestehen zu können.

2.2 Der Dienst des Paulus und seine Warnung vor Irrlehren (1,24-2,23)

Im letzten Teil von Kapitel 1 stellt sich Paulus vor als der, der in der Leidensnachfolge Jesu steht, im Dienst unter den Völkern mit dem Ziel, daß aus ihnen Menschen in Christus sind und Christus in diesen Menschen ist und sie so aller Hoffnung teilhaftig werden (1,24-29). So ist Paulus auch mittelbar der Diener der Gemeinde in Kolossä, er, den die meisten Gemeindeglieder dort nicht kennen.

Führte Paulus in 1,15-23 die ganze Größe Jesu vor Augen, so zeigt Kapitel 2 im Gegensatz dazu, was sich alles gegen Christus und sein Evangelium aufbäumt. Der Apostel zieht hier die eindeutige Konsequenz: Nein, so nicht!

In 2,1-7 spricht Paulus davon, was für einen *»Kampf«* (V. 1) er um die Christen in Kolossä und in Laodizea auszufechten hat – offenkundig im Gebet. Er ringt darum, daß sie doch bestehen mögen und nicht umfallen.

Darum betont er noch einmal, was die Christen von Kolossä in Jesus haben, *»in welchem verborgen liegen alle Schätze der Weisheit und der Erkenntnis«* (V. 3). Wer und was sollte die Kolosser sonst noch zu beeinflussen suchen? Von wem sollten sie sich noch belehren lassen? In *Christus* ist doch alles gegeben, in ihm sind die Fragen des Menschen beantwortet: die Fragen des Wohin und Wozu, des Lebenssinnes und des Ziels aller Dinge.

Deshalb setzt sich Paulus in 2,8-15 mit den Philosophien, den Geheimlehren auseinander und ruft die Kolosser auf, sich durch diese doch nicht berauben zu lassen. Sie sollen doch nicht sozusagen echtes Gold gegen glitzernden Plunder (*»leeren Trug«*, V. 8) eintauschen.

Dem stellt Paulus immer wieder das Eine gegenüber, daß sich die Kolosser doch an Jesus halten sollen: *»Seid in ihm verwurzelt und gegründet«* (so V. 7; vgl. Abb. 55).

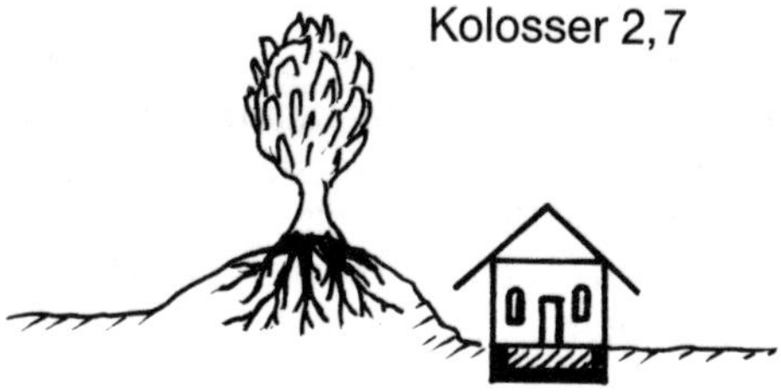

Abb. 55: Jesus – Wurzel- und Baugrund

Ist Jesus der Wurzel- und Baugrund für das Leben, dann ist es fest. Kommen Stürme und Unwetter, so bleibt ein Haus, das ein gutes Fundament hat, doch stehen (vgl. Mt 7,24-27).

Noch einmal hebt Paulus in diesem Zusammenhang eine gewisse Seite dessen hervor, was Christen an Jesus haben: In ihm haben sie insbesondere die Erledigung ihrer Schuld. Gott hat in Christus *»den Schuldbrief getilgt, der mit seinen Forderungen gegen uns war, und hat ihn weggetan und an das Kreuz geheftet«* (V. 14).

Die Schuld ist das Grundproblem des Menschen, mit dem sein ganzes Elend angefangen hat: die Sünde, die ihn unter das Urteil Gottes stellte und aus der Gemeinschaft mit Gott ausschloß (1. Mose 3). Diese Frage muß vor allen anderen Fragen erledigt, geklärt, bereinigt werden. Sonst ist dem Menschen nicht zu helfen.

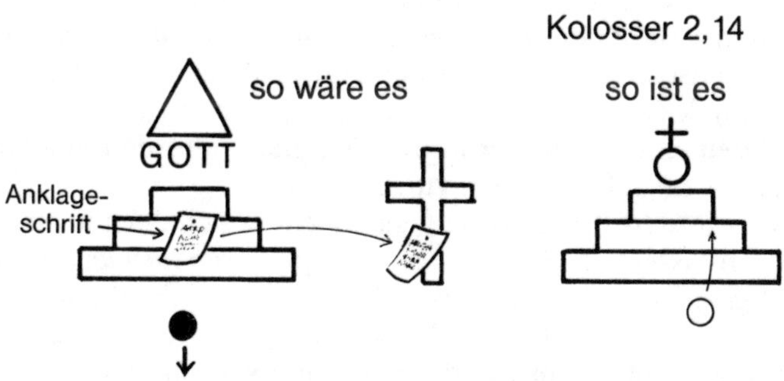

Abb. 56: Gott heftet die Anklageschrift gegen uns an Jesu Kreuz

An Jesu Kreuz hing die Anklageschrift, die gegen uns Menschen gerichtet ist. Eigentlich befindet sich diese Anklageschrift vor Gott, auf dem Richtertisch. Der Mensch steht hier vor Gericht. Die Folge: Er wird verurteilt.

So wäre es; doch nun hat Gott die Anklageschrift an Jesu Kreuz geheftet – als Ursache von dessen Tod. Stand am Kreuz sichtbar: »Jesus von Nazareth, König der Juden«, so stand unsichtbar dort: »Unsere Schuld.« Das geschah vor beinahe 2000 Jahren.

Darum ist es jetzt so für die, die an Jesus glauben: Jesus ist auf dem Richterthron (»der Vater ... hat alles Gericht dem Sohn übergeben«, Joh 5,22), und es liegt keine Anklageschrift mehr vor ihm. Er begnadigt die Glaubenden und hebt sie zu sich empor (vgl. Abb. 56). »Wer überwindet, dem will ich geben, mit mir auf meinem Thron zu sitzen« (Offb 3,21a). »Wer mein Wort hört und glaubt dem, der mich gesandt hat, der hat das ewige Leben und kommt nicht in das Gericht« (Joh 5,24a).

Das ist gewissermaßen die Perle, der Edelstein an dem Ring, das Wunderbarste im Heilswirken Gottes, daß er das durch Jesus getan hat.

Dem König, welcher Blut und Leben
dem Leben seiner Völker weiht,
dem König werde Preis gegeben
hier und auch einst in Ewigkeit.
Rühmt alle Wunder, die er tut,
doch über alles rühmt sein Blut!

Im letzten Teil von Kapitel 2 ruft Paulus die Kolosser weg von einer Frömmigkeit eigener Wahl (2,16-23). Das alttestamentliche Gesetz, das die Judaisten als heilswirksam einführen wollten, ist *»alles ... nur ein Schatten des Zukünftigen; leibhaftig aber ist es in Christus«* (V. 9).

Die Menschen in Kolossä waren zunächst unentschieden gewesen. Dann kam der Ruf durch das Evangelium, und sie gingen auf Jesus zu und folgten ihm. Und jetzt waren sie so töricht geworden, einer neumodischen Sache auf den Leim zu gehen.

Daher fordert Paulus sie auf, sie möchten sich doch nicht das Ziel verrücken lassen: *»Laßt euch den Siegespreis von niemandem nehmen, der sich gefällt in falscher Demut und Verehrung der Engel und sich dessen rühmt, was er geschaut hat ...«* (V. 18). Sie sollen sich doch kein anderes Ziel hinstellen lassen als das, das ihnen im Evangelium von Jesus Christus gezeigt worden war.

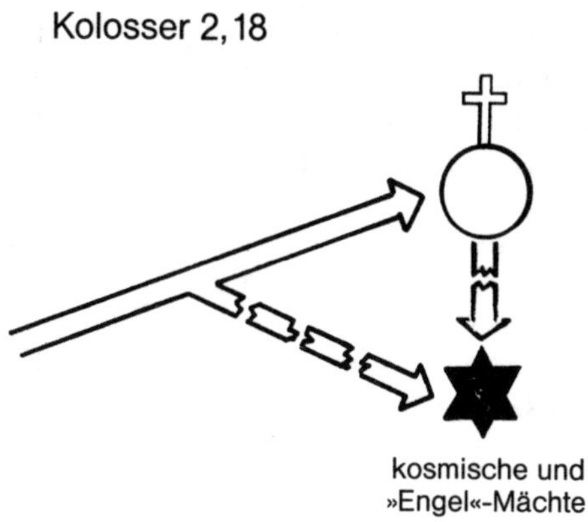

Abb. 57: »Laßt euch den Siegespreis von niemandem nehmen!«

Das zeigt Abbildung 57: Wenn die Kolosser sich auf dem »neuen Weg« an die hier genannten *»Engel«* halten (nicht die lichten Engel Gottes, sondern gefallene, dämonische Engel-Mächte), dann verlassen sie den Weg zum Ziel ihrer Hoffnung. Dann haben sie sich *»den Siegespreis nehmen lassen«*.

Die Demut, die die Irrlehrer an sich haben und in die Gemeinde einführen wollen, ist *»falsche Demut«*. Darin kommt wieder der alte, fleischliche Sinn hoch; die alte Art, das Wesen dieser Weltzeit wird mächtig.

Wie ein schöner, phantasievoll beschnittener Dornenstrauch immer noch ein *Dornen*strauch bleibt, so nützt auch dem Menschen die Askese nach eigener Wahl nichts. Die *»selbsterwählte Frömmigkeit und Demut«* hat zwar *»einen Schein von Weisheit«* (V. 23). Aber die wirkliche Erneuerung des Lebens geschieht nur durch ein Hineingenommen-Werden in Christi Sterben und Auferstehen (V. 12) und in die Gemeinschaft seines Leibes, den er regiert und mit seiner Kraft erfüllt.

2.3 Das neue Wesen leben! (Kap. 3 und 4)

In den Kapiteln 3 und 4 entfaltet Paulus, wie dieses neue Leben und Wesen der Glaubenden aussieht. ›Seid, was ihr sein dürft! Lebt, was ihr seid!‹ ruft der Apostel den Kolossern zu.

Mit Kapitel 3 beginnen die sog. Imperative, die Worte in Befehlsform: *»Seid ihr nun mit Christus auferstanden, so sucht, was droben ist,* *wo Christus ist, sitzend zur Rechten Gottes. Trachtet nach dem, was droben ist, nicht nach dem, was auf Erden ist«* (V. 1 f.).

Die Kolosser sollen also auf den blicken, der ganz oben ist, den Allerhöchsten: den Vater und den Sohn. Das soll ihr Leben ausfüllen und ihr Horizont sein. Das soll auch ihren Tag bestimmen, ihr ganzes Leben.

Warum? Es steht doch etwas Wunderbares bevor. Der Tod liegt hinter ihnen *(»ihr seid gestorben«)*, und jetzt ist ihr *»Leben ... verborgen mit Christus in Gott«* (V. 3). Auch wenn Christen gar nichts besonderes zu sein scheinen, so ist ihr Leben ein Leben in der Gemeinschaft mit Christus, das *»in Gott«* ist.

Deshalb geht etwas von ihnen aus; darum sollen und dürfen sie dieses Neue leben: *»So tötet nun die Glieder, die auf Erden sind...«* (V. 5).

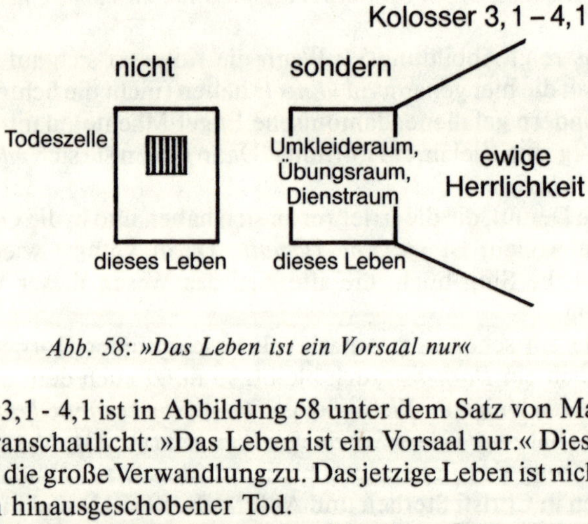

Abb. 58: »Das Leben ist ein Vorsaal nur«

Kolosser 3,1 - 4,1 ist in Abbildung 58 unter dem Satz von Matthias Claudius veranschaulicht: »Das Leben ist ein Vorsaal nur.« Dieses Leben geht auf die große Verwandlung zu. Das jetzige Leben ist nichts anderes als ein hinausgeschobener Tod.

In den USA kommt ein Schwerverbrecher, der auf dem elektrischen Stuhl hingerichtet werden soll, vorher in die Todeszelle. Aus dieser Zelle gibt es für ihn keinen anderen Ausgang als nur den zum elektrischen Stuhl, also zum Tod.

Dem gleicht unser Leben. Es ist von Furcht, Sorge und zuletzt vom Tod gekennzeichnet. Dieses Leben ist für Christen allerdings keine Todeszelle mehr (die es für sie zuvor war), die zur Verdammnis und zum ewigen Tod führt (vgl. Abb. 58, links).

Denn was früher das Leben bestimmte – *»Unzucht, Unreinheit, schändliche Leidenschaft, böse Begierde und die Habsucht, die Götzen-*

dienst ist« (V. 5b) –, das dürfen diejenigen, die an Jesus glauben, ablegen. *»Um solcher Dinge willen kommt der Zorn Gottes über die Kinder des Ungehorsams. In dem allen seid auch ihr einst gewandelt, als ihr noch darin lebtet. Nun aber legt alles ab von euch: Zorn, Grimm, Bosheit, Lästerung, schandbare Worte aus eurem Munde; belügt einander nicht...«* (V. 7-9a).

Für die, die glauben, ist die Welt verwandelt, ist dieses Leben Vorraum der Herrlichkeit Gottes. Es ist aber kein Wartesaal, in dem man die Zeit bloß verstreichen läßt, sondern es hat einiges zu geschehen. Daher ist dieser Vorraum so etwas wie ein *Umkleideraum* (vgl. Abb. 58, Mitte).

In Jesu Gleichnis vom großen Hochzeitsmahl (Mt 22,1-14) mußten die Gäste auch die passenden Kleider angezogen haben. Und der Mann, der »kein hochzeitliches Gewand anhatte« (Mt 22,11 f.), der hatte es verschmäht, das ihm geschenkte Festgewand anzunehmen.

So fordert Paulus die Kolosser auf: *»Nun aber legt alles ab... So zieht nun an...«* (V. 8.10.12.14).

Aber dieses Leben ist auch ein *Übungsraum*: *»Mit Psalmen, Lobgesängen und geistlichen Liedern singt Gott dankbar in euren Herzen«* (V. 16b). Das wird auch im Himmel für die Glaubenden so kommen, und das dürfen sie vorher üben.

Und dieses Leben ist *Dienstraum*. Daher nennt Paulus in 3,17-4,1 all die praktischen Dinge, die Luther als »Haustafel« bezeichnet hat. Das sind Anweisungen an Frauen (V. 18), Männer (V. 19), Kinder (V. 20), Väter (V. 21), Sklaven (V. 22) und Sklavenherren (4,1), wie sich die entsprechenden Personen zu verhalten haben. Das verwandelt das Leben von Christen und ist eine frohe und hoffnungsvolle Sache; aber es soll auch deren Leben bestimmen.

Das Leben ist darüberhinaus ein Schulraum sowie ein Prüfungs- und Bewährungsraum (das wird allerdings nicht im Kolosserbrief, sondern im 1. Petrus-Brief gesagt).

Dieses Leben ist auch ein Gebetsraum, in dem Christen heilige Hände zu Gott aufheben (4,2-6). Es ist ganz wichtig für uns Christen, in diesem Vorraum das zu tun, daß wir an den tiefsten Stufen Seines Thrones oft erscheinen – mit Bitte, Danksagung und Fürbitte.

Das prägt das Verhältnis von Christen zu Gott und zu Menschen. Christen haben täglich Gipfeltreffen mit dem »König aller Könige« (V. 2-4). Paulus bittet die Kolosser hier auch darum, für ihn Fürbitte zu tun (V. 3 f.).

Christen sind der Brückenkopf des kommenden Gottesreiches mitten in einer feindbesetzten Welt. Daher ermahnt Paulus: *»Verhaltet euch weise gegenüber denen, die draußen sind, und kauft die Zeit aus. Eure*

Rede sei allezeit freundlich und mit Salz gewürzt, daß ihr wißt, wie ihr einem jeden antworten sollt« (V. 5 f.). Die Christen in Kolossä wurden also offensichtlich gefragt – und mußten Rede und Antwort stehen, vielleicht in dem Sinne, wie es Petrus an einer Stelle sagt (1. Petr 3,15b: »Seid allezeit bereit zur Verantwortung vor jedermann, der von euch Rechenschaft fordert«).

Der Schluß des Briefes zeigt, daß Christen damals eine herzliche, familiäre Gemeinschaft und zugleich die mobile Truppe ihres Herrn waren (4,7-18).

Die Briefe des Paulus an die Thessalonicher

1. Einleitung

1.1 Der zeitgeschichtliche Hintergrund und das Wirken des Paulus in Thessalonich

Thessalonich (das heutige Saloniki) war im Altertum eine bekannte Hafenstadt Mazedoniens. Seit 148 v. Chr. war Thessalonich die Hauptstadt der römischen Provinz Mazedonien, in der auch eine Synagogengemeinde entstand (Apg 17,1).

Während der zweiten Missionsreise ist Paulus von Südosten in nordwestlicher Richtung durch Kleinasien gezogen – bis nach Troas (dem antiken Troja). Dann wurde er nach Mazedonien herübergerufen (Apg 16,9 f.), und er reiste von Philippi (Apg 16,11 ff.) nach Thessalonich weiter (Apg 17,1-9).

Thessalonich ist also die zweite Stadt in Europa, in der Paulus das Evangelium verkündigte. (Der Apostel wollte ja in den großen Städten, die regional wichtig waren, Gemeinden gründen, Stützpunkte des Evangeliums, die Vorhut der großen kommenden Herrschaft Jesu.)

Es ist ziemlich sicher, daß sich Paulus im Frühsommer und Sommer des Jahres 50 n. Chr. in Thessalonich aufgehalten hat. Die Arbeit des Apostels dort ist in Apostelgeschichte 17,1-9 beschrieben.

Im Unterschied zu Philippi, wo Paulus von reichen Sklavenbesitzern in seinem Wirken beeinträchtigt wurde, waren es in Thessalonich wohlhabende, einflußreiche Juden, die die Arbeit des Paulus dort zu stören versuchten. Sie haben eine Volksmenge gegen Paulus und seinen Gastgeber Jason aufgewiegelt und dann das Haus Jasons gestürmt (Apg 17,5 ff.). Paulus war aber nicht mehr dort, und so haben sie Jason vor Gericht gestellt und haben – ähnlich wie die Juden vor Pilatus – der Anklage gegen Paulus eine politische Begründung gegeben: Er rufe zum Aufruhr gegen den Kaiser auf und sage, daß ein anderer als der Kaiser König sei – Jesus von Nazareth (Apg 17,7).

Paulus gebraucht in 1. Thessalonicher 2 recht schmerzliche Worte im Blick auf die Juden. Wenn man dazu aber den (später abgefaßten) Römerbrief (Kap. 9-11) liest, merkt man, daß Paulus das nicht aus einem Groll gegen die Juden überhaupt geschrieben hat, sondern wegen des tiefen Leidtragens, wo er sagt: »Ich ... wünschte, verflucht und von Christus getrennt zu sein für meine Brüder, die meine Stammverwandten sind nach dem Fleisch, die Israeliten sind...« (Röm 9,3 f.).

Wie in anderen Städten, so mußte Paulus auch von Thessalonich aus rasch, gar heimlich weiterziehen. Der Boden war zu heiß, und Paulus war eine Bedrohung auch für die nun vorhandenen Christen in der Stadt.

Denn eine doch schon stattliche Schar von Griechen, die zuvor dem Judentum angehangen waren (die sog. Proselyten, d.h. »Gottesfürchtigen«), war zu Glaubenden geworden.

Diese thessalonischen Christen haben durch Paulus eine nur sehr kurze Schulung bzw. Weiterführung im Glauben erhalten. Daher war es für sie besonders schmerzlich, daß Paulus sie allein zurücklassen mußte, als er nach Beröa und darüber hinaus nach Südgriechenland (Athen und Korinth) weiterreiste.

Paulus war über das Ergehen der Christen in Thessalonich so beunruhigt, daß er von Athen aus seinen jungen Mitarbeiter Timotheus nach Thessalonich zurückschickte (1. Thess 2,2). Paulus wußte ja, daß man Menschen, die jung im Glauben waren, in schweren Auseinandersetzungen nicht alleine und ohne Begleitung lassen konnte. Für Anfänger im Glauben wäre das zu gefährlich gewesen.

Deshalb sandte Paulus Timotheus nach Thessalonich. Zuvor hatte er ihn wie auch seinen älteren Mitarbeiter Silas (der in den Paulus-Briefen »Silvanus« heißt) in Beröa zurückgelassen, weil ihm auch dort die Juden von Thessalonich nachstellten und Paulus schnell weiterreisen mußte (Apg 17,13 f.).

Paulus bat Silas und Timotheus, ihm möglichst bald zu folgen (Apg 17,15). Sie erreichten ihn in Korinth (Apg 18,5).

Schon in Athen war es für Paulus eine besondere Anfechtung, daß er so schnell hatte weiterreisen und die neugegründeten Gemeinden gewissermaßen im Stich lassen müssen. Das hat er offenkundig schwer verkraftet. Er benötigte immer eine gewisse Mannschaft, ein Team, einen Bruderkreis, mit dem er zusammenarbeitete. So war er in Athen und auch in Korinth besonders angefochten.

Paulus war nach der Rückkehr von Silas und Timotheus in doppelter Weise hocherfreut: Zum einen deshalb, weil diese Brüder überhaupt wieder zu ihm gestoßen waren und er nicht mehr so allein war. Zum anderen deshalb, weil diese Brüder ihm die gute Nachricht überbrachten, daß die neuen Gemeinden feststanden. Sie berichteten freilich auch von einigen Fragen, die in den jungen Gemeinden aufgetreten waren.

Das war der Anlaß, daß Paulus noch im Jahre 50 n. Chr. von Korinth aus den 1. Thessalonicher-Brief schrieb, der der älteste Paulus-Brief ist, der uns erhalten blieb.

Die Christen aus Thessalonich antworteten Paulus darauf. Und nachdem sich zeigte, daß noch weitere Fragen vorhanden waren, schrieb Paulus wenig später, vielleicht im Jahre 51 n. Chr., ebenfalls von Korinth aus seine Antwort im 2. Thessalonicher-Brief.

2. Zum Einzelnen

Für beide Briefe des Paulus an die Thessalonicher ist die große Hoffnung kennzeichnend, die sie durchzieht. Paulus war sehr stark von der Erwartung der Wiederkunft Jesu erfüllt; das war seine Ausrichtung, die seinen Dienst als Apostel zutiefst prägte.

2.1 Der erste Brief des Paulus an die Thessalonicher

2.1.1 Der Dank des Paulus (Kap. 1-3)

Der erste Thessalonicher-Brief beginnt in **Kapitel 1** mit dem Ausdruck des Dankes und der Freude des Paulus darüber, daß es diese Gemeinde in Thessalonich überhaupt gibt, daß in der feindbesetzten Welt solche Stützpunkte des Lebens aus Gott existieren. Paulus freute sich auch darüber, daß nun auch westlich des Ägäischen Meeres Gemeinden entstanden sind – also in Europa. Ja, auch in der alten Provinzhauptstadt Thessalonich war nach einer nur kurzen Arbeit des Apostels eine lebendige Christengemeinde erwachsen.

Paulus beginnt Kapitel 1 mit seinem Gruß, an dem sich auch Silas und Timotheus beteiligen (V. 1 f.).

Darauf folgt der Dank des Paulus. Dieser ist an Gott gerichtet, und der Apostel dankt zuerst für das vorbildliche Glaubensleben der jungen Gemeinde. Das *»Danken«* setzt das *»Denken«* voraus (V. 2a. 3a.).

Wenn Paulus an die Gemeinde »denkt«, so hat er dabei die Dreiheit von *»Glauben«*, *»Liebe«* und *»Hoffnung«* im Blick, die diese Gemeinde besonders auszeichnet.

Die Erwählung der thessalonischen Christen ist daran zu erkennen, daß sie das *»Wort aufgenommen«*, angenommen haben – trotz *»großer Bedrängnis mit Freuden im heiligen Geist«* (V. 6; auch schon V. 5).

Paulus faßt am Schluß von Kapitel 1 zusammen, worauf er in seinem Dienst hinarbeitet: *»Ihr habt euch bekehrt zu Gott von den Abgöttern, zu dienen dem lebendigen und wahren Gott und zu warten auf seinen Sohn vom Himmel, den er auferweckt hat von den Toten, Jesus, der uns von dem zukünftigen Zorn errettet«* (V. 9b-10).

Mit dieser Aussage fließt in einer prägnanten Art und Weise in diesen Brief ein, was Programm und Ziel der Arbeit des Paulus war und worum es aller rechten Missionsarbeit bis heute geht:

a) Menschen werden zu Gott bekehrt. Diejenigen, die vorher anderem zugekehrt waren, sind nun klar und eindeutig *»dem lebendigen und wahren Gott«* zugekehrt, hingegeben.

b) Das bedeutet zugleich, daß diese Menschen von den Götzen und all den Geistern dieser Welt abgekehrt sind, die sonst die Menschen besetzt halten und denen sie vorher dienten.

c) Das geschieht nicht nur mit dem Ziel, nun sozusagen in einer Art von Seligkeit zu schweben, sondern ganz nüchtern *»zu dienen dem lebendigen und wahren Gott«*. Es gibt etwas zu tun! Gott ist zu preisen und zu loben; auch ist das Leiden zu ihm zu tragen. Von Ihm her wird Menschen gedient.

d) Die Gegenwart von Christen wird auch stark vom Warten bestimmt: Auf die große Zukunft Gottes ist zu warten, *»auf seinen Sohn vom Himmel«*. Auferstehung Jesu hat allen Glaubenden das Tor in die große Zukunft hinein aufgestoßen.

e) Und über der Welt schwebt sozusagen das große Gewitter, das hereinbrechen wird: der Gerichtsernst Gottes über alle menschliche Sünde (V. 10b). Gott ist im Blick auf die Sünde des Menschen unversöhnlich! Aber er will sich durch sein Erbarmen mit dem Sünder versöhnen, der sich von der Sünde lösen läßt.

Das veranschaulicht Abbildung 59: Waren die Menschen zunächst den Götzen zugekehrt, so wurden sie davon bekehrt, umgedreht zu Gott. Nun warten sie auf den Sohn, der wiederkommt und sie »von dem zukünftigen Zorn errettet«. Ihr Ort ist nun nicht mehr unter den

Götzen und unter dem Gewitter des göttlichen Gerichtes, sondern unter Gott – um so mehr, als Jesus Christus kommen wird, um sie heimzuholen (das spielt auch in Kap. 4 eine Rolle).

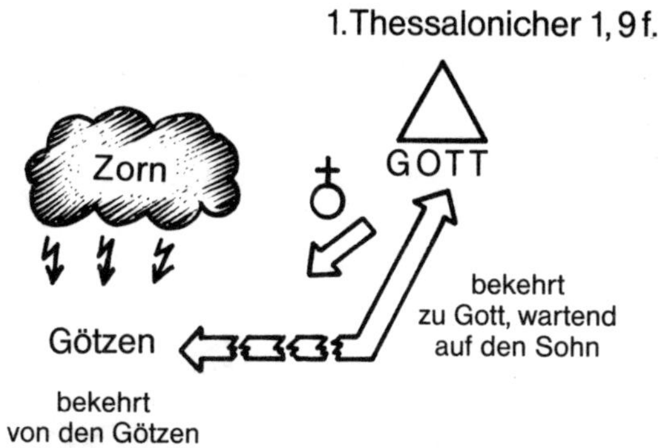

Abb. 59: Bekehrt zu dem lebendigen Gott

In **Kapitel 2** redet Paulus von seinem eigenen Dienst. Der Apostel spricht nicht oft so ausführlich von seiner eigenen Haltung in seinem Dienst. Aber das war für die Thessalonicher offensichtlich nötig, die wohl viel mit umherwandernden Philosophen, Weisheitslehrern, jüdischen Gesetzeslehrern und angeblichen Propheten zu tun hatten, die sich einen guten Tag machten, den Leuten schöne Dinge erzählten und sich dafür bezahlen ließen.

Demgegenüber spricht Paulus von seiner Lauterkeit in seinem Dienst (wobei er seine Mitarbeiter miteinschließt): *»Unsre Ermahnung kam nicht aus betrügerischem oder unlauterem Sinn, noch geschah sie aus List, sondern weil Gott uns für wert geachtet hat, uns das Evangelium anzuvertrauen, darum reden wir, nicht, als wollten wir den Menschen gefallen, sondern Gott, der unsre Herzen prüft«* (V. 3 f.).

Paulus weist ganz schlicht darauf hin, daß er keine falschen Mittel gebrauche: *»Wir sind nie mit Schmeichelworten umgegangen . . .«* (V. 5a). Der Apostel redet also nicht, um bei den Leuten anzukommen; er sagt ihnen auch die herbe Wahrheit. Wenn die rechte Therapie ausgeübt werden soll, muß auch in Klarheit und Nüchternheit die Diagnose festgestellt und ausgesprochen werden.

Aber nicht nur bei der Wahl seiner Mittel ist Paulus lauter, sondern er hat auch keine unlauteren Ziele: Er handle nicht aus Habgier und es gehe ihm auch nicht um Ehre (V. 5b.6a).

Durch diese Worte bekommt man Einblick in die Haltung des Paulus als ein Diener Jesu. Er spricht mit großer Dankbarkeit davon, daß er dessen gewürdigt sei, der Bote des »Königs aller Könige« zu sein.

Aber Paulus erwähnt auch, wie sehr er darum ringt, in dieser Lauterkeit zu stehen. Offenkundig hängt auch viel von innerer Vollmacht davon ab, daß man um diese Lauterkeit ringt und in dieser Heiligung (wovon er überhaupt in den beiden Thessalonicher-Briefen viel sagt) steht.

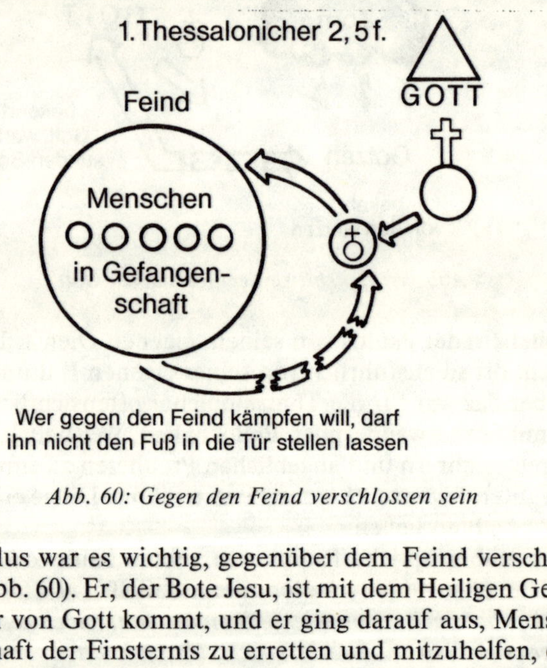

Abb. 60: Gegen den Feind verschlossen sein

Für Paulus war es wichtig, gegenüber dem Feind verschlossen zu sein (vgl. Abb. 60). Er, der Bote Jesu, ist mit dem Heiligen Geist erfüllt worden, der von Gott kommt, und er ging darauf aus, Menschen aus der Herrschaft der Finsternis zu erretten und mitzuhelfen, daß sie in das Reich des lieben Sohnes gelangen.

Wer aber gegen den Feind kämpfen will, darf ihn nicht den Fuß in die Tür stellen lassen. Das ist die Gefahr, daß der Feind sich irgendwo hinten hereinstiehlt. Das gefährdet nicht nur das Errettet-Werden des Boten selbst (vgl. 1. Kor 9,27b: »damit ich nicht andern predige und selbst verwerflich werde«), sondern es raubt auch die Vollmacht für den Dienst. Wenn man ihm irgendwo Raum gibt, lacht der Feind einen sozusagen aus.

Auch diese Heiligung ist nicht das Werk des Paulus oder der Christen, sondern Sein Werk (vgl. Phil 2,12b-13). In diesem Sinne hat Michael Hahn gedichtet:

Herr, laß mich *deine* Heiligung
durch *deinen* Geist erlangen!
Du hast die Sinnesänderung
selbst in mir angefangen;
dein Geist wirkt Heiligung allein,
dein Blut allein macht Herzen rein,
seit du zum Vater gangen.

(EKG Württ. 516,1)

So ist die Heiligung wie auch der Glaube Gottes Werk – aber man muß diesem seinem Werk Raum geben, muß innerlich mitgehen, muß dieses Werk an sich geschehen lassen. Es geht bei diesem Werk Gottes um die eigene Errettung und um die innere Vollmacht zum Dienst.

Paulus schließt Kapitel 2 mit einem Abschnitt, in dem er von der guten Antwort der Christen in Thessalonich spricht (2,13-20). Die Thessalonicher haben auf die Treue des Paulus als des Boten Christi so geantwortet, daß sie das Wort seiner Verkündigung – *»der göttlichen Predigt«* – als Gottes Wort angenommen haben (V. 13).

Wie gut sie geantwortet haben, das komme besonders auch in ihrer Bereitwilligkeit zum Leiden zum Ausdruck (V. 14). Offensichtlich war der feindliche Sturm gegen Paulus und die Gemeinde noch nicht vorüber, nachdem der Apostel die Stadt verlassen hatte. Die Gegner haben die Gemeinde nach wie vor bedrängt, wenn vielleicht auch nicht mehr in dem Ausmaß wie damals, als Paulus da war.

Paulus spricht sogar davon, daß das Erwählt-Sein der Christen von Thessalonich darin zum Ausdruck komme, (a) daß sie gläubig wurden (V. 13) und (b) daß sie, diese Anfänger im Glauben, so standhalten können. Das ist also ein Zeichen des Wirkens Gottes.

Paulus bezeichnet die Gemeinde in Thessalonich als Ertrag seiner Arbeit, seinen Sieges- oder *»Ruhmeskranz«* (V. 19 f.). Sie ist das, was Paulus einmal seinem Herrn bringen kann, wenn dieser wiederkommt und der Apostel vor ihn treten wird.

Für Paulus war es sehr wichtig, daß er seinem Herrn einen Ertrag seines Dienstes bringen kann. Vor ihm wird er Kranz und Krone niederlegen (vgl. Offb 4,10; siehe Abb. 61).

Wer seinen ›Lorbeerkranz‹ aufbehalten und sich mit dem selbst schmücken möchte, was er getan hat und was er durch Gottes Gnade wirken durfte, bei dem ist der Wurm drin. Aber indem man sich vor Ihm niederwirft und Ihm alles bringt, hat man auch teil an Seiner Freude (»geh hinein zu deines Herrn Freude!«; Mt 25,21b.23b).

Abb. 61: Paulus bringt den Ertrag seiner Arbeit dem Herrn

In **Kapitel 3** kommt Paulus noch einmal ausführlich darauf zu sprechen, daß die junge Gemeinde in Thessalonich so erfreulich fest steht und standhalten kann.

In diesem Kapitel kann man Paulus geradezu ins Herz blicken: Er schildert, wie sehr er darunter gelitten habe, daß er die Thessalonicher nach so kurzem Aufenthalt allein hatte zurücklassen müssen. Daher hatte er Timotheus zu ihnen gesandt (V. 1-3).

Nachdem dieser wieder zu Paulus gestoßen war, kann der Apostel endlich aufatmen: *»Nun aber ist Timotheus von euch wieder zu uns gekommen und hat uns Gutes berichtet von eurem Glauben und eurer Liebe ... Dadurch sind wir, liebe Brüder, euretwegen getröstet worden in aller unsrer Not und Bedrängnis durch euren Glauben; denn nun sind wir wieder lebendig, wenn ihr feststeht in dem Herrn«* (V. 6-8).

Die gute Nachricht über die Christen in Thessalonich, die ihm Timotheus überbracht hat, bedeutete also für Paulus eine ganz große Befreiung. Es war dem Apostel nicht einfach gleichgültig, wie es den Thessalonichern erging, sondern er hat sehr Anteil daran genommen.

So wünscht er ihnen, daß sie reifer werden im Glauben (V. 12), *»damit eure Herzen gestärkt werden und untadelig seien in Heiligkeit vor Gott, unserm Vater, wenn unser Herr Jesus kommt mit allen seinen Heiligen«* (V. 13). Bei Jesu Wiederkunft kommen also die Seinen mit ihm (vgl. Offb 17,14; 19,14).

2.1.2 Die Wegweisung für die Gemeinde in Thessalonich (Kap. 4 f.)

Mit **Kapitel 4** beginnt der ermahnende Teil des Briefes. Der Brief bekommt hier einen ernsteren Ton. Paulus hat wohl Nachrichten aus Thessalonich erhalten, denen er entnehmen konnte, daß es mit dem Leben der Christen dort noch haperte.

a) Ermahnung zur Heiligung des Lebens (V. 1-12)

So ermahnt der Apostel in diesem Teil seines Briefes zur Heiligung des Lebens: *»Das ist der Wille Gottes, eure Heiligung«* (V. 3a). Die alten »Eierschalen« und Praktiken müssen weggetan werden.

Paulus fordert die Thessalonicher auf: *». . . daß ihr meidet die Unzucht und ein jeder seine eigene Frau zu gewinnen suche . . .«* (V. 3b.4a). Es war in der griechisch-römischen Welt damals eine Entartung und Zerstörung aller guten Sitte im Gange. Das haben auch viele Menschen jener Zeit empfunden, die Heiden waren.

Paulus ruft demgegenüber dazu auf, die Sexualität als Gabe Gottes in der Verantwortung vor Gott zu gebrauchen (V. 4 f.).

Er ermahnt die Christen von Thessalonich, auch in der Ehe in der Zucht des Heiligen Geistes zu leben, sich also auch in der Ehe nicht gehen zu lassen (V. 5).

Paulus kommt im Zusammenhang der Frage der Heiligung auch auf das Verhalten der Christen in wirtschaftlichen Angelegenheiten zu sprechen (V. 6). Paulus wendet sich gegen die Habgier und mahnt, die Christen sollen nicht auf allerlei Weise darauf bedacht sein, ihren Besitz zu mehren.

Bezeichnenderweise fordert Paulus auch dazu auf, zu arbeiten: *»Setzt eure Ehre darein, daß ihr ein stilles Leben führt und das Eure schafft und mit euren eigenen Händen arbeitet«* (V. 11b). Die Christen von Thessalonich sollten wegen der Hoffnung auf die nahe bevorstehende Wiederkehr des Herrn nicht aufgeregt hin- und herlaufen und schon gar nicht ihre Arbeit aufgeben. (Paulus kommt im zweiten Thessalonicher-Brief noch nachdrücklicher darauf zu sprechen.)

Damit schließt der erste Teil von Kapitel 4, in dem Paulus die Christen in Thessalonich ermahnt, nun doch auch ihrer Erwählung gemäß zu leben und vor ihrer Umgebung kein schlechtes Zeugnis für ihren Herrn zu sein.

b) Entrückung und erste Auferstehung (V. 13-18)

Im zweiten Teil von Kapitel 4 geht Paulus auf eine Frage ein, die ihm offensichtlich aus Thessalonich übermittelt worden war: ›Was ist denn mit den Christen, die in der Zeit zwischen unserer und ihrer Bekehrung und Jesu Wiederkunft sterben? Dürfen sie auch an dem großen kommenden Tag dabeisein?‹

Aus dem Judentum jener Zeit ist ein bewegendes Klagelied überliefert, in dem der Sänger diejenigen bedauert, die sterben müssen, bevor der Messias kommt.

Paulus verkündigt den Christen von Thessalonich, daß die verstorbenen Glaubenden auch an dem großen Tag Jesu Christi dabeisein dürfen. Der Messias Jesus Christus ist von den Toten auferstanden; und damit hängt zusammen, daß auch der Tod die Menschen, die an ihn glauben, ihm nicht entreißen kann, daß auch der Tod niemanden dieser großen Hoffnung entzieht.

Im Gegenteil: Paulus sagt, daß diejenigen, die bis zu dem großen Tag Jesu Christi nicht gestorben sind, den verstorbenen Christen *»nicht zuvorkommen werden«* (V. 15). Ja, *»zuerst werden die Toten, die in Christus gestorben sind, auferstehen«* (V. 16b), wenn ER kommen wird.

Das wird zu der Zeit geschehen, da *»die Posaune Gottes erschallen«* wird, wenn Gott zu dem ansetzen wird, was auch einst mit Jericho geschah: Es erschallten die Posaunen, und dann wurde die gut befestigte Stadt eingenommen.

So wird der wiederkommende Herr die Welt, diese Festung des Feindes, endgültig einnehmen, wenn er kommt. Dann werden die Mauern des Feindes fallen; und diejenigen, die im Glauben an Christus gestorben sind, werden dabeisein dürfen (vgl. Offb 20,5 f.: die erste Auferstehung). Die Glaubenden, die dann leben, werden verwandelt und dem Herrn entgegengerückt (V. 17).

Der Ausdruck *»Entrückung«* bzw. *»entrücken«* ist nicht nur in der Bibel sehr selten, sondern auch in der weltlichen griechischen Literatur jener Zeit. Nun wurde in jüngerer Zeit in den Trümmern bei Ephesus ein Gedenkstein gefunden, auf dem stand: »Als der Kaiser Domitian im fünften Jahr seiner Regierung die Provinzhauptstadt Ephesus besuchte, ist der Magistrat der Stadt bis hierher dem Kaiser *entgegengerückt.*«

Hier ist dasselbe Wort verwendet, das auch Paulus gebraucht. Auch andere Funde zeigen, daß das Wort »ent(gegen)rücken« ein stehender Ausdruck für etwas war, das damals üblich war: Wenn eine zu ehrende Persönlichkeit einen offiziellen Besuch machte, so ist man ihr entgegengegangen und hat sie eingeholt. Dieses Einholen, dieses Entgegengehen ist die Entrückung.

Wenn *»wir, die wir leben und übrigbleiben, zugleich mit ihnen entrückt werden auf den Wolken in die Luft, dem Herrn entgegen«*, dann erfolgt (nach Offb 19) die liebende Vereinigung mit dem Herrn dort, wo man ihn sozusagen trifft. Dem schließt sich der gemeinsame Einzug des Herrn mit den Seinen in diese Welt an.

Bei Jesu erstem Kommen waren nur die himmlischen Heerscharen (d.h. die geschaffenen Engel) da – bei seinem zweiten Kommen werden auch die Menschen dabeisein, die ihm gefolgt sind (vgl. 2. Thess 1,10; Offb 17,14; 19,7-9). Wer ihm *jetzt* folgt, darf auch *dann* ihm folgen.

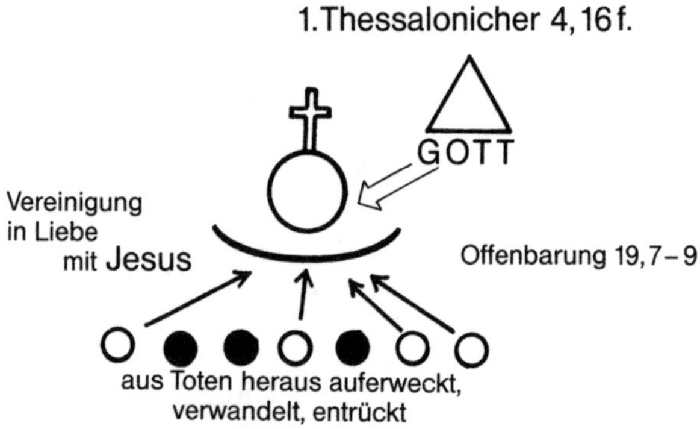

Abb. 62: Wir dürfen Ihm entgegengehen

Jesus kommt von Gott her, und die Seinen kommen von den Menschen heraus (auch aus den Toten). Das ist die erste Auferstehung (V. 16 b; auch Phil 3). Danach findet die Vereinigung von Jesus und den Seinen in Liebe statt; daraufhin wird er in Herrlichkeit kommen.

In **Kapitel 5** folgen einige Ermahnungen, die sich auf die Wiederkunft Jesu beziehen.

a) Das rechte Warten auf Jesu Wiederkunft (V. 1-11)

Paulus betont, daß der Herr überraschend kommen werde, *»wie ein Dieb in der Nacht«*, der sich auch nicht vorher anmeldet (V. 2b). Diejenigen, die ihn ablehnen, werden nicht nur überrascht sein, sondern sie werden sich auch von allem beraubt vorkommen (V. 3).

Aber auch die Glaubenden, diejenigen, die die Vorzeichen der Wiederkunft Jesu kennen, werden von seinem Kommen überrascht sein. Doch sie sind schon vorher *»Kinder des Lichtes und Kinder des Tages«* (V. 5). Ihr Leben ist schon jetzt von dem großen Kommenden bestimmt.

Aber wenn sie *»Kinder des Lichtes«* sein dürfen, so sollen sie auch entsprechend leben (V. 6-10). Sie sollen ihr Leben so führen, daß es schon vor Jesu Wiederkunft deutlich im Lichte dieses Ereignisses steht.

b) Schlußermahnungen und Grüße (V. 12-28)

Im zweiten Teil von Kapitel 5 stehen feine Anweisungen für die Christen in Thessalonich. Diese Christen sollen sich gegenüberdenen richtig verhalten, die an ihnen *»arbeiten«* und ihnen *»vorstehen«*, aber auch gegenüber den *»Unordentlichen«*, *»Kleinmütigen«* und *»Schwachen«* sowie ihren Feinden (V. 12-15).

Die Christen sollen *»allezeit fröhlich«* sein und *»beten ohne Unterlaß«* (V. 16 f.). *»Den Geist dämpft nicht. Prophetische Rede verachtet nicht. Prüft aber alles, und das Gute behaltet«* (V. 19-21). Sie sollen also einerseits nicht überkritisch sein (V. 19 f.), andrerseits aber auch nicht leichtgläubig (V. 21) – beides zugleich.

Daran schließt sich das feine Wort an: *»Er aber, der Gott des Friedens, heilige euch durch und durch und bewahre euren Geist samt Seele und Leib unversehrt, untadelig für die Ankunft unseres Herrn Jesus Christus. Treu ist er, der euch ruft; er wird's auch tun«* (V. 23 f.).

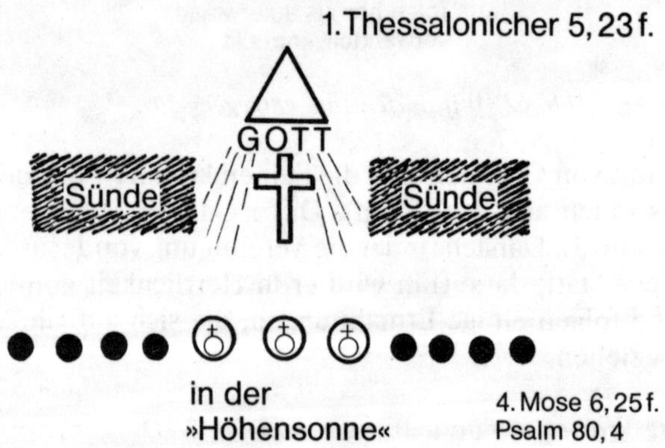

Abb. 63: Heiligung durch und durch

Gott tut an den Christen sein Werk bis zum Tag Christi und wird damit termingerecht fertigwerden. Er ist darin treu und zuverlässig.

Das zeigt Abbildung 63: Die Welt, die die Versöhnung nicht annimmt, ist unter der Gewitterfront der Sünde und des Zornes Gottes. Jesus hat das Gericht getragen; und wer an ihn glaubt, über dem scheint nun die Sonne der göttlichen Gnade. Über ihm läßt Gott sein Angesicht leuchten (4. Mose 6,25 f.).

Unter diesem Einfluß Gottes genesen wir (Ps 80,4), werden wir *»durch und durch«* geheiligt. Lebensbereich um Lebensbereich, alle

Schichten unseres Lebens werden also von Ihm durchdrungen und geheilt. Das meint, in der göttlichen »Höhensonne« zu leben (so Abb. 63), in dieser heilenden »Tiefenbestrahlung«.

2.2 Der zweite Brief des Paulus an die Thessalonicher

Der zweite Thessalonicher-Brief beginnt ähnlich wie der erste. Er ist vielleicht ein halbes Jahr nach dem ersten von Paulus geschrieben worden. Auch bei geistlichen Kindern gehen die Sorgen der Eltern nicht aus; und so schrieb Paulus diesen Brief, um auf neue Leiden (Kap. 1) und neu auftretende Gefahren der Gemeinde in Thessalonich zu sprechen zu kommen.

Kapitel 1 beginnt mit dem Ausdruck der Freude und der Dankbarkeit nicht nur darüber, daß die Christen von Thessalonich im Glauben und in der Liebe rasch wachsen (V. 3), sondern daß sie auch *»in allen Verfolgungen und Bedrängnissen«* aushalten (V. 4).

Gott wird beiden vergelten, den Gegnern der Gemeinde und der Gemeinde (V. 5-12).

In **Kapitel 2** macht Paulus Ausführungen über das dunkle Vorletzte, über den Antichristen. Paulus setzt sich hier mit der falschen Nachricht auseinander, die Ankunft des Herrn sei schon da bzw. sei bereits erfolgt.

Die Christen in Thessalonich haben also eine Naherwartung von der Art gehabt, daß ihnen der Weg zur Entrückung sozusagen wie ein Spaziergang vorgekommen ist.

Paulus entgegnet dem, der Herr komme nicht, ehe *»der Abfall«* gekommen sei und *»der Mensch der Bosheit [der Gesetzlosigkeit]«* offenbart worden sei (V. 3).

Hier erfolgt *die* Beschreibung des Antichrists im Neuen Testament, die neben Offenbarung 13 die ausführlichste ist. Der Antichrist ist *»der Mensch der Gesetzlosigkeit«* (V. 3b), *»der Widersacher, der sich erhebt über alles, was Gott oder Gottesdienst heißt, so daß er sich in den Tempel Gottes setzt und vorgibt, er sei Gott«* (V. 4).

Daß er *»sich in den Tempel Gottes setzt«* verstehe ich nicht so sehr so, als ob der Antichrist auf dem Jerusalemer Tempelplatz residieren und in einem neugebauten Tempel sitzen würde, den er als seinen Regierungsplatz habe.

Im Neuen Testament ist der *»Tempel«* vielmehr immer die Gemeinde Jesu. In ihr also will sich der Antichrist breitmachen und in ihr bestimmen; er will darin Gott spielen und selbst die Gebotstafeln hauen und Gott selbst abschaffen.

Paulus spricht auch davon, daß der Antichrist *»lügenhafte Zeichen und Wunder«* tun werde (V. 9-12), Irreführungen, an denen etwas dran ist, die etwas Bezauberndes und Überzeugungskraft haben. Darüber staunt der Mensch und fragt, woher der Antichrist das könne.

Dann ist aber auch davon die Rede, daß diejenigen, die sich an Jesus halten, darauf nicht hereinfallen würden, sondern nur diejenigen, die den Glauben ablehnten, sind dem Irrgeist preisgegeben (V. 10).

Nachdem *»der Böse offenbart«* worden ist, wird *»ihn der Herr Jesus Christus umbringen mit dem Hauch seines Mundes«* (V. 8). Der Antichrist wird weggeblasen, wie ein Federfläumchen weggeblasen wird. Ja, noch mehr: Den *»Hauch«* braucht man, um zu reden; den Feind, aber auch den »Christus« des Feindes »kann ein Wörtlein fällen« (M. Luther).

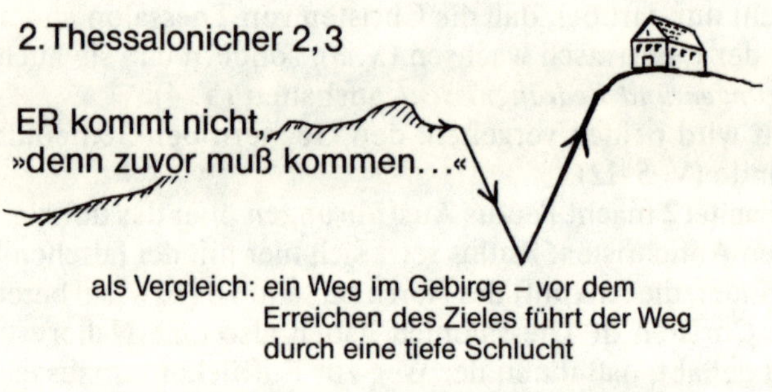

Abb. 64: Ein dunkles Vorletztes vor dem Ziel

Bildhaft veranschaulicht das Abbildung 64: Eine Gruppe wandert im Gebirge und will noch am selben Tag eine Gebirgshütte erreichen. Ein Einheimischer beschreibt dieser Wandergruppe den Weg und erwähnt auch, daß die Gruppe vor dem Ziel noch durch eine tiefe Schlucht marschieren muß.

Wie diese Wandergruppe weitergeht, beschleicht sie die Sorge, ob jener Mann ihr den Weg auch richtig beschrieben hat oder ob sie falsch gelaufen ist. Kommt sie dann an die Schlucht, so ist dieses Stück des Weges zwar nicht angenehm, aber zum einen weiß die Gruppe, daß die Wegbeschreibung stimmte, und zum anderen weiß sie, daß sie auf dem richtigen Weg ist und dazu noch bald das Ziel erreicht haben wird.

Genauso verhält es sich mit dem Antichrist. Wenn sich dieser Geist einmal zeigt, dann wird er sozusagen die Spitze einer Pyramide sein. Er wird zunächst unter vielen sein (und ich habe den Eindruck, daß das heutzutage so ist).

Dann weiß die Gemeinde, daß die Wegbeschreibung stimmte: Gottes Wort ist wahr. Sie weiß auch, daß sie genau auf dem richtigen Weg ist. Gerade, wenn ihr der Wind ins Gesicht weht und sie angefochten ist, dann stimmt die Richtung. Dann kann auch das Ziel nicht mehr weit weg sein. *»Zuvor muß der Abfall kommen...«* (V. 3).

Das ist die Bedeutung der Zeichen, die die Bibel für die letzte Zeit vor Jesu Wiederkunft nennt, gerade auch der Vorzeichen, die das dunkle Vorletzte betreffen: Sie machen die Gemeinde Jesu gewiß, daß sie sich nicht beirren läßt und daß sie nicht überrascht sein wird, sondern daran erkennt, was ihr längst gesagt ist. Das macht sie ihres Weges gewiß und versichert ihr, daß das Ziel nahe ist.

Das macht die Gemeinde auch bereit für die Stunde ihrer »Hinaufversammlung« (Entrückung) zum Herrn (V. 1.13-17).

In Kapitel 3 spricht Paulus noch einmal ausführlich davon, welche Konsequenz die Hoffnung und die Erwartung der Gemeinde haben. Das bedeutet nämlich nicht, daß Christen ihre Hände in den Schoß legen oder aufgeregt hin- und herlaufen.

a) Schlußermahnung im Vertrauen auf die Treue des Herrn (V. 1-5)

Paulus bittet die Thessalonicher um Fürbitte für sich – aber nicht einfach für sich selbst, sondern für den Dienst und die Arbeit, an der er steht (V. 1 f.).

b) Nicht Müßiggang, sondern treue Arbeit in Erwartung der Wiederkunft Jesu (V. 6-16)

Paulus warnt hier vor dem Irrweg der Gemeinde, in Erwartung der nahe bevorstehenden Wiederkunft ihres Herrn nichts mehr zu arbeiten und auch anderen nichts mehr geben zu können. So weist er die Thessalonicher an, sie sollen sich *»zurückzieh(en) von jedem Bruder, der unordentlich lebt«* (V. 6), zugleich aber um diesen *»Bruder«* ringen (V. 15).

Der Apostel knüpft hier an sein Wort an: »Setzt eure Ehre darein, daß ihr ein stilles Leben führt und das Eure schafft und mit euren eigenen Händen arbeitet« (1. Thess 4,11). *So* will der Herr die Seinen antreffen! (Das »süße Nichtstun« war wohl die besondere Versuchung dieser Menschen des Mittelmeerraumes.)

In diesem Zusammenhang sagt Paulus das bekannte Wort: *»Wer nicht arbeiten will, soll auch nicht essen«* (V. 10b). Das heißt (ganz allgemein), daß die Hoffnung auf den wiederkommenden Herrn die Gegenwart der Christen prägend bestimmen soll, darf und kann. Das bedeutet aber nicht, daß sich Christen auf sich selbst beschränken und egoistisch werden. Die äußeren Aufgaben sollen nicht vernachlässigt werden, sondern der Herr Jesus Christus will sie in dem Dienst antreffen, den er ihnen zu tun aufgegeben hat.

Paulus verweist hier auf sein eigenes Beispiel: *»Mit Mühe und Plage haben wir Tag und Nacht gearbeitet«* (V. 8).

Die Briefe des Paulus an Timotheus und Titus*

1. Einleitung

1.1 Der biographische Hintergrund im Leben des Paulus

Die beiden Briefe des Paulus an Timotheus und den Brief an Titus nennt man in der Fachsprache üblicherweise die *Pastoralbriefe* (d.h. die »Briefe an Gemeindehirten«). Außer dem kleinen Brief an Philemon sind sie die einzigen uns überlieferten Briefe, die Paulus an einzelne Personen gerichtet hat. (Üblicherweise wandte sich der Apostel in seinen Briefen an einzelne bzw. mehrere Gemeinden.)

Forscher kommen mehr und mehr zu der Überzeugung, daß Paulus aus einer ersten Gefangenschaft in Rom, von der Apostelgeschichte 28 spricht und die wohl bis Anfang der 60er Jahre andauerte, noch einmal freigekommen ist. Das war die Gefangenschaft, von der der Apostel im Philipperbrief schreibt und sagt, daß er sich schon auf das Sterben einstelle, aber auch darauf, daß ihn sein Herr noch einmal gebrauchen wolle (Phil 1,21 ff.).

Im ersten Clemens-Brief (einem außerbiblischen – nichtkanonischen – Brief), den ein führender Christ wohl im Jahr 96 n. Chr. in Rom geschrieben hat, wird zum Ausdruck gebracht, daß Paulus noch einmal freigekommen war. Er habe dann seine Absicht, nach Spanien zu reisen (vgl. Röm 15,24.28), noch verwirklicht und eine Zeitlang dort gearbeitet. Dann sei er noch einmal – auch das äußerte er immer wieder als seine Absicht – nach Griechenland und Kleinasien gereist, also in seine früheren Arbeitsgebiete. Paulus sei aber ein zweites Mal verhaftet worden und um 64 n. Chr. in Rom zum Tode verurteilt und enthauptet worden.

---

* Der interessierte Leser sei darauf hingewiesen, daß Fritz Grünzweig diese Briefe außerdem in der Reihe Edition C-Bibelkommentar ausgelegt hat (1. Timotheus-Brief: Band 18/1990; 2. Timotheus-Brief, Titus- und Philemon-Brief: Band 19/1990).

Vieles weist darauf hin, daß Paulus die beiden Briefe an Timotheus und den Brief an Titus *nach* seiner Gefangenschaft in Rom geschrieben hat, als er nach Griechenland und Kleinasien zurückgekehrt war. Diese Briefe sind an junge Mitarbeiter gerichtet, die Paulus in bestimmten Gebieten eingesetzt hatte: Timotheus in Ephesus und Umgebung, Titus auf der Insel Kreta.

Aus Nikopolis in Mazedonien schrieb der Apostel den Brief an Titus und möglicherweise auch den ersten der Briefe an Timotheus. Es gab damals mehrere Städte, die den Namen »Nikopolis« trugen. Da Paulus im 1. Timotheus-Brief Mazedonien erwähnt (1,3), nimmt man an, daß sowohl dieser wie auch der Titus-Brief im mazedonischen Nikopolis geschrieben worden sind.

Den zweiten Brief an Timotheus hat Paulus vielleicht ein Jahr später aus der erneuten Gefangenschaft in Rom geschrieben. In diesem Brief gibt der Apostel deutlich zu erkennen, daß seine Hinrichtung bald erfolgen werde. Sie sei – so bezeugen außerbiblische Quellen – auch wenig später erfolgt. »Ich werde schon geopfert, und die Zeit meines Abscheidens ist gekommen«, sagt Paulus in 2. Timotheus 4,6. Er hat seine Enthauptung so verstanden, daß er auf diese Weise sein Blut und Leben für seinen Herrn verströmt. »Ich habe den Lauf vollendet«, fährt er fort, »ich habe Glauben gehalten; hinfort liegt für mich bereit die Krone der Gerechtigkeit, die mir der Herr, der gerechte Richter, an jenem Tag geben wird, nicht aber mir allein, sondern auch allen, die seine Erscheinung lieb haben« (2. Tim 4,7 f.).

So ist der zweite Timotheus-Brief der letzte Brief des Apostels und dessen viertes Kapitel das letzte, das wir von Paulus überliefert haben.

1.2 Die Adressaten

Timotheus und Titus, an die Paulus diese Briefe schrieb, sind aus anderen Texten des Neuen Testaments bekannt.

Timotheus wird im Neuen Testament mehrfach genannt; er ist ein besonderes Geschenk für den Apostel Paulus gewesen. Er stieß zu Paulus zu einer Zeit harter Bedrängnis.

Der Apostel hatte in Lystra (im südlichen Kleinasien) während der ersten Missionreise besonders Notvolles erlebt (vgl. Apg 14,8-20). Obwohl er dort gesteinigt wurde und sein weiteres Wirken verhindert worden ist, sind dort Menschen an Jesus Christus gläubig geworden. Und als Paulus während der zweiten Missionsreise wieder durch diese Gegend kam, traf er dort einen jungen Christen namens Timotheus an

(Apg 16,1-4). Es wird von ihm berichtet, daß er »einen guten Ruf« bei den Gliedern der Gemeinden in Lystra und Ikonion hatte (Apg 16,2).

Der Vater des Timotheus war Grieche, wohl nicht Christ; seine Mutter war Jüdin gewesen und Christin geworden, wie auch seine Großmutter (Apg 16,1; 1. Tim 1,5). Auf jeden Fall muß die gesamte Familie damit einverstanden gewesen sein, daß sich der junge Timotheus dem Missionsteam des Paulus anschloß. Timotheus ist schnell zu einem herausragenden Mitarbeiter von Paulus geworden (vgl. dazu besonders die außerordentlich freundlichen, ja herzlichen Worte der Anerkennung und des Dankes für diesen jungen Bruder, die Paulus in Phil 2,19-23 findet).

Später aber war Timotheus nicht mehr bei Paulus, sondern der Apostel hat ihm das Arbeitsgebiet Ephesus und Umgebung anvertraut. (Jahrzehnte danach war offensichtlich Johannes dort; er hat ja an die Gemeinden dieses Gebietes die Offenbarung gerichtet.)

Titus ist der erste Heidenchrist, den Paulus als Mitarbeiter gewonnen hatte (vgl. Gal 2,1.3). Titus stammte wohl aus Zilizien (im Südosten Kleinasiens), jener Gegend, in der auch Paulus beheimatet war. Der Apostel hat ihn als wandelndes Beispiel für recht an Christus gläubige Heidenchristen nach Jerusalem mitgenommen, als sich dort die Leiter der frühen Gemeinden über die Frage auseinandersetzten, ob Heidenchristen auch dann als Vollglieder der Gemeinde anzuerkennen seien, wenn sie nicht zuvor Juden geworden waren (Apg 15).

Titus muß ein Mann gewesen sein, der sehr überlegt vorging und auch zerstrittene Parteien wieder zusammenbringen konnte. Paulus schickte ihn nämlich nach Korinth, als der Boden für ihn dort zu heiß war. Titus tat für den Apostel bei schwierigen Verhandlungen dort gute Dienste, indem er dafür sorgte, daß der zweite Korinther-Brief dort angenommen wurde und Paulus wieder dorthin kommen konnte (vgl. 2. Kor 7,6 f.; 8,23; 12,18).

Paulus hat, als er als Gefangener nach Rom reiste, Kreta berührt. Der erste Clemens-Brief sagt, Paulus sei dann in der verhältnismäßig kurzen Zeit der Freiheit zwischen den Gefangenschaften in Rom nach Kreta gegangen und habe dort missioniert. Da ihm die dortige Gemeinde auch noch als unbefestigt erschien, hat er hier einen seiner Mitarbeiter zurückgelassen (Tit 1,5): Eben diesen Titus hat er mit der Betreuung der Gemeinde auf Kreta beauftragt.

Paulus hat in der letzten Zeit seines Lebens generell die Notwendigkeit gesehen, auch die Ämter der Gemeinden zu ordnen und in dieser Hinsicht Klarheit zu schaffen.

Das lag daran, daß die Gefahren für die Gemeinden zu groß geworden waren. Die Verfolgung von Christen wurde zu diesem Zeitpunkt nämlich schärfer; Nero war älter geworden und reagierte noch gereizter als früher. Auch nahm die Bedrohung innerhalb der Gemeinden zu: Die Gnosis*, eine Lehre, die das Evangelium verfremdete, gewann immer stärkeren Einfluß. Die Auseinandersetzungen mit diesen gnostischen Irrlehren wurde bedrohlicher; auch Lehrer und andere Glieder der Gemeinden wurden davon angezogen.

Die Schwierigkeit, auf die Paulus in den Pastoralbriefen eingeht, lag darin, daß offenkundig auch begabte, im Wort gegründete Gemeindeglieder und Lehrer der Gemeinde der gnostischen Zeitströmung anheimgefallen waren. So setzt sich Paulus in den Pastoralbriefen immer wieder namentlich mit Leuten auseinander, die solche Lehrer waren oder die vorgaben, Lehrer zu sein**.

Daher wird Timotheus in den Briefen an ihn als Hirte bestellt, der bleibend bei einer Herde sein und die Gemeinde nicht zu oft verlassen, sondern dort nach dem Rechten sehen soll. Es soll nicht alles durch die Verfremdung des Evangeliums verlorengehen.

Doch angesichts dessen bringt Paulus auch zum Ausdruck, daß er nicht nur im Blick auf sein eigenes Geschick, sondern auch im Blick auf den Fortgang der Sache Jesu zuversichtlich ist. Er ermahnt daher seine Mitarbeiter, den Kampf um das Evangelium nicht aufgeregt und fanatisch, sondern in Geduld und Sanftmut zu führen, aber auch die »heilsame Lehre« (1. Tim 1,10; 2. Tim 4,3; Tit 2,1) in den Gemeinden einzubringen.

Paulus ordnet mit den Pastoralbriefen bestimmte Dienstaufträge und Ämter in den Gemeinden fester als zuvor; bei der schweren inneren Bedrohung der Gemeinden muß mehr Ordnung als früher geschaffen werden.

Das hat seinen Grund auch in einer Zeit des Umbruchs. Diese letzte Phase des Wirkens Paulus', die Mitte der 60er Jahre des ersten Jahrhunderts n.Chr., war eine Zeit, in der offensichtlich verhältnismäßig viele wichtige leitende Männer der Christenheit abtraten.

So wird um 64/65 n. Chr. wohl Petrus in Rom den Märtyrertod erlitten haben; im Frühjahr 66 ist Jakobus in Jerusalem getötet worden. Paulus dürfte etwas früher als Petrus auch in Rom hingerichtet worden

---

* Vgl. zur Gnosis die Auslegung von 2. Korinther 10 - 12 (im Kapitel »Der zweite Brief des Paulus an die Korinther«, Abschnitt 2.5). (Anm. d. Hg.)

** Es sind drei Auseinandersetzungen des Apostels mit Irrlehrern in diesem Brief. Sie betreffen die Gesetzlichkeit (Kap. 1), eine falsche Enthaltsamkeit (4,1-5) und den falschen bzw. rechten Gebrauch des Besitzes (6,3-19). (Anm. d. Vf.)

sein. Aus dem Apostelkreis war es wohl nur Johannes, der noch ca. 30 Jahre wirken konnte und ein hohes Alter erreichte. (Er schrieb ja erst als alter Mann Anfang der 90er Jahre jenes Jahrhunderts die Offenbarung, und auch seine Briefe und das Evangelium sind ausgesprochene Alterswerke, mit dem er die anderen, bereits vorliegenden Schriften ergänzen wollte.)

So ging es Paulus mit den Pastoralbriefen auch um die Frage, wie bei einem Generationenwechsel das Evangelium recht weiterzugeben sei und wie eine Art Schlußermahnung an die nachwachsende Generation, die in Zukunft das Evangelium zu verantworten haben würde, auszusehen habe.

1.3 Das Wesen der Pastoralbriefe

Das Ganze der Pastoralbriefe steht unter dem Motto: »Generation um Generation unter dem selben Herrn.«

Am Anfang der Gemeinde stand der Herr als der Auferstandene, als der er den Missionsbefehl gab (vgl. Mt 28,18 ff. par). Auch am Ziel wird dieser Herr als der Wiederkommende stehen. Und er ist auch heute, jetzt, Herr über seiner Gemeinde. So geht es weiter: Jahr um Jahr, Jahrzehnt um Jahrzehnt, Jahrhundert um Jahrhundert läuft das Evangelium in der langen Kette der Generationen derer weiter, die an den Herrn Jesus Christus glauben.

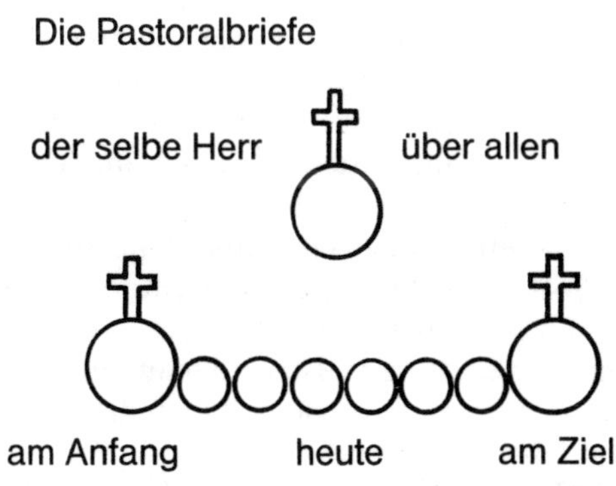

Abb. 65: Das Wesen der Pastoralbriefe – Generation um Generation unter dem selben Herrn

Dieser Hauptcharakterzug der Pastoralbriefe ist an dem Anliegen zu erkennen, das Paulus mit diesen Briefen verfolgt: Das Evangelium soll recht weitergegeben werden.

Darum stehen die ermahnenden Worte in diesen Briefen so sehr im Vordergrund, daß das mitunter als zu eindringlich und zu stark erscheinen könnte. Paulus hat aber die Gefahr gesehen – und es war ja tatsächlich auch so –, daß in der zweiten und in der dritten Generation seiner Gemeinde nicht so bedeutende Leute wie in der ersten Generation gegeben waren. Männer oder Frauen wie die Apostel – und auch wie Paulus – sollte es so schnell nicht wieder bzw. wohl nie mehr geben.

Paulus hatte also allen Anlaß, mit den Pastoralbriefen den Gemeinden einen eindringlichen Ruf zur Sache Jesu weiterzugeben.

2. Zum Einzelnen

Die Reihenfolge, in der die Pastoralbriefe wohl geschrieben sind, weicht von der Reihenfolge ab, in der sie im Neuen Testament angeordnet sind: Zuerst schrieb Paulus den ersten Timotheus-Brief, dann den Titus-Brief und danach erst den zweiten Timotheus-Brief. Ich werde mich an diese Reihenfolge halten, wenn ich im folgenden diese Briefe erkläre.

2.1 Der erste Brief des Paulus an Timotheus

Kapitel 1 beinhaltet *die erste Auseinandersetzung mit den Irrlehrern.* Hier kommt Paulus auf die Gesetzlichkeit zu sprechen, einer dem Judentum verwandte Strömung der Gnosis. Der Gesetzlichkeit stellt der Apostel die Größe der Gnade Gottes gegenüber. Timotheus wird ermahnt, mit dem reinen, lauteren Evangelium den anmaßenden Irrlehrern entgegenzutreten.

Es gab also Leute in der Gemeinde, die aus dem Evangelium ein Gesetz, ein Soll machen wollten. Sie stellten gewissermaßen eine Leiter hin, auf der man sich Stufe um Stufe zum Evangelium hin hocharbeiten müsse. Auf diese Weise wird man unter dem Gesetz gefangen (V. 3-11). Kennzeichen dafür ist, daß man diskutiert, anstatt gehorsam seines Glaubens zu leben (V. 4).

Dem hält Paulus entgegen, daß der Mensch auf diese Weise nicht zur Gewißheit der Seligkeit komme. Der Apostel spricht im Blick darauf im ersten Timotheus-Brief in besonders feiner Weise davon, daß

Menschen allein von der Barmherzigkeit Gottes, unseres Heilandes, leben (V. 12-20).

Paulus tut das, indem er typischerweise von sich selbst redet (V. 13-16). Er ist aufgrund seiner Lebensgeschichte ein wandelndes Beispiel und Zeugnis dafür, wie ein Mensch durch die genaue Befolgung des Gesetzes sich Gott zu nähern versuchte. Eben dadurch war er *»ein Lästerer und ein Verfolger und ein Frevler«* (V. 13) geworden; aber ihm *»ist ... Barmherzigkeit widerfahren, daß Christus Jesus an«* ihm *»als erstem alle Geduld erweise, zum Vorbild all denen, die an ihn glauben sollten«* (V. 16).

Dann bricht Paulus in den Lobpreis aus: *»Gott, dem ewigen König, dem Unvergänglichen und Unsichtbaren, der allein Gott ist, sei Ehre und Preis in Ewigkeit! Amen«* (V. 17).

Philipp Friedrich Hiller hat nach 1. Timotheus 1,13: *»Mir ist Barmherzigkeit widerfahren«* sein Lied »Mir ist Erbarmung widerfahren« geschrieben (EKG 277):

> Mir ist Erbarmung widerfahren,
> Erbarmung, deren ich nicht wert!
> Das zähl ich zu dem Wunderbaren;
> mein stolzes Herz hat's nie begehrt.
> Nun weiß ich das und bin erfreut
> und rühme die Barmherzigkeit.
>
> (Strophe 1)

Das Feine, das Paulus in diesem Kapitel ausspricht, ist dies: Er ist nicht nur Verkündiger der Gnade Gottes mit seinem Wort, sondern mit seiner Lebensgeschichte. Er selbst ist ein eklatantes Beispiel dafür, wie Gott einen Menschen, der sich als *»Verfolger«* besonders schwer versündigt hat, als seinen Boten benützt und einsetzt.

Jesus Christus hat zwei Männer auf besondere Weise ergriffen und in Dienst genommen: Petrus und Paulus. Sie sind beide mit ihrem Leben Beispiele dafür, wie Gott Menschen sucht, findet und in seinen Dienst nimmt.

Den *Petrus* hat Jesus sozusagen an die Tür gestellt: »Ich will dir die Schlüssel des Himmelreichs geben ...« (Mt 16,19). Schon an der Pforte steht mit Petrus einer, der von Anfang an deutlich macht, daß man nicht deshalb in Gottes Reich kommt, weil man sich den Eintritt erkauft, sondern weil Gott einen begnadigt. Dieser Mann steht an der Tür, der Jesus verleugnet und dem dann gesagt wird: »Weide meine Schafe!« (Joh 21,15 ff.). Er wird nicht nur selbst begnadigt, sondern er wird auch in seinem Dienst bestätigt. Nicht nur er selbst wird selig, sondern er hat auch im Blick auf das, was der Herr mit ihm vorhatte, nichts verscherzt.

Auch und erst recht ist *Paulus* ein wandelndes Beispiel für die Arbeit, die Gott für Menschen aufwendet. Zum einen ist Paulus bereits mit seiner Lebensgeschichte ein Zeugnis für die göttliche Gnade. Und zum anderen ist er – im Unterschied zu Petrus – der weit hinaus wirkende Bote Gottes, der durch sein Wortzeugnis – die Verkündigung des Evangeliums – viele Menschen für Jesus gewonnen hat.

Paulus verweist also Timotheus im Blick auf die Auseinandersetzung mit denen, die aus dem Evangelium ein neues Gesetz machen wollen, auf seine Lebensgeschichte.

In **Kapitel 2** redet Paulus – das ist für die Pastoralbriefe typisch – davon, daß auf eine gewisse Ordnung des Gottesdienstes zu achten sei.

Das betrifft hier in erster Linie das Gebet. Das Gebet ist vorrangig vor allem anderen, speziell das Gebet als Fürbitte für die Errettung von Menschen. *»So ermahne ich nun, daß man vor allen Dingen tue Bitte, Gebet, Fürbitte und Danksagung für alle Menschen, für die Könige und für alle Obrigkeit, damit wir ein ruhiges und stilles Leben führen können in aller Frömmigkeit und Ehrbarkeit«* (V. 1 f.).

Gemeint ist also das gottesdienstliche Gebet. Dies Gebet ist vorrangig vor allem anderen *(»vor allen Dingen«)*.

In den Paulusbriefen, vor allem in den Pastoralbriefen hat man den Eindruck, daß hier eine gewisse aufsteigende Rangordnung der Aufgaben der Gemeinde vorliegt (vgl. Abb. 66). »Alles, was ihr tut mit Worten oder mit Werken, das tut alles im Namen des Herrn Jesus . . .« (Kol 3,17). Das betrifft zunächst den Beruf und die Familie (vgl. 1. Tim 5,8: »Wenn aber jemand die Seinen, besonders seine Hausgenossen, nicht versorgt, hat er den Glauben verleugnet und ist schlimmer als ein Heide«). Dann folgt das Zeugnis des Glaubens, das gewissermaßen den Hauptberuf von Christen darstellt.

Dann aber folgt das Gebet; und die höchste Stufe dessen ist die Fürbitte für den Lauf des Evangeliums, daß doch Menschen zum Glauben kommen, weil nichts so wichtig ist wie das.

In diesem Zusammenhang der Vorrangigkeit von Gebet und Fürbitte steht das Wort, das besagt, daß Gott *»will, daß allen Menschen geholfen werde und sie zur Erkenntnis der Wahrheit kommen«* (V. 3 f.). Beim Gebet sollen Christen also mit daran denken und dazu mitwirken, *»daß allen Menschen geholfen werde . . .«*

In den Versen 8 - 15 gibt Paulus noch Einzelanweisungen zum Gebet und zum Verhalten im Gottesdienst.

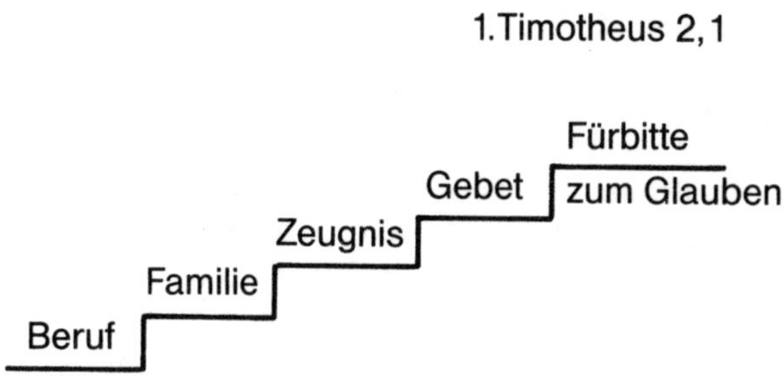

Abb. 66: Die Rangfolge der Aufgaben

Kapitel 3 handelt von Amtsträgern in der Gemeinde, von den Ältesten *(»Bischöfen«*, V. 1-7) und den *»Diakonen«* (V. 8-13). Bei der Besetzung der Gemeindeämter ist darauf zu achten, daß die geeigneten Männer ausgewählt werden.

Paulus sagt, man solle sie nicht zu früh in ihr Amt einsetzen; sie sollen keine Neulinge sein. Die Gemeinde ist nicht der Ort, an dem jemand schnell Karriere machen und »etwas werden« kann (vgl. V. 6). Zwar sagt Paulus zu Timotheus auch: »Niemand verachte dich wegen deiner Jugend« (1. Tim 4,12a), doch soll es in der Gemeinde keine Emporkömmlinge geben. Das würde zu Fehlentwicklungen führen.

Es ist auch davon die Rede, daß für die Berufung von Ältesten und Diakonen gleiche Voraussetzungen gelten (vgl. V. 2 ff. 8 ff.). Sie sollen ihren Häusern gut vorstehen und Männer je *einer Frau* sein (von Ehelosigkeit wird nicht gesprochen, aber die Vielweiberei wird hier abgewiesen).

Paulus ermahnt Timotheus auch, er solle nicht zu schnell eine Klage über einen Ältesten annehmen; solch ein Vorwurf sei besonders sorgfältig zu prüfen (5,19). Dann, wenn sich aber so etwas als wahr erweist, solle der Betreffende in der Öffentlichkeit zurechtgewiesen werden, auf daß doch in der Gemeinde nicht irgend etwas vernebelt wird (5,20).

Die Diakone sind also nicht so etwas wie Diener unteren Ranges, die nur für praktische Aufgaben zuständig wären. Beide, Älteste und Diakone, *»sollen das Geheimnis des Glaubens mit reinem Gewissen bewahren«* (V. 9).

Übrigens sind auch die Frauen erwählt, ausgesprochen und vor allem bei den Diakonen. Deren Frauen sollen auch recht im Glauben stehen, dienstbereit sein usw. (vgl. V. 12). Es werden also hohe Anforderungen gestellt, wenn jemand dessen gewürdigt ist, Mitarbeiter Gottes und im Dienst Seiner Gemeinde zu sein.

Paulus schließt Kapitel 3 mit einem Lobpreis ab: *»Groß ist, wie jedermann bekennen muß [d.h. zum Kundmachen groß ist], das Geheimnis des Glaubens: Er ist offenbart im Fleisch, gerechtfertigt im Geist, erschienen den Engeln, gepredigt den Heiden, geglaubt in der Welt, aufgenommen in die Herrlichkeit«* (V. 16). Das, was Paulus hier als *»das Geheimnis des Glaubens«* weitergibt, muß also an die Öffentlichkeit. Das ist das, was nicht auf der Hand liegt und für alle Menschen offensichtlich ist. Es ist das »gottselige Geheimnis« (LÜ 1912), das Geheimnis, das voll von Gott und seiner Wirksamkeit ist. Das ist der Gipfel dessen, was Gott als Schöpfer, Erhalter und Erretter der Welt tut.

»Er ist offenbart im Fleisch, gerechtfertigt im Geist ...« Hiermit wird im Grunde genommen wieder der Christus-Weg beschrieben, der Weg, auf dem Christus in diese Welt kommt – in einer eigenartigen Sprache. Das ist Jesu Weg zur Rettung der Menschen – das »Christusprogramm« Gottes (siehe Abb. 67).

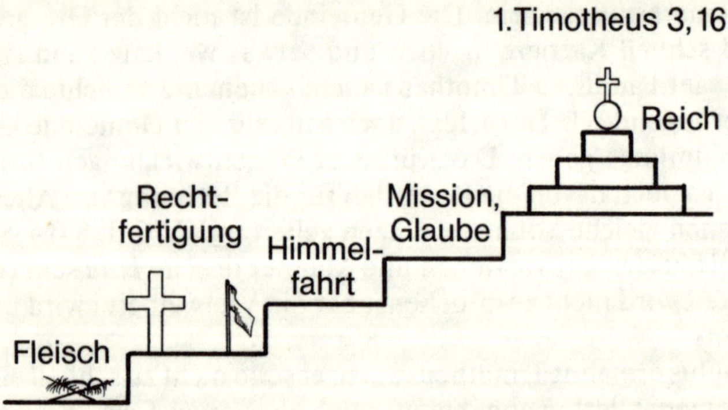

Abb. 67: Das »Christusprogramm« Gottes

Zu dem *»Geheimnis des Glaubens«* gehört, was Paulus in einer äußerst gefüllten Sprache aufzählt:

a) *»Er ist offenbart im Fleisch ...«*: Gott ist Mensch geworden.

b) *»... gerechtfertigt im Geist ...«*: Was ist mit dieser merkwürdigen Formulierung gemeint? Jesus ist zwar an das Kreuz gegangen, aber

noch schien offen, ob das wirklich etwas bedeutete und für die Menschen erbrachte. Würde Gott dieses Opfer annehmen?
In der Predigt des Petrus (Apg 2 f.) wird Ostern so gedeutet: Gott hat Jesus gerechtfertigt und gesagt, Jesus sei das Lamm geworden, das der Welt Sünde trägt (vgl. Jes 53). Gott akzeptiert das; er nimmt Jesu Dienst an. Er hat sich zu ihm bekannt und ihn vom Tode auferweckt. Damit ist Jesus auch dadurch gerechtfertigt, daß er den Geist – als Ertrag seines Hingangs zum Vater – senden durfte.

c) *»... erschienen den Engeln ...«*: Das Wort des Urtextes *»erschienen«* ist der Fachausdruck für einen ganz besonderen Vorgang damals am kaiserlichen Hof in Rom.
Der Thronnachfolger eines römischen Kaisers war nur selten einer von dessen leiblichen Söhnen; denn das so ungeheuer große römische Reich konnte nur von einem Mann regiert werden, der besondere geistige und körperliche Voraussetzungen mit sich brachte und umfassende Kenntnisse hatte. Solch ein Mann war etwa ein General oder ein Feldherr. Daher adoptierte ein römischer Kaiser zum Beispiel einen General oder einen Feldherrn und stellte diesen Adoptivkaiser den hohen Hofbeamten im Thronsaal als seinen Nachfolger vor.
Wie jener Adoptivkaiser vor den Hofbeamten *»erschienen«* ist, so hat Gott der Vater seinen Sohn gewissermaßen den unsichtbaren Mächten vorgestellt.

d) *»... gepredigt den Heiden ...«*: Dieser Vorgang geschieht jetzt (in der Zeit zwischen Jesu Himmelfahrt und seiner Wiederkunft): Das ist die Völkermission.

e) *»...geglaubt in der Welt...«*: In früheren Revisionen der Lutherübersetzung hieß dies »geglaubet *von* der Welt«. Aber die *»Welt«* glaubt doch nicht an Jesus! Die Formulierung »geglaubt *in* der Welt« trifft freilich zu: In allen Völkern werden bis zu Jesu Wiederkunft Menschen sein, die »in der Welt glauben«.

f) *»...aufgenommen [erhoben] in die Herrlichkeit«*: Hier ist (wie in Punkt e) mit *»aufgenommen [erhoben]«* wieder ein Fachausdruck aus der Sprache der griechisch-römischen Politik übernommen worden.
Wenn der Kaiser den so Auserkorenen (vgl. Punkt e) mit allem Glanz und Gepränge in sein Amt als künftiger Regierungsfürst ein-

gesetzt hatte, so wurde dieser »aufgenommen in die Herrlichkeit«. Damit ist im Blick auf Christus nicht die Himmelfahrt gemeint, sondern dies, daß er einmal über Himmel und Erde der Herr sein wird. Es ist dabei also an Jesu Wiederkunft zu denken.

In den **Kapiteln 4 - 6** bekommt Timotheus Anweisungen, wie er sich gegenüber verschiedenen Gruppierungen zu verhalten habe, die in der Gemeinde existierten.

In 4,1-5 erfolgt *die zweite Auseinandersetzung mit den Irrlehrern.* Hier wendet sich Paulus gegen eine Art falscher Enthaltsamkeit. Der Apostel muß sich hier mit einer Anschauung auseinandersetzen, die die Irrlehrer eingeführt haben: daß man nämlich als Christ eine besondere Askese zu üben habe (es sei darauf zu achten, was man esse usw.). Aus allem wird so eine fromme Leistung gemacht, ein Podest, auf das sich der Mensch erhebt.

Paulus hält dem mit großer Natürlichkeit entgegen: *»Alles, was Gott geschaffen hat, ist gut, und nichts ist verwerflich, was mit Danksagung empfangen wird; denn es wird geheiligt durch das Wort Gottes und Gebet«* (V. 4 f.). Was sind demgegenüber Speisege- und -verbote!

Paulus hält dem entgegen: Allein das gilt, daß der Mensch durch Gott begnadigt wird und daß er an Gottes Thron erscheint. Es hilft dem Menschen nicht, wenn er seine (willkürlichen) eigenen Leistungen zum Podest seiner Selbstrechtfertigung macht. Was ihm hilft, ist allein dies, daß er froh und gelöst durch Gottes Gnade und Rechtfertigung lebt und so als demütiger Mensch vor Gott erscheint. So ist er in Gottes Licht, im Licht Seiner Gnade.

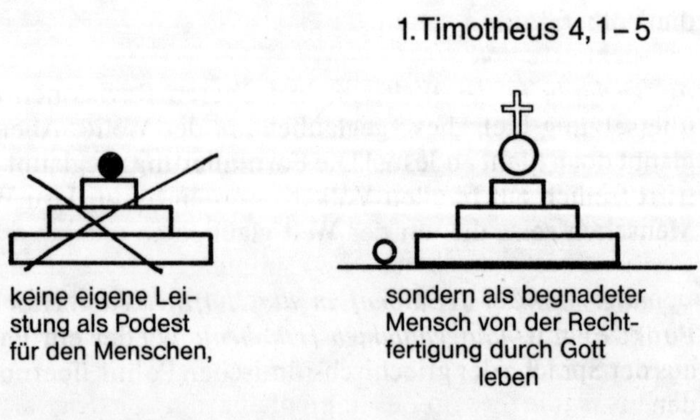

Abb. 68: Keine selbstgewählte Extraleistung!

In 4,6-16 wird Timotheus durch Paulus ermahnt, die rechte Lehre weiterzugeben (vgl. V. 6). Wenn Timotheus dies beachtet und danach seinen Dienst versieht, so wird er sich *»selbst retten und die, die (ihn) hören«* (V. 16b).

In Kapitel 5 kommt Paulus auf das Verhalten des Timotheus gegenüber Alten und Jungen in der Gemeinde zu sprechen (V. 1 f.) und darauf, wie er die Witwen zu behandeln habe (V. 3-16).

Witwen sind dann *»rechte Witwen«*, wenn sie *»ihre Hoffnung auf Gott setz(en)«* (V. 3.5). Alleinstehende Frauen in der Gemeinde – auch solche, die unverheiratet geblieben sind – sollen um so mehr für den Herrn leben, in um so herzlicherer Gemeinschaft mit ihm.

Paulus war selbst unverheiratet und hatte viel Verständnis für unverheiratete Menschen. Er sah große Möglichkeiten für solche Menschen, in besonderer Weise ihrem Herrn und in der Gemeinde zu dienen.

Timotheus bekommt auch Anweisungen im Blick auf die Gemeindeältesten (5,17-25). Timotheus soll von anderen Gemeindegliedern nicht so schnell eine Klage gegen die Ältesten annehmen (V. 19). Wenn aber begründet gegen Älteste geklagt wird, so sollen sie »vor allen« zurechtgewiesen werden (V. 20).

In der Gemeinde soll niemand »zu schnell etwas werden« (V. 22; vgl. 3,6). Auch die unbeachteten guten Werke bleiben letztlich *»nicht verborgen«* (V. 25).

Paulus kommt auch auf die Sklaven zu sprechen (was an den Philemon-Brief erinnert) und sagt hierzu interessanterweise, daß die Sklaven auch *die »Herren«* in Ehren halten sollen, die *»gläubig«* sind (6,2). Möglicherweise war es so, daß in Häusern, in denen beide, Sklave und Herr, Christen waren, der Sklave seinen Herrn nicht mehr wirklich respektierte und ernstnahm, weil beide zur selben Gemeinde gehörten.

Ehe Paulus seinen Brief abschließt, erfolgt *die dritte und letzte Auseinandersetzung mit den Irrlehrern.* Diese betrifft den Umgang mit dem Besitz (6,3-19). Paulus warnt durch Timotheus die Christen, aus dem Vertrauen an Gott ein Geschäft zu machen. Wie man aus der Frömmigkeit kein Gewerbe machen soll, so soll man auch aus dem Disputieren keinen Job machen, mittels dessen man gut durchs Leben kommt (V. 4-8). Denn *»die Frömmigkeit ... ist ein großer Gewinn für den, der sich genügen läßt«* (V. 6).

Paulus sagt in diesem Zusammenhang, die *»Geldgier«* sei eine *»Wurzel allen Übels«* (V. 10); und *»die reich werden wollen, die fallen in Versuchung und Verstrickung«* (V. 9).

Der Apostel mahnt die Christen hiermit einfach, auf einem klaren Weg der Nachfolge Jesu zu bleiben und nicht irgendwohin auszubrechen, um etwas Besonderes zu sein oder es auf billige Art und Weise »zu etwas zu bringen«.

Demgegenüber gilt es, im Glaubenskampf, im rechten Bekenntnis und Zeugnis zu bleiben. Paulus ermahnt Timotheus, daß er ein klares Zeugnis ablegen möge, wie er es bereits getan habe: *»Kämpfe den guten Kampf des Glaubens; ergreife das ewige Leben, wozu du berufen bist und bekannt hast das gute Bekenntnis vor vielen Zeugen«* (V. 12).

Christen setzen ihre Hoffnung *»nicht … auf den unsicheren Reichtum, sondern auf Gott, der uns alles reichlich darbietet, es zu genießen«* (V. 17b). Wozu? *»… daß sie Gutes tun, reich werden an guten Werken …«* (V. 18). Das ist der wahre Reichtum.

2.2 Der Brief des Paulus an Titus

Der Titus-Brief ist dem 1. Timotheus-Brief nahe verwandt und scheint in vielem so etwas wie ein Auszug des 1. Timotheus-Briefes zu sein.

Der Aufbau des Briefes (mit Kurzkommentierung):

a) 1,5-9: Von den Ältesten

b) 1,10-16: Wider die Irrlehrer

Paulus ermahnt Titus: *»Weise sie [die Irrlehrer in der Gemeinde] scharf zurecht, damit sie gesund werden im Glauben«* (V. 13b). Der Apostel zeichnet sie so: Sie, die durch das Halten von Reinheitsgeboten die Gesetzlichkeit in der Gemeinde einführen wollen, sind selbst *»unrein«*, sowohl in ihrem *»Sinn«* wie auch in ihrem *»Gewissen«* (V. 15b).

Die Kreter, unter denen Titus wirkte, kommen hier nicht gut weg. Paulus zitiert ein Sprichwort, das dort damals umlief: *»Die Kreter sind immer Lügner, böse Tiere und faule Bäuche«* (V. 12b). Er will damit Titus sagen, daß er sich nicht so schnell beirren lassen solle. Der Brief war wohl speziell für Titus und nicht für die Gemeinde bestimmt.

c) 2,1-10: Die einzelnen »Stände« in der Gemeinde

Titus erhält von Paulus Anweisungen, wie er den Alten, den Frauen, den Männern und den Sklaven die *»heilsame Lehre«* weitergeben soll. In allem gilt: *»Dich selbst … mache zum Vorbild guter Werke, mit unverfälschter Lehre …«* (V. 7 f.).

d) 2,11-14: Die heilsame Gnade Gottes ist allen erschienen

Hier faßt Paulus die biblische Botschaft wieder (vgl. 1. Tim 3,16) mit einem feinen Wort zusammen: *»Es ist erschienen die heilsame Gnade Gottes allen Menschen...«* (V. 11).

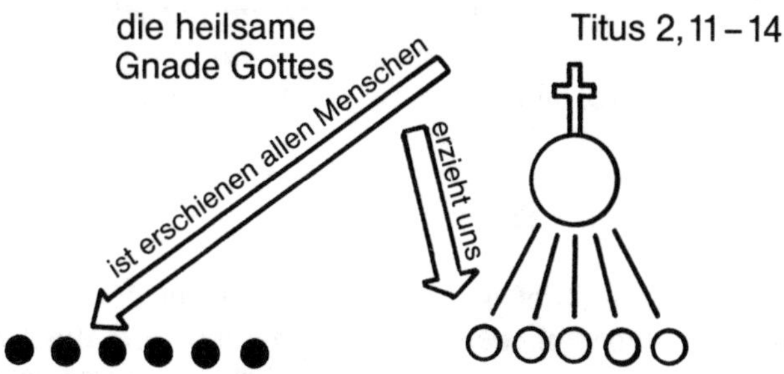

Abb. 69: Heilsame Gnade

Nachdem *»die heilsame Gnade Gottes allen Menschen erschienen ist«*, arbeitet Gott an den Menschen weiter, die sich rufen lassen.

Werden diese Menschen besonders ausgezeichnet? Setzt Gott ihnen gewissermaßen eine Krone auf das Haupt? Nein, er *»nimmt uns in Zucht [erzieht uns]«* (V. 12a) – *»uns«* Christen, also nicht die anderen Menschen!

Die göttliche Erziehung ist für Christen ein gutes Zeichen dafür, daß Gott an ihnen wirkt und in ihrem Leben handelt. »Wen der Herr lieb hat, den züchtigt er, und er schlägt jeden Sohn, den er annimmt« (Hebr 12,6; vgl. Spr 3,11 f.; Offb 3,19). Eltern können und sollen nicht *alle* Kinder erziehen; aber im Blick auf die eigenen Kinder ist ihnen die Erziehung aufgetragen.

Gott *zieht* uns Christen also zu sich, und er *erzieht* uns. Wozu? *»... daß wir absagen dem ungöttlichen Wesen und den weltlichen Begierden und besonnen, gerecht und fromm in dieser Welt leben«* (V. 12b). Ja, Gott gibt dazu auch ein Zukunftsprogramm: *»... und warten auf die selige Hoffnung und Erscheinung der Herrlichkeit des großen Gottes und unseres Heilandes Jesus Christus«* (V. 13).

Christen haben also etwas zu erwarten – auch und vor allem in einer Welt, in der viele Menschen von sich sagen, sie hätten nichts mehr zu erwarten. Das Größte und das Schönste steht noch bevor! Wir dürfen wissen, daß das Herrlichste erst noch kommt.

e) 3,1-11: *»Zu allem guten Werk bereit«* gegenüber der Obrigkeit und allen Menschen

Christen leben in der Welt und sollen auch gegenüber dem Staat *»zu allem guten Werk bereit«* (V. 1) sein und *»alle Sanftmut beweisen gegen alle Menschen«* (V. 2).

Sie werden nicht deshalb gerettet, weil sie eine besondere Gruppe von Menschen – eine Art »Extraklasse« – wären, denn Jesus *»machte ... uns selig – nicht um der Werke der Gerechtigkeit willen, die wir getan hatten, sondern nach seiner Barmherzigkeit – durch das Bad der Wiedergeburt und Erneuerung im heiligen Geist«* (V. 3-8; insbes. V. 5).

2.3 Der zweite Brief des Paulus an Timotheus

Der 2. Timotheus-Brief ist wohl der letzte Brief des Apostels Paulus, der uns erhalten geblieben ist. Paulus hat ihn vermutlich während seiner zweiten Gefangenschaft in Rom geschrieben, kurz bevor er hingerichtet worden ist (wohl im Jahr 64 n. Chr.).

Auch dieser Brief hat einen persönlichen, seelsorgerlichen Charakter und will Timotheus in einer Zeit der Bedrohung der Christen von außerhalb der Gemeinde stärken, so daß er bereit wird, bis zum Letzten standzuhalten. Der Brief ist durchwoben von der Ermahnung an Timotheus, er möge sich nicht beirren lassen, sondern »den guten Kampf des Glaubens« kämpfen.

Möglicherweise war Timotheus ein eher weicher Mann, eher ein treuer Mitarbeiter des Paulus statt selbst wie ein Fels in der Brandung. Er soll und muß in dieser neuen Lage seinen Mann stehen, in der die Brecher zu ihm gelangen und er fest stehen muß.

Paulus spricht aber auch über sich selbst. An diesen Aussagen wird deutlich, daß der gefangene Paulus sich nicht in der Hand von Menschen, sondern in Jesu Hand weiß. Zu dieser Geborgenheit und Überlegenheit, die Christus schenkt, will der Apostel seinen Mitarbeiter führen.

2.3.1 Mahnung zum furchtlosen Bekennen (1,3-2,13)

a) Furchtlos bekennen (1,3-18)

Paulus, der bereits alte Mann, der dem Tod entgegengeht, gedenkt seiner und des Timotheus vor Gott (V. 3-5). Zu dem vielleicht zurückweichenden Timotheus, der Auseinandersetzungen aus dem Wege gehen wollte, sagt Paulus: *»Gott hat uns nicht gegeben den Geist der Furcht,* *sondern der Kraft und der Liebe und der Besonnenheit. Darum schäme dich nicht des Zeugnisses von unserm Herrn noch meiner, der ich sein Gefangener bin...«* (V. 7 f.).

Der Apostel, der demnächst hingerichtet werden wird, fährt dann fort, zu sagen, was er weiß: daß Jesus Christus *»dem Tode die Macht genommen und das Leben und ein unvergängliches Wesen ans Licht gebracht hat durch das Evangelium«* (V. 10b; vgl. Abb. 70).

Um dieses Sieges Jesu willen hat Paulus die Gewißheit des Glaubens und kann er leiden: *»Ich weiß, an wen ich glaube...«* (V. 12). Einige aus Asia haben sich in Rom von Paulus abgewandt (V. 15). War es ihnen vielleicht zu gefährlich geworden? Handelt es sich bei Onesiphorus, den Paulus dankbar erwähnt, um ein bereits verstorbenes Glied der Gemeinde (V. 16-18)?

b) Wider die Leidensscheu (2,1-13)

Auch in diesem Abschnitt des Briefes ermutigt Paulus Timotheus, dem Leiden nicht auszuweichen, das um Jesu willen auf ihn zukommt: *»Leide mit als ein guter Streiter Christi Jesu«* (V. 3). Diesen Kampf durchzustehen ist für Timotheus möglich, denn *»der Herr ... wird dir in allen Dingen Verstand geben«* (V. 7b). Die Ausrüstung, die Befähigung zum geistlichen Kampf muß sich Timotheus nicht selbst machen, sondern sie wird ihm so gegeben, wie er sie braucht.

Er selbst, Timotheus, soll sich allein an Jesus halten und an das, was ihm und allen Christen durch das Evangelium geschenkt ist (V. 8). Denn ist auch der Bote Gottes im Gefängnis, *»gebunden ... wie ein Übeltäter«, so ist doch »Gottes Wort ... nicht gebunden«* (V. 9). Paulus selbst bekommt dadurch die Kraft, »alles zu dulden« – *»um der Auserwählten willen, damit auch sie die Seligkeit erlangen in Christus Jesus«* (V. 10).

2.3.2 Die Irrlehrer und das Verhältnis der Christen zu ihnen (2,14-4,8)

a) Warnung vor unnützem Wortgezänk (2,14-26)

In der Gemeinde sollen keine Wortstreitereien ihren Platz finden. Christen sollen *»nicht um Worte streiten, was zu nichts nütze ist, als die zu verwirren, die zuhören«* (V. 14b); sie sollen vielmehr *»das Wort der Wahrheit recht austeilen«* (V. 15b).

b) Das Verderben der letzten Tage (3,1-9)

Paulus warnt vor den Kennzeichen der Endzeit: *»Die Menschen werden viel von sich halten...«* (V. 2).

c) Glaube lebt in der Verfolgung (3,10-13)

Im Unterschied zu dem unter b) Genannten werden die Christen verfolgt: *»Alle, die fromm leben wollen in Christus Jesus, müssen Verfolgung leiden«* (V. 12) – und sie haben das Beispiel des Paulus selbst (V. 10 f.), der hier unter anderem als Ort seines Martyriums die Stadt Lystra nennt, aus der Timotheus stammte (V. 11).

d) Glaube lebt in der Schrift (3,14-17)

Der Glaube ist an Gottes Wort der Heiligen Schrift gebunden und darauf bezogen. Timotheus weiß das *»von Kind auf«* (V. 15), und Paulus prägt ihm neu ein: *»Alle Schrift, von Gott eingegeben, ist nütze zur Lehre, zur Zurechtweisung, zur Besserung, zur Erziehung in der Gerechtigkeit ...«* (V. 16).

e) Treue bis zum Tod (4,1-8)

Die Treue dessen, der Jesus bezeugt, reicht bis zum Tode. Wenn Paulus redet und ermahnt, so tut er das vor Gott: *»So ermahne ich dich inständig vor Gott und Christus Jesus, der da kommen wird zu richten die Lebenden und die Toten ...«* (V. 1a).

Das Evangelium darf auch in Zeiten der inneren und äußeren Gefährdung der Gemeinde nicht verschwiegen werden – innerhalb und außerhalb der Gemeinde nicht (V. 2).

Paulus sieht eine Zeit für die Gemeinde heraufziehen, die von einem Leben in der Eigenmacht gekennzeichnet ist (V. 3). Timotheus soll ungeachtet dessen das weitergeben, was er selbst von Paulus empfangen hat, und seinen Dienst in der Gemeinde *»nüchtern«* und *»redlich«* treu weiterführen (V. 5).

Dann spricht Paulus über seinen herannahenden Tod: *»Ich werde schon geopfert, und die Zeit meines Hinscheidens ist gekommen. Ich habe den guten Kampf gekämpft, ich habe den Lauf vollendet, ich habe Glauben gehalten; hinfort liegt für mich bereit die Krone der Gerechtigkeit, die mir der Herr, der gerechte Richter, an jenem Tag geben wird ...«* (V. 6-8a).

Dann betont er: *»... nicht aber mir allein, sondern auch allen, die seine Erscheinung lieb haben«* (V. 8b). Hierbei denkt Paulus wohl vor allem auch an Timotheus.

Der Tod führt alle Menschen in das Gefängnis; und Jesus hat »dem Tode die Macht genommen« (1,10) und die Rückwand dieses Gefängnisses weggenommen. Wer Jesus folgt, kommt aus diesem Gefängnis frei. Dem Feind gelingt es nicht, diesen Schaden wieder auszubessern. Er hat in Jesus seinen Meister gefunden.

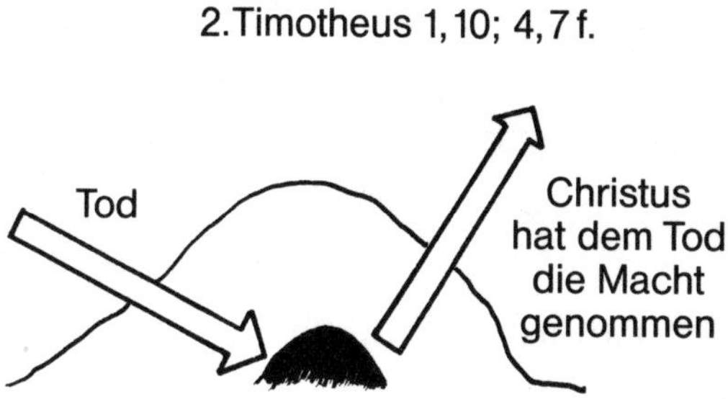

Abb. 70: Das Gefängnis des Todes hat nun eine Öffnung

Das ist die große, gewisse Hoffnung, die den gesamten Brief durchzieht. Es ist auch eine große Hoffnung im Blick auf die Zukunft der Gemeinde. Wenn die Verfolgung auch noch so groß ist, wenn auch noch so viel Irrlehre vorhanden ist, die das Evangelium zu verfremden droht, ist doch Gottes Wort nicht gebunden (2,9b).

Mit dieser Siegesgewißheit und im großen Vertrauen auf seinen Herrn ist Paulus gestorben. So stellt der 2. Timotheus-Brief geradezu eine Kostbarkeit, ein Vermächtnis dieses Dieners Gottes dar, dessen Botschaft auch uns heute neu stärken und ermutigen möchte.

2.3.3 Die persönliche Lage des Apostels und sein Gruß (4,9-22)

Timotheus soll bald zu Paulus kommen (V. 9). Lukas ist bei ihm (V. 11a); und Tychikus soll wohl Timotheus in Ephesus ablösen, wenn dieser zu Paulus reist (V. 12).

Der Brief des Paulus an Philemon*

Im Brief des Paulus an Philemon – einem der wenigen Briefe, die Paulus an einzelne Personen adressiert hat – geht es um Onesimus, der bei Philemon Sklave war.

Paulus ließ diesen Brief durch Tychikus – in dessen Begleitung Onesimus mitreiste – zusammen mit den Briefen an die Epheser und die Kolosser von Rom aus mitnehmen. So übergab Tychikus beide Briefe – den an Philemon und den an die Gemeinde in Kolossä – zur selben Zeit.

Philemon muß ein führendes Glied der Gemeinde in Kolossä und ein wohlhabender Mann gewesen sein, denn die Gemeinde kam in seinem Haus zusammen. Paulus grüßt in seinem Brief an Philemon die Gemeinde in dessen Haus (Phlm 2b). (Es ist allerdings nicht ganz klar, ob es die gesamte Gemeinde war, die sich dort traf, oder nur ein Teil der Gemeinde, sozusagen ein Hauskreis.)

Dieser Brief ist eine Fürsprache des Paulus für Onesimus. Onesimus war ein Sklave. Es wird nicht gesagt, wie er das geworden war. Vielleicht war sein Großvater in einem Krieg gefangengenommen worden; der Vater des Onesimus hat dann in der Sklaverei geheiratet bzw. wurde mit einer Sklavin verheiratet (so war das damals üblich). Auf diese Weise bekam man neue Sklaven. So war Onesimus vielleicht schon in dritter Generation Sklave.

Der Name »Onesimus« heißt übersetzt »der Nützliche«. Onesimus sollte das sein, was sein Name besagte; aber er war eher ein Nichtsnutz als ein nützlicher Mensch. Er ist seinem Herrn entlaufen. Irgendwie hat

---

* Der interessierte Leser sei darauf hingewiesen, daß Fritz Grünzweig den Philemon-Brief auch in der Reihe Edition C-Bibelkommentar ausgelegt hat (Band 19/1990). (Anm. d. Hg.)

ihm sein Leben als Sklave nicht gefallen, oder Philemon hat ihn zu hart behandelt.

Daraufhin ist zweierlei geschehen: Zum einen ist seit diesem Vorfall Philemon (möglicherweise durch Paulus in Ephesus) zum Glauben gekommen; zum anderen ist auch Onesimus gläubig geworden – bei Paulus in Rom. (Vielleicht hat Onesimus in Rom als einfacher Arbeiter oder Tagelöhner gelebt.)

Paulus benützt in seinem Brief ein Wortspiel, mit dem er sagt, daß ihm Onesimus, »der früher unnütz war, jetzt aber ... sehr nützlich geworden ist«. Onesimus ist also tatsächlich ein »Onesimus« – ein Nützlicher – geworden (V. 11).

Daran ist zu sehen, daß ein Mensch durch die Bekehrung, durch den Heiligen Geist das wird, was er eigentlich ursprünglich sein sollte, wozu er geschaffen worden ist. War der Name des Onesimus bisher eine Lüge, so wurde sein Name jetzt wahr: Er wurde »ein Nützlicher« für Jesus Christus, auch für Paulus. So sollte er es auch wieder für Philemon werden.

Paulus hätte Onesimus wohl gerne behalten. Man kann die Worte des Paulus im Philemon-Brief als eine versteckte Bitte verstehen oder als eine etwas vorsichtige, zurückgehaltene Anfrage, ihm doch diesen Mann wieder zurückzuschicken. Aber diese Angelegenheit sollte korrekt erledigt werden.

Man kann sich vorstellen, was das ausgelöst hat, als der geflohene Onesimus nach Kolossä zurückgekommen war (nach seiner Reise mit Tychikus*). Philemon wird die Frage der Leute, die in seinem Haus zusammengekommen waren, gespürt und von dem Brief erzählt haben, dem Fürsprachescheiben des Paulus. Alle dürften sich mitgefreut haben, daß Onesimus gläubig war. Das entscheidende Wort von Paulus in seinem Brief an Philemon lautet: »Vielleicht war er [Onesimus] deshalb eine Zeitlang von dir getrennt, damit du ihn auf ewig wieder hättest, nun nicht mehr als einen Sklaven, sondern als einen, der mehr ist als ein Sklave: ein geliebter Bruder ...« (V. 15 f.).

Das war kennzeichnend für die Christenheit damals, daß keine Revolution gemacht wurde, daß die sozialen und politischen Verhältnisse nicht umgestürzt wurden. Es ging nicht um eine Revolution der sozialen Verhältnisse, sondern um eine Revolution der Herzen: eine Erneuerung der Herzen durch Gott und durch seinen Geist.

Die sozialen Verhältnisse sind menschlich-relativ. In *dieser* Weltzeit werden die sozialen Unterschiede nicht einfach aufgehoben. Es wird in

* Vgl. dazu den Einleitungsteil im Kapitel über den Kolosserbrief. (Anm. d. Hg.)

diesem Äon immer Leute geben, die eher Untergebene und andere, die eher Vorgesetzte sind. Ohne eine solche Ordnung kommt man nicht aus.

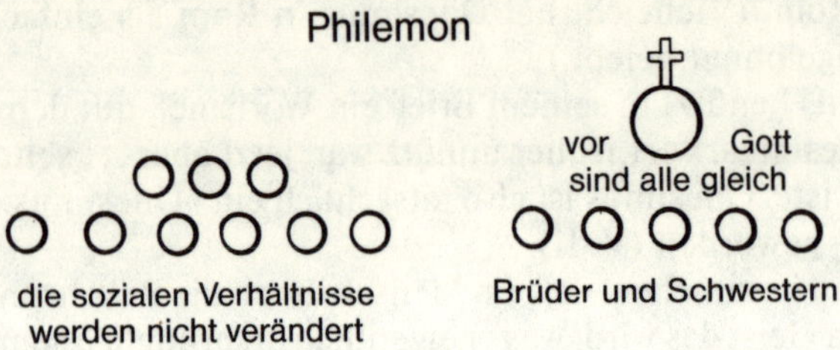

Abb. 71: Keine Revolution der sozialen Verhältnisse, sondern eine Revolution der Herzen

Aber das alles ist relativiert, d.h. es ist eine geringe Angelegenheit gegenüber dem, daß vor Gott die Glaubenden alle Brüder und Schwestern sind – also gleichrangig, auf derselben Ebene.

Das hat für das alltägliche Verhalten große Auswirkungen. Ähnlich sagt Paulus im Epheserbrief, daß die Sklaven aufpassen sollten, daß sie auch *die* »Herren«, die gläubig sind, die Brüder sind, doch ernstnehmen und nicht gering achten (Eph 6,5 ff.) Umgekehrt ermahnt Paulus dort die »Herren«, sie mögen doch bedenken, daß sie einen Herrn im Himmel haben: »Bei ihm gilt kein Ansehen der Person« (Eph 6,9). Vor Gott sind alle gleich, sind alle Brüder und Schwestern.

So hat Philemon in Onesimus also einen Bruder gewonnen!

Die beiden Briefe des Petrus und der Brief des Judas

1. Einleitung

1.1 Der Verfasser

Bei den Petrus-Briefen wird man an das Wort Jesu an Petrus erinnert: »Wenn du dereinst dich bekehrst, so stärke deine Brüder« (Lk 22,32b). Dieser Aufforderung Jesu ist Petrus in ganz besonderem Ausmaß in seinen Briefen nachgekommen: Er hat Brüder und Schwestern gestärkt und getröstet.

Petrus schrieb »aus Babylon« (5,13). Damit könnte wirklich die Stadt Babylon gemeint sein. In der ehemaligen babylonischen Hauptstadt befand sich eine große jüdische Synagoge (Archäologen haben dort Interessantes gefunden), und es ist schon anzunehmen, daß dort auch eine Christengemeinde war.

Aber älteste außerbiblische Berichte besagen, Petrus sei in Rom gewesen und sei auch dort unter dem Kaiser Nero hingerichtet worden. Es wird auch bezeugt, daß der Name Babylon ein Deckname für Rom gewesen sei.

Bei Petrus war zum einen Markus, der ehemalige Begleiter des Barnabas und des Paulus, der auch das zweite neutestamentliche Evangelium verfaßt hat; zum anderen wird insbesondere Silvanus/Silas (der Paulus auf der zweiten Missionsreise begleitete) erwähnt (5,12 f.).

Silvanus war ein Auslandsjude, ein Mann, der von seiner Bildung her vom Griechentum geprägt war. Durch ihn hat Petrus den Brief schreiben lassen. Die Aussage in 5,12: »Durch Silvanus, den treuen Bruder ... habe ich euch wenige Worte geschrieben« wird wohl bedeuten, daß Petrus, der ja ein Jude aus Palästina war (vom See Genezareth), seinen Brief in Aramäisch diktiert und Silvanus das Diktat entgegengenommen, in ein gewandtes Griechisch übersetzt und aufgeschrieben hat.

Das ist deshalb wichtig, weil im Rahmen der exegetisch-textkritischen Forschung immer wieder behauptet wird, der 1. Petrus-Brief könne nicht von Petrus sein. Denn dieser Brief sei in einem so gewandten Griechisch verfaßt, wie es Petrus, der einfache Fischer vom See Genezareth, nicht gesprochen haben könne.

1.2 Die Adressaten

An wen ist der 1. Petrus-Brief gerichtet? In 1,1 sind »die auserwählten Fremdlinge, die verstreut wohnen in Pontus, Galatien, Kappadozien, der Provinz Asien und Bithynien« als Adressaten genannt.

Die Worte »die verstreut wohnen« heißen im Griechischen *diaspora.* Christen sind in der Welt immer in der »Diaspora« – sie leben hineingestreut unter die Nichtglaubenden. Sie sind »Fremdlinge«.

Pontus, Galatien, Kappadozien, die Provinz Asien und Bithynien – das sind alles Gebiete, Landschaften und Provinzen in Kleinasien, in denen Paulus gearbeitet hatte.

Daher hat man gefragt, wieso Petrus an Gemeinden geschrieben habe, die ausdrücklich zum Arbeitsfeld des Paulus gehört haben und weitgehend von ihm gegründet worden waren.

Das läßt sich am ehesten so erklären: Paulus lag in Rom gefangen. Zeitweise hatte er zwar einige Freiheiten; er konnte unter anderem Briefe schreiben. Als es aber auf den Prozeß zuging, war es mit der Freiheit aus. Der Philipper-Brief war der letzte Brief, den Paulus während seiner ersten römischen Gefangenschaft schreiben konnte; bei seinem zweiten Gefängnisaufenthalt war der 2. Timotheus-Brief der letzte Brief, ja der letzte Brief von Paulus überhaupt. Danach konnte er nicht mehr schreiben und hat vermutlich Petrus gebeten oder bitten lassen, doch die angefochtenen Gemeinden in Kleinasien von ihm zu grüßen und sie zu stärken.

Kaum irgendwo waren die Christen damals und noch in der Zeit danach so angefochten wie in Kleinasien. Denn das Heidentum wie auch die Verehrung des Kaisers als einer Gottheit waren in Ephesus, ja in gesamt Kleinasien besonders stark verbreitet. (Auch die Sendschreiben der Offenbarung des Johannes [Kap. 2 f.], die ca. 30 Jahre danach geschrieben worden sind, zeigen, wie angefochten die Christen dort waren.)

Man hat schon gemeint, die Adressaten des 1. Petrus-Briefes – diese Menschen in der Diaspora – seien Juden oder Judenchristen gewesen, aber keine Heidenchristen. So sei der 1. Petrus-Brief an Judenchristen, nicht an Heidenchristen – und nicht unmittelbar an uns Christen heute, sofern wir keine Judenchristen sind.

Das trifft gewiß nicht zu. Denn Petrus charakterisiert in 1,14 die Adressaten deutlich als Menschen, die vor ihrer Bekehrung zu Jesus Christus ohne Wissen, ohne Erkenntnis ihren Lüsten und Begierden lebten. Der Ausdruck, der hierfür im Griechischen steht, war die gebräuchliche Redewendung, mit der die Juden die Heiden bezeichneten, die in ihrer Umgebung lebten: daß diese unwissend ihren Lüsten lebten, gewissermaßen dahintaumelnden, als Spielball ihren eigenen Gelüste preisgegeben.

»Als gehorsame Kinder gebt euch nicht den Begierden hin, denen ihr früher in der Zeit eurer Unwissenheit dientet« – das hätte niemand an Judenchristen geschrieben; das konnte nur an Heidenchristen geschrieben werden.

Damit ist dasselbe gemeint wie in Epheser 2 und Römer 11: daß nämlich Judenchristen und Heidenchristen *eine* Gemeinde bildeten. Nichts schließt Christen so zusammen wie der *eine* Glaube an Jesus Christus, ganz gleich, welcher Rasse, Hautfarbe oder Nation sie sind.

So ist auch der 1. Petrus-Brief an die Gemeinde geschrieben, die aus Judenchristen und Heidenchristen besteht.

1.3 Zum zweiten Brief des Petrus

Der 2. Petrus-Brief ist vielleicht ein halbes Jahr nach dem ersten Brief geschrieben worden. Er stammt vom selben Absender wie der erste, aber die Übersetzung des Briefes ins Griechische und die Niederschrift wurden wohl von einem anderen ausgeführt. Der Empfängerkreis des 2. Petrus-Briefes ist derselbe wie beim 1. Petrus-Brief.

Während der erste Brief ausgesprochen tröstenden Charakter hat, ist der zweite Brief eher in einem ermahnenden, belehrenden und warnenden Sinne verfaßt. Er will mit dem Ausblick auf die große Hoffnung zu einem Jesus gemäßen Leben im Alltag ermahnen.

Das hat freilich seinen Grund: Inzwischen waren Irrlehren in größerem Umfang in die Gemeinden eingedrungen, was ja in Kleinasien durchgehend die Gefahr war*. Diese Irrlehrer verfälschten die Freiheit in Christus zum Deckmantel der Bosheit und verführten zur Gesetzlosigkeit (vgl. 3,15; siehe auch Röm 6,1.15). Sie machten die Wieder-

* Vgl. die Einleitungen in den Kapiteln zu den Briefen an die Epheser und Kolosser sowie an Timotheus. (Anm. d. Hg.)

kunftserwartung lächerlich (3,3 f.), um auf diese Weise mehr »Freizügigkeit« für das Leben zu haben.

Petrus redet in diesem Brief noch nachdrücklicher als in seinem ersten Brief, weil er um seinen eigenen Abschied (1,14) und um den Abschluß der Gnadenzeit überhaupt (Kap. 3) weiß.

2. Zum Einzelnen

2.1 Der erste Brief des Petrus

Die Eingangsverse (1,1 f.) wurden oben (1.2) ausgelegt. – Man kann den 1. Petrus-Brief in etwa einteilen, aber nicht stark untergliedern. Es ist kein so klar fortschreitender Gedankengang in diesem Brief zu finden, wie das vor allem bei den Briefen des Paulus der Fall ist. Petrus hat einen anderen Denk- und Schreibstil.

Dennoch läßt sich der 1. Petrus-Brief so einteilen, daß wir einen kleinen Anhalt über seinen Inhalt bekommen:

a) Das Verhältnis der Christen zu Gott (1,3-2,10)
b) Das Verhältnis der Christen zu ihrer Umgebung, zu der heidnischen Umwelt, in der sie leben (2,11-3,7)
c) Das Verhältnis der Christen untereinander und ihr gemeinsames Zeugnis nach außen (3,8-5,9)

2.1.1 Christen in ihrer Stellung zu Gott als Auserwählte (1,3-2,10)

Der erste Teil des Briefes betrifft das Verhältnis der Christen zu Gott. Diesen Teil könnte man auch überschreiben: »Gottes große Taten an uns.«

a) Die lebendige Hoffnung durch Christi Auferstehung (1,3-12)

Der Brief beginnt (nach dem Eingangsgruß) mit einem wunderbaren Wort der Hoffnung: *»Gelobt sei Gott, der Vater unseres Herrn Jesus Christus, der uns nach seiner großen Barmherzigkeit wiedergeboren hat zu einer lebendigen Hoffnung durch die Auferstehung Jesu Christi von den Toten, zu einem unvergänglichen und unbefleckten und unverwelklichen Erbe, das aufbewahrt wird im Himmel für euch, die ihr aus Gottes Macht durch den Glauben bewahrt werdet zur Seligkeit, die bereit ist, daß sie offenbar werde zu der letzten Zeit«* (V. 3-5).

Diese Hoffnung darf und soll das Leben von Christen bestimmen, auch derer, die *»jetzt eine kleine Zeit, wenn es sein soll, traurig (sind) in mancherlei Anfechtungen«* (V. 6), und soll dazu führen, daß ihr *»Glaube als echt und viel kostbarer befunden werde als das vergängliche Gold, das durchs Feuer geläutert wird, zu Lob, Preis und Ehre, wenn offenbart wird Jesus Christus«* (V. 7).

Dann spricht Petrus von der *»unaussprechlichen und herrlichen Freude«,* mit der sie sich dann freuen werden, wenn Jesus Christus offenbar wird (V. 8).

»Nach dieser Seligkeit haben gesucht und geforscht die Propheten« (V. 10), die Christen haben das aber empfangen.

Das ist ein Wort reichen Trostes in einer hoffnungslosen Welt!

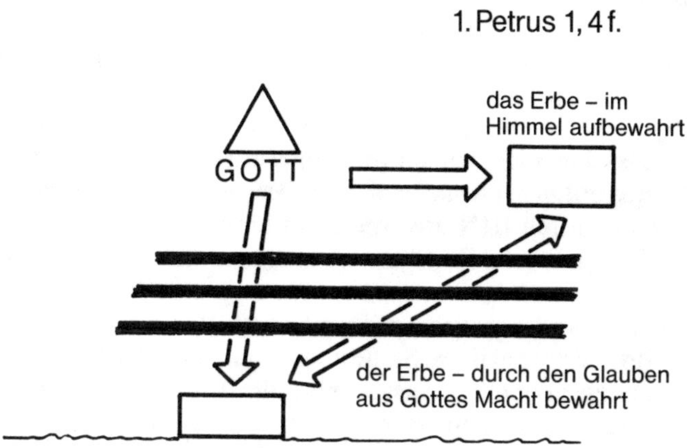

Abb. 72: Der Erbe auf Erden – das Erbe im Himmel

Ich habe eine Passage aus dem schönen Satz, der gewissermaßen die Eingangspforte in den Brief bildet, in einer Abbildung grafisch dargestellt (V. 4 f.).

J.A. Bengel hat zu diesem Satz gesagt: »Das Erbe wird behalten [d.h. im Himmel verwahrt], die Erben werden [auf Erden] bewahrt.«

Christen müssen also nicht unter der Anfechtung leiden, daß sie schon glauben, daß das Erbe zwar im Himmel verwahrt werde, daß aber zweifelhaft sei, ob sie selbst in diesem Leben durchkommen und einmal dieses Erbes teilhaftig werden. Denn dieses Erbe wird auf doppelte Weise verwahrt.

In Abbildung 72 sollen die drei schwarzen Balken die sichtbare Grenze zwischen sichtbarer und unsichtbarer Welt darstellen. In der unsichtbaren Welt, im Himmel wird das Erbe behalten, verwahrt – in der sichtbaren Welt, auf Erden wird der Erbe bewahrt, und zwar durch *»Gottes Macht«* (vgl. V. 5).

Das gibt uns Heilsgewißheit – nicht weil wir Christen so treue Menschen wären, sondern weil wir einen so treuen Gott haben.

b) Geheiligtes Leben aufgrund dieser Hoffnung (1,13-25)

In dem zweiten Teil von Kapitel 1 fordert Petrus dazu auf, der großen Hoffnung und Gewißheit, von der im ersten Teil des Kapitels die Rede ist, entsprechend zu leben. Die Christen sollen als Kinder Gottes leben und sich so bewähren.

Sie sollen sich daher nicht *»den Begierden hingeben«*, wie sie es vor ihrem Glauben an Jesus getan hatten. Das muß jetzt vorüber sein – sind sie doch *»erlöst ... von (ihrem) nichtigen Wandel«* (V. 18b).

In diese Aussagen darüber, daß Christen ihrem Herrn gemäß leben sollen, flicht Petrus also Aussagen von grundsätzlicher Natur ein. Er sagt, wieviel IHN das gekostet hat, daß Menschen vom Feind los sein dürfen. Das darf nicht wieder verspielt werden. Petrus fordert die Briefempfänger auf: *»Seid nüchtern und setzt eure Hoffnung ganz auf die Gnade«*, die durch IHN erworben worden ist (V. 13b).

Der Loskauf vom Feind durch Jesus erfolgte *»nicht mit vergänglichem Silber oder Gold ..., sondern mit dem teuren Blut Christi als eines unschuldigen und unbefleckten Lammes«* (V. 18 f.).

Martin Luther hat diese Stelle aus dem 1. Petrus-Brief in seiner Auslegung des zweiten Glaubensartikels aufgegriffen: »Ich glaube, daß Jesus Christus ... sei mein Herr, der mich verlornen und verdammten Menschen erlöset hat, erworben und gewonnen von allen Sünden, vom Tode und von der Gewalt des Teufels, *nicht mit Gold oder Silber, sondern mit seinem heiligen, teuren Blut und mit seinem unschuldigen Leiden und Sterben ...*«

Die Sache mit dem Loskauf war auch für viele der damaligen Empfänger dieses Briefes eine Frage. Unter diesen Christen waren ja – wie Kapitel 2 zeigt – viele Sklaven.

Sklaven waren im alten Rom in Mengen vorhanden, denn die zahlreichen Eroberungskriege Roms waren nicht zuletzt eine Art von Sklavenbeschaffungsaktionen. Die kaiserliche Hofhaltung, der hohe Aufwand in den Offizierskasinos und die Kriege überhaupt wurden zum großen Teil dadurch finanziert, daß man die gefangenen jungen Männer und Mädchen als wertvolle Sklaven dem Sklavenhandel zuführte.

Sie wurden an die Meistbietenden verkauft und hatten keine Aussicht, wieder freizukommen. Sklaven wurden häufig untereinander verheiratet, und so blieben die folgenden Generationen auch in der Sklaverei.

Manche Menschen gerieten auch wegen ihrer hohen Schulden in Sklaverei. Sie (d.h. ihre Arbeitskraft) wurden genauso verkauft wie ihr Hab und Gut.

Jeder dieser Sklaven träumte davon, daß einmal ein Philanthrop, ein »Menschenfreund«, kommen und ihn freikaufen würde, wie es ja ab und zu auch geschah.

Petrus nimmt dies, was damals eine so große Rolle spielte, im Bild vom Loskauf (von der »Erlösung«) auf und drückt damit aus: ›Ihr Christen seid alle in die Sklaverei geraten, ja ihr habt euch darin vorgefunden und dies selbst bestätigt und betätigt, daß ihr Sklaven des Feindes seid. Nun ist der eine Philanthrop, der Menschenfreund ohnegleichen, gekommen und hat euch losgekauft. Er ist arm geworden um unseretwillen. Aber das hat noch nicht ausgereicht: Es war nötig, daß er sein Blut gab. *So* hat er Menschen freigekauft *(»erlöst«)*.‹

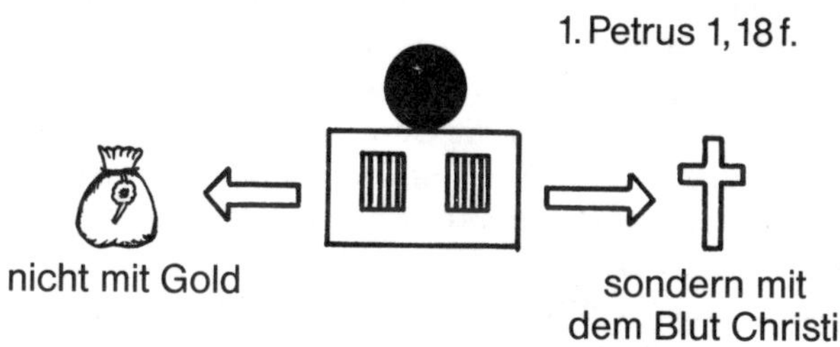

Abb. 73: Der Loskauf vom Feind durch Jesus

Abbildung 73 veranschaulicht das: In der Mitte befindet sich das Gefängnis des Feindes. Der Geldsack (Abb. 73, links) reicht nicht aus, um Menschen aus diesem Gefängnis freizukaufen *(»nicht mit vergänglichem Silber oder Gold«)*. Es bedarf dazu des *»teuren Blutes Christi«* (Abb. 73, rechts). Durch sein Kreuz öffnet Jesus das Gefängnis und führt diejenigen in die Freiheit heraus, die zuvor darin gefangen waren.

Es war für die Ohren der Menschen jener Zeit wirklich tröstlich, von dieser Freiheit zu hören.

Daraus ergibt sich (wie oben gesagt) für die so Befreiten die Konsequenz, diesem Herrn gemäß zu leben: *»Wie der, der euch berufen hat,* *heilig ist, sollt auch ihr heilig sein in eurem ganzen Wandel«* (V. 15). Die »Reinigung« durch den Loskauf vom Feind führt zur Reinheit und Lauterkeit des Lebens (vgl. V. 22).

Was waren das für Worte in der Antike, die in sittlicher Hinsicht solch einen großen Niedergang erlebte!

c) Das Gottesvolk des Neuen Bundes (2,1-10)

Die Freigekauften (siehe b) dürfen etwas Wunderbares sein: Aus ihnen wird eine Priesterschaft, ein Haus Gottes, ein Tempel! *»Ihr als lebendige Steine erbaut euch zum geistlichen Hause und zur heiligen Priesterschaft, zu opfern geistliche Opfer, die Gott wohlgefällig sind durch Jesus Christus ... Ihr ... seid das auserwählte Geschlecht, die königliche Priesterschaft, das heilige Volk, das Volk des Eigentums, daß ihr verkündigen sollt die Wohltaten dessen, der euch berufen hat von der Finsternis zu seinem wunderbaren Licht; die ihr einst ›nicht ein Volk‹ wart, nun aber ›Gottes Volk‹ seid, und einst nicht in Gnaden wart, nun aber in Gnaden seid (Hosea 2,25)«* (V. 5.9).

Damit wird das zitiert und aufgenommen, was in 2. Mose 19 steht, wo Gott vor dem Bundesschluß am Sinai zu den Israeliten sagt: »Werdet ihr nun meiner Stimme gehorchen und meinen Bund halten, so sollt ihr mein Eigentum sein vor allen Völkern ... Ihr sollt mir ein Königreich von Priestern und ein heiliges Volk sein« (2. Mose 19,5 f.).

Das wird in 1. Petrus 2,9 auf die Gemeinde Jesu aus den Heiden und aus den Juden angewendet: Sie ist im vollen Sinn die königliche Priesterschaft, *»das Volk des Eigentums«*, was seit 2. Mose 19 modellhaft vorhanden war.

Die Glieder dieses Gottesvolks sollen vor Gott für die Welt eintreten und so den priesterlichen Dienst tun; und sie sollen von Gott her in die Welt hinein reden und so den prophetischen Dienst der Verkündigung tun *(»... daß ihr verkündigen sollt die Wohltaten dessen, der euch berufen hat von der Finsternis zu seinem wunderbaren Licht«).*

Christen werden in dieses Tempelgebäude »eingebaut« – das aber nicht einfach aus Steinen, sondern aus Menschen, aus *»lebendigen Steinen«* besteht (V. 4). Dieses Gotteshaus ist im Bau begriffen.

Im Alten Testament hat das Wort »Haus« immer einen doppelten Klang: »Haus« ist zunächst einfach ein Gebäude aus Steinen; aber mit dem Wort »Haus« kann auch eine Familie gemeint sein (»Haus Davids«, »Haus Israel« usw.). Bei letzterem hat das Wort »Haus« die Bedeutung »Geschlecht, Sippe«.

So meint es auch Petrus. Die Gemeinde Jesu ist dieses Volk Gottes, das jetzt, im Moment erbaut wird. Christen werden berufen und als

»lebendige Steine« aus dem »Steinbruch« der Welt herausgebrochen (vgl. Abb. 74, links), »behauen« (das ist die Heiligung) und in Gottes Haus »eingebaut«. Dort dienen sie als »Aufbaustoffe« dem Bau dieses neuen Tempels.

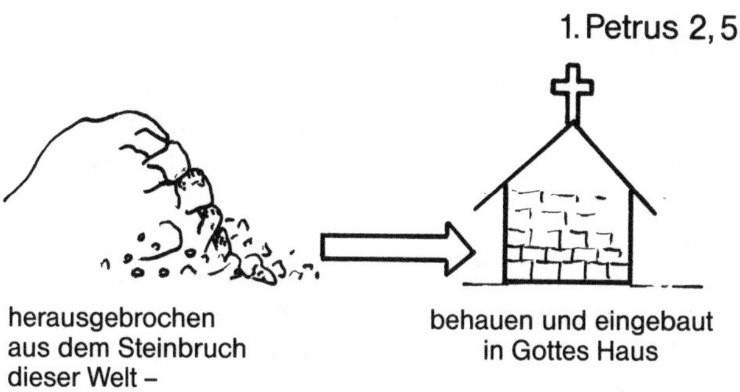

Abb. 74: Der Haus-(Tempel-)Bau Gottes

In Offenbarung 21 wird vom »neuen Jerusalem« als der Stadt Gottes gesprochen, die aus Steinen erbaut ist – »aus reinem Gold wie durchscheinendes Glas« (V. 21; vgl. V. 18). Ich nehme an, daß das Baumaterial hier auch kein toter Stoff ist, sondern als eine Schar von Menschen verstanden wird. Es heißt ja auch in Offenbarung 3,12: »Wer überwindet, den will ich machen *zum Pfeiler in dem Tempel* meines Gottes . . .« Dort hat jeder seinen Platz und seine Funktion; und *jetzt* ist die Zeit, in der Christen dazu zubereitet werden.

2.1.2 Christen in ihrer Stellung zur Welt – als Fremdlinge, die in ihren irdisch-natürlichen Lebensordnungen ihrem Herrn Ehre machen sollen (2,11-3,7)

Der zweite Teil des Briefes betrifft das Verhältnis der Christen zu ihrer Umgebung, zu der heidnischen Umwelt, in der sie leben.

a) Das Verhalten in der Welt allgemein (2,11-17)

Petrus beginnt diesen Teil seines Briefes damit, daß er zunächst sagt, wie das Verhalten von Christen vor der Welt *im allgemeinen* aussehen sollte: Sie sollen *»ein rechtschaffenes Leben unter den Heiden«*

führen (V. 12a). Für Christen gilt deshalb: *»Enthaltet euch von fleischlichen Begierden, die gegen die Seele streiten«* (V. 11b).

In den Versen 13 - 17 kommt Petrus auf die spezielle Frage zu sprechen, wie sich die Empfänger seines Briefes zur römischen Obrigkeit stellen sollen. *»Seid untertan aller menschlichen Ordnung um des Herrn willen, es sei dem König als dem Obersten oder den Statthaltern als denen, die von ihm gesandt sind zur Bestrafung der Übeltäter und zum Lob derer, die Gutes tun«* (V. 13 f.; vgl. Röm 13,1-7).

Petrus faßt seine Ermahnung in dem Satz zusammen: *»Ehrt jedermann, habt die Brüder lieb, fürchtet Gott, ehrt den König!«* (V. 17).

Mit *»König«* war der römische Kaiser gemeint. Dieser war zwar König, durfte sich aber nicht so nennen. Der Titel »Kaiser« *(caesar)* war dem Titel »König« untergeordnet (und hat erst später eine andere Bedeutung bekommen). Der Kaiser durfte nicht mit dem Titel »König« bezeichnet werden, denn Rom war ja eine Republik (seit in der Frühzeit der römischen Geschichte das Staatswesen Roms in eine Republik umgewandelt worden war).

Der 1. Petrus-Brief ist ein Brief, der sozusagen an der Eingangspforte der jahrhundertelangen Auseinandersetzung zwischen den Christen und dem römischen Staat stand.

Wie sollten sich die Christen zu diesem Staat stellen? Sie haben zwei Fehlwege vermieden:

Zum einen haben sie den Staat bzw. den Kaiser nicht gewissermaßen als göttlich angesehen und angebetet (das zu tun haben ja die römischen Machthaber so angeordnet!). Zum anderen haben sie den Staat auch nicht anarchistisch verachtet.

Es gab ja damals Strömungen, die wir heute mit dem Wort »anarchistisch« bezeichnen würden. Christen haben sich damals diesen Gruppierungen gegenüber verschlossen und nicht als Untergrundbewegung gegen die herrschende Staatsmacht aufbegehrt. (Schon Jesus hat den Zelotismus – eine jüdisch-revolutionäre Bewegung in Palästina – ausdrücklich abgelehnt [Lk 13]).

Zwischen den beiden Fehlwegen hindurchzufinden war für die Christen jener Zeit das Entscheidende.

Das war aber nicht nur damals wichtig, sondern das ist auch heute wieder aktuell. Nach einer Zeit, in der man den deutschen Nationalstaat vergottet hat (im »Dritten Reich«), erlebten wir in den letzten Jahren eine Zeit, in der man den Staat verachtet und seine Ordnung niederreißen will. Eine ausgesprochen anarchistische Strömung findet auch unter jungen Christen Anhänger, weil diese mit dem Staat nichts anfangen können.

Wer Römer 13,1-7 und 1. Petrus 2,13-17 liest, erkennt, daß der Staat eine vorläufige Notordnung Gottes für die Welt darstellt, die in Sünde geraten ist. Diese Notordnung bleibt bestehen, bis Jesus wiederkommt.

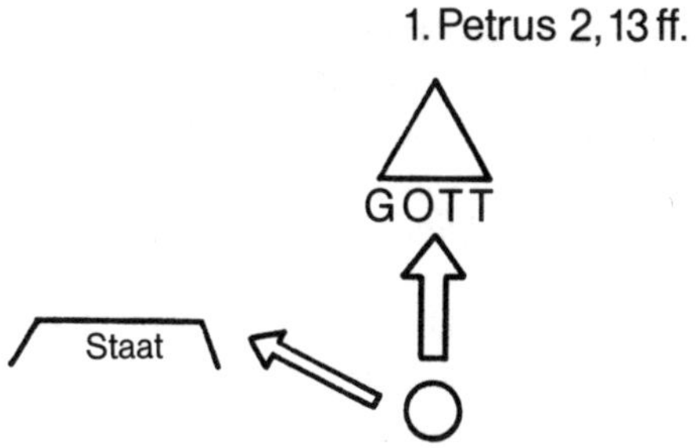

Abb. 75: Der Staat wird von Christen weder vergottet noch verachtet

Der Christ achtet den Staat als göttliche Notordnung, *»ehrt den König«* und ist *»untertan aller menschlichen Ordnung«* (V. 17b:13a). Vor allem aber *»fürchtet«* er Gott (V. 17b). *»Gottesfurcht«* war Ausdruck speziell der religiösen Verehrung (wenn man so sagen will). Diesen Ausdruck haben die Christen nicht benützt, wenn sie vom Staat und vom Kaiser sprachen.

Den Staat weder vergottend noch verachtend – so haben die Christen damals ihren Weg gefunden. Und schließlich hat der Staat anerkennen müssen, daß diese Christen wahrlich keine Revolutionäre sind, sondern sich dem Staat gegenüber loyal verhalten.

b) Das Verhalten von glaubenden Sklaven (2,18-25)

In 2,18-25 folgt ein Abschnitt mit sehr feinen, liebevollen Ausführungen zu der Frage, wie sich die glaubenden Sklaven verhalten sollen. Das ist ein ausgesprochener Trostbrief.

Petrus beginnt damit, daß er die Sklaven ermahnt: *»Ordnet euch in aller Furcht den Herren unter«* (V. 18a). Sie sollen *»um guter Taten willen leiden«* (V. 20), wenn sie Unrecht ertragen müssen (V. 19 f.).

Diese Sklaven wurden ja auch von launischen Herren hin- und herbugsiert. Gerade dann, wenn sie Christen waren und ihren Herren bereitwillig dienten, wurde das ausgenutzt, und sie mußten um so mehr arbeiten. Andere Sklaven, die keine Christen waren, wurden dann leicht zu einer verlogenen Gesellschaft, die an allen Ecken und Enden die gläubigen Sklaven hinters Licht zu führen suchten.

Petrus flicht in die Mahnungen, die er an die Sklaven richtet, wunderbare Worte über Jesus ein. An *diesem* Herrn dürfen diese Sklaven ablesen, wie sie sich unter Demütigungen und Schmähungen verhalten sollen und durch Jesus Christus auch können: *»Dazu seid ihr berufen, da auch Christus gelitten hat für euch und euch ein Vorbild hinterlassen, daß ihr sollt nachfolgen seinen Fußtapfen; er, der keine Sünde getan hat und in dessen Mund sich kein Betrug fand; der nicht widerschmähte, als er geschmäht wurde, nicht drohte, als er litt, er stellte es aber dem anheim, der gerecht richtet; der unsre Sünde selbst hinaufgetragen hat an seinem Leibe auf das Holz, damit wir, der Sünde abgestorben, der Gerechtigkeit leben. Durch seine Wunden seid ihr heil geworden«* (V. 21-24).

In einer Zeit, in der es zu Sklavenrevolten kam (z.B. beim Spartakus-Aufstand, der blutig niedergeschlagen wurde), sagt Petrus: In der Nachfolge Jesu, des Herrn, der an das Kreuz gegangen ist, dürfen die glaubenden Sklaven ihm ganz besonders nahe sein.

c) Das Verhalten von Ehegatten, deren Partner nicht Christ ist (3,1-7)

Zu den vorigen Abschnitten zu der Frage, wie Christen in einer nichtglaubenden Umgebung leben sollen, fügt Petrus noch eine Passage, in dem er mit Frauen redet, die ungläubige Ehemänner haben, und wo er vom Wandel ohne Worte spricht, hinzu (V. 1b). Die an Jesus glaubenden Frauen sollen durch ihr Tatzeugnis »reden«. Warum?

Damals war eine Frau ziemlich rechtlos. Der Mann war ihr Vormund. (Man hat noch im 19. Jahrhundert vom »Geschlechtsvormund« gesprochen!) Die Frau war praktisch entmündigt und fast der Willkür des Mannes preisgegeben. Wie schwierig war es wohl für eine Frau, in solch einer Abhängigkeit Christ zu sein, während der Mann kein Christ war!?

In dieser schwierigen Lage gab Petrus den Frauen diese feine Anleitung: *»Desgleichen sollt ihr Frauen euch euren Männern unterordnen, damit auch die, die nicht an das Wort glauben, durch das Leben ihrer Frauen ohne Worte gewonnen werden, wenn sie sehen, wie ihr in Reinheit und Gottesfurcht lebt. Euer Schmuck soll nicht äußerlich sein wie Haarflechten, goldene Ketten oder prächtige Kleider, sondern der verborgene Mensch des Herzens im unvergänglichen Schmuck des sanften und stillen Geistes: das ist köstlich vor Gott«* (V. 1-4).

Von daher verstehen wir, daß das Evangelium in jahrhundertelanger Auseinandersetzung mit Rom einfach nicht zu überwinden war, wenn solche Zeugen in den Ehen und Familien, unter den Sklaven und den Frauen waren!

2.1.3 Christen in ihrer Stellung zueinander – als Voraussetzung dafür, daß sie gemeinsam in Wort und Tat vor anderen Menschen Zeugnis geben können (3,8-5,9)

Der dritte Teil des Briefes betrifft das Verhältnis der Christen untereinander und ihr gemeinsames Zeugnis nach außen.

a) Wie wichtig ist die brüderliche Liebe unter Christen! (3,8-17)

Dieser Abschnitt mutet insofern fremdartig an, als Petrus hier so argumentiert: ›Habt einander als Christen inbrünstig lieb – aber nicht nur, um wie eine herzlich verbundene Familie zu sein, sondern um Zeugen Jesu zu sein!‹ *»Seid allezeit bereit zur Verantwortung vor jedermann, der von euch Rechenschaft fordert über die Hoffnung, die in euch ist«* (3,15).

Um miteinander nach außen hin Zeuge Jesu zu sein – was seine wunderbare Auswirkung haben wird –, muß die Stellung der Christen nach innen von der brüderlichen Liebe bestimmt sein: *»Seid allesamt gleichgesinnt, mitleidig, brüderlich, barmherzig, demütig. Vergeltet nicht Böses mit Bösem oder Scheltwort mit Scheltwort, sondern segnet vielmehr, weil ihr dazu berufen seid, daß ihr den Segen ererbt«* (V. 8 f.).

b) Der Blick auf Jesus (3,18-22)

In dem unter a) genannten Zusammenhang spricht Petrus von der Hadesfahrt Jesu.

Jesus, der ans Kreuz gegangen war, hatte und hat eine solche Segenswirkung, daß diese alle Schichten durchdrang – bis in die Totenwelt, in den Hades. Mit seinem schuldlosen Leiden hat Jesus also das Heil in alle Bereiche der sichtbaren und der unsichtbaren Welt gebracht und selbst die in Tod und Verdammnis Verschlossenen damit erreicht; dort hat er sogar *»evangelisiert«* (so V. 19 wörtlich [*». . . gepredigt den Geistern im Gefängnis«*]) allen, die dort schon seit den Tagen der Sintflut harrten. Solch eine Segenswirkung hat sein Leiden gehabt!

In diesem Zusammenhang sagt Petrus, daß Christen darauf vertrauen sollen, daß sie dann, wenn sie auch im Leiden einfältig Jesus nachfolgen, ebenfalls solchen Segen empfangen würden. Wer also ebenso willig wie Jesus ist, sich von Gott durchs Leiden führen zu lassen, wird ebenfalls eine große Segenswirkung erfahren.Die Segenswirkung des Weges Jesu in *allen* Bereichen habe ich in Abbildung 76 grafisch dargestellt. Jesus bringt das Heil in alle Bereiche. Er geht hinab bis ans Kreuz und wird über alles erhoben.

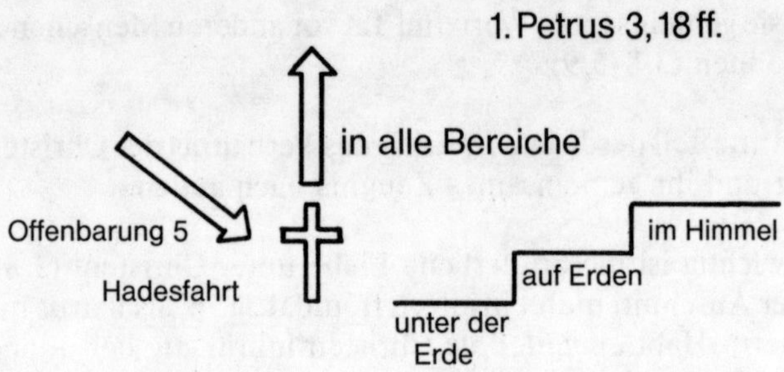

Abb. 76: Jesus bringt das Heil in alle Bereiche

c) Eine neue Seite wird aufgeschlagen (4,1-11)

In Kapitel 4 kommt Petrus noch einmal auf das jesusgemäße Leben – auch in heiliger Zucht – zu sprechen. Die Christen sollen ihr weiteres Leben nicht wie die Heiden, sondern gottgefällig leben: *»Weil nun Christus im Fleisch gelitten hat, so wappnet euch auch mit demselben Sinn ... Es ist genug, daß ihr die vergangene Zeit zugebracht habt nach heidnischem Willen«* (V. 1a. 3a).

Diese Änderung des Lebens ist um so dringlicher, als das Ziel, *»das Ende aller Dinge«* (V. 7a), nahe ist.

Darum sollen Christen nicht berauscht, sondern *»besonnen und nüchtern zum Gebet«* sein (V. 7b).

Petrus ermahnt weiter: *»Habt untereinander beständige Liebe ... Seid gastfrei untereinander ohne Murren ... Dient einander, ein jeder mit der Gabe, die er empfangen hat, als die guten Haushalter der mancherlei Gnade Gottes: wenn jemand predigt, daß er's rede als Gottes Wort; wenn jemand dient, daß er's tue aus der Kraft, die Gott gewährt, damit in allen Dingen Gott gepriesen werde durch Jesus Christus. Sein ist die Ehre und Gewalt von Ewigkeit zu Ewigkeit! Amen«* (V. 8-11).

d) Die Vorbereitung auf die Verfolgungen (4,12-19)

In diesem Abschnitt ermuntert Petrus ausgesprochen dazu, im Leiden auszuhalten, gerade, wenn man an diesem Leiden erkenne, daß der Herr nahe ist.

»Laßt euch durch die Hitze nicht befremden«, sagt Petrus, *»... sondern freut euch, daß ihr mit Christus leidet«* (V. 12 f.). Die Christen sollen sich über das Leiden freuen; denn leiden sie mit Christus, so werden sie auch mit ihm zur Herrlichkeit erhoben (V. 3b). Sie stehen nicht nur an seinem Thron, sondern sitzen mit ihm auf dem Thron (Offb 3,21).

Abb. 77: »Freut euch...«

e) Petrus ermahnt als »Mitältester und Zeuge der Leiden Christi« die Ältesten (5,1-4)

In Kapitel 5 spricht Petrus zunächst mit den Ältesten der Gemeinde. Er setzt sich nicht hoch über sie, ist also keine Papstgestalt, sondern *»Mitältester«*: *»Die Ältesten unter euch ermahne ich, der Mitälteste und Zeuge der Leiden Christi, der ich auch teilhabe an der Herrlichkeit, die offenbart werden soll...«* (V. 1). Petrus erhebt sich also nicht über diese schlichten Leute des Brüdergemeinderats oder Kirchengemeinderats (oder wie immer man es nennen möchte) in Lystra, Milet oder Ephesus.

Petrus weist die Ältesten darauf hin, wie sie ihren Dienst in der Gemeinde versehen sollen, nämlich *»nicht als Herren über die Gemeinde, sondern als Vorbilder der Herde«* (V. 3). Die Ältesten sollen also nicht herrschen, sondern dienen und den anderen Gemeindegliedern vorangehen.

f) Demut und Standhaftigkeit (5,5-9)

Alle Gemeindeglieder (*»Jüngere«* und *»Älteste«*, V. 5a) ermuntert Petrus dazu, *»an der Demut festzuhalten«* (V. 5b.6) und nicht zu sorgen: *»Alle eure Sorge werft auf ihn; denn er sorgt für euch«* (V. 7).

Das griechische Wort *peri hymoon* bedeutet nicht nur *»für euch«* (im Sinne von »zu euren Gunsten«), sondern »an eurer Stelle«. Die Christen müssen also überhaupt nicht mehr für sich sorgen, d.h. sich nicht abquälen, sondern haben die Hände frei, etwas zu wirken.

Dem fügt Petrus ein Wort hinzu, das gerade für die in Kleinasien auch okkult aufgeladene Welt wichtig war, in der man so leicht in dämonische Verstrickungen geraten und davon weggerissen werden konnte:

»Seid nüchtern und wacht; denn euer Widersacher, der Teufel, geht umher wie ein brüllender Löwe und sucht, wen er verschlinge. Dem widersteht, fest im Glauben, und wißt, daß ebendieselben Leiden über eure Brüder in der Welt gehen.« (V. 8 f.). *»Glauben«* heißt »sich an Jesus halten«, »sich in Jesus bergen«. »Nirgends als bei dir allein kann ich recht bewahret sein.«

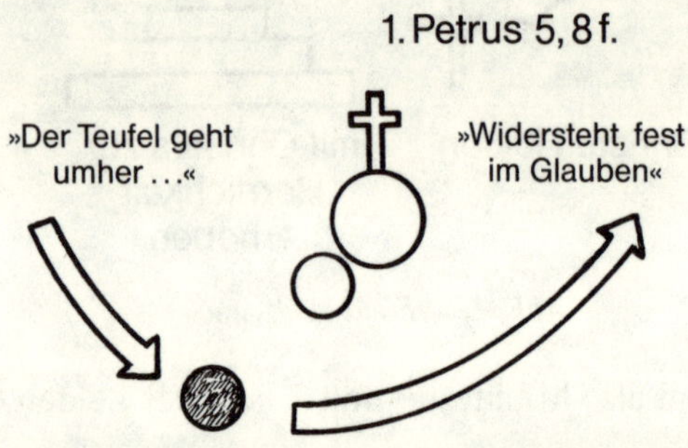

Abb. 78: »Satan flieht, wenn er dich bei Jesus sieht«

Das veranschaulicht Abbildung 78: Der Teufel geht umher, sozusagen nur außen um die Gemeinde herum, denn er wagt sich nicht heran wenn man im Glauben steht. Wenn man sich also an Jesus schmiegt, mit ihm umgeht, sich an ihn hält, ihm vertraut, dann kann der Versucher nicht an einen heran. Dann kann man auch in solch einer schrecklichen Welt leben müssen, wie es etwa in Ephesus war (wie wir aus Apg 19 ersehen).

2.2 Der zweite Brief des Petrus

Der Aufbau dieses Briefes ist einfach und eindeutig; jedes der drei Kapitel hat einen eigenen Klang: Kapitel 1 stellt den ermahnenden, Kapitel 2 den warnenden und Kapitel 3 den belehrenden Teil des Briefes dar.

2.2.1 Die Ermahnung (Kap. 1)

In Kapitel 1 ermahnt Petrus die Christen, bei ihrem Glauben und ihrer Hoffnung zu bleiben.

a) Ausreifung für die Vollendung (1,3-15)
Christen sind unterwegs, hin zur Vollendung des Werkes, das Gott an ihnen tut. Aber ihr Weg ist auch ein Weg der Anfechtung. Da Petrus das weiß und auch die Anfechtungen der Gemeinden in Ephesus usw. kennt, ermahnt er: *»Bemüht euch desto mehr, eure Berufung und Erwählung festzumachen«* (V. 10a).

b) Die Zuverlässigkeit der Schrift (1,16-21)
Petrus fügt dem hinzu, daß die Christen den Weg durch die Anfechtungen hindurch finden werden. Denn – so sagt er – *»um so fester haben wir das prophetische Wort«* (V. 16a), das gerade auch für endzeitliche Nöte (die Endzeit im weiteren Sinn des Wortes hat ja nach Hebr 1 mit Jesu Himmelfahrt begonnen) gegeben worden ist.

In der Endzeit, in der der Teufel die Gemeinde Jesu so gerne wieder ›ausradieren‹ würde, da sie ihm ein Dorn im Auge ist, finden Christen auch durch *»das prophetische Wort«* hindurch, durch dieses *»Licht, das da scheint an einem dunklen Ort, bis der Tag anbreche«* (V. 16b).

Das ist in Abbildung 79 angedeutet: Das prophetische Wort ist wie ein Scheinwerferkegel, der in die dunkle Nacht hinausstrahlt. Man würde in einer wolkenbedeckten, regnerischen Nacht auf gekrümmten Waldsträßchen mit dem Auto nicht hindurchfinden, wenn man keine gute Beleuchtung an seinem Fahrzeug hat.

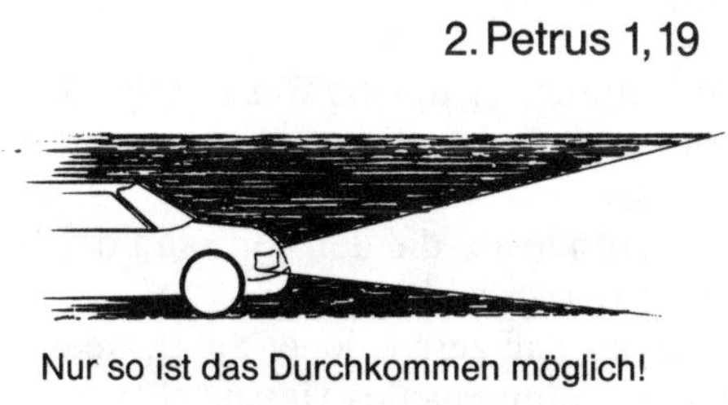

Abb. 79: Das prophetische Wort – Scheinwerfer auf dem Weg durch die Endzeit

So scheint das prophetische Wort als ein helles Licht, durch das man erkennen kann, wohin der Weg führt, welches die bedrohenden Gefahren sind und wo man aufpassen muß.

2.2.2 Die Warnung (Kap. 2)

Kapitel 2 stellt eine ausgesprochene Warnung vor den Irrlehrern dar, die in die Gemeinden eindringen (ähnlich ist dem der Judas-Brief, wo das allerdings breiter ausgeführt ist; siehe unten).

Petrus nennt hier die *»falschen Propheten«*, die schon immer, von Anfang an, da waren (vgl. Mt 7,15, wo Jesus vor ihnen warnt); aber ihr Auftreten und ihr Einfluß steigern sich noch in der Endzeit (Mt 24,11: »*viele* falsche Propheten«).

Nachdem er die *»falschen Propheten«* und *»falschen Lehrer«* als Gefahr für die Gemeinde schildert, charakterisiert Petrus ihre Wirkung (*»viele werden ihnen folgen«*, V. 2) und ihre Beweggründe (*»aus Habsucht«*, V. 3).

Was darauf folgt, ist Gottes Gericht (V. 4 ff.). Das Verhalten der Menschen wird auf eine *doppelte* Weise vom Herrn beantwortet werden: *»Der Herr weiß die Frommen aus der Versuchung zu erretten, die Ungerechten aber festzuhalten für den Tag des Gerichts, um sie zu strafen«* (V. 9).

Petrus zählt die Kennzeichen des gerichtsverfallenen Geschlechts auf (V. 10 ff.) und warnt die Christen eindringlich, nach der *»Erkenntnis unseres Herrn und Heilands Jesus Christus«* wieder in das frühere, alte Leben zurückzufallen (V. 20). Für diejenigen, die diesen Schritt zurück gehen, *»wäre es besser gewesen, daß sie den Weg der Gerechtigkeit nicht erkannt hätten«* (V. 21).

2.2.3 Die Belehrung (Kap. 3)

In Kapitel 3 geht es durchweg um die Wiederkunft Jesu. Petrus setzt sich hier mit denen auseinander, die spotten und sagen, Jesus käme noch lange nicht wieder.

Petrus führt drei Gründe an, die den Einwand der Irrlehrer gegen die baldige Wiederkunft Jesu widerlegen:

Als Erstes sagt Petrus, daß gerade jener Spott, wenn er auftritt, ein Zeichen des nahenden Kommens des Herrn sei (v.a. V. 3 f.).

Petrus stellt hier das Gericht am Anfang der Geschichte, das durch die Wasser der Sintflut über die Welt ergangen ist, dem Gericht an die Seite, das am Ende ergehen wird. Ersteres ist Vorausabbildung des Gerichts am Ende der Geschichte, das durch das Feuer vollzogen wird (V. 5-7).

Als Zweites entgegnet Petrus, daß Gottes Uhr anders gehe. »Tausend Jahre sind vor dir wie der Tag, der gestern vergangen ist, und wie eine Nachtwache« (Ps 90,4). Petrus zitiert diese Psalmenstelle (V. 8).

Gottes Uhr geht also anders. Auch 2000 Jahre der geöffneten Türe in sein Reich sind nicht lang, wenn man bedenkt, daß Gott fast 2000 Jahre lang zuvor die Blicke auf diese Türe gesammelt und angekündigt hat, daß sie sich demnächst öffnen werde.

Noch ein Weiteres hält Petrus denen entgegen, die Jesu Wiederkunft bis zum Sankt Nimmerleinstag hinausschieben wollen: Nicht *Gott* ist saumselig, sondern wir sind es, wenn wir die Chance nicht ergreifen, die uns Gott in dieser Gnadenzeit anbietet. *»Der Herr verzögert nicht die Verheißung...; sondern er hat Geduld mit euch und will nicht, daß jemand verloren werde, sondern daß jedermann zur Buße finde... Die Geduld des Herrn erachtet für eure Rettung«* (V. 9.15).

Petrus meint also, es sei geradezu das Glück der Menschen, daß Gott mit der Wiederkunft Jesu so lange wartet. Die Zeit bis dahin, auch wenn sie als lange erscheint, ist keine Verzögerung, sondern Gelegenheit für uns, selbst zu ihm zu kommen und andere Menschen zu ihm zu rufen.

2.3 Der Brief des Judas

Der Judas-Brief wurde von »Judas, ein Knecht Jesu Christi und *Bruder des Jakobus*« (V. 1a) verfaßt. Jakobus ist sicher derselbe, der den Jakobus-Brief geschrieben hat, also der Bruder Jesu. Judas selbst ist also sozusagen ein »kleiner Bruder Jesu«.

Der Brief des Judas hat große Ähnlichkeit mit 2. Petrus 2, da auch Judas eindringlich vor Irrlehrern warnt. Schon J. A. Bengel schreibt: »Judas scheint den zweiten Petrus-Brief vor Augen gehabt zu haben, als er seinen Brief schrieb.«

Und doch hat der Judas-Brief seine eigene Bedeutung und ist nicht nur so etwas wie eine inhaltliche Wiederholung von 2. Petrus 2. Denn der Judas-Brief erweitert das deutlich, was Petrus schrieb. Sind bei Petrus die Irrlehrer eher als eine zukünftige Gefahr gezeichnet, so sind sie bei Judas bereits gegenwärtig.

In den Versen 3-16 werden die Irrlehrer und Irrgeister gekennzeichnet und Gottes Gericht über sie angekündigt.

In den Versen 17-23 wird die Gemeinde ermahnt und angeleitet, den guten Weg zu finden: *»Erinnert euch der Worte, die zuvor gesagt sind von den Aposteln unseres Herrn Jesus Christus«* (V. 17), *»erbaut euch«* (V. 20a), *»erhaltet euch in der Liebe Gottes und wartet auf die Barmherzigkeit unseres Herrn Jesus Christus«* (V. 21), *»erbarmt euch derer, die* *zweifeln«* (V. 22a), *»reißt aus dem Feuer und rettet sie…«* (V. 23). *»Dem aber, der euch vor dem Straucheln behüten kann…«* (V. 24 f.).

In diesem Buch werden auch einige interessante Angaben über den Streit Michaels mit dem Satan (V. 9) und über eine Weissagung Henochs (V. 14 f.) gemacht, die sich sonst nirgends in der Bibel finden.

Die drei Briefe des Johannes

1. Einleitung

1.1 Der Verfasser

Der Verfasser der drei Johannes-Briefe ist derselbe Johannes, der das nach ihm benannte Evangelium und das letzte Buch der Bibel, die Offenbarung des Johannes, geschrieben hat.

Johannes sah sich offenkundig in einer besonderen Verantwortlichkeit im Blick auf die kleinasiatischen Gemeinden, angefangen bei Ephesus und dessen weiterem Umkreis. Das ersehen wir aus den Sendschreiben der Offenbarung (Offb 2 f.).

Es fällt überhaupt auf, wie stark sich das Interesse der Verfasser der neutestamentlichen Briefe gerade auf Kleinasien konzentriert hat. Diese Gegend betrafen die Briefe an die Epheser und die Kolosser, die beiden Timotheus-Briefe und auch die Schriften des Johannes.

Johannes mag etwa 20 Jahre nach den Briefen des Paulus geschrieben haben. Er war (nach außerbiblischen Quellen) wohl der einzige Apostel, der ein hohes Alter erreicht hat und der relativ spät sein Evangelium, das vierte der Evangelien, geschrieben hat, mit dem er Matthäus, Markus und Lukas ergänzen wollte. Auch seine Briefe tragen Züge eines Alterswerkes; etwa in derselben Zeit wie die Briefe (vielleicht kurz danach) ist auch die Offenbarung des Johannes entstanden.

Johannes und Paulus unterscheiden sich in ihrem Denk- und Schreibstil. Paulus entwickelt einen Gedankengang Schritt um Schritt; er schrieb etwa den Römerbrief geradlinig in klar fortschreitenden Gedankengängen. Deshalb ist es nicht schwer, sich etwa den Aufbau dieses Briefes zu merken. Überhaupt kann man sich die Paulus-Briefe gut einprägen, denn die Logik ist eine Stütze des Gedächtnisses (wie einer meiner Lehrer im Blick auf die Paulus-Briefe bemerkte). Wenn man die Logik einer Sache, eines Gedankenganges erfaßt hat, dann ist es leicht, ihn im Gedächtnis festzuhalten.

Johannes hat eine ganz andere Art zu schreiben. Vielleicht könnte man sie »intuitiv« nennen. Sein Stil ist eher kreisend: Er kommt immer wieder auf bereits Gesagtes zurück, wiederholt es mit etwas anderen Worten und schreitet dennoch auf das Ziel seiner Aussage zu.

Dieser Stil des Johannes bringt es mit sich, daß man sich die Aussagen seiner Briefe nur schlecht wörtlich und dem Sinne nach einprägen kann.

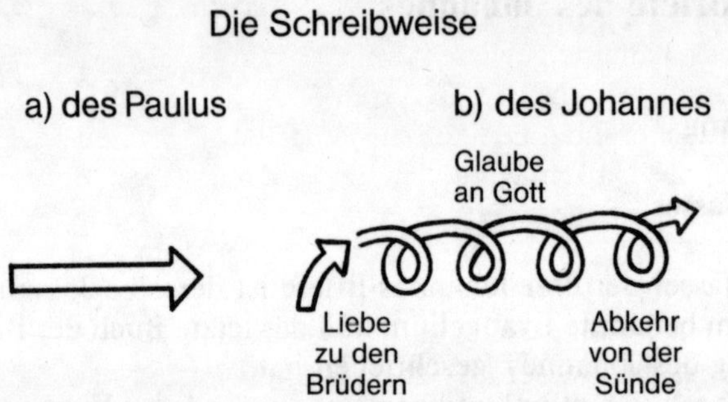

Abb. 80: Die verschiedenen Ausdrucksweisen von Paulus und Johannes

Abbildung 80 veranschaulicht den Unterschied zwischen der Schreibweise des Paulus und der des Johannes: Paulus schreibt einfach geradlinig, während Johannes wie kreisend vorgeht und dabei doch einem Ziel zustrebt. Das erkennt man, wenn man seinen Aussagen aufmerksam folgt. Aber man kann sich das nicht so gut einprägen wie einen logischen Gedankengang.

1.2 Die Eigenart der drei Briefe des Johannes

Die drei Johannes-Briefe sind – wie gesagt – erheblich später als die Briefe von Paulus und Petrus abgefaßt worden. Die Zeit ihrer Abfassung ist das Ende des ersten Jahrhunderts.

Johannes will in diesen Briefen die Gemeinden zum Wandel im Licht, in der Gegenwart Gottes und in der Liebe ermahnen (1. Joh 1,7). Auch unter der Anfechtung und angesichts von Verführungsmächten sollen sie ihres Glaubens an Jesus Christus gewiß und in diesem Vertrauen zu ihrem Herrn erhalten bleiben (5,4).

Die Verführung geht nach wie vor von jener Strömung aus, die wir »Gnosis« (»Erkenntnis«) nennen (wie beim zweiten Brief des Paulus an die Korinther, den Briefen an die Epheser und Kolosser sowie an Timotheus*). Die »Gnosis« wurde der frühen Christenheit viel gefährlicher als die gesamte machtvolle Auseinandersetzung und Verfolgung durch die römische Staatsmacht. Denn die Gnosis brachte die Gefahr mit sich, daß durch ihren Einfluß das Evangelium einfach verlorenging, verfremdet wurde.

Die Spielart der Gnosis zur Zeit der Johannes-Briefe ist allerdings eine andere als die zur Zeit des Paulus. Das kann man aus der Art und Weise erschließen, mit der Johannes sich gegen diese Irrlehre wendet.

Die Gnosis hat eine gewisse Ähnlichkeit mit der heutigen Anthroposophie. Das tritt im Neuen Testament erst im ersten Johannes-Brief deutlich in Erscheinung. Die Gnosis sieht den Menschen so: Er sei gewissermaßen der Umschlagplatz, in dem sich der Geist, der sich in der Materie verfangen habe wie das Wasser in einem Schwamm, sich wieder herauslöse. Es habe sich der Geist aus der grobstofflichen Leiblichkeit, die ihn wie ein Gefängnis umgibt, mehr und mehr herauszulösen, zu befreien, bis der Mensch dann in dem großen Ozean »Geist« aufgegangen sei (wie das Wasser im Schwamm verdunstet, nachdem es von ihm aufgesogen worden war).

Dabei kämen dem Menschen aus der unsichtbaren Geisterwelt Hilfen entgegen; eine von ihnen wurde *logos* (»Wort«) oder auch »Christus« genannt. Christus wurde also als ein Geistwesen gesehen, das aus der unsichtbaren Welt stammt und das gewissermaßen dem Menschen eine Hilfestellung gibt, ein Geleit zu seiner Befreiung.

Die Menschen, die es in der Gnosis schon weit gebracht haben, seien schon im jetzigen Leben vollkommen, über das Sündigen hinaus, sind über Sünde und Gnade erhaben und daher der Sündenvergebung nicht mehr bedürftig.

Überhaupt lehnte es die Gnosis ab, daß einer für die Sünde der Menschen sterbe, daß die Sünde gesühnt werde, sondern es ging mehr um das Herauslösen des menschlichen Geistes aus seinem Leibe, das die Befreiung und Erlösung des Menschen ausmacht. Und weil eben vom Menschen, vom »Fleisch«, vom Materiellen so gering gedacht wurde, hat man die Vorstellung, daß Christus als Geistwesen aus der Geisterwelt so in die Menschenwelt eingehe, daß er Mensch wird.

So kann nach dieser Sicht der Mensch Jesus von Nazareth nicht der Christus sein, sondern es hat sich auf ihn eine Zeitlang der Christusgeist herabgesenkt und später wieder von ihm weg erhoben und ist in die unsichtbare Welt zurückgekehrt.

---

* Vgl. zur Gnosis insbesondere im Kapitel zum 2. Korinther-Brief Abschnitt 2.5 sowie die Einleitung im Kapitel zum Epheser-Brief (Abschnitt 1.2). (Anm. d. Hg.)

Wenig später ist in der alten Zeit eine dementsprechende Anschauung umgegangen, die den Christen eine Zeitlang zu einer ernsten Gefahr geworden ist: Es habe sich der Christusgeist in der Taufe am Jordan auf Jesus von Nazareth gesenkt und später in Gethsemane wieder verlassen. Darum sei es in Jesu Kampf in Gethsemane gegangen, und deshalb sei er auch so enttäuscht gewesen. Der Mensch Jesus von Nazareth sei daraufhin elend und ohnmächtig gestorben.

So ist Jesus für die Gnostiker einerseits nicht der ewige Sohn; und andrerseits ist das Geistwesen Christus nicht wirklich Mensch geworden.

Das sind Anschauungen, die im ersten Johannes-Brief schon dadurch spürbar werden, daß sich Johannes offenkundig mit ihnen auseinandersetzt. Aus der Zeit um 150-200 n. Chr. haben wir mehr außerbiblische Quellen als aus der vorangehenden Zeit, in denen noch direkter von diesen Lehrauffassungen gesprochen wird. Und die gnostischen Gedanken, die aus griechischer Philosophie (Platon) und vorderasiatischen Religionen entwickelt wurden, gehen bis heute durch die Welt – um so mehr, als sie sich auch mit ostasiatischen Gedanken berühren, die seit einiger Zeit in Europa Einzug halten.

Das ist also das Gegenüber, die Not, die Verführung, die Versuchung, die Johannes in kleinasiatischen Gemeinden angetroffen hat, mit der er sich auseinandersetzte und im Blick auf die er der damaligen Christenheit eine Wegleitung geben wollte.

2. Zum Einzelnen

2.1 Der erste Brief des Johannes

Der erste Brief des Johannes unterscheidet sich von den beiden anderen schon in seiner Länge, darüber hinaus aber auch in der Fülle seiner Aussagen.

Wegen des johanneischen Schreibstils (siehe oben, Abschnitt 1.1) läßt sich für den ersten Johannes-Brief nicht einfach eine Gliederung nennen; andernfalls würde man dem Text ein wenig Gewalt antun.

2.1.1 Die dreifache Botschaft des Briefes

Das Ganze des Briefes bewegt sich sozusagen in einem Dreieck von Gesichtspunkten, von Überlegungen, von Beziehungen, in die wir hineingestellt werden:

a) Unser Glaube an Gott

Zum einen ist die Rede vom Glauben an Gott, der Licht ist (1,5). Johannes sieht den starken Kontrast zwischen Licht und Finsternis, zwischen Gott und Satan. Eine Frontlinie geht durch die Welt und durch die Herzen der Menschen hindurch. Gott ist Licht – und das heißt: Er ist Heiligkeit, Reinheit, aber auch Liebe (4,8.16). Liebe meint Gottes Erbarmen mit seinen Geschöpfen – in erster Linie mit den Menschen –, das sich daran zeigt, daß er nach ihnen greift.

Gott ist also Licht und Liebe. In beidem hat er seinen Sohn zur Versöhnung für unsere Sünden gesandt (4,10). Jesus ist der fleischgewordene, also der wirklich Mensch gewordene Sünderheiland (4,2). Er kam zu uns in die Fremde und bringt uns aus der Fremde nach Hause zu Gott.

Von dieser wichtigen Aussage her, die unsere Rettung beschreibt, sind die Lehrer der Gemeinde und die Geister zu prüfen (4,1). Der Glaube an diesen Herrn, der Kontakt mit ihm, das Sich-Anvertrauen dieser Brücke, die auf beiden Ufern – Gott und Mensch – ruht, bedeutet weltüberwindende Kraft (5,4), weil wir damit mit dem großen Gott in Verbindung stehen.

Das alles sind keine Ideen oder Mythen bzw. deren Einkleidung, sondern die großen Taten Gottes, die froh und gewiß bezeugt werden (siehe unten, zu 1,1-4).

b) Unsere Liebe zu den Christen

Wer für den Glauben an Gott offen ist (und damit für die Liebe Gottes), der kommt auch zur Liebe zu den Brüdern. Auch dieser wichtige Gesichtspunkt kehrt in jedem Kapitel des Briefes wieder.

Gott liebt uns in einzigartiger Weise (4,9). Wir dürfen diese Liebe aber nicht für uns behalten. Sie darf auch nicht mit bloßen Worten weitergegeben werden, sondern mit dem Einsatz des Lebens (3,16).

Gerade dann, wenn wir Gottes Liebe weitergeben, wissen wir, daß wir vom Tod zum Leben gekommen sind, daß wir also mit dem in Kontakt sind, der das Leben ist (3,14).

c) Unsere Abkehr von der Sünde

Die Abkehr von der Sünde umfaßt zum einen die Abkehr von der gesamten satanischen Finsterniswelt. Gottes Licht und die Finsterniswelt der Sünde und des Teufels stehen in einem unvereinbaren Gegensatz (1,5), vor allem in der letzten Stunde der Welt (2,18).

Sodann gehört dazu die Abkehr von der Gleichgültigkeit, der Verschlossenheit Gott gegenüber. Um von der Sünde gereinigt zu werden gilt es, sie ernstzunehmen und herausgebend demütig zu bekennen. Es ist notwendig, die falsche Liebe zur Welt preiszugeben (2,15-17), um so von der wahren Liebe erfüllt zu werden.

Diese Abkehr schließt auch die Abkehr vom Haß gegenüber den Menschen allgemein und gegenüber den Brüdern im besonderen mit ein (1,7 ff.; 4,12). »Wenn jemand spricht: Ich liebe Gott, und haßt seinen Bruder, der ist ein Lügner. Denn wer seinen Bruder nicht liebt, den er sieht, wie kann er Gott lieben, den er nicht sieht?« (4,20).

Die Christen und die Gemeinden können die Brüder lieben, wenn sie in Christus bleiben (2,28). Der Glaube weiß, daß er jetzt schon das Leben hat (5,13).

2.1.2 Zu den einzelnen Abschnitten des Briefes

Im folgenden gehe ich den Kapiteln entlang, ohne daß dabei eine logische Gedankenführung entsteht, wie wir sie von Paulus gewohnt sind. Doch wird hierbei der große Reichtum der Gedanken des Johannes deutlich.

1,1-4: Die ersten vier Verse des Briefes stellen gewissermaßen die Ouvertüre dar. Hier spricht Johannes davon, was das unverwechselbare und unwiederholbare Wesen der Verkündigung der Apostel ist, derer, die die ersten in der Stafette jener sind, die das Evangelium verkündigen und weitergeben.

Johannes spricht davon, daß die anderen Apostel und er Augenzeugen Jesu gewesen sind: *»Was von Anfang an war, was wir gehört haben, was wir gesehen haben mit unsern Augen, was wir betrachtet haben und unsre Hände betastet haben, vom Wort des Lebens – und das Leben ist erschienen, und wir haben gesehen und bezeugen und verkündigen euch das Leben, das ewig ist, das beim Vater war und uns erschienen ist –, was wir gesehen und gehört haben, das verkündigen wir auch euch, damit auch ihr mit uns Gemeinschaft habt; und unsere Gemeinschaft ist mit dem Vater und mit seinem Sohn Jesus Christus. Und das schreiben wir, damit unsere Freude vollkommen sei«* (V. 1-4).

Es ist etwas ganz entscheidend Wichtiges, daß die Apostel, die frühe Christenheit nicht sozusagen Produzenten von christlichen Gedanken sind, die dann gewissermaßen zu praktizieren wären. Die Apostel haben keine neuen Mythen oder Mythologien erfunden, also keine Einkleidungen von bestimmten Erkenntnissen und Gedanken entwickelt. »Wir sind nicht ausgeklügelten Fabeln gefolgt«, sagt Petrus, nicht solchen Einkleidungen menschlicher Ideen, »sondern wir haben seine Herrlichkeit *selber gesehen*« (2. Petr 1,16).

Es geht vielmehr um einen Vorgang des Sehens, um einen Sehakt (wie Adolf Schlatter immer wieder betonte); es geht um die »großen Taten Gottes« (wie Petrus schon an Pfingsten sagt; Apg 2,11). Die ganze Verkündigung der Apostel und daher auch des Neuen Testaments basiert also auf etwas, das Gott getan hat. Was hat er getan? Das ist dies eine, daß er seinen Sohn in diese Welt gesandt hat.

Das ist etwas völlig anderes als die Idee der Gnostiker, die besagt, daß ein Geistwesen Jesus ein Stück weit entgegengekommen sei, um ihm sein Geleit zu geben. Der Gottessohn kommt vielmehr bis ins »Fleisch«, ins Menschsein; er wird ganz und gar Mensch. Durch diese Tat Gottes ist sozusagen die große Klammer, die Brücke zwischen Gott und Mensch hergestellt.

Die Apostel konnten Ihn *»hören«*, *»sehen«* und mit ihren Händen *»betasten«*. Der Auferstandene konnte zu Thomas sagen: »Reiche deinen Finger her und sieh meine Hände und reiche deine Hand her und lege sie in meine Seite…« (Joh 20,27).

Es sind die »großen Taten Gottes«, die für uns einen neuen Tatbestand ergeben haben. Das sind Fakten, und sie sind die Grundlage der apostolischen Verkündigung.

1,5-10: Johannes fährt fort, indem er sagt, daß nun, nachdem Gott in Jesus Christus auf die Welt gekommen ist, Menschen mit ihm leben könnten. Nun können Menschen in dieses Sonnenlicht treten, denn *»Gott ist Licht«* (V. 5), und in diesem Licht leben.

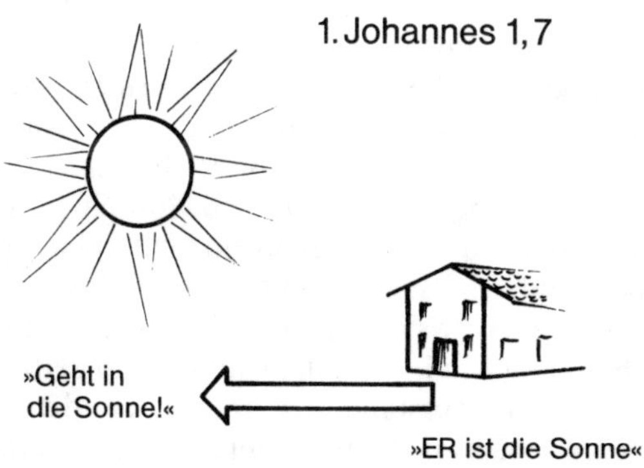

Abb. 81: »Im Licht wandeln«

Dann ruft Johannes zum Wandel im Licht auf: *»Wenn wir sagen, daß wir Gemeinschaft mit ihm haben, und wandeln in der Finsternis, so lügen wir und tun nicht die Wahrheit. Wenn wir aber im Licht wandeln, wie er im Licht ist, so haben wir Gemeinschaft untereinander, und das Blut Jesu, seines Sohnes, macht uns rein von aller Sünde«* (V. 6 f.).

Das ruft Johannes, dieser alte Mann von vielleicht 90 Jahren, den Christen in Kleinasien zu. Er redet wie einer, der einer ganz anderen Generation angehört; er redet ja seine Adressaten immer wieder mit »Kinder« an. Sie, mit denen er redet, sind vielleicht drei Generationen jünger als er selbst. Ihnen ruft er noch einmal zu, doch ins Licht zu treten und ihr Leben in diesem Licht zu führen.

Dann wird freilich auch klar, woran es fehlt. Aber dieses Licht hat einen wunderbar heilenden Charakter: Diese »Höhensonne« bringt Menschen zurecht, und so haben sie *»Gemeinschaft untereinander«*. Wenn man mit Ihm Gemeinschaft hat, wenn alles licht und klar bei Ihm ist, dann wird unser Wesen auch so umgestaltet, daß wir untereinander Gemeinschaft haben, daß auch in unseren zwischenmenschlichen Verhältnissen die Liebe regiert, daß immer wieder der Groll, der Ärger, die Mißstimmung überwunden wird und einer auf den anderen zugeht.

Was die Voraussetzung dafür ist, daß wir überhaupt vor Gott treten und in diesem Licht bleiben können, ist in diesem Vers auch gesagt: *»Das Blut Jesu, seines Sohnes, macht uns rein von aller Sünde.«*

Schon im nächsten Vers setzt sich Johannes mit denen auseinander, die meinen, sie seien über das alles hinaus, weil sie schon so hohe Grade der Gnosis erreicht hätten und an der Leiter schon so weit hinaufgestiegen seien: *»Wenn wir sagen, wir haben keine Sünde, so betrügen wir uns selbst, und die Wahrheit ist nicht in uns«* (V. 8). Es ist also eine üble Selbsttäuschung, wenn man sich für sündlos hält.

»Wenn wir aber unsre Sünden bekennen, so ist er treu und gerecht, daß er uns die Sünden vergibt und reinigt uns von aller Ungerechtigkeit« (V. 9). *»Er ist treu«* – das heißt: Wenn eine Sünde auch schon zum fünften oder zehnten Mal geschehen ist, vergibt er eben noch einmal.

»Er ist gerecht« heißt nicht nur, daß Gott eine feststellende Gerechtigkeit hat, sondern eine zurechtbringende Gerechtigkeit. Wenn ein Lehrer bei Kindern feststellt, ob sie ihre Aufgaben richtig oder falsch gelöst haben, so ist er sicher gerecht. Wenn er sich aber mit einem leistungsschwachen Kind, das sich nicht recht zu helfen weiß und eine Sache noch nicht ganz verstanden hat, hinsetzt und dem Kind hilft, die Sache zu begreifen, ist das eine andere Art von Gerechtigkeit.

So versteht die Heilige Schrift die Gerechtigkeit Gottes: Gott hat nicht nur eine feststellende Gerechtigkeit, sondern eine Recht schaffende und zurechtbringende Gerechtigkeit. Wegen dieser seiner zurechtbringenden Gerechtigkeit *»reinigt [er] uns von aller Ungerechtigkeit«.*

Damit schließt das erste Kapitel, in dem schon das ganze wunderbare Heilswirken Gottes in Erscheinung tritt.

2,1-6: In Kapitel 2 spricht Johannes zunächst davon, daß zuvor das reinigende Blut vergossen werden muß, damit Menschen im Frieden mit Gott und fröhlich als seine Kinder in seinem Licht leben können. Das geschah, als Jesus als Versühner unserer Sünde gekommen ist.

Mit Jesu Opfertod am Kreuz hat die Gnosis nichts anzufangen gewußt, und damit kann auch die Anthroposophie heute nichts anfangen. Damit können der Mensch der Aufklärung wie auch der Humanist nichts anfangen.

Aber das ist die Grundvoraussetzung dafür, daß Menschen überhaupt in der Gemeinschaft mit Gott leben können: *»Wenn jemand sündigt, so haben wir einen Fürsprecher bei dem Vater, Jesus Christus, der gerecht ist. Und er ist die Versöhnung für unsre Sünden, nicht allein aber für die unseren, sondern auch für die der ganzen Welt«* (V. 1b.2).

Christus ist also nicht nur unser Versühner, sondern auch unser *»Fürsprecher bei dem Vater«.* Er tritt also bei Gott für uns ein. Das ist das Wunderbare: ER ist bei uns gegenwärtig, ist uns zugewandt (vgl. Mt 28,20b: »Siehe, ich bin bei euch alle Tage bis an der Welt Ende«); und ER ist zugleich beim Vater gegenwärtig, wo er als Fürsprecher für uns eintritt.

Das ist die frohmachende Auskunft, die Johannes am Anfang von Kapitel 2 gibt.

Er spricht dann im weiteren vom Gehorsam der Nachfolge (V. 3-6). Wenn Christus so für uns eintritt, daß er unsere Sünde trägt, uns mit dem Vater versöhnt und dazu sich beim Vater für uns verwendet, so kann uns das nicht gleichgültig lassen. Johannes sagt, daß *»wir ihn [Christus] kennen«*, was sich daran zeigt, daß *»wir seine Gebote halten«* (V. 3). Das ist die Antwort von Christen auf das, was ihr Herr für sie getan hat und tut.

2,7-11: Johannes erwähnt dann die Bruderliebe, auf die er immer wieder zu sprechen kommt, wenn er von der großen Liebe Gottes in Jesus Christus spricht. Wenn Gott alles für uns getan hat, dann sollen und dürfen wir diese Liebe Gottes an andere weitergeben.

Johannes denkt hier vor allem an die Liebe innerhalb der Gemeinde. Sie ist zwar nicht nur auf den Bereich der Gemeinde begrenzt, aber in ihr soll diese Liebe besonders hell scheinen.

Warum kommt Johannes auf die Bruderliebe zu sprechen? Um das zu verstehen muß man wissen, daß Zeiten der Verfolgung für die Gemeinde Jesu nicht unbedingt Zeiten sind, in denen die Christen zusammenhalten und zueinander stehen. Das sind immer wieder auch Zeiten des Streites.

Denn innerhalb der Gemeinde gehen die Auffassungen darüber auseinander, wie man sich in der Verfolgungssituation dem Verfolger (also dem Staat) gegenüber verhalten soll: Die einen wollen dem Staat ein wenig entgegenkommen und wollen für ihn tun, was sie vor Gott und vor ihrem Gewissen verantworten können; die anderen sehen das als Verleugnung des Evangeliums an; wieder andere meinen vielleicht, die Erstgenannten seien vom Staat »gekauft« worden.

Das schafft Mißtrauen und erschwert die Lage. Deshalb mußte Johannes hier so ungemein zur Liebe aufrufen – speziell zur Bruderliebe, zur Liebe im Blick auf die Mitchristen. Denn es soll dem Feind und den Verfolgern der Gemeinde nicht zugelassen werden, daß sie einen Keil zwischen die Christen treiben.

Zum Wandel im Licht gehört – so Johannes – die Bruderliebe. Den Bruder zu hassen würde bedeuten, nicht im Licht Gottes, sondern in der Finsternis – abgewandt von Gott – zu leben. Aber das Leben im Licht hat Gott ermöglicht; und *»die Finsternis vergeht, und das wahre Licht scheint jetzt«* (V. 8b).

2,12-17: Johannes fordert die Christen auf, sich klar von der Welt abzusetzen, der Welt abzusagen. Sein Aufruf ergeht an die verschiedenen Altersstufen, die in der Gemeinde lebten.

Johannes ruft nicht dazu auf, daß die Christen sich darum bemühen sollten, sich in der Welt zurechtzufinden, zu etablieren. Sie sollten also nicht als moderne, der Zeitentwicklung angepaßte Menschen auftreten! *»Habt nicht lieb die Welt noch was in der Welt ist. Wenn jemand die Welt lieb hat, in dem ist nicht die Liebe des Vaters«* (V. 15). Gott und Welt gehen nicht zusammen!

In diesem Zusammenhang ist es wichtig zu wissen, daß in der Bibel der Begriff »Welt« verschieden aufgefaßt wird. Es wird – im Unterschied zum Gebrauch bei Johannes – auch in einem neutralen Sinn gebraucht, zum Beispiel in der Apostelgeschichte: »Gott, der die Welt gemacht hat und alles, was darin ist ...« (Apg 17,24). Das ist besonders im Alten Testament der Fall, aber auch im Neuen Testament. »Welt« hat hier schlicht die Bedeutung »Schöpfung«.

Aber im Neuen Testament – insbesondere im Johannes-Evangelium und im 1. Johannes-Brief, aber auch in den Worten Jesu, des Paulus usw. – wird in der großen Mehrheit der Stellen von der »Welt« als der geredet, die »im Argen« liegt (1. Joh 5,19).

Es ist nicht *das* Arge, sondern *der* Arge, der das Wesen der Welt bestimmt. »Die ganze Welt liegt im Argen« – es ist der Teufel, der die Welt in der Hand hat und sie »arg« macht. Jesus redet von Satan als dem »Fürsten dieser Welt« (Joh 12,31; 14,30; 16,11). Die Menschen haben der Sünde, dem Satan den Eingang in die Welt ermöglicht, sozusagen die Luken aufgerissen, so daß die dunklen Wasser hereingeschossen sind und die Welt, diese schöne Erde überflutet haben.

Deshalb ruft Johannes auf: *»Habt nicht lieb die Welt noch was in der Welt ist«* und sagt: *»Wenn jemand die Welt lieb hat, in dem ist nicht die Liebe des Vaters.«* Das Herz des Menschen ist gewissermaßen ein Einfamilienhaus, in dem nicht zwei Partien Platz haben. Entweder wohnt darin der Geist von unten oder der von oben. Beides zugleich geht nicht!

Paul LeSeur hat gesagt, daß eine Christenheit, die sich der Welt nicht anpasse, in der Welt schwer durchkommen, aber auf sie großen Einfluß nehmen werde. Eine Christenheit aber, die sich der Welt anpasse, werde zwar in der Welt leicht durchkommen, aber die Welt nehme großen Einfluß auf sie.

Wenn heute in großen theologischen Strömungen das Wort »Welt« nur im Sinne von Gottes Schöpfung verwendet wird, nicht aber in dem neutestamentlich-negativen Sinne, so akzeptiert man damit die biblische Diagnose nicht. Und wenn die Diagnose nicht stimmt, kann man auch keine rechte Therapie betreiben. Das gilt nicht nur im Blick auf die Heilung von körperlichen Leiden, sondern erst recht im Blick auf die Heilung der Welt bzw. des Menschen vor Gott.

»Die Welt vergeht mit ihrer Lust«, und wer sich mit ihr verbindet, wird mit ihr vergehen, d.h. in die Tiefe gerissen. Allein wer *»den Willen Gottes tut, der bleibt in Ewigkeit«* (V. 17).

Was ist denn Gottes Wille? In Johannes 6,28 fragen Juden Jesus: »Was sollen wir tun, daß wir Gottes Werke wirken?« Das ist nichts anderes als die Frage nach dem Willen Gottes. Jesus antwortet darauf: »Das ist Gottes Werk [d.h. Gottes Wille], daß ihr an den glaubt, den er gesandt hat« (Joh 6,29). Es ist also der Wille Gottes, an ihn zu glauben, sich an seinen Sohn zu halten, der Menschen in die Freiheit führt.

Das mache ich am Bild der antiken Galeeren anschaulich. Diese Galeeren wurden von Galeerensklaven vorangetrieben, von Kriegsgefangenen, die man auf den Ruderbänken festgeschmiedet hat. Wenn eine Seeschlacht stattfand oder eine Sturmflut die Galeere bedrohte, die vielleicht alt und morsch geworden war, ist sie gesunken und all diese armen Sklaven sind ausweglos mit in die Tiefe gerissen worden. Es gab kein Entrinnen.

Das verdeutlicht, was Johannes in Vers 17 sagt. Wer sich an die *»Welt«* bindet, wird mit ihr vergehen. Jesus sagt dementsprechend:

»Wer Sünde tut, der ist der Sünde Knecht... Wenn euch nun der Sohn frei macht, so seid ihr wirklich frei« (Joh 8,36b). *»Wer den Willen Gottes tut, der bleibt in Ewigkeit.«* Wer Ihm sein Leben anvertraut, wer sich an Ihn hält, kommt davon. Er gelangt in die Freiheit.

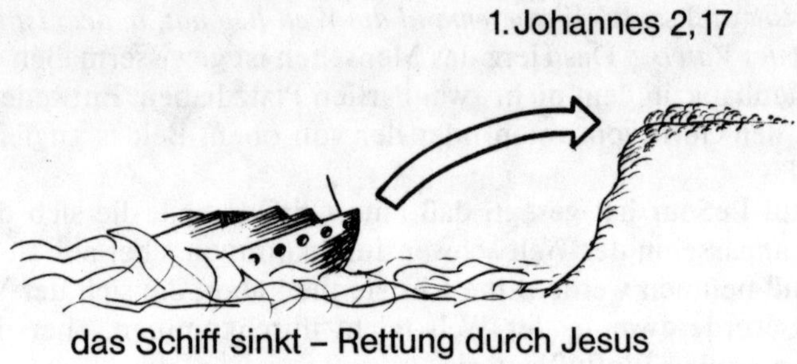

Abb. 82: »Die Welt vergeht...«

Abbildung 82 zeigt ein Schiff, das mit Mann und Maus untergeht. Das steht für uns Menschen, wie wir von Haus aus sind. Da kommt Jesus herzu, kommt in diese Welt und ruft: »Komm und folge mir!« Er hat den Feind, den großen Sklavenhalter, den großen Galeerenbesitzer am Kreuz auf Golgatha überwunden und besiegt. »Alles, was von Gott geboren ist, überwindet die Welt; und unser Glaube ist der Sieg, der die Welt überwunden hat« (5,4).

Freilich, der, den Jesus ruft, *muß* nicht in die Freiheit treten, aber er *kann* es. Keine Macht der Welt kann ihn davon zurückhalten. Er kann ans Festland herübertreten (siehe Abb. 82, rechts) und ans sichere Ufer gelangen. Das Schiff wird sinken, aber durch Jesus werden Menschen daraus gerettet. Zu ihm kann man treten – und dann ist man frei.

2,18-29: Im Folgenden spricht Johannes davon, daß Christen sich von *»Antichristen«* scheiden sollen.

In dieser Welt findet also eine ganz harte Auseinandersetzung statt. Der Feind ist aufs Äußerste gereizt; und so geht eine Frontlinie durch diese Welt. Und dort, wo Gott etwas tut und wirkt, macht der Feind sofort mobil.

Daher ist im letzten Teil von Kapitel 2 vom *»Antichrist«* die Rede, ja sogar von der Mehrzahl, von den *»Antichristen«*.

Das ist übrigens die einzige Stelle der Bibel, an der dieser Ausdruck vorkommt. In Offenbarung 13, dem großen Kapitel über den Antichristen, steht der Ausdruck »Antichrist« nicht, sondern das Wort »Tier«.

Und in 2. Thessalonicher 2, wo auch davon die Rede ist, ist dies »der Mensch der Gesetzlosigkeit« (LÜ 84: »der Mensch der Bosheit«, V. 3).

In 1. Johannes 2 hingegen ist vom *antichristos*, dem »Gegen-Christus«, dem »Widerchristen« die Rede (mit der Mehrzahlform *antichristoi*).

Damit wird zweierlei gesagt:

a) Der Widerchrist und die Widerchristen *»sind von uns ausgegangen«* (V. 19a). Das sind also keine ahnungslosen Heiden, sind nicht solche, die seit Generationen unkirchlich sind und die den Glauben an Jesus Christus gar nicht mehr im Blickfeld haben. Sie wissen vielmehr sehr gut in der Gemeinde Bescheid.
b) Was wird über sie gesagt? Was ist das Merkmal, an dem sie zu erkennen sind? Sie akzeptieren nicht, daß Jesus von Nazareth, der schlichte Zimmermannssohn, der Christus, der ewige Gottessohn ist, »wahrer Gott und wahrer Mensch«. Sie anerkennen also das Sohn-Sein, das Christus-Sein Jesu nicht: *»Wer ist ein Lügner, wenn nicht der, der leugnet, daß Jesus der Christus ist? Das ist der Antichrist, der den Vater und den Sohn leugnet. Wer den Sohn leugnet, der hat auch den Vater nicht; wer den Sohn bekennt, der hat auch den Vater«* (V. 22 f.).

Es ist bei all unserem Reden vom Antichristen wichtig, im Auge zu behalten, daß er kein Ahnungsloser im Blick auf Jesus Christus ist, jemand, der keine Ahnung vom Evangelium hat. Der Antichrist bzw. Antichristen sind solche, die diesbezüglich sehr genau Bescheid wissen. Das macht sie so gefährlich.

3,1-10: In Kapitel 3 geht Johannes wieder zum Positiven über. Er sagt hier, was Gott aus denen macht, die mit Jesus Christus in die Freiheit hinaustreten, die ihm folgen.

Johannes beschreibt die Herrlichkeit der Gotteskindschaft in dem feinen Wort: *»Seht, welch eine Liebe hat uns der Vater erwiesen, daß wir Gottes Kinder heißen sollen – und wir sind es auch! Darum kennt uns die Welt nicht; denn sie kennt ihn nicht«* (V. 1).

Man muß dieses Wort etwas eingehender ansehen. Dann wird klar, welch große Sache es ist, daß Gott uns Menschen zu seinen intelligentesten, geschicktesten, bildungsfähigsten Geschöpf gemacht hat. Menschen sind es, die Erfindungen machen können, die gestalten können, was vorhanden ist usw.

Die Bibel freut sich darüber und gibt der Freude und Dankbarkeit darüber auch Ausdruck. Das ist an den Stellen der Fall, wo sie auf die Frage eingeht: Was ist der Mensch?, also etwa in den Psalmen 8 und 144. Immer wieder sind Worte wie diese in der Heiligen Schrift zu lesen:

»Ich danke dir dafür, daß ich wunderbar gemacht bin; wunderbar sind deine Werke; das erkennt meine Seele« (Ps 139,14).

Aber die Bibel sagt über den Menschen mehr als das: *»Seht, welch eine Liebe...«* Das ist mehr als nur die Weisheit des Schöpfers, die Gott bewährt hat. Es geht um Gottes Liebe.

Was tut Gott mit seiner Liebe? Er adoptiert uns Menschen, macht uns zu seinen Kindern! Gott hat etwas ganz Wunderbares mit uns Menschen vor und führt es auch aus.

»Seht, welch eine Liebe hat uns der Vater erwiesen...« Gott ist der Vater geworden; er hat Kinder. *»Wir sollen Gottes Kinder heißen«* – aber nicht nur dem Namen nach, sondern *»wir sind es auch«*.

Diese Aussage und Sache ist für Christen vielfach zu einer solchen Gewohnheit geworden, daß sie sie in ihrer Größe kaum mehr erfassen können. Gott ist nämlich nicht nur hoch über uns Menschen, sondern er hat sich herabgebeugt und wird uns, die wir an ihn glauben, zu sich heraufheben – in Ewigkeit.

Das zeigt Vers 2: *»Wir sind schon Gottes Kinder; es ist aber noch nicht offenbar geworden, was wir sein werden«* (V. 2a). Das, was aus den Glaubenden werden wird, ist noch nicht sichtbar da. Menschen, die an Gott glauben, sehen noch genauso aus wie vorher. Es sind – im Bild gesprochen – die Palisaden noch nicht weggenommen, der Bauzaun dessen, was Gott schafft, ist noch nicht gefallen.

Dann heißt es:

»Wir wissen aber: wenn es offenbar wird, werden wir ihm gleich sein; denn wir werden ihn sehen, wie er ist« (V. 2b). Menschen werden also nicht zu kleinen Göttern, sondern zu Gottes Kindern – mit allen Konsequenzen – dem Namen und dem Wesen nach.

Was macht das schon aus, daß wir uns das nicht vorstellen können! In dem Lied »Herzlich tut mich erfreuen« (EKG 311) aus der Reformationszeit sagt der Liederdichter Johann Walter:

Kein Zung kann je erreichen
die ewig Schönheit groß;
man kann's mit nichts vergleichen,
die Wort sind viel zu groß.
Drum müssen wir solchs sparen
bis an den Jüngsten Tag;
dann wollen wir erfahren,
was Gott ist und vermag.

Strophe 2

3,11-18: In diesen Versen entfaltet Johannes die Botschaft von der Liebe, die unter Christen herrschen soll. *»Das ist die Botschaft, die ihr gehört habt von Anfang an, daß wir uns untereinander lieben sollen«* (V. 11). Es ist geradezu Kennzeichen der Gemeinde Jesu, daß in ihr die gegenseitige Bruderliebe gelebt wird, während die Welt die Glaubenden haßt (V. 13). *»Wir wissen, daß wir aus dem Tod in das Leben gekommen sind; denn wir lieben die Brüder. Wer nicht liebt, der bleibt im Tod«* (V. 14).

Derjenige, der Gott liebt, liebt also auch den, der von Gott geboren ist (vgl. 5,1). Wenn Christen ihren Vater im Himmel lieben, so lieben sie auch dessen Kinder, ihre Mitchristen. Das ist eine feine Begründung für die Bruderliebe.

In Vers 18 geht der Blick des Johannes wieder zu dem Bruder, den Gott auch in die Gemeinschaft gezogen hat: *»Meine Kinder, laßt uns nicht lieben mit Worten noch mit der Zunge, sondern mit der Tat und mit der Wahrheit. Daran erkennen wir, daß wir aus der Wahrheit sind, und können unser Herz vor ihm damit zum Schweigen bringen.«*

In diesen Sätzen vollzieht Johannes eine dreifache Steigerung. Es bedeutet ja schon etwas, *»mit Worten«* und *»mit der Zunge«* zu lieben. Ein gutes Wort stillt den Zorn. Was kann schon ein rechtes Wort ausrichten!

Aber zur Liebe gehört auch die *»Tat«*; man muß auch zugreifen. Was noch mehr als das bedeutet ist die Liebe *»mit der Wahrheit«*. Dies ist die Liebe, die bis in die Tiefen des Menschen hinabreicht, ist die Liebe, die lauter und ganz dem anderen zugetan ist und ihm begegnet. Hier verschwindet jede Spur von »Theater«, von »Schaufensterdekoration«, vom Schöntun, so als ob...

Diese Liebe können wir Menschen nicht machen. Aber wenn wir im Licht wandeln und demgemäß leben, dann wird auch diese Liebe von uns ausgehen. Dann wird Gott bei uns darauf hinwirken, daß das andere in unserem Leben überwunden wird.

3,19-24: Beides, der Glaube an Jesus und die Liebe zu den Brüdern, ist vom Herrn geboten: *»Das ist sein Gebot, daß wir glauben an den Namen seines Sohnes Jesus Christus und lieben uns untereinander, wie er uns das Gebot gegeben hat«* (V. 23).

Johannes weiß aber auch darum, daß im Menschen die Sünde in diesem Leben nie ganz überwunden sein wird. Sie wird uns immer wieder zur Anfechtung – zu einer Anfechtung, in der wir gewiß sein dürfen, *»daß, wenn uns unser Herz verdammt, Gott größer ist als unser Herz«* (V. 20a).

4,1-6: In den ersten Versen von Kapitel 4 spricht Johannes noch einmal davon, wer Jesus ist. Das wird mit der Frage verhandelt, wie denn die Geister zu prüfen seien; und dies ist wieder gegen die bereits erwähnte Gnosis gerichtet: *»Glaubt nicht einem jeden Geist, sondern prüft die Geister, ob sie von Gott sind; denn es sind viele falsche Propheten ausgegangen in die Welt. Daran sollt ihr den Geist Gottes erkennen: Ein jeder Geist, der bekennt, daß Jesus Christus in das Fleisch gekommen ist, der ist von Gott«* (V. 1 f.).

Wer nicht bekennt, *»daß Jesus Christus in das Fleisch gekommen ist«*, daß er ganz Mensch geworden und doch zugleich wahrer Gott ist, der mag sich noch so fromm und klug geben – sein Geist ist nicht von Gott. Das ist das sicherste Merkmal, anhand dessen man Irrlehre erkennt.

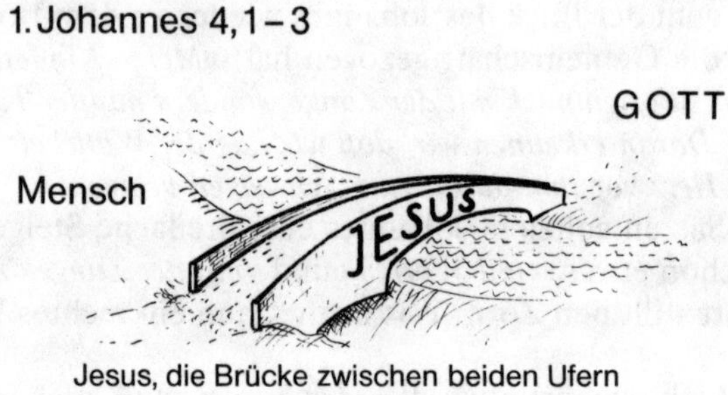

Abb. 83: Jesus – »wahrer Mensch und wahrer Gott«

Das veranschaulicht Abbildung 83: Zwischen Gott und Mensch führt nur eine einzige Brücke über den Abgrund, den reißenden Fluß der Sünde. Diese Brücke, die auf beiden Ufern ruht, ist Jesus.

Das ist etwas anderes als das, wovon die Gnostiker sprachen. Bei den Gnostikern gibt es eine Elite von Menschen, von solchen, die sowieso schon vornean stehen und dazu noch eine Hilfestellung zu ihrer Vervollkommnung bekommen. Die anderen, die zu dieser Elite-Erkenntnis nicht fähig sind, werden lieblos zurückgelassen: »Warum sind diese Leute auch so einfältig?«

Die Brücke »Jesus« reicht auf der menschlichen Seite bis in jenes Handwerkerhaus in Nazareth, bis zum Familiennotquartier in Bethlehem, bis zu dem Platz, wo man die abgetan hat, von denen man meinte, man könne auf sie verzichten: auf Golgatha. Dort war diese Brücke wirklich fest verankert – bis hin zu den Letzten unter den Menschen.

Und auf der anderen Seite war diese Brücke ganz bei Gott festgemacht. »Wahrer Mensch und wahrer Gott« – so umschrieb schon die Alte Kirche die Person Jesus Christus. Dem gingen jahrhundertelange Auseinandersetzungen um das rechte Verständnis Jesu voraus.

Es gab solche, die sagten, er sei nur Mensch (das waren die sog. Arianer, eine Partei der Alten Kirche, um 300 n.Chr.). Es war eine feine Leitung der Christenheit durch Gottes Geist, daß sie gesagt hat: So nicht!

Auf der anderen Seite gab es andere, die Jesus eine Ehre antun wollten, indem sie sagten, er sei nur Gott und nur scheinbar Mensch geworden (das waren die Doketisten, die die Scheinbarkeit des Menschseins Jesu behauptet haben). Auch das wurde abgewiesen.

So kam die Alte Kirche auf die einfache, aber treffende Formel: »Wahrer Mensch und wahrer Gott.« Davon, daß Jesus Mensch und Gott zugleich war und ist, hängt ab, ob wir Menschen wirklich über diese Brücke zu Gott gelangen können. Wenn nur irgendein Stück an dieser Brücke fehlt – sei es auf der Seite des Menschen, sei es auf Gottes Seite –, ist sie nicht mehr tragfähig, und Menschen können auf ihr nicht mehr zu Gott heimfinden. Dann kann auch Gott nicht über diese Brücke zu uns Menschen kommen.

So ist die Formel »wahrer Mensch und wahrer Gott« nicht nur irgendeine denkerische, dogmatische Redeweise von einigen merkwürdigen Theologen, die seltsam denken. Es steht vielmehr ein seelsorgerliches, existentielles Interesse dahinter, daß die Alte Kirche das Wesen Jesu Christi so umschrieben hat. Nur dann, wenn Jesus beides ist, können Menschen durch ihn gerettet werden.

Deshalb ist auch die Prüfung der Geister dringend nötig, von der Johannes in 4,1-3 spricht. Es heißt aufzupassen, ob Jesus Christus als der bekannt und verkündigt wird, der tatsächlich Mensch geworden, *»in das Fleisch gekommen«* ist, oder ob das bestritten wird.

Es sind schon in der frühen Christenheit *»viele falsche Propheten [griech. pseudoprophaetaes] in die Welt ausgegangen«*, die sich an die Spitze zu stellen versuchten, so daß ihnen viele Menschen folgten, die sie in die Irre zu führen suchten.

Bei Johannes wird gewissermaßen so gedacht: Es besteht eine Frontlinie zwischen Gottesreich und Feindesreich. Auf der einen Seite steht die Welt, auf der anderen die Glaubenden. Diese Unterscheidung ist glasklar. Dies ist eine Front, wie wir sie aus Kriegen kennen: An den verschiedenen Uniformen kann man Freund und Feind unterscheiden.

Doch darüberhinaus gibt es in diesem geistlichen Kampf zwischen Gott und dem Feind auch Partisanen, Leute, die den Kämpfenden in den Rücken fallen. Das sind die *»falschen Propheten«*. Und es ist unbedingt notwendig, daß diese Partisanen erkannt und weggetan werden; sonst profitiert nur der von ihrem Tun, der bei einer zweifachen Kampfeslinie den Krieg gewinnen kann: der Feind, der von vorne wirkt und die Front reguliert.

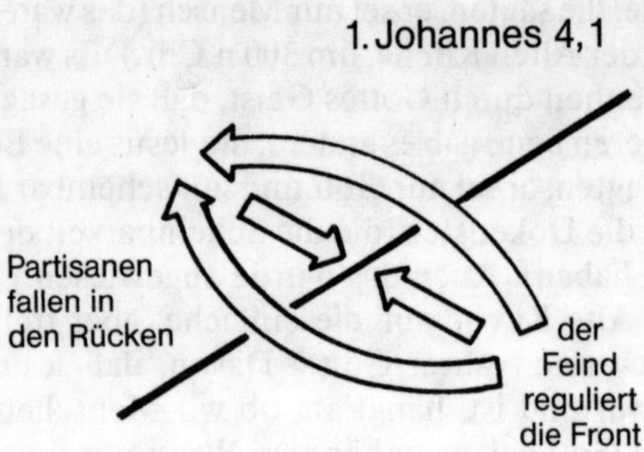

Abb. 84: »Viele falsche Propheten sind ausgegangen«

4,7-16: Johannes spricht hier wiederum von Gottes Liebe und der Bruderliebe. Kennzeichen des glaubenden, wiedergeborenen Menschen ist die Liebe zu den Mitchristen: *»Wer liebt, der ist von Gott geboren und kennt Gott«* (V. 1b).

Gott hat ja seine Liebe klar und eindeutig erklärt: *»Darin ist erschienen die Liebe Gottes unter uns, daß Gott seinen eingebornen Sohn gesandt hat in die Welt, damit wir durch ihn leben sollen«* (V. 9). Die Liebe der Christen hat darin ihren Bestand, *»nicht, daß wir Gott geliebt haben, sondern daß er uns geliebt hat und gesandt seinen Sohn zur Versöhnung für unsre Sünden«* (V. 10). Daher sollen und können sich die Glaubenden auch untereinander lieben (V. 11).

Dann stellt Johannes betont heraus: *»Gott ist die Liebe; und wer in der Liebe bleibt, der bleibt in Gott und Gott in ihm«* (V. 16b). Das heißt also: Nicht die Liebe ist Gott, sondern Gott ist die Liebe. Der Satz *»Gott ist die Liebe«* darf also nicht umgekehrt werden, wie wir es manchmal hören. Wenn Gott die Liebe ist, so heißt das, daß alle wahre Liebe nur von Gott ausgeht. Hier geht es nicht darum, *was* Gott (an sich und für sich selbst) ist, sondern darum, *wie* er ist, wie er sich zeigt, wie er uns Menschen begegnet.

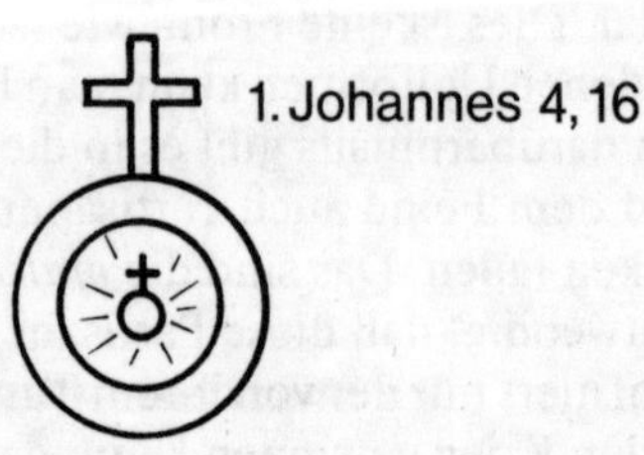

Abb. 85: »Wer in der Liebe bleibt, der bleibt in Gott und Gott in ihm«

Wer diese Liebe annimmt, für sich gelten läßt und darin bleibt, daß Gott in seinem Sohn Jesus Christus ihm diese Liebe ganz zuwendet, der darf sich geborgen wissen (vgl. Abb. 85). Er lebt in der Gemeinschaft mit Gott.

4,17-21: Die Liebe, die Gott schenkt, macht die Glaubenden zuversichtlich im Blick auf den Gerichtstag (V. 17). Sie müssen sich vor dem großen Tag Jesu Christi nicht fürchten, *»denn die Furcht rechnet mit Strafe«* (V. 18). Wen Gott liebt, der darf hoffnungsfroh in die Zukunft schauen und den Bruder lieben, der auch von Gott angenommen ist (V. 19 f.).

5,1-4: Wieder richtet sich Johannes gegen die Gnostiker. Denn nur *»wer glaubt, daß Jesus der Christus ist, der ist von Gott geboren«* (V. 1a).

Offenkundig ließen es die Irrlehrer und diejenigen, die ihnen folgten, an der Liebe untereinander mangeln. Vielleicht führte das Streben nach der Erkenntnis höherer Welt dazu, daß sich die einzelnen so wichtig vorgekommen sind, daß sie die anderen hintangestellt und übersehen haben. Doch *»wer den liebt, der ihn geboren hat [also Gott], der liebt auch den, der von ihm geboren ist [nämlich den Bruder]«* (V. 1b). Das betont Johannes hier noch einmal, um den Unterschied zwischen den Irrlehrern und ihren Schülern einerseits und der Gemeinde Jesu andrerseits zu zeigen.

Die Liebe zu Gott zeigt sich daran, daß Menschen Gottes Gebote halten (V. 3a). Das Halten der Gebote *»ist nicht schwer«*, sondern ist etwas ganz Einfältiges (V. 3b).

»Alles, was von Gott geboren ist, überwindet die Welt; und unser Glaube ist der Sieg, der die Welt überwunden hat« (V. 4). *»Unser Glaube«* ist unsere Gemeinschaft mit dem Sieger Jesus Christus, der uns an seinem Sieg deshalb teilgibt, weil wir an ihn glauben, in einer persönlichen Vertrauensbeziehung zu ihm leben (vgl. Abb. 86).

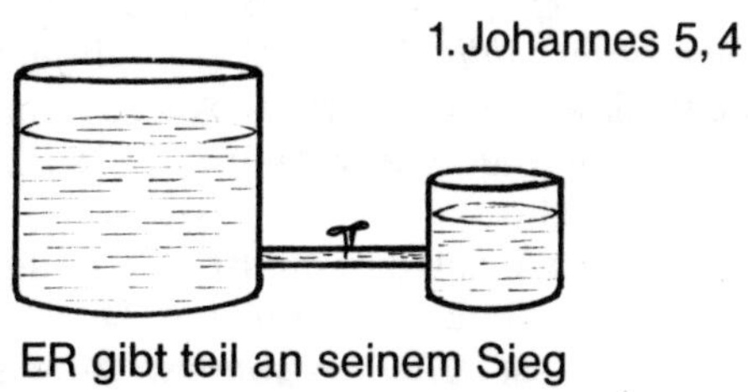

Abb. 86: »Unser Glaube ist der Sieg...«

5,5-12: Wie werden wir unseres Glaubensgrundes gewiß? Gott verbindet uns mit sich durch *»Wasser«* (Taufe) und *»Blut«* (Abendmahl) und so durch das Wort und den Heiligen Geist: *»Dieser ist's, der gekommen ist durch Wasser und Blut, Jesus Christus; nicht im Wasser allein, sondern im Wasser und im Blut; und der Geist ist's, der das bezeugt, denn der Geist ist die Wahrheit. Denn drei sind, die das bezeugen: der Geist und das Wasser und das Blut; und die drei stimmen überein«* (V. 6-8).

5,13-17: Aus dem Glauben kommt die Freudigkeit, die Zuversicht zu Bitte und Fürbitte: *»Das ist die Zuversicht, die wir haben zu Gott: Wenn wir um etwas bitten nach seinem Willen, so hört er uns«* (V. 14). Und doch gibt es *einen* Hinderungsgrund, den Johannes mit ganzem Ernst nennt: *»Es gibt aber eine Sünde zum Tode; bei der sage ich nicht, daß jemand bitten soll«* (V. 16b). Vielleicht ist hier an die Sünde wider den Heiligen Geist zu denken, von der Jesus spricht und die derjenige tut, der Gott, seinem Sohn und dem Heiligen Geist bewußt lästert und absagt (vgl. Mk 3,28-30 par).

5,18-21: Johannes schließt seinen Brief mit der Zusage, daß derjenige, der durch den Glauben an Jesus Christus wiedergeboren ist, von Gott in Christus bewahrt wird: *»Wir wissen, daß, wer von Gott geboren ist, der sündigt nicht, sondern wer von Gott geboren ist, den bewahrt er, und der Böse tastet ihn nicht an«* (V. 18).

Doch muß der Mensch, über den Gott so achthat, auch selbst wachsam sein. Mit den mahnenden Worten: *»Kinder, hütet euch vor den Abgöttern!«* beendet Johannes seinen ersten Brief (V. 21). An diesem Briefschluß ist zu sehen, wie ernst die Auseinandersetzung war, in die hinein Johannes seinen ersten Brief schrieb.

2.2 Der zweite Brief des Johannes

Dieser Brief ist – im Unterschied zum ersten – ein richtiggehender Brief mit Absender- und Empfängerangabe. Er ist scheinbar an eine Frau, eine *Kyria* (*»die auserwählte Herrin«*, V. 1) geschrieben. *Kyria* heißt *»Herrin«*; das war damals aber nicht nur eine Anrede, sondern auch ein Eigenname. Man hat schon an eine verwitwete Frau (mit ihren Kindern) als Adressatin gedacht.

Wahrscheinlicher aber ist, daß dies ein Brief war, den Johannes an eine Gemeinde und deren Glieder gerichtet hat. Diese Frau – also die Gemeinde – ist nicht selbst *»Herrin«*, sondern zum »Herrn«, zum *Kyrios* gehörig. Das betreffende griechische Wort könnte auch *Kyriakae* (»die zum Herrn Gehörige«) heißen, wovon unser deutsches

Wort »Kirche« herrührt*. Das wäre die Braut Christi, die ihm Zugeordnete.

Demnach wäre der zweite Brief des Johannes ein Gemeindebrief – wie viele andere Briefe des Neuen Testaments auch.

Johannes, der Apostel der Liebe, kann auch sehr profiliert schreiben, wie er es in diesem Brief auch tut: *»Wenn jemand zu euch kommt und bringt diese Lehre [die Lehre Christi; V. 9] nicht, so nehmt ihn nicht ins Haus und grüßt ihn auch nicht«* (V. 10). *»Ins Haus aufnehmen«* hieß damals, einen wandernden Prediger aufzunehmen. Wer eine andere Lehre als die *»Lehre Christi«* hat, den sollen die Adressaten des Briefes nicht in ihrer Gemeinde wirken lassen.

Das *»Grüßen«* war damals auch mehr als heute, wo wir uns im Vorübergehen einander zunicken. Bei den Orientalen war das Grüßen eine sehr ausführliche Sache – eine Angelegenheit, die unserem Besuchen (längerem Besuchen) viel mehr entspricht als dem, was wir unter dem Grüßen verstehen.

2.3 Der dritte Brief des Johannes

Auch dieser Brief ist – wie der zweite und im Unterschied zum ersten – ein Brief mit Absender- und Empfängerangabe.

Dieser Brief ist an einen Gemeindevorsteher namens Gajus gerichtet. Johannes lobt dessen Gastfreundschaft und teilt ihm mit, wie sehr diese von reisenden Brüdern empfohlen worden ist (V. 5-8).

In den Versen 9-12 klagt Johannes über einen herrschsüchtigen Gemeindevorsteher namens Diotrephes. Dabei wird aber nicht recht deutlich, worum es ging. Wollte Diotrephes in seiner Gemeinde nur gnostische Irrlehrer sprechen lassen? Johannes will diese Sache persönlich in Ordnung bringen (V. 14).

Der Grundton, der diesen Brief bestimmt, erklingt in Vers 4, in dem Johannes sagt: *»Ich habe keine größere Freude als die, zu hören, daß meine Kinder in der Wahrheit leben.«*

* Diese Ableitung ist allerdings nicht unumstritten. Manche meinen auch, das Wort »Kirche« hinge mit dem lateinischen Wort für »Umkreis« zusammen. Aber ich halte die genannte Ableitung für wahrscheinlicher. (Anm. d. Vf.)

Der Brief an die Hebräer

1. Einleitung

1.1 Ein anonymer Verfasser

Der Verfasser des Hebräerbriefs ist uns nicht bekannt; er bleibt anonym.

Man hat im Laufe der Kirchengeschichte schon angenommen, daß Paulus diesen Brief verfaßt habe; aber das ist unwahrscheinlich, da Paulus seine Briefe immer eindeutig unter seinem Namen geschrieben hat. Warum sollte er dann einen anonymen Brief verfassen?

Auch ist unwahrscheinlich, daß er, der immer so betont hat, daß Gott aus beiden eines gemacht, aus Juden- und Heidenchristen eine Gemeinde geschaffen hat, einen besonderen Brief ausschließlich an »die Hebräer« geschrieben hat. Denn der Hebräerbrief richtet sich an Judenchristen und bezieht sich auf deren Fragen.

Man hat auch schon an allerlei andere mögliche Verfasser dieses Briefes gedacht. Luther hielt es für möglich, daß Apollos (vgl. Apg 18,24; 19,1; 1. Kor 1,12 u.a.) der Verfasser des Hebräerbriefes war. Andere dachten an Barnabas (vgl. Apg 4,36; 9,27; 11,22 u.a.) oder an Silas (Apg 15,22 ff.; 16,19 u.a.).

Es ist jedenfalls nicht unwahrscheinlich, daß jemand aus dem Kreis um Paulus der Verfasser dieses Briefes war, denn der Brief beinhaltet ähnliche Gedanken wie die, die Paulus etwa in Römer 3 u.a. geäußert hat.

Doch dieser Brief hat keine Absenderangabe. Die frühe Christenheit hat ihn dennoch als ein zum Kanon, zum Kreis der neutestamentlichen Schriften gehöriges Buch betrachtet.

Am Schluß des Briefes findet sich ein interessanter Hinweis: »Es grüßen euch die Brüder aus Italien« (13,24b). Der Verfasser des Hebräerbriefes befand sich also wohl in Italien, möglicherweise sogar in Rom.

1.2 Die Adressaten

Die Empfänger des Hebräerbriefes waren »die Hebräer« (so die Überschrift dieses Briefes). Das waren keine Juden im allgemeinen Sinne, sondern Judenchristen aus Israel bzw. aus dem Auslandsjudentum. Sie waren zu Jesus getreten und wurden offenkundig vom Judentum bedrängt, doch über kurz oder lang wieder zu Israel bzw. zum Judentum zurückzukehren und die Sache mit Jesus zu lassen.

Darauf weist die Redeweise vom »Festhalten« hin, die mehrmals im Hebräerbrief auftaucht: »... das Vertrauen und den Ruhm der Hoffnung festhalten...« (3,6); »...die Zuversicht vom Anfang bis zum Ende festhalten...« (3,14); »laßt uns festhalten an dem Bekenntnis...« (4,14b); »... die Hoffnung festzuhalten bis ans Ende« (6,11); »laßt uns festhalten an dem Bekenntnis der Hoffnung und nicht wanken« (10,23a). Es ist die Quintessenz beinahe jeden Abschnitts des Hebräerbriefes, daß die Adressaten ermahnt werden, doch nur bei Jesus zu bleiben.

Es sind wohl zwei Momente gewesen, die gegenüber den Judenchristen immer wieder ins Feld geführt wurden:

a) Was Israel im Alten Bund an Großartigem von Gott empfangen hat, das könne nicht durch etwas anderes überhöht werden. Also sollten die judenchristlichen Adressaten beim Judentum bleiben. Und im übrigen sahen sie ja den herrlichen Tempelgottesdienst Israels, der ja mitunter in aller Pracht ausgeübt worden ist, auch in beeindrukkenden Gebäuden (man denke etwa an den von Herodes I. großartig ausgebauten Tempel in Jerusalem).
Was war demgegenüber die Sache der frühen Christenheit doch für eine armselige Angelegenheit! Die Christen hatten damals ja nicht einmal einen ordentlichen Raum, in dem sie zusammenkommen konnten.

b) Während die Juden in Israel wie auch außerhalb Palästinas staatlich anerkannt, ja privilegiert waren (sie mußten normalerweise nicht am Kaiserkult teilnehmen), wurden die Christen in jeder Hinsicht bedrängt. Das ging schon damals bis zu dem, wovon Hebräer 10 spricht: »Ihr habt ... den Raub eurer Güter mit Freuden erduldet, weil ihr wißt, daß ihr eine bessere und bleibende Habe besitzt« (10,34).
Das war also eine Zeit, in der Christen teilweise enteignet worden sind, vielleicht hohe Geldstrafen bezahlen mußten, in der es wohl auch um Verhaftungen ging usw. Hinrichtungen dagegen kamen

noch kaum oder gar nicht vor. In Hebräer 12,4 ist wohl an den Märtyrertod gedacht: »Ihr habt noch nicht bis aufs Blut widerstanden . . .« (12,4). So weit war es bei den Adressaten des Briefes offensichtlich noch nicht gekommen.

1.3 Das Anliegen des Briefes

Aus dem oben Gesagten geht hervor, daß der Hebräerbrief an Judenchristen adressiert ist, die vor allem vom Judentum, aber auch von seiten ihrer heidnischen Umwelt bedrängt worden sind. Das Judentum hatte Eindrucksvolles vorzuweisen (siehe 1.2). Dies wurde wohl vielen Judenchristen zur Anfechtung, und sie neigten dazu, zu ihrem angestammten jüdischen Glauben zurückzukehren.

In dieser Lage fordert der Hebräerbrief seine Leser auf, am Bekenntnis zu Jesus und an der Hoffnung auf Ihn festzuhalten (3,1 u.a.). Im Gegensatz zur Hoffnungslosigkeit der Welt und auch des Judentums ist das Bekenntnis zu Jesus ein »Bekenntnis der Hoffnung« (10,23).

Was unternimmt der Schreiber dieses Briefes, um die Adressaten wieder ihres Glaubens gewiß zu machen? Er politisiert nicht, ruft niemanden zum Widerstand auf und macht auch niemanden schlecht. Er tut nur eines, um sie am Bekenntnis festzuhalten: Er macht ihnen Jesus Christus sehr groß.

Der Hebräerbrief hilft den Briefempfängern also dadurch, daß er ihnen in seinem gesamten Brief die Größe Jesu zeigt, gerade auch im Vergleich zu all dem, was im Alten Testament groß war und was auch die Juden so sehr beeindruckte. Das alles ist im Licht des Neuen Bundes nur ein vorausgeworfener Schatten der zukünftigen Dinge (vgl. 8,5; 10,1; Kol 2,17). Vor allem aber zeigt der Hebräerbrief die Größe des Priestertums Jesu. Jesus ist Priester und Lamm zugleich, und er tut den einzigartigen, einmaligen, d.h. den ein-für-allemaligen, gültigen und endgültigen Priesterdienst – nicht in einem irdischen, sondern in dem eigentlichen, dem himmlischen Heiligtum.

Dieser Weg, Jesus groß und unentbehrlich zu machen, ist offenkundig die Art und Weise, in Zeiten der Anfechtung durchzuhelfen, in denen Menschen am Glauben irre werden können. Dadurch werden sie auch zur Treue aufgerufen, ohne daß sie vom Verfasser des Briefes dazu gedrängt werden.

1.4 Der Aufbau des Briefes

Die Gliederung des Hebräerbriefes ist recht klar zu sehen:

1. Auf eine vorangestellte Zusammenfassung dessen, was Jesus ist, eine Art einleitender Überschrift (1,1-4), folgt

2. ein erster Hauptteil, in dem der Verfasser durchgehend Jesu Größe im Vergleich zu der Größe des Alten Bundes aufzeigt (1,5-4,13). Daran knüpft der nächste Teil an:

3. Jesus ist größer als der Hohepriester Aaron, also als der hohepriesterliche Dienst in Israel überhaupt – ER ist der eine, der wahre Hohepriester, dessen Dienst der Verfasser in 4,14-10,18 näher entfaltet. Dann folgt explizit, was schon zuvor immer wieder anklang:

4. Ermahnung zur Glaubenstreue (10,19-13,25), zu der Treue, bei Jesus zu bleiben und an dem »Bekenntnis der Hoffnung« festzuhalten.

2. Zum Einzelnen

2.1 Vorangestellte Zusammenfassung dessen, was Jesus ist (1,1-4)

Der Hebräerbrief setzt so ein, daß schon am Anfang die Quintessenz dessen genannt wird, was später ausführlich dargelegt wird: *»Nachdem Gott vorzeiten vielfach und auf vielerlei Weise geredet hat zu den Vätern durch die Propheten...«* (V. 1).

Gott hat also schon bisher zu Israel *»geredet«*! Es ist eine großartige Sache, daß Gott nicht schweigt, wie ihm heute vielfach unterstellt wird. Gott schweigt freilich, wenn man ihn nicht dort hört, wo er redet! In der Natur etwa ist Gott nicht zu *hören*, wiewohl man dort viel *sehen* kann.

Wie Gott uns gesonnen ist, wie er sich zu dem schuldbeladenen Menschen stellt, das ist nicht aus der Natur zu erkennen, nämlich daß er »barmherzig und gnädig und geduldig« ist, »von großer Gnade und Treue« (2. Mose 34,6).

So hat Gott *»vielfach und auf vielerlei Weise geredet ... durch die Propheten«*, also durch seine Sprecher, seine Boten.

Nun *»hat er in diesen letzten Tagen zu uns geredet...«* (V. 2a). Gott hat also abschließend geredet, hat sich sozusagen »ausgesprochen«, »zu

Ende gesprochen«. Gott hat sich ganz geoffenbart, hat Abschließendes gesagt – *»durch den Sohn«* (V. 2b).

Das bedeutet zugleich, daß Jesus nicht lediglich einer ist unter vielen in einer Reihe von Gottesboten, in der einer auf den anderen folgt, sondern er ist der Abschluß und die Krönung des gesamten Redens Gottes im Alten Bund.

Diese Aussage geht durch den ganzen Hebräerbrief hindurch und wird insbesondere in den Kapiteln 6 und 10 betont aufgenommen, in denen damit gesagt wird, daß Jesus die letzte Möglichkeit ist, mit Gott versöhnt zu werden. Auf ihn folgt keiner mehr ... Wer sein Anklopfen an seiner Türe überhört, hat die letzte Gelegenheit verpaßt. Das ist etwa mit den harten, schweren Worten vom mutwilligen Sündigen gemeint, vom Mit-den-Füßen-Treten der Gnade, wo es keine Vergebung mehr geben wird (6,4-8; 10,26-29).

Hierbei geht es weniger darum festzustellen, daß dieser oder jener Christ diese Grenze überschritten hat, sondern das soll eine letzte Warnung sein. Gerade deshalb, weil Jesus der Einzigartige ist, kann man ihn nicht einfach abweisen und auf einen anderen Retter hoffen.

Der Verfasser des Briefes spricht auch davon, was Jesus von Anfang an war: *»Durch«* ihn hat Gott *»auch die Welt gemacht«* (V. 2b).

Jetzt ist Jesus *»der Abglanz seiner [Gottes] Herrlichkeit«* (V. 3a), d.h. er ist die *»uns zugewandte Seite Gottes«*. Jesus wurde von Gott *»eingesetzt ... zum Erben«* (V. 2b); Jesus ist also in Ewigkeit derjenige, der in vollem Sinn an dem teilhat, was Gott ist, hat und tut und durch den Gott die Welt vollendet.

Diese ersten drei Verse des Hebräerbriefes sind mit ihren gewaltigen, allesumfassenden Aussagen über Jesus Christus so etwas wie jene ersten vier bis fünf Zeilen von Zeitungsartikeln heute, in denen vorneweg das Wichtigste kurz und bündig gesagt wird. Ähnlich ist es beim sog. »Prolog« des Johannesevangeliums [Joh 1,1-18] und bei den ersten Versen des 1. Johannes-Briefes. Diese literarische Form jener Zeit macht es möglich, daß man schon am Anfang eines Briefes schnell darüber informiert wird, was der Brief eigentlich meint.

Es ist überhaupt für den Hebräerbrief kennzeichnend, daß sein Verfasser in einem klar fortschreitenden Gedankengang schreibt und nicht intuitiv, mit seinen Gedanken kreisend vorgeht (wie Johannes in seinem ersten Brief). Darin gleicht die Schreibweise des Verfassers des Hebräerbriefes der des Paulus, zum Beispiel im Römerbrief.

2.2 Aufzeigen der Größe Jesu im Vergleich zu dem, was im Alten Bund groß ist (1,5-4,13)

In diesem zweiten Teil des Briefes springt einem ins Auge, daß fortwährend Jesus mit anderem (aus dem Alten Bund) verglichen und der große Unterschied herausgestellt wird: »Jesus ist höher als ...«

Abbildung 87 zeigt übersichtlich die Größe Jesu, die die Größe der Engel und Moses, Josuas und Aarons übertrifft.

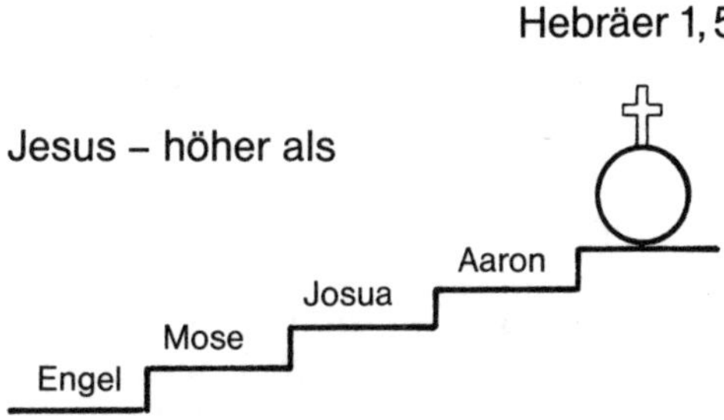

Abb. 87: Vergleich zwischen Jesus und dem, was im Alten Bund groß ist

a) Jesus – höher als die Engel (1,4-2,18)

Zunächst kommt der Verfasser des Briefes auf den Unterschied zwischen Jesus und den Engeln zu sprechen.

Man muß in diesem Zusammenhang wissen, wie in der Bibel – vor allem im Alten Testament – von den Engeln geredet wird. Sie sind absolut nicht jene Kindergestalten mit Pausbäckchen und Patschhändchen, als die wir sie von der barocken Kunst her kennen. In Psalm 103,20 werden die Engel »starke Helden« genannt, die die Feinde besiegen!

Im Judentum jener Zeit wurde sehr viel über Engel geredet. Man hat die Stellen des Alten Testaments, an denen von Engeln die Rede ist, sehr gerne gelesen, sich damit beschäftigt und sie auch manchmal spekulativ ausgedeutet.

Wenn der Schreiber des Hebräerbriefes demgegenüber die Größe Jesu betont, so betrachtet er die Engel dennoch nicht als gering. Aber er lehnt es strikt ab, daß Engel angebetet werden (1,6; ähnlich ist es in der Offenbarung des Johannes, nach der es Johannes verwehrt wurde, den Offenbarungsengel bzw. den »Ältesten« anbetend zu verehren. Es werden – nach der Offb – nicht die Engel angebetet, sondern *sie* beten Gott an – den Vater mit dem Sohn).

Jesus *»ist ... viel höher geworden als die Engel, wie der Name, den er ererbt hat, höher ist als ihr Name«* (1,4). Die Engel sind Gottes Knechte, seine Diener (*»sind sie nicht allesamt dienstbare Geister...?«*, 1,14) – Jesus ist der Sohn Gottes. »Setze dich zu meiner Rechten, bis ich deine Feinde zum Schemel deiner Füße mache«, heißt es in Psalm 110,1. Jesus ist als Gottes Sohn nicht geschaffen (1,5) und darum höher erhoben als die Engel.

Weil Jesus sich nicht *»schämt..., sie [die an ihn glauben] Brüder zu nennen«* (2,11b), werden Christen durch ihn, den Sohn, auch zu *»Söhnen«* (vgl. 2,10). Es steht im griechischen Neuen Testament selten der Ausdruck »Gottes Kinder« (so heißt es nur im 1. Johannes-Brief). Es ist vielmehr nahezu immer von *»Gottes Söhnen«* die Rede (z.B. Röm 8,14: »Welche der Geist Gottes treibt, die sind Gottes *Söhne*«), denn zum *Sohn* gehören *die Söhne*. (Bei dem Wort »Söhne« sind freilich die Frauen mit einbezogen.)

Weil Christen *»Söhne«* sind, sozusagen nachgeborene, kleine Geschwister Jesu, haben sie durch ihn einen erstaunlichen Adel. Das zeigt sich etwa in 1,14: Die Engel sind *»allesamt dienstbare Geister, ausgesandt zum Dienst um derer willen, die das Heil ererben sollen«*. Obwohl die Engel keine niedlichen Wesen sind (siehe oben), sind sie doch solcherart, daß Christen als Gottes Kinder, als Gottes »Söhne«, Engel als Bedienstete haben. Was ist das für ein Adel!

Weil Jesus einen einzigartigen Dienst tut, darum ist er nicht nur höher als alle Engel gewesen, sondern ist auch viel tiefer hinabgegangen als alle Engel: Gott hat es gefallen, daß er *»den, der viele Söhne zur Herrlichkeit geführt hat, den Anfänger ihres Heils, durch Leiden vollendete«* (2,10b). Jesus ist als *»Anfänger ihres [die an ihn glauben] Heils«* der, der vor den Glaubenden herzieht, um sie zum Heil zu führen. Gott hat seinen Sohn *»durch Leiden vollendet«*.

Jesus ging also ins Leiden. Nach dem Hebräerbrief geschah dieses Leiden vor allem in der Versuchung Jesu. Jesu Passion war für den Schreiber des Hebräerbriefs die ganz große Versuchung Jesu. Der Feind wollte Jesus durch das Leiden provozieren, aus dem Weg des Gehorsams auszubrechen. Doch Jesus ist nicht ausgebrochen.

An zwei Stellen spricht der Verfasser des Briefes deshalb davon, Jesus »könnte mit leiden mit unserer Schwachheit«, weil er »versucht worden ist in allem wie wir, doch ohne Sünde« (4,15; vgl. 2,18).

Obwohl Jesus »versucht worden ist ... wie wir« Menschen, zieht er daraus nicht die Schlußfolgerung, daß wir ebenso wie er ohne Sünde hätten leben können und daß wir an unserem Los selbst schuld wären. Nein, daß Jesus »versucht worden ist ... wie wir, doch ohne Sünde«, macht ihn nicht hart, fordernd und unbarmherzig, sondern löst bei ihm das Mit-Leiden aus. Deshalb ist er barmherzig.

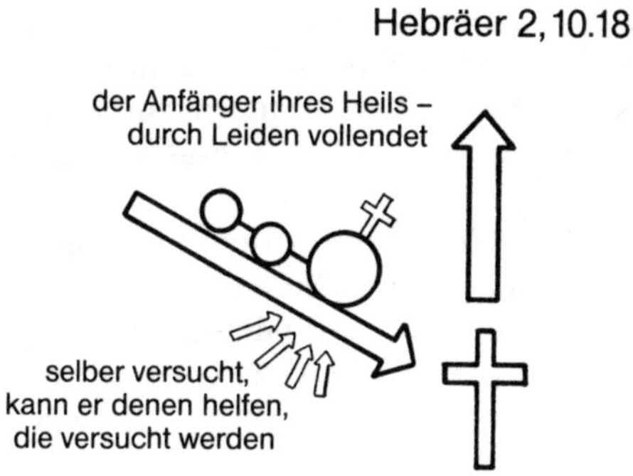

Abb. 88: »Worin er selber gelitten hat und versucht worden ist...«

Jesus, der selbst versucht worden ist, kann denen helfen, die versucht werden (vgl. Abb. 88). An ihn ist der Feind mit ganzer Gewalt herangetreten und hat ihn von seinem Weg abzubringen versucht. Auch wir Christen werden vom Feind angegangen. Weil er das selbst erlebt hat, versteht uns Jesus; daher ging er uns auch voraus und hat für uns die Bresche geschlagen, durch die wir das Ziel erreichen können.

b) Jesus – höher als Mose (3,1-6)

»Mose zwar war treu in Gottes ganzem Hause als Knecht...« – »Christus aber war treu als Sohn über Gottes Haus« (V. 5 f.). Der Unterschied zwischen Mose und Christus liegt darin, daß Mose *»Knecht«*, Christus aber *»Sohn«* ist. In dem Wort *»Sohn«* klingt an, daß Jesus sozusagen Gottes Kronprinz, die rechte Hand Gottes ist.

c) Jesus – höher als Josua (3,7-4,13)

Der Vergleich Jesus mit Josua ist deshalb besonders interessant, weil beide denselben Namen tragen. »Jehoschua« ist die alttestamentliche Sprachform von »Josua«. Der Name »Jesus« im Neuen Testament ist eine spätere, aramäische Sprachform des alten Namens »Jehoschua«. (Zur Zeit Jesu wurde ja Aramäisch gesprochen.) Jesus wurde also gewissermaßen nach Josua benannt. Damit wird deutlich, daß Josua so etwas wie ein »Modell« Jesu ist.

Der Name »Josua« heißt übersetzt »Gott hilft«. Was war denn der Dienst des Josua im Alten Testament? In Abbildung 89 ist das angedeutet: Josua führte Israel, das Volk Gottes, in das verheißene Land. Damit setzte Josua die Arbeit Moses fort. Mose hat das Volk bis an die Ostgrenze Palästinas geführt; von da aus hat Josua das Volk ins Land geführt und Moses Arbeit vollendet.

Josua hat das Volk dadurch – wie es immer wieder im Alten Testament heißt – »zur Ruhe gebracht«, seßhaft gemacht, so daß die Israeliten nicht mehr von einer Oase zur andern, von einem Zeltplatz zum nächsten ziehen mußten. Im Land angelangt, waren sie »zur Ruhe gekommen«.

Der Schreiber des Hebräerbriefes stellt in 4,9 aber fest: *»Es ist ... noch eine Ruhe vorhanden für das Volk Gottes.«* Die Verheißung der Ruhe im Lande für das Volk Gottes ist demnach noch nicht ganz erfüllt (vgl. auch V. 8). Das, was Josua getan hat, war noch nicht alles. Das war nur eine Art vorausgeworfener Schatten dessen, was Jesus später tun sollte und was er dann auch getan hat.

Das Wort »Ruhe«, das an dieser Stelle steht, war ein griechisches Fremdwort aus dem Hebräischen und hieß *sabbaton.* In diesem Wort steckt das Wort »Sabbat«. Das zeigt, wie vielschichtig und großartig dieses Wort »Ruhe« ist. Der Sabbat begann ja im Alten Testament mit dem Sabbat Gottes, also damit, daß Gott an dem siebten Schöpfungstag »ruhte von allen seinen Werken« (1. Mose 2,3).

Daher ist dies die Botschaft des Hebräerbriefes in diesem Abschnitt: Wurde Gott mit dieser seiner ersten Schöpfung fertig, so wird er auch mit der Erneuerung seiner Schöpfung nach dem Sündenfall, die er in seinem Sohn Jesus Christus, dem Fundament, anfängt, an sein Ziel kommen. Gott wird sein Werk vollenden!

Ähnlich sagte Jesus am Kreuz: »Es ist vollbracht!« Damit hat er seine Arbeit abgeschlossen, sein Werk getan. Dasselbe Wort wie »vollbracht« steht in Offenbarung 21: »Siehe, ich mache alles neu ... Es *ist geschehen* (d.h. »es ist vollbracht«; jetzt ist die Erneuerung zu Ende geführt)« (Offb 21,5 f.). Indem Gott verheißt, alles zu erneuern, tut er das auch – am Ende der Geschichte.

Wie Gott mit der Erneuerung seiner Schöpfung fertig werden wird, so wird er auch seine Arbeit an denen vollenden, die an ihn glauben: »... der in euch angefangen hat das gute Werk, der wird's auch vollenden bis an den Tag Christi Jesu« (Phil 1,6).

Josua führte das Volk Israel in ein irdisches Land. Im Land angekommen, war Israel in der verheißenen Ruhe – und war es doch nicht. Denn Israel war an einer Stelle angesiedelt, die das Durchzugsgebiet vieler Völker, Volksstämme und Armeen war, eine Art Korridor zwischen dem Mittelmeer und der syrisch-arabischen Wüste, zwischen den Großmächten Assyrien und später Babylon und Ägypten.

Es war mit der »Ruhe« damals also noch nicht so weit her; deshalb sagt der Verfasser des Hebräerbriefes: *»Es ist ... noch eine Ruhe vorhanden.«*

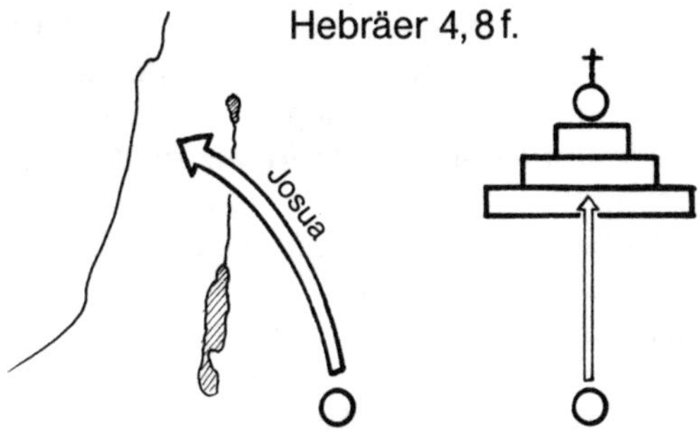

Abb. 89: »Es ist ... noch eine Ruhe vorhanden...«

Das veranschaulicht Abbildung 89 (rechte Bildhälfte): Über die Grenze zwischen dieser sichtbaren und jener unsichtbaren Welt hinweg, in der Jesus ist, führt ER die Seinen in die *»Ruhe«*. Jesus ist größer als Josua, denn ER tut den eigentlichen Josua-Dienst!

d) Jesus – höher als Aaron (4,14 ff.)

Diese drei Verse bilden sozusagen eine Brücke zwischen dem ersten und dem zweiten Teil des Hebräerbriefes: Jesus ist der *»große Hohepriester«*, der über Aaron steht, jenem bedeutenden Hohepriester des Alten Testaments. Jesus ist höher als das gesamte alttestamentliche Priestertum.

Der glanzvolle Gottesdienst dieses Priestertums muß damals offenkundig auf jene Christen, an die der Hebräerbrief gerichtet war, seinen Eindruck nicht verfehlt haben. Sie sind vielleicht deshalb etwas unsicher geworden und meinten, dieses große Priestertum könne nicht einfach beseitigt sein.

Deshalb ist der Schreiber des Hebräerbriefs vom Schluß des Kapitels 4 bis zum zehnten Kapitel (bis 10,18) bei der wichtigen Frage des rechten Gottesdienstes verblieben. (Das wird im folgenden Teil – 2.3 – ausführlich entfaltet.)

2.3 Jesus, der wahre Hohepriester (4,14-10,18)

a) Jesus, der wahre Hohepriester (4,14-5,10)

Zunächst bringt der Verfasser zum Ausdruck, daß der menschliche Hohepriester in Israel ein Mann war, der zuerst für sich selbst Opfer darbringen mußte (das war jeden Tag aufs Neue nötig), um selbst gereinigt zu sein, um sich überhaupt vor Gott wagen zu können (5,3).

Jesus dagegen geht in seinen Hohepriesterdienst als einer, der zwar *»versucht worden ist in allem wie wir, doch ohne Sünde«* (4,15b). *»So hat er, obwohl er Gottes Sohn war, doch an dem, was er litt, Gehorsam gelernt. Und als er vollendet war, ist er für alle, die ihm gehorsam sind, der Urheber des ewigen Heils geworden«* (5,8 f.).

Sodann macht der Verfasser des Hebräerbriefes deutlich: Der Hohepriester des Alten Testaments war in den Dienst im Heiligtum mit dem Blut der Lämmer, Böcke und Kälber hineingegangen, also mit dem stellvertretenden Tieropfer. Das war ja in Israel die Gnade Gottes, daß der Sünder nicht selbst sterben mußte, sondern daß an seiner Stelle das Tieropfer angenommen wurde. (Das erinnert an die Geschichte des Alten Testaments 1. Mose 22, in der berichtet wird, daß Abraham statt seines Sohnes Isaak einen Widder Gott darbringen durfte, der von Gott als Opfer angenommen wurde.)

Aber dies alles hat nur den Charakter der Vorläufigkeit. Wenn dieses Opfer ausgereicht hätte, dann hätte es ja nicht immer wieder, Tag um Tag, vollzogen werden müssen. Die immerwährende Wiederholung des Opfers ist ja geradezu ein Zeichen dafür, daß es nie genügt hat!

Nun ist aber der Hohepriester Jesus mit seinem eigenen Blut in das Heiligtum gegangen – er war Priester und Opferlamm zugleich: *»Er ist ... nicht durch das Blut von Böcken oder Kälbern, sondern durch sein eigenes Blut ein für allemal in das Heiligtum eingegangen«* (9,12). *»Ein für allemal«* (griech. *eph hapax*) – so wird hier sehr nachdrücklich betont – hat Jesus dieses Opfer vollbracht. Von nun an ist also keine Vielzahl von Opfern mehr nötig, um erlöst zu werden. Das ist die wunderbare neue Sache, die mit dem Opfergang Jesu geschenkt worden ist.

Beim alttestamentlichen Hohepriesterdienst handelt es sich zudem um eine irdische Nachbildung des Urbildes des Heiligtums. Im 2. Mose-Buch ist nachzulesen, daß Mose das himmlische Heiligtum gezeigt wurde, jenes eigentliche Heiligtum, das in der Welt Gottes steht. Was Mose als irdisches Heiligtum anzufertigen hatte, war eine Nachbildung jenes Heiligtums in der unsichtbaren Welt Gottes.

Deshalb ist das nachgebildete Heiligtum das uneigentliche, eine Abschattung, ein »Schatten von den zukünftigen Gütern« (10,1), ein vorausgeworfener Schatten.

Jesus aber ist in das eigentliche Heiligtum hingegangen, also wirklich zu Gott hineingetreten. Der Verfasser des Hebräerbriefes betont unablässig, daß Jesus ins Heiligtum Gottes gegangen sei, auch um uns dort zu vertreten. Jesus legt für uns ein gutes Wort an der entscheidenden Stelle ein. Mögen Menschen schlecht von uns Christen reden, mögen sie uns herabsetzen und als verfemt behandeln, so wird doch an der entscheidenden Stelle gut für uns geredet. Wir haben einen Fürsprecher beim Vater, wir haben einen großen Hohepriester! Der Hebräerbrief zeigt, daß das die Hauptsache ist (vgl. auch Röm 8,34).

Jesus ist der Fürsprecher beim Vater. Das war der ersten Christenheit wichtig, die angeklagt, verklagt und geschmäht wurde.

Daraus folgt ein weiteres: Wir Christen dürfen auch selbst in das Heiligtum eintreten. Auch das Johannesevangelium betont, daß der Vater diejenigen liebt, die an den Sohn glauben; er hat ihnen den Weg gebahnt, hat sie gereinigt, so daß sie sich selbst vor den großen, heiligen Gott wagen dürfen.

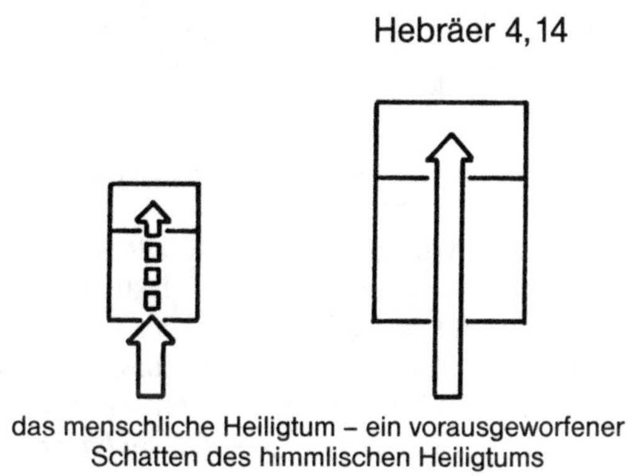

Abb. 90: Der Eingang in das himmlische Heiligtum

Abbildung 90 zeigt den Eingang ins himmlische Heiligtum: Im menschlichen Heiligtum im Alten Testament ging der Priester – vom Opferaltar herkommend – einmal jährlich in das Allerheiligste (linke Bildhälfte).

Hier durfte also nur *ein* Mann nur *einmal im Jahr* ins Allerheiligste eintreten – alle übrigen Israeliten mußten draußen im Vorhof des Heiligtums bleiben.

Das ist nur ein vorausgeworfener Schatten von dem himmlischen Heiligtum. Denn in diesem Heiligtum ging der große Hohepriester über seinen Opferaltar am Kreuz hinein in das Allerheiligste und vertritt uns dort (rechte Bildhälfte).

Anders als im Alten Bund dürfen jetzt auch wir, die wir an Jesus glauben, ihm folgen und uns ins himmlische Heiligtum hinein vor Gott wagen: *»Laßt uns hinzutreten mit Zuversicht zu dem Thron der Gnade...«*

(4,16a). Jesus ist – so Römer 3,25 – für uns der Gnadenthron, ist die uns zugewandte Seite Gottes, die offene Tür zu Gott. Hier ist die Adresse, unter der Gott für uns erreichbar ist.

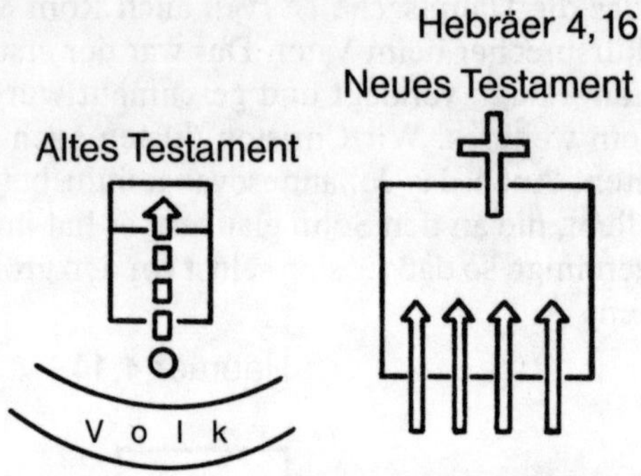

Abb. 91: »Laßt uns hinzutreten mit Zuversicht...«

Was in 4,14-16 so großartig zusammengefaßt ist, wird in Kapitel 5 weiter ausgeführt. Hier wird gesagt, wie tief Jesus hinabgehen mußte und wie schwer ihm sein Opfergang wurde, der uns Glaubenden den Zugang zum Heiligtum eröffnet hat: *»Er hat in den Tagen seines irdischen Lebens Bitten und Flehen mit lautem Schreien und mit Tränen dem dargebracht, der ihn vom Tod erretten konnte... So hat er, obwohl er Gottes Sohn war, doch an dem, was er litt, Gehorsam gelernt«* (V. 7 f.).

Hier fragt man unwillkürlich: Hat Jesus denn etwas lernen müssen? Ja, sein Gehorsam hat sich entfaltet und ist erst in dem, was er erlitten hat, ganz an den Tag gekommen.

Überraschenderweise wird die Aussage: *»... mit Tränen dem dargebracht, der ihn vom Tod erretten konnte«* so fortgesetzt: *»... und er ist auch erhört worden, weil er Gott in Ehren hielt«* (V. 7b).

Damit ist das Gebet Jesu im Garten Gethsemane gemeint, das bei Gott Erhörung fand (Mt 26,36-46 par). Jesus blieb zwar nicht der Kelch erspart, aber daß er ihn annahm und austrank, hatte eine wunderbare Segenswirkung. Denn nur über diesen Weg seines Gehorsams hat er den Zugang zum Vater denen eröffnet, die an ihn glauben.

Denn Gott hat Jesu Opfer angenommen, ihn vom Tode auferweckt, ihm das Leben wieder geschenkt und ihm »die Vielen zur Beute« gegeben (Jes 53,12a), d.h. daß viele ihm ihre Rettung verdanken, ihn loben und preisen in Ewigkeit. Auf diese Weise ist Jesus *»erhört worden«*.

b) Nach Jesus kommt keiner mehr, auf den wir noch hoffen könnten (5,11-6,20)

Kapitel 6 unterstreicht das oben Erwähnte. Was Jesus uns erworben hat, sollen wir nicht links liegen lassen.

In diesem Abschnitt warnt der Schreiber also eindringlich, doch ja nicht von Jesus abzufallen: *»Es ist unmöglich, die, die einmal erleuchtet worden sind und geschmeckt haben die himmlische Gabe und Anteil bekommen haben am heiligen Geist und geschmeckt haben das gute Wort Gottes und die Kräfte der zukünftigen Welt und dann doch abgefallen sind, wieder zu erneuern zur Buße«* (6,4-6a).

Je größer die Gabe, desto größer ist auch die Schuld, wenn man das Geschenk an den Absender zurückgehen läßt mit dem Vermerk: »Annahme verweigert!« Darum stehen an dieser Stelle des Hebräerbriefes diese schwerwiegenden Worte von einer nicht wiederholbaren Angelegenheit.

Man kann also nicht von Jesus wieder weggehen und meinen, es komme ein anderer, an den man sich halten könnte.

c) Jesus und Melchisedek (Kap. 7)

In Kapitel 7 wird die Sache mit dem großen Hohepriester noch einmal unterstrichen. Hier bringt der Verfasser eine weitere alttestamentliche Gestalt ins Spiel: Melchisedek, den Priesterkönig von Salem (dem späteren Jerusalem). Dieser König hat Abraham nach einem Krieg gegen mehrere Stadtkönige Kanaans gesegnet; Abraham hat sich segnen lassen und hat dieser geheimnisvollen Gestalt den Zehnten gegeben (1. Mose 14,18-20).

Es gab also im Alten Testament eine Gestalt, die Abraham und das, was von ihm abstammte (also Mose, Josua, Aaron), noch erhöhen konnte. Das Neue Testament behandelt Melchisedek (wie auch andere alttestamentliche Gestalten) als eine Art Prototyp, Vorausabbildung, Modell für Jesus. Hier werden Züge dessen sichtbar, was Jesus ist.

So spricht auch der Verfasser des Hebräerbriefs von Melchisedek und fügt hinzu (und schließt damit dieses Kapitel ab): *»Einen solchen Hohepriester mußten auch wir haben, der heilig, unschuldig, unbefleckt, von den Sündern geschieden und höher als der Himmel ist«* (V. 26). Dieser – Jesus – hat es nämlich *»nicht nötig, ... täglich zuerst für die eigenen Sünden Opfer darzubringen und dann für die des Volkes; denn das hat er ein für allemal getan als er sich selbst opferte«* (V. 27). Er ist Hohepriester und Opferlamm zugleich.

d) Der Mittler des Neuen Bundes (Kap. 8)

Der Hebräerbrief hebt hier das hervor, was für seinen Verfasser die Hauptsache ist: *»Das ist nun die Hauptsache bei dem, wovon wir reden: Wir haben einen solchen Hohenpriester, der da sitzt zur Rechten des Thrones der Majestät im Himmel und ist ein Diener am Heiligtum und an der wahren Stiftshütte, die Gott aufgerichtet hat und nicht ein Mensch«* (V. 1 f.).

Dieser Hohepriester ist derselbe wie der, den der Schreiber des Briefes im Vorhergehenden gezeigt hat: Jesus, der unbefleckt von der Sünde ist, der versucht worden ist wie wir, der barmherzig für uns beim Vater eintritt, der höher als die Engel ist und der Zugang zum himmlischen Heiligtum hat.

Das schreibt dieser unbekannte Verfasser seinen Lesern geradezu ins Herz: Wenn wir diesen Hohepriester, wenn wir einen solchen Anwalt haben, der so für uns arme Menschen eintritt, dann kann es mit uns nicht mehr schiefgehen. Und dann bekommt auch unser Beten Gewicht vor Gott; dann ist unser Gebet erhörlich, mögen wir uns auch manchmal fragen, ob es denn der große Gott überhaupt beachtet. Dieser Fürsprecher ist *»der Mittler eines besseren Bundes ..., der auf bessere Verheißungen gegründet ist«* als der Alte Bund (V. 6).

e) Das Opfer Christi (9,1-10,18)

In 9,1-10,18 ist entfaltet, was Christi Opfer in seiner Einzigartigkeit ausmacht und welche Bedeutung es für die hat, die an Jesus Christus glauben.

Wie schon gezeigt (siehe oben, 2.3 a), ist Christi Opfer *»ein für allemal«* geschehen (V. 12). Ach, welch arme Sache und welche Not war das doch mit dem Tieropfer im Alten Bund! Das ist alles in *einem* wunderbar beschlossen und erfüllt.

Wie sich Christi Opfer bei den Glaubenden auswirkt (im Unterschied zu den blutigen Opfern des Alten Bundes), das faßt der Schreiber des Briefes kurz so zusammen: *»... um wieviel mehr wird dann das Blut Christi, der sich selbst als Opfer ohne Fehl durch den ewigen Geist Gott dargebracht hat, unser Gewissen reinigen von den toten Werken, zu dienen dem lebendigen Gott!«* (V. 14). *»Unser Gewissen«* ist der unbestechliche »Mitwisser«, der alles kennt und weiß, was sich in unserem Leben abspielte. Das Gewissen ist für manchen etwas, das ihn ständig beunruhigt – es erinnert ja auch an Fehltritte, Sünden und Versagen. Dieser Zeuge unseres Lebens wird – wie auch Paulus im Römerbrief sagt (2,15) – durch die Versöhnung mit Gott in Jesus gereinigt und zur Ruhe kommen.

In diesem Kapitel wird auch von einem zweimaligen Erscheinen Jesu gesprochen: Zunächst *»ist er ein für allemal erschienen, durch sein eigenes Opfer die Sünde aufzuheben«* (V. 26b). Aber *»zum zweiten Mal wird er nicht der Sünde wegen erscheinen, sondern denen, die auf ihn warten, zum Heil«* (V. 28b). Beidesmal erscheint Jesus mit einer ganz speziellen Aufgabe: Nach seinem Opfer für die Sünde erscheint er denen, die dieses Opfer für sich angenommen haben und die in Treue auf ihn warten.

2.4 Ermahnung zur Glaubenstreue (10,19-13,25)

In diesem letzten Abschnitt des Hebräerbriefes folgt verstärkt das, was schon zuvor angeklungen ist: Hier wird – allerdings noch intensiver und ausschließlicher als vorher – zur Glaubenstreue ermahnt. Im folgenden zitiere ich die wichtigsten Aussagen dieses Teils des Hebräerbriefs:

a) Das Bekenntnis der Hoffnung (10,19-39)

»Laßt uns festhalten an dem Bekenntnis der Hoffnung und nicht wanken; denn er ist treu, der sie verheißen hat; und laßt uns aufeinander achthaben und uns anreizen zur Liebe und zu guten Werken, und nicht verlassen unsre Versammlungen, wie einige zu tun pflegen, sondern einander ermahnen, und das um so mehr, als ihr seht, daß sich der Tag naht« (V. 23-25).

»Werft euer Vertrauen nicht weg, welches eine große Belohnung hat« (V. 35). Das Vertrauen auf ihren Herrn sollen die Adressaten des Briefes sozusagen nicht zum Sperrmüll geben, nicht als Abfall vor die Türe bringen, denn es hat *»eine große Belohnung«*, dieses Vertrauen bis ans Ende festzuhalten.

Aber die Glaubenden sollen nicht nur an sich selbst, sondern auch an die anderen denken (vgl. 12,14).

b) Beispiele des Glaubens aus dem Alten Testament (Kap. 11)

Kapitel 11 beginnt mit einer kurzen Zusammenfassung dessen, was »Glaube« bedeutet: *»Es ist aber der Glaube eine feste Zuversicht auf das, was man hofft, und ein Nichtzweifeln an dem, was man nicht sieht«* (V. 1). Der Glaube ist für Christen das Wesentliche, denn *»ohne Glauben ist's unmöglich, Gott zu gefallen; denn wer zu Gott kommen will, der muß glauben, daß er ist und daß er denen, die ihn suchen, ihren Lohn gibt«* (V. 6).

An dieser Stelle wird – wie schon öfters im Hebräerbrief – auf das Alte Testament zurückgeblickt. Denn zu den Sätzen über den Glauben fügt der Verfasser des Briefes eine ganze Reihe von Beispielen des Glaubens aus dem Alten Testament: Abel, Henoch, Noah, Abraham, Sara, Jakob, Josef, Mose und Rahab. Es wird gezeigt, was Menschen im festen Vertrauen zu Gott alles erreicht haben: *»Diese haben durch den Glauben Königreiche bezwungen, Gerechtigkeit geübt, Verheißungen erlangt, Löwen den Rachen gestopft ...«* (V. 33).

Dann aber nimmt dieses Kapitel eine wichtige Wende, die nicht zu übersehen ist: *»Andere aber sind gemartert worden ...«* (V. 35a). *»Andere«* nämlich sind verfolgt worden, haben gelitten und sind sogar getötet worden. Sie haben das alles getrost erlitten im Vertrauen darauf, daß der Herr ihnen ein ganz anderes Leben geben wird. Also kann man auch das Leiden mit getrostem Sinn tragen und muß nicht des Leidens wegen von seinem Herrn weichen.

Das ist eine enorm wichtige Aussage dieses Kapitels: Christen sollten nicht enttäuscht sein, wenn sie nicht nur Wunder erleben. Gott teilt alles verschieden zu. So ist zum Beispiel Petrus aus dem Gefängnis befreit worden – Jakobus ist zuvor enthauptet worden (Apg 12). Doch was bedeutete der Tod des Jakobus? Gott hat ihn im voraus zum Ziel geführt.

Ein Mann wie Stephanus mußte sein Zeugnis schon bald mit seinem Leben besiegeln (Apg 6 f.) – Paulus hingegen, den die Pharisäer später nicht weniger haßten, wurde solange bewahrt, bis er im Auftrag Gottes sein Werk in diesem Leben vollenden konnte. So teilt Gott die Geschicke verschieden zu, und wir wissen jetzt nicht, warum.

Von dieser gesamten »Wolke von Zeugen« (12,1) gilt: *»Sie sollten nicht ohne uns vollendet werden«* (V. 40).

Damit wird den Empfängern des Briefes gesagt: An den Männern und Frauen habt ihr Beispiele bekommen, an denen ihr Maß nehmen könnt. Jene Gestalten des Alten Bundes hatten ja noch nicht einmal den Messias – aber sie sind in dem, was ihnen geschenkt worden ist, treu gewesen und hatten großes Vertrauen.

c) Der Glaubensweg der Christen (Kap. 12)

Die in Kapitel 11 genannten alttestamentlichen Gestalten fungieren sozusagen als *»Zeugen«* des Glaubensweges der Christen, die diesen Weg aufmerksam mitverfolgen.

In den beiden ersten Versen dieses Kapitels zieht der Verfasser des Briefes die Schlußfolgerung aus Kapitel 11: *»Darum auch wir: Weil wir eine solche Wolke von Zeugen um uns haben, laßt uns ablegen alles, was* *uns beschwert, und die Sünde, die uns ständig umstrickt, und laßt uns laufen mit Geduld in dem Kampf, der uns bestimmt ist, und aufsehen zu Jesus, dem Anfänger und Vollender des Glaubens, der, obwohl er hätte Freude haben können, das Kreuz erduldete und die Schande gering achtete und sich gesetzt hat zur Rechten des Thrones Gottes«* (V. 1 f.).

Das Christenleben gleicht also einem Langstreckenlauf, den es durchzuhalten gilt, und nicht einer Sprintstrecke, bei der man sich nur kurzzeitig »zusammenreißt« und schnell am Ziel angelangt ist. Das *»Laufen mit Geduld«* ist ein Laufen, das Ausdauer erfordert.

Die Bedrängnis der Gemeinde ist zwar stark, doch nicht übermächtig, und noch mußte niemand als Märtyrer sterben. Nein, so schlimm ist es noch gar nicht bei den Empfängern des Briefes: *»Ihr habt noch nicht bis aufs Blut widerstanden«* (V. 4).

Mit der Bedrängnis verfolgen aber nicht nur Menschen ihre Ziele, sondern durch Menschen verfolgt vor allem Gott sein Ziel mit seiner Gemeinde: *»›Wen der Herr lieb hat, den züchtigt er, und er schlägt jeden Sohn, den er annimmt.‹ Es dient zu eurer Erziehung, wenn ihr dulden müßt. Wie mit seinen Kindern geht Gott mit euch um; denn wo ist ein Sohn, den der Vater nicht züchtigt?«* (V. 6 f.).

Ja, der Verfasser ermahnt diese Bedrängten, in der Notlage nicht nur an sich selbst zu denken und nicht so schnell müde zu werden: *»Stärkt die müden Hände und die wankenden Knie und macht sichere Schritte ... Jagt dem Frieden nach mit jedermann und der Heiligung, ohne die niemand den Herrn sehen wird«* (V. 12 ff.).

Es geht nicht nur darum, daß der betroffene Christ bei der Sache Jesu bleibt, sondern daß er sich darum kümmert, daß auch die anderen auf dem Weg mitkommen, daß nicht auf einmal jemand entmutigt zurückbleibt oder einer anderen Sache nachgeht, die ihn fasziniert: *»Seht darauf, daß nicht jemand Gottes Gnade versäume ...«* (V. 12).

Wer sich aber um die anderen kümmert, muß auch darauf achten, daß er selbst bei den anderen bleibt. Daher zieht sich durch den Hebräerbrief die doppelte Ermahnung, zum einen beim Herrn, zum andern bei den Mitchristen zu bleiben (vgl. 10,23!). Wenn man sich nämlich aus dem Kreis der Brüder löst, ist das oft der erste Schritt, sich auch vom Herrn zu lösen.

In Abbildung 92 ist das so dargestellt: Man kann sozusagen Gottes »Zug« verpassen, jenen »Zug«, der, nachdem er abgefahren ist, nicht wiederkehrt. Es gilt, in diesen »Zug« einzusteigen und mitzureisen.

Ja, der Verfasser stellt seinen Lesern wiederholt das Ziel unverrückbar vor Augen: *»Darum, weil wir ein unerschütterliches Reich empfangen, laßt uns dankbar sein und so Gott dienen mit Scheu und Furcht, wie es ihm* *gefällt; denn unser Gott ist ein verzehrendes Feuer«* (V. 28 f.). Mit diesem machtvollen Aufruf zum Dank gegenüber Gott, aber auch von heiligem Ernst durchdrungen, schließt das zwölfte Kapitel.

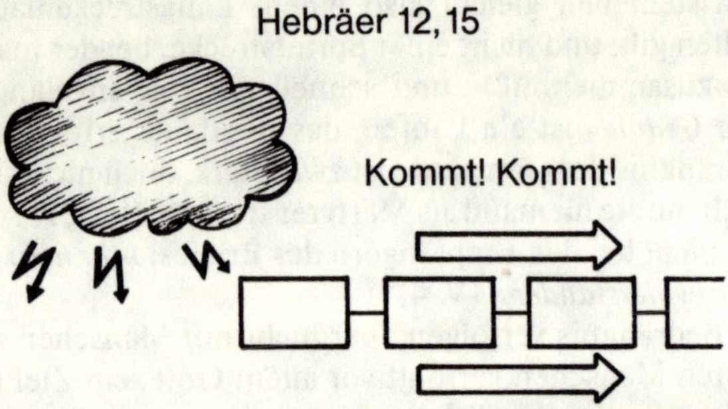

Abb. 92: »Seht zu, daß nicht jemand Gottes Gnade versäume«

d) Letzte Ermahnungen (Kap. 13)

In Kapitel 13 folgen ganz praktische Einzelermahnungen: *»Bleibt fest in der brüderlichen Liebe. Gastfrei zu sein, vergeßt nicht…«* (V. 1 f.). Insbesondere erfolgt hier der Aufruf, auf dem Weg zu bleiben, in der Nachfolge des Herrn.

Zur damaligen Zeit waren die Väter des Glaubens, die vor der jetzigen Generation lebten, bereits verstorben. (Der Hebräerbrief wurde wohl in der Zeit verfaßt, als die erste Generation der Christenheit – großenteils durch den Märtyrertod – abgerufen worden war. Das war wohl in den 60er Jahren des 1. Jahrhunderts der Fall. Es waren bereits Petrus und Paulus in Rom, aber auch Markus, den Märtyrertod gestorben.)

An diese Väter des Glaubens erinnert der Brief: *»Gedenkt an eure Lehrer, die euch das Wort Gottes gesagt haben; ihr Ende schaut an und folgt ihrem Glauben nach«* (V. 7). Sie sind also bereits am Ziel, aber nicht mehr bei uns und mit uns auf dem Weg.

Mit dabei auf diesem Weg ist aber *»Jesus Christus«*; er ist *»gestern und heute und derselbe auch in Ewigkeit«* (V. 8).

Es ist daher wichtig, daß man sich *»nicht durch mancherlei und fremde Lehren umtreiben«* läßt. Vielmehr ist es *»ein köstlich Ding, daß das Herz fest werde, welches geschieht durch Gnade«* (V. 9a).

Im Deutschen hängt das Wort *»Lehre«* mit dem Wort »Geleise« zusammen. Es werden also immer wieder andere Lehrtafeln aufgestellt oder andere Wege führende Geleise gelegt von denen, die wollen, daß Christen von dem Weg des Evangeliums abweichen und ausscheren.

Demgegenüber ruft der Verfasser des Hebräerbriefes die Christen zurück auf den rechten Weg; sie sollen »laufen mit Geduld in dem Kampf«, der ihnen aufgetragen ist (12,1b).

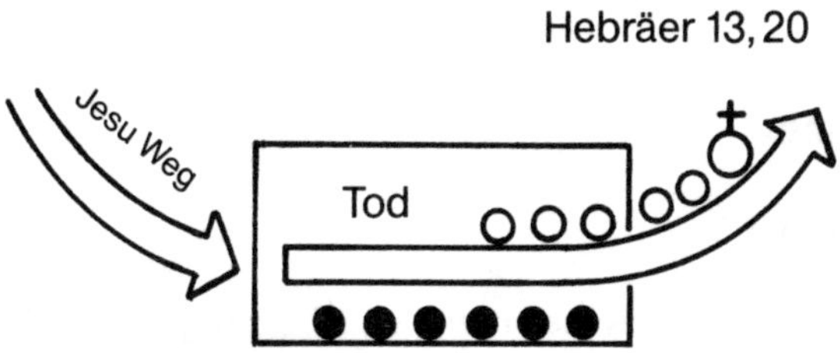

Abb. 93: Der heilschaffende Gott hat den »großen Hirten der Schafe, unsern Herrn Jesus«, hinein- und hinausgeführt

Der Hebräerbrief schließt mit einem schönen Gruß, in dem zum Ausdruck kommt, daß sich Christen auch vor dem Tod nicht zu fürchten brauchen. Denn Jesus bleibt nicht hinter den Seinen zurück, sondern geht ihnen voran zum Ziel, und sie folgen ihm: *»Der Gott des Friedens aber, der den großen Hirten der Schafe, unsern Herrn Jesus, von den Toten heraufgeführt hat durch das Blut des ewigen Bundes, der mache euch tüchtig in allem Guten, zu tun seinen Willen, und schaffe in uns, was ihm gefällt, durch Jesus Christus, welchem sei Ehre von Ewigkeit zu Ewigkeit!«* (V. 20 f.).

Das zeigt Abbildung 93: Der heilschaffende Gott hat den »großen Hirten«, der sein Leben für seine Schafe gelassen hat, so geführt, daß er durch den Tod hindurch zum Leben auferstanden ist. Ja, Jesus ist in die Totenwelt eingetreten, aber er hat sie durchschritten und ist wieder aus ihr herausgeschritten. Wer ihm folgt, den führt er auch durch den Tod hindurch – *»durch das Blut des Bundes«*. Durch sein Blut hat er dem Feind das Recht auf uns Menschen abgekauft, abgenommen.

Das wird einer Christenheit gesagt, die gewissermaßen im Vorfeld des Märtyrertodes lebte und von der bereits nicht wenige den Märtyrertod erlitten hatten. »Gedenkt an eure Lehrer, die euch das Wort Gottes gesagt haben; ihr Ende [wohl: ihren Märtyrertod] schaut an und folgt ihrem Glauben nach« (V. 7) – mit dem Blick auf den *»großen Hirten der Schafe«*, den Gott durch den Tod zum Leben geführt hat.

Der Brief des Jakobus*

1. Einleitung

1.1 Der Verfasser

Von Anfang an war es die einhellige Überzeugung der frühen Christenheit, daß der Verfasser dieses Briefes der älteste unter den nachgeborenen Brüdern Jesu ist. Das geht aus den frühesten zuverlässigen außerbiblischen Quellen hervor.

In den Evangelien ist immer wieder von Brüdern Jesu die Rede (Mt 12,46 f.; 13,55; Mk 3,31 f.; Lk 8,19 f.; Joh 2,12; 7,3.5.10), also von Söhnen der Maria aus ihrer Ehe mit Josef. Jakobus wird unter ihnen einmal als erster genannt; daneben weitere Brüder, wie zum Beispiel Judas und Josef (Mt 13,55).

Zunächst glaubten seine Brüder nicht an Jesus (Joh 7,5). In 1. Korinther 15,7 wird gesagt, daß Jesus als der Auferstandene auch Jakobus begegnet ist. Nach Jesu Himmelfahrt wartete die Schar der Jünger und Jüngerinnen (nach Apg 1,15 waren es 120 Männer und Frauen) auf den Empfang des Heiligen Geistes; Maria, die Mutter Jesu, und Jesu Brüder waren auch bei dieser Schar.

Jakobus zählt schon bald zu den führenden Christen in der Jerusalemer Gemeinde (vgl. Apg 12,17). Beim sog. Apostelkonzil (Apg 15) gehört Jakobus zusammen mit Petrus und Johannes zum Kreis der führenden Männer, die einen Weg gefunden haben, auf dem für die Christen aus Israel und die Christen aus den Völkern ein Miteinander in der einen Gemeinde Jesu möglich ist. Ja, dieser Jakobus machte hier sogar den entscheidenden Vorschlag.

In außerbiblischen Quellen wird vor allem betont, daß Jakobus eine besondere Liebe und Treue zu Israel hatte, in erster Linie zu Jerusalem

---

* Der interessierte Leser sei darauf hingewiesen, daß Fritz Grünzweig den Jakobus-Brief außerdem in der Reihe Wuppertaler Studienbibel (Wuppertal 1973) ausgelegt hat. (Anm. d. Hg.)

mit dem Tempel und dem israelitischen Gottesdienst. Jakobus hat im Blick darauf treu durchgehalten, während andere ihre Aufgabe anderswo sahen und von Jerusalem weggingen (auch Petrus verließ ja diese Stadt; vgl. Apg 12,17). Weil Jakobus in Jerusalem blieb, nannten ihn die Juden respektvoll »Jakobus, den Gerechten«. (So beschreibt es der jüdische Schriftsteller Josephus, der nach dem Ende des jüdisch-römischen Krieges im Jahre 70 n. Chr. ein Geschichtswerk schrieb und darin auch Jakobus erwähnt.)

Wenn man diese Lebensdaten von Jakobus kennt, so empfindet man das Ende um so schmerzlicher, das dieser Mann genommen hat. Man sagt, es sei im Frühjahr des Jahres 66 n. Chr. gewesen, als Jakobus, der täglich im Tempel für Israel betete und um dieses Volk vor Gott rang, den Tempelplatz wie üblich betreten hat. Eine Menschenmenge, die wohl durch die Schriftgelehrten und Tempelpriester aufgewiegelt worden war, stürzte diesen Mann von dem Felsen, auf dem der Tempel stand. Einer aus dieser Menge sei noch hinabgeeilt und habe Jakobus mit einer Keule vollends erschlagen.

Derjenige, der die göttlichen Gerichte über Israel aufgehalten hatte, war damit hinweggetan. Es ist nicht sicher und doch denkbar, daß bei dem Wort in 2. Thessalonicher 2,6: »Es regt sich schon das Geheimnis der Bosheit; nur muß der, der es jetzt noch aufhält, weggetan werden« an jenen Jakobus in jener Zeit gedacht worden ist, daß sich dieses Wort also ganz auf die damalige Zeit bezieht.

Kurz: Noch im selben Jahr, im Spätsommer des Jahres 66 n. Chr., haben die Juden den wahnwitzigen Krieg gegen die römische Besatzungsmacht begonnen und gegen Rom losgeschlagen – in der Annahme, daß einer, der sich als der Messias ausgab, auch der Messias sei. Sie meinten, der Sieg sei auf ihrer Seite, weil Gott auf ihrer Seite stünde. Die jüdischen Kämpfer waren erstaunlich tapfer und zunächst auch von erstaunlichem Erfolg begleitet: Nach kurzer Zeit jagten sie die Römer aus dem Land.

Dieser Erfolg hielt freilich nur solange an, bis den Römern diese Angelegenheit zu dumm wurde und sie mit Titus (dem späteren römischen Kaiser) einen tüchtigen Feldherrn damit beauftragten, ein großes Heer aufzubieten. Mit diesem Heer belagerte Titus zunächst die Stadt Jerusalem und nahm sie dann ein; die Juden verteidigten mit Ingrimm bis zuletzt den Tempel, doch auch dieser ging dann am 10. August 70 n. Chr. in Flammen auf.

So war Jakobus ein Mann, der treu zu seinem Volk hielt und eben durch den Weg dieses von ihm so geliebten Israels sehr angefochten war.

1.2 Die Eigenart des Briefes

Der Jakobus-Brief unterscheidet sich in seiner Schreibweise von der des Paulus bzw. des Verfassers des Hebräerbriefs, die beide einen klaren Gedankengang bevorzugen und deren Aussagen in aufeinanderfolgenden logischen Schritten entwickelt werden, wobei sich ein Schritt aus dem vorangehenden ergibt.

Jakobus schreibt aber auch anders als Johannes, der seine Gedankengänge kreisend aufbaut, dabei hin und wieder das bereits Gesagte wiederholend aufnimmt und im Ganzen dennoch auf ein Ziel zustrebt.

Jakobus hat daneben eine dritte Art und Weise der Darstellung: Er schreibt in der Weise der jüdischen Spruchweisheit. Bei dieser Schreibweise wird so vorgegangen, daß aus dem Denken und aus der Lebenspraxis der Glaubenden jeweils *ein* Gebiet herausgegriffen wird, dessen Gedanken sodann auf eine knappe Aussage konzentriert und darin zusammengefaßt werden. Mit wenigen Sätzen wird also ein größeres, umfassendes Gebiet umrissen und abgehandelt.

Diese Art und Weise findet man zum Beispiel in dem alttestamentlichen Buch der Sprüche oder in dem apokryphen Buch Jesus Sirach. Im Neuen Testament ist vor allem Jesu Bergpredigt (Mt 5-7; vgl. Lk 6,20-49) in dieser Weise verfaßt, die Bergpredigt, in der wohl aus ganzen Bereichen, über die Jesus vielleicht zu verschiedenen Zeiten und bei verschiedenen Anlässen geredet hat, Kernsätze herausgegriffen und zu entscheidenden Aussagen verdichtet wurden.

Der Jakobus-Brief hat überhaupt eine auffallende Nähe zur Bergpredigt. Man kann parallele Aussagen von Jakobus und Jesus geradezu zusammenstellen:

	Jakobus	Jesus (in der Bergpredigt nach Mt)
nicht nur hören, auch tun	1,22	7,21.26
die Gültigkeit des Gesetzes	2,10	5,19
Barmherzigkeit	2,13	5,7
Frieden stiften	3,18	5,9
nicht zwei Herren dienen	4,5	6,24
kein Richten	4,12	7,1
irdischer Reichtum vergeht	5,2	6,19
nicht schwören	5,12	5,34-37

An diesen Parallelversen sieht man, wie sehr Jakobus in der Verkündigung seines großen (Halb-)Bruders Jesus gelebt hat. In dem einleitenden Vers zu seinem Brief stellt sich Jakobus allerdings nicht als Bruder Jesu, sondern als »Knecht Gottes und des Herrn Jesus Christus« vor (1,1). Solch ein »Knecht« will er sein und dem erhöhten Herrn zur Verfügung stehen.

Der Jakobus-Brief besteht aus einer Reihe von Sprüchen, von Aussagen, die jeweils unter ein Thema fallen. Es sind zehn Gruppen von Worten auszumachen; nahezu immer gehören zwei solche Gruppen in ein Kapitel des Briefes.

Diese zehn Spruchgruppen sind lose aneinandergefügt – sie gleichen einem Strauß von zehn Blumen, den man in eine Vase stellt. Und doch hängen die einzelnen Spruchgruppen bzw. -reihen so zusammen, daß am Schluß einer Spruchreihe immer ein Wort steht, an das die nächste Spruchreihe anknüpft.

Ein Beispiel: In 1,1 dem Eingangswort des Briefes, steht als Gruß die Formulierung: »Gruß zuvor!« Im Griechischen heißt das *chairete* (wörtlich: »Freu dich doch!«). Jakobus hat bei diesem Wort schon den Einwand der Leser im Ohr: »Wie und warum sollen wir uns freuen!? Wir sind doch so angefochtene Leute.« So kommt Jakobus zu seiner ersten Gruppe von Sprüchen, indem er das aufnimmt, wenn er sagt: »Erachtet es für lauter Freude, wenn ihr in mancherlei Anfechtungen fallt...« (1,2).

Von seinem Anliegen her ist der Jakobus-Brief ein Brief, in dem von der Heiligung des Lebens und Wesens die Rede ist. In der Kirchen- und Theologiegeschichte ist dieser Brief hin und wieder als »gesetzlich« charakterisiert worden, als eine Art Rückfall hinter das von Paulus verkündete Evangelium, bei dem »die Werke des Gesetzes« zur Gerechtigkeit des Menschen vor Gott nichts beitragen können. Doch ist der Jakobus-Brief keine Gesetzes-, sondern eine Heiligungspredigt.

Vergleicht man den Jakobus-Brief mit Paulus-Briefen, so stellt man fest: Der Jakobus-Brief entspricht dem, was Paulus in Römer 12 ff. entfaltet: »Ich ermahne euch nun, liebe Brüder, durch die Barmherzigkeit Gottes, daß ihr eure Leiber hingebt als ein Opfer, das lebendig, heilig und Gott wohlgefällig ist...« (Röm 12,1).

2. Zum Einzelnen

2.1 Die erste Spruchreihe: Über die Anfechtung (1,2-18)

Die erste Spruchreihe ist eine Gruppe von Worten über die Anfechtung. Das griechische Wort »Anfechtung« *(peirasmos)* ist vieldeutig und läßt sich im Deutschen differenzieren und verstehen als

– Anfechtung im allgemeinen Sinn
– im negativen Sinn (»Versuchung«)
– im positiven Sinn (»Prüfung«, »Bewährungsprobe«).

Für all das gibt es – wie gesagt – im Griechischen nur einen einzigen Ausdruck, und das hat auch so seinen guten Sinn. Biblisch verstanden handelt es sich beim Begriff »Anfechtung« um ein und dasselbe Geschehen: Es heißt aus der Sicht des Feindes und seiner Absichten »Versuchung«, aus der Sicht Gottes und seiner Absichten jedoch »Erprobung«.

Darum sagt Jakobus: *»Erachtet es für lauter Freude, wenn ihr in mancherlei Anfechtungen fallt«* (V. 2). Es sei also als Freude anzusehen, meint Jakobus, von Gott zu diesen Prüfungen zugelassen zu werden, die wir *»Anfechtungen«* nennen! Warum sollten sich Christen darüber freuen? Weil sie allein auf diese Weise im Glauben wachsen und weiterkommen können.

Es werden ja auch menschliche Prüfungen (etwa Aufnahmeprüfungen, Klassenarbeiten, Eignungs- und Zulassungsprüfungen, Staatsexamina usw.) nicht verordnet, um Menschen anzustrengen und unter Druck zu bringen, sondern Prüfungen sind so etwas wie Treppenstufen, über die man hinaufgelangt. Prüfungen muß man sich des öfteren unterziehen. Man erwartet auch von Prüfungen gar nicht, daß das vergnügliche Zeiten wären, sondern man erwartet, daß man sie besteht und dadurch weiterkommt.

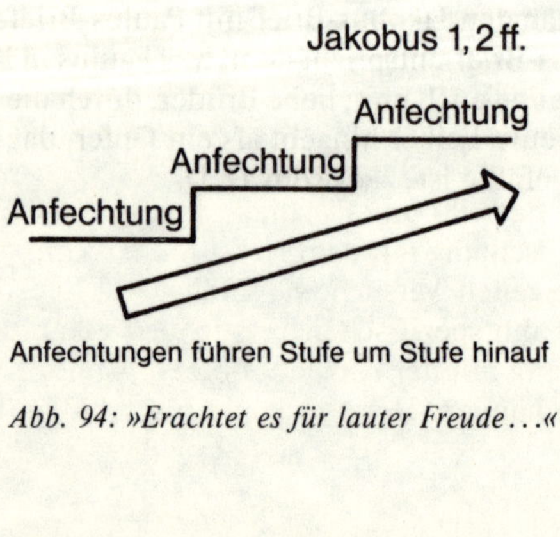

Abb. 94: »Erachtet es für lauter Freude...«

Genauso ist es auch im geistlichen Bereich: Wen Gott weiterführen will, den führt er in Prüfungen hinein. Ohne diese geht es nicht.

Das zeigt Abbildung 94: Für Christen ist das gesamte Leben wie ein Prüfungsraum im geistlichen Sinne, ein Vorraum der Herrlichkeit, der man Anfechtung um Anfechtung – sozusagen Stufe um Stufe – entgegengeht. Es ist daher nicht zu erwarten, daß Zeiten der Anfechtung vergnügliche Zeiten wären; die Seligkeit kommt nachher, und jetzt ist noch die Prüfung an der Reihe.

Allerdings sind Christen in ihren Anfechtungen nicht auf sich selbst angewiesen und auf sich gestellt, sondern sie dürfen Gott bitten: *»Wenn es ... jemandem unter euch an Weisheit mangelt [an Weisheit, das ›Examen‹ zu bestehen], so bitte er Gott, der jedermann gern gibt und niemanden schilt; so wird sie ihm gegeben werden«* (V. 5).

Die Frage ist nur, ob Christen Vertrauen haben: Wer Gott bittet, er *»bitte aber im Glauben und zweifle nicht; denn wer zweifelt, der gleicht einer Meereswoge, die vom Winde getrieben und bewegt wird. Ein solcher Mensch denke nicht, daß er etwas von dem Herrn empfangen werde«* (V. 6 f.).

Vers 12 zeigt dann, welchen Weg derjenige geht, der die Prüfung besteht: *»Selig ist der Mann, der die Anfechtung erduldet; denn nachdem er bewährt ist, wird er die Krone des Lebens empfangen, die Gott verheißen hat denen, die ihn lieb haben.«*

Mit Vers 12 ist die Frage der Anfechtung abgeschlossen; in diesem Zusammenhang kommt Jakobus aber auf eine weitere Frage zu sprechen: Wie kommt es denn dazu, daß ein Christ bei den Anfechtungen, den Prüfungen in Sünde fällt? Wie kommt es dazu, daß einer die Prüfungen nicht besteht?

Dazu bemerkt Jakobus: Von Gott kommt das nicht! *»Niemand sage, wenn er versucht wird, daß er von Gott versucht werde ...«* (V. 13). Von Gott kommen nämlich nur gute Gaben: *»Alle gute Gabe und alle vollkommene Gabe kommt von oben herab, von dem Vater des Lichts, bei dem keine Veränderung ist noch Wechsel des Lichts und der Finsternis«* (V. 17).

Wenn ein Mensch in Sünde gerät, so kommt das also aus ihm selbst und vom Feind, nicht aber aus Gott: *»Ein jeder, der versucht wird, wird von seinen eigenen Begierden gereizt und gelockt«* (eigentlich müßte man sagen: »von seiner Versuchung geködert«; V. 14).

Damit ist auf das Bild vom Fischfang angespielt (vgl. Abb. 95) – und zwar nicht der Fischfang mit dem Netz, sondern mit der Angel. Jeder sei von seiner eigenen Versuchung gefährdet, sagt Jakobus; jeder ist also von der für ihn spezifischen Versuchung gefährdet.

Beim Fischfang mit der Angel benutzen Angler Köder, die sie an die Angelhaken hängen. Der betrogene Fisch bekommt Appetit und schnappt mit seinem Mund nach dem Köder. Er ist zwar noch im Wasser, hat jetzt aber den Angelhaken im Maul – ein Ruck, und er wird herausgezogen.

Abb. 95: Wie es zur bösen Tat kommt

Diese Schritte meint Jakobus mit den Worten: *»Ein jeder, der versucht wird, wird von seinen eigenen Begierden gereizt und gelockt. Danach, wenn die Begierde empfangen hat, gebiert sie die Sünde; die Sünde aber, wenn sie vollendet ist, gebiert den Tod«* (V. 14 f.).

Mit dieser Schilderung will Jakobus davor bewahren, daß man auf die Versuchung hereinfällt, daß also die anfechtungsreiche Situation nicht zum Tod führt, nicht abwärts, sondern aufwärts führt.

2.2 Die zweite Spruchreihe: Über das rechte Hören (1,19-27)

Die zweite Spruchgruppe des Briefes bewegt sich um die Frage des Hörens.

a) Das Hören und das Reden (1,19-21)

Zum einen geht es in diesen Versen um das Verhältnis von Hören und Reden. Hierzu sagt Jakobus: *»Ein jeder Mensch sei schnell zum Hören, langsam zum Reden, langsam zum Zorn«* (V. 19b). Wer *»langsam zum Zorn«* ist, ist eigentlich gar nicht zornig, denn einen »langsamen Zorn« kann es im Grunde genommen gar nicht geben. Und *»des Menschen Zorn tut nicht, was vor Gott recht ist«* (V. 20).

b) Das Hören und das Tun (1,22-27)

Zum anderen geht es um das Verhältnis zwischen dem Hören und dem Tun. Christen sollen keine vergeßlichen Hörer, sondern *»Täter des*

Worts« (V. 22) sein. Das Hören allein genügt nicht, sondern man muß das Gehörte auch tun!

Es ist bei uns Besuchern von Gottesdiensten und Bibelstunden die Gefahr, daß wir hören, hören, hören... Es ist zwar gut und heilsam, zu hören; denn dadurch kommen wir unter den guten Einfluß von Gottes Wort und Geist. Aber zum Hören muß unabdingbar auch der Gehorsam kommen.

Jakobus sagt, daß ein Christ, der hört und nicht tut, was er hört, wie ein Mensch ist, der in den Spiegel schaut und danach vergißt, wie er aussah: *»Wenn jemand ein Hörer des Worts ist und nicht ein Täter, der gleicht einem Mann, der sein leibliches Angesicht im Spiegel beschaut; denn nachdem er sich beschaut hat, geht er davon und vergißt von Stund an, wie er aussah«* (V. 23 f.).

Anders ausgedrückt: Wer in den Spiegel des Wortes Gottes schaut, erkennt bei sich Fehler, und er sollte sofort bei sich die Folgerungen ziehen. Denn sonst ist das nur ein flüchtiger Eindruck, den man später wieder vergißt; und das, was man gehört hat, kann einen dann anklagen: ›Du hättest ja eigentlich wissen können...‹

2.3 Die dritte Spruchreihe: Vom Umgang mit Arm und Reich (2,1-13)

a) Der Christ im Umgang mit Arm und Reich (2,1-7)

Praktisch, wie Jakobus ist, fährt er so fort, daß er sagt: Ihr Christen dürft in eurer Gemeinde keine Unterschiede im Blick auf die soziale Stellung der einzelnen Gemeindeglieder machen, seid ihr doch alle Brüder und Schwestern!

Im Altertum bestand ja ein ungeheurer sozialer Gegensatz: Die einen waren die Herren, die anderen die Sklaven; die einen waren verachtete Handarbeiter, die anderen waren Geistesarbeiter und dünkten sich etwas Besseres zu sein.

Jakobus sagt im Blick auf diese Gegensätze, die offenkundig auch in den Raum der Gemeinde Jesu getragen wurden: *»Liebe Brüder, haltet den Glauben an Jesus Christus, unsern Herrn der Herrlichkeit, frei von allem Ansehen der Person«* (V. 1). Denn Jesus duldet das *»Ansehen der Person«* nicht.

Jakobus zieht hierfür sofort ein Beispiel heran. Er redet hier in der Sprachform des Irrealismus und sagt damit, daß es nicht so sei, sondern daß es sich um ein erfundenes, angenommenes Beispiel handle. Jakobus nimmt an, daß ein reicher Mann in die Versammlung komme, der gut angezogen ist (*»mit einem goldenen Ring und in herrlicher Kleidung«*, V. 2). Das war damals eine Seltenheit. Diesem Mann wurde sofort Platz gemacht; ein Sessel wurde herbeigeschafft, und ihm wurde hofiert. Vielleicht haben die anderen sogar geklatscht, als dieser Mann bei ihnen erschienen ist. Solch eine Ehre, einmal einen derartigen Mann in der Mitte zu haben!

Danach tritt einer ein, der vielleicht Sklave ist und dessen Herr es vielleicht nicht gerne sah, daß er in die Gemeinde ging, der darum auch ungewaschen und ohne vorige Mahlzeit in seinem Arbeitsgewand hereinkommt. Zu ihm wird gesagt: *»Stell du dich dorthin! oder: Setze dich unten zu meinen Füßen!«* (V. 3b).

Jakobus fragt: *»Ist's recht, daß ihr solche Unterschiede bei euch macht ...?«* (V. 4). Die Frage ist: Wer oder was gibt Herrlichkeit – das herrliche Gewand, also der Besitz, die adlige Herkunft, die Bildung, der hohe gesellschaftliche Rang, oder der »Herr der Herrlichkeit«, der sich nicht schämt, uns »Brüder« zu nennen?

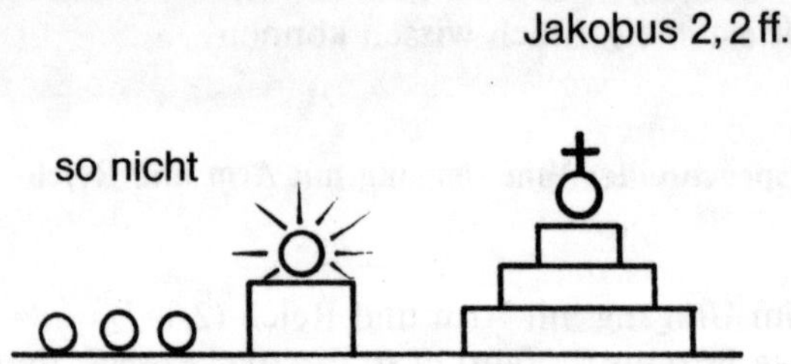

Abb. 96: Der Herr gibt Herrlichkeit – nicht das »herrliche Kleid«!

Abbildung 96 zeigt das im Bild: In der Gemeinde soll es nicht so sein, daß einer haushoch über die anderen erhöht wird. Hier sollen keine Rang- und Standesunterschiede gemacht werden. Das wäre nicht im Sinne von Jesus Christus, dem Herrn der Gemeinde.

b) Alle Lebensbereiche unter der Herrschaft Jesu (2,8-13)

Jakobus zeigt in diesen Versen, warum die Gemeinde Jesu »frei von allem Ansehen der Person« sein soll. In der Gemeinde soll das Gebot: *»Liebe deinen Nächsten wie dich selbst«* (V. 8) Geltung haben, und wer dieses Gebot nicht beachtet, übertritt das *»Gesetz«* (V. 9).

Jakobus stellt hier einen Grundsatz auf, den er Jesu Bergpredigt entnommen hat: *»Denn wenn jemand das ganze Gesetz hält und sündigt gegen ein einziges Gebot, der ist am ganzen Gesetz schuldig«* (V. 10).

Jakobus verweist auf den Maßstab, der an alles Reden und Handeln der Christen angelegt werden wird: das *»Gesetz der Freiheit«* (V. 12), nachdem nur derjenige *»Barmherzigkeit«* empfangen wird, der auch *»Barmherzigkeit getan hat«* (V. 13).

2.4 Die vierte Spruchreihe: Über Glaube und Werke (2,14-26)

Diese Spruchgruppe des Jakobus-Briefes hat in der Theologiegeschichte eine große Rolle gespielt. In diesem Passus liegt nämlich der Grund für die Behauptung, zwischen Jakobus und Paulus bestünde ein Gegensatz.

Paulus sagt ja: »... weil kein Mensch durch die Werke des Gesetzes vor ihm [d.h. vor Gott] gerecht sein kann« (Röm 3,20), und: »So halten wir nun dafür, daß der Mensch gerecht wird ohne des Gesetzes Werke, allein durch den Glauben« (Röm 3,28; vgl. Gal 2,16).

Damit meint Paulus, daß »die Werke des Gesetzes« das seien, was der Mensch aus eigener Kraft, nach eigenem Konzept und auf eigene Faust tun und dann Gott vorweisen will. Auf diesem Weg kommt – so Paulus – niemand heim zu Gott.

Demgegenüber sagt Jakobus: *»So ist auch der Glaube, wenn er nicht Werke hat, tot in sich selber«* (V. 17). Der Glaube muß also Werke hervorbringen; und ein Glaube, der keine Werke hat, ist nach Jakobus eigentlich gar kein Glaube. Deshalb wird nach Jakobus ein Mensch nicht durch den Glauben allein gerecht, sondern durch die Werke, die aus dem Glauben kommen.

Es sieht auf den ersten Blick so aus, als ob zwischen Paulus und Jakobus ein Gegensatz bestünde. Doch bei näherem Zusehen ist zu erkennen, daß die Aussagen des Paulus und die des Jakobus gewissermaßen wie zwei Eisenbahnzüge auf verschiedenen Gleisen verkehren. Daher gibt es keinen Zusammenstoß.

Wie ist das gemeint? Wenn man näher zusieht, stellt man fest: Paulus redet von den »Werken des Gesetzes«, wohingegen Jakobus von »den Werken des Glaubens« spricht. Von den »Werken des Glaubens« spricht Paulus an anderer Stelle auch – aber er bezeichnet sie als »Frucht des Glaubens« (vgl. Gal 5,22). Auch Jesus nennt die Auswirkungen des Glaubens »Frucht« bzw. »Früchte« (vgl. Joh 15,5; Mt 7,16-20).

Man kann den Unterschied dessen, wovon Jakobus und Paulus hier reden, auch mit dem Bild des Gleichnisses vom verlorenen Sohn ausdrücken (Lk 15,11 ff.). Paulus sagt, daß niemand in Gottes Reich kommen werde, der Gottes Geschenk der Gnade nicht annimmt, sondern Gottes Gnade durch die Erfüllung eines eigenen Programms verdienen möchte. »Kein Mensch wird durch des Gesetzes Werke vor Gott gerecht.« Wer ein selbst zusammengestelltes Soll – selbst wenn man es aus Gottes Geboten ableitet – erfüllt und aufgrund dessen den Eingang in Gottes Reich haben will, kommt nicht hinein.

Das wäre ja so, als ob der Vater des verlorenen Sohnes seinem heimgekehrten Sohn einen Zettel durch die verschlossene Tür hinausgereicht hätte, auf dem steht: »Wenn du dies und jenes erfüllt hast, dann kannst du nach Hause kommen.« Nein, der Vater hat sofort die Türe geöffnet und ist seinem Sohn entgegengeeilt.

Doch der Sohn hätte auch draußenbleiben und sagen können: »So billig will ich das nicht! Nein, geschenkt nehme ich das nicht. Ich werde erst alles wiedergutmachen, und dann komme ich heim. Denn dann kann ich erhobenen Hauptes ins Haus eintreten.« Das hieße »des Gesetzes Werke tun«, und das war der Weg der Pharisäer.

Andrerseits ist es aber so (und das meint Jakobus): Wer zu Gott nach Hause kommt, darf nicht weitermachen wie vorher; er kann nicht bleiben, wie er war. Wenn ein Mensch zu Gott kommt, so muß das seine Auswirkungen haben. Der verlorene Sohn darf nach seiner Heimkehr nicht mehr leben wie zuvor (bei den Schweinen und den Dirnen). Er wird vielmehr von des Vaters Augen ablesen, was diesem gefällt. Und der Vater geht mit ihm ans Werk, und der Sohn atmet die gute Luft des Vaterhauses.

Ohne Bild gesprochen heißt das: Gottes Geist ist da, und jetzt kann dieser Sohn auf eine neue Weise leben. Das meint Jakobus mit dem »Glauben, der ohne Werke tot ist« (V. 17.26). Es gibt keinen Glauben, keine Heimkehr zu Gott, der bzw. die nicht Auswirkungen hätte. Sonst würde sich der Glaube als tot ausweisen. Er ist dann wie ein Baum, der weder Blätter noch Blüten noch Früchte hervorbringt. Solch ein dürrer Baum ist tot. Jakobus fragt deshalb: *»Kann denn der Glaube [ohne Werke] ihn selig machen?«* (V. 14b). –

Von daher erfährt auch jenes Wort eine Antwort, das Luther in der Anfangszeit seines Wirkens schrieb und in dem er sagt, der Jakobus-Brief sei eine »stroherne Epistel«. Viele kennen dieses Urteil Luthers. Doch die wenigsten wissen, daß Luther eine Fülle guter Predigten über den Jakobus-Brief gehalten hat.

Luther hat auch eine spätere Auslegung dieses Briefes in den 30er Jahren des 16. Jahrhunderts ausgearbeitet, in der er über Vers 14b (»Kann denn der Glaube ihn selig machen?«) schrieb, mit diesem Glauben sei nur ein eingebildeter Glaube gemeint, ein Glaube, »der auf der Seele schwämme wie der Schaum auf dem Bier«. Diese Art von Glauben würde nichts nützen. –

Wenn man also aus den Worten über Glaube und Werke einen Gegensatz zwischen Paulus und Jakobus erkennen will, ja wenn man damit generell nachweisen will, daß in der Bibel Widersprüche sind, so möchte ich dazu sagen: Dann hat man die betreffenden Stellen bei Paulus und bei Jakobus nicht richtig gelesen. Denn hier ist zwischen den »Werken des Glaubens« und den »Werken des Gesetzes« zu unterscheiden. Verwirrend ist, daß sowohl Paulus wie auch Jakobus dasselbe Wort »Werke« verwenden, damit aber etwas ganz Unterschiedliches meinen – was ja durch das beigefügte Wort »Glaube« bzw. »Gesetz« klar ist.

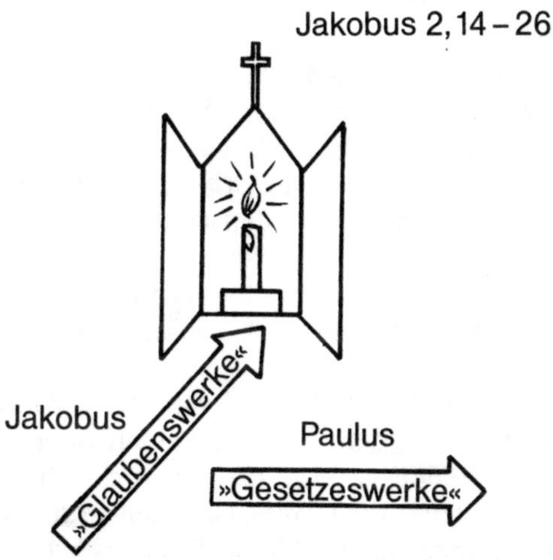

Abb. 97: Paulus und Jakobus – kein Gegensatz

2.5 Die fünfte Spruchreihe: Über den rechten Gebrauch der Gabe des Redens (3,1-12)

In Kapitel 3 spricht Jakobus noch einmal über das Reden (vgl. 1,19).

Jakobus setzt ein, indem er sagt: *»Nicht jeder von euch soll ein Lehrer werden«* (V. 1a). Es soll sich also nicht jeder Christ anmaßen, Lehrer der Gemeinde zu sein.

Wieso kommt Jakobus darauf zu sprechen? Es war sowohl im antiken Griechentum wie auch unter den Juden damals so, daß viele es für erstrebenswert hielten, oben zu stehen und zu reden, während die anderen ihm andächtig zuhörten.

Jakobus meint, wer das anstrebe, müsse sich einiges fragen lassen. Macht man dann einen rechten Gebrauch vom Reden? In der Gemeinde zu lehren, das ist eine recht heikle und verantwortungsvolle Sache.

Jakobus gebraucht allerlei Bilder für das Reden. Wenn er zum Beispiel von der *»Zunge«* spricht (V. 4 - 8), so ist damit das Reden überhaupt gemeint. Das Reden ist wie *»ein Feuer«*, das einen ganzen Wald vernichten kann (V. 6b). –

So ist's doch in der Welt überall: Wo es durcheinander geht, wo große Entwicklungen und Bestrebungen in Gang kommen, steht am Anfang immer das Wort. So verhält es sich nicht nur mit dem schaffenden Wort Gottes, sondern auch mit dem zerstörenden Wort von Menschen: Am Anfang steht die Agitation, das oft aufreizende Wort, das dann seine Wirkung zeigt. –

Jakobus gebraucht zudem das Bild: In jedem einzelnen Leben sei es so, daß das Wort wirke wie das Ruder am Schiff (V. 4). Was aus einem Menschenleben wird, welche Auswirkung Worte haben – diese Entscheidung fällt immer wieder daran, wie das Wort ist, das jemand spricht. Welchen Einfluß nimmt ein Mensch durch das Wort, das er zu jemand anderem spricht!?

Bei einem Schiff befindet sich der Steuermann oben, darunter gewissermaßen das Ruder. Damit wird das gesamte Schiff gelenkt (vgl. Abb. 98).

Jakobus gebraucht hier auch das Bild von Pferd, Zaum und Reiter (V. 3). Das Reden entspricht dem Steuer am Schiff oder dem Zaum bei einem Reittier. Das Reden ist also sozusagen die Zwischeninstanz, durch die ein Leben gelenkt wird. Wer ist der Reiter, der im Sattel sitzt? Wer ist der Steuermann, der das kleine Ruder führt, das das große Schiff lenkt?

Abb. 98: Wer führt bei uns das Ruder?

Das führt Jakobus direkt zu der Frage, welcher Geist bei uns wirksam wird, indem er (bildlich gesprochen) bei uns das Steuer führt oder im Sattel sitzt. Ist das ein Geist von unten oder ein Geist von oben?

Wir Menschen sind also nie nur Führende, sondern wir sind immer auch Geführte. Und die Frage lautet deshalb: Wer führt bei uns das Steuerruder? Stehen wir klar und eindeutig unter der Führung von Gottes Geist? Diese Frage sollten wir uns stellen und bei uns klären, ob wir unter dieser Führung stehen, bevor wir anderen etwas sagen wollen.

Diese Thematik zieht sich durch das gesamte Kapitel 3 hindurch, wenn auch das Bild wechselt, das Jakobus dafür verwendet.

Er spitzt das zu, wenn er von der Doppelzüngigkeit redet und dafür das Bild vom Brunnen nimmt, der zweierlei Wasser gibt: *»Läßt auch die Quelle aus* einem *Loch süßes und bitteres Wasser fließen«* (also etwa Wasser des Jordan und Wasser aus dem Toten Meer)? (V. 11). In der Tat kann beides, *»süßes und bitteres Wasser«*, fließen, wenn nämlich ein Wasserhahn an zwei verschiedene Leitungen angeschlossen worden ist.

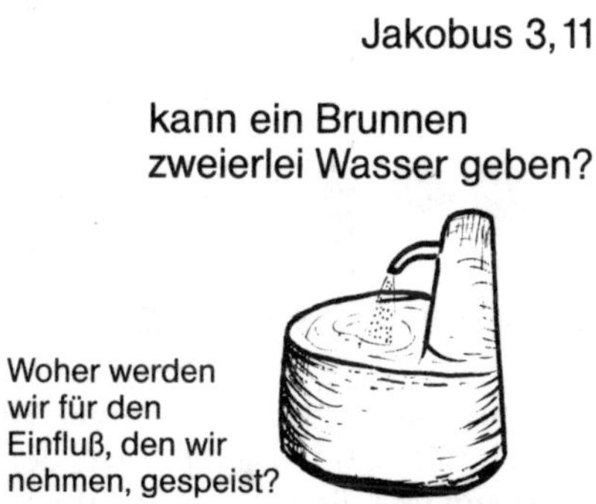

Abb. 99: Woran sind wir angeschlossen?

Das veranlaßt zu fragen: Woran sind wir »angeschlossen«? Haben wir Verbindung nach »oben«, stehen im Umgang mit Gott und sind Hörende, ehe wir reden, oder sind wir »unten« angeschlossen und stehen unter diesem Einfluß? Oder sind wir für beides zugleich offen? Letzteres ist die Gefahr, die Jakobus anspricht, wenn er vom »süßen und bitteren Wasser« redet. *»Aus einem Mund«,* sagt Jakobus auch, *»kommt Loben und Fluchen«* (V. 10a).

2.6 Die sechste Spruchreihe: Die wahre Weisheit (3,13-18)

In den letzten Versen des dritten Kapitels wird ein anderer Aspekt desselben Themas angesprochen.

Wenn Jakobus sagt: *»Wer ist weise und klug unter euch? Der zeige mit seinem guten Wandel seine Werke in Sanftmut und Weisheit«* (V. 13), so zeigt das, daß es im Leben von Christen keineswegs nur um das Weitergeben von Wissen geht.

»Wer ist weise und klug unter euch?« Damit fragt Jakobus: Wer findet den Weg und kann auch andere anleiten? *»Der zeige mit seinem guten Wandel...«* – der gehe also mit gutem Beispiel anderen voran.

Es kann also ein Christ nur dann Hirtendienste übernehmen, wenn er zugleich das gehorsame Schaf des guten Hirten ist. Es war ja das Verhängnis von Saul, daß er sich von Gott abgewandt hat (1. Sam 15,11). Daher konnte er von da ab nicht mehr König für Israel sein (1. Sam 15 f.).

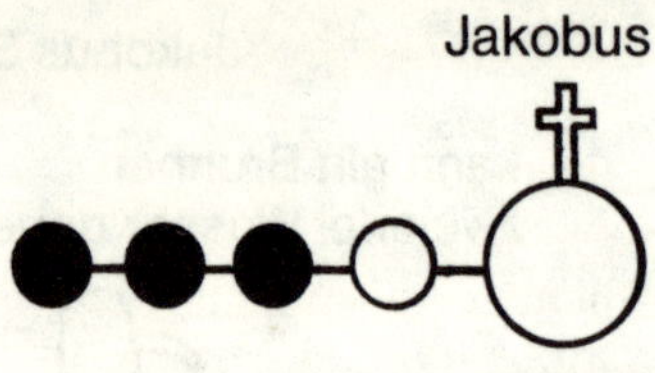

Abb. 100: Wer Hirtendienst tun will, muß vorangehen

Das ist in Abbildung 100 ganz schlicht dargestellt: Vornean geht Jesus, der gute Hirte. Hinter ihm her geht einer, der Lehrer ist und der Hirtendienst tut, der andere anleitet und der zugleich Nachfolger Jesu ist. Nur dann, wenn er in dieser Ausrichtung steht, kann er den anderen Dienste tun.

Es geht hier also um die persönliche, existentielle Frage, ob man als Christ Jesus gehorcht. Es gibt eine Redensart, die lautet: »Glaub du meiner Lehr', und wenn ich auch des Teufels wär'.« Gewiß ist es wahr, daß Gott auch einen Menschen segnen kann, der Gottes Wort richtig ausrichtet, aber selbst im Ungehorsam gegenüber Gott lebt. Aber es verhält sich wiederum anders, wenn jemand selbst Nachfolger und Zeuge Jesu sein will. Solch ein Mensch muß sich ganz besonders prüfen und fragen, wie es mit seinem Leben steht.

2.7 Die siebte Spruchreihe: Über unsere Gefährdung durch den alten Geist (4,1-12)

Die Gemeinde Jesu ist immer wieder in Gefahr, den Weg zu verlassen, der ihr gewiesen ist: auf Gott in seinem Wort zu hören und unter seinem Geist zu leben. In Kapitel 4 seines Briefes legt Jakobus das bloß, was in der Gemeinde eine dauernde Gefährdung darstellt: das alte Wesen.

a) Unsere Eigensucht – die böse Wurzel (V. 1-3)

Die menschliche Selbstsucht ist es, die sich in allen Uneinigkeiten zwischen Christen zeigt (V. 1). Ja, Bitte und Gebet zu Gott werden zum Selbstzweck mißbraucht, wenn die Gebetsanliegen aufgrund der Eigensucht gewählt werden (V. 3).

b) Die gefährlichen Bündnisse (V. 4-10)

Eine weitere Gefahr ist es, falsche Bündnisse einzugehen. *»Wißt ihr nicht, daß Freundschaft mit der Welt Feindschaft mit Gott ist?«* (V. 4a). Man kann nicht auf allen Schultern Wasser tragen, kann es nicht allen recht machen wollen. Man kann sich so auch nicht dem Leiden entziehen.

c) Gegen den Richtgeist in der Gemeinde (V. 11 f.)

Gerade dann, wenn ein Mensch glasklar und profiliert Christ ist, gilt es aufzupassen, daß er nicht auf einmal eine falsche Rolle spielen will: indem er dem »lieben Gott« helfen will, Weltenrichter zu sein. Das ist nicht der Platz, der ihm zugewiesen ist!

Jakobus weist daher die Neigung, zu richten, ab. *»Einer ist der Gesetzgeber und Richter«,* sagt er (V. 12a).

Ähnlich warnt Jesus: »Richtet nicht, damit ihr nicht gerichtet werdet« (Mt 7,1).

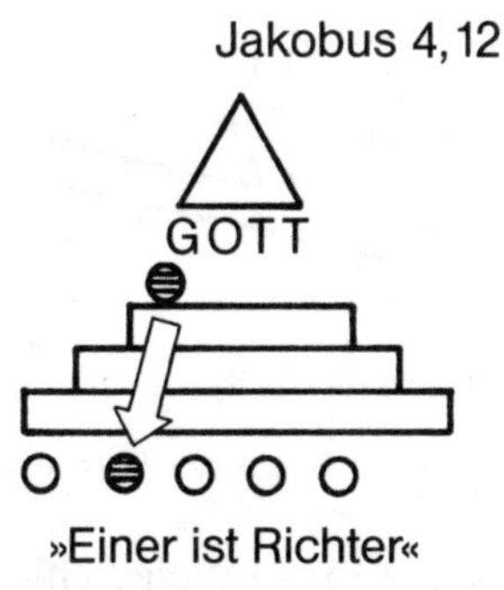

Abb. 101: Wir sind nicht auf, sondern vor dem Richterthron

Abbildung 101 veranschaulicht dies: Wenn jemand neben Gott auf dem Richterthron Platz nehmen will, ja sogar Gottes Langmut tadelt, so will er *»nicht ein Täter des Gesetzes, sondern ein Richter«* sein (V. 11b).

Jakobus weist darauf hin, daß der Platz solch eines Menschen nicht hinter, sondern vor dem Richtertisch ist, nicht neben Gott, sondern – wie alle anderen – vor Gott. Auch er wird gerichtet.

Gerade dann, wenn Menschen nicht zu denen gehören, die sich der Welt anpassen, wenn sie klaren Weisungen folgen, sind sie in Gefahr, diesen Fehler des Richten-Wollens zu begehen. Davor will Jakobus bewahren.

2.8 Die achte Spruchreihe: Über das selbstsichere Planen (4,13-17)

Jakobus kommt im zweiten Teil von Kapitel 4 auf ein ganz anderes Gebiet als zuvor zu sprechen. Doch es geht in dem allem um den Willen Gottes, der in unserem Leben maßgebend ist.

Jakobus kommt in diesem Zusammenhang auf das Plänemachen zu sprechen. Hier steht das bekannte Wort: *»Ihr solltet sagen: Wenn der Herr will, werden wir leben und dies oder das tun«* (V. 15). Damit meint Jakobus, daß sich Christen korrigieren lassen.

Das bedeutet nicht, daß Christen auf jegliches Planen verzichten sollen. Es ist nicht gemeint, daß ein Christ sich treiben lassen und nicht seinen ganzen Willen einsetzen soll. Wir Christen *müssen* planen! Aber Selbstsicherheit verdirbt das Planen, und Korrekturbereitschaft ist nötig. Wollen, wie der Herr will!

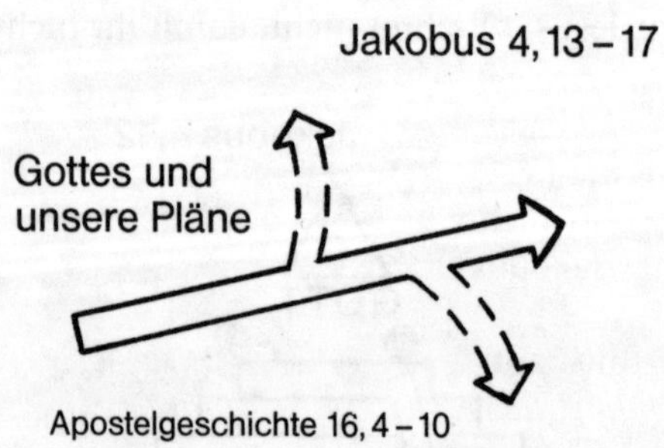

Abb. 102: »Wenn der Herr will...«

Die Bibel gibt uns dafür in Apostelgeschichte 16,4-10 ein schönes Beispiel in die Hand. Paulus war während der zweiten Missionsreise auf dem Weg durch Kleinasien, quer durchreiste er dieses gesamte große Land. Wohin sollte er weiterreisen? Er wollte Richtung Norden zum Schwarzen Meer ziehen oder in die dicht bevölkerte Gegend von Ephesus. Beide Male »ließ es ihm der Geist nicht zu«. Da kam Paulus nach Troas hinab, wo der Fußweg aufhörte, weil Paulus ans Meer kam. Dann bekam er die Weisung: »Komm herüber nach Mazedonien und hilf uns!«

So soll also ein Christ planen – fragend, tastend... Wenn man merkt und erkennt, was Gottes Wille ist, dann soll man entschieden und beharrlich diesen Weg gehen.

2.9 Die neunte Spruchreihe: Über den nahenden Tag des Herrn (5,1-12)

Der gesamte Jakobus-Brief zielt spürbar auf das, was der Verfasser im fünften Kapitel thematisiert: die Wiederkunftserwartung. Jakobus will einer Gemeinde auf dem Weg zum Ziel sagen, wie sie sich in ihrem Alltag bewährt.

a) Gerichtswort im Blick auf den Tag Christi (V. 1-6)

Zunächst spricht Jakobus ein sehr ernstes Wort gegen die Reichen, die sich auf ihren Besitz verlassen. Es muß ein Mensch nicht unbedingt reich sein und viele Güter besitzen, um das, was er hat, zum Götzen zu machen und sich auf irgendwelche Sicherheiten zu verlassen. *»Weint und heult über das Elend, das über euch kommen wird!«* (V. 1). Denn das, worauf ihr euch verlassen habt, das wird vermodern und verwesen: *»Euer Reichtum ist verfault, eure Kleider sind von Motten zerfressen. Euer Gold und Silber ist verrostet, und ihr Rost wird gegen euch Zeugnis geben und wird euer Fleisch fressen wie Feuer. Ihr habt euch Schätze gesammelt in diesen letzten Tagen!«* (V. 2 f.).

Es ist mit all dem nichts. Aber denen, die ihr Vertrauen auf den Herrn setzen, sagt Jakobus das, was im nächsten Abschnitt folgt.

b) Trostwort im Blick auf den Tag Christi (V. 7-12)

»Seid nun geduldig, liebe Brüder, bis zum Kommen des Herrn. Siehe, der Bauer wartet auf die kostbare Frucht der Erde und ist dabei geduldig, bis sie empfange den Frühregen und Spätregen. Seid auch ihr geduldig und stärkt eure Herzen; denn das Kommen des Herrn ist nahe« (V. 7 f.).

Jakobus verwendet hier das Bild vom Bauern, der wartet, bis die Ernte kommt. Er kann getrost säen und bearbeiten, denn die Ernte kommt auf jeden Fall. So können und dürfen auch Christen geduldig warten – *»denn das Kommen des Herrn ist nahe«.*

Wie Christen in die Zukunft gehen, gleicht einer Autofahrt durch einen Tunnel (vgl. Abb. 103). Man fährt in das Dunkel des Tunnels hinein – aber man sieht hinaus, denn vom anderen Ende des Tunnels scheint der Tag herein, und das Licht breitet sich aus. Wäre das Ende des Tunnels verschlossen, so wäre der Tunnel ein Gefängnis. Aber das Gefängnis ist zum Tunnel geworden, denn der Herr hat den entscheidenden Durchbruch an Ostern vollzogen.

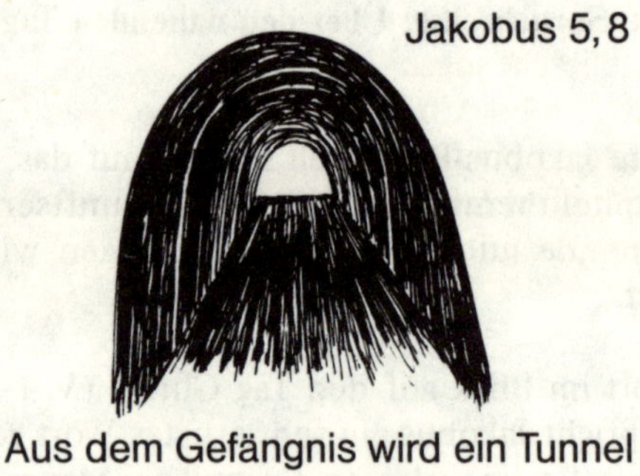

Abb. 103: Christen sehen hinaus

Das bedeutet nicht nur, daß Christen in ihrem Sterben eine persönliche Hoffnung haben dürfen. (Vielleicht denken wir an Ostern oft zu einseitig an die persönliche Hoffnung – eine Hoffnung, daß unser Leben mit dem Tod nicht aufhört.) Ostern ist letztlich auch die Grundvoraussetzung für die Weltvollendung! Die Worte Jesu am Kreuz: »Es ist vollbracht!« und das Halleluja des Ostermorgens weisen darauf hin, daß damit der entscheidende Durchbruch zu dem großen künftigen Ereignis erfolgt ist, daß der Herr nicht nur die Christen persönlich, sondern daß er seine Welt, seine Schöpfung vollenden wird.

Das war für die angefochtene Christenschar, die ins Martyrium zu gehen hatte und zu der Jakobus gehörte (er ist schließlich als Märtyrer gestorben), eine ganz große Hoffnung: Christen sehen in jeder Lage über die jetzige Situation hinaus. Dadurch können sie Leiden ertragen, denn ihr Herr verleiht ihnen darin erstaunliche Kraft.

2.10 Die zehnte Spruchreihe: Miteinander auf dem Weg zum Ziel (5,13-20)

Die letzte der zehn Spruchgruppen des Jakobus-Briefes handelt davon, wie die Gemeinde Jesu mit ihren kranken Gliedern umgeht (V. 13-18) und wie sie ihre irrenden Glieder begleitet (V. 19 f.).

a) Mach aus allem ein Gebet! (V. 13)

Jakobus gibt der Gemeinde einen seelsorgerlichen Rat: *»Leidet jemand unter euch, der bete; ist jemand guten Mutes, der singe Psalmen«* (V. 13).

Was ist damit gemeint? Es gibt ja ein Christsein, bei dem man nur die aktuellen Nöte im Gebet vor Gott bringt. Geht es einem gut, dann vergißt man vielleicht sogar Gott und lebt in den Tag hinein. Nein, sagt Jakobus, so soll es bei Christen nicht sein. *»Ist jemand guten Mutes«*, kann er sich seines Lebens freuen und ist ihm vielleicht manches unverdient in den Schoß gefallen, so ist er dadurch genauso an Gott gewiesen, den Geber aller guter Gaben, wie in den Leidenszeiten, die ihn ins Gebet treiben.

b) Die Aufgabe der Gemeinde an kranken Mitchristen (V. 14-18)

Hier sagt Jakobus: *»Ist jemand unter euch krank, der rufe zu sich die Ältesten der Gemeinde...«* (V. 14a). Wenn also ein Christ krank ist und deshalb nicht in die Gemeindeversammlung kommen kann, dann soll er also die Gemeinde zu sich rufen – in Gestalt einiger erfahrener Christen. Er soll sich nicht zu Hause in den Schmollwinkel zurückziehen und warten, bis vielleicht jemand auf den Gedanken kommt, ihn zu besuchen.

Dieser Besuch der *»Ältesten«* bei einem kranken Mitchristen soll kein nettes Plauderstündchen sein; hier soll es auch nicht darum gehen, daß der Kranke seine Krankheit los wird. Wenn ein Christ durch eine Krankheit gewissermaßen von Gott »stillgelegt« wird, so soll das die Gelegenheit zu einem grundlegenden Nachdenken über das eigene Leben sein – mit dem Ziel, seine Sünden zu erkennen und zu bekennen (V. 16). Der Kranke soll also seine Sünden vor den Brüdern bekennen, und sie sollen mit ihm beten und ihm die Hand auflegen (V. 14 f.) – *»und der Herr wird ihn aufrichten; und wenn er Sünden getan hat, wird ihm vergeben werden«* (V. 15b).

Solche Erhörlichkeit hat also das Gebet der Brüder: *»Des Gerechten Gebet vermag viel, wenn es ernstlich ist«* (V. 16b). Jakobus belegt dies mit dem Beispiel des Elia aus 1. Könige 17,1 (V. 17 f.).

c) Die Aufgabe der Gemeinde an irrenden Mitchristen (V. 19 f.)

Der Brief des Jakobus hat keinen richtiggehenden Briefschluß, wie ihn etwa die Briefe des Paulus vielfach haben. Jakobus schließt mit der Aufforderung, daß sich die Gemeinde Jesu auch um ihre irrenden Glieder kümmern soll: *»Wenn jemand unter euch abirren würde von der Wahrheit und jemand bekehrte ihn, der soll wissen: wer den Sünder bekehrt hat von seinem Irrweg, der wird seine Seele vom Tode erretten und wird bedecken die Menge der Sünden«* (V. 19 f.).

Es kann also in der Gemeinde Jesu nicht so zugehen, daß man allem und jedem einfach seinen Lauf läßt. Nein, was und wer die Wahrheit ist, das ist der Gemeinde gesagt und vorgegeben: Jesus Christus.

Jakobus spricht hier vom *»Bekehren«* und zeigt damit, daß es bei der Abkehr von Jesus bzw. der Hinkehr zu ihm um etwas Grundlegendes geht. An dieser Stelle darf die Gemeinde Jesu nicht nachlässig, lasch oder gleichgültig werden!

Die Offenbarung des Johannes*

1. Einleitung

1.1 Verfasser und Empfänger

Die frühe Christenheit war sich darüber einig, daß die Offenbarung von Johannes geschrieben worden ist, dem Jünger Jesu und Apostel, der auch das vierte Evangelium und die drei Johannes-Briefe verfaßt hat.

Johannes stand bei der Abfassung der Offenbarung bereits im hohen Alter; er schrieb dieses Buch während der Regierungszeit des römischen Kaisers Domitian (85-96 n. Chr.).

Mit Domitian war ein Mann auf dem Kaiserthron Roms, der einerseits tatkräftig daranging, das etwas morsch gewordene Gefüge des riesigen Weltreichs zusammenzuhalten, der aber andrerseits auch launisch und vielleicht psychisch krank war. Er hatte ja die Vorstellung, daß die Christen den eigentlichen Spaltpilz darstellen und das Römische Reich ernsthaft gefährden würden. Domitian meinte, man müsse den Christen energisch zu Leibe rücken.

Als erster römischer Kaiser hat Domitian daher die Christenverfolgung systematisch durchgeführt (während z.B. Nero 30 Jahre zuvor die Christenverfolgung mehr lokal beschränkt hatte und die Christen eher sporadisch hier und da verfolgen ließ).

Domitian ließ es als Prüfstein bei den Offizieren seiner Heere einführen, zu erproben, ob sie bereit seien, seinem Bilde bzw. seiner Glücksgöttin Fortuna Opfer darzubringen. Domitian beanspruchte für sich göttliche Verehrung.

---

* Der interessierte Leser sei darauf hingewiesen, daß Fritz Grünzweig die Offenbarung des Johannes außerdem in der Reihe Edition C-Bibelkommentare in zwei Bänden (Neuhausen-Stuttgart 1981/82) ausgelegt hat. (Anm. d. Hg.)

Das hat diesen Kaiser in einen besonders harten Konflikt mit der Christenheit Kleinasiens gebracht, weil dort der Kaiserkult (man hatte dort ohnehin schon Herrscher göttlich verehrt) besonders ausgeprägt war.

Während der Regierungszeit dieses Kaisers befand sich der Apostel Johannes in der kleinasiatischen Stadt Ephesus. Er wußte sich besonders für die Gemeinden in Westkleinasien, der römischen Provinz Asia, verantwortlich.

Die Verfolgungsmaßnahmen Domitians haben sich für Johannes nicht so ausgewirkt, daß er getötet worden wäre. Es ist eine Nachricht überliefert (deren Authentizität freilich zweifelhaft ist), die besagt, Domitian habe diesen letzten lebenden Apostel nach Rom kommen lassen und es dann doch nicht fertiggebracht, diesen würdigen Mann von über 80 Jahren umzubringen. Aber er wollte ihn mundtot machen und hat ihn daher zu einem Zwangsaufenthalt auf die kleine, einsame Felseninsel Patmos bringen lassen, die südwestlich von Ephesus vor dem kleinasiatischen Festland im Ägäischen Meer liegt. Damit wollte Domitian die Christen Kleinasiens einen ihrer wichtigsten Führer berauben, und Johannes selbst sollte so zum Schweigen gebracht werden.

Ausgerechnet auf Patmos, in der Stille dieser Insel, hat Johannes die gewaltigen Visionen bekommen, die für die Christenheit und ihren künftigen Weg sehr wichtig geworden sind. Johannes, der mundtot gemacht werden sollte, redete weiterhin! In dieser Lage, als der Apostel sozusagen stillgelegt worden war, hat ihm der erhöhte Herr der Gemeinde eine große Botschaft aufgetragen, die weltumspannend ist und die Jahrtausende überdauert hat.

Das Buch der Offenbarung des Johannes ist eigentlich ein Rundbrief, gerichtet an sieben Gemeinden Kleinasiens (vgl. Kap. 2 f. – die sieben Gemeinden der Sendschreiben). Diese sieben Gemeinden repräsentieren in ihrer göttlichen Vollzahl die gesamte Christenheit aller Völker und Generationen.

Zunächst sind die Adressaten freilich jene sieben Gemeinden in und um Ephesus, an die die Offenbarung ursprünglich gerichtet war. Jede Gemeinde hat ein besonderes Anschreiben bekommen, das sog. »Sendschreiben«, als eine Art Zwischenzeugnis, das anzeigte, wie es damals um die betreffende Gemeinde bestellt war.

Diese sieben Gemeinden sind in den Kapiteln 2 f. in *der* Reihenfolge aufgelistet, in der ein Bote sie zweckmäßigerweise aufsuchte: Ephesus, Smyrna, Pergamon, Thyatira, Sardes, Philadelphia und Laodizea (von da aus zurück nach Ephesus).

1.2 Der Zweck der Offenbarung

Die Offenbarung des Johannes hat offenkundig den Zweck, die Gemeinde für die Zeit der Anfechtung zuzurüsten, ja sie zu trösten und des Weges und des Zieles der Gemeinde Jesu und der Welt gewiß zu machen.

Andrerseits soll sie durch dieses Buch auch darauf vorbereitet werden, daß eine Zone des Leidens (sozusagen des »Feindbeschusses«) durchschritten werden mußte, ehe man das Ziel erreicht. Mit einem anderen Bild ausgedrückt: Es müssen Geburtswehen durchgemacht werden, bevor es zu dem großen Neuen kommt. Je schwerer diese Geburtswehen sind, desto näher darf sich die Gemeinde dem Ziel wissen.

1.3 Die Eigenart der Offenbarung

Die Offenbarung des Johannes besteht aus *Visionen*, die der erhöhte Herr seinem greisen Apostel für die Gemeinden damals und aller Zeiten gegeben hat. Johannes soll diese Visionen nicht für sich behalten – das wird mehrfach ganz deutlich zu ihm gesagt: »Was du siehst, das schreibe in ein Buch...« (1,11 u.a.).

Johannes schaut in den Visionen die jetzt schon gegenwärtige, aber unsichtbare Wirklichkeit und die jetzt noch unvorstellbare zukünftige Wirklichkeit. Propheten des Alten Testaments – wie Daniel, Jesaja, Hesekiel und Sacharja – haben in ähnlichen Bildern geredet.

Schon das Wort »Vision« wirkt vielfach verwirrend, ja unverständlich. Das Buch der Offenbarung unterscheidet sich aber deutlich von jeglicher »Apokalyptik«, wie sie etwa auch im Judentum jener Zeit wuchernd um sich griff.

Die Visionen der Offenbarung verlieren ihren verwirrenden Charakter, wenn man sie nach jener Regel auszulegen versucht, die schon der württembergische Reformator Johannes Brenz (1499 - 1570) entwickelt hat: Heilige Schrift muß mit Heiliger Schrift ausgelegt werden. Diese Auslegungsregel hat später Johannes Albrecht Bengel (1687-1752) hervorragend gehandhabt.

Wer nach dieser Regel die Bibel liest, stochert nicht wie mit der Stange im Nebel herum. Denn alle Begriffe, Bilder, Gesichte der Offenbarung sind bereits in der alttestamentlichen Prophetie verwendet worden, und auch dort ist aus dem Textzusammenhang klar, was mit ihnen gemeint ist.

Von daher ist also vieles in der Offenbarung des Johannes unschwer zu verstehen; und legt man die Offenbarung auf dem Hintergrund der Prophetie aus, so bleibt man vor einer willkürlichen und spekulierenden Auslegung bewahrt.

Die Zahlenangaben der Offenbarung sind oftmals so verstanden worden, daß man mit ihnen rechnen sollte. Aber das sind keine Zahlen für Berechnungen, sondern Zahlen, die etwas ganz Bestimmtes aussagen wollen, die eine Botschaft haben.

Die Reihenfolge der Visionen in der Offenbarung ist nicht immer die einer zeitlichen Aufeinanderfolge, sondern manche Visionen stellen Längsschnitte durch die Geschichte unter einem ganz bestimmten Aspekt dar, die zugleich mit Vorausblicken auf das Ziel verknüpft sind.

1.4 Der Aufbau der Offenbarung

Viele meinen, die Offenbarung des Johannes sei ein sehr verworrenes Buch. Doch von ihrem Aufbau her wird klar, daß sie das ganz und gar nicht ist.

Abbildung 104 zeigt die Gliederung der Offenbarung – unten beginnend mit Kapitel 1, oben endend mit Kapitel 22.

Die Offenbarung des Johannes ist so aufgebaut:

a) Die **Kapitel 1 - 5** zeigen die Gegenwart, *die jetzt schon vorhandene, wenn auch unsichtbare Wirklichkeit.*

b) Die **Kapitel 6 - 19,10** betreffen *die Endzeit im engeren Sinn des Wortes.*

c) Die **Kapitel 19,11 - 22** zeigen *das offenbare Wirken Gottes.*

Neben diesen drei großen Schritten, den Hauptpunkten der Gliederung, mit denen das Buch der Offenbarung voranschreitet (und die in Abb. 104 am linken Rand aufgezählt sind), habe ich acht kleinere Schritte aufgezählt (am rechten Rand von Abb. 104), die die Unterpunkte der Gliederung darstellen.

Zur »Architektur« dieses Buches ist noch zu bemerken: Nach dem einleitenden Teil (Kap. 1–5) verläuft die Endgeschichte (6,1-19,10) bemerkenswerterweise so, daß dreimal jeweils ein stärkender Ausblick auf das Ziel vorausgeht: in den Kapiteln 5, 7 und 14/15.

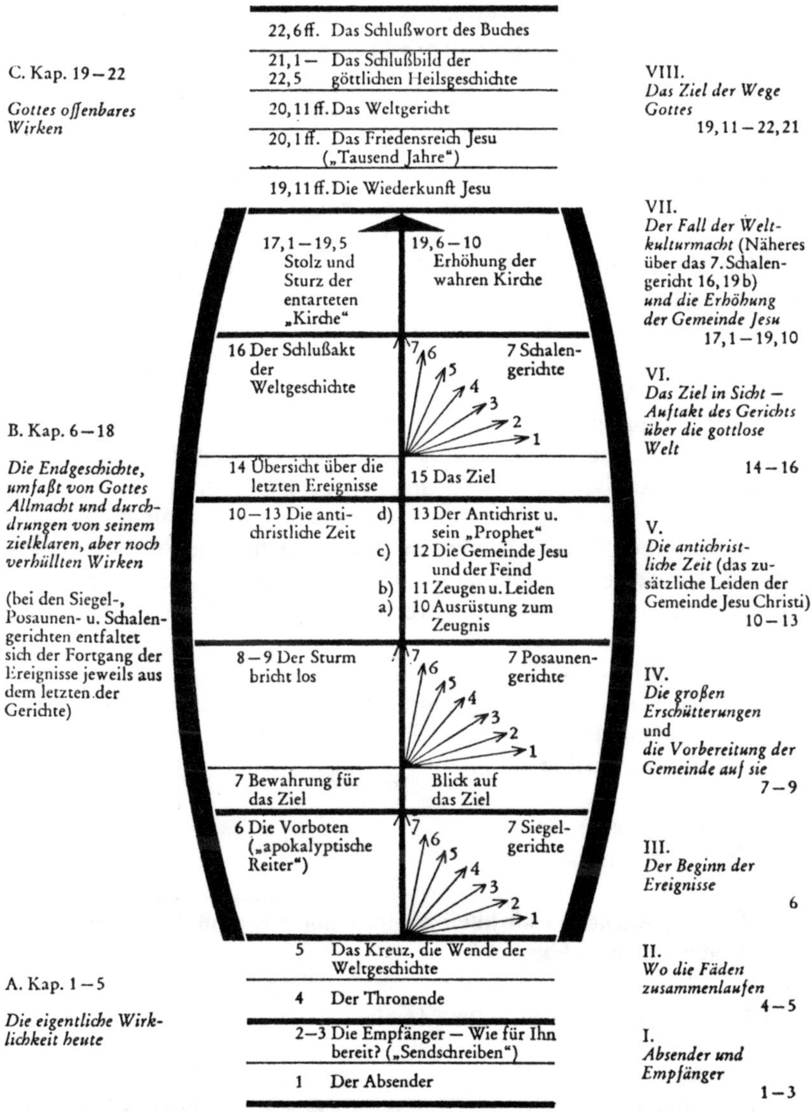

Abb. 104: Übersicht über die Offenbarung des Johannes

a) Der erste Ausblick

In dem gewißmachenden Bild von Kapitel 5 wird gesagt: Das Lamm nimmt die Geschichte der Welt in seine gute Hand. Der von Golgatha heimkehrende Sohn bekommt hier vom Vater das Buch der Weltgeschichte ausgehändigt und vollstreckt den Plan Gottes.

b) Der zweite Ausblick

Darauf folgen die sieben Siegelgerichte, deren jedes sich aus dem vorangehenden entfaltet (Kap. 6; das siebte Siegel: in 8,1-5). Bevor in den Kapiteln 8 und 9 die Posaunengerichte gezeigt werden, geht in Kapitel 7 wieder eine Stärkung voraus: Die Verse 1-8 zeigen den Blick auf die bewahrte Gemeinde auf dieser Erde vor dem »Sturm« – die Verse 9-17 zeigen den Blick auf die Gemeinde, die bereits bewahrt worden und am Ziel, im Himmel, angelangt ist.

c) Der dritte Ausblick

In den Kapiteln 10 - 13 werden zusätzliche Gerichte eingeschoben. Danach folgt in den Kapiteln 14 und 15 wiederum ein stärkender Ausblick, ehe in Kapitel 16 die Schalengerichte folgen, die meiner Meinung nach nur die Nichtglaubenden treffen, also diejenigen, die nicht Buße taten. Bei Kapitel 15 habe ich den Eindruck, daß hier die Entrückung gemeint ist, durch die die Gemeinde bereits an das Ziel genommen wird, die nachher mit dem erhöhten Herrn als dem Wiederkommenden in diese Welt einziehen darf.

Jeder dieser stärkenden, gewißmachenden Ausblicke soll bewirken, daß die jeweils darauffolgende Phase des Gerichtes zuversichtlich durchschritten werden kann.

2. Zum Einzelnen

2.1 Die eigentliche Wirklichkeit heute, schon während des Laufs der Weltgeschichte (Kap. 1 - 5)

2.1.1 Absender und Empfänger (Kap. 1 - 3)

a) Der Absender (Kap. 1)

Die Überschrift über die Offenbarung des Johannes (1,1-3) ist sehr lang und umfaßt eigentlich acht Verse (wovon die Verse 4-8 den Gruß darstellen). Sie setzt ein mit den Worten: *»Dies ist die Offenbarung Jesu*

Christi...« (V. 1a). Hier ist also nicht von der »Offenbarung des Johannes« die Rede, sondern von der »Offenbarung Jesu Christi«! Johannes ist nur der Mensch, über den die Offenbarung an die sieben kleinasiatischen Gemeinden übermittelt wird.

Mit den Versen des Grußes erst (1,4-8) wendet sich Johannes, der die »Offenbarung Jesu Christi« niederschrieb, an *»die sieben Gemeinden in der Provinz Asien«* (V. 4a). Er schreibt an sie im Namen und Auftrag Jesu, ja Gottes selbst (V. 4b-8).

Kapitel 1 schließt mit einem längeren Abschnitt, in dem der erhöhte Herr Johannes einen bestimmten Auftrag erteilt (1,9-20). Diese Beauftragung geschieht in einer ersten Vision. Darin sieht Johannes eigentlich nichts anderes als den Herrn selbst, der ihm – wenn man so sagen will – den gesamten Horizont verstellt, nämlich *den* Horizont, den sonst die Sorge um die Gemeinden auf dem kleinasiatischen Festland und der Gedanke an den mächtigen Kaiser in Rom ausfüllte. Vielleicht haben ihm auch der verschlossene stahlblaue Himmel, das unruhige Meer und das karge Land den Blick verstellt.

In dieser Situation heißt es: *»Ich wurde vom Geist ergriffen am Tag des Herrn und hörte hinter mir eine große Stimme wie von einer Posaune... und ich wandte mich um, zu sehen nach der Stimme, die mit mir redete. Und als ich mich umwandte, sah ich...«* (V. 10.12) – und Johannes sah die Wirklichkeit seines Herrn, nämlich *des* Herrn, mit dem er ja in dessen Erdentagen einen so vertrauten Umgang hatte.

Dieser Herr erscheint ihm nun auf gewaltige Weise: strahlend, heller als die Sonne. *»Als ich ihn sah, fiel ich zu seinen Füßen wie tot«* (V. 17a).

Darauf folgt das eigentlich Wunderbare dieser Vision, denn dieser Herr schlägt zu seinem gebeugten Knecht eine doppelte Brücke. Das geschieht zum einen mit seinem *Wort*: *»Fürchte dich nicht!«* (V. 17c). Zum andern zeigt das seine *Geste*: *»Er legte seine rechte Hand auf mich«* (V. 17b). Damit sagt er: ›Du gehörst mir, bist unter meinem Schutz; und zur gegebenen Zeit hebe ich dich zu mir herauf. Du bist auch ein Werkzeug in meiner Hand.‹

Johannes schaut also diese eine, große Wirklichkeit. Ähnliches sehen wir auch in den Briefen an die Kolosser und an die »Hebräer«: Immer wieder wird der angefochtenen Christenheit im Grunde genommen das Eine gezeigt – die Größe ihres Herrn.

Das veranschaulicht Abbildung 105: Jesus thront inmitten seiner Gemeinde. Die armen Häuflein der angefochtenen Christen sind – im Licht der Ewigkeit gesehen – die Vorhut des großen Heilshandelns Gottes. Johannes kniet angesichts dieser Größe und Herrlichkeit des Herrn nieder und beugt sich.

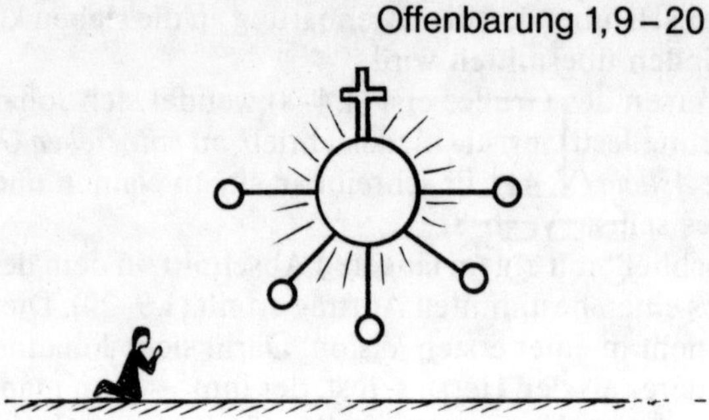

Abb. 105: Die eigentliche Wirklichkeit

b) Die Empfänger (Kap. 2 f.)

Die Kapitel 2 und 3 enthalten die sog. Sendschreiben an die sieben kleinasiatischen Gemeinden.

Die Sendschreiben sind nicht zuerst an uns heute lebenden Christen gerichtet, wollen nicht *uns* beurteilen, sondern andere Christen, die vor Jahrtausenden an einem anderen Ort lebten. Jede der sieben damaligen kleinasiatischen Gemeinden Ephesus, Smyrna, Pergamon, Thyatira, Sardes, Philadelphia und Laodizea bekam mit ihrem Sendschreiben ein eigenes, besonderes Anschreiben, das ein Zwischenurteil – kein letztes Urteil – des Herrn enthält.

Und doch kommen mir die Sendschreiben so vor, als wollten sie auch zu uns Christen heute reden. Ich will das mit einem schlichten Bild ausdrücken: In der Schule mußten wir Schüler das, was wir auf unser Schultäfelchen geschrieben hatten, dem Lehrer vorzeigen. Der Lehrer schaute sich einige der Täfelchen an und beurteilte das Geschriebene; die anderen, die hinten standen und noch nicht an der Reihe waren, haben die Ohren gespitzt und daraus, wie die Vorderen beurteilt wurden, auf die Beurteilung ihrer Arbeit Schlüsse ziehen können. Diejenigen, die noch nicht beurteilt worden sind, haben so erkannt, worauf es dem Lehrer ankam (vgl. Abb. 106).

So verhält es sich mit den Sendschreiben der Offenbarung. Als Christen, die heute leben, lesen wir darin mit Spannung, welches die Maßstäbe sind, nach denen der Herr der Gemeinde Lob und Tadel ausspricht.

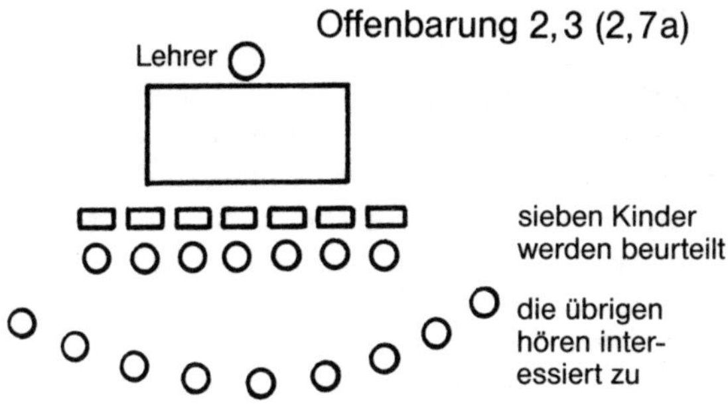

Abb. 106: Das Zwischenurteil

Alle Sendschreiben haben denselben *Aufbau*:

(a) Als erstes wird der *Absender* genannt, also der Herr; dem wird immer etwas hinzugefügt, das für das jeweilige Sendschreiben kennzeichnend ist.

(b) Sodann werden *Lob und Tadel* ausgesprochen (*»ich kenne...«* bzw. *»ich weiß...«*). Zwei Sendschreiben enthalten nur Lob (die an die Gemeinden in Smyrna und Philadelphia); im Sendschreiben an die Gemeinde in Laodizea wird nur getadelt. Auch im Sendschreiben an Sardes überwiegt der Tadel.

(c) Als *Weisung bzw. Verheißung* wird daraufhin gesagt, was der Herr der betreffenden Gemeinde zum Lohn gibt bzw. was er verheißt, was auf dem Spiel steht.

(d) Den Abschluß bildet der Satz: *»Wer Ohren hat, der höre, was der Geist den Gemeinden sagt!«* Hiermit werden *alle* Gemeinden angesprochen und betont darauf aufmerksam gemacht: ›Paßt auf! Horcht, was Gott euch mit diesem Wort für eure Lage nachdrücklich sagen will!‹ *»Wer Ohren hat«*, wer seine inneren Ohren öffnet, *»der höre, was der Geist den Gemeinden sagt«*! Durch Gottes Wort redet Gottes Geist zu den Gemeinden damals und heute; er aktualisiert und schließt uns das auf, was uns aus diesem Wort angeht.

2.1.2 Wo die Fäden der Weltgeschichte zusammenlaufen (Kap. 4 f.)

a) Der Thronende (Kap. 4)

Die Kapitel 4 f. sind *eine* Vision; diese beiden Kapitel muß man daher im Zusammenhang sehen.

Liest man Kapitel 4, so hat man den Eindruck, der Inhalt dieses Kapitels schwebe sozusagen über den Wolken und betreffe nicht unsere Welt. Man muß lange darüber nachdenken, was das *uns* sagt.

Denn in diesem Kapitel wird der Blick schlicht und unmittelbar auf den Ort gerichtet, an dem die Fäden der Welt und ihrer Geschichte zusammenlaufen, auf den Thron Gottes.

Es ist zunächst nur andeutungsweise von dem Lichtschein die Rede, der davon ausgeht; in den Blick gerät in den Versen 1-3 stattdessen der Thronende selbst.

Dann erst wird gezeigt, wer um den Thron versammelt ist (V. 4-8a). Es ist hier von *»vierundzwanzig Ältesten«* die Rede (V. 4). Ich verstehe diese als je 12 Repräsentanten des alttestamentlichen und des neutestamentlichen Gottesvolkes. Die *»vier himmlische Gestalten«* (V. 6) sind Lebewesen in Gestalt eines Löwen, eines Stiers, eines Menschen und eines Adlers. Ich sehe darin die Repräsentanten der in der Schöpfung waltenden Kräfte und somit der Schöpfung selbst: die Kraft des Löwen, des Sich-Opfernden (der Stier war ein Opfertier), des Menschen (der wegen seiner Klugheit das intelligente Geschöpf ist) und des Adlers (des auffliegenden, dynamisch vorwärtsstrebenden Tieres).

Es ist interessant, daß die Völkerschaften um Israel (wie Babylon, Ägypten usw.) diese Gestalten auch kannten. Der große Unterschied aber ist es, daß diese Kräfte, diese Gestalten bei den anderen Völkern angebetet werden, während sie in Offenbarung 4 ihrerseits den Schöpfer und Herrn anbeten.

b) Das Kreuz – die Wende der Weltgeschichte (Kap. 5)

In Kapitel 5 wird geschildert, was nach den Vorgängen geschieht, die in Kapitel 4 beschrieben worden sind.

Die große, spannungsvolle Frage, die hinter Kapitel 5 steht, wird gleich zu Beginn genannt (V. 1-4) und lautet: Wer führt diese Schöpfung zu ihrem Ziel? *»Wer ist würdig, das Buch [den Plan Gottes] aufzutun und seine Siegel zu brechen [d.h. zu vollstrecken]?«* (V. 2b). Niemand, der herrisch auf die Bühne der Weltgeschichte trat, ist es; *»niemand, weder im Himmel noch auf Erden noch unter der Erde, konnte das Buch auftun und hineinsehen«* (V. 3).

Johannes weint über der Sinnlosigkeit der Geschichte, die sich hier auftut (V. 4). Da sagt zu ihm einer der *»Ältesten«*: *»Weine nicht! Siehe, es hat überwunden der Löwe aus dem Stamm Juda, die Wurzel Davids, aufzutun das Buch und seine sieben Siegel«* (V. 5). *»Löwe aus dem Stamm Juda«* ist ein Würdenamen für den Messias, der dem Segen des Jakob entnommen ist (1. Mose 49,9 f.).

Johannes will sodann nach einem Löwen ausschauen – doch er sieht ein *»Lamm«*, das *»wie geschlachtet«*, wie geopfert aussah (V. 6). Dieses *»Lamm«* übt also nicht die Funktion eines Löwen aus, die Funktion des Mächtigsten. Jesus hat allein in der Funktion eines Lammes die große Wende der Weltgeschichte geschafft: als der Sich-Opfernde, der die Sünde abträgt.

Das ganze Unheil der Welt rührt ja von nichts anderem her als von dem Ort, an dem sich diese Welt befindet: draußen, ausgesperrt, vor der Tür zu Gott, in der Gottverlassenheit. Die Welt krankt an der Zertrennung zwischen Gott und Mensch, an der Sünde. Und die Wiedervereinigung muß ermöglicht werden; dies geschieht am Kreuz, der Wende der Weltgeschichte.

So kommt der Eine, der dieses *»Lamm«* ist, und nimmt dieses *»Buch«* in die Hand: Er *»kam und nahm das Buch aus der rechten Hand dessen, der auf dem Thron saß«* (V. 7).

Die Folge von Golgatha ist ein gewaltiges Echo, das in drei konzentrischen Kreisen der Anbetung hörbar wird (V. 8-14). Dies ist, als ob man einen Stein in einen See wirft, so daß das immer weitere Kreise zieht.

Wie diese Kreise im Wasser, so werden auch die Kreise der Anbetenden immer größer: Zunächst *»fielen die vier Gestalten und die vierundzwanzig Ältesten nieder vor dem Lamm«*; dann hörte Johannes *»eine Stimme vieler Engel ..., und ihre Zahl war vieltausendmal tausend [also Hunderte von Millionen]«* (V. 11); und schließlich tritt der weiteste Kreis in Erscheinung: *»Und jedes Geschöpf, das im Himmel ist und auf Erden und unter der Erde und auf dem Meer und alles, was darin ist, hörte ich sagen: Dem, der auf dem Thron sitzt, und dem Lamm sei Lob und Ehre und Preis und Gewalt von Ewigkeit zu Ewigkeit!«* (V. 13).

In Abbildung 107 ist das Geschehen um Gottes Thron bildhaft dargestellt: Der große Gott ist auf dem Thron. Der Thron ist nicht leer, aber Gott ruht auch nicht darauf wie ein Ölgötze, sondern er hat seinen Plan, *»ein Buch« »in der rechten Hand«* (V. 1). Gott greift also in die Geschichte ein, und er greift durch; alles geht planmäßig vor sich. Und er gibt seinem Sohn (dem *»Lamm«*) teil an seiner Weltherrschaft und macht ihn zum Vollstrecker seines Planes.

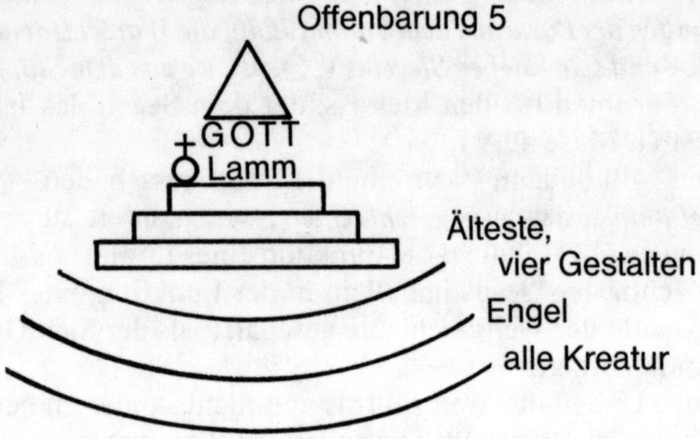

Abb. 107: Das Kreuz – die Wende der Weltgeschichte

Die Größe dessen, was geschieht, wird für uns an dem Echo vernehmbar, das dieses Geschehen findet: Die *»Ältesten«* und die *»Gestalten«* fallen nieder, Hunderte von Millionen Engel stimmen ein (Gott wäre also ohne uns Menschen nicht einsam!), ja sogar die gesamte Kreatur spricht das Lob des Schöpfers und des Heilands aus.

Zeit und Ewigkeit, Weg und Vollendung werden in diesem großartigen Kapitel wunderbar zusammengeschaut.

Was am Karfreitag auf Golgatha geschah, was mit Jesu Kreuz zu unserem persönlichen Heil geschehen ist, hat auch kosmische Bedeutung und schließt die gesamte Welt mit ein. So ist das Kreuz die Wende der Weltgeschichte.

2.2 Die Endgeschichte (Kap. 6 - 19,10)

2.2.1 Der Beginn der Ereignisse (Kap. 6)

Einen wichtigen Teil der Offenbarung des Johannes bilden die Siegel–, Posaunen- und Schalengerichte. Dies sind gewissermaßen drei Wellen von Geburtswehen der neuen Welt, die wie die Wehen einer gebärenden Frau in immer neuen Schüben über die Erde gehen. Diese drei Serien von Gerichten finden sich in den Kapiteln 6 f. (Siegelgerichte), 8 f. (Posaunengerichte) und in Kapitel 16 (Schalengerichte).

In Kapitel 6 (und dazu in den Kapiteln 7 - 9, siehe unten) geht es um Ereignisse, die das Leiden der Welt *und* der Gemeinde Jesu gleicherweise bewirken. Mit Kapitel 6 beginnen also die endgeschichtlichen Ereignisse im eigentlichen Sinn dieses Wortes.

a) Die ersten vier Siegel: die Vorboten (V. 1-8)

Damit, daß das Lamm das »Buch« in die Hand bekommen hat (Kap. 5), ist man noch nicht am Ziel. Das Öffnen der sieben Siegel besagt, daß noch Reifungsprozesse zu durchschreiten sind: Das Gute und das Böse müssen beide ausreifen.

Beim Öffnen der ersten vier Siegel tauchen die apokalyptischen Reiter auf, die über diese Welt dahinrasen. Mit dem Reiter auf dem *»weißen Pferd«* (V. 2) sind offenkundig die großen Eroberer bzw. ist ein letzter großer Eroberer gemeint.

Dem folgt der Reiter auf dem *»feuerroten«* Pferd (V. 3 f.). Ihm *»wurde Macht gegeben, den Frieden von der Erde zu nehmen...«* Die Eroberer bringen – so wird hier deutlich – nicht Frieden, sondern immer wieder neue Kriege. –

Das kennen wir aus der Weltgeschichte: Ob es eine Gestalt wie Alexander der Große, wie Cäsar, wie Napoleon oder wie Hitler war – sie haben alle keinen Frieden gebracht, sondern dessen Gegenteil. –

Der Reiter auf dem *»schwarzen Pferd«* (V. 5 f.) bedeutet die Teuerung. Auf die Kriege folgen also Wirtschaftskrisen, Hunger und soziale Ungerechtigkeit. Die Lebensmittel für die Reichen werden nicht in dem Maße teurer wie die notwendigsten Lebensmittel für die Armen. Das macht die Menschen bitter und führt zu Revolten.

Der Reiter auf dem todfarbenen *»fahlen Pferd«* (V. 7 f.) ist die Todesblässe. Wie mit einem riesigen Schleppnetz folgt ihm die Totenwelt (griech. »Hades«) und sammelt eine reiche Ernte ein, und Erschütterungen gehen über die Welt. –

Hierbei ist etwa an die Weltkriege zu denken, die in unserem Jahrhundert die Welt erschüttert haben. –

b) Die Öffnung des fünften Siegels (V. 9-11)

Beim Öffnen des fünften Siegels sieht Johannes die Märtyrer, die um Jesu willen getötet worden sind. Auf ihre Frage: *»Wie lange?«* (V. 10) erhalten sie zweierlei: ein *»weißes Gewand«* und Gottes Antwort (V. 11).

c) Die Öffnung des sechsten Siegels (V. 12-17)

Mit dem Öffnen des sechsten Siegels wird schon zum Folgenden (siehe 2.2.2) übergeleitet; dies ist eine Art Auftakt und Vorschau: *»Es ist gekommen der große Tag ihres [d.i. des thronenden Gottes und des*

›Lammes‹] Zorns, und wer kann bestehen?« (V. 17). Die Antwort auf die zuletzt gestellte Frage, wer in der Zeit der Geburtswehen bestehen werde, wird im Folgenden (Kap. 7) gegeben.

2.2.2 Die großen Erschütterungen der Welt und die Vorbereitung der Gemeinde Jesu darauf (Kap. 7 - 9)

Das Gewicht liegt in diesem Teil auf den Posaunengerichten, von denen sechs hier (ab 8,6), das siebte allerdings erst in 11,15 ff. geschildert werden. Mit den Posaunengerichten kommen die großen Erschütterungen der Welt in den Blick – aber auch das, wodurch die Gemeinde Jesu darauf vorbereitet wird.

a) Bewahrung für das Ziel – Blick auf das Ziel (Kap. 7)

Ausgehend von der Frage in 6,17b: »Wer kann bestehen?« (siehe oben) zeigt Kapitel 7 in einem ersten Teil (V. 1-8) einen tröstlichen Ausblick auf die Erde *vor* dem Sturm des Gerichts. Hier wird gesagt, wer in den folgenden Katastrophen *bestehen wird* und wie ein Mensch solches bestehen kann.

Die *Bewahrung für das Ziel (V. 1-8)* kommt hier in den Blick, indem Johannes *vor* den endzeitlichen Wehen über die Erde schaut. »Wer kann bestehen?« Gott läßt noch die Stürme der Geschichte zurückhalten. Vier Engelmächte *»hielten die vier Winde der Erde fest, damit kein Wind über die Erde blase noch über das Meer noch über irgendeinen Baum. Und ich sah einen anderen Engel aufsteigen vom Aufgang der Sonne her, der hatte das Siegel des lebendigen Gottes und rief mit großer Stimme zu den vier Engeln . . .«* (V. 1).

Gott hat bei der Zurückhaltung der Stürme die Absicht, daß Menschen die Versiegelung durch Seinen Geist erhalten (V. 3: *»bis wir versiegeln die Knechte unseres Gottes«*). Menschen müssen also nicht auf die endzeitliche Verführung hereinfallen. Diese Versiegelung erfolgt – wie wir aus Epheser 1,13 erfahren – dadurch, daß ein Mensch sein Leben dem Herrn Jesus übergibt und den Geist Gottes empfängt, indem er zum Glauben kommt.

Das – und nur das! – ist der Sinn dieser Stille vor dem Sturm. In dieser Zeit der Sturmstille leben wir auch heute noch; sie wurde noch einmal verlängert. Sie hat nicht zum Zweck, daß wir weiterhin gut leben, »unser Schäfchen ins Trockene bringen« und unser Geld gut verbrauchen, sondern daß wir mit dem Herrn Jesus ins Reine kommen und alles tun, daß auch andere mit ihm ins Reine gebracht werden.

Wenn Engelmächten befohlen wird, die Stürme zurückzuhalten, so ist damit auch gemeint, daß wir die Sturmstille, in der wir leben, nicht etwa der Geschicklichkeit von Politikern und Diplomaten verdanken. Kein Staatsmann schafft den Frieden auf dieser Welt, sondern ER ist's letztlich, der die Weisung gibt, die Stürme zurückzuhalten.

Abb. 108: Die zurückgehaltenen Stürme

Das veranschaulicht Abbildung 108: Die vier Winde werden zurückgehalten, indem der Herr über die Engelmächte gebietet. Inzwischen läuft sein Evangelium über die gesamte Erde, und überall – in Nord- und Südamerika, in Europa, Afrika usw. – entsteht Gemeinde Jesu. Das ist im Gange; und die Zerstörungsmächte (es ist in diesem Zusammenhang an dämonische Mächte gedacht) werden auf Weisung des Herrn durch die guten Engelmächte zurückgehalten.

Das geht so lange, bis der Herr die Engel beauftragt, die Winde nicht mehr zurückzuhalten heißt. Dann nehmen die letzten Geburtswehen ihren Lauf, und der große Tag des Herrn – die Neugeburt der Welt – wird um so schneller in Erscheinung treten.

Es geht in diesem hier geschilderten Vorgang also nicht um Israel, sondern – wie gezeigt – um Jesu Gemeinde aus Israel und aus den Völkern. Die Glaubenden aus den Völkern sind in den »Ölbaum« Israel eingepflanzt, Astkranz um Astkranz (Stamm um Stamm; vgl. Röm 11,17-24). Die Zahl *»hundertvierundvierzigtausend«* (V. 4) ist keine Zahl, die man buchstäblich nachrechnen soll, sondern eine Zahl, die eine

Botschaft enthält: Gemeint ist die Vollzahl, die alle umfaßt; niemand wird fehlen. Diese Zahl umfaßt dieselben Leute wie die *»große Schar, die niemand zählen konnte«* (V. 9; allerdings liegt die Betonung hier nicht auf der *Voll*zahl, sondern auf der *Viel*zahl).

Im zweiten Teil von Kapitel 7 (V. 9-17) geht der *Blick* des Johannes *auf das Ziel*; er sieht die Menschen nach dem Sturm, die am Ziel im Himmel angekommen sind. Das sind also diejenigen, die die Kämpfe und Stürme *bestanden haben*, die in den Kapiteln 8 und 9 gezeigt werden.

Es wird hier aber auch gesagt, *wie* diese Menschen den Kampf bestehen konnten: *»Diese sind's, die gekommen sind aus der großen Trübsal und haben ihre Kleider gewaschen und haben ihre Kleider hell gemacht im Blut des Lammes«* (V. 14). Hier wird also zum Ausdruck gebracht, daß die Märtyrer nicht irgendwelche Helden gewesen seien, sondern daß sie von der Vergebung gelebt haben. Sie haben Gottes Vergebung erbeten und angenommen. –

Der Schweizer Pfarrer Walter Lüthi hat diese Stelle während eines Leipziger Kirchentages in der damaligen DDR ausgelegt. Dabei hat er sehr eindrucksvoll gesagt, daß man dann, wenn man angefochten und bedrängt ist, am allerwenigsten mit einer ›weißen Weste‹ durchkommen würde. Man weiß in einer solchen Situation vielmehr, daß man auf Gottes Vergebung angewiesen ist – und man bekommt Seine Vergebung auch.

Ich habe bemerkt, welch große Bewegung bei diesen Worten Lüthis durch die Tausende von Zuhörern ging, die überwiegend aus der DDR stammten.

b) Der Sturm bricht los: die Posaunengerichte, die aus der Öffnung des siebten Siegels erfolgen (Kap. 8 f.)

Die Stürme des göttlichen Gerichts, die in den Kapiteln 8 und 9 gezeigt werden, meinen nicht etwa einen Atomkrieg (wie es der Physiker Philbert in seinem Buch »Biblische Prophetie und Nuklearenergie« deutete). Meiner Meinung nach sind in diesen beiden Kapiteln eher geistige Vorgänge gemeint. Ich möchte das auch nicht so auslegen, als ob dies alles mit einer gewissen Zwangsläufigkeit eintreten müßte; immerhin spricht die Bibel auch von den »Tagen, die . . . verkürzt werden« (Mt 24,22) und von der Möglichkeit des Gebets, der Fürbitte. (Dennoch ist es wichtig, auch solche Auslegungen wie die von Philbert zu hören.)

Zunächst sieht Johannes, wie die Posaunengerichte im himmlischen Bereich *vorbereitet* werden (8,1-5). In dieser Szene wird deutlich, daß die Geburtswehen der neuen Welt nicht etwa von Finsternismächten und Dämonen ausgehen, sondern von Gott selbst.

Posaunen spielen in der Bibel – im Alten Testament – immer wieder eine wichtige Rolle. So künden zum Beispiel Posaunen der Engel das Kommen Gottes an (vgl. 2. Mose 19,16 ff.). Bei der Eroberung Jerichos werden die Mauern des Widerstands durch Posaunen zum Einsturz gebracht, und dadurch wird der Weg des Volkes Israel ins verheißene Land frei (Jos 6,4.5.20). Posaunen künden – an einer anderen Stelle des Alten Testaments – das Freijahr Gottes an (3. Mose 25,8-12).

So klingt mit den Posaunen in Offenbarung 8 also deutlich ein biblisches Leitmotiv, eine Leitlinie an. Was die Posaunen in den Kapiteln 8 f. bewirken, wird sogleich deutlich.

Vor Jesu Ankunft als Mensch auf dieser Erde tat ein Erzengel – der Engel Gabriel – den Botendienst (Lk 1,26 ff.). Nun, vor Jesu Erscheinen in Herrlichkeit, sind es sieben Engel, die Botendienste tun und durch die das Kommende geheroldet wird.

Die ersten vier Posaunengerichte (8,6-12) führen zu Erschütterungen, zu Katastrophen auf dieser Erde. Diese Erschütterungen bringen aber nicht etwa den Weltuntergang mit sich, sondern sind gewissermaßen Heroldsrufe, die den kommenden König ankündigen und zu ihm rufen. Durch diesen Ruf läßt sich der kommende König selbst ankündigen; dies ergeht in seinem Auftrag.

Die Posaunengerichte gleichen den Plagen über Ägypten (2. Mose 7 - 12). Wie Gott damals sein Volk Israel durch Katastrophen aus der Herrschaft Pharaos freikämpfte, so löst er nun, vor dem Ziel seiner Welt- und Heilsgeschichte, seine Gemeinde endgültig aus dem Herrschaftsbereich des Bösen, des »Fürsten dieser Welt«, und aus der Gesetzmäßigkeit dieses Äons – aus der Macht der Sünde. Seine Gemeinde erlebt die erschütternden Katastrophen unter der Deckung des Blutes des wahren Passalamms.

Die Posaunengerichte bewirken Angst (V. 13). In Kapitel 9 schildert Johannes das fünfte und das sechste Posaunengericht (V. 1-12.13-19), ehe er in den Versen 20 f. das Ergebnis der Posaunengerichte nennt: *Die* ungläubigen Menschen, die diese Gerichte überlebten, *»bekehrten sich doch nicht von den Werken ihrer Hände…«* Sie haben Gottes letzten Mahn- und Bußruf überhört.

2.2.3 Die antichristliche Zeit – das zusätzliche Leiden der Gemeinde Jesu (Kap. 10 - 13)

Dieser Teil der Offenbarung zeigt ein weiteres ernstes Stück der Geburtswehen, die durchschritten werden müssen, ehe das große Neue anbricht.

Ehe dieses große Ziel in Sicht kommt, werden zwei große Einschübe gemacht. Ein erster Einschub umfaßt die Kapitel 10 - 13, in denen im Blick auf die wahre Gemeinde Gottes die zusätzlichen Leiden geschildert werden, die sie zu tragen hat.

In dem zweiten Einschub (17,1 - 19,10) wird das Bild einer entarteten Christenheit gezeichnet und gesagt, wie es mit ihr enden werde.

Diese Einschübe zeigen also die wahre und die entartete Kirche Jesu Christi. Die erste wird »Braut«, die zweite »Hure« genannt (über die Bedeutung des Wortes »Hure« siehe unten). In Kapitel 19 kommen dann beide vor; dort wird gezeigt, wie beide enden werden – in der Katastrophe oder in der liebenden Vereinigung mit dem Herrn.

Mit dem Leiden verhält es sich so: Die Siegel- und die Posaunengerichte (Kap. 6 f./8 f.) sind beides Leiden, die die Gläubigen *und* die Ungläubigen gleicherweise treffen. Die Kapitel 10 - 13 zeigen zusätzliche Anfechtungen und Verfolgungsleiden der Gemeinde Jesu. (Bei Kapitel 16 habe ich den Eindruck, daß dort die Gläubigen bereits ans Ziel hinweggenommen sind, während die, die sich geweigert haben, der Einladung Gottes zu folgen [Kap. 14], leiden müssen. Das ist wohl schon ein Auftakt der ewigen Verdammnis.)

In der antichristlichen Phase der Endzeit muß die Gemeinde Jesu also über das hinaus ins Leiden gehen, was sie und die Welt zu erleiden haben (vgl. a und b). Das zeigt insbesondere Kapitel 13, das große Kapitel vom Antichrist. Es wird der Gemeinde Jesu also nicht alles erspart – im Gegenteil: sie bekommt zusätzliches Leiden! –, aber sie muß nicht für immer im Leiden bleiben: Sie wird ans Ziel vorangenommen (Paulus redet ja von der Entrückung; 1. Thess 4).

a) Ausrüstung zum Zeugnis (Kap. 10)

In Kapitel 10 wird zunächst dem himmlischen Boten *(»Engel«)* Vollmacht und Botschaft übergeben (V. 1-7).

Sodann wird der menschliche Bote bevollmächtigt und dazu ausgerüstet, die ihm aufgetragene Botschaft recht weiterzusagen. Diese Ausrüstung wird in einem Bild dargestellt, das wir schon im Alten Testament (bei Hesekiel) finden: Der Bote soll das »Buch« essen (V. 9). Es schmeckt *»süß ... wie Honig«*, verursacht ihm aber Bauchschmerzen (V. 10).

Darin steckt die Sicht, daß derjenige, der eine Botschaft Gottes ausrichten will, diese zuerst aufnehmen, gewissermaßen kauen und verdauen muß. Er muß die ›Süßigkeit‹ dieser Botschaft selbst erkennen – und er muß die Botschaft unter Umständen auch mit Schmerzen weitersagen (z.B. die Gerichtsbotschaft). Derjenige, an dem solch eine Botschaft nur so vorbeigeht, so daß er sie wie etwas Alltägliches weitersagt, der sagt das nicht existentiell weiter und hat auch keine innere Vollmacht.

b) Die Zeugen und ihr Leiden (Kap. 11)

Kapitel 11 beginnt mit einem Wort der Bewahrung und Abgrenzung, wobei Johannes das himmlische Heiligtum *(»Tempel«)* schaut (V. 1 f.): Die Zeit, in der *»die heilige Stadt«* »wird zertreten werden von den Heiden« (Lk 21,24), ist bemessen und klar abgegrenzt.

In Kapitel 11 ist aber besonders *die* Botschaft wichtig, die mit Vers 3 einsetzt und die besagt, daß dem wiederkommenden Herrn *zwei* Boten vorausgehen, wie ja bereits dem ersten Kommen Jesu *ein* besonderer Bote vorausging (nämlich Johannes der Täufer). Diese beiden Zeugen sollen selbst auch mitten in der antichristlichen Zeit dieses Wort mit Vollmacht weitersagen können, wenn auch im Leiden (V. 3-14).

Man hat schon viel herumgerätselt, wie diese Verse wohl zu verstehen seien. (Manches wird aber einfach erst die Erfüllung dieser Aussagen ganz klar machen.) Man hat etwa gemeint, es handle sich bei den beiden Zeugen um *Gesetz und Evangelium* oder um *Wort und Sakrament.*

Das ist durchaus ernstzunehmen. *Gesetz und Evangelium* sind ja im Laufe der Geschichte die beiden Zeugen, die sagen, woran es dem Menschen fehlt (Gesetz) und was ihm hilft (Evangelium). *Wort und Sakrament* sind das mündliche Wort und die Zeichensprache Gottes.

Und doch sollte man bedenken, daß vor Jesu erstem Kommen auch ein leibhaftiger Mensch als Zeuge aufgetreten ist: Johannes der Täufer. Darum scheint es mir wahrscheinlicher, daß die beiden Zeugen in Kapitel 11 zwei Menschen sein werden.

Diese Auslegung hat im Laufe der Kirchengeschichte schon zu manchen Spekulationen geführt. Immer wieder sind nämlich Sektierer und ähnliche Leute aufgetreten, die meinten, sie seien einer dieser beiden Zeugen oder gar beide Zeugen in *einer* Person. Aber alle konkreten Verheißungen der Bibel, die noch nicht erfüllt worden sind, wollen mit Behutsamkeit und Demut verstanden werden. Jemand, der solch eine Bibelstelle herausgreift, um sich selbst damit herauszustellen und sich Ruhm zu verschaffen, ist ganz gewiß keiner dieser verheißenen endzeitlichen Zeugen.

Vielleicht verhält es sich mit den beiden Zeugen so wie mit dem Zeugen, der vor Jesu erstem Kommen aufgetreten ist. Die Menschen zur Zeit Johannes' des Täufers und Jesu haben immer noch auf solch einen Boten gewartet, etwa auf den wiederkommenden Elia, und plötzlich war der Herr selbst da. Da waren die Leute überrascht und haben das nicht für möglich gehalten, da sie den vorausgehenden Boten nicht als solchen erkannt hatten.

Vielleicht ist also auch heute das Ziel nahe, und wir haben Stationen um Stationen des endzeitlichen Weges bereits durchfahren bzw. durchfahren sie momentan. Wir wollen das unserem Herrn überlassen und immer für sein Kommen bereit sein.

c) Die Gemeinde und der Feind (Kap. 12)

Kapitel 12 macht besonders deutlich, daß die einzelnen Kapitel der Offenbarung keineswegs so etwas wie aufeinanderfolgende Stationen im Sinne einer zeitlichen Abfolge der endzeitlichen Ereignisse sind.

Das zwölfte Kapitel ist offenkundig ein Längsschnitt durch die gesamte Geschichte Gottes, die Geschichte des Ringens Gottes um diese Welt bis zum Beginn der antichristlichen Zeit. Bei diesem Längsschnitt ist allerdings ein ganz bestimmter Aspekt aus dem Ganzen herausgegriffen: der Kampf zwischen *Gott und Satan* bzw. *der Gemeinde als dem Volk Gottes Alten und Neuen Testaments und dem Widersacher Gottes.* Dieses Kapitel gibt also unter dieser Perspektive einen ganz besonderen Durchblick.

Kapitel 12 beginnt mit der *Schilderung des Kampfes um den Sohn* (V. 1-6). In diesen sechs Versen ist – in kurzer, verdichteter Form – ein Längsschnitt der Heilsgeschichte verfaßt, beginnend mit den Uranfängen, mit dem Ur-Abfall des Feindes von Gott.

Johannes spricht hier von dem großen Rebellen, dem *»großen, roten Drachen«* (V. 3). Das ist das Bild für den Widersacher Gottes. Dieser Drache habe, so wird gesagt, mit *»seinem Schwanz« »den dritten Teil der Sterne des Himmels hinweggefegt«* (V. 4).

Man hat dieses Bild hin und wieder als verworren bezeichnet. Aber das ist es absolut nicht. Denn in der alttestamentlichen Prophetie sind Sterne durchgehend als Engelmächte verstanden und der Drache als ihr Feind. Auch Jesus selbst spricht wiederholt davon (vgl. Joh 8), daß der Feind ursprünglich ein Engel Gottes war, ein Engelfürst, der größenwahnsinnig geworden ist und einen Teil der Engel in seinen unheimlichen Aufruhr mit hineingerissen hat (Joh 8,44; 2. Petr 2,4; Jud 6). Von diesem Ur-Abfall des Feindes von Gott ist der Mensch infiziert worden, und er ließ sich dann im Sündenfall auch dahineinreißen (er will »sein wie Gott«; vgl. 1. Mose 3).

In diesem Zusammenhang wird sodann die Geburtsgeschichte erzählt (V. 2.4b-6): Eine Frau *»war schwanger und schrie in Kindsnöten ...«* (V. 2). Das erste *und* das zweite Kommen Jesu – beides ist mit Geburtswehen verbunden. Mit der *»Frau«* ist hier die Gemeinde Gottes in Altem und Neuem Testament gemeint, die mit Gott verbundene Schar.

Welches waren die Geburtswehen für das alttestamentliche Gottesvolk? In der Zeit der babylonischen Gefangenschaft, in den Makkabäerkriegen, in den Leiden durch Antiochus Epiphanes IV. (um 170/160 v. Chr.) bis hinein in die Römerzeit, als die kleine Schar von Israeliten »auf den Trost Israels wartete« (Lk 2,25), ist dieses Volk durch Geburtswehen hindurchgegangen.

Im Neuen Testament will der Feind schon kurz nach Jesu Geburt das neugeborene Knäblein verschlingen – durch die Verfolgung des Herodes (Mt 2,16-18). Der Feind hat immer seine Helfershelfer gehabt.

Aber schließlich wurde der Knabe – Jesus – *»entrückt zu Gott«* (V. 5b). Das geschah in Jesu Himmelfahrt (Apg 1,9 ff.). Weil dieser kommende König von da an für den »Drachen« nicht mehr greifbar ist, gilt jetzt: Der Feind meint Christus, schlägt aber die Christen. Er *»verfolgte ... die Frau [d.h. die Gemeinde]«* (V. 13), die vor ihm *»in die Wüste entfloh«* (V. 6). Aber die Christen werden doch bewahrt und durch die Nachstellungen des Feindes hindurchgebracht.

Beginnt Kapitel 12 mit dem Ur-Abfall des Feindes (V. 1-6), so zeigen die Verse 7-14 die erste Stufe der Vollstreckung des Urteils gegen den Feind.

Der Feind war im Himmel (vgl. Hiob 1,6). Doch im Himmel fand ein Kampf gegen den Feind, den *»Drachen«*, statt. Der Sieg gegen den Feind im Himmel zeichnete sich bereits hier ab: *»Der Drache kämpfte und seine Engel, und sie siegten nicht, und ihre Stätte wurde nicht mehr gefunden im Himmel. Und es wurde hinausgeworfen der große Drache, die alte Schlange, die da heißt: Teufel und Satan, der die ganze Welt verführt, und er wurde auf die Erde geworfen, und seine Engel wurden mit ihm dahin geworfen«* (V. 7b-9).

Seit Jesu Tod am Kreuz hat der Feind im Himmel nichts mehr zu melden, kann er die Kinder Gottes nicht mehr verklagen.

So verlor der Feind im Himmel seinen Einfluß und seine Macht – und wirkt von da an auf der Erde (vgl. Joh 12,31; 16,11). Jetzt ist also auf der Erde im wahrsten Sinn des Wortes »der Teufel los«. Der Feind hat einen großen Zorn. Das ist jetzt noch im Gange, wird aber nicht immer so weitergehen: Der Feind wird in den Abgrund kommen (Offb 20,3), in eine Art Schutz- und Untersuchungshaft während des tausendjährigen Friedensreiches (siehe unten); und zuletzt wird er in die endgültige Verdammnis geraten, in den »Pfuhl von Feuer und Schwefel« (20,10; vgl. Mt 25,41).

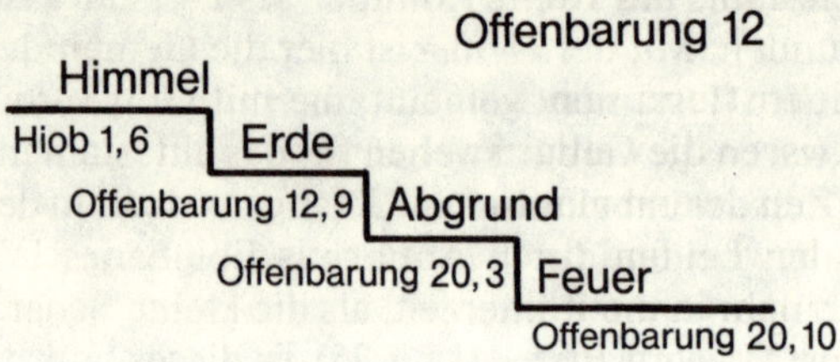

Abb. 109: Der Sturz des Feindes

Zuvor aber, jetzt, wendet sich der Feind also gegen diejenigen, die Jesus Christus gehören. Sie werden verfolgt und geplagt, angefochten und versucht. Aber die Machtverhältnisse im Himmel sind ein für allemal geklärt: *»Nun ist das Heil und die Kraft und das Reich unseres Gottes geworden und die Macht seines Christus; denn der Verkläger unserer Brüder ist verworfen, der sie verklagte Tag und Nacht vor unserm Gott«* (V. 10).

Wie ist es möglich, gegen den Feind durchzukommen? Johannes hört dies die *»große Stimme«* im Himmel sagen: a) *»Durch des Lammes Blut«*; b) *»durch das Wort ihres Zeugnisses«*; c) durch Leidensbereitschaft *(»... haben ihr Leben nicht geliebt, bis hin zum Tod«)* (V. 11).

Die Verse 13-18 zeigen, wie der Feind zum letzten Schlag gegen die Gemeinde ausholt. Das führt hin zum letzten Vers des Kapitels: *»Und er [der Drache] trat an den Strand des Meeres«* (V. 18). Jetzt holt der Feind den heraus, den er gewissermaßen als letzten, großen Trumpf ausspielen will: den Antichrist.

Der Antichrist ist nämlich genau derjenige, der auf das schillernde Angebot hereinfällt, das der Feind schon Jesus auf dem Berg der Versuchung gemacht hat: »Das alles will ich dir geben, wenn du niederfällst und mich anbetest« (Mt 4,9). Es hätte also nur eines kleinen Kniefalls bedurft, und der Feind hätte Jesus *alles* übergeben.

Die Erde war nach ihrer Erschaffung dem Menschen übergeben worden (1. Mose 1,28: »Füllet die Erde und machet sie euch untertan«). Dann hat sich der Mensch – Adam – dem Feind unterstellt. Deshalb widerspricht Jesus dem Feind nicht, als dieser sagt: »Sie ist mir übergeben, und ich gebe sie, wem ich will« (Lk 4,6). Jesus entgegnet darauf nur: »Es steht geschrieben (5. Mose 6,13): ›Du sollst den Herrn, deinen Gott, anbeten und ihm allein dienen‹« (Lk 4,8; Mt 4,10b).

Der Antichrist – dieser Gegen-Christus, der Christus ohne Kreuz, der Wohlstand und Frieden für alle schillernd bringen wird (wenigstens vorübergehend) und auf den die Menschen deshalb hereinfallen – wird mit beiden Händen nach dem Angebot des Feindes greifen. Das führt schon zum Anfang von Kapitel 13.

d) Der Antichrist und sein Prophet (Kap. 13)

Kapitel 13 ist das gewaltige Kapitel vom Antichrist, das man schlichtweg kennen muß, wenn man manches besser verstehen will, das sich in unserer Zeit bewegt und das – wenn nicht alle Anzeichen trügen – in den nächsten Jahrzehnten die Menschen bewegen wird.

Der Antichrist wird (wie auch der falsche Prophet) als *»Tier«* bezeichnet. Als Tiere sieht schon Daniel die antigöttlichen Mächte (vgl. Dan 7 u.a.).

Vers 2 zeigt insbesondere das Verhältnis des Antichrists zum Feind: Er ist der Christus des Feindes, der ihm *»seine Kraft und seinen Thron und große Macht«* gibt. (Man sollte hierzu die großartige Dichtung »Die Erzählung vom Antichrist« von Wladimir Solowjew lesen. Dieser russische Religionsphilosoph hat um 1900 in dieser Erzählung das Geschehen um den Antichrist so gezeigt, daß es für uns vorstellbarer wird. Es muß nicht so sein, wie Solowjew es schildert, aber es kann so sein. Seit ich das gelesen habe, habe ich eine ganz andere Vorstellung davon.)

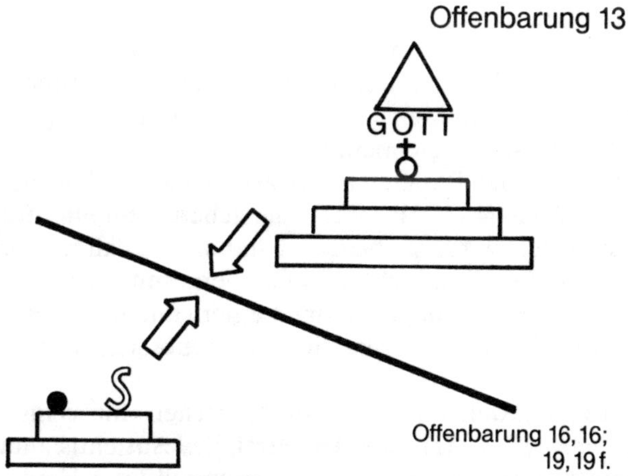

Abb. 110: Christus und Antichrist

In diesen Versen zeigt sich aber auch das Verhältnis des Antichrists zu Gott: Er hat Worte der Lästerung, der Blasphemie (V. 5 f.). Der Antichrist nimmt also das, was allein Gott zusteht, für sich in Anspruch und wendet sich gegen den Christus Gottes (siehe Abb. 110). Zunächst sieht es so aus, als habe der Antichrist den Trumpf in seiner Hand. Dann aber wird die Zornschale über die Metropole des Antichrists ausgeschüttet (Offb 16,15 ff.); und zuletzt wird ihn der wiederkommende Herr durch einen Engel wegtun (Offb 19,20). Es kommt nicht zu einem Kampf zwischen Christus und Antichrist, denn dann, wenn Jesus in seiner Herrlichkeit kommt, wird seine Überlegenheit klar.

Welches Verhältnis hat der Antichrist zu den Völkern? Er wird von allen Nationen sozusagen auf den Schild gehoben (V. 4.8). Sie alle bewundern ihn: *»Alle, die auf Erden wohnen, beten es [das ›Tier‹, d.h. den Antichrist] an…«* (V. 8a). Der Antichrist schafft den Weltstaat (nicht den Welteinheitsstaat!); in Kapitel 17 ist zu sehen, daß dazu eine Vormacht und sieben Satellitenstaaten gehören, also Könige bzw. Herrscher, die alle ein und dieselbe Meinung haben.

Das Verhältnis des Antichrists zur Gemeinde Jesu zeigt sich darin, daß sie von ihm verfolgt wird (V. 7.8.10). Der Antichrist *darf* sie auch verfolgen; es wird ihm Raum gegeben, Menschen auch dem Tod auszuliefern (V. 10). Aber es wird gesagt, daß sie innerlich nicht überwunden werden; sie beten ihn nicht an. Wer glaubt und wer mit seiner Bekehrung den Heiligen Geist bekommen hat, hat gewissermaßen eine Schutzimpfung erhalten, so daß er nicht auf das antichristliche Wirken hereinfallen muß.

Im zweiten Teil des 13. Kapitels (V. 11-18) wird von einem mehr geistigen Vertreter des Feindes und seines Antichrists gesprochen: von dem falschen Propheten. Man könnte ihn auch als den Propagandaminister des Antichrists bezeichnen.

Von diesem falschen Propheten wird gesagt, dieses *»Tier«* habe *»zwei Hörner wie ein Lamm«* (V. 11). Wenn der falsche Prophet mit einem *»Lamm«* verglichen wird, so bedeutet das nicht, daß er sozusagen lammfromm, mild und menschlich-weich sein müßte, sondern daß er wohl gar scheinchristlich oder im Sinne einer Humanität redet (die ja auch eine Ausstrahlung des Evangeliums ist, die hier aber von Christus gelöst ist).

Dieser falsche Prophet bewirkt, daß Menschen *»das erste Tier [den Antichrist] anbeten«* (V. 12). Die Anbetung des Antichrists durch die Menschenmassen ist das Ergebnis der gekonnten Propaganda des falschen Propheten.

Er bewirkt auch, daß die Menschen Abzeichen annehmen, *»sich ein Zeichen machen an ihre rechte Hand oder an ihre Stirn«* (V. 16). –

Diese Stelle erinnert mich an die Abzeichen, die wir während des Dritten Reiches und als Soldaten im Zweiten Weltkrieg getragen haben. Diese *»Zeichen«* könnten ja – von ihrer sprachlichen Bedeutung her – auch Kokarden und Ärmelabzeichen sein. Die Ereignisse um Adolf Hitler waren vielleicht so etwas wie eine Hauptprobe und wie eine besondere Warnung – speziell für das deutsche Volk, das lange Zeit stark autoritätsgläubig gewesen und einfach mitmarschiert ist. –

Die *»Zeichen«* dienen auch dazu, die Christen (die ja die *»Zeichen«* nicht tragen) von den übrigen auszugrenzen; sie werden sozusagen in den unfreiwilligen Boykott getrieben.

Zuletzt wird die Zahl *»sechshundertsechsundsechzig«* als Zahl des Antichrists genannt (V. 18). Das ist sehr schwer zu erklären. Hierbei dürfte es sich um eine Geheimzahl handeln, deren Bedeutung erst die Erfüllung dieser Aussage zeigen wird.

Eine mögliche Deutung dieser Zahl ist, daß in der Antike manche Buchstaben auch als Zahlen verwandt worden sind (z.B. im Lateinischen: I = 1; V = 5; X = 10 usw.). Auch im Griechischen und im Hebräischen war das üblich. Es gab also eine Art und Weise, auf die man unter Umständen verdeckt eine Mitteilung weitergeben konnte.

Vielleicht ist die Zahl *»sechshundertsechsundsechzig«* solch eine versteckte, geheime Mitteilung, deren Bedeutung uns heute nur schwer zugänglich ist. Daher wollen wir beim Versuch einer Deutung hier sehr vorsichtig sein.

2.2.4 Das Ziel ist in Sicht – das Gericht über die gottlose Welt hebt an (Kap. 14 - 16)

Kapitel 14 gibt eine Übersicht über die Ereignisse, die zum Gericht hinführen. Die Schalengerichte (Kap. 16) sind Gerichte, die nur über die nichtglaubende Welt kommen werden. Hier ist von der Gemeinde Jesu nicht mehr die Rede; es muß also zuvor die Entrückung erfolgt sein (Kap. 15).

a) Die Vorbereitung (Kap. 14)

Die Verse 1-5 zeigen das Ziel. Wie in 7,9-17, so wird auch hier vor den endgeschichtlichen Ereignissen die Gemeinde Jesu am Ziel gezeigt. Das hat eine ganz konkrete Bedeutung: Die Anfechtungen, Verfolgungen und Bedrohungen der Gemeinde können nur mit dem Blick auf das Ziel durchgestanden werden. Auf dem Berg Zion, wo Gott wohnt und thront und wohin die Wogen der Weltgeschichte nicht reichen, befinden sich Jesus und die Vollzahl der Seinen. Weder ungünstige Ereignisse noch die Aktivitäten des Feindes noch das Versagen der Seinen konnte verhindern, daß Jesus die Seinen in ihrer Gesamtzahl um sich scharen wird. Er wird also kein bloß halbvolles Haus haben!

In den Versen 6-13 treten drei Engel unmittelbar vor dem Abschluß der Weltgeschichte auf. Sie lassen zunächst angesichts des bevorstehenden Gerichts eine gewaltige Kapitulationsaufforderung ergehen: *»Fürchtet Gott und gebt ihm die Ehre«* (V. 6 f.). Wenn man im Krieg kapitulierte, wurde man ins Gefangenenlager abgeführt. Wenn man vor Gott kapituliert, wird man sofort von ihm adoptiert, auf die Seite des Siegers gestellt, ja dann einmal mit auf seinen Thron gehoben. So geht Gott mit denen um, die sich zuvor gegen ihn aufgelehnt, ihm dann aber ihr Leben klar übergeben und um Vergebung gebeten haben.

Dann aber erschallt ein Triumphruf: *»Sie ist gefallen, sie ist gefallen, Babylon, die große Stadt; denn sie hat mit dem Zorneswein ihrer Hurerei getränkt alle Völker«* (V. 8). Dem schließt sich ein Warnruf an: Die Glaubenden sollen das *»Tier«* nicht anbeten, auch nicht sein Abbild, und sein *»Zeichen«* nicht annehmen. Angesichts dieser großen endzeitlichen Anfechtung sollen sie *»Geduld«* haben und treu auf ihren wiederkommenden Herrn warten (V. 9-12).

Die Wiederkunft Jesu und das Gericht treten dann in den Versen 14-20 erst recht in den Gesichtskreis. Hier wird zunächst eine Übersicht darüber gegeben, ehe in den folgenden Kapiteln die Einzelheiten davon gezeigt werden.

Zuerst werden die Kinder Gottes eingesammelt (V. 14-16). Das wird mit der sommerlichen Getreideernte verglichen. Die Entrückung der Glaubenden geht der »Ernte« der Welt voraus.

Danach werden diejenigen eingesammelt, die Gott widerstrebt haben. Das wird mit der herbstlichen Traubenlese verglichen. (Das ist dieselbe Reihenfolge, die wir auch bei Paulus u.a. sehen.)

b) Hindurchgebracht! (Kap. 15)

In Kapitel 15 tritt der Augenblick ein, an dem der Herr seine Gemeinde ans Ziel vorannimmt: Sie *»sangen das Lied des Mose, des Knechtes Gottes...«* (V. 3a).

Hier wird Bezug genommen auf das Danklied Israels am Roten Meer (2. Mose 15). Das hat also eine kleine Vorausabbildung im Alten Testament: Israel war auf der Flucht vor Ägypten und kam ans Rote

Meer. Vor ihm lag das Schilfmeer, rechts und links waren Felsen, und hinter ihm kam der übermächtige Pharao mit seinen Kriegswagen immer näher. In dieser größten Anspannung wird das Volk von Mose aufgerufen, still zu sein und zu warten, was Gott tun werde (2. Mose 14). Und dann geschieht es: Die Israeliten werden ans andere Ufer gebracht, während Pharao mit seinem Heer untergeht (vgl. Abb. 111).

Dieses Geschehen ist ein Modell für das Geschehen am Ende der Zeit. Wer sich klar auf die Seite des Herrn stellt, vor ihm kapituliert (vgl. die Kapitulationsaufforderung in 14,6 f.) und allen Widerstand gegen ihn aufgibt, gehört zum Volk Gottes, das ans Ziel gebracht wird (V. 2-4).

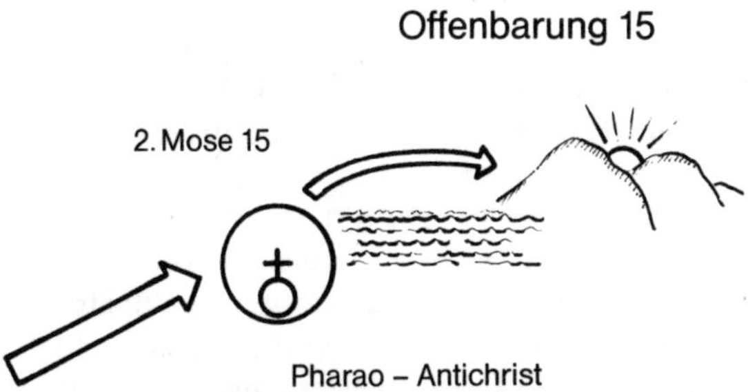

Abb. 111: Hindurchgebracht!

An dieser Stelle der Offenbarung hat wohl die Entrückung ihren Ort, die Paulus in 1. Thessalonicher 4,17 erwähnt.

Auch im kommenden Friedensreich Jesu wird es Völker geben (V. 4; vgl. 20,3). Vor diesem Reich wird aber die Welt nicht etwa untergehen – was ja viele Menschen heute erwarten –, sondern es wird ein reinigendes Gewitter zur Einleitung des Christustages erfolgen, durch das der Feind samt seinem dämonischen und menschlichen Anhang ausgeschieden wird (siehe 19,19-20,3).

Im zweiten Teil von Kapitel 15 wird die Vorbereitung der letzten Schläge gezeigt. Johannes blickt ins himmlische Heiligtum (V. 4) und sieht, daß die Gerichte von Gott ausgehen. *»Engel«* (V. 6) sind keine Rachegeister oder dämonische Zerstörungsmächte. Sie sind Dienstboten Gottes, die das ausführen, wozu er sie beauftragt hat.

Die *»goldenen Schalen«* dienten zuvor dazu, daß in ihnen die Gebete der Kinder Gottes vor Gott gebracht wurden (5,8). Nun aber sind sie *»voll vom Zorn Gottes«* (V. 7). Wenn diese Schalen also von seiten der Menschen nicht mit Lob, Dank, Hingabe, Anbetung und Liebe an Gott gefüllt werden, dann werden sie von dem Gericht Gottes gefüllt und über die Menschen ausgegossen. Das löst die Schalengerichte aus (siehe unten, zu Kap. 16).

Jesus hat einst die »Schale«, den »Kelch« voll von Gottes Gericht über die Welt bis zur Neige ausgetrunken (Mt 26,42). Wer bei ihm und seinem Opfer Zuflucht nimmt, über den werden die Schalen des göttlichen Gerichts nicht ausgegossen (vgl. Joh 5,24).

c) Der Schlußakt der Weltgeschichte – sieben Schalengerichte (Kap. 16)

Diese letzte Gerichtsserie von sieben *»Schalen«* ist eigentlich das Ende der Weltgeschichte. Bevor Jesus Christus auf die Erde wiederkommt und sein Friedensreich errichtet, geht die Welt zwar nicht unter, aber es erfolgt ein reinigendes Gewitter, so daß die Menschen merken, wie weit sie ohne Gott kommen. Das ist die Bedeutung der Zorn-»Schalen«, die über der Welt ausgeschüttet werden (siehe auch oben, zu 15,7 f.). Von der Gemeinde Jesu wird hier nicht mehr gesprochen, da sie bereits am Ziel ist (vgl. 15,1-4).

Die Schalen werden – da sie nicht von den Menschen mit Lob, Dank usw. gefüllt werden (siehe oben) – mit dem heiligen Zorngericht Gottes gefüllt, mit dem Feuer vom Altar des himmlischen Heiligtums. Das löst die letzten Katastrophen der Weltgeschichte aus.

Eine dieser *»Schalen«* wird beispielsweise *»auf den Thron des Tieres«*, des Antichrists, ausgeschüttet (V. 10). Das Machtzentrum des Antichrists wird also vom göttlichen Zorn getroffen. Der Antichrist fing zunächst offenkundig glücklich an – und nachher schlug das anfängliche Glück um, und es endet in der Katastrophe. –

Das erinnert an Gestalten der Weltgeschichte, die großartig begannen, aber katastrophal endeten. Adolf Hitler etwa hatte zunächst Glück um Glück, so daß er sich brüsten konnte, an ihm sei zu erkennen, auf wessen Seite der Herrgott sei (so konnte man im Radio hören). Später aber schlug alles fehl, angefangen beim Rußlandfeldzug, der ja auch wegen des kalten Winters in der Katastrophe endete. Es schien am Schluß, als ob sich alles gegen Hitler gewandt hätte. –

Eine andere – die sechste – dieser *»Schalen«* ermöglicht die gewaltige Machtdemonstration des *»Drachen«* und des *»falschen Propheten«* gegen Christus (V. 12 ff.). Es ist ein Kampf um das widergöttliche Machtzentrum, der sich in der unsichtbaren Welt abspielt und der die sichtbare Welt durchzittert. Wir Menschen sind gewissermaßen das Schlachtgebiet in diesem gewaltigen Ringen.

Das weist uns darauf hin, daß wir nicht in naivem Selbstvertrauen dahinleben können. Es hilft uns vielmehr nur, uns klar auf die Seite Jesu zu stellen.

In diesem Zusammenhang taucht die Schlacht von *»Harmagedon«* auf (V. 16), von der insbesondere Sektierer immer wieder sprechen. Das ist eigentlich aber gar keine Schlacht, sondern eine riesige Demonstration. Diese spielt sich so ab, daß der Antichrist die Völker alle zusammenfaßt. Auch der ferne Osten wird einbezogen, denn der Euphrat wird zugeschüttet (V. 12); die alte Grenze zwischen der abendländischen und der ostasiatischen Kultur wird aufgehoben, und die Bühne der Weltgeschichte wird dadurch gewaltig erweitert.

Zur eigentlichen Schlacht kommt es dann nicht, denn der Herr Jesus kommt wieder (vgl. 19,11 ff.; der Antichrist wird einfach verhaftet, wie auch der Feind.) Wenn Jesus in seiner Herrlichkeit erscheint, ist sofort alles klar.

Mit der siebten Schale (V. 17 ff.) wird sodann das Hauptquartier des Feindes getroffen und der Feind selbst dadurch empfindlich geschwächt.

2.2.5 Der Fall der Weltkulturmacht (»Hure«) und die Erhöhung der Gemeinde Jesu (17,1 - 19,10)

Zwischen das Gericht über die gottlose Welt (vgl. Abschnitt 2.2.4) und Jesu Wiederkunft (vgl. 2.3; 19,11 ff.) ist dieser Abschnitt eingeschoben, der den Fall der Weltkulturmacht bzw. der entarteten Kirche (die von der wahren und echten Kirche zu unterscheiden ist; siehe unten) schildert. Hier wird das Bild von »Braut« und »Hure« gebraucht.

Dieser Einschub ist äußerst rätselhaft; hier findet sich eine Passage in der Offenbarung, die erregend ist, uns aber auf der anderen Seite viele Geheimnisse aufgibt.

Der Aufbau dieses Abschnitts aber ist klar. Anknüpfend an 16,19: »Und Babylon, der großen, wurde gedacht vor Gott« wird ab 17,1 zunächst der Stolz und der Sturz der entarteten »Kirche« entfaltet (17,1-19,5), sodann die Erhöhung der wahren Kirche gezeigt (19,5-10).

a) Der Stolz und der Sturz der entarteten »Kirche« (17,1-19,5)
Dieser Unterabschnitt ist in neun Teile untergliedert:
(1) das Wesen der *»Hure Babylon«* (17,1-6)
(2) ergänzende Angaben über das *»Tier«* von Kapitel 13 (17,7-15)
(3) das *»Tier«* vernichtet die *»Hure«* (17,16-18)
(4) die Ankündigung des Gerichtsvollzuges (18,1-3)
(5) Weisung an die wahre Gemeinde Jesu (18,4 f.)
(6) eine Aufforderung an die Feinde der *»Hure«* (18,6-8)

(7) die Klage um Babel (18,9-19)
(8) die Endgültigkeit des Gerichts (18,21-24)
(9) Lobpreis im Himmel (18,20; 19,1-5)

Bei diesem Abschnitt der Offenbarung ist es wichtig, die Antwort auf die Frage zu finden: Wer ist die *»Hure Babylon«*? Es ist hier ja von dieser *»Hure«* die Rede, einer üppigen Frau, die auf einem *»scharlachroten Tier«* – dem Antichrist – reitet, sich von ihm tragen läßt, mit ihm zusammenarbeitet, in einer Bundesgenossenschaft mit ihm steht.

Ist damit eine Welthauptstadt mit ihrer Üppigkeit und Ausschweifung gemeint (etwa Rom)? Diese Ansicht finden wir bei vielen Auslegern. Es heißt ja auch von der *»Hure«*, daß sie auf *»sieben Bergen«* sitze (17,9a). Doch wird dazu gesagt, daß dies keine Berge im gewöhnlichen Sinn seien, sondern *»sieben Könige«* (17,9b), mit denen sie sich verbündet und eingelassen hat.

Auch heißt es, daß der Antichrist diese Frau töten würde. Der Antichrist wird ja wohl nicht seine eigene Reichshauptstadt zerstören! Damit entfällt die Deutung, mit der *»Hure«* sei die Stadt Rom gemeint.

Ist mit der *»Hure«* eine Weltkultur, eine überbordende, anspruchsvolle Art usw. gemeint?

Derartige Fragen und Auslegungen haben ernsthafte Schriftausleger schon vorgelegt. Aber mir scheint, daß das, was schon viele der pietistischen Väter gemeint haben und was besonders eindrucksvoll Karl Hartenstein, der frühere Direktor der Basler Mission und dann Stuttgarter Prälat, geäußert hat, die richtige Auslegung dieser Stelle ist. Hartenstein hat sich *die* Auslegung zu eigen gemacht, auf die man schlichtweg kommt, wenn man nach der Regel verfährt, daß die Heilige Schrift anhand der Heiligen Schrift auszulegen ist.

Dann ist unschwer zu sehen, daß 95 Prozent des Vorkommens des Wortes *»Hure«* im Alten Testament dasselbe meint: das Gott ungehorsame Volk Gottes. So heißt es etwa bei Jesaja: »Wie geht das zu, daß die treue Stadt zur Hure geworden ist?« (Jes 1,21; siehe auch Hos 2,4.7; 3,3; 4,14; 6,10; 9,1; Hes 16,28.31.35; 23,27 u.a.).

»Hure« ist also das abgefallene Volk Gottes. Es geht bei diesem Begriff daher nicht um eine Übertretung des sechsten Gebots (»du sollst nicht ehebrechen«), um Sexualität, sondern um eine Übertretung des ersten Gebots: »Ich bin der HERR, dein Gott; du sollst keine anderen Götter neben mir haben« (1. Mose 20,1 ff.).

Glaube ist seit dem Bundesschluß zwischen Gott und Israel am Sinai immer ein Verhältnis der Liebe, auch im Neuen Testament; und Abfall von Gott ist verschmähte Liebe, ist Abweisung Gottes, ist eine furchtbare Beleidigung Gottes. Das wird im Alten Testament und im Neuen Testament als Hurerei bezeichnet.

Mit der *»Hure«* in Offenbarung 17 usw. ist also ein Gottesvolk gemeint, das aus dem geduldigen Warten auf den wiederkommenden Herrn ausbricht, sich mit anderen Mächten (nämlich mit denen des Antichrists) verbindet und auf andere Weise Einfluß und Sicherung erlangen will. Die Sünde des Volkes Gottes wiegt besonders schwer. –

Ich meine, daß Christen darauf achthaben müßten, daß sie nicht irgendwie in eine Haltung dieser Art abrutschen, bei der sie sich mit den Mächten der Welt verbinden oder mit Strömungen in der Welt, die vielleicht »in« und opportun sind (seien sie bürgerlicher oder revolutionärer Art). Christen müssen immer vorsichtig sein, wenn etwas keine Frage mehr ist. Sie werden in der Regel »gegen den Strom schwimmen« müssen, weil sie ja – gemäß der Ankündigung der Bibel – eine Minderheit bilden. Es muß immer wieder unter Christen die Sorge sein, daß doch die Kirche Jesu Christi vor solchen schwerwiegenden Irrwegen bewahrt werde und sich nicht an die Welt anpaßt. –

Das wahre Volk Gottes des Alten und Neuen Testaments, die echte Kirche, wird demgegenüber als *»Braut«* bzw. *»Frau«* bezeichnet (vgl. Jes 62,5; Hos 2,21; Eph 5,32; Offb 12,1 ff.; 19,7; 21,2; 22,17). Sie hält sich in Einfalt an ihren Herrn und bleibt im geduldigen Warten auf sein Kommen. Die *»Braut«* kann willentlich abwarten, daß ihr Herr sie erhöht. Es ist wichtig, auszuharren und bei den göttlichen Verheißungen zu bleiben.

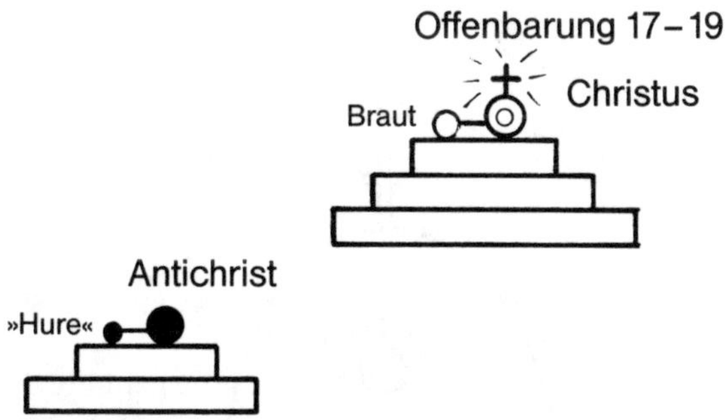

Abb. 112: »Braut« und »Hure«

b) Die Erhöhung der wahren Kirche (19,6-10)

Auf die langen Ausführungen über die abgefallene Kirche folgt ein recht kurzer Abschnitt, der das Fest der liebenden Vereinigung der entrückten Gemeinde mit ihrem Herrn schildert. *»Die Hochzeit* *des Lammes ist gekommen«* (V. 7). Diejenigen, die vorher im Nicht-Sehen-und-doch-Glauben waren, werden hier also mit ihrem Herrn vereinigt.

2.3 Gottes offenbares Wirken – das Ziel der Wege Gottes (19,11 - 22,21)

2.3.1 Die Wiederkunft Jesu (19,11-21)

Das offenbare Wirken Gottes im letzten Abschnitt der Offenbarung setzt mit der Wiederkunft Jesu ein (19,11 ff.) und fährt fort mit dem Friedensreich Christi und dem Weltgericht (Kap. 20). Auch die Ewigkeit ist also keineswegs so eine Art in sich ruhender Ozean, sondern eher ein Strom, der weiterschreitet. Darin ist Bewegung! Deshalb verwendet das griechische Neue Testament unser Wort »Ewigkeit« (»Äon«) in der Mehrzahlform: Es geht weiter, von Stufe zu Stufe.

a) Der Triumphator Jesus Christus (19,11-16)

Jesus Christus reitet auf dem *»weißen Pferd«* (V. 11) in diese Welt ein. Das ist natürlich die Sprache jener Zeit; Jesus zieht – so besagt das – als Triumphator nach der gewonnenen Entscheidungsschlacht (das ist Golgatha) in diese Welt ein.

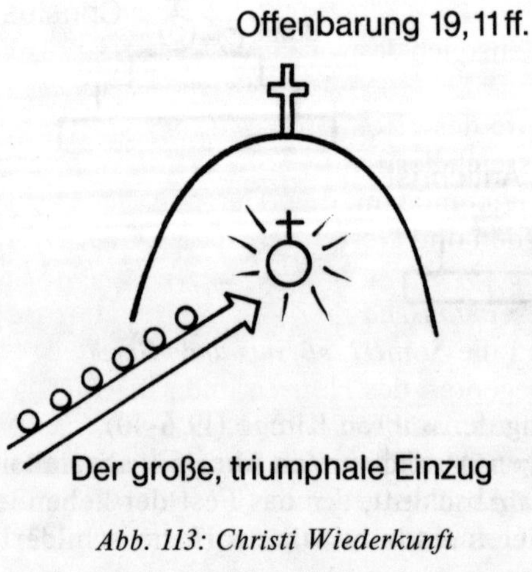

Abb. 113: Christi Wiederkunft

Das veranschaulicht Abbildung 113: Der Himmel wird aufgetan und der ›Vorhang‹ zwischen der sichtbaren und der unsichtbaren Welt weggezogen; Christus zieht ein, gefolgt von den Seinen.

Die Schlacht und der Einzug liegen so weit auseinander, weil zwischen beiden so Entscheidendes geschehen ist: Der Herr sammelt die Vollzahl seiner Glaubenden aus den Völkern durch sein werbendes Wort (Mission) und bereitet sie zu, so daß sie jetzt mit ihm einziehen darf.

Der wiederkommende Herr wird hier mit vier Namen bezeichnet, die ihn knapp beschreiben:

(1) *»Treu und Wahrhaftig«* (V. 11) – das betrifft sein Verhältnis zu seiner Gemeinde;
(2) *»er trug einen Namen ..., den niemand kannte als er selbst«* (V. 12b) – das betrifft das Geheimnis seines eigenen Wesens in Ewigkeit;
(3) *»das Wort Gottes«* (V. 13) – das betrifft sein Verhältnis zum Vater;
(4) *»König aller Könige und Herr aller Herren«* (V. 16b) – das betrifft sein Verhältnis zur Welt und zur ganzen Schöpfung.

b) Die Ausscheidung des Feindes (19,17-21)

Bevor auf dieser Erde der Christusfriede einkehrt, muß das ausgeschieden werden, was Gott widerstrebt. Die Verse 19 f. beziehen sich auf die Schlacht von Harmagedon (siehe oben, zu 16,16); hier wird deutlich, daß diese Schlacht nicht stattfindet, weil der wiederkommende Herr den Feind verhaftet. Über den Antichrist und den falschen Propheten wird jetzt schon das endgültige Gericht vollstreckt (V. 20) – über den Satan erst in 20,10.

2.3.2 Das Friedensreich Jesu – die »tausend Jahre« (20,1-10)

Die erste Stufe des offenbaren Wirkens Gottes ist also das kommende Friedensreich Jesu, *»die tausend Jahre«*, wie es in 20,3 heißt. Dann wird die Gemeinde mit dem Herrn in diese Welt einziehen, und er regiert in Frieden und Gerechtigkeit (vgl. Offb 19,14; 17,14; 1. Thess 3,13).

Während dieser *»tausend Jahre«* ist der Feind weggetan (V. 1-3); der Herr regiert, und die Seinen mit ihm (V. 4-6).

Zu den Mitregenten des Herrn zählen die Märtyrer (V. 4a); dazu kommen diejenigen, *»die nicht angebetet hatten das Tier«* (V. 4b), die sich also in der antichristlichen Zeit bewährt haben; ferner gehören alle jene dazu, die während der gesamten Geschichte der Gemeinde Jesu in der Kraft des Sieges Jesu überwunden haben (vgl. 3,21).

Hier ist auch von der *»ersten Auferstehung«*, der Vorwegauferstehung, die Rede (V. 5 f.).

Die Offenbarung sagt also ausdrücklich, daß auf dieser Erde nicht der menschliche Wahn, nicht die von Menschen konstruierte Atombombe, nicht der Feind und auch nicht die Dämonen das letzte Wort haben werden. Vielmehr steht dieser Erde eine Zeit der wunderbaren Erfüllung bevor. Auf eine harte Arbeitswoche wird ein wunderbarer Sabbat, ein Sonnen- und Sonntag folgen, an dem ER selbst die Sonne ist.

Das ist die Botschaft dieses Wortes vom tausendjährigen Reich: Der, der das erste Wort über dieser Erde sprach (»es werde . . .«; 1. Mose 1), wird auch das letzte Wort haben und aussprechen. Dieser Erde, die sein Fuß berührt hat und die seinen Leib im Grab barg, wird diese Erfüllung gegeben werden.

Wegen dieser Botschaft können und dürfen Christen froh und zuversichtlich leben; darum dürfen sie sich auch an der Natur erfreuen und müssen nicht meinen, die Umweltverschmutzung und die Innenweltverschmutzung des Menschen würde alles zerstören.

Christen sind darum auch um so mehr befreit, für Gottes gute Schöpfung zu wirken und sich für Menschen einzusetzen, die ihrer Hilfe bedürfen. Denn Christen wissen, daß nicht alles vergeblich ist und daß wir Menschen nicht zunächst doch vom Wahnsinn überrollt werden.

Denn der Herr Jesus Christus selbst steht dafür ein, er, der am Kreuz gesagt hat: »Es ist vollbracht!«

2.3.3 Das Weltgericht (20,11-15)

Als zweite Stufe folgt das Weltgericht, der große, abschließende Gerichtstermin Gottes (19,11-15). Hier werden auch die früheren Generationen herangezogen – nichts ist verborgen, sondern alles wird vor IHM offengelegt.

Wir wissen heute, daß der Mensch in seinem Unterbewußtsein alles sozusagen speichert. Die Tiefenpsychologie hat das erkannt, und unsere Träume bezeugen es uns. Das alles bringen wir mit, wenn wir »vor dem Richterstuhl Christi offenbar werden müssen« (2. Kor 5,10). Dort läuft der »Tonfilm« unseres Lebens ab; wir Menschen tragen dann unsere Anklageschrift bei uns. Nur wer IHN darum bittet, dessen Anklageschrift wird aus der Mitte getan und an Jesu Kreuz geheftet (Kol 2,14).

2.3.4 Das Schlußbild der göttlichen Heilsgeschichte (21,1-22,5)

Nach allem, was vorherging, folgt hier als dritte Stufe, daß *»ein neuer Himmel und eine neue Erde«* von Gott geschaffen werden (21,1 ff.). Dazu gehört das ausführlichste Bild, die detaillierteste Vision der Offenbarung: das Schlußbild der Welt- und Heilsgeschichte (21,1-22,5).

a) Was hier zu sehen bzw. nicht zu sehen ist (21,1-5)

Hier wird uns vor Augen geführt, wie die Geschichte Gottes mit dieser Welt endet: Die neue Welt wird in drei konzentrischen, immer enger werdenden Kreisen gezeigt: (1) *»ein neuer Himmel und eine neue Erde«* (V. 1) – das ist der äußerste Kreis; (2) *»das neue Jerusalem«* (V. 2) – das ist der nächstinnere Kreis; (3) *»die Hütte Gottes bei den Menschen«* (V. 3) – das ist der innerste Kreis.

Offenbarung 21

Abb. 114: Das Schlußbild der Geschichte

Das Böse ist jetzt ganz ausgeschieden und nicht mehr zu sehen; alles, was die Katastrophe der Sünde bewirkte, ist hinweggetan: Unfriede, Krankheit, Tod, Tränen ... Die große Wiedervereinigung des Menschen mit Gott ist jetzt also erfolgt: Gott selbst wohnt inmitten seiner Menschheit, aller Menschen – *»er wird bei ihnen wohnen, und sie werden sein Volk sein, und er selbst, Gott mit ihnen, wird ihr Gott sein«* (21,3b).

Die neue Stadt Gottes (21,10 ff.) ist das durch die weltweite Verkündigung gesammelte Volk Gottes, das sich zubereiten ließ; in seiner Mitte wohnt der Herr selbst.

Diese gewaltige, umfassende Erneuerung der Welt kommt nicht durch Menschen zustande, sondern durch den Herrn, der spricht: *»Siehe, ich mache alles neu!«* (V. 5). Indem er das sagt, tut er es auch.

b) Wer ist auf diesem Schlußbild zu sehen und wer nicht?

Auf dem Schlußbild zu sehen sind alle diejenigen, die das Geschenk der Gnade Gottes in seinem Sohn Jesus Christus angenommen haben. Nicht dabei sind alle, die sich von Jesus und seiner Nachfolge gelöst haben.

c) Die einzelnen Merkmale der Stadt Gottes (21,9-27)

Nach Angaben zum Ganzen der neuen *»heiligen Stadt Jerusalem«* (V. 10) werden die Mauern und Tore geschildert (V. 12-14) und die Abmessungen genannt (V. 15-17). Wert wird auch auf das Baumaterial gelegt (V. 18-21); die Frage des Tempels als des Ortes, an dem Gott seinem Volk begegnet und sich mit ihm versöhnt, ist völlig gelöst (V. 22 f.). Das Verhältnis zur Umwelt ist grundlegend gewandelt und geklärt (V. 24-27). Mitten in der Stadt Gottes fließt der Lebensstrom (22,1 f.); die Bürger dieser Stadt leben im Licht Gottes (V. 3-5).

2.3.5 Das Schlußwort (22,6-21)

Das Buch der Offenbarung endet nicht mit dieser gewaltigen Vision, sondern es kehrt mit einem Schlußwort, das die Gegenwart betrifft, zum Hier und Jetzt zurück (22,6-21).

Die Visionen der Offenbarung des Johannes bis hin zu der letzten, dem großen Schlußbild, sollen dazu dienen, daß sich die Glaubenden für diese Zukunft bereitmachen. Diese herrliche Aussicht soll uns für das Heute stärken, anleiten und gewißmachen.

Im letzten Teil des Buches werden Gedanken vom Buchanfang wieder aufgenommen. Hierin zeigt sich die großartige Geschlossenheit und klare Ordnung der gesamten Offenbarung des Johannes.

a) Die Zuverlässigkeit der Botschaft (V. 6-9)

Die Worte der Offenbarung sind *»gewiß und wahrhaftig«* (V. 6), weil der, der sie gab, sein Werk zuverlässig zu Ende führen wird.

b) Der Auftrag zur Verkündigung (V. 10-16)

Johannes nennt hier Gründe, warum die Verkündigung der Botschaft, die ihm in der Offenbarung gegeben wurde, so dringlich ist: *»Die Zeit ist nahe«* (V. 10b) – wer sich rufen läßt, der soll den Ruf auch hören können. Wer *»weiterhin Böses«* tut, wird solches auch empfangen (V. 11) – der Mensch wird also auf sein Tun festgelegt. Der Herr sagt: *»Siehe, ich komme bald und mein Lohn mit mir, einem jeden zu geben, wie* *seine Werke sind«* (V. 12). Er ist *»das A und das O, der Erste und der Letzte, der Anfang und das Ende«* (V. 13); sein Wort ist also endgültig.

Es wird solche geben, die *»draußen sind«* (V. 15) – in einem furchtbaren Draußen.

Daß hier nicht nur Johannes, sondern Jesus selbst redet, wird durchgehend deutlich, vor allem aber in Vers 16: *»Ich, Jesus...«*

c) Das Verlangen nach der Erfüllung (V. 17-21)

»Wen dürstet, der komme; und wer da will, der nehme das Wasser des Lebens umsonst« (V. 17b). Wer Jesus liebt, streckt sich nach seiner Wiederkunft aus, um der Ehre Gottes, um der liebenden Vereinigung mit dem Herrn und um des Seufzens der Kreatur willen (vgl. Röm 8,19-22) – aber auch um der Entmächtigung des Feindes willen. Diese Sehnsucht drückt sich aus in dem kurzen Gebetsruf, mit dem die Offenbarung endet und der auch die Reaktion des Johannes war: *»Amen, ja, komm, Herr Jesus!«* (V. 20b).

Wie sollen wir die Bibel persönlich lesen?

Du Wort des Vaters, rede du
und stille meine Sinnen;
sag an, ich höre willig zu,
ja lehre frei von innen;
so schweigt Vernunft mit ihrem Tand,
und du bekommst die Oberhand
nach deinem Recht und Willen.
Dir räum ich all mein Innres ein;
das wollest du, ja du allein
mit deinem Geist erfüllen.

Johann Albrecht Bengel (1687-1752)

Das rechte Hören des Wortes Gottes

Ich habe im Alter von etwa 18 Jahren in meinem Leben erkannt, daß es so nicht weitergehen konnte wie vorher, daß ich nämlich die sonntäglichen Gottesdienste mehr oder weniger »absaß«.

Es war damals so, daß unser Pfarrer, ein alter Mann, sehr langsam redete. Ich hatte eine rege Phantasie und eilte mit meinen Gedanken immer wieder rasch weiter, während ich diesem Pfarrer zuhörte. So konnte ich freilich nur wenig von dem, was er sagte, recht aufnehmen. Eines Sonntags predigte dieser Pfarrer über das Wort: »Wo zwei oder drei versammelt sind in meinem Namen, da bin ich mitten unter euch« (Mt 18,20). Bei dieser Predigt ist mir zum Bewußtsein gekommen, daß ich viel froher davon ausgehen müßte, daß der Herr selber gegenwärtig ist. Wenn wir *über* ihn reden, redet der Gegenwärtige bereits *mit* uns.

Daraufhin wurde die sonntägliche Predigt für mich auf einmal spannend. Denn von da an wollte ich nur das hören, was ER mir heute in diesem Gottesdienst sagt. Es ging mir von nun an um das, was ER mir jetzt in meine Fragen hinein sagt, in die Fragen, die ich gerade habe oder auch diejenigen, die ich vielleicht noch gar nicht sehe. Ich wollte vernehmen, was ich in dieser meiner Situation an Wegweisung von Gott erhalte.

Als ich das mehr und mehr einübte, in der Zwiesprache mit meinem Herrn auf IHN zu hören, war die Langeweile verschwunden, auch das Abschweifen meiner Gedanken. Nebenbei habe ich dann gemerkt, daß das langsame Reden des Pfarrers eine sehr gefüllte Sprache war und daß dabei ungemein viel gesagt wurde. Jener Pfarrer war ein Mann, der nach der Regel handelte: »Rede wenig, sage viel.« Aus seinen Gottesdiensten hat man etwas mitnehmen können.

Damit will ich sagen: Beim Hören von Schriftauslegung geht es darum, daß wir als Zuhörer über diejenigen, die jetzt gerade reden, hinaufsehen und mit unserem Herrn sprechen: ›Herr, was willst du mir jetzt und heute sagen?‹ Wenn wir so in der Zwiesprache mit Ihm hören, dann wird auf einmal solch ein gemeinsames Hören hochinteressant – sei es im Gottesdienst, in der Gemeinschaftsstunde, im Jugend- oder Hauskreis oder in einer anderen christlichen Versammlung. Wir bekommen dann in der Tat eine Wegleitung.

Das rechte Lesen des Wortes Gottes

Es gibt solche Christen, die mit Gott im Gebet umgehen, ihrem Herrn gehorsam sein wollen und auch unter das Wort Gottes kommen – und dennoch persönlich nicht (bzw. so gut wie nicht) die Bibel lesen. Das bewirkt, daß sie doch nicht so geistlich reife, biblisch gegründete und urteilsfähige Leute sind.

Dann gibt es aber auch nicht wenige solcher Christen, die immer wieder einen Anlauf nehmen, die Bibel zu lesen. Das ist jedesmal eine Sache der Ausdauer, wenn man die Bibel so zu lesen versucht. Dazu wird zum Beispiel ein Bibelleseplan herangezogen, und man liest, was dieser Plan für den jeweiligen Tag als Bibellese vorsieht. Aber Christen, die die Bibel so lesen, führen das oftmals eher als eine Art Pflichtübung aus, ohne daß sie sehr viel dadurch gewinnen, ja ohne daß sie die Stimme ihres Herrn persönlich vernehmen und ihm mit ihrem Gebet persönlich antworten. Immerhin lernt man auf diese Weise ganz gut die Bibel kennen.

Es werden ja Bibellesepläne und Bibelausgaben angeboten, die aufzeigen, wie man innerhalb einer bestimmten Zeit die gesamte Bibel durchlesen kann (zumindest das ganze Neue Testament und wesentliche Teile des Alten Testaments). Es ist anzuraten, einmal innerhalb solch einer Frist (bei den Bibelleseplänen sind es z. B. vier Jahre) die Beständigkeit und Ausdauer beim Bibellesen durchzuhalten.

Aber unser Bibellesen soll ja mehr sein als nur das, daß wir die Bibel kennenlernen, daß wir biblisches Wissen gewinnen. Wenn der lebendige Gott durch sein Wort mit uns reden will, dann sollte uns aufgehen, was er uns sagt, und dann sollten wir darüber auch zu einer Zwiesprache mit ihm kommen und eine Anleitung zu Gehorsamsschritten erlangen – für den Alltag, für die großen und kleinen Entscheidungen, in denen wir uns gerade befinden.

Damit es zu solchem lebendigem Bibellesen unter dem Herrn und in der Zwiesprache mit ihm kommt, so daß wir sozusagen bei unserem Bibellesen auf die beste Weise »auf Empfang«, auch auf Befehlsempfang, gehen, dazu sollen die folgenden Anregungen dienen. Ich meine nicht, daß wir dazu gewisse Regeln schematisch handhaben müßten; aber es sind doch einige Grundsätze, die hierbei dienlich sein können. Vor allem kommen wir dadurch beim Bibellesen ein ganzes Stück weiter, daß wir bestimmte Fragen an den Bibeltext stellen, den wir gerade lesen.

Vom Umgang mit Bibeltexten

Fragen an den Text

Im Blick auf alle Auslegung und Anwendung eines Bibeltextes gilt grundsätzlich der Satz von Johann Albrecht Bengel:

Wende dich ganz dem Text zu und dann wende den Text ganz auf dich an.

Sich dem Text zuzuwenden heißt, daß wir bei einem Bibeltext zunächst einfach sehen: Was steht da? Was geschah vor 2000 Jahren (oder irgendwann sonst)? Und den Text auf sich anzuwenden bedeutet, daß man – was sehr häufig unmittelbar möglich ist – davon ausgehen kann: So handelt Gott bzw. Jesus mit mir heute auch.

Es sind drei Gruppen von Fragen an einen Bibeltext:

1. Was tat hier Gott bzw. Jesus? Und was tut Er demgemäß heute?

In sehr vielen Texten der Bibel ist Gott bzw. Jesus Subjekt (Satzgegenstand), also der Handelnde. Dort sollte man fragen: Was tat hier Gott bzw. Jesus? In Jesus ist ja Gott für uns nahe geworden; Jesus ist sozusagen die uns zugewandte Seite Gottes: »Wer mich sieht, der sieht den Vater!« (Joh 14,9).

Ist Gott bzw. Jesus Subjekt des Textes, so ist es verhältnismäßig leicht, die erste oben gestellte Frage zu stellen und zu beantworten. Es ist gut, dabei rein äußerlich auf die Verben (Zeitwörter) zu achten.

Damit verbindet sich die Frage: Was tut Er demgemäß heute? Grundsätzlich ist zu sagen: Gott bzw. Jesus ist »gestern und heute und derselbe auch in Ewigkeit« (Hebr 13,8). Wie Er damals mit Menschen umging, so geht er auch heute mit uns um.

Das kann man freilich nicht ganz verallgemeinern. Denn es gibt frühere Phasen der Weltgeschichte und der Heilsgeschichte; daher konnten Menschen in der Vergangenheit besondere Aufträge bekommen, die wir heute so nicht ohne weiteres empfangen. Und doch sehen wir auch bei solchen Menschen unschwer das Allgemeingültige, das für alle Glaubende Gültige. Insbesondere hier gilt der oben zitierte Satz von Johann Albrecht Bengel: »Wende dich ganz dem Text zu und dann wende den Text ganz auf dich an.«

2. Inwiefern gibt mir der Text *während* des Lesens Anlaß zum Danken, Bußetun, Bitten und Fürbitte-Tun?

Diese Fragegruppe dreht sich grundsätzlich darum, inwiefern mir ein Bibeltext dazu Anlaß gibt, in eine Zwiesprache mit meinem Herrn einzutreten.

Danken, Bußetun, Bitten und Fürbitte-Tun sind dabei die vier Punkte, die sich immer wieder auch in meinem persönlichen Umgang mit der Bibel bewährt haben.

Ich will nicht verheimlichen, wie ich auf diese vier Punkte gekommen bin. Martin Luther war einmal bei seinem Friseur, und es entwickelte sich ein gutes Gespräch. Der Friseur hatte nämlich eine sehr ernste Frage an Martin Luther: »Ich möchte auch gerne beten, aber ich bin immer so schnell damit fertig. Wie soll ich denn beten?« Luther sagte ihm, was sich bei ihm selbst bewährt hatte: Wenn er das Vaterunser betete, so wand er um jede einzelne Bitte ein vierfaches »Kränzlein« – des Dankes, der Buße, der Bitte und der Fürbitte.

Das gilt nicht nur für das Vaterunser, sondern auch für die anderen Texte der Bibel (etwa für den Text der täglichen Bibellese), daß man dieses vierfache »Kränzlein« drum herumwinden kann: Inwiefern gibt mir jetzt, während ich über meine Bibel gebeugt bin und Stille Zeit halte, dieses spezielle Wort in spezieller Weise Anlaß, zu danken, Buße zu tun, zu bitten und Fürbitte zu tun?

3. Inwiefern gibt der Text *nach* dem Lesen Anlaß zum Tun, Lassen und willigen Erleiden?

Ein Bibeltext will uns nicht nur veranlassen, während des Lesens zu beten, sondern uns auch entsprechend zu verhalten, wenn wir die Bibel wieder zugeschlagen haben.

Viele Christen haben – wie auch ich – die Erfahrung gemacht, daß man gerade beim Gebet, in der Stille vor Gott, in der Fürbitte für Menschen Aufträge bekommt. Vielleicht soll man einem Menschen einen Brief schreiben, jemandem besonders freundlich begegnen, dies oder jenes tun, jemanden um Verzeihung bitten, etwas ausräumen, das das persönliche Verhältnis zu Gott stört... Gerade wenn man so »auf Empfang« ist wie beim betenden Lesen des Wortes Gottes, ist man weisungsbereit und empfängt auch Weisungen. Dabei kann es sogar geschehen, daß man eine Weisung für eine Lebensaufgabe bekommt.

Auf jeden Fall ist es ganz wichtig, daß wir immer wieder diese Stille Zeit haben, in der wir nicht eigenen frommen Gedanken nachhängen, sondern schlicht auf Gottes Wort hören und unter dem Lesen eines konkreten Textes das, was vor uns steht, den eigenen Lebenskreis, durchgehen, durchbeten und so immer wieder eine Kurskorrektur durch den Herrn empfangen.

Das ist für Christen enorm wichtig; und Menschen, die segensvoll wirken und vollmächtig reden und handeln, sind es, die aus solch einer Stille vor Gott kommen. Das kann immer wieder beobachtet werden. Im Blick auf das Tun, das Lassen und das willige Erleiden schenkt Gott also Weisungen.

Dieser Fragenkreis an einen biblischen Text kann unser Hören auf Gottes Wort ordnen und vertiefen. Meiner Meinung nach muß aber nicht immer an alles, was oben aufgezählt ist, gedacht werden. Es geht nicht darum, dabei strikt schematisch zu verfahren, aber ein gewisses Einüben im Blick auf die persönliche Bibellese ist ganz besonders hilfreich. Man benötigt dann vielleicht ein wenig mehr Zeit dafür und wird wohl nur kürzere Bibeltexteinheiten lesen. Vielleicht ist es auch nur ein einziger Vers, an dem man hängenbleibt. Aber es kommt dann auch innerlich etwas dabei heraus: Man wird gefördert, der Umgang mit dem Herrn wird stetiger, und man erfährt die Korrekturen, die für den Alltag nötig sind.

Beispiele

An zwei Texten seien beispielhaft die Anregungen demonstriert, die ich oben dargelegt habe, so daß in der Praxis deutlich wird, wie der oben gezeigte Umgang mit Bibeltexten aussehen kann.

Erstes Beispiel: *Das Vertrauen festhalten* (Text: die Auferweckung der Tochter des Jaïrus; Markus 5,22-24 a.35-43)

> »Da kam einer von den Vorstehern der Synagoge, mit Namen Jaïrus. Und als er Jesus sah, fiel er ihm zu Füßen und bat ihn sehr und sprach: Meine Tochter liegt in den letzten Zügen; komm doch und lege deine Hände auf sie, damit sie gesund werde und lebe. Und er ging hin mit ihm.«
> Anschließend wird erzählt, daß eine erhebliche Verzögerung und Unterbrechung dieser Geschichte dadurch eintrat, daß Jesus eine sog. »blutflüssige« Frau heilte (V. 24 b-34). Zu der Verzögerung kam es auch deshalb, weil Jesus nicht einfach diese Frau heilen wollte, sondern auch ins Gespräch mit ihr kam, um sie innerlich weiter zu führen.
> Die Geschichte der Tochter des Jaïrus geht dann so weiter: »Als er noch so redete, kamen einige aus dem Hause des Vorstehers der Synagoge und sprachen: Deine Tochter ist gestorben; was bemühst du weiter den Meister? Jesus aber hörte mit an, was gesagt wurde, und sprach zu dem Vorsteher: Fürchte dich nicht, glaube nur! Und er ließ niemanden mit sich gehen als Petrus und Jakobus und Johannes, den Bruder des Jakobus. Und sie kamen in das Haus des Vorstehers, und er sah das Getümmel, und wie sehr sie weinten und heulten. Und er ging hinein und sprach zu ihnen: Was lärmt und weint ihr? Das Kind ist nicht gestorben, sondern es schläft. Und sie verlachten ihn. Er aber trieb sie alle hinaus und nahm mit sich den Vater des Kindes und die Mutter und die bei ihm waren, und ging hinein, wo das Kind lag, und ergriff das Kind bei der Hand und sprach zu ihm: Talita kum! – das heißt übersetzt: Mädchen, ich sage dir, steh auf! Und sogleich stand das Mädchen auf und ging umher ...«

An diese Geschichte sind zuerst folgende Fragen zu richten: *Was tat hier Jesus? Was tat hier Gott? Und was tut Er demgemäß grundsätzlich auch an uns?*

Dies sind die Schritte, die Jesus in der Geschichte von der Auferweckung der Tochter des Jaïrus unternimmt:

a) Nachdem Jaïrus vor Jesus niederkniete und seine Sache vorbrachte, heißt es: »Und er (Jesus) ging hin mit ihm.« Jesus ging also voran und Jaïrus neben oder hinter ihm her.

Das bedeutet für uns heute: Jesus ist erreichbar und läßt sich um etwas bitten, das er tun will.

b) Jesus ließ Jaïrus sodann warten und befaßte sich mit einem anderen Menschen. Jaïrus wurde auf die Geduldsprobe gestellt. Er war sofort in Versuchung zu sagen: ›Es ist ja ganz schön, Herr Jesus, daß du die Bereitschaft erklärt hast, mitzugehen; aber mir brennt der Boden unter den Füßen, und ich muß nach Hause zu meiner sterbenden Tochter. Wenn du mitgegangen wärst, so wäre mir das lieb gewesen. So muß ich eben ohne dich gehen; aber ich *muß* heim.‹

Jesus läßt uns immer wieder warten, stellt uns auf die Geduldsprobe.

c) Was das Ganze noch mehr erschwerte, ist, daß es schlimmer statt besser kam. Während Jesus ansonsten auch über größere Entfernungen hinweg Menschen heilte (vgl. etwa Mt 15,21-28 par Mk 7,24-30), wurde in diesem Falle die Tochter des Jaïrus nicht nur nicht geheilt, sondern Jaïrus bekommt die niederschmetternde Nachricht: »Deine Tochter ist gestorben; was bemühst du weiter den Meister?« Diese Nachricht schiebt sich wie ein Keil zwischen Jesus und Jaïrus. Jaïrus war nun ganz gewiß in Versuchung zu sagen: ›Herr Jesus, ich danke dir für deine Bereitschaft. Aber nun kann man ja nichts mehr machen.‹ Diese Menschen gingen offenkundig davon aus, daß Jesus wie ein guter Arzt noch etwas hätte ausrichten können, solange das Mädchen krank war und noch lebte. Sie meinten, Jesus sei vielleicht stärker als die Krankheit, doch der Tod sei mächtiger als jeder Mensch, auch als Jesus.

Es wird auch gelegentlich in unserem Leben durch die Anfechtungen gehen, daß etwas, nachdem wir gebetet haben, zunächst nicht besser, sondern schlimmer wird, daß also Erschwernisse eintreten. Wir haben daher damit zu rechnen, daß es im Glaubensleben durch Bewährungsproben hindurchgeht.

d) Jesus sagte Jaïrus, diesem Mann, dessen Glaube zusammenzubrechen drohte, in dieser Situation ein wunderbares Wort: »Fürchte dich nicht, glaube nur!« Jesus sprach dabei nicht davon, was er selbst demnächst tun werde. Jesus forderte von Jaïrus lediglich das Vertrauen zu ihm, Jesus. Es ist, als ob Jesus um diesen Mann den Arm legte und ihn mit seinem Glauben stützte. So gingen beide weiter, auf das Haus zu. Jaïrus wußte nicht, was auf ihn zukommen würde.

So spricht unser Herr auch zu uns, wenn wir keinen Rat wissen und nicht erkennen können, ob und was die Zukunft uns bringen wird: ›Vertrau dich mir an, hab' keine Angst! Laß mich nur machen.‹ Das ist ein Gang ins Dunkel, bei dem Er aber dabei ist und den schwachen Glauben stützt. »Wenn ich auch gar nichts fühle von deiner Macht, du bringst mich doch zum Ziele, auch durch die Nacht« (aus dem Lied »So nimm denn meine Hände«, EKG Württ. 561). Das tat und tut Jesus.

So ging er auch durch den eigenartigen Leichenchor hindurch, den man in damaliger Zeit zusammengerufen hat: die Klagefrauen, die nicht nur den Herrn Jesus, sondern sicher auch den Jaïrus auslachten. Man holt doch keinen Arzt mehr, wenn der Tod schon eingetreten ist, sondern allenfalls den Leichenbeschauer und den Totengräber!

e) Jaïrus ging mit Jesus tapfer durch all das hindurch; und das Schlußergebnis war, daß Vater, Mutter, Kind und der Herr Jesus vor den Trauergästen ganz tröstlich standen, so daß sie sich an ihm freuten und ihm dankten.

Es wird das Schlußergebnis im Blick auf unsere persönlichen Sorgen, wenn wir diese vor Jesus ausbreiten, und auch im Blick auf die Probleme und Nöte der ganzen Welt lauten: »Sein Rat ist wunderbar, und er führt es herrlich hinaus« (Jes 28,29).

Als Zweites ist zu fragen: *Inwiefern gibt uns dieser Text Anlaß zu Dank, Buße, Bitte und Fürbitte?*

Es legt sich ja sofort nahe, daß man beim Lesen und Nachdenken über einen solchen Text *dankend* sagt: ›Lieber Herr, ich habe wie Jaïrus mit diesem und jenem zu tun, diese und jene Aufgabe, habe mit allen möglichen Menschen zu tun. Ich freue mich, daß ich dich habe. Ich danke dir, daß du dich bitten läßt und mich so wie damals Jaïrus hörst und erhörst.‹ Das gibt Anlaß zur *Buße,* so daß man sagt: ›Ich bin ›umgefallen‹ und habe mein Vertrauen weggeworfen im Blick auf diese und jene Angelegenheit, die ganz anders hätte verlaufen können, wenn ich das Vertrauen nicht so schnell aufgegeben hätte.‹

Bitte und Fürbitte finden wir in der Geschichte dort, wo Jaïrus für seine Tochter bat. Es geht mir selbst beim Beten sehr häufig so, daß ich mich mit solchen biblischen Gestalten, mit betenden Menschen der Bibel, identifiziere. So kann man zum Beispiel bitten: ›Herr, dieser Jaïrus möchte ich jetzt sein. So will ich dir auch diese und jene Menschen fürbittend anbefehlen. Die kanaanäische Frau möchte ich jetzt sein. Mose auf dem Berg – das möchte ich jetzt sein. Der fürbittende Abraham möchte ich jetzt sein.‹ Ich meine, gerade wenn man sich so mit den Betern der Bibel identifiziert, dann ist das eine wunderbare Schule unseres Betens in ganz bestimmten Situationen. So kommt man durch die Zeit der Stille über solch einem Text hinein in die Zwiesprache mit dem Herrn heute.

Die dritte Frage ist: *Inwiefern ist der Text mir Anlaß, etwas zu tun, zu lassen oder etwas zu erleiden?*

Was ist zu tun? Man kann nach der Stille über dem o. g. Text zum Beispiel einem anderen Menschen etwas von Jesus sagen. Jaïrus hat auch durch irgendjemanden von Jesus erfahren – vielleicht durch seine eigene Frau, die gesagt hat: ›Ich kann ja nicht das Kind verlassen. So tue du mir den Gefallen und gehe zu Jesus, von dem ich gehört habe, daß er in unserer Stadt sei.‹

Wir sollten für Menschen in Not sicherlich auch beten, aber vielleicht noch mehr für sie tun: etwa ihnen sagen, wie es uns und anderen mit Jesus ergangen ist. Man kann ihnen anbieten, es auch einmal zu versuchen, die Zuflucht zu Jesus zu nehmen. Manche Leute meinen ja, nur andere – bekehrte – Menschen könnten und dürften beten und sie selbst könnten und dürften das nicht auf diese Weise. Solchen Menschen kann man eine Hilfestellung dazu geben, wie sie vor Gott ihr Herz ausschütten können. Wenn sie sich an Jesus wenden, wird er schon mit ihnen weitermachen.

Der Text gibt aber auch eine Weisung, etwas zu lassen. Ich kann zum Beispiel mein Reden dahingehend prüfen und korrigieren, daß ich die anderen in ihrem Vertrauen zu Jesus stärke und dieses Vertrauen nicht mindere. Manchmal tun Christen, die schon länger gläubig sind, jüngeren Christen einen schlechten Dienst, wenn sie meinen, sie müßten den Jüngeren in irgendeiner Hinsicht Nüchternheit lehren. Freilich muß man Nüchternheit lehren, aber im Sinn eines biblischen Realismus – eines Realismus des Glaubens – und nicht eines Realismus des Unglaubens.

Zweites Beispiel: *Die letzte Chance* (Text: das Gleichnis vom Feigenbaum; Lukas 13,6-9)

Damit nicht der Eindruck entsteht, daß die oben genannten Fragegruppen gerade auf den damit ausgelegten Bibeltext Markus 5,21 ff gut passen, in ihrer Anwendung auf andere Bibeltexte aber weniger geeignet sind, führe ich noch ein zweites Beispiel an.

> Jesus erzählte einigen Juden, die zu ihm gekommen waren, ein Gleichnis: »Es hatte einer einen Feigenbaum, der war gepflanzt

in seinem Weinberg, und er kam und suchte Frucht darauf und fand keine. Da sprach er zu dem Weingärtner: Siehe, ich bin nun drei Jahre lang gekommen und habe Frucht gesucht an diesem Feigenbaum, und finde keine. So hau ihn ab! Was nimmt er dem Boden die Kraft? Er aber antwortete und sprach zu ihm: Herr, laß ihn noch dies Jahr, bis ich um ihn grabe und ihn dünge; vielleicht bringt er doch noch Frucht; wenn aber nicht, so hau ihn ab.«

Dieser Text hat eine ganz bestimmte heilsgeschichtliche Bedeutung, einen ganz bestimmten heilsgeschichtlichen Ort. Dieses Gleichnis vermittelt den Einblick in ein ganz bestimmtes Geschehen zwischen dem Vater und dem Sohn im Blick auf Israel nach dreijähriger Wirksamkeit Jesu. Der Vater sagt: ›Drei Jahre lang habe ich Frucht gesucht – Frucht aus deinem [des Sohnes] Wirken an Israel. Ich suchte vergeblich. Jetzt ist es an der Zeit, daß Israel verworfen, abgehauen wird.‹ Daran schließt sich die Fürbitte des Sohnes, des »Weingärtners«, gegenüber dem Besitzer des »Feigenbaumes« an. (Israel wird auch an anderen Stellen der Bibel als »Feigenbaum« bzw. als »Weinberg« bezeichnet.) Daraufhin erteilt der Besitzer des Feigenbaumes die Weisung, noch einmal ein Jahr lang zu warten, dem Baum noch eine Chance, eine vermehrte Segnung zu geben (»... bis ich um ihn grabe und ihn dünge ...«).

Wir Christen sind nicht Israel – und doch handelt Gott auch heute so. Er wendet lange Zeit – vielleicht jahrelang – Arbeit auf einen einzelnen Menschen an, aber auch auf eine Gemeinde, eine Kirche, ein Volk, Gott tut das, damit daraus Frucht erwachse. Diese Frucht ist ein Gott gehorsames, jesusähnliches Leben. Das ist nur *eine einzige* Frucht! – und sind nicht viele *Früchte* –, ist das, was Paulus in Galater 5,22 auffächert (»Liebe, Freude, Friede, Geduld ...«). Es ist das eine Jesusleben, das Gott von denen erwarten kann, an denen er arbeitet. Die Kinder, die Söhne Gottes sollen dem einen Sohn gleichgestaltet werden. Darauf wartet Gott und hält danach Ausschau.

Dazu kommt die Fürbitte unseres Herrn. »Wir haben einen Fürsprecher bei dem Vater, Jesus Christus« (1. Joh 2,1 b); und »die Geduld unseres Herrn erachtet für eure Rettung« (2. Petr 3,15 a); und »weißt du nicht, daß dich Gottes Güte zur Buße leitet?« (Röm 2,4 b). Vielleicht gibt Gott einem Menschen, an dem er arbeitet, vermehrt Freundlichkeit in äußeren Dingen, auf daß Gottes Güte ihn zur Buße leite. Aber das ist eine letzte Chance; es geht nicht immer so weiter, und dann und wann hört Gott auch mit einem Menschen auf. Das ist die ernste Sprache dieses Wortes in Lukas 13: Man darf mit der Gnade Gottes nicht Mutwillen treiben, nicht mit ihr spielen.

Inwiefern gibt dieser Text Anlaß zum Danken? Man kann über dem Lesen dieses Textes zum Beispiel für Gottes Geduld danken: »Herr, ich danke dir für deine Langmut bisher, für deine Güte, die mich zur Buße leiten will. Du weißt, wie es in dieser Hinsicht bei mir steht. Zeige mir mein Wesen im Spiegel deines Wortes, auch meine Worte, meine Taten, meine Gedanken, meine Stimmungen, mein Alleinsein, mein Begegnen mit anderen Menschen, mein privates und mein berufliches Leben.« Vielleicht klaffen der Sonntag und der Werktag auseinander – dann ist das eine Gelegenheit zur Buße und zu der Bitte: »Lieber Herr, laß doch das, was du auf mich verwendest, nicht umsonst sein! Komm an dein Ziel; laß deinen Geist an mir voll zur Wirkung kommen! Mach mich für dich fruchtbar.«

Wir sollen aber nicht nur im Blick auf uns bitten oder für etwas danken, das wir oder andere von Gott erhalten haben, sondern in der Fürbitte vor Gott für Menschen einstehen: »Herr, hilf, daß diese Menschen durch Leid und Glück innerlich weiterkommen!«

Man bekommt dadurch auch Weisungen für das, was danach zu tun ist. Man erkennt, was man mit wem zu reden hat, und bittet darum, daß Gott Gelegenheiten zu solchem Gespräch schenken möge. So kann man etwa seinen Mitmenschen in Familie und Beruf Anregungen geben, darüber nachzudenken, welche Ziele Gott damit verfolgt, daß er ihnen so viele Gaben schenkt. Man kann ihnen deutlich machen, daß es nicht darum geht, wie ein Baum zu sein, der mit schönen Blättern einfach dasteht, sondern daß Gott Frucht erwartet. So kann man mit anderen das Gespräch suchen und dafür Weisung und Weisheit von Gott erbitten.

Zusammenfassung

Die hier genannten Regeln und Grundsätze sollen nicht – wie gesagt – zu einem schematisierten Umgang mit der Bibel anleiten, sondern Hilfestellung für das persönliche Bibellesen und für das Weitersagen des Wortes Gottes an andere vermitteln. Man muß darauf achten, daß man dann, wenn man anderen viel weitersagen möchte, doch ja nicht nur die Bibel unter der Frage liest: ›Was kann ich von dem Gelesenen anderen weitersagen?‹ Denn sonst geht das Wort, das uns durch das Herz gehen soll (vgl. Hebr 4,22), an uns vorbei. Daher ist es ganz wichtig, Bibeltexte ausschließlich für sich selbst und im Blick auf sich selbst zu lesen, damit man das Reden und Handeln Gottes in seinem Wort auch an sich selbst erfährt.

Nachwort des Herausgebers

Fritz Grünzweig ist am 24. November 1989 gestorben. Die Realisierung des vorliegenden Werkes konnte er nicht mehr begleiten und überwachen. Daß dieses Werk erscheint, geht auf seine eigene Anregung zurück: Im August 1989 schlug er dem Verleger Friedrich Hänssler vor, sein Gemeindeseminar »Einführung in die Bibel« in Buchform einer breiteren Öffentlichkeit zugänglich zu machen. Er war sich bewußt, daß es dazu einer Umarbeitung der vorliegenden Materialien bedurfte, die er in seiner Autobiographie erwähnte:

> »In den beiden letzten Jahren meines Dienstes in Korntal führte ich in den Gemeindebibelstunden, die damals trotz vieler anderer Wochenveranstaltungen unserer Gemeinde unter alt und jung von etwa zweihundert Teilnehmern besucht waren, auch von auswärtigen, in alle biblischen Bücher ein. Zu jeder Stunde hatte ich einige Folien für den Tageslichtschreiber gezeichnet und auch schon zu Beginn eine Zusammenfassung des an diesem Tag Vorzutragenden vervielfältigt und zum Mitnehmen ausgelegt. Nicht wenige junge Menschen nahmen teil, besonders solche, die Jugendkreise hielten bzw. in Zukunft halten wollen. Die zahlreichen abgezogenen Blätter taten einen Dienst auch weit über den Teilnehmerkreis hinaus und tun ihn zum Teil noch heute« (F. Grünzweig, ... zu rühmen Seinen Ruhm, Wupppertal/Neuhausen-Stuttgart 1988, S. 125).

Diese »Einführung in die biblischen Bücher« wurden aus den oben genannten Materialien und Vorlagen zusammengestellt (also aus den kopierten Blättern, die die Zusammenfassung seiner Ausführungen enthalten, aber auch Zeichnungen, die das Gesagte veranschaulichen sollen).

Doch das wäre zu wenig gewesen, um dieses Buch mit der Fritz Grünzweig eigentümlichen Erläuterung und Auslegung der Bibel zustandezubringen. Denn die Zusammenfassungen des Verfassers sind gewissermaßen wie Gerippe, an denen das »Fleisch« – die lebendige, den Hörer bzw. Leser ansprechende Schriftauslegung – fehlt. Die Gemeindebibelstunden wurden aber erfreulicherweise per Tonaufzeichnung festgehalten, und durch diese Tondokumente ist es möglich geworden, Fritz Grünzweigs Bibelauslegung umfassender in diesem Werk wiederzugeben als es allein anhand der schriftlichen Aufzeichnungen möglich gewesen wäre. Insbesondere die seelsorgerlichen Einflechtungen Fritz Grünzweigs scheinen es wert zu sein, Bibelkunde und Schriftauslegung zu ergänzen. Sie sind darum weitgehend belassen worden, bis auf solche Aussagen, die zu sehr zeitverhaftet waren und deren Aktualität nicht mehr gegeben ist.

Beide vorliegende Textformen – die hektografierten Blätter und die Toncassetten – mußten von mir zu einer einzigen lesbaren Textfassung zusammengearbeitet werden. Dabei war zu berücksichtigen, daß die Texte der Hektografien zwar vollständiger, aber zu knapp waren, um so schlichtweg in dieses Werk aufgenommen zu werden. Sie enthalten vielfach lediglich die Anführung der wichtigsten Zitate des jeweiligen biblischen Buches. Andrerseits ist Fritz Grünzweig in seinen Gemeindebibelstunden des öfteren selektiv verfahren: In jeweils einer Stunde hat er ein biblisches Buch vorgestellt, und er mußte sich, der Kürze der Zeit wegen, vor allem bei den längeren Büchern der Bibel (z. B. 5. Buch Mose, Jesaja) auf *die* Kapitel beschränken, die aus seiner Sicht die wichtigsten sind.

Als Herausgeber und betreuendem Lektor dieses Werkes oblag mir die Aufgabe, aus allen vorliegenden Materialien ein einheitliches Werk zu gestalten, das trotz aller notwendigen editorischen Eingriffe die Grünzweigsche Diktion möglichst weitgehend beibehält. Der Aufbau sowohl der Gemeindebibelstunden wie auch dieses Buches im großen und ganzen war bzw. ist durch die Reihenfolge der biblischen Bücher vorgegeben.

Die Einteilung sowie die Überschriften und Unterüberschriften der einzelnen Kapitel stammen nahezu immer von Fritz Grünzweig. Lediglich dort, wo ich es als für die Übersichtlichkeit unverzichtbar ansah, habe ich Unterüberschriften eingefügt, die dem Leser den Gebrauch des Werkes erleichtern sollen.

Der Wortlaut der Toncassetten ist ziemlich vollständig übernommen worden, mußte aber sprachlich und stilistisch überarbeitet werden. Auch war es unumgänglich, den von den Toncassetten übernommenen Text mit dem der kopierten Blätter in Einklang zu bringen.

Dabei bin ich als Herausgeber nach bestem Wissen und Gewissen so verfahren, daß, wie ich meine, der Intention und dem Anliegen Fritz

Grünzweigs weitgehend Rechnung getragen worden ist. An einigen Stellen, an denen es sich nahelegte, habe ich Verweise auf andere Werke Fritz Grünzweigs eingefügt, in denen das, was hier mitunter kurz und knapp erläutert ist, ausführlicher nachgelesen werden kann. An zwei Stellen im alttestamentlichen Teil des Werkes wurden auf Wunsch des Verlages längere Fußnoten eingefügt.

Die Grafiken, ursprünglich von Fritz Grünzweig im Block dem jeweiligen Kapitel vorangestellt, wurden den Textstellen zugeordnet, in denen darauf Bezug genommen ist. Von Georg Ozory wurden die Abbildungen nach den Vorlagen von Fritz Grünzweig, die für die Druckwiedergabe in einem Buch nicht tauglich waren, neu erstellt.

Mein Dank gilt Frau Liselotte Grünzweig und Fräulein Maria Haubensack, die dieses Projekt mit großem Interesse begleiteten und bei auftauchenden Problemen immer bereitwillig geholfen haben.

Ich hoffe, daß das hiermit vorgelegte Werk der Gemeinde Jesu in ihrem Hören auf die Bibel einen guten Dienst leisten wird.

Nellingen, den 30. September 1991 Stephan Zehnle

hänssler
BIBELWISSEN

Erstmals: Die gesamte Bibel erklärt und ausgelegt

Herausgegeben von John F. Walvoord und Roy B. Zuck

»Das konsequente hermeneutische Verständnis der Bibel als der von Gottes Geist eingegebenen Heiligen Schrift macht diese fünfbändige Studienausgabe zum Alten und Neuen Testament zu einer bedeutsamen Bereicherung bereits veröffentlichter Bibelkommentare.«
Kurt Hennig, Dekan † 1992

* **Abschnittweise Auslegung unter besonderer Berücksichtigung schwer verständlicher Verse**

* **Bedeutung von Schlüsselbegriffen im hebräischen und aramäischen Grundtext**

* **Erhellung von »Widersprüchen« des biblischen Textes**

* **Hintergrund-Information und geschichtliche Zusammenhänge**

Dieses neue Kommentarwerk erschließt dem Leser die faszinierende Welt und die heilsgeschichtliche Bedeutung des Alten und Neuen Testaments, die bisher selbst vielen Christen lebenslang Verständnisschwierigkeiten bereitet. Die Texte sind leicht lesbar und dennoch theologisch fundiert. Weil alle Autoren dem Dallas Theological Seminary zuzuordnen sind, haben alle Beiträge eine gemeinsame bibeltreue Grundlinie, die sich durch die Kommentierung aller Texte zieht.
Das Werk vermeidet sowohl die Weitschweifigkeit mancher anderer Kommentare wie auch die Oberflächlichkeit mancher Kurzkommentare.
Konzeption und Aufbau ermöglichen eine schnelle Einarbeitung in die Texte, mit denen sich ein Ausleger oder Bibelleser befassen will.